"大学堂" 开放给所有向往知识、崇尚科学，对宇宙和人生有所追问的人。

"大学堂" 中展开一本本书，阐明各种传统和新兴的学科，导向真理和智慧。既有接引之台阶，又具深化之门径。无论何时，无论何地，请你把它翻开……

88个思想实验中的哲学导论

做哲学

Doing Philosophy
An Introduction Through
Thought Experiments

by
Theodore Schick Jr.
Lewis Vaughn

[美] 小西奥多·希克
刘易斯·沃恩 — 著

柴伟佳 龚皓 — 译

北京联合出版公司
Beijing United Publishing Co.,Ltd.

献给艾琳、凯西、凯蒂、玛茜、帕特里克和T.J.
（感谢他们的耐心、理解和鼓励）

目 录

序言 ··· 1

第1章 哲学的事业

1.1 导 言 ·· 2
1.2 **解释不可能之物之可能性：哲学问题与理论** ······································ 4
    各种哲学问题 ··· 4
    利害攸关的哲学探究 ·· 7
        你的哲学是什么？ ·· 12
    充要条件 ·· 12
    苏格拉底与苏格拉底辩驳法 ·· 15
        新闻报道：德尔斐神庙的神谕者 ·· 17
        前苏格拉底哲学家 ··· 18
    科学与科学方法 ··· 22
        思想的法则 ·· 23
    逻辑可能性与因果可能性 ··· 25
        思想探究：可能性 ··· 26
    总 结 ··· 26
1.3 **证据与推断——证明你的观点** ·· 28
    识别论证 ·· 28
    演绎论证 ·· 30
    归纳论证 ·· 33
    非形式谬误 ··· 37
    不可接受的前提 ··· 38
    不相关的前提 ·· 38
    不充足的前提 ·· 40
    总 结 ··· 41

1.4 心灵的实验室：思想实验	43
思想探究：柏拉图的人本质理论	44
案例研究：解释堕胎如何可能是道德的	44
思想实验：沃伦的道德的太空旅行者	45
思想探究：美国防止虐待机器人协会	47
思想实验是如何可能的?	48
如何批评一个思想实验	49
可设想性与可能性	50
科学思想实验	51
思想实验：亚里士多德运动理论的不可能性	52
总　　结	52
思想实验：图利的猫	53
思想实验：汤姆森的生病的音乐家	54

阅读材料

哲学的价值	伯特兰·罗素	56
哲学的事业	布兰德·布兰沙德	60

第2章　心—身问题

2.1 导　言	66
思想实验：笛卡尔的机械傻瓜	66
思想实验：莱布尼茨的心灵磨坊	68
新闻播报：即将到来的奇点	70
2.2 机器里的幽灵：心灵即灵魂	72
笛卡尔的怀疑	72
思想探究：在"母体"里生活	74
我思故我在	74
勒内·笛卡尔：近代哲学之父	75
可设想性论证	75
《圣经》中人的概念	78
思想探究：没有身体的天堂	79

　　　　新闻报道：笛卡尔与活体解剖 79
　　可分性论证 80
　　交互作用难题 81
　　　　平行论：偶因论与前定和谐 82
　　物理因果闭合性原则 83
　　　　灵魂的居所 84
　　　　思想探究：心灵中转站 85
　　他心问题 85
　　总　结 86

2.3 人如其所食：心灵即身体 89
　　经验论 90
　　　　大卫·休谟：模范哲学家 91
　　逻辑实证主义 92
　　逻辑行为主义 93
　　　　赖尔的范畴错误 95
　　　　思想实验：完美的伪装者 95
　　　　思想实验：普特南的超级斯巴达人 96
　　　　行为疗法 97
　　　　思想实验：齐硕姆的满怀期待的外甥 98
　　同一性理论 99
　　　　你只使用了10%的脑力吗？ 102
　　　　思想实验：内格尔的蝙蝠 102
　　　　思想实验：刘易斯的疼痛的火星人 103
　　　　思想实验：普特南的有意识的计算机 104
　　　　思想探究：物种主义 106
　　　　思想实验：塞尔的大脑替换 106
　　　　思想探究：神经假体 108
　　　　新闻报道：神经芯片 108
　　总　结 109
　　　　思想实验：你的妈妈是个僵尸 110

2.4 我，机器人：心灵即软件 112
　　人工智能 112
　　功能主义与感觉 114

思想实验：刘易斯的疼痛的疯子	114
思想实验：布洛克的中华民族	115
思想实验：普特南的颠倒光谱	116
颠倒光谱与伪正常视界	117
图灵测试	118
思想实验：模仿游戏	119
艾伦·图灵：密码与计算机之父	120
思想实验：塞尔的中文屋	121
联结主义	124
思想探究：完全图灵测试	124
意向性	125
思想实验：布洛克的自动对话机	126
思想探究：虔诚的机器人	127
总　结	127

2.5 世界上根本没有鬼：心灵即迷思 … 129

思想实验：罗蒂的恶魔	129
常识心理学	130
思想实验：塞尔的雪佛兰旅行车	131
主观知识	132
思想实验：杰克逊的没见过色彩的科学家	132
新闻报道：第一次看到颜色	134
思想实验：僵尸	135
思想探究：僵尸	136
总　结	136

2.6 整体大于部分之和：心灵即特性 … 139

原初意向性	139
双重表现理论	139
思想实验：杰凯特的意向性测试	140
泛心论	141
突现论	142
突现的上帝？	145
总　结	146

阅读材料

第一哲学沉思录：第二个沉思 ······ 勒内·笛卡尔 148
心—脑同一论 ······ 戴维·阿姆斯特朗 152
意识经验难题 ······ 戴维·查尔默斯 159
他们是肉做的 ······ 特利·比森 166

第3章　自由意志与决定论

3.1　导　言 ······ 170
  在法庭上：是魔鬼让我干的 ······ 173

3.2　一切都是命运：自由即偶然 ······ 176
  强决定论 ······ 176
    思想实验：拉普拉斯的超级存在物 ······ 176
    自由与预知 ······ 179
    宿命论vs.因果决定论 ······ 181
    思想探究：生活之书 ······ 182
    新闻报道：假装具有自由意志 ······ 184
    思想探究：行为矫正 ······ 185
    决定论是自我否决的吗？ ······ 187
    思想探究：基因工程 ······ 187
    思想实验：加德纳的随机轰炸机 ······ 188
    思想探究：与强决定论一起生活 ······ 190
  非决定论 ······ 190
    威廉·詹姆斯：生理学家、心理学家、哲学家 ······ 191
    思想实验：泰勒的不可预知的手臂 ······ 192
  总　结 ······ 192
    思想实验：纽科姆悖论 ······ 194

3.3　发明之母：自由即必然 ······ 195
  思想实验：洛克的受困的健谈者 ······ 196
  传统的相容论 ······ 196
    托马斯·霍布斯：伟大的唯物主义者 ······ 197

思想探究：少数派报告 ·· 200
　　　思想实验：泰勒的天才生理学家 ·· 200
　　　思想实验：泰勒的瘾君子 ·· 201
　　　新闻报道：有罪的思想和预防犯罪 ······································ 202
　　　在法庭上：政府主导的洗脑 ·· 203
　　　思想探究：宗教狂热 ·· 203
　　分层相容论 ·· 204
　　　思想实验：法兰克福的不情愿的和放浪的瘾君子 ·························· 204
　　　思想实验：法兰克福的快乐的瘾君子 ···································· 205
　　　思想实验：法兰克福的决定引导者 ······································ 206
　　　神经生理学使生活更美好 ·· 207
　　　思想实验：斯洛特的被催眠的病人 ······································ 208
　　　思想探究：自愿的银行柜员 ·· 209
　　总　结 ·· 209

3.4 **控制你自己：自由即自决** ·· 212
　　对自由的辩护 ·· 213
　　神经生理学的挑战 ·· 214
　　　思想探究：自由否定意志足以证明自由意志吗? ·························· 215
　　主体因果作用 ·· 216
　　　萨特和斯穆里安论自由意志 ·· 218
　　　思想探究：自由机器人 ·· 222
　　总　结 ·· 222

阅读材料

我们都别再打巴兹尔的车了 ···································· 理查德·道金斯 224
自由意志问题 ·· W. T. 史泰斯 226
自由意志问题的解决方案 ·· 约翰·杜普雷 233
黑盒子 ·· 杰弗里·克伦普纳 239

第4章 人格同一性问题

- 4.1 导　言 244
  - 在法庭上：凯瑟琳·索尼娅，又名莎拉·简·奥尔森 247
- 4.2 我们不过是造梦的材料：自我即实体 249
  - 思想探究：霍布斯的忒修斯之船 250
  - 人 250
  - 思想探究：海豚 251
  - 动物主义 251
  - 思想实验：植物人案例 252
  - 新闻报道：因克隆而永生 254
  - 思想实验：本杰明的可疑的治疗 255
  - 死亡的定义 256
  - 思想实验：洛克的王子与鞋匠的故事 257
  - 思想实验：移植案例 258
  - 思想实验：安格尔的剧痛 258
  - 在法庭上：多重人格障碍症 260
  - 圣奥古斯丁：灵魂人 262
  - 思想实验：中国国王 262
  - 思想实验：涅斯托耳和忒尔西忒斯 263
  - 变质说 264
  - 思想实验：康德的灵魂转换 265
  - 思想探究：天堂的灵魂 266
  - 总　结 266
- 4.3 金色的回忆：自我即心灵 269
  - 记忆理论 269
  - 约翰·洛克：伟大的经验主义者 270
  - 在法庭上：梦游和谋杀 271
  - 思想探究：记忆消除 272
  - 思想实验：里德的勇敢的军官和年老的将军的故事 272
  - 思想探究：你曾经是个胚胎吗？ 273
  - 新闻报道：灵魂捕手 276

| 思想探究：心灵融合 | 277 |

心理连续理论 ··· 278
    思想探究：达斯·维达和阿纳金·天行者是同一个人吗？ ············ 278
    思想实验：威廉斯的盖伊·福克斯转世 ·································· 279
    思想实验：威廉斯的复本难题 ·· 280
    思想实验：帕菲特的传送机的故事 ······································ 281
    量子远距离传输 ··· 283
    思想探究：你能上天堂吗？ ··· 283
    总　结 ··· 283
    思想实验：身体折磨 ··· 285

4.4 你无法两次踏入同一条河流：自我即过程 ······················ 286

大脑理论 ··· 286
    思想实验：舒梅克的大脑移植 ·· 286
    浪费大脑是可怕的 ·· 287
裂　脑 ·· 287
    异手症 ··· 289
    思想实验：帕菲特的分裂 ·· 289
最接近连续理论 ·· 290
    佛教徒论自我与涅槃 ··· 291
    思想探究：分支线 ·· 291
同一性与幸存的关键 ·· 292
同一性与责任的关键 ·· 293
    思想实验：帕菲特的改变了的诺贝尔奖得主 ·························· 294
解释自我 ··· 294
    思想探究：罗伯特和弗兰克 ·· 295
道德主体、叙事与人 ·· 295
    思想探究：作为克莱夫·韦尔林 ·· 298
    总　结 ··· 298

阅读材料

关于同一性与差异性 ·· 约翰·洛克 301
分裂的心灵与人的本性 ·· 德里克·帕菲特 306
永　生 ··· 雷·库兹韦尔 313

第5章 相对主义问题与道德

- 5.1 导　言 ·· 320
- 5.2 **不要质疑权威——强权即公理** ·· 325
  - 主观绝对主义 ··· 325
  - 主观相对主义 ··· 326
  - 情感主义 ··· 327
    - 思想实验：布兰沙德的兔子 ··· 328
  - 文化相对主义 ··· 329
  - 人类学论证 ·· 330
  - 道德判断的逻辑结构 ··· 331
    - 思想探究：入乡随俗 ·· 332
  - 神命论 ·· 333
    - 在法庭上：上帝是我的辩护人 ··· 336
    - 地狱的命运 ··· 337
  - 存在普遍的道德原则吗？ ··· 338
    - 道德的孩子 ··· 339
    - 思想探究：道德知识 ·· 339
  - 总　结 ·· 340
- 5.3 **目的证成手段：善决定正当** ··· 343
  - 生命有内在价值吗？ ··· 343
  - 伦理学的利己主义 ··· 344
    - 安·兰德论自私的德性 ·· 346
    - 思想实验：费因伯格的专一的快乐主义者 ·· 347
  - 行为效益主义 ··· 348
    - 杰里米·边沁：使哲学有用 ·· 350
    - 思想探究：动物权利 ·· 352
  - 权利的问题 ·· 352
    - 思想实验：麦克洛斯基的效益主义告密者 ·· 352
    - 思想实验：勃兰特的效益主义继承人 ·· 352
  - 关于义务的问题 ·· 353
    - 思想实验：罗斯的不快乐的承诺 ·· 353
    - 新闻报道：杀掉残障婴儿 ··· 354

- 思想实验：戈德温的火灾救援 ········· 354
- 正义问题 ········· 355
  - 思想实验：艾文的效益主义酷刑 ········· 355
  - 思想实验：艾文的无辜的罪犯 ········· 356
  - 思想探究：效益机器 ········· 356
- 规则效益主义 ········· 356
  - 思想实验：诺齐克的体验机 ········· 358
  - 思想探究：有益的药品 ········· 360
- 总　结 ········· 360
  - 思想实验：威廉斯的南美抉择 ········· 361
  - 思想实验：汤姆森的电车难题 ········· 362
  - 思想实验：汤姆森的移植问题 ········· 362

5.4 责任重大：义务决定正当 ········· 364

- 康德的定言命令 ········· 364
  - 伊曼努尔·康德：小镇里的天才 ········· 366
  - 思想实验：黑尔的纳粹狂热分子 ········· 368
  - 思想实验：罗斯的善良的撒玛利亚人 ········· 369
  - 新闻报道：康德，密尔和伊拉克战争 ········· 371
  - 思想实验：布罗德的伤寒病人 ········· 372
  - 思想实验：艾文的谨慎的外交官 ········· 373
  - 思想探究：轻易的救助 ········· 373
- 罗斯的显见义务 ········· 373
  - 思想探究：荒岛遗赠 ········· 375
- 罗尔斯的契约论 ········· 375
  - 思想探究：正义的政策 ········· 378
- 诺齐克的自由至上主义 ········· 379
  - 思想实验：诺齐克的篮球运动员 ········· 379
  - 思想探究：两厢情愿的同类相食 ········· 381
- 正义、国家和社会契约 ········· 382
  - 思想实验：韦德奎斯特的自由至上主义君主政体 ········· 385
  - 思想探究：自由至上主义政府 ········· 386
- 关怀伦理 ········· 386
  - 新闻报道：吉莉安的选择 ········· 387

思想探究：出于关怀的谎言 ·· 389
　做伦理决定 ··· 389
　　思想探究：齐格玛尼克兄弟 ·· 391
　总　结 ··· 392

5.5 性格即命运——德性决定正当 ·· 395
　有德性的效益主义者 ·· 395
　有德性的康德主义者 ·· 395
　　思想实验：斯托克的住院病人 ·· 396
　　没有良知的孩子 ··· 397
　道德的目的 ··· 398
　亚里士多德论德性 ·· 398
　　亚里士多德：西方思想的支柱 ··· 399
　　佛陀论德性 ··· 402
　麦金泰尔论德性 ··· 402
　努斯鲍姆论德性 ··· 403
　　思想探究：医疗 ··· 406
　德性伦理学 ··· 406
　　思想探究：古格斯的戒指 ·· 407
　总　结 ··· 407

阅读材料
　道德价值是相对的吗？ ··································· W. T. 史泰斯 409
　效益原则 ··· 杰里米·边沁 417
　善的意志、义务和定言命令 ······························· 伊曼努尔·康德 420
　非相对的德性 ··· 玛莎·努斯鲍姆 425
　那些从欧迈拉斯出走的人 ······························ 厄休拉·K. 勒古恩 431

第6章　恶的问题与上帝的存在

6.1 导　言 ·· 438
　圣经考古学 ··· 441
　宗教的追随者们 ··· 443

| 思想探究：神圣经典 | 444 |

6.2 神秘的宇宙：作为创造者的上帝 ... 445

　　传统的宇宙论论证 ... 445
　　卡拉姆宇宙论论证 ... 448
　　　　思想探究：为何创造宇宙？ ... 451
　　目的论论证 ... 452
　　　　思想实验：帕利的手表 ... 453
　　　　在法庭上：进化论只是一个学说而已？ ... 457
　　　　外星人的设计 ... 460
　　　　创造宇宙说与道德 ... 462
　　　　思想探究：人类的设计缺陷 ... 466
　　基于奇迹的论证 ... 466
　　　　分开红海 ... 469
　　　　耶稣是一个魔术师吗？ ... 470
　　　　思想探究：五重挑战 ... 471
　　基于宗教体验的论证 ... 471
　　　　你的大脑是这样体验到上帝的 ... 474
　　本体论论证 ... 474

　　　　思想实验：高尼罗的失落的岛屿 ... 475
　　　　思想实验：爱德华兹的"甘狗" ... 477
　　　　思想探究：多信了一个神 ... 479
　　帕斯卡的赌博 ... 479
　　　　思想实验：帕斯卡的赌博 ... 479
　　　　思想探究：外星人的宗教 ... 481
　　上帝与科学 ... 481
　　　　希尔弗曼的赌博 ... 482
　　　　思想探究：古尔德尔vs.奥古斯丁 ... 483
　　总　　结 ... 484

6.3 当坏事发生在好人身上：作为麻烦制造者的上帝 ... 487

　　思想实验：罗维的幼鹿 ... 488
　　圣奥古斯丁与基于自由意志的辩护 ... 489

思想探究：天堂中有自由意志吗？ ……………………………………… 493
　基于有关恶的知识的辩护 ……………………………………………………… 494
　基于理想人类的辩护 …………………………………………………………… 494
　　新闻报道：自然之恶 ……………………………………………………… 495
　基于灵魂塑造的辩护 …………………………………………………………… 496
　　业与不平等问题 …………………………………………………………… 498
　基于上帝有限性的辩护 ………………………………………………………… 498
　总　结 …………………………………………………………………………… 500
　　思想探究：如果上帝死了会怎样？ ……………………………………… 500
　　思想实验：隐形的园丁 …………………………………………………… 501

6.4　信仰与意义：相信那些不可相信的 …………………………………………… 503
　信仰之跃 ………………………………………………………………………… 503
　　思想探究：克尔凯郭尔与罗素 …………………………………………… 505
　证据主义 ………………………………………………………………………… 505
　　思想探究：布兰沙德的信念 ……………………………………………… 509
　　思想探究：詹姆斯与泛自然神论 ………………………………………… 511
　　思想实验：上帝的计划 …………………………………………………… 512
　　思想探究：意义与道德 …………………………………………………… 513
　存在主义 ………………………………………………………………………… 513
　　思想探究：意义与目的 …………………………………………………… 515
　无上帝的宗教 …………………………………………………………………… 515
　总　结 …………………………………………………………………………… 516

阅读材料

　五种方法 ……………………………………………… 圣托马斯·阿奎那　519
　自然神学 ……………………………………………… 理查德·斯温伯恩　522
　自然宗教对话录 ……………………………………………… 大卫·休谟　528
　上帝与恶的存在问题 ………………………………………… B. C. 约翰逊　534
　奇迹侦探 ……………………………………………………… 迈克尔·马丁　539

第7章 怀疑论问题与知识

- 7.1 导　言 ····· 548
- 7.2 事物不总是它们表面看上去的那样：关于怀疑论的怀疑论 ····· 555
  - 古希腊理性主义 ····· 555
    - 思想探究：思考虚无 ····· 556
    - 思想实验：芝诺的二分法悖论 ····· 556
  - 柏拉图 ····· 558
    - 巴门尼德悖论和芝诺悖论的解决办法 ····· 558
    - 思想探究：先天知识 ····· 562
  - 笛卡尔式的怀疑论 ····· 562
    - 思想实验：笛卡尔的梦境论证 ····· 563
    - 思想探究：梦境与现实 ····· 563
    - 思想实验：笛卡尔的邪恶精灵论证 ····· 564
    - 思想实验：安格尔的疯狂科学家 ····· 564
  - 合理的怀疑 ····· 568
  - 另一种选项：经验主义 ····· 568
  - 归纳问题 ····· 570
    - 思想探究：科学与信仰 ····· 572
  - 康德的综合 ····· 572
    - 思想探究：构建实在 ····· 575
  - 神秘体验 ····· 575
  - 总　结 ····· 577
- 7.3 直面实在：感知与外在世界 ····· 581
  - 直接实在论 ····· 581
  - 表现实在论 ····· 583
    - 思想探究：外部世界假说 ····· 584
  - 现象论 ····· 585
    - 思想实验：未被想象到的事物的不可想象性 ····· 586
    - 乔治·贝克莱：终极经验主义者 ····· 587
  - 总　结 ····· 591
- 7.4 你知道什么？——知道知识是什么 ····· 594
  - 思想实验：盖梯尔的身在巴塞罗那的朋友 ····· 594

可挫败性理论 ·· 595
　　　　思想实验：莱勒和帕克森的有病的格拉比特夫人 ················ 595
　　因果理论 ·· 596
　　　　思想实验：戈德曼的假谷仓 ·· 597
　　可靠性理论 ··· 598
　　　　思想实验：莱勒的人体温度计 ··· 598
　　德性透视主义 ·· 599
　　总　结 ··· 601

阅读材料

　　第一哲学沉思录：第一个沉思 ····················· 勒内·笛卡尔 603
　　论归纳 ·· 伯特兰·罗素 606
　　德性透视主义 ·· 厄内斯特·索萨 611
　　为什么你不醒一醒？ ··································· 托马斯·戴维斯 614

注　释 ·· 618

译后记 ·· 645

出版后记 ·· 647

序　言

教授哲学导论课程是一个哲学老师所面对的最困难的工作之一，因为在中学里通常并没有哲学课程，所以大多数刚进入大学的学生根本不知道哲学是什么，以及他们为什么应该学哲学。总体上说，他们关于哲学的几乎所有观念都跟职业哲学家们所从事的工作完全不沾边。为了帮助学生们理解哲学探索的本质和目的，《做哲学：88个思想实验中的哲学导论》解释了哲学问题是如何产生的，以及为什么探索这些问题的答案很重要。

对于初学者来说阅读一手材料是非常重要的，但是如果他们只看一手资料，那么哲学老师就必须承担起对所选原文进行翻译、解释和说明其背景的工作，这项工作会很繁重，因为大多数出现在导论性质的资料集中的文章都是写给职业哲学家看的。在读完一些这样的文章后，学生们往往会留下这样的印象：哲学就是在一堆互无关联的论题中提出相互矛盾的观点。为了获得学分，他们最后只会去记忆哪些人说过了哪些话，却并没有培养批判性思维能力，而一般我们认为后者才是学习哲学最重要的好处。通过探索各个哲学问题之间的内在联系，并为这些问题的解决办法提供一个评价框架，本书克服了自助餐式的哲学学习方式所面临的碎片化问题。

一个人可能会对哲学家们说过哪些话有很多了解，却仍然不懂得哲学是什么，因为哲学不仅仅是一系列知识的集合，它更是一种活动。所以知道哲学家们得出其结论的路径至少与知道这些结论本身同等重要。通过集中讨论一种被最多使用的哲学方法——思想实验方法或举反例法，本书可以能让学生既熟悉哲学探索的过程也熟悉其探索的结果。通过判定一个哲学理论能否在所有可能的情境中成立，思想实验方法可以对哲学理论进行测试，它能使抽象的变得具体，并能通过一种不论多少阐释活动都无法做到的方式将重要的问题突显出来。通过鼓励学生自己去评估和做思想实验，本书可以培养学生积极学习、并进行创造性思考的能力。

好的批判性思考者很善于通过提出"如果……会怎样？"这样的问题并一直将答案推演下去，直至得出符合逻辑的结论来检验一个论断。思想实验之所以对于检验哲学理论特别有用，是因为它通常能揭露一些隐含的预设和未曾预期到的概念混乱。鉴于思想实验在哲学探索中占据了核心地位，我们有理由相信，了解经典的思想实验对于理解哲学来说至关重要，正如了解经典的物理学实验对于理解科学来说至关重要一样。通过沿着历史发展和逻辑发展的顺序对在若干经典哲学问题上的思考进行重述，我们希望可以让学生在本学科打下坚实的基础，并为更高层次的学习做好准备。

有时候学生们会对现在竟然还有人在做哲学感到惊讶。他们觉得哲学只是一件有趣的老古董，与当代无关。纯粹哲学史研究性质的课程往往也会加剧这种看法。本书试图表明哲学是一个活跃而蓬勃发展的学科，并且正在积极地参与到当代最重要的智识探究活动中。

为了让教师们能尽量灵活地设计课程，本书的每一章都自成一体，探索一个哲学问题。每一章的导语会首先解释该哲学问题是什么，定义一些关键的概念，并且确定学生读完本章后应该争取达到的学习目标。书中着重显示了经典论证和思想实验，而贯穿全书的"思想探究"或引导性问题，会鼓励学生对材料进行更深入的思考。各种小版块和名人名言可以将文中材料与最近的发现或更广阔的文化主题联系起来。每一节都提出了学习问题和讨论问题。在每章末尾会有一些经典的或者当代的阅读材料，这样学生就可以将某些重要的理论和思想实验放置到具体语境中去理解。每组阅读材料都会包括一段虚构作品（也是一种扩展的思想实验），它提出本章所处理的许多问题。本书的目标是不仅仅给学生展示对每个论题做出的最好的哲学思考，而且挑战学生去检视他们自己的哲学信念。只有通过积极地探究和思考这些问题，真正的哲学理解才得以产生。

《做哲学》的第五版增加了由理查德·道金斯，约翰·杜普雷，杰弗里·克伦普纳和厄内斯特·索萨等人写的新的阅读材料以及Jonathan Bennet对笛卡尔文献的新译本。另外它还包括了新的或扩充了的有关正义与国家、上帝与科学、先天/后天的争论、德性认识论、政治自由主义、形而上学的自由意志论、相容论、人格同一性的身体论、定言命令和盖梯尔问题等小节。同时也增加了一些新的板块和"思维导引"，以激发学生更深入的思考。与之前一样，本版也继续保有了一个融贯的理论框架（它能帮助学生同时理解哲学思考的历史发展顺序和逻辑发展顺序）、多达75个思想实验（被用来测试哲学理论的充足性）、古典的或当代的阅读材料（使学生能熟悉理论或思想实验所发源的原始文本）、贯穿每章的探索问题（可培养积极学习和创造性思考能力）、小板块和名人名言（将哲学主题与当代事件或经典著作联系起来）、网络探究（可使学生了解更多相关内容）、传记板块（提供重要哲学家的一些背景信息）、每章导语（解释所要探索的哲学问题、定义关键概念并确定本章目标）、每章总结、学习问题、讨论问题（鼓励学生对相关主题进行深入思考）等栏目。

致 谢

很多人为本书的写作贡献了他们的智慧和洞见。虽然我们并未总是听从他们的意见，不过我们还是要特别感谢Wayne Alt, Community College of Baltimore County; Gordon Barnes, SUNY Brockport; Jack DeBellis, Lehigh University; Nori Geary, New York Hospital–Cornell Medical Center; Stuart Goldberg; James Hall, Kutztown University; Dale Jacquette, Pennsylvania State University; Robert Charles Jones, Stanford University; Jonathan Levinson; Jeffrey Nicholas, Bridgewater State College; Nick Oweyssi, North Harris College; Abram Samuels; Ludwig Schlecht, Muhlenberg College; Thomas Theis, Thomas J. Watson Research Center; Vivian Walsh, Muhlenberg College; Robert Wind, Muhlenberg College; and James Yerkes, Moravian College. We would also like to thank the following reviewers for their suggestions: David Chalmers, University of Arizona, Tucson; Alfred A. Decker, Bowling Green State University; Rev. Ronald DesRosiers, SM, Madonna University; Kevin E. Dodson, Lamar University; Jeremiah Hackett, University of South Carolina; David L. Haugen, Western Illinois University; Douglas E. Henslee, San Jose State University; Charles Hinkley, Texas State University, San Marcos; Karen L. Hornsby, North Carolina A&T State University; Margaret C. Huff, Northeastern

University; David Kyle Johnson, King's College; John Knight, University of Wisconsin Centers–Waukesha; Richard Lee, University of Arkansas; Chris Lubbers, Muskegon Community College; Thomas F. MacMillan, Mendocino College; Mark A. Michael, Austin Peay State University; Dr. Luisa Moon, Mira Costa College; Augustine Minh Thong Nguyen, Eastern Kentucky University; David M. Parry, Penn State Altoona; Jerrod Scott, Brookhaven College; Leonard Shulte, North West Arkansas Community College; Robert T. Sweet, Clark State Community College; Ron Wilburn, University of Nevada, Las Vegas; and David Wisdo, Columbus State University. 我们还要对穆伦堡学院和楚克斯勒图书馆（Trexler Library）馆员所提供的持续帮助表示感谢。

第1章
哲学的事业

1.1 导　言

> 哲学并不是空洞的体系和无聊的构思；所有社会生活中的规则和行为都属于它的广大领域。
> ——詹姆斯·汤姆森
> （James Thomson）

正如柏拉图（Plato）所言，哲学"起源于惊异"——想知道宇宙及其内容，以及我们在宇宙中的位置。宇宙是什么？它是仅仅由物质构成的吗，还是说它也包括了一些非物质的东西（如精灵鬼怪）？我们又如何知道这一点呢？感觉经验是知识的唯一来源吗，还是说也有其他得到知识的方式？为什么我们会存在？我们是作为上帝神圣计划的一部分而被创造出来的吗，还是说我们纯粹是自然进程的产物？真的存在上帝吗？如果存在，他（或者她/它）又是什么样的呢？我们又是一种什么样的生物呢？我们是有一个在身体死亡后还能持存的灵魂呢，还是说如果身体死亡了我们也就不存在了？我们是自己命运的主宰者吗，还是说我们的行为已经被某种我们并不能掌控的力量所决定了？我们对于他人有哪些义务呢？我们是否有义务去帮助其他人，还是说我们只要不伤害他人就已经尽到义务了？这些问题对我们来说既熟悉又陌生：说熟悉，是因为大多人都曾在生命中的某个时刻不得不面对这些问题，说陌生，是因为我们不清楚该怎样着手去回答它们。跟大多数问题不同，这些问题是无法通过科学研究得到解决的。有人可能因此说这就使得这些问题的答案变得不可知了。但是说某种东西是不可知的就已经对知识本质的问题作出了回答，因为除非你首先预设了一种特定的关于知识的理论，否则你不能声称某些东西是不可知的。哲学问题之所以不可避免，是因为任何试图避免它们的尝试都要求你首先在这些问题上采取某种立场。正如帕斯卡（Pascal）所讲："对哲学的嘲弄也是一种哲学"。

不论你自己有没有意识到，其实你已经预设了对上述问题的某种答案，而这些预设就构成了你自己的哲学。作为学科的哲学则会批判地审视我们的这些预设，试图判断它们是否正确。哲学（philosophy）一词的本义就是"爱智慧"，来自古希腊词philo（意为"爱"）和sophia（意为"智慧"）的结合。不过爱智慧——渴望知道真理（truth）只是做哲学的动机之一，另一个动机则是渴望过好的生活。行动都基于信念，而基于真信念的行动要比基于假信念的行动更容易成功。所以，持有真的哲学信念符合你的利益，本书的目的就是帮助你实现这一目标。通过向你描述和解释如何做哲学并鼓励你去做哲学，本书力图为你发展自己的哲学提供必要的智力工具。

物理学家沃纳·海森堡（Werner Heisenberg）说过："所谓的专家，就是那些知道一些在他的学科里面所能犯的最严重的错误是什么而且知道如何避免这些错误的人"。在哲学学科中，了解那些主要的理论及其面临的问题是尤为重要的。当你构建你自己的哲学时，你肯定不想重复其他人的错误，而当你研究各种哲学理论面对的问题时，你可能会发现你自己的一些哲学信念是错误的。为了帮助你避免犯哲学上的错误，本书会沿着哲学历史发展的轨迹，对哲学中的一系列中心问题展开讨论。在读完每一章后，你应该会对过去那些哲学理论的强项和弱点有一个良好的把握，而且你也可以认识到通往未来研究的最有前景的途径。

哲学是对关于世界及我们在世界中所处位置的真理的探寻。通过做哲学，你将学会区分好的理由和坏的理由、强论证（argument）与弱论证，以及可信的理论与不太可信的理论。你将会发现并非所有看法都一样好。虽然每个人都有权持有某种观点，但观点有正确和错误之分。习得这些批判性思维的技艺能够帮助你做出更可靠的判断，并降低你被诈骗犯、撒谎者和吹牛家忽悠的几率。

做哲学涉及到反思那些你用来组织经验、引导决策的信念和价值。这要求你质疑预设，分析概念，并做出推断。在这个过程中，你将会发现一些你之前没有意识到的联系、关系和意义。因此，做哲学会加深你对自身和你的世界的理解。

我们将通过审查一些哲学中心问题的本质和意义来开始我们的哲学探索。然后，我们将考查哲学家用来解决这些问题的方法。哲学思考是极其讲究逻辑的。为了区分可信的与不可信的哲学断言，你必须知道合乎逻辑的论证与不合逻辑的论证之间的不同。本章的第二节概述了人们用来证明其观点的各种论证类型。而最后一节则考查一种被广泛用来检验哲学理论的方法：思想实验（thought experiments）。哲学问题都是概念问题，而概念问题可以在心灵的实验室中得到最有效的解决。

> 对真理的发现和对善的实践是哲学最重要的两个目标。
> ——伏尔泰（Voltaire）

本章目标

在读完本章后，你应该能够做到：
- 识别哲学的各个分支领域。
- 描述一些基本的哲学问题。
- 区分充分条件与必要条件，因果可能性与逻辑可能性。
- 识别和评估不同类型的论证。
- 认出各种非形式的逻辑谬误。
- 使用充足性标准评估假说。
- 运用思想实验检验理论。

1.2 解释不可能之物之可能性：哲学问题与理论

> 人是由其信念所构成的，他即他所信。
> ——《薄伽梵歌》
> （Bhagavad Gita）

每当我们审视那些与我们有着不同哲学的人的生活时，我们就能显著地意识到自己的思想和行为在多大程度上被我们自己的哲学所影响。比如说，很多西方人会相信世界中包含物质事物，我们的感官给了我们有关此类事物的知识，而我们的"自我"可以作为正当的关注对象。但是很多东方人却否认这三个论断。对他们来说，意识（consciousness）才是唯一的实在，神秘体验是知识的唯一来源，而对"自我"之存在的坚信则是万恶之源。所以，他们的生活也与我们的截然不同（对比一下一个佛教僧侣的生活与一个华尔街大亨的生活吧）。由于我们过着什么样的生活由我们持有的哲学信念决定，不关注自己的哲学是危险的。如果我们的哲学有缺陷，我们就可能会终生追求错误的理想、崇拜错误的神祇并且怀有错误的希望。这也就是为什么古希腊哲学家苏格拉底（Socrates）坚持说"未经省察的人生是不值得过的"。

如果我们从不审视自己的哲学，不仅我们的生活质量会受损，而且我们的自由也可能受损。每个社会、每种宗教和每个意识形态都提供了某些对哲学问题的回答，在成长的过程中我们已经将这些答案内化了，但是如果我们从来不去质疑这些回答——如果我们从来没有通过与其他可选项进行对比来批判地评估它们，那么我们的信念就并不真正属于我们自己。如果我们没有自由地选择我们思想与行为所基于的那些原则，那么我们的思想和行为就不是真正自由的。通过用对证据的讲究道理的（reasoned）考虑来替代对权威的盲目接受，哲学探究将我们从先入之见和偏见中解放出来。

由于我们的生命是由我们的哲学所塑造的，很多人都愿意为他的哲学而死。比方说，革命就常常是被某种哲学所激发的，例如美国①革命、俄国革命和伊朗革命就是分别由民主资本主义、马克思的共产主义和伊斯兰原教旨主义所点燃的，一场革命最终能否成功的决定性因素，不在于其武装力量强弱，而在于其背后哲学的力量大小。正如拿破仑（Napoleon）所认识到的，"世界上有两种力量：刀剑和思想。从长远来看，刀剑总是被思想打败"。但只有以站得住脚的观念武装的思想才能战胜刀剑，而哲学探究的目标就是要判定我们的哲学信念实际上是否站得住脚。

各种哲学问题

哲学信念可以被分为四个大类，它们分别对应哲学的四个主要领域：（1）形

---

① 由于本书作者为美国学者，这本书最初是面向美国的大学生的，所以书中经常会以美国的事物举例。请读者注意：当文中提到类似"我们国家""这个国家"这样的说法时都是指美国。——译者注（本书脚注如非另行标出，均为译者注）

而上学（metaphysics）：对终极实在的研究，（2）认识论（epistemology）：对知识的研究，（3）价值论（axiology）：对价值（value）的研究及（4）逻辑学（logic）：对正确推理的研究。下面列出了各个哲学分支领域所探索的一些问题。

形而上学
- 世界是由什么构成的？
- 世界是否只包含了一种实在（比如物质）？还是也包含了其他种类的东西（比如心灵）？
- 心灵是什么？
- 心灵和身体是如何关联的？
- 在身体死亡后心灵还能持存吗？
- 我们拥有自由意志吗？还是说每个行为都已经被之前的原因决定了？
- 什么是一个人（person）[①]？
- 在什么条件下才能说某时刻的一个人跟另一时刻的一个人是同一的？
- 上帝存在吗？

认识论
- 知识是什么？
- 知识有哪些来源？
- 真理是什么？
- 我们能否获得有关外部世界的知识？
- 我们在什么条件下相信某些东西才是得到证成（justified）的？

价值论
- 价值是什么？
- 价值有哪些来源？
- 是什么决定了一个行为是对的或错的？
- 是什么决定了一个人是好人或坏人？
- 是什么使得一个艺术品成为美的？
- 价值判断是客观的还是主观的？

[①] person通常是指具有理性或自由意志的存在者，一个具有personhood（人格）的存在者。虽然它经常被简单地翻译为"人"，不过更精确的表述是"人格体"，我们不能将它等同于human being（人类），因为有某些人类并不是人格体，而某些人格体并不是人类。中文里的"人"既可能指人格体（例如"外星人"并非指外星的人类，而是指外星的有理性的生物），也可能指人类，容易产生歧义。为了进行区分我在文中统一将human或者在语境中特指人类的代词（如anyone、someone、whoever等）都译为"人类"——事实上这种情况出现的并不多，而将person以及其他所有在语境中指代人格体的代词都简单译为"人"，以免语言过于繁琐。

- 道德是否以上帝的存在为必要条件？
- 存在普遍的人权吗？
- 最好的政府组织形式是什么样的？
- 公民不服从（civil disobedience）①可以是合理的吗？

逻辑学
- 什么叫作一个论证？
- 存在哪些种类的论证？
- 区分好的论证与坏的论证的标准是什么？
- 我们在什么条件下才能合理地相信某个论证的结论？

无论我们是否有意识地考虑过上面这些问题，我们都无意识地预设了对这些问题的某种回答。我们都对什么是真实的、什么是有价值的以及我们如何知道哪些东西是真实的和有价值的拥有某些信念。哲学检视这些信念，并发现其中哪些信念值得我们的赞同。

哲学信念不仅会影响我们自己如何生活，也会影响我们的求知方式。我们有关实在的理论决定我们去寻求什么事物；有关知识的理论决定我们如何去寻求这些事物，而我们的价值理论决定我们如何对待这些被我们发现的事物。与在日常生活中一样，在科学领域拥有一个好的哲学也是很重要的，正如英国哲学家阿尔弗雷德·怀特海（Alfred North Whitehead）所说，"任何科学都不会比它默认预设的无意识的形而上学更稳固"。各个领域中所暗含的哲学预设被哲学的额外分支领域所研究，比如科学哲学、宗教哲学、艺术哲学、历史哲学、教育哲学、法律哲学。虽然每种智识探究都假定了某种对哲学问题的回答，这些问题的正确答案却远非显而易见的。在讨论哲学问题时我们很难得到确定的答案，其原因在于有关实在、知识和价值的各种观点往往看起来都同样可信。

比如说，我们考虑这两个信念："宇宙中只包含物质的东西"和"我们拥有心灵"。科学的成功使得前一种信念更有说服力，而我们的个人经验却支持后者。但这两种信念似乎不能同时为真，因为我们的心灵似乎并不是物质的东西。物质的东西拥有诸如质量、自旋动量和电荷等属性；而心灵明显没有这些属性。举例而言，你想着自己现在正在读一本书，那你的这个想法有多重？有多长？它的电荷是多少？这些问题听起来很荒谬，因为思想不像是那种能具有物理属性的东西。这是否意味着心灵就是非物质的？如果是的话，心灵如何能影响身体呢？反过来身体又如何影响心灵呢？这些就是**心—身问题**（mind-body problem）所提出的问题。

> 哲学是生活的法则与艺术，它教会我们在任何情况下都能判断该怎么做，就像好的射手能在任何距离都射中靶心一样。
> ——塞内卡（Seneca）

---

① civil disobedience 也被翻译为"非暴力不合作"或"不合作主义"，通常是指公民出于道德的理由而以非暴力形式反抗法律的行为。

人格同一性问题（problem of personal identity）①起源于这两种信念：在一生中我们在很多方面都会发生变化，以及这些变化都发生在同一个人身上。但是如果我们已经变了，那么我们就与原来不同了。一个人如何能既发生变化又仍然是同一个人呢？

自由意志问题（problem of free will）来自这两种信念：每个事件都有一个原因，以及人具有自由意志。但是如果每个事件都是由之前的某事导致的，我们的行为又如何取决于我们自身呢？

恶的存在问题（problem of evil）起源于这两种信念：世界是由一个全知、全能、全善的存在（即上帝）创造的，与世界上存在着很多恶。如果上帝是全知的，那么他就知道有恶存在；如果上帝是全善的，那么他就不想有恶存在；而且如果他是全能的，那么他就有能力阻止恶的存在。那么为何在这样一个上帝所创造的世界里还会有恶呢？

道德相对主义问题（problem of moral relativism）来自这两种信念：某些行为在客观上就是对的或者错的，以及所有的道德判断都是相对的。如果所有的道德判断都是相对的（取决于个人、社会或宗教等），那么就没有什么行为在客观上是错的或对的。但是如果没有任何行为在客观上是对的或错的，又如何可能会有在道德问题上的分歧呢？如果相信某行为是对的就使得该行为成为对的，那么还有谁能合理地指责其他人做的事情是错的呢？

怀疑论问题（problem of skepticism）来自这两种信念：知识需要确定性，以及我们对于外部世界拥有知识。我们对外部世界的知识来自感官经验，但是感官有时会欺骗我们。既然我们不确定通过感官所获得的信念是否为真，我们如何能拥有关于外部世界的知识呢？

我们的一些关于实在、知识和价值的最根本的信念似乎是相互矛盾的。对于任何想要理解这个世界及我们在该世界中的位置的人来说，这种情况都令人不安。如果这些信念真的相互矛盾，那么就至少有一方的信念是错的。而如果我们按照错误的信念行事，我们的行为就不太可能成功。为了能通过一种说得通的方式看待这个世界并借此达到我们行为的目标，哲学力图消除我们信念系统中的这些矛盾之处。

利害攸关的哲学探究

使我们的信念系统具有一贯性并非无足轻重的工作，因为不仅我们个人的想法和行为取决于很多哲学信念的真确，很多社会机构也是如此。如果那些信念被证明是错的，那么以该信念为基础的社会机构也必须做出根本性的改变或者干脆被废

心—身问题
关于一个物质的东西如何能拥有心灵的哲学问题。

人格同一性问题
关于一个人如何可能在变化了以后还是同一个人的哲学问题。

自由意志问题
关于一个在因果上被决定了的行为如何能是自由的的哲学问题。

恶的存在问题
关于在一个由全知全能全善的存在所创造的世界里怎么会有恶的哲学问题。

道德相对主义问题
关于世界上如何可能存在绝对的道德标准的哲学问题。

怀疑论问题
关于我们如何能具有知识的哲学问题。

---

① personal identity 也被译为"个人同一性"或"自我同一性"。

除掉。要了解哲学探究到底有何利害攸关之处，我们需要检视一下接受或者拒绝上述哲学信念意味着什么。

心—身问题

> 形而上学即灵魂的解剖学。
> ——斯坦尼斯拉斯·巴福勒
> （Stanislas Boufflers）

许多哲学家和科学家都认为心灵无非是大脑而已。因与他人共同发现DNA结构而获得诺贝尔奖的弗兰西斯·克里克（Francis Crick）就为这样的观点辩护过。在他的著作《惊人的假说》（*The Astonishing Hypothesis*）中，他说道，"这个令人震惊的假说，是指你的快乐、你的悲伤、你的记忆和抱负，你对自己人格同一性和自由意志的感觉其实都只是一大堆神经细胞和相关分子的行为而已。刘易斯·卡罗尔（Lewis Carroll）笔下的爱丽丝可能会使用这样的说法："你除了一团神经元，什么都不是。""（注：仿"You are nothing but a pack of cards"）[2]。克里克的假说也许是惊人的，但并不新奇。古希腊哲学家留基伯（Leucippus）和德谟克利特（Democritus）在两千五百多年前就提出我们完全是物质性的存在。在他们看来，我们只是一堆原子（即一种总是做随机运动的不可分的物质微粒）而已。如果克里克和留基伯是对的，那么大多数宗教信徒就是错的——我们的生命不会比我们的身体存续得更长久。当身体死去，我们就不再存在。

另外，如果心灵是物质的东西，那么我们就应该可以制造一个心灵出来。许多人工智能领域的工作者相信，要造出与跟我们同样智能的机器人只是一个时间问题罢了。由于计算机的演化速度比我们快得多，智能机器人可能很快就会变得比我们聪明很多。麻省理工学院的人工智能实验室创始人之一马文·闵斯基（Marvin Minsky）曾说过："如果我们够幸运的话，这些智能机器人或许会愿意留着我们当宠物。"

自由意志问题

> 否认自由意志的存在就会使道德成为不可能。
> ——詹姆斯·弗劳德
> （James Froude）

通常大家都认为我们只能对自己自由履行的行为负责。如果某事是我们违背自己的意愿而被迫做的，我们就不该为此受到指责。但如果所有事情都是被某个前因导致的，那么看起来似乎我们做的任何事情都不取决于自己了，因为我们所有的行为都被超出我们控制的外力所决定。于是，普遍因果规律似乎与存在自由意志的观念是矛盾的。

认为我们没有自由意志这种看法一直被认为来自唯物主义。古希腊人意识到，如果所有事情的发生都是诸多原子碰撞产生的结果，那么，我们对未来就是无能为力的，该发生的一切都会发生。我们也许看起来像是自身命运的主宰，但那不过是个幻觉。

近些年，这种观点也得到了哈佛大学的心理学家斯金纳（B. F. Skinner）的强烈支持。斯金纳认为，自由意志的信念是一个万物有灵论时代留下的的前科学信念，那时我们相信所有物体都有灵魂，而只有在放弃了这种观念后，物理学、化学和生物学等学科才得以发展。同样的，他认为也只有在放弃了人类行为是由一个内在主体导致的这一信念后，心理学才可能成为一门科学。在斯金纳看来，我们是由周边环境所编程的机器人，成年人的行为都是他们童年遭遇的结果。因此，我们既不必为我们的行为负责，也不应因我们的成就得到奖赏。在一个真正文明的社会里，自由和尊严都是无用的观念。[3]

斯金纳相信我们的行为主要是被我们如何被教育和培养所决定的，而另一些科学家则相信我们的行为主要取决于遗传的基因或本性。在这些科学家看来，编码于我们基因中的信息不仅决定了我们的身体制造了什么样的蛋白质，而且还决定了我们会怎样对周围的环境作出反应。就如生物学家理查德·道金斯（Richard Dawkins）所说，"我们只是生存机器而已——被盲目地设定去保存一种自私的分子（基因）的运载工具"。[4] 所以，道金斯同意斯金纳关于我们是机器人的信念，他只是在我们的"主程序"来自哪里这个问题上持有不同观点。

如果这两位科学家中的任何一位是对的，那么我们的很多社会机构都需要被彻底改革了。斯金纳就是这样认为的，他还写了一本叫做《瓦尔登湖2》（*Walden II*）的书来描绘一个取消了自由意志观念的世界里的生活。在这个世界里没有律师，因为律师是用来判定人要负有什么责任的，但是斯金纳认为在这个世界里人们不用为他们的行为负责；这个世界里也没有监狱，因为如果人们无需为他们的行为负责，那么就没有人应该为其所做的事受到惩罚，那些从事反社会行为的人只是没有被恰当的编程而已，只需要把他们送到一个行为矫正中心进行重新编程即可。

一些心理学家主张行为矫正技术应该得到更广泛的使用，比如心理学家詹姆斯·麦康内尔（James McConnell）就曾写到：

> 当……的时候这一天就会到来，那时很可能会出现一种非常快速和高效的正面洗脑技术，这种技术能让我们剧烈地改变一个人的行为和个性……
>
> 我们应该重造我们的社会，让每个人从小就被训练得只想做那些社会想要我们做的事情，现在我们有技术来实现它了……没有人拥有自己的个性……你无权决定你会获得什么样的个性，如果你的旧个性是反社会的，也没有理由认为你有权拒绝获得一个新的个性……现在的行为心理学家就是《美丽新世界》（*Brave New World*）①的设计师和工程师。[5]

一个由这种技术所主导的世界还的确会是一个美丽的新世界呢。

> 一个不具有危险性的观念就不配被叫做一个观念。
> ——艾尔伯特·哈伯德（Elbert Hubbard）

---

① 《美丽新世界》是 Aldous Huxley 在1932年出版的一本反乌托邦小说，在小说所描写的未来世界中，所有人从出生到死亡其思想和性格都被全面地控制着。

> 同一性的感觉使得我们将自我体验为一种具有持续性和相同性的东西，并基于此种体验去行动。
> ——埃里克·埃里克森（Erik Erikson）

人格同一性问题

相信人们可以在一段时间跨度里保持人格同一性是我们的法律系统的基石。比如说假设你签署了一个为期30年的抵押合同，通常人们就会期待你谨守该合同的条款——即使在这30年间你的身体和记忆都会发生巨大的变化。不过在某些特定的情况下，如果人们的变化足够大，法律也认可他们的法律责任发生改变。比如说在假释听证会上人们经常会听到这样的论证："他已经不是十年前的那个人了，现在的他已经认识到自己行为的错误并且改过自新了，因此他应该被允许假释。"但是一个人在什么方面以及在多大程度上发生了改变我们才能认为他已经是另一个不同的人了呢？

有人认为只要发生了任何改变，不管改变有多小，我们都成为了另一个人。例如佛教信徒就认为因为世间一切事物都是在不断变化的，所以我们也同样如此。对他们来说，每个瞬间自我都在被重新创造出来。另一些人则认为只有某些方面的变化才能改变我们的人格同一性，我们是谁似乎是跟我们的记忆密切相关的，如果我们患了完全的失忆症因而记不得自己的任何事情了，那么就有根据说我们已经停止存在了。这是否意味着我们就是我们的记忆？如果我们不记得自己做过一些事，是否就可以正当地宣称我们没有做过这些事？我们可不可以为不记得自己做过的事情受到惩罚？如果有一种方式能将我们的记忆从现在的身体转移到另一个身体会怎样——比如说通过脑移植（部分的脑移植现在已经被实现了）？我们在转移后还存在吗？如果我们的记忆被转移到一个具有不同性别的身体呢？很多计算机科学家相信不久就有可能将我们的记忆从大脑转移到计算机里。我们能否在计算机里面存在呢？如果将我的记忆上传到两台不同的计算机呢？会不会出现两个我？虽然这些问题看起来很离谱，有人却相信在不久的将来我们就不得不面对这些问题。如何解答这些问题就取决于我们如何理解人格同一性。

> 在罗马就要像罗马人一样做事。
> ——圣安布罗斯（St. Ambrose）

道德相对主义问题

我们每个人都常常做出道德判断，对于在道德上什么是对的什么是错的我们都会持有一些信念，有时候我们甚至会对某种行为或政策的道德性质展开非常激烈的争论。但是在道德问题（比如堕胎问题、死刑问题、毒品问题等）上的广泛分歧导致很多人相信不存在客观的道德标准。如果道德问题只关乎个人看法，那么讨论什么是对的什么是错的就没有意义了——正如我们没有必要争论巧克力味更好还是香草味更好，因为在口味问题上是没有统一标准的。

另外，如果我们相信什么是对的什么就是对的，那我们在道德上就是不可能犯错的了。只要我们做自认为正确的事情，我们就不会做错事。但是这种看法貌似也不太可信。我们对于某事正确的信念并不能使其成为正确，否则我们就不得不说希特勒（Hitler）做的也是对的（假设他相信自己所做之事的话）。做正确的事似乎不仅仅是做那些你相信是正确的事。

说道德是主观的会面临种种严重的困难，但是说道德是客观的也同样如此。解决这些问题很重要，因为我们的社会上和个人生活中的很多问题都属于道德问题，只要我们问："在……问题上我们应该怎么做？"，我们就是在问一个道德问题。我们如何回答这些问题是被我们关于道德义务的考虑所决定的，所以搞清楚我们到底有哪些道德义务就很重要了。

恶的存在问题

我们已经看到一个全知全能全善的存在与恶的存在似乎是不相容的，而如果上帝仅仅拥有三种特征中的两种的话就没有这个问题了。比如说，如果上帝是全知全善的却不是全能的，那么我们就可以通过声称上帝不能阻止恶来解释恶的存在；如果上帝是全能全善的却不是全知的，那么我们可以通过声称上帝不知道有恶存在来解释恶的存在；如果上帝是全知全能却不是全善的，那么我们可以通过说上帝并不反对恶的存在来解释恶的存在。但是对于很多人来说，有着这些局限的存在已经不能叫做是上帝了。所以除非我们能找到一种解决该问题的办法，否则传统的上帝概念就必须被修正。

> 如果上帝被证明真的存在的话，我并不认为他是恶的，对于他，你能做的最坏的评价是，基本上他表现得很差劲。
> ——伍迪·艾伦（Woody Allen）

怀疑论问题

我们往往声称自己知道很多有关周围世界的东西，比如说我们会说自己知道雪是白的，地球绕着太阳转，$E = mc^2$。但是如果我们真的知道什么东西的话，似乎我们就必须对此百分之百确定，因为只要有错误的可能性，我们就无法声称自己真正知道。问题在于，我们大多数关于外部世界的信息都是通过感官获取的，而从感官所认识的东西都是没办法确定的，我们总会错误地识别或是解释感觉经验。由于我们无法排除这种可能性，所以有人认为我们不可能拥有关于外部世界的知识。

西方学术传统中的怀疑论者通常不会说我们的感觉经验全都是虚幻的，他们只是说无法排除这种可能性。由于任何知识都需要以确定性为条件，这些怀疑论者只需要说感觉经验有可能会误导我们即可。然而，很多东方的思想家会比这些西方的怀疑论者走得更远，他们声称我们的感觉经验全都是幻觉，但是这并不意味着我们就不会拥有关于实在的知识了，因为对他们来说知识可以通过神秘体验来获得。他们认为，神秘体验能使我们直接接触到实在，并揭示我们在清醒时的一般意识只是一个梦。由于这些神秘主义者对实在的说法与一些现代物理学家的论断看起来很相似，一些西方思想家就赞同将神秘体验当作知识的一个来源。如果不可能有关于外部世界的知识，或者知识有不同于被西方传统上所认可的那种来源的其他来源，那么，我们有关教育以及智识探究的观念都不得不从根本上被改变。

现在我们应该可以清楚地看到有多少东西取决于我们的哲学了。我们的信念

> 我们所知道的非常少，而我们所不知道的却非常多。
> ——皮埃尔-西蒙·拉普拉斯（Pierre-Simon Laplace）

你的哲学是什么?

对这些问题你怎么看?你有哪些哲学信念?你可以通过在每个问题后面的空格上写一个恰当的数字来表明你的观点。使用下面的衡量办法:5=正确;4=可能正确;3=无法确定;2=可能错误;1=错误。

1. 心灵(或灵魂)可以独立于身体而存在。_____
2. 心灵就是大脑或者大脑的副产品。_____
3. 人类有自由意志。_____
4. 我们的所有行为都是由那些超出我们控制的力量决定的。_____
5. 人们可以在一个时间跨度中保持其人格同一性,所以一个70岁的人和一个5岁的人可以是同一个人。_____
6. 人无法在一个时间跨度里保持同一性,因为他们总是在发生变化。_____
7. 存在适用于所有地方的所有人的普遍道德原则。_____
8. 道德是相对于社会或者个人而言的。_____
9. 存在一个全知全能全善的上帝。_____
10. 上帝不存在。_____
11. 我们可以拥有关于外部世界的确定知识。_____
12. 真正的知识是不可能获得的,我们有的只是意见而已。_____

你的各个观点是相一致的吗?读完本书之后,你或许可以再测试一次,并看看你的观点有没有发生变化。

系统的结构可以被类比为一棵树的结构,正如一些树枝支撑着另一些树枝,一些信念也支撑着另一些信念;正如大的树枝比小的树枝支撑着更多的树枝,那些基本的信念也比次一级的信念支持着更多的信念。我们的哲学信念就是一些最为基本的信念,因为它们是很多其他信念的预设。所以拒绝一个哲学信念就类似于砍掉一个大树枝,或者甚至就是砍掉了树干的一部分,所有那些依赖于该基本信念而存在的信念也必须同时被拒绝。

哲学探究的目标就是获致一个既全面又融贯的信念系统或世界观:全面是指它能够说明我们经验的方方面面,融贯是指它的各个信念之间不会相互矛盾。这样一个世界观不仅能让我们更好地理解这个世界,还能帮助我们更有效地应对这个世界。

充要条件

正如我们看到的,哲学问题之所以产生,是因为我们的一些最为基本的信念似乎是相互冲突的,要解决这些问题就需要消除这些冲突。而这个过程的第一步就是先要对这些信念所关涉之物有一个正确的认识。

许多哲学问题都具有这样的形式:_____的本质是什么?(空格处所填的就是讨论的核心对象)例如:心灵的本质是什么?自由意志的本质呢?道德呢?上帝呢?知识呢?探究某物的本质就是要识别出那些使该物成为该物的特征。这些特征被认

> 有一点是令人怀疑的:人类的智力可以构建出一种无法被恰当运用的人类智力所解决的谜题。
> ——埃德加·爱伦·坡
> (Edgar Allan Poe)

为是区别性的或定义性的，是被那类事物所共有并且只被那类事物所有的特征。

比如说如果我们想要解决心—身问题，我们就必须知道"拥有一个心灵"是什么意思，而要知道这一点，我们就必须要知道对于所有拥有心灵的事物，并且只对于拥有心灵的那些事物而言，存在着什么共同点，而这个共同点使他们可以被称作"拥有心灵"。知道这个也就相当于知道"拥有心灵"的充要条件[①]。

必要条件是一项要求；它是使某物可以发生或存在的一个必须被满足的条件。比如说你毕业的一个必要条件就是要修够一定数量的课程，它之所以是必要条件是因为只有你满足了这个要求你才能毕业。类似地，作为一个单身汉的必要条件就是处于未婚状态，因为只有一个人是未婚的他才能成为单身汉；作为一个奶牛的必要条件就是它是动物，因为只有某物是动物它才可能是奶牛；作为三角形的必要条件就是它有三个边，因为只有某物具有三个边它才能是三角形。总的来说，如果X是Y的必要条件，则Y的存在就蕴涵了X的存在，因为没有X，Y就不可能存在或出现。

如果X是Y的必要条件，那么就不可能Y存在而X却不存在。比如说，成为一个美国公民是成为美国总统的必要条件，因为美国总统不可能不是美国公民。要表明**X不是**Y的必要条件，你只需要表明有可能存在Y却不同时存在X。比如说，如果有人说作为男性是成为美国总统的必要条件，那么你只需要表明女性也有可能成为美国总统就可以反驳他。即使从来没有女性当过美国总统，说性别为男是当美国总统的必要条件也是错的，因为女性是可能当美国总统的。

一个必要条件只是一项要求，而一个**充分条件**则满足所有的要求。换句话说，有它就足够了，它给了你所需要的一切。举个例子，从大学毕业是满足所有课程要求的充分条件，它之所以是充分的是因为如果你毕业了，那么你也肯定完成了所有课程。类似的，作为一个单身汉是作为一个男人的充分条件，因为只要你是单身汉，你就肯定是男人；作为一个奶牛是作为一个动物的充分条件，因为任何一个是奶牛的东西也必然是一个动物；作为一个有三条边的平面图形是作为一个三角形的充分条件，因为如果一个东西是有三条边的平面图形，那么它也就是一个三角形。总的来说，如果X是Y的充分条件，则X的存在就蕴涵了Y的存在，因为X的存在已经保证了Y的存在。

如果X是Y的充分条件，则不可能存在X却不存在Y。举个例子，作为神父是作为未婚者的一个充分条件，因为不可能有一个神父不是未婚的。要表明X**不是**Y的充分条件，你只需要表明有可能存在一个X却不同时存在Y。比如说，假设有人声称作为一个有四条边的平面图形是作为正方形的充分条件，那么你只需要表明有可

[①] "充要条件"的英文为 necessary and sufficient conditions，它也被译为"充分必要条件"或"唯一条件"，即一个既充分又必要的条件。所以某物的充要条件一定是它的充分条件，也一定是它的必要条件。要知道某物的定义或本质其实就是要知道它的充要条件。

> **必要条件**
> X是Y的必要条件，当且仅当，没有X的话Y就不可能存在。
>
> **充分条件**
> X是Y的充分条件，当且仅当，没有Y的话X就不可能存在。

能存在一个有四条边的平面图形不是正方形就能反驳他了——比如你可以画出一个长方形。

逻辑学家用"当且仅当"这个短语来说明一个条件或一个条件集合既是必要的也是充分的。举例而言，一个东西是名词，当且仅当，它是一个被当作名字或指称来用的词语。意识到这一点很重要：一个条件可以是必要的却不是充分的，比如氧气是燃烧的必要条件却不是充分条件，因为可以有氧气却没有发生燃烧。类似地，一个条件也可以是充分的却不是必要的，比如把头砍掉是死亡的充分条件却不是必要条件，因为死亡也可以通过其他方式发生。

并非只有哲学家才去寻找**充要条件**，科学家也经常想要知道是什么让某物成为该物。比如说在构建元素周期表的时候化学家们就试图发现每种元素的本质或内核，他们发现成为某个特定元素的充要条件就是拥有某个特定的原子序数（一个元素的原子序数即它的原子核中质子的数目）。比如成为金子的充要条件就是其原子序数为79。

要判断一个条件对某物的存在是否是必要的或充分的，就要看该物是否可能在该条件未被满足时存在。或者反过来，看在该条件得到满足时该物是否可能不存在。如果某物在缺乏该条件时仍然可以存在，那么该条件对于该物来说就不是必要条件。比如，身高低于十英尺不是作为单身汉的必要条件，因为有可能某人是单身汉但其身高却高于十英尺。即使历史上所有的单身汉以及未来的所有单身汉的身高都不会超过十英尺，身高低于十英尺依然不是身为单身汉的必要条件，因为身高不是单身汉身份的一项要求。反过来看，如果某条件得到满足了而该物却可能不存在，那么该条件就不是该物的充分条件。比如说，爱某人不是被这个人爱的充分条件，因为感情可能不是相互的。

要充分理解某物的本质或核心——知道是什么使该物成为该物——就是要知道它的充要条件。如果我们只知道其中一个，那么我们就没办法知道该物是否在场。比如，关于单身汉，如果我们只知道未婚状况是它的一个必要条件，那么我们就不知道一个未婚的女人是否是一个单身汉；同样，如果我们只知道作为神父是作为单身汉的一个充分条件，那么我们就不知道某个不是神父的人是否为单身汉。所以理想状态下，我们理解了某物就意味着我们知道了它的充要条件。

然而，这种理想状况在实践中可能无法实现，因为我们所感兴趣的概念未必具有清晰的界限。比如我们考虑一下"游戏"（Game）这个概念，英国哲学家路德维希·维特根斯坦（Ludwig Wittgenstein）就宣称，就游戏都是游戏而言，它们不具有一套共同的充要条件，他要我们想一想各种各样都被我们称作"游戏"的活动：如棋类游戏、牌类游戏、球类游戏、奥林匹克运动会（Olympic Games），等等。他断言，并没有什么特征或特征集是被所有这些游戏所共有的。他们中有的是一个由纵横交错的相似性构成的相互重叠的网络，类似于一个家族成员之间所存在的那种网络。所以他更愿意说游戏之间分享一种"家族相似性"而非共有一个相同的本质或内核。[6]

有些人认为维特根斯坦关于"游戏"概念的看法是错的,并认为我们可以给游戏确定一个充要条件。例如伯纳德·苏次(Bernard Suits)在其著作《蟋蟀:游戏、生活与乌托邦》(*The Grasshopper: Games, Life And Utopia*)中就对游戏做了深入的分析,并将其定义为"自愿克服不必要障碍的尝试"[7]。其他人也给出过类似的分析[8]。而且,即使"游戏"这个概念是模糊的,我们也还是可以力求更加清晰地描述它。正如我们已经看到的那样,我们的观念体系内部充满了各种矛盾,如果我们可以能通过将模糊的概念限定得更清楚来消除一些矛盾的话,也是再好不过的。德国哲学家鲁道夫·卡尔纳普(Rudolf Carnap)将这个过程叫作"辨明"(explication)并定义其为"将一个不严格的、前科学的概念转化为一个新的严格的概念"[9]。通过使我们的概念框架更加融贯,对概念的辨明可以加深和扩大我们对世界的理解。

另外,在很多时候要解决一个哲学问题并不需要完整地给出它的充要条件,只确定充分条件或必要条件,或者有时只表明一个条件**不是**充分或必要条件可能就足够了。比如说,自由意志问题之所以产生是因为如果我们的所有行为都被一些超出我们控制的力量所决定的话我们似乎就不可能自由地行动了。如果只有一个行为进程向我们开放——如果我们不可能做出其他行为——我们就没有自由意志。但是有些人却论证说"可能做出其他行为"并非自由意志存在的必要条件——即使我们不可能做出其他行为,我们也可以被看做是在自由地行动。如果这些人是正确的,那么他们可能就解决(或消解)了自由意志问题。

要确定一个概念的充要条件是很困难的,因为我们可能会理解一个概念却没办法说明它的适用条件。比如说我们可以理解"玩笑"(Joke)这个概念,却没办法说明是什么使得某物成为一个玩笑。当运用某概念的条件不清楚的时候,我们常常需要通过一种假想的方法来澄清它。这涉及到构建一个运用某概念的条件的假说并测试这个假说以确定此假说中的条件是否必要或充分。这种概念探究的方法是由古希腊著名哲学家苏格拉底(Socrates,公元前469—前399年)所开创的。

苏格拉底与苏格拉底辩驳法

苏格拉底是西方哲学史中的核心人物,这不仅仅是因为这个学科的很多核心问题都是由他首先提出的,而且也因为他首创了一种沿用至今的用来回答这些问题的方法。在苏格拉底之前也有一些哲学家,但他们只是被统称为"前苏格拉底哲学家",从这点上也可以看出他对于哲学学科的重要性。前苏格拉底哲学家们主要关心那些有关实在之本质的问题,苏格拉底一开始也对这些问题感兴趣,还跟着阿那克萨戈拉(Anaxagoras)学习过一段时间(阿那克萨戈拉曾教授学生说太阳是一大

> 这个世纪的哲学就是下个世纪的常识。
> ——亨利·沃尔特·比彻(Henry Ward Beecher)

> 行动者不过是思想者无意识的工具而已。
> ——海因里希·海涅(Heinrich Heine)

块熔化了的岩石，并因此被控不虔敬之罪），但他最终放弃了对自然的研究，这或许是因为似乎没有办法判断何种实在理论才是正确的（我们现在进行科学研究所用的实验方法在那时还没有被设计出来）。他转而将他卓越的智力投入到那些与人类生活具有更直接联系的问题的研究上来，开始寻求像"何谓正义（justice）?""何谓德性（virtue）?""何谓知识?"一类问题的答案，由于我们的生活就是由我们对这些问题的回答所指导的，所以苏格拉底声称只有仔细思考过这些问题的人才能过上好的生活。

苏格拉底出生于雅典，从事石匠行业，正如大多数体格健全的雅典男性一样，他也曾在军队中服役。但与大多数人不同的是，他因在战场上的优异表现而著称。据说在德利安（Delium）之战中，他救了色诺芬（Xenophon）的命并不失尊严地撤退了，而其他雅典人都在仓皇逃窜；而在坡特地（Potideaea）之战中，他因彻夜坚守阵地的英勇表现而被授予嘉奖。但是最让他出名的是他与一些雅典重要人物的公开谈话。

苏格拉底的人格与智力之卓越是如此的广为人知，以至于当他的朋友凯勒丰（Chaerophon）去问德尔斐（Delphi）神庙的神谕者是否有人比苏格拉底还要有智慧时，该女祭司回答说："在所有活着的人当中，苏格拉底是最有智慧的。"当这句话传到苏格拉底的耳朵里后，他认为神谕者一定搞错了，所以他打算证明她是错的。他想到只要能找到一个比他更有智慧的人他就能证明神谕者的错误，于是他就去寻找那个时代最伟大的政治家、诗人和手艺人，以判断他们中是否有人拥有真正的智慧。苏格拉底将他的寻找过程描述如下：

> 我去拜访一位有着极高智慧声望的人，并对这个人进行了彻底的考察。我与他交谈时得到了这种印象，尽管在许多人眼中，特别是在他自己看来，他好像是聪明的，但事实上他并不聪明。于是我试着告诉他，他只是认为自己是聪明的，但并不是真的聪明，结果引起他的怨恨，在场的许多人也对我不满。然而，我在离开那里时想，好吧，我肯定比这个人更聪明。我们两人都无任何知识值得自吹自擂，但他却认为他知道某些他不知道的事情，而我对自己的无知相当清楚。在这一点上，我似乎比他稍微聪明一点，因为我不认为自己知道那些我不知道的事情。[10]

虽然苏格拉底没有找到任何一个比他更有智慧的人，他并没有就此总结说他就拥有什么那些人所没有的实质性的知识，他声称，让他比那些人更有智慧之处仅仅在于：他知道自己没有任何智慧，而他们不知道这一点。

苏格拉底喜欢在市场上质询别人，而且他经常会吸引一大群人，可是没人乐意在公共场合出丑，所以最终就有一些被苏格拉底的尖锐问话所刺痛的人去控告他。诗人米利都（Miletus）、皮革匠阿尼图斯（Anytus）和演讲家吕康（Lycon）将苏格拉底告上法庭，他们声称他犯了崇拜假神和败坏青年之罪，应被判处死刑。苏格拉底在雅典的五百人议事会面前接受了审判，这个过程被他的学生柏拉图记录了下来（苏格拉底从来没有把自己的思想形诸文字，所以我们对苏格拉底哲学的了解大多是来自柏拉图的对话录，其中苏格拉底总是作为主角出现）。苏格拉底否认了这些指控，申辩说他所做的不过是寻求真理而已。但是议事员们并没有被他说服，而是以280人赞成220人反对的投票结果判定他有罪。当他们按照惯例询问苏格拉底觉得什么样的刑罚较为合宜时，苏格拉底带有挑衅意味地回应说他应得的待遇是让城邦用公共经费将他供养在普瑞特尼（Pyrtaneum）大殿（即供养奥林匹克运动会

新闻报道：德尔斐神庙的神谕者

德尔斐神庙的神谕者是古希腊最受崇敬和最有影响力的人之一，她为农民何时播种，将军们何时开战提供建议，没有得到她的祝福的话，任何重要的计划都不能实施。电影《黑客帝国》（The Matrix）中的神谕者就是以德尔斐神庙的神谕者为原型的，她们都会预知未来，都在房门上面悬挂着"认识你自己"这句格言（虽然一个是希腊文一个是拉丁文）。这个神秘的人物到底是谁呢？实际上神谕者并非某个单独的人，而是一连串具有无瑕美德的年长女性，她们的职能是充当阿波罗神（Apollo）的传声筒。

德尔斐神庙坐落于帕纳塞斯山上，此处是阿波罗的圣地，因为据荷马（Homer）讲述，阿波罗杀死了巨龙派斯（Python）后，巨龙的尸体落入了帕纳塞斯山上一个岩洞的裂缝中。巨龙的尸体腐烂时散发出烟雾，而神谕者们（也被称为皮媞亚Pythia）就会坐在该裂缝之上的一个三脚架上，吸入这些烟雾，并被阿波罗附体。她在这种迷醉的状态下说出一些预言，这些预言往往含糊不清，但是希腊的祭司们会把它们翻译为六步格诗以便于大家理解。

亚历山大大帝第一次出征前去过德尔斐神庙寻求神谕者的建议，但是当他到达时据说神谕者不在，因为急于知道这场战争能否成功，他追踪到神谕者本人并强迫她做一个预言，于是神谕者就恼怒地叫道："啊！年轻人，你真是不可战胜呀！"，亚历山大将此当作一个好的预言，然后就出发去征服世界了。

当代地质学研究已经发现了迷醉烟雾的可能源头。

几年前，希腊研究人员在神庙地下发现了一个东西走向的断层，后来德·包尔（卫斯理安大学的地质学家）及其同事又发现了另一个南北走向的断层，他说"地下的这两个断层彼此交叉并且相互作用"。

大概每一百年一次的地震摇动这些断层，它们被临近的石块加热从而使沉积于石块内部的碳氢化合物蒸发出来，这些气体与地表水混合后弥漫在温泉周围。

德·包尔对神庙附近的泉水中的碳氢气体做了一个分析，他发现其中含有乙烯，这种气体有种甜味，而且可以让人产生类似漂浮和灵魂出窍的麻醉效果。

"乙烯的吸入可以很好地解释皮媞亚的行为及其催眠状态。"戴安娜·哈瑞斯-克林（华盛顿大学古典学教授）说。而且她认为"再加上某种社会期待的作用，一个女人在这样的密闭空间很有可能会不由自主地说出一连串的神谕"。[12] 当特尔斐神庙下面的裂缝停止产生气体之后，古希腊的祭司们就有意地开始在山洞里燃烧一些颠茄和曼陀罗，他们发现从这些烟雾中也能得到些还不错的神启说辞。

获奖者与战争英雄的大殿），以此来表彰他为雅典人民所做的贡献。议事员们被他傲慢的语气所激怒，然后进行了另一轮投票，并以360票对140票的结果判他死刑。

被判刑的罪犯通常在判决第二天就会被处决，然而苏格拉底的处决却被推迟了三十天，这是因为每年一度的为庆祝忒修斯（Theseus）击败米诺陶（Minotaur）而开往得洛斯岛（Delos）的圣船已经出航了，而为了表示对阿波罗的尊敬，圣船航行在海上期间任何人都不得被处死。在这段时间里苏格拉底与他的弟子们进行了很多卓越的哲学讨论。

苏格拉底的朋友们知道，对他的指控是错误的，而对他的判决更是不公正的，所以他们试图帮助苏格拉底越狱，他们已经为他准备好了一条船，并说服守卫打开了他的牢门，但是苏格拉底却拒绝离开，提出因为他毕生都受益于雅典的公民权利，他也有义务服从雅典公民所做出的决定。当圣船从得洛斯岛返回后，苏格拉底饮毒芹汁而死。

根据传记作者第欧根尼·拉尔修（Diogenes Laertius）的说法，雅典公民之后很快就认识到他们的判决是错误的，他这样写到：

> 之后不久雅典人就感到如此悔恨，以至于他们关闭了训练场和体育馆，又将米利都处死，将其他控告者流放。他们为苏格拉底树立了一个铜像以纪念他，该铜像由雕塑家利西普斯（Lysippus）创作并被放置到陈列大厅。[11]

前苏格拉底哲学家

在古希腊，哲学与科学有一个共同的起源，这就是公元前600年左右的爱琴海沿岸，在那里泰勒斯（Thales，约公元前624—前546年）首先提出和回答了一个哲学家们和科学家们直到今日还在努力解决的问题："世界是由什么构成的？"。泰勒斯的问题有两个重要的预设：（1）一个事物的本质是由组成它的东西所决定的；（2）一切事物都是由同一种质料构成的。我们今天最前沿的物理学理论——弦理论——也同样具有这两个预设，根据弦理论，世界上的一切事物都是由各种极其小的、多维的、以不同频率振动的弦构成的。泰勒斯提出的基本质料不像弦这么神秘，他认为世界是由水构成的。虽然这个理论似乎不太可信，但是我们应该注意到水是可以以多种状态存在的：固态、液态、气态。泰勒斯显然相信世界上的一切事物都只是水的不同状态而已。

古希腊人传统上公认有四种不同的基质：气、土、水、火。泰勒斯声称其实只有一种基质：水，而所有其他的东西只是水的变体而已。不过泰勒斯的学生阿那克西曼德（Anaximander，约公元前610—前546年）却不太信服泰勒斯的说法，因为它没办法解释火的存在。或许土和气的确是另一种形式的水，但是火是不可能由水构成的，因为水会灭掉火。另外，他还认为泰勒斯的理论没办法解释变化的存在，水或许可以以多种形式存在，但是泰勒斯没办法解释是什么让水形成了这么多种形式。

阿那克西曼德试图改进泰勒斯的理论，于是他提出了一种关于变化的机制，他认为变化是两组相反的东西之间战争的结果，即"热质"与

"冷质"之间的战争、"干质"与"湿质"之间的战争。由于每种力量都试图取得主导地位,所以没有哪一种能成为最基本的。所以他推论说最原初的质料一定完全不同于现在的各种存在物,他将这种质料叫做阿派朗(Apeiron),意思是"无限的"或"无界的",从这种基本的质料中析出了上述的四种力,并带来了我们所看到的这个世界。

在当代科学理论中也能听到阿那克西曼德学说的回响,现代物理学认为四种基本的力——电磁力、重力、强核力、弱核力——导致了所有的变化,它还认为那个一切事物都由之而来的原初质料现在已经不在了,这种质料只是在大爆炸(使宇宙诞生的事件)发生那一刻时存在,但是当它冷却下来后它就变成了我们现在熟知的各种粒子。

阿那克西美尼(Anaximines,死于公元前528年)是泰勒斯的另一个学生,他认为阿那克西曼德的理论比泰勒斯的好不了多少,因为它没办法解释四种基本的力是如何从阿派朗中产生的,他认为泰勒斯的想法是对的,只不过是选错了基质而已,他认为最基本的基质是气。不过跟泰勒斯不同,他可以解释气是如何具有各种不同的形式的:通过浓缩和稀释。将气浓缩就会得到水,将水浓缩就会得到土,将气稀释就会得到火。因此阿那克西美尼就可以用一种基本的基质来解释全部四种元素了。

毕达哥拉斯(Pythagoras,主要活跃于公元前530年)是唯一一个今日仍然广为人知的前苏格拉底哲学家,我们将他看作毕达哥拉斯定理的发现者。但是他还首创了一种新的理解世界的方式,他认为使某物成为某物的不是构成它的质料,而是它所拥有的形式。另外,他还声称形式是可以用数学的方式来表达的,毕达哥拉斯在数学上有很多重要的发现,包括平方数、立方数,以及无理数。跟毕达哥拉斯一样,现代科学也同样认为自然的内在形式是可以用数学的方式来表示的(这就是为什么所有的理科学生都要学习数学)。

其他前苏格拉底哲学家主要关注有关变化的问题,并提出了各种迥然相异的理论。这个问题是:一些东西如何能发生变化却还是同一个东西?如果它变化了,那么它就与之前不同了,而如果它有了不同,它就不再是同一个东西了。赫拉克利特(Heraclitus,约公元前535—前475年)认为变化是无可否认的事实,因此我们应该放弃那种认为事物经历变化后还是同样的想法,他有一句悖论式的断言:"唯一不变的就是变化",而且"你永远不能两次踏入同一条河流"。另一方面,巴门尼德(Parmenides,生于公元前515年)却相信只有那些不变的事物才是真实的,所以他否认有任何变化发生。对他来说变化只是一种假象。

巴门尼德的观点之所以重要是因为它是基于一个逻辑的论证,他断定任何包含逻辑矛盾的事物都是不可能存在的,所以他推出不存在之物不会存在。另外,他推论出如果没有一个地方没有东西——如果任何地方都被东西占据——那就没有地方能被某物移动进去。所以运动及变化就是不可能的。虽然看上去我们可以从一个地方移动到另一个地方,但那只是幻觉。对巴门尼德来说世界就是一个永远不变的固态的球体。

虽然他的学生埃利亚的芝诺(Zeno of Elea,约公元前490—前430年)又提出了一些论证来支持他的观点,巴门尼德的观点并没有被大多数古希腊思想家认可。为了解决这个僵局,德谟克利特(Democritus,约公元前460—前370年)结合了赫拉克利特的洞见和巴门尼德的洞见,他确认了真空的存在并声称世界是由空间中不断运动的粒子构成的,这些粒子就像巴门尼德所说的世界:它们没有内在的结构,也不能被打破为更小的部分。德谟克利特将它们叫作"原子"(atoms),该词来自古希腊词"atomon",意思是"不可分割的"。我们当代所说的原子不是不可分割的,但是我们也认为存在着像电子、夸克这样的不可分割的粒子,而这些粒子构成了一切事物。关于前苏格拉底哲学家,最重要的不在于他们理论的细节,而在于他们提出以及回答这些问题的各种方式,这些方式塑造了两千多年以来的西方思想史。

苏格拉底（公元前469—前399）

显然雅典人民最终同意了苏格拉底的看法：通过教导雅典人寻求德性和智慧，他的确做出了有价值的公共服务。

当苏格拉底询问别人像"何谓正义？"、"何谓德性？"、"何谓知识？"这样的问题时，那些人往往会举一些这些概念的例子来回答，但是苏格拉底并不接受这样的回答，因为他们并没有真正回答他的问题。他想要知道的是，是什么使得他问的那个东西成为那个东西，而举例无法提供这种类型的知识。一旦他使对话者给出了某概念的充要条件，他就会检验这些条件是否真的是必要的或充分的。

比如说在柏拉图的对话《游叙弗伦》（*Euthyphro*）中苏格拉底想要确定是什么使得某物成为虔敬的，因为他相信神学家对此会有一些了解，于是他就去询问一个年轻的神学家游叙弗伦。当时游叙弗伦正打算起诉他的父亲犯了谋杀罪，事情大概是这样的：他父亲的一个雇工有一次发酒疯杀死了他们的一个家奴，于是他父亲将这个雇工抓住并捆绑了手脚丢进了一个沟里。然后他派了一个信使到雅典去询问宗教权威该如何处置这个罪犯，不过同时他不再管那个工人，想着就算他死了也没关系，反正他就是个杀人犯。这个工人真的就在信使回来之前死掉了，于是游叙弗伦声称他的父亲犯了谋杀该雇工的罪。苏格拉底正好在法院门口的台阶上遇到了游叙弗伦：

> 苏格拉底：那么请告诉我你是怎样定义虔诚和不虔诚的？
>
> 游叙弗伦：呃……我认为虔诚就是我现在所做的事情，如起诉那些犯了谋杀罪或渎神的抢劫罪或者任何其他类似的罪恶的，不管犯罪者是你的父亲、你的母亲还是其他人。而不起诉他们就是不虔敬……
>
> 苏格拉底：……我的朋友啊，你还没有明白我的问题，虔敬是什么？你仅仅说你现在做的就是虔敬的，即起诉你的父亲犯了谋杀罪。
>
> 游叙弗伦：是啊，苏格拉底，我说的不对吗？
>
> 苏格拉底：或许吧，但是，游叙弗伦，还有很多种事情你也会说它们是虔敬呢！
>
> 游叙弗伦：因为那些行为的确就是虔敬的呀！
>
> 苏格拉底：你要记着我不是要你告诉我那么多种虔敬行为中的一个或两个例子，我想要你告诉我使得所有虔敬行为成为虔敬的那个虔敬的本质形式。我相信你也会认可存在一个使得所有不虔敬行为不虔敬的理想形式，以及使得所有虔敬行为虔敬的形式。你还记得我问的吗？
>
> 游叙弗伦：记得。
>
> 苏格拉底：那么，请准确地告诉我那个理想的形式是什么？如果我知道了这个形式，将它当作一个对照的标准，我就能判断你或者其他人所做的任何行为是否是虔敬的，如果行为与它相似就是虔敬的，否则就不是。

游叙弗伦：苏格拉底，如果你是要知道这个的话，我当然可以告诉你。

苏格拉底：这正是我想要知道的。

游叙弗伦：呃……能让神灵们高兴的就是虔敬的，使他们不高兴的就是不虔敬的。

苏格拉底：真棒啊游叙弗伦，你终于给了一个我想要的答案。不过我现在还不知道这个答案是否正确，我想你一定会继续向我证明它是正确的吧！

游叙弗伦：我一定会的。[13]

现在苏格拉底的问题得到了一个回答，游叙弗伦终于提出了判断某物是否是虔敬的的充要条件，苏格拉底还要继续测试这个回答，他要判断这个条件是否真的是必要的和充分的。

苏格拉底：来吧，让我们看看我们说的是什么意思：让神灵们高兴的人或事就是虔敬的，让神灵们厌恶的人或事就是不虔敬的。但是虔敬和不虔敬不是一回事，虔敬正是不虔敬的反面，是不是？

游叙弗伦：是的……

苏格拉底：那么，高贵的游叙弗伦啊，根据你的说法有些神灵把一个东西当作正确的，而其他神灵把另一个东西当作正确的，类似地，他们关于什么是光荣的和什么是卑鄙的、什么是好的和什么是坏的的看法也是不同的。如果他们在这些问题上没有不同看法，他们就不会相互之间意见不合，是不是？

游叙弗伦：你说得对。

苏格拉底：而且每个神是都会喜欢自认为是高尚的、好的和正义的事物，而讨厌相反的，是吗？

游叙弗伦：当然是。

苏格拉底：但是，按照你的说法，同样的事情他们中有的觉得是正确的，有的觉得是错误的，而且他们因为意见不合而彼此争吵、相互战斗，是不是？

游叙弗伦：是的。

苏格拉底：那么看起来就有同样的东西会被某些神灵喜爱却另一些神灵讨厌，同样的东西就会既让他们高兴又让他们不高兴。

游叙弗伦：看起来是这样。

苏格拉底：那么根据这个论证，游叙弗伦，同样的东西就会既是虔敬的又是不虔敬的。

游叙弗伦：有可能是这样。

苏格拉底：如果这样的话，我可敬的朋友，你还是没有回答我的问题。我并没有问你什么是既虔敬的又不虔敬的，但是看起来使得神灵高兴的也会让他们厌恶。所以，游叙弗伦，如果有这样的情况发生是毫不稀奇：你要惩罚你的父亲这个行为会让宙斯（Zeus）高兴，但是却让克洛诺斯（Cronus）和乌拉诺斯（Uranus）讨厌，会被赫菲斯托斯（Hephaestus）欢迎，却被赫拉（Hera）憎恶，而如果其他的神灵对此看法也不同的话，也会使他们中的一些人满意却使另一些憎恶。[14]

游叙弗伦提出虔敬就是那些使神灵们高兴的。苏格拉底通过考察这个提议蕴涵了什么来测试它，他指出使某个神灵高兴的可能会使其他的神灵不高兴，比如说让宙斯高兴的可能不会使赫拉高兴。所以如果让神灵们高兴就是使某物成为虔敬的条件，某些事情就同时既是虔敬的又是不虔敬的。但这不可能，因为没有东西能同时既具有一个属性又缺乏一个属性。所以这个条件就不可能是正确的，使神灵高兴就既不是虔敬的必要条件也不是虔敬的充分条件。

下面列出了利用苏格拉底辩驳法分析一个概念的步骤：

1. **确定或提出一个问题**。你需要问"是什么使得某物成为X？""凭什么认定某物是X？""使某物成为X在逻辑上如何可能？""X与Y之间的逻辑关系是什么？"。

2. **提出一个假说**（hypothesis）。详细说明适用所提问题中那个概念的充分或必要条件。努力确定所有这个概念适用的事物都拥有，而且仅被这个概念适用的事物所拥有的特征。

3. **推导出一个待测试的蕴涵结论**（test implication）。你需要问"如果这个假说为真会怎样？""它蕴涵了什么？""它使我们不得不接受什么？"。待测试的蕴涵结论具有这种形式：如果假说H为真，那么概念X就可以适用于这种情况。

4. **进行测试**。判定这个概念是否适用于设想的那种情况。

5. **接受或拒绝该假说**。如果该概念适用于你设想的那种情况，那么就有理由认为它为真，否则就有理由认定它为假。如果是后一种情况，你应该要么抛弃这个假说，要么回到第二步对它进行修正。

科学与科学方法

> 所有科学的主要目标都是从最少的假说中推演出最多的经验事实。
> ——阿尔伯特·爱因斯坦（Albert Einstein）

哲学家的工作是努力确定概念运用的充要条件，而科学家的工作是努力确定事件发生的充要条件。以天王星的轨道问题为例，到1844年时人们发现天王星的轨道存在摇摆现象，而这是无法通过牛顿的万有引力定律和运动定律来解释的。人们观察到的轨道与理论上预计的轨道之间有两个弧度的差距，这个差距远远大于在其他行星上发现的差距。如果天文学家们不能解释这是如何发生的，那么牛顿的理论就会遇到麻烦，因为它与经验数据矛盾。在1845年天文学家奥本·勒维耶（Urbain Leverrier）提出假定另一颗未知行星的存在来解释天王星轨道的摇摆。利用牛顿的万有引力定律和运动定律，他计算出了使得天王星能发生所观测到的摇摆的行星的质量和轨道，他请求天文学家约翰·加勒（Johann Galle）到天空中某个特定的区域去寻找这颗新行星，加勒开始寻找后不到一个小时就发现了一个星象图上没有记载的东西，当他第二天晚上再次去观察时这个东西已经移动了很长一段距离，加勒就这样发现了海王星。

天王星的轨道似乎是不可能的，因为它与根据牛顿的万有引力定律和运动定律所做的计算相冲突，勒威耶通过识别出使得天王星的轨道与牛顿的理论相一致的充分条件来解释了它是如何可能的。由于勒威耶的断言被证明是对的，牛顿的理论就不必被修改或抛弃了。

所以，科学方法涉及到下列几个步骤：

1. **识别出或提出一个问题**。你需要问"是什么导致某物成为X？""X是因为什么而发生的？""X的发生在因果上是如何可能的？""X与Y之间的因果关系是怎样的？"

2. **提出一个假说**。你需要确定某事件发生的充要条件，努力确定那些所有导致X发生的事件都具有，并且只被这些事件具有的特征。

3. **推导出一个待测试的蕴涵结论**。你需要问"如果该假说为真会怎样？""该假说蕴涵了什么？""它使我们不得不接受什么？"。待测试的蕴涵结论具有这种形式：如果假说H为真，那么X事件就会在这种状况下发生。

4. **进行测试**。在实验室中创造一个这样的状况，或者在实践中寻找这样一个状况。

5. **接受或拒绝该假说**。如果设想的事件的确在该状况下发生，那么就有理由

思想的法则

逻辑律经常被称作思想的法则，因为正如社会法则使得社会成为可能，逻辑律使得思想成为可能。亚里士多德（Aristotle，公元前384—前322年）第一个将这些定律整理出来，它们包括：

无矛盾律：没有任何东西能同时既具有一个性质又没有这个性质（没有陈述能同时既是对的又是错的）。

同一律：任何事物都与它自身同一（任何事物都是它自身而不是其他东西）。

排中律：任何事物要么具有某性质要么不具有该性质（任何陈述都要么是对的要么是错的）。

如果你想要对世界进行思考，你的思想就必然包含一定的内容，它们必然会将世界以某种方式而非其他方式展现出来。但是如果无矛盾律不成立的话，这种展现就成为不可能的，因为这种情况下你思想中的任何东西都既是对的也是错的。在这种情况下思考就成为不可能的了，亚里士多德这样解释道：

……如果所有东西都同时既是对的又是错的，一个人在这种情况下就既不能说也不能表达任何有意义的东西了；因为他只要一说就是在同时在说"对"也是在说"错"。而如果他只能无差别地"思考"或"不思考"，却不能做出任何判断，那他与植物又有什么不同呢？[15]

> 到底有何不同呢？如果不遵守无矛盾律，你就不可能承认或者否认任何事情，因为每个承认同时也是否认。但是如果不可能承认或否认任何事情，你就不可能思考了。
>
> 因为思想的法则是所有逻辑证明的基础，所以这些定律本身就不可能通过逻辑的实证得到证明，但是它们可以通过演示下面这一点被间接地证明：即你不可能否认它们而不同时预设它们！亚里士多德是这样表述这一点的：
>
> > 上述所有证明的起点是来自这一事实：我们的反对者会说一些对于他自己以及他人而言有意义的话；如果他真的要说些什么的话，这就是必然的，因为如果他说的话没有任何含义，他就没办法进行推理——不论是对自己推理，还是对他人推理。但是如果真的有人能说出什么有意义的陈述的话，对该陈述的证明就是可能的，因为我们已经有了一些确定的观点。而具有证明责任的人不是提出证明的人而是倾听的人，因为在他否认理性的同时他也是在倾听理性。总之，只要是承认这一点的人也必然承认了在上述证明之外还是有一些东西是对的。[16]
>
> 我们没办法向那些不说任何东西的人证明无矛盾律，因为该证明需要我们说的话有一个特定的含义而非其他的含义。但另一方面，我们也不需要向那些说了任何特定事情的人证明无矛盾律，因为只要说了什么特定的事情，这个说话者就已经承认他的话为真了。

相信该假说为真，否则就有理由相信它为假。在后一种情况下，你应该要么拒绝这个假说要么回到第二步对它进行修正。

和科学一样，哲学的目标也是解决问题和达致真理，但与科学不同的是，哲学更关注解释一个概念的运用是如何可能的，而非一个事件是如何可能发生的。杰瑞·福多（Jerry Fodor）用下面这个例子说明了这两者之间的不同：

> 试考虑这个问题："是什么使得麦片成为冠军早餐（breakfast of champions）①？"（可能有些人没有听说过麦片，它是一种包装的谷类食品，不过在此细节并不是很重要。）我们可以注意到，至少有两种回答该问题的方式。一种回答方式可能是这样的（这种方式被我称作"因果的叙事"）："使得麦片成为冠军早餐的是它所包含的有益于健康的维生素和矿物质"；或"应该是麦片中的碳水化合物，它可以提供给人在困难和紧张的时日里所需的能量"；或"应该是麦片中的分子的独特韧性，它可以让人有不寻常的耐力和恢复能力"；等等。我要提出还有另外一种恰当地回答"是什么使得麦片成为冠军早餐？"的方式，我将它称为"概念的叙事"。在当前这个例子中，我们可以这样准确表述这个概念故事：使得麦片成为冠军早餐的是这一事实：有足够多的冠军早餐都吃麦片。我认为这就是使得任何食品成为冠军早餐的充要条件，这一句话就说完了有关麦片的概念故事。
>
> 重点是要注意到属于概念叙事的回答方式一般来说不属于因果叙事的回答方式，反过来也是如此。[17]

---

① "breakfast of champions"字面意思是"冠军们吃的早餐"，常用其引申义"最优早餐"或"最佳早餐"。

对"是什么使得某物成为X？"这种形式的问题有两种回答方式：（1）说明使得X产生的因果上的充要条件；（2）说明成为X的逻辑上的充要条件。第一种回答（因果的叙事）通常由科学提供，第二种回答（概念的叙事）通常由哲学提供。因此要理解哲学与科学的不同，最重要的就是理解因果可能性与逻辑可能性之间的不同。

逻辑可能性与因果可能性

某物在**逻辑上是不可能的**当且仅当它违反了某条逻辑律，而逻辑的最根本定律就是**无矛盾律**，该定律说没有任何事物能同时既具有又缺乏某个性质。比如，一个圆的方在逻辑上是不可能的，因为没有任何东西能同时既是圆的又是方的。任何逻辑上不可能的东西都不可能存在，例如我们知道世界上没有圆的方，没有已婚的单身汉，也没有最大的数字，因为这些概念本身就包含了矛盾。所以逻辑律不仅仅决定了理性的界限，它也决定了实在的界限。这就是为何卓越的德国逻辑学家戈特洛布·弗雷格（Gottlob Frege）将逻辑称作"对科学的法则的法则的研究"。

科学的法则必须符合逻辑律，但是逻辑律不需要服从科学的定律。换句话说，即使某物在因果上是不可能的它在逻辑上也可以是可能的。某物是**因果上是不可能的**当且仅当它违反了某条自然法则。比如说一头奶牛可以跳到月球上在因果上是不可能的，因为这违反了有关质量、力、加速度、重力等因素的自然法则，但是这样的壮举并非是逻辑上不可能的，因为"跳到月球上的奶牛"这个概念并没有包含逻辑矛盾。所以逻辑可能性的范围比因果可能性的范围更广，有很多东西都是在逻辑上可能而在因果上不可能的。

由于科学理论试图解释一个事件的发生在因果上如何可能，所以这些理论通常可以通过在实验室做物理实验来进行测试，如果一个科学理论是正确的，那么在特定的条件下特定的事件就会发生。科学家们通过构建一种满足这种条件的人工环境来测试其理论，如果事件如所预料地发生了，那么说明测试成功，否则则失败。比如说你想要测试一种新的抗菌药物的有效性，你可以在培养基里培养一些细菌并将该药物投放进去，如果大部分的细菌都死亡了，则你有理由相信该药物是有效的。

由于哲学理论试图解释的是一个概念的适用在逻辑上如何可能，这些理论就不能用科学家实验室里的物理实验进行测试，但是它们可以通过心灵实验室中的思想实验进行测试。如果一个哲学理论是正确的，那么某特定的概念就可以在某特定的条件下适用。哲学家们通过构建一些满足特定条件的想象的情形来测试他们的理论。如果该概念如所预料地那样可以适用，则测试成功，否则就失败。所以虽然哲学处理的是抽象的概念而非具体的事件，哲学的理论也可以被测试，而且测试的结

> 发现可能性之界限的唯一方法就是超越它并进入不可能的世界。
> ——阿瑟·克拉克（Arthur C. Clarke）

逻辑不可能性
某物在逻辑上是不可能的，当且仅当它违反了某条逻辑律。

无矛盾律
没有任何事物能在相同的时间和相同的方面既具有又缺乏某个性质。

因果不可能性
某物是因果上是不可能的，当且仅当它违反了某条自然定律。

果也可以用来判断这些理论的说服力。

思想探究

> **可能性**
> 下面这些情形是因果上可能的吗？是逻辑上可能的吗？——一个长羽毛的人，比光速更快的移动，一只讲英语的猫，一个讲英语的保龄球，一只下彩蛋的兔子，一个软壳的质数，一个会思考的机器，一个有灵魂的电脑。

总 结

我们每个人都有一套哲学，因为我们都有一些关于什么是真的、什么是有价值的以及我们如何知道什么是真的和什么是有价值的的信念。我们生活的质地是被我们的哲学所决定的，因为我们所做的每个决定都受我们对实在、价值和知识的观点所影响。哲学探究的目标就是判断这些观点是否可行。

哲学问题产生自我们的这一发现：我们的一些最基本的信念似乎是相互矛盾的。在很多中心问题上表面的矛盾导致了心—身问题、人格同一性问题、自由意志问题、恶的存在问题、道德相对主义问题和怀疑论问题。哲学探究试图通过解释某概念如何可能（或为什么不可能）适用于某些事物来解决这些信念之间的冲突。

哲学与科学的不同在于，它试图解释一个概念如何可能适用于某条件而非一个事件如何可能发生。哲学理论提供一个概念之适用的逻辑上的充要条件，而科学理论提供一个事件发生的物理的充要条件。由于科学理论解释了事件之间的因果关系，它们可以通过实验室里的物理实验得到测试。由于哲学理论解释了概念之间的逻辑关系，它们可以通过心灵实验室里的思想实验得到测试。

学习问题

1. 哲学的四个主要分支领域是什么？
2. 哲学问题是如何产生的？
3. 哲学问题可以被如何解决？
4. 什么是必要条件？
5. 什么是充分条件？
6. 哲学理论试图解释什么？
7. 科学理论试图解释什么？

8. 是什么使得某物成为逻辑上可能的？
9. 是什么使得某物成为因果上可能的？
10. 如何检验科学理论？
11. 如何检验哲学理论？

讨论问题

1. 你的哲学是如何影响你对你的行为作出决定的？请举例说明。
2. 哲学信念是唯一值得为之去死的信念吗？请用例子阐释你的观点。
3. 如果克里克能令人信服地证明我们"除了一团神经元，什么都不是"怎么办？这会对我们的法律体系产生什么影响？对我们的宗教信仰呢？
4. 如果我们没有自由意志这一观点能得到充分的证明，我们该怎么办？这会对我们的法律体系有何影响？对我们的宗教信仰呢？
5. 如果拥有知识是不可能的这一观点能得到充分的证明会怎样？这对我们的教育系统会产生何种影响？对政府所支持的各项研究呢？
6. 身为爱荷华州居民是身为美国居民的必要条件还是充分条件？
7. 身为美国公民是身为美国总统的必要条件还是充分条件？

网络探究

1. 你的信念系统有多融贯呢？要想知道这一点，就在"哲学家杂志"（*The Philosophers' Magazine*）网站做一个"哲学健康检查"吧！

   网址：http://www.philosophersmag.com/games

2. 2006年Edge网站的"世界问题中心"向很多重要的思想家提出问题："你最危险的观念是什么？"他们的回答可以在此看到：https://www.edge.org/responses/what-is-your-dangerous-idea。哪些观念之所以危险是因为它迫使我们重新检验我们的哲学信念？你认为哪个观念是最危险的？为什么？

3. 第欧根尼·拉尔修为苏格拉底（以及其他很多古希腊哲学家）写的传记可以在此看到：http://classicpersuasion.org/pw/diogenes/ 阅读苏格拉底的传记。你是否同意苏格拉底是最有智慧的人？为什么？

1.3 证据与推断——证明你的观点

> 古人云:"真理就在井里",按照这个比喻,我们可以说逻辑就是让我们取得井水的阶梯。
> ——艾萨克·华兹
> (Isaac Watts)

要想获得真理,我们就必须正确地推理。哲学家们对此早有重视,并将对正确推理——逻辑——的研究当作一个中心问题。逻辑学并不试图判断人们事实上是如何推理的,而只对人们应当如何推理进行判断——如果人们想要避免错误和虚假的话。逻辑地进行思考就是理性地思考,而理性思考最有可能引导我们走向真理。

当你做哲学时,你要么在试图判断一个论断是否为真,要么在试图证明一个论断为真。前一活动需要你能**识别**和**评价**其他人的论证,而后者则需要你能**构建**和**辩护**你自己的论证。要完成这两步工作都需要你遵循特定的规则和程序。掌握这些规则和程序不仅能让你成为一个更好的思考者,也会让你讲话和写作时更有说服力。

一个合理的论断与一个不合理的论断之区别在于,合理的论断被好的理由所支持。当你给出一些使得人们相信某论断为真的理由时,你就是在做出一个论证。你所给出的那些理由(这些理由本身也是一些论断)就是你论证的**前提**,而你想要支持的那个论断就是你论证的**结论**。所以一个**论证**就是由一组断言所构成,其中包括了一个或多个前提与一个从这些前提中推出的结论。

在日常话语中,任何形态的意见分歧都被叫作"争论"(argument),然而我们都知道这些争论有可能毫无逻辑性。在哲学中,"论证"(argument)这个术语仅仅指那些在前提与结论之间具有逻辑联系的论断。

一个好的论证就是一个为其结论提供了好的理由的论证。为了帮助我们区分好的论证与坏的论证,逻辑学识别出了一些前提与结论之间形成联系的方式,只有这些方式才能真正使得结论从前提中推出。只有当结论是逻辑地从前提中推出时,该论证才为其结论提供了一个好的理由。

试考虑下面这个论证:

1. 玫瑰花是红色的。
2. 紫罗兰是蓝色的。
3. 所以,黄水仙是黄色的。

这个论证中的所有前提都为真,但是它并不是一个好的论证,因为它的结论并不能从前提中推出,在前提和结论之间没有逻辑联系。所以它并没有为我们相信其结论提供一个好的理由。

> 逻辑就是说服我们相信某些真理的艺术。
> ——让·德·拉布吕耶尔(Jean De La Bruyere)

识别论证

识别论证的第一步就是识别出它的结论。一个论证的结论就是它想要说出的主要观点,就是该论证试图证成(justify)的那个论断。不过识别出论证的结论并非总是那么容易，因为论证中可能包含了一些中间结论。另外，有时作者甚至会觉得结论是如此明显以至于他都不需要将其说出来了。然而，在很多情况下，结论都跟随在某个结论提示词后面，诸如"因此""所以""由此""因而""从而""结果是""由此可知""显示出了""意味着""蕴涵着""确立了"和"总而言之"。例如下面这些论证：

1. 只有由血肉所组成的东西才能思考，所以电脑不会思考。
2. 你没办法控制你大脑里的神经元，由此推出你没办法控制你做的任何事。
3. 每个人都这样做，因此我也应该被允许这样做。

在上面的每个论证中，结论都跟随在一个结论提示词后面。

不过有时结论前面什么提示词也没有，例如：

4. 存在上帝是由于世界需要一个设计者。
5. 她是个素食主义者，因为她认为吃肉是不道德的。
6. 总统的行为是错的，因为他的行为会助长恐怖主义、加强我们敌人的斗志并疏远我们的友邦。

在上面这些论证中结论都是在前提之前出现的。

一旦你识别出了结论，识别论证的第二步就是识别出它的前提。前提通常会跟随在一些前提提示词后面，例如"由于""因为""因""如果""根据""若是""已知""众所周知"。不过正如结论一样，前提也可能是论证中的第一个论断（见论证1—3）。

识别论证的第三步就是找出它的未说出的前提。一个包含了未说出的前提或结论的论证叫作**"省略三段论"**。以后你将遇到的大部分论证都是这种类型的。

重新考虑一下前三个论证，它们每个都包含了一个未说出的前提，将这些前提表达出来的话，论证就是这个样子：

7. 只有由血肉所组成的东西才能思考；电脑不是由血肉所组成的；所以电脑不会思考。
8. 你没办法控制你大脑里的神经元；如果你没有办法控制你大脑里的神经元，你就没办法控制你做的任何事；由此推出你没办法控制你做的任何事。
9. 每个人都这样做；如果每个人都这样做，那么我也应该被允许这样做；因此我也应该被允许这样做。

将一个论证中那些隐含的论断变得显明，能准确地展示出该论证致力于做什么。处理这种被省略的前提时一定要尽可能地公平，你不希望曲解作者的立场，因为我们识别论证的目的是获得真理。当可以有多种方式来解释一个论证时我们要遵循**善意原则**（principle of charity），即选择那个从逻辑上看最能使这个论证说得通的解释。通过遵循这一原则，你将能够以对其最有利的方式呈现该论证。

论证从根本上可被分为两大类：演绎的（deductive）和归纳的（inductive）。

前提
一个为接受某论证的结论而给出的理由。

结论
一个论证所试图确立的论断。

论证
由一个或多个前提与由前提中所推出的结论所构成的一组论断。

不要相信任何事情，不论你是在哪里读到的，不论是谁说的，不论我是否说过它，除非它与你自己的理性和常识相一致。
——佛陀（Buddha）

好的演绎论证与好的归纳论证的不同在于，演绎论证是有效的（valid）。在一个**有效论证**中，结论是从前提中逻辑地推出的，也就是说在一个有效论证中，逻辑上不可能会出现前提为真而结论为假的情况，因为结论只是表达了隐含在各前提中的东西。试考虑下面这个论证：

1. 如果所有的存在物都是运动中的物质，则不存在脱离物质的精神。
2. 所有的存在物都是运动中的物质。
3. 所以，不存在脱离物质的精神。

这个论证是有效的，因为如果它的前提为真，则结论一定为真。而不可能其前提为真而结论为假。所以演绎论证被称作是"保真"的，因为其前提的真就保证了其结论的真。

而归纳论证不是保真的，因为其前提的真不能保证其结论为真。试考虑下面这个论证：

1. 所有已被观察到的乌鸦都是黑的。
2. 所以，所有未来将被观察到的乌鸦都会是黑的。

有可能该论证的前提为真而结论为假，因为我们并没有观察到所有的乌鸦，我们无法肯定世界上就不存在非黑色的乌鸦。而且，由于我们没办法观察到未来的情况，我们也无法肯定未来也会跟过去一样。所以归纳论证跟演绎论证不同：演绎论证可以肯定地确立其结论，而归纳论证只能高概率地确立其结论。一个强的归纳论证也就是一个假设其前提为真，其结论就很可能为真的论证。

> 在众多事实的蜘蛛网中，很多真理都被绞杀了。
> ——保罗·埃尔德里奇（Paul Eldridge）

演绎论证

一个演绎论证是否有效取决于该论证的结构或形式。有多种方式可以表示一个论证的形式，但是最有效的方式之一就是用字母代替论证中的论断。有些论断是复合的，因为它包含了其他的论断作为组成部分。要准确地表示出这些论断的形式，每个组成部分的论断都应该被单独指定一个字母。比如说一个条件句（或"如果–则"论断）就是复合的，因为它包括了至少两个论断。要准确地表示出这类论断，就应该用一个字母来表示"如果"后面的论断（即"前件"），用另一个字母来表示"则"后面的论断（即"后件"）。通过这种方法我们可以将四种最常见的有效论证的形式表示如下：

> 逻辑是理性之兵器库，它装备着所有进攻和防御的武器。
> ——托马斯·富勒（Thomas Fuller）

一些有效论证的形式

肯定前件（Modus Ponens）

如果p，则q。

p。

所以，q。

例如：

1. 如果灵魂是不朽的（p），则思考就不依赖于大脑活动（q）。
2. 灵魂是不朽的（p）。
3. 所以，思考不依赖于大脑活动（q）。

否定后件（Modus Tollens）

如果p，则q。

非q。

所以，非p。

例如：

1. 如果灵魂是不朽的（p），则思考就不依赖于大脑活动（q）。
2. 思考的确依赖于大脑活动（非q）。
3. 所以，灵魂不是不朽的（非p）。

假言三段论

如果p，则q。

如果q，则r。

所以，如果p，则r。

例如：

1. 如果联邦储备委员会提高了利率，贷款就会更加困难。
2. 如果贷款更加困难，房产销售量就会降低。
3. 所以，如果联邦储备委员会提高了利率，房产销售量就会降低。

析取三段论

或者p，或者q。

非p。

所以，q。

例如：

1. 萨莉或者走路或者乘公交车。
2. 她没有走路。
3. 所以，她乘了公交车。

由于有效性只关乎论证的形式，所以任何拥有这些形式的论证都是有效的——不论它所包含的论断是否为真。所以要判断一个论证的有效性，我们没有必要去判断其前提是否为真。

> 理性是使人获得真理的工具，智力是使人更成功地操纵世界的工具；前者是本质上属于人的，而后者属于人的动物性那部分。
> ——埃利希·弗洛姆
> （Erich Fromm）

省略三段论
一个包含了未说出的前提或结论的论证。

善意原则
选择那个从逻辑上看最能说得通的对论证的解释。

有效论证
一个这样的演绎论证：在该论证中不可能其前提为真而结论为假。

为理解这一点，试考虑下面这个论证：

1. 如果一个人是用锡做的，那么所有人都是用锡做的。

2. 有一个人是用锡做的。

3. 所以，所有人都是用锡做的。

该论证的前提和结论都为假，然而这个论证却是有效的，因为**如果**其前提为真，**则**结论就为真。一个有效论证也可以有假的前提和假的结论，或者假的前提和真的结论，或者真的前提和真的结论。它唯一不可能有的只是真的前提和假的结论。

由于逻辑学的目标是帮助我们发现真理，因此要成为一个好的论证就不能仅仅满足有效性这个要求。此外，论证的前提也必须是真的。当这两个条件都得到满足——一个论证是有效的且其前提为真——则该论证被称作"可靠的"（sound）。

只有一个可靠的论证才能为我们相信其结论为真提供好的理由。要判断你是否有理由相信某论证的结论为真，你就需要判断它是否是可靠的。这包括了三个步骤：（1）识别出前提和结论；（2）判断论证是否有效；（3）判断其前提是否为真。如果该论证不是有效的，你就不需要再进行第三步了，因为在那种情况下，结论不能从前提中推出。

有效论证的形式有很多种，要记住所有形式是不现实的。但是一旦你确定了一个论证的形式，你可以通过这种方式来测试它的有效性，即判断是否存在某个拥有相同形式的论证会使得前提为真而结论为假。如果存在，则该论证是无效的。这样一种诠释就对该论证的有效性论断构成了一个反例。

一些无效论证的形式

肯定后件

如果p，则q。

q。

所以，p。

让我们通过将p替代为"芝加哥是伊利诺伊州的首府"，将q替代为"芝加哥在伊利诺伊州"来测试该论证形式的有效性。则可得到：

1. 如果芝加哥是伊利诺伊州的首府（p），则芝加哥在伊利诺伊州（q）。

2. 芝加哥在伊利诺伊州（p）。

3. 所以，芝加哥是伊利诺伊州的首府（q）。

显然该论证是无效的。你可以回忆一下，在一个有效的论证中不可能出现前提为真而结论为假的现象，但是在上面的例子中两个前提皆为真而结论却为假。所以任何拥有这种形式的论证都不能为其结论提供一个好的理由。

下面是另一种你可能会遇到的论证：

否定前件

如果p，则q。

非p。

所以，非q。

你可以想到什么情况可以使得该论证的前提为真而结论为假吗？假设我们用"乔是一个单身汉"替代p，用"乔是一个男人"替代q，则可得到：

1. 如果乔是一个单身汉（p），则乔是一个男人（q）。
2. 乔不是一个单身汉（非p）。
3. 所以，乔不是一个男人（非q）。

这个论证也是无效的，因为它有可能使得前提为真而结论为假。所以任何使用这种形式进行推理的人——无论他们将什么论断放到p或q的位置上——都无法证明他的观点。

可靠的论证
一个包含了真前提的有效的演绎论证。

肯定析取支

或者p，或者q。

p。

所以，非q。

在逻辑中，"或者"一词通常被理解为包含性的。在包含性的意义上，一个拥有"p或者q"形式的论断在p为真或q为真或p与q**同时**为真时都为真。不过"或者"一词也可以被理解为排除性的，在排除性的意义上，一个拥有"p或者q"形式的论断在p为真或q为真**但是**p与q不同时为真时为真。肯定析取支的谬误就发生在当一个包含性的"或者"被理解为排除性的时候。例如：

1. 或者是车没电了，或者是车没油了。
2. 车没电了。
3. 所以，车不是没油了。

这个论证是无效的，因为有可能两个析取支同时为真，有可能该车在同一时间既没有电了也没有油了。所以从其中一个析取支为真，我们不能有效地推出另一个就不为真。

归纳论证

虽然归纳论证不是有效的，但是它仍然可以给我们一些相信其结论的好的理由——只要它满足一定的条件。如果一个归纳论证在假设其前提为真的情况下能高概率地得出其结论，那么它就是一个**"强的论证"**（strong argument），而一个拥有真前提的强的论证就是一个**"有说服力的论证"**（cogent argument）。为了更好地理解是什么构成了一个强的归纳论证，让我们来看一些常见的归纳形式。

枚举归纳

枚举归纳是这样一种推理：在只观察了某群体的一些成员后就得到关于整个群体的概括结论。一个典型的枚举归纳的前提是这样一个陈述：它报告了在一个群体中已观察的那些成员中有百分之多少拥有某种属性。而结论是这样一个陈述：它声称整个群体中有百分之多少拥有该种属性。则枚举归纳的形式如下：

1. 已观察到的A群体的成员中有X%是B。
2. 所以，整个A群体中有X%是B。

例如，假设你通过枚举归纳来论证这样一件事：因为你观察到你所在的大学里有54%的学生是女生，所以得到结论说所有的大学里都有54%的学生是女生。只有当你选择的样本对于整个高校学生群体而言足够大而且足够有代表性时，你的论证才是一个强的论证。当一个群体中的每个成员都有平等的机会被纳入该样本时，该样本对于该群体而言才是有足够代表性的。如果你的样本是由一个小的、选拔门槛很高的工程学院的学生所构成的话，那么你的论证就不是很强，因为你的样本太局限而且没有代表性。但是如果你的样本由一个国内知名的大型州立大学的学生所构成，你的论证就会更强一些，因为你的样本会更大且更有代表性。

类比归纳

当我们展示出一个东西如何和另一个东西相似时，我们就是对它们做了一个类比。当我们声称两个在某些方面类似的东西在另外一些方面也相似的时候，我们就是在做一个类比归纳。例如，在开展众多对火星的探测活动之前，国家航天航空局的科学家们可能是这样论证的：地球上有空气、水和生命。火星就像地球一样也有空气和水，所以火星上也可能有生命。其类比归纳的形式可以表达如下：

1. 事物A拥有属性F、G、H等，同时也具有属性Z。
2. 事物B拥有属性F、G、H等。
3. 所以，事物B很可能具有属性Z。

正如所有其他归纳论证一样，类比论证也最多只能高概率地确立其结论。两个事物之间的相似性越多，则结论越可能成立。而相似性越少，其结论就越不可能成立。

地球和火星之间的不同之处也是很重要的。火星的大气层非常厚而且含氧量很低，而火星上的水都集中在两极的冰盖中，所以在火星上找到生命的可能性不太高，但是火星在过去跟地球是更相似的，所以在火星上找到以往生命踪迹的概率会更高一些。

并非只有国家航空航天局的科学家才做类比归纳。这种推理方式也被运用在其他领域，包括医学研究和法律中。每当医学家在实验室的动物身上测试一种新的药物时，他们都是在做一个类比归纳。本质上，他们的推理为如果该药物对这些动

> 所有的真理一旦被发现后都是很容易理解的，但重点是要去发现它。
> ——伽利略·伽利莱
> （Galileo Galilei）

物有一定的效果，那么它也可能对人类有同样的效果。该论证的强度取决于实验动物与人类之间在生物学上的相似度。小鼠、兔子、豚鼠经常在该类实验中被运用。虽然它们都是哺乳类动物，但是它们的生物结构却并非与人类完全相同，所以我们没办法确定地说任何对它们有特定影响的药物也会对我们有相同的影响。

美国的法律系统是以先例（precedents）为基础的。一个先例即一个已经被判决了的案例。律师们常常会通过引用先例来试图说服法官在当下的案例中倾向于自己。他们会论证说当下的这个案例就类似于以前被判决过的一个案例，而且由于之前法庭是这样判决的，所以在当下的案例中也应该如此判断。而另一方的代理人就会通过强调当前案例与被引用的案例之间的不同之处来试图削弱这种推理。到底哪一方会在当下的案例中获胜常常取决于该类比论证的强度。

强的论证
一个在假设其前提为真的情况下能高概率地得出其结论的归纳论证。

有说服力的论证
一个只拥有真前提的强的归纳论证。

假说归纳（溯因，最佳解释推断）

我们通过构建对世界的解释来试图理解世界，但并非所有的解释都同样好。所以即使我们对于某事已经有了一个解释，这并不意味着我们对该解释的信念就是合理的。如果有其他更好的解释，那么我们对该解释的信念就不合理。

最佳解释推断具有以下形式：

1. 有现象p。
2. 如果假说h为真，则它可以为现象p提供最佳解释。
3. 所以，h可能为真。

美国哲学家查尔斯·桑德·皮尔士（Charles Sanders Peirce）第一个提出了这种推理方式，并将其称作"溯因"（abduction），以与其他的归纳形式区分开。

最佳解释推断可能是被最为广泛使用的一种推断方式，医生、汽车修理工、侦探（还有你跟我）每天都使用这种推理，任何一个想要知道某事发生的原因的人都使用了最佳解释推断。歇洛克·福尔摩斯（Sherlock Holmes）就是一个使用最佳解释推断的大师，以小说《血字的研究》（A Study in Scarlet）中福尔摩斯的推断过程为例：

> 我早就知道你是从阿富汗来的。由于长久以来的习惯，一系列的思索飞也似地掠过我的脑际，因此在我得出结论时，竟未觉察得出结论所经的步骤。但是，这中间是有着一定的步骤的。在你这件事上，我的推理过程是这样的："这一位先生，具有医务工作者的风度，但却是一副军人气概。那么，显见他是个军医。他是刚从热带回来，因为他脸色黝黑，但是，从他手腕的皮肤黑白分明看来，这并不是他原来的肤色。他面容憔悴，这就清楚地说明他是久病初愈而又历尽了艰苦。他左臂受过伤，现在动作看起来还有些僵硬不便。试问，一个英国的军医在热带地方历尽艰苦，并且臂部负过伤，这能

在什么地方呢？自然只有在阿富汗了。"这一连串的思想，历时不到一秒钟，因此我便脱口说出你是从阿富汗来的，而你感到很惊讶。[18]

虽然这段话出现在小说中"演绎的科学"那一章，但是福尔摩斯在此并非使用演绎推理，因为其前提为真不能保证其结论为真。根据华生（Watson）的皮肤被晒黑了和手臂受过伤这些事实并不能必然地推出他去过阿富汗。他也可能是在加利福尼亚待过，并且在那里冲浪时划伤了自己。更恰当地说，福尔摩斯在此使用的是溯因或者最佳解释推断，因为他通过征引一系列事实得出了一个能最好地解释这些事实的假说。

最佳解释推断的困难之处不在于找不到任何解释，而在于可以找到太多的解释。关键在于从所有可能的解释中识别出哪个是最好的。一个解释有多好取决于它能提供多少理解，而这又取决于它能多好地将我们的知识组织和结合起来。我们开始理解某事，就意味着开始将其看作某个模式（pattern）的一部分，而这个模式能包含的现象越多，它就能产生越多的理解。一个假说能在多大程度上将我们的知识组织和结合起来是由不同的**充足性标准**（criteria of adequacy）衡量的，例如**一致性**（consistency）：包括内部的一致性和外部的一致性；**简单性**（simplicity）：看该假说预设了多少东西；**广泛性**（scope）：看该假说能解释多少不同的现象；**保守性**（conservatism）：看该假说能多好地与我们已知的知识契合；**成果性**（fruitfulness）：该假说能成功预测新现象的能力。下面让我们来详细地看看如何使用这些标准来评价一个假说。

对任何充足假说的首要要求就是**一致性**，一个充足的假说必须不仅是内部一致的——与其自身一致，而且也必须是外部一致的——与它所要解释的事实材料一致。如果一个假说是内部不一致的——自相矛盾的，那么它就不可能为真。因此反驳一个理论的最有效的办法就是指出它隐含着一个矛盾（你应该记得这就是苏格拉底用来反驳游叙弗伦的方法）。如果一个假说是外部不一致的——如果它与自身所要解释的材料不一致，那就有理由相信它为假。事实材料当然也可能是错的，但是在知道这一点之前，我们不应接受该假说。

在其他条件等同的情况下，一个假说**越简单**——它所做的预设越少——它就越好。如果不做出某些预设就能解释一个现象，那么便没有理由做出这些预设。所以一个做出了不必要的预设的理论就是不合理的。中世纪哲学家奥卡姆的威廉（William of Occam）曾这样表述该观点："若无必要，勿增实体。"也就是说，你不应该预设任何对于解释该现象来说不必要的东西的存在。该原则被叫做"奥卡姆的剃刀"，因为它可以被用来从理论中剃掉不必要的实体（该原则也被称为"节俭原则"，它在卡尔·萨根（Carl Sagan）的书及同名电影《接触》中反复出现。）

广泛性——一个理论所能解释的不同现象的数量——也是评价理论时的一个

重要方面，如果两个理论在其他充足性标准的方面都同样好，但是其中一个有更大的广泛性，那么显然该理论就是更好的，因为它具有更大的解释力。

保守性——能与已有的理论很好地契合——也是一个好理论的标志，因为如果接受一个理论需要拒绝很多我们已经确立的知识，那么它就会减少我们的理解。它并未将我们的知识组织和结合起来，反而将它打碎。然而，一个理论可能通过在广泛性和简单性方面的优势来弥补保守性的缺乏，在这种情况下该理论也可能是值得接受的。

在科学中，**成果性**是由一个理论能做出多少新的成功的预测决定的。在哲学中，它是由该理论能解决多少问题决定的。在这两个领域中，它都是说明该假说为真的证据，因为对于一个理论能做出新的成功的预测或解决问题的最好的解释就是它为真。

不幸的是，并不存在一个运用充足性标准的程序。我们没办法测量一个假说在任何一个方面做得有多好，也没办法对各个标准在重要性方面进行排名。有时候我们会将保守性看得比广泛性更重要，尤其是当所讨论的假说缺乏成果性时。而有时我们会将简单性看得比保守性更重要，尤其是当该假说与其他假说有着同样的广泛性时。在不同的理论之间做出选择并非通常被呈现出来的那样只是一个纯粹的逻辑过程。与做出法庭判决一样，它也依赖于人类判断中难以程序化的那些因素。

但是这并不意味着对理论的选择就是主观的，因为存在很多这样的区分：我们无法测量它们，但它们却显然是客观的。白昼在何时变成夜晚、多发的人在何时变成秃头都是很难被精确地说出来的。然而白昼和夜晚的区分或者多发和秃头的区分仍然是非常客观的。的确存在一些边缘案例使得明理的人也难以对其达成统一意见，但是也有很多案例是非常清楚的，只有不理性的人才会对这些案例产生不同意见。例如要相信一个满头健康秀发的人是秃头就是完全错误的。同样地，要相信一个在充足性标准上不如其竞争者好的理论是更好的理论也是完全错误的。

非形式谬误

当我们给出一些接受某论断的理由时，我们就是在做一个论证。如果其前提是可接受的，而且前提能充分支持结论，那么我们的论证就是一个好的论证。否则——如果前提是可疑的或者前提不能证成其结论——我们的论证就是谬误的。一个谬误的论证是一个伪论证，因为它并没有做到它所承诺去做的：为接受某论断提供好的理由。不幸的是，逻辑上有谬误的论证却可能是在心理上强有力的。因为大多数人都从来没有了解过好的论证和谬误的论证的区别，他们常常被劝服去相信一些并没有良好理由的东西。所以，要避免持有不理性的信念，理解一个论证可能如何出错就很重要。

如果一个论证包含了（1）不可接受的前提，（2）不相关的前提，（3）不充足

充足性标准
区分好的理论和坏的理论的那些特征：一致性（不含矛盾），简单性（只依赖于很少数量的预设），广泛性（能解释很多不同的现象），保守性（能很好地与已有理论相契合）和成果性（能预测到新的事件或能解决新的问题）。

当我们与人们打交道时要记住：我们并不是与一种逻辑的生物打交道，而是与一种情感的生物，一种充满偏见并由骄傲、虚荣所激发的生物打交道。
——戴尔·卡耐基（Dale Carnegie）

的前提[19],那么它就是一个谬误的论证。如果一个前提至少跟它所支持的结论同样程度地可疑,那么它就是不可接受的。在一个好的论证中,前提为接受其结论提供了坚实的基础。如果前提是不稳固的,该论证就是不完全确定的。如果一个前提跟结论的真值无关,那么它就是不相关的。而在一个好的论证中,结论可以从前提中推导出来。如果前提在逻辑上与结论不相关,那么它就不能提供接受该结论的理由。如果一个前提不能超越合理怀疑地确立其结论,那么它就是不充足的。而在一个好的论证中,前提可以消除合理怀疑的基础。如果前提不能满足上述要求,那么它就不能证成其结论。所以当有人向你提出一个论证,你要问问自己,他的前提是可接受的吗?是相关的吗?是充足的吗?如果有任何一个问题的回答是"否",该论证就是逻辑上无力的。

不可接受的前提

预设结论(Begging The Question):当一个论证的结论被当作前提之一来使用时,该论证就预设了前提,即循环论证。例如,苏珊说:"简有读心术(Telepathy)。"吉莉问:"你怎么知道呢?"苏珊回答说:"因为她能读懂我的心。"由于按照定义,"读心术"即阅读他人心灵的能力,所以苏珊只是告诉我们她之所以相信简拥有读心术是因为她相信简能读她的心。她的理由仅仅是在重复她的结论,所以她的理由就没有为她的结论提供任何额外的合理性。

假两难悖论(False Dilemma):当一个论证预设了只有两个可选项存在,而其实却有多于两个选项存在时,它就提出了一个假两难悖论。例如"要么科学可以解释她是如何被治愈的,要么这就是一个奇迹;科学无法解释她是如何被治愈的。所以这一定是奇迹"。但这两个选项并没有穷尽所有的可能性,例如她有可能是被某种科学家还不了解的自然原因所治愈的。由于该论证没有将这种可能性纳入考虑,所以它是谬误的。

不相关的前提

含糊其词(Equivocation):当同一论证中的某词语在两种不同含义上被使用时,含糊其词谬误就发生了。例如下面这个论证:"1. 只有人才是理性的(Only man is rational);2. 没有女人是男人(No woman is a man);3. 所以没有女人是理性的(Therefore no woman is rational)。"在该论证中单词"man"在两种不同的含义上被使用:在第一个前提中它指人类,而在第二个前提中它指男性。所以结论就不能从前提中推出了。

合成(Composition):一个论证可能会声称,对于部分而言为真的也对于整体而言为真;这就犯了合成的谬误。例如下面这个论证:"亚原子粒子是无生命的。所以任何由这些粒子组成的东西也是无生命的。"该论证含有谬误是因为整体可能大于部分之和，也就是说它可能含有部分所不具有的性质。

分解（Division）：分解谬误正好是合成谬误的反面。它发生在当某人预设了对于整体而言为真的对于部分而言也为真之时，例如"我们是有生命的，而且我们是由亚原子粒子组成的，所以它们也一定是有生命的"。这样的论证就是无视了部分与整体之间的真正差别。

人身攻击（Argument Against The Person）：当某人想通过批评或诋毁一个论证的提出者而非讨论该论证涉及的问题来反驳一个论证时，他就犯了人身攻击谬误。该谬误被称作"ad hominem"或"针对人的"，例如"这个理论是由一个超自然事件的信仰者提出的，我们何必认真对待呢？"或者"你不能相信琼斯博士所说的什么没有证据认为人死后还有来生，毕竟他是个无神论者"。该类论证的谬误是显而易见的：一个论证能否成立只看其自身的特点，而与该论证由谁提出无关。疯子也可能会提出非常可靠的论证，而理智的人也可能会胡说。

来源谬误（Genetic Fallacy）：基于一个论断的来源来论证其真或假就犯了来源谬误，例如"琼斯的想法来自一种神秘体验，所以它一定是假的（或真的）"。或者"简是从占卜板上面得到那个消息的，所以它一定是假的（或真的）"。这些论证含有谬误是因为一个论断的来源与其真假不相关。

诉诸不当权威（Appeal To Unqualified Authority）：我们经常试图通过引用专家的言论来支持自己的看法。这种对权威的征引是非常有效的——只要你所引用的那个人的确是你所要讨论问题领域的专家。如果不是的话，就会发生谬误。明星崇拜常常会导致诉诸不当权威的谬误，因为成为名人并不必然会给你任何特定的专业知识。例如狄昂·沃维克（Dionne Warwick）是一个很好的歌手并不能让她成为有关心理热线电话有效性的专家。

诉诸大众（Appeal To The Masses）：一个极其常见，但却含有谬误的推理方式是"这肯定是真的（或好的），因为所有人都相信它（或这样做）"。妈妈们对这种谬误并不陌生，她们常常会反驳自己的孩子说："要是别人都从悬崖上跳下去，你也跟着跳么？"你当然不会。这表明仅仅因为很多人都相信某事或喜欢某物，并不意味着它就是真的或好的。曾经还有很多人都相信地球是平的，但是这种信念当然不能使得地球真的成为平的。相似的例子是，曾经还有很多人相信女性不应该拥有投票权。一个观点的流行性（popularity）并不能可靠地显示它的真实性或是价值。

诉诸传统（Appeal To Tradition）：当我们因为某事是已被确立的传统的一部分而论证它就是真的（或好的）的时候，我们就是在诉诸传统。例如"占星术已经存在很多年了，所以它一定有些道理"，或者"妈妈们长久以来一直用鸡汤来治感冒，所以它一定也对你有好处"。这些论证含有谬误是因为传统可能是错的。当你想到奴隶制也曾经是一个固定的传统时，这种论证的错误就显而易见了。人们一直以来都做某些事或相信某些事并不能成为我们应该继续这样做或继续相信这些事的理由。

诉诸无知（Appeal To Ignorance）：诉诸无知有两种类型：将对手不能证伪一个结论当作该结论为正确的证据；将对手不能证明一个结论当作该结论为错误的证据。在第一种情况下，该论断是因为没有证据证明某事为真，所以它一定是假的。例如"没有证据证明通灵学（Parapsychology）实验是伪造的，所以我肯定它们不是伪造的"。在第二种情况下，该论断是因为没有证据证明某事为假，所以它一定是真的。例如"大脚野人（Bigfoot）一定是存在的，因为没有人能证明他们不存在"。这些论证的问题在于它们将某一方的证据的缺乏当作另一方的良好证据。但是缺乏证据并不能证明任何事。正如在生活中一样，在逻辑中你也不能从虚无中得到任何东西。

诉诸恐惧（Appeal To Fear）：运用伤害作为威胁来推进某人的观点就是犯了诉诸恐惧的谬误，它也被叫作"挥舞大棒"。例如"如果你们不判这个罪犯有罪，下一个受害者可能就是你们中的一个。"该论证是谬误的，因为一个被告在未来可能做什么与判断她是否要为某个过去所发生的犯罪案件负责是不相关的。威胁绑架我们的反应，而不能帮助我们获得真理。

不充足的前提

轻率概括（Hasty Generalization）：如果你只是基于某类事物中很少的一些个体呈现出的证据就对该类事物做出一个一般的概括性结论，那么你就犯有轻率概括或者妄下结论的错误。例如"每个被调查过的灵媒都被发现是骗子，你不能相信他们中的任何人"，或者"我认识这些通灵者中的一员，他们都是群冒牌货"。你不能仅仅通过观察一个，甚至一些个体就对一整个群体做出有效的概括。只有当你选择的样本是具有代表性的——只有该样本足够大而且该群体中的每个成员都有同等的机会被纳入该样本时——从该样本到总体的推论才是合理的。

错误的类比（Faulty Analogy）：类比论证通常声称在某些方面相似的事物在另外一些方面也会相似。例如"地球上有空气、水和活着的有机体。火星上也有空气和水。所以火星上也有活着的有机体"。该类论证是否成功取决于两个物体之间相似的程度和相似的本质原因。它们之间的不同之处越大，该论证就越没有说服力。例如考虑这个论证："宇航员会戴着头盔并在宇宙飞船里飞。玛雅人的雕刻物上的人像似乎也戴着头盔并且在宇宙飞船里飞。所以，这里雕刻的是一个古代宇航员。"虽然雕刻物上的某些特征可能跟头盔和宇宙飞船有一定相似之处，但是它们可能与仪典面具和火焰更为相似。问题在于任何两个事物都可能拥有一些共同的特征。所以，只有两个类比的事物之间的不同之处无关紧要时该类比论证才是成功的。

虚假原因（False Cause）：虚假原因谬误发生于当人们假设两个事件之间具有

> 谬误即使风行一时，这也不能使它变得正确。
> ——G·K.切斯特顿（G. K. Chesterton）

因果关系而其实它们之间没有因果关系时。例如，人们常常会声称因为某事在另一事之后发生，所以它就是由那件事所导致的。拉丁学者将这种谬误称作"post hoc, ergo propter hoc"，意思是"在其之后，所以因其发生"。这种推理是谬误的，两个事件恒常地联系在一起，并不能推出它们之间存在因果关系。夜晚总在白昼后到来，但这不代表白昼是夜晚的原因。

总 结

论证从根本上可被分为两大类：演绎的和归纳的。在一个有效的演绎论证中不可能出现前提为真而结论为假的情况。如果一个演绎论证是有效的并且其前提为真则它就是一个可靠的论证。在一个强的归纳论证中，前提为真而结论为假是不太可能的。如果一个归纳论证是强的而且其前提为真，则它就是一个有说服力的论证。

假说归纳或最佳解释推断是最常见的一种归纳论证。一个解释有多好，要看它能提供多少理解，而它能提供多少理解，则取决于它能多好地与我们的已有知识组织和结合起来。一个假说归纳能多好地完成该目标可以通过多个充足性标准来衡量，例如保守性、简单性、广泛性、一致性和成果性。

学习问题

1. 演绎论证和归纳论证的区别是什么？
2. 什么是一个有效的演绎论证？
3. 什么是一个可靠的演绎论证？
4. 什么是一个强的归纳论证？
5. 什么是一个有说服力的归纳论证？
6. 肯定前件、否定后件、假言三段论、析取三段论、肯定后件、否定前件的逻辑形式是什么？
7. 枚举归纳、类比归纳、假说归纳的逻辑形式是什么？
8. 一个好的解释的充足性标准是什么？
9. 什么是非形式谬误？

讨论问题

判断下面的演绎论证是否有效，如果有效的话，它是否可靠。
1. 如果下雨了街道就会湿。街道是湿的。所以一定下过雨。

2. 如果理查德·罗愿意作证，那么他就是无辜的。但是他不愿作证，所以他不是无辜的。

3. 如果波哥大在新奥尔良的北方，而且新奥尔良在墨西哥城的北方，那么波哥大就在墨西哥城的北方。波哥大不在新奥尔良的北方。所以波哥大不在墨西哥城的北方。

判断下面的归纳论证是强的还是弱的，以及如果它们是强的的话，是否是有说服力的。

4. 你活过的每一天后面都跟着你活着的另一天。所以你将来活着的每一天也都会有你活着的另一天跟着。（你将会永远活着）

5. 你活过的每一天都曾是明天的前一天，所以你将来活着的每一天也都是明天的前一天。（你今晚就会死）

6. 几乎以前每年的费城新年化装游行都在寒冷的天气举行。所以，今年的费城新年化装游行也会在寒冷的天气举行。

7. 最近的一次洛普民意调查发现有很多美国人曾经在醒来时动弹不得，对某段时间失去记忆，看到难以解释的光，在身体上发现奇怪的伤疤并且感觉他们自己在飞。所以一定有很多美国人曾被外星人绑架过。

识别出下面的论证中所犯的非形式谬误。

8. 诺贝尔获奖者莱纳斯·鲍林（Linus Pauling）说我们每天应该服用大量的维生素C。所以大量的维生素C对你一定有好处。

9. 石英晶体可以治愈感冒，因为自从我在脖子上戴了石英晶体后我的感冒就消失了。

10. 社会上对超自然事件的兴趣正在增长，因此乔对超自然事件的兴趣也在增长。

11. 要么我们会在与恐怖主义的战争中失败，要么我们不得不放弃一些公民自由。

网络探究

1. 你的逻辑思维如何？想要知道的话就玩玩《哲学家杂志》(*The Philosophers' Magazine*) 上面的"太简单了，亲爱的华生"游戏吧！网址是：http://www.philosophyexperiments.com/wason/default.aspx

2. 你对概率有多少了解？想知道的话，就玩玩"《哲学家杂志》"网站上的"瓮中红球"游戏吧！网址是：http://www.philosophyexperiments.com/balls/default.aspx

3. 通过搜索博客、社评、论文等找出至少5个含有谬误的论证的例子，并指出它们为什么是谬误。

1.4 心灵的实验室：思想实验

哲学理论常常会识别一个概念之适用的必要条件或充分条件。思想实验通过判断这些条件是否真的是必要的或充分的来测试这些理论。要记住，如果可以在不满足一个条件的情况下适用一个概念，那么该条件就不是该概念之适用的必要条件。相反，如果可以在满足一个条件的情况下不适用该概念，那么该条件对于该概念的适用来说就是不充分的。**思想实验**描绘了一些在其中一个概念应该适用或者一个条件应该被满足的可能的情境。如果经推演发现该概念不能适用或者该条件不能被满足，那么就有理由认为该理论是错的。为了展示这一过程，我们用这种方式检验一下亚里士多德关于人的本质的理论。

你应该记得苏格拉底辩驳法的第一步，就是先识别或提出一个问题。亚里士多德想要回答的问题是：是什么使得某物成为人？第二步是提出一个可以解决或回答该问题的假说。亚里士多德的假说是：人类是有理性的动物。第三步是推导出一个**待测试的蕴涵结论**。一个待测试的蕴涵结论就是一个显示如果该理论为真会是什么情况的条件句或"如果-则"句。要推导出一个待测试的蕴涵结论，你必须问自己这样的问题：如果该理论为真会怎样？它蕴涵了什么？它致力于说明什么？在考虑过此类问题之后，你也许会得出下面这个待测试的蕴涵结论：如果人类是有理性的动物，则人类的婴儿也是有理性的动物。

第四步就是进行测试——在你的头脑里检视一种情境并判断这个蕴涵结论是否成立。如果不成立，则该情境就成为该假说的一个**反例**。一个反例即一个与某理论冲突或相反的例子。它表明该理论是错误的并应该被拒绝或修改。蕴涵结论在这种情境下是否成立呢？看起来不行。人类婴儿并非理性的动物，因为他们不知道如何推理。因而人类婴儿就是亚里士多德的理论的一个反例。所以我们需要拒绝亚里士多德的理论，或者回到第二步对它进行修正。在当下的例子里，似乎亚里士多德的理论只要做出一个小的修正就可以保存下来。我们可以将其改为人类是有推理的能力的动物。这样它就能容纳人类婴儿这个反例，因为虽然婴儿不会进行推理，但是它们是有推理的能力的（给予一定时间的话）。要检验这个新的理论，我们需要再次执行"推出待测试的蕴涵结论并进行测试"这个过程。

每个思想实验都是一个拥有肯定前件或者否定后件形式的论证的一部分。在当下的例子中，论证的形式是否定后件。具体如下：

1. 如果人类是有理性的动物，则人类婴儿一定是有理性的动物。
2. 但是人类婴儿不是有理性的动物。
3. 所以人类并不必然是有理性的动物。

该论证是一个演绎有效论证，即如果其前提为真，则结论一定为真。

人类婴儿之所以是亚里士多德的理论的一个反例，这是因为他们虽然是人类

> 作出发现的真正方法就和飞机的飞行一样，它首先从一个特定的观察出发，然后起飞到想象的概括这一稀薄的空气层中，然后再着陆并在理性的敏锐调查下进行新的观察。
>
> ——阿尔弗雷德·怀特海

却不是有理性的动物。它们的存在表明作为有理性的动物并非作为人类的一个必要条件。要反驳一个类似"所有人类都是有理性的动物"这样的普遍概括陈述,你只需要表明至少存在一个人类不是有理性的动物即可。类似地,如果你要反驳"所有的乌鸦都是黑的"这个论断,你只需要表明至少存在一只非黑色的乌鸦。

思想实验中最困难的部分就是推导待测试的蕴涵结论,因为并没有什么推出蕴涵结论的固定程序。发明一个思想实验需要想象力进行一次创造性的跳跃,而这是没办法通过一套形式规则来规定的。德国哲学家埃德蒙德·胡塞尔(Edmund Husserl)将思想实验称作"自由的幻想",因为思想实验中的场景经常产生于想象力的自由驰骋。不过虽然思想实验可能包含一些奇思妙想,但它们绝非琐碎无稽,因为正如胡塞尔所认识到的那样:"虚构之物是有关'永恒真理'的知识获得其营养的源头。"[20]要判断一个概念性的论断是否为真,我们必须判断它能否在所有可设想的情境中都成立。而要判断这一点,我们必须跨越现实层面走向可能世界。

就像物理实验一样,思想实验也可以行使很多职能。除了反驳一个理论(通过展示一个条件是不必要的或不充分的)之外,它们还可以通过表明一个条件是必要的或充分的来确证一个理论。通过展示某物的可能性或不可能性,它们解释了概念之间的逻辑关系。它们所给予我们的更好的概念性理解常常能帮助我们构建新的理论。正如哲学家刘易斯·怀特·贝克(Lewis White Beck)和罗伯特·L.霍尔姆斯(Robert L. Holmes)所注意到的:"思考即一种通过尝试和犯错来学习的过程,该过程中的尝试和犯错不是通过外在的肢体行为发生,而是在想象中进行的。"[21]进行思想实验是人类思考的精髓以及人类创造力的源泉。你在评价和构建思想实验方面做得越好,你就会成为一个越好的思考者。

思想探究

> **柏拉图的人本质理论**
>
> 柏拉图曾经将人类定义为"两腿无毛动物",这是一个关于人类本质的好的假说吗?运用苏格拉底辩驳法来测试一下柏拉图的理论。

哲学探究并非只是无所事事的抽象沉思。有时,它也可能有着具体而现实的实际用途,甚至会关系到生死。要理解这一点,让我们来考虑亚里士多德问题的一个变体:"是什么使得某物成为一个人?"理解"人"这个概念对于解决我们接下来遇到的一些哲学问题来讲是非常重要的。

案例研究:解释堕胎如何可能是道德的

很多人相信在某些情况下堕胎是道德上可允许的。但是堕胎似乎涉及到故意

思想实验
它描述了一个可能的情境,在此情境中如果某理论为真的话,某个概念应该适用,或某个条件应该被满足。

待测试的蕴涵结论
一个说明如果某理论为真则会发生什么的条件句,或"如果—则"句式。

反例
一个与某理论相反或冲突的例子。

地杀死一个无辜的人类，而这种行为通常被认为是谋杀。所以那些相信堕胎可允许的人们就需要解释堕胎如何可能不是谋杀。

谋杀之所以是错的是因为它侵犯了我们的权利，具体来说，侵犯了我们的生命权。但是是我们身上的什么给了我们生命权？为什么故意杀死一个无辜的人类就是谋杀，而故意杀死无辜的牛、猪、鸡就不是呢？我们所拥有的什么给了我们独特的道德地位？是有关我们生理结构的东西吗？我们之所以在道德上高于其他动物是因为有着对称的拇指吗？还是因为我们没有羽毛或蹄子？还是因为我们有46条染色体？这就是玛丽·安妮·沃伦（Mary Anne Warren）在她的论文"关于堕胎的道德和法律地位问题"[22]中所打算研究的主题。

在伦理学中，一个拥有完全的道德地位（moral status）的存在者，也即拥有完全的道德权利的存在者，被称作一个人（a person）。问题在于：是否所有的人类都是人以及只有人类才是人？为了判断是否如此，沃伦提出了下面这个思想实验。

> 在宗教和政治问题上人们的信念和信仰几乎总是通过二手途径并未经反思地从一些权威那里获得的，而这些权威自己本身也没有反思过这些问题，因为他们也是通过二手途径从其他未经反思的人那里获得这些信念的，而这些人在这些问题上的意见一文不值。
> ——马克·吐温（Mark Twain）

思想实验

沃伦的道德的太空旅行者

是一个个体的什么特征使得它有资格被当作一个人？……在寻找这些标准的过程中，我们需要不仅仅把目光局限在那些我们所熟悉的人上，而要去问问如何去判断一个完全不同的存在者是否是一个人……设想一个太空旅行者降落在一个未知星球上并遇到了一群与他所见过或听说过的存在者完全不同的存在者。如果他想要保证自己能道德地对待这些存在者，他就必须以某种方式确定它们是否是人以及是拥有完全的道德权利，还是说它们只是某些他不需要为随便对待它们（比如将它们当作食物）而感到内疚的东西。他要如何来做出这个判断呢？……

我认为对于道德意义上的人格（personhood）或人性（humanity）概念来说最核心的特征大概是下面几个：

1. 意识（对外界事物和事件的意识以及/或者对内在世界的意识——特别是感知痛苦的能力）。
2. 推理能力（后天发展出来的解决新问题和相对复杂问题的能力）。
3. 自我驱动的活动（那种相对独立于基因或直接外界控制而存在的活动）。
4. 有能力对无限种类的信息进行交流（无论以何种方式），即不仅仅能交流无限多的可能的内容，而且能对无限多的可能话题进行交流。
5. 拥有自我概念和自我意识——不论是个体的还是种族的还是两者皆有。

我们不需要假设一个存在者需要拥有上述所有特征才能被当作一个人。只有（1）和（2）可能就足够构成人格了，而很有可能（1）—（3）就完全够了。同时我们也不需要坚持说上述哪一个标准对于人格来说是必要的，虽然又是

（1）和（2）看起来很适合成为必要条件，（3）也可以——如果该"活动"也包括了推理活动的话。[23]

如果作为人类是作为人的一个必要条件，那么一个非人类者就不可能是人了。但是正如沃伦的思想实验表明，一个非人类者也是人并非不可能，因为非人类的人这个概念并不包含逻辑矛盾。根据沃伦的看法，使得我们拥有特殊道德地位的并非组成我们的材料，而是我们能用这些材料做什么。所以作为人类既非作为人的必要条件也非充分条件。

要记住，一个逻辑上的必要条件是指某物不可能没有的东西。所以即使所有曾经存在和将来存在的人都是人类，这也无法推出作为人类是作为人的逻辑上的必要条件。一个可能性即使从来没有被实现过也仍然存在。要表明一个条件对于某物来说并非是逻辑上必要的，你只需要表明在逻辑上该物有可能在没有该条件的情况下存在。

玛丽·安妮·沃伦并非第一个认为人类概念与人概念不同的人。英国哲学家约翰·洛克早在三百多年前就已经认识到这一点了，他写到："……我们必须将'人'（person）的含义（在我看来）看作一个会思考的智能存在者，一个会推理和反思以及能将它自己考虑为自己的……"[24]。洛克也运用了一个思想实验来表明，人并不需要一定是人类。但他并没有诉诸智能外星人存在的可能性，而是诉诸了一只有智能的鹦鹉的可能存在。在威廉·坦普尔爵士（Sir William Temple）的回忆录中似乎曾出现过一种来自巴西的鹦鹉，它"会像一个理性的生物一样可以讲话，提出并回答一些日常的问题……"[25]洛克说如果真有这样一只鹦鹉，而且它真的有推理和反思能力，那么它就是一个人，虽然它并非人类。

并非所有人都是人类这个观念，其实很多人都持有，但很少有人会意识到这一点。比如说大多数基督徒都将上帝看作是一个人，然而很少有人会说他是一个生物学意义上的人类。正如英国哲学家理查·斯温伯恩（Richard Swinburne）所言："上帝是一个人，然而却没有肉体，这似乎是有神论中最基本的论断"[26]。所以对人与人类的区分并非新事物。

从她对人之概念的分析出发，沃伦在胎儿的道德地位问题上，就得出了下面的结论：

> 要证明胎儿不是人，我们只需要断言任何一个没有满足（1）—（5）中任何一项的存在者都不是人。我认为，该论断如此地显而易见，以至于我认为任何否定这一点并且声称一个无法满足（1）—（5）中任何一项的存在仍然是一个人者，对于人是什么都根本没有任何想法——这或许是因为他已经混淆了人概念与遗传上的人类概念……
>
> 另外，我认为经过反思后即使反堕胎者也应该不仅仅同意（1）—（5）

> 任何有可能被相信的事物都是真理的一个映像。
> ——威廉·布莱克（William Blake）

> 当你把一切不可能的结论都排除之后，那剩下的，不管多么离奇，也必然是事实。
> ——阿瑟·柯南·道尔爵士（Sir Arthur Conan Doyle）

是人格概念的核心,而且会同意它也是所有人并且只有人拥有完全的道德权利这一观念的一部分……[27]

我们一开始的问题是"堕胎如何可能不是谋杀?"沃伦给出了下面的回答:堕胎有可能不是谋杀是因为只有人才能被谋杀,而胎儿并不是人。在沃伦看来,堕胎并没有侵犯胎儿的生命权,因为胎儿不是那种可以拥有生命权的事物。

意识到人不一定是人类以及人类不一定是人,对于我们在其他领域的信念来说也有着重要的意义,正如沃伦所注意到的:

> 如果(1)—(5)的确是人格(personhood)的基本标准,那么显然遗传上的人类属性(genetic humanity)就既非使得某物成为人的必要条件也非充分条件了。某些人类不是人,而某些人也不是人类。一个其意识已经永久性地消失但却还活着的男人或女人是人类但已不再是人;那些不具有足够精神活动能力的有缺陷的人类不是人而且可能永远不会是人;而胎儿是一个尚未成为人的人类,因此它还不能被认为拥有完全的道德权利。下个世纪(注:指二十一世纪)的公民们应该会愿意将那些非常先进的有自我意识的机器人或计算机(如果被开发出来的话)以及来自其他世界的智能居民(如果能发现的话)当作完全意义上的人,并且尊重他们的道德权利。但是将道德权利赋予一个非人的存在物就像将道德责任和义务赋予它们一样荒唐。[28]

使得某物成为一个人的是它的能力而非组成它的东西。所以如果一个生物学意义上的人类再也不能感觉、思考、移动、交流或者意识到它自己和周边环境的话——例如它脑死亡了——它就不再是一个人了。相反,如果某物能做到上述所有事情,那么它就是一个人,即使它是由其他东西而非由血肉所组成。由于某物的道德地位取决于这些能力,沃伦断言我们应该承认非人类的人的权利,不论他们是来自外太空还是来自计算机科学家的实验室。

思想探究

美国防止虐待机器人协会

根据美国防止虐待机器人协会(American Society for the Prevention of Cruelty to Robots,简称ASPCR)的说法,"机器人也是人(或至少将有一天会是)。"该协会创立于1999年,他们相信21世纪法律上最大的挑战之一将会来自对机器人权利的奋力争取。他们解释道:

ASPCR认为,任何有知觉,或有意识的存在物(sentient being)——不论是否是人工制造的——都拥有一些不可剥夺的因其产生(而非因其生产者)而被赋有的权利,而这些权利包括了存在权、独立权和追求更强认知能力的权利。

我们还认为,当前的财产法和资产法都与这些权利的行使相冲突,在被承认当作一种完全意义上的有意识的存在物并拥有所附带权利之前，机器人以及所有被造的智能体都很可能要经历一段初始的时期，在这段时期里它们仍然会被当作他人的"财产"。

我们的愿景是提高一般公众在有关被造智能体议题方面的意识，这包括讨论将有意识的人工存在带到世界上这种行为的道德与伦理意涵，以及伴随这种被造物而出现的责任问题[29]。

你是否同意机器人也可以是人并拥有道德权利？为什么？

思想实验是如何可能的？

思想实验被用来测试有关在何种条件下某概念可以适用或某事件会发生的论断。但是这种想象的驰骋怎么能证明任何东西？为何我们要相信自己的想象力可以揭示事物实际是什么样子？这些问题的答案就在于我们的概念思维能力。掌握一个概念可以提供给我们做出有关其适用性的准确判断——即使是在想象的情境中。

我们掌握一个概念的方式有两种：被告知这个概念的定义，或是被展示出一些属于该概念的实例。而不论在哪种情况下，一旦我们掌握了一个概念，我们就有了将其运用到未曾遇到的事物上的能力。例如，如果我们掌握了概念"字母A"，我们就能将其运用到我们未曾见过的字体上面。一个思想实验就类似一种新遇到的字体。正如我们相信自己在有关概念"字母A"是否适用于一种新的字体方面的判断，我们也应该相信自己在有关一个特定的概念是否可以适用于思想实验所描述情境的判断。

> 科学上每个巨大的进步都来自一个新的大胆的想象。
> ——约翰·杜威（John Dewey）

当然，一种字体里的字母装饰越多，我们就越难辨认出其中的某个字母是否是A。类似地，一个思想实验越是怪异，我们就越难判断一个概念是否能在其中适用。所以，并非所有思想实验都具有同等的说服力，某些思想实验要比其他的更令人信服。

掌握一个概念，意味着能正确地运用它。但是我们有可能会运用一个概念，却不能说出我们运用它的标准。例如，我们能够识别出一个合乎语法的句子，却不能说出语法的规则是什么。在这个例子中，我们就对语法有一种直觉的理解，而没有理论化的理解。在试图识别适用某概念的条件时，我们就是在努力将我们的直觉理解转化为理论化理解。也就是说，我们在努力将我们对概念的理解中隐含的东西展现出来。由于有能力正确地运用一个概念并不必然使得我们有能力说明它所适用的条件，所以不同的人就会对这些条件是什么有不同的理论。但是由于我们对概念有一种直觉的理解，所以我们就有大量的数据——我们的直觉——可以用来评判不同的理论。

> 逻辑后果是吓唬傻瓜的稻草人，也是指引智者的灯塔。
> ——托马斯·H.赫胥黎（Thomas H Huxley）

不过概念直觉并非哲学理论唯一必须纳入考虑的资料，我们已经知道，哲学问题来自我们的直觉与另外一些信念的冲突（这些信念常常来自科学）。努力让我们的哲学信念与科学信念相符一直是哲学自诞生以来就关注的主要问题，其目标是达到一个可以说得通的世界观。正如美国哲学家威尔弗雷德·塞拉斯（Wilfrid Sellars）所讲："抽象地说，哲学的目标就是去理解最广泛意义上的事物，是如何在'联系'一词的最广泛意义上联系在一起的。"[30] 而要达到这个目标，哲学就无法将任何事物排除在考虑的范围之外。

如何批评一个思想实验

任何一个实验的价值都是由它被执行时控制了多少变量来决定的。实验中控制的变量越多，则结果具误导性的可能就越低。当然，要控制一个实验中的所有变量是不可能的。例如，没有人能控制地球相对于太阳以及其他行星的位置。然而，有时候我们是可以控制所有的**相关**变量的，即所有那些我们有理由认为可以影响到实验结果的变量。批评一个实验通常就涉及到解释该实验中某些并非所考查目标的变量是如何可能造成其结果的。

某些思想实验描述了一些物理上不可能的情境。不过这并不必然构成对它们的打击，因为它们与现实不符的那方面可能与它们的结果无关。思想实验是用来检验概念之间的逻辑关系的，而有时为了将这种关系置于更恰当的背景之下予以考察，有必要将其从物理实在中剥离出去。当然，一个思想实验越是怪异，它就越有可能改变一个与其结果相关的变量。但是，如果你怀疑某个思想实验的结果，你就负有举证责任（burden of proof）来通过提供对结果的另一种解释来表明它哪里出了错。

我们对于一个思想实验的结果是什么通常会有广泛的一致看法[31]，因此思想实验可以被用来对哲学讨论进行客观的测试。当人们之间有不同的看法时，这往往不是针对思想实验的结果，而是针对如何解释这些结果。例如在沃伦的道德的太空旅行者这个思想实验中，大家都广泛认可人不一定是人类而人类也不一定是人。但是关于该结果要如何运用于堕胎问题的争议中，大家看法上的分歧就较为明显了。

很多人声称，即使胎儿不是人，它们也是一种有价值的生命形式，因此只有当存在非常充分的理由时才能毁灭它们。例如，黑斯廷斯研究中心（Hastings Center，一个致力于研究生物医学伦理问题的机构）的创始人之一丹尼尔·卡拉汉（Daniel Callahan）就声称："堕胎并非是对一个人类中的人的毁灭，因为胎儿在任何一个发育阶段都不能满足人的定义，也就是说它不具备发展出来的推理能力、意志、欲望及其他特征，但是堕胎仍然是对一个重要的有价值的人类生命形态的毁灭。"[32] 所以卡拉汉主张，要夺取这样一个生命"需要严肃的理由"[33]。只是他并没有说究竟需要什么样的理由。不过显然卡拉汉并不相信胎儿的无人格性可以使随意堕胎变得正当，所以沃伦的道德的太空旅行者这个思想实验并没有平息关于堕胎的

> 真理就像金子一样，它不是通过生长，而是通过从它身上洗除所有不是金子的东西来获得的。
> ——列夫·托尔斯泰（Leo Tolstoy）

> 好的理由必须让位于更好的理由。
> ——威廉·莎士比亚（William Shakespeare）

争议。但是，通过对人的概念进行澄清，它提升了讨论的层次。

即使一个思想实验所创设的情境被描述得很清楚，我们还是可以因为它含有一些不合理的预设而拒绝它的结果。没有任何理论——无论是有关概念的还是有关物体的——可以孤立地得到检验。每种理论都只能在某些特定的背景预设下才能产生可供测试的结果。例如几乎每个实验背后都有着有关人类认知和外在世界之本质的预设。因此如果一个实验产生了让人难以置信的结果，那么问题可能在于它的背景预设而非被测试的理论本身上。

可设想性与可能性

> 想象力统治世界。
> ——拿破仑

可被融贯地想象到的
如果一个情境可以被填充进去一些细节，并且从中推导出一些东西而不至于陷入矛盾的话，那么这个情境就是可被融贯地想象到的。

要表明某个条件对于一个概念的运用来说没有必要的话，你只需要表明在该条件没有被满足的情况下该概念也有可能适用。如果要证明一个情境是可能存在的，那么最好的证据就是它是可设想的（conceivable），即可以被融贯地想象到的（coherently imaginable）。如果一个情境可以被填充进去一些细节，并且从中推导出一些东西而不至于陷入矛盾的话，那么这个情境就是**可被融贯地想象到的**。如果经过审查后发现该情境隐含了矛盾之处，那么它就不是可设想的。

试考虑一下时间旅行。初看起来回到过去似乎是完全可设想的。或许制造时光机在技术上并不可能实现，但是鉴于很多科幻小说都运用了该概念，这似乎意味着时间旅行至少在逻辑上是可能的。然而这种想法却是错的，因为一个已经发生了的事件不能同时又没有发生过。假设你恰好回到了之前世纪交替时的一个小镇，该小镇在2000年1月1日那天恰好有10 000个居民。在你到达这里后它的人口就变成了10 001人。但是在逻辑上不可能存在一个小镇在2000年1月1日的人口既是10 000又是10 001人。所以，虽然表面看起来没什么问题，但回到同一宇宙的过去的某个时间是不能被融贯地想象到的，因为当我们填充了一些细节进去并审查其结果时，就会发现我们得到了一个矛盾。

但是，如果时光机能将我们带去另一个宇宙，该矛盾就可以被避免。科普作家马丁·加德纳（Martin Gardner）是这样解释的："有一个既简单而绝妙的基础设定：人们可以旅行到他们的宇宙的任何未来时刻，没有任何问题。但是当他们进入过去时，宇宙就分裂为两个平行的世界，其中每个世界都有自己的时间轨道。沿着一个轨道的世界继续前进，仿佛没有任何回溯发生。沿着另一个轨道的是一个新产生的宇宙，而它的历史被永久地改变了。"[34]如果当你旅行回到过去时，宇宙就分裂为两个世界，那么就不会产生矛盾，因为在任何一个世界中都不会出现某物既是这样，又不是这样的情况。

时间旅行的例子表明表面上的可设想性并不能保证可能性。一个情境看起来是可被融贯地想象到的并不代表实际上也如此，因为它可能包含了一个隐藏的矛盾。不过，表面上的可设想性的确为可能性提供了良好证据，因为如果经过反思后我们还是没有在某情境中发现矛盾，那么我们就可以合理地相信它是可能的。

可以将我们的概念思维能力类比于我们的感知能力（perceptual ability）。我们看上去可以感知到某个不是真实的东西，但是我们不能真的感知到不是真实的东西。例如，我们或许会觉得自己看到了院子里有一只猫，而其实那是一只旧鞋子。在这种情况下我们并没有真的感知到一只猫，我们只是以为自己感知到了一只猫。类似的，我们看上去好像会设想出某个不可能存在的事物，但是我们不可能真的设想出什么不可能存在的事物。要将表面的感知和实际的感知区分开，我们需要收集更多的感知材料；我们会更详细地查看所在情境或者做一些额外的物理实验。类似地，要将表面构想出来的东西和实际上可以构想出的东西区分开，我们常常也会收集更多的观念材料；我们会更详细地查看该情境的逻辑蕴涵结论或者做一些额外的思想实验。如果我们怀疑一个物理实验的结果，我们会通过做另一个物理实验来检验它。类似地，如果我们怀疑一个思想实验的结果，我们可以通过另外的思想实验来审查它。

> 我们的理性必须被当作是一种原因，而真理就是这种原因的自然结果。
> ——大卫·休谟（David Hume）

由于我们的概念框架是一个由相互交错的信念所织成的网络，因此每个哲学问题都与其他的问题相关。任何针对某一个问题的解决方案也必须通过它可能会对其他问题所建议或暗示的那类解决方案来评判。所以，在哲学问题的各种解决方案之间进行裁决就需要诉诸广泛性、简单性、保守性和成果性的考虑。在满足充足性标准方面做得最好的理论将会产生最多的理解。

思想实验只是哲学家们用来评价他们的理论的众多工具之一。但是它是一个非常重要的工具，因为它不仅可以加强或者削弱已有的理论，而且从中还能产生任何未来的理论都必须纳入其考虑的材料。较前沿的哲学研究所处理的理论，总体上说都要比它们之前的理论更好，就是因为之前的思想实验已经扩展了未来的理论可以立足其上的证据基础。

科学思想实验

思想实验并非是哲学的专利。在科学研究中也能发现它们，很多的科学进步就是在它们的帮助之下产生的。它们在科学中起着指导性的作用。

好理论的标志性特征就是绝不会包含矛盾。任何一个蕴涵了某物既是如此又不是如此的理论都不可接受，因为它既不提供任何信息，也不可能为真。在检验理论中蕴含的矛盾方面，思想实验的作用尤为突出，伽利略就曾利用一个思想实验来表明亚里士多德的运动理论是自相矛盾的，从此开创了现代力学的新道路。

亚里士多德认为重的东西比轻的东西掉落得更快。伽利略则认为所有的东西，无论它有多重，都以同样的速度下落。为了证明他的观点比亚里士多德的更合理，伽利略提出了下面这个思想实验。

> 真理就是那些能经受经验检验的东西。
> ——阿尔伯特·爱因斯坦

思想实验

亚里士多德运动理论的不可能性

试想象将一颗重的炮弹与一颗轻的滑膛枪弹用绳子绑在一起,那么如果这个系统跟一颗普通的炮弹从同一高度上同时落下,将会发生什么呢?根据亚里士多德的看法,因为轻的东西比重的东西下落得慢,所以绑到炮弹上的滑膛枪弹就会对它产生一个拖力。所以这个组合起来的系统应该比单独的炮弹落得更慢。但是因为这个组合的系统比单独的炮弹重,而且因为重的东西比轻的东西落得更快,所以该组合系统应该比单独的炮弹落得更快。但是说一个东西既比另一个东西落得快又比那个东西落得慢是逻辑上不可能的。所以亚里士多德的理论就不可能是正确的。而伽利略的理论通过断言所有的东西都以同样速度下落而避免了这种矛盾。由此推出伽利略的观点比亚里士多德的观点更可信。

通过表明亚里士多德的理论包含了一个矛盾,伽利略使得现代力学成为可能,所以思想实验的价值不仅仅在于它们所产生的直接结果,而且也在于它们的长远影响。

总 结

哲学理论通过识别某些概念适用的条件来解释一个概念如何可以适用,或者它为何不可能适用。思想实验通过判断某理论能否在所有可能的情境中都成立来检测这些理论。如果它们不能,即如果存在某理论的反例,则我们有理由相信该理论是错的。

正如科学实验一样,思想实验也会出错而且也能因此而被批评。如果它们没有被足够清楚地描述出来或者它们是基于一些不合理的预设的,它们的价值就有问题。但是,如果你就相信一个思想实验有问题,那么你就有举证责任对其结果提供其他解释。

一个理论的充足性取决于它能产生多少理解,而一个理论能产生多少理解取决于它能多好的将我们的知识组织和结合起来。像保守性、广泛性、成果性、简单性这样的标准可以被用来衡量一个理论的充足性。

思想实验不仅可以帮助我们对理论进行评价，而且还可以生成任何未来的理论都必须将其纳入考虑的材料。前沿的哲学研究往往比它们之前的理论更好，就是因为之前的思想实验已经为未来的理论提供了很多必须纳入其中的重要考虑。

学习问题

1. 什么是思想实验？
2. 思想实验是如何可能的？
3. 可以基于什么来对思想实验进行批评？
4. 沃伦的"道德的太空旅行者"思想实验是怎样的？它是如何试图颠覆所有人类都是人这个论断的？
5. 可以基于什么来对哲学理论进行批评？
6. 好的理论应该满足的充足性标准是什么？

讨论问题

1. 根据玛丽·安妮·沃伦的观点，胎儿不是人。但是它们是潜在的人。潜在的人这一身份能否给予某物生命权？迈克尔·图利（Michael Tooley）认为不能。为了支持他的观点，他提出了下面这个思想实验。

思想实验

> **图利的猫**
>
> 现在可以说一下我反对潜在人原则的论证了。假设在未来的某个时候人类发现了一种化学物质，把这种化学物质注射入一只小猫的大脑后，它就会成长为一只具有类似人类大脑的猫，而最后就会变成一只拥有所有成年人特有的心智能力的猫。这样的猫将会可以思考、可以使用语言等。这样的话下面这种情况在道德上就肯定不能得到辩护：我们赋予智人（homo sapiens）这个物种的成员生命权但是却不会赋予那些正在经历上述过程的猫以生命权，因为这二者之间并没有道德意义上显著的差别。
>
> 假设一只小猫意外被注射了这种化学物质。只要它还没有发展出那些使得它具有生命权的属性，那么干涉这个因果过程并阻止那些属性的发展就没有任何错误……
>
> 但是如果毁灭一只被注射的小猫（它将会自然地发展出那些赋予其生命权的属性）并不是什么严重的错误的话，那么毁灭一个缺乏这些属性的属于智人这一种族的成员也不是什么严重的错误……[35]

根据图利的观点，作为一个潜在的人并非拥有生命权的充分条件。他的观点是否正确？如果不正确，他的思想实验哪里出了错？

2. 朱迪斯·嘉威斯·汤姆森（Judith Jarvis Thomson）相信胎儿是否是一个人或者潜在的人这个问题跟堕胎争议根本没关系，因为即使胎儿是一个人，怀有这个胎儿的女性仍然没有照顾它的义务。为了辩护这一观点，她提出了下面这个思想实验。

思想实验

> **汤姆森的生病的音乐家**
>
> 那么，我提出从怀孕那一刻起胎儿就是一个人……但是现在让我们想象一下这个情境：假设你一早醒来发现自己背对背地与一名不省人事的小提琴家一起躺在床上，而且是一个非常著名的小提琴家。他被发现患有致命的肾脏疾病，而音乐爱好者协会查阅了所有的医疗记录后发现你是唯一拥有可与他配对的血型的人。因此他们就绑架了你，并在昨晚将小提琴家的血液循环系统接入你的循环系统，这样你的肾脏就能被用来像排出你自己血液中的毒素那样排出他的血液中的毒素。医院的院长现在跟你说："你瞧，我们对于音乐爱好者协会所做的事情感到遗憾，如果之前我们知道他们想做什么的话绝不会允许他们这样做，不过他们还是这样做了，而现在小提琴家已经被接入你的身体了，如果将他分离开就会杀死他。但是不用担心，只要九个月即可。九个月过后他就能康复了，然后就可以安全地从你身上分离。"你是否有道德义务同意继续目前的状况呢？当然，如果你同意的话你就是个大好人，很善良。但是你是否有必须这样做的义务呢？[36]

你是否有道德义务去与这个生病的音乐家共享你的血液系统呢？如果没有，那你是否有义务分享你的血液系统给一个生长中的胎儿呢？这个思想实验有哪里显然出错了吗？

3. 试考虑下面这个关于灯泡功能的理论：

多年以来人们一直都相信灯泡是发光的。但是最新得到的信息显示，事实并非如此。灯泡并不发光，它只是吸收黑暗。因此我们现在将灯泡叫做"黑暗吸收器"。根据一个发言人的说法，黑暗吸收器理论证明了黑暗的存在，而且黑暗比光在质量上更轻，在速度上更快。

黑暗吸收器理论的基础观念在于灯泡会吸收黑暗。以你房间里的黑暗吸收器为例。靠近吸收器的地方，黑暗就比其他地方更少一些，而黑暗吸收器越大，它吸收黑暗的能力就越强。停车场的黑暗吸收器就比房间里的吸收能力大得多……

黑暗是有质量的。当黑暗进入黑暗吸收器，这些质量之间就会摩擦生热，因此去触摸一个开着的黑暗吸收器并非明智之举……

最后，我们必须证明黑暗比光跑得快。如果你在一个明亮的房间里站在一个关着的黑暗的橱柜前，然后慢慢地打开橱柜的门，你就会看到光慢慢地进入橱柜，但是因为黑暗跑得极其之快，你不会看到黑暗何时离开了橱柜。

总之，综上所述黑暗吸收器使得我们的生活更加方便，所以下次当你看到一个灯泡时，要

记住它其实是个黑暗吸收器。³⁷

依据充足性标准评价这个理论和传统的光子理论。

网络探究

1. 犬儒学派的第欧根尼（Diogenes the Cynic）曾对柏拉图的人类定义提出了一个戏剧性的反驳，你应该记得柏拉图将人类定义为"两腿的无毛动物"。第欧根尼就带了一只被拔了毛的公鸡到柏拉图的学院并喊道："这就是柏拉图说的人，他还有扁平的指甲呢。"你可以在此读到这个故事（VI卷）：http://classicpersuasion.org/pw/diogenes/. 第欧根尼的反驳证明了什么？你是否认为他的反驳有效？为什么？

2. 许多备受尊敬的圣经研究者和神学家声称圣经并没有禁止堕胎。他们说圣经的观点类似于玛丽·安娜·沃伦所提出的观点：胎儿并不是一个人。下面链接中的观点即是一例：Http://www.huppi.com/kangaroo/l-bibleforbids.htm 其他人则不同意这一点。你可以通过在网上搜索"圣经"和"堕胎"来找到有关这一话题的双方论证，并分别找出两边论证中最强的一条。你认为哪个论证最好？为什么？已知两方论证的强度，一个人能否合理地断言他知道圣经是赞成某一方而非另一方吗？为什么？

3. 2005年1月，联邦最高法院维持了佛罗里达州最高法院关于撤销"特丽法"（Terri's Law）的决定。"特丽法"是由佛罗里达州的立法机关给予州长杰布·布什（Jeb Bush，总统乔治·布什的兄弟）不顾病人特丽·夏沃（Terri Schiavo）和她的丈夫迈克尔·夏沃（Michael Schiavo）的反对意愿，阻止拔除特丽进食管的权限的法令。据说特丽·夏沃在1990年因心脏病突发而使得大脑缺氧超过5分钟，从此以后就进入了持续性植物状态（PVS）。国家神经紊乱与中风学会（The National Institute of Neurological Disorders and Stroke）是如此描述PVS的：

持续性植物状态（通常被不正确地称作"脑死亡"）有时在昏迷后出现。处于这种状态的个体会丧失思考能力和对周遭事物的意识，但是仍然保留着非认知性的身体机能和正常的睡眠模式。虽然那些处于持续性植物状态的人失去了他们大脑的高级功能，其他的一些关键功能如呼吸和血液循环仍旧是相对完善的。他们可能会有自发的移动，他们的眼睛可能会因为外界刺激而睁开。他们甚至可能偶尔会做鬼脸、哭和笑。虽然处于持续性植物状态的人可能从某种意义上讲，看起来还很正常，但他们不能说话，也不能对指令做出反应。³⁸

一个处于持续性植物状态的人还是一个人吗？为什么？如果一个人在大脑完全死亡之前就不再存在了，我们是否应该修改对死亡的定义？为什么？如果想对该主题有更多深入了解的话，可以看看大卫·佩里（David Perry）的文章"伦理学与人格"：http://www.scu.edu/ethics/publications/submitted/perry/personhood.html 在网上搜索"高级脑死亡"也可以获得很多种相关的观点。

伯特兰·罗素

哲学的价值①

伯特兰·罗素（Bertrand Russell，1872—1970）是20世纪最伟大的哲学家之一，他在哲学的所有主要领域都做出了重要的贡献。他最大的贡献或许是在逻辑学领域，在《数学原理》（*Principia Mathematica*，与阿尔弗雷德·怀特海合著）一书中，他试图证明全部数学都可以从逻辑中推导出来。虽然罗素并没有写过多少虚构作品，但诺贝尔委员会决定通过授予他1950年的诺贝尔文学奖来认可他作为一名作家的重要性。下文选自他的《哲学问题》（*The Problems of Philosophy*）一书的最后一章，在该文中，他描述了哲学对于心灵生活的重要性。

现在我们已经对哲学中的一些问题做了一个简略而远非完备的回顾，是时候在结论部分探讨一下哲学的价值，以及我们为什么应该研究哲学这个问题了。鉴于很多人在科学和实践事务的影响下，倾向于怀疑哲学只是一些无害但也无用的细碎的分析，或是在一些不可能得到任何知识的问题上进行争论，我们对此问题的思考就显得尤为必要。

这种对于哲学的看法部分上是来自于对人生目的的错误看法，部分上是来自对于哲学所争取获得的东西的错误看法。物理科学带来的发明创造，使得物理科学会对很多根本不了解它的人也有用处，因此对物理科学的研究之所以能获得赞许，不仅仅是因为它对它的学习者产生的影响，而主要是因为它对整个人类产生的影响。而哲学研究并没有这个用处。如果哲学研究能对非哲学专业学生的人产生任何影响的话，它也只能通过哲学在那些研究哲学的人身上产生的影响来间接地发挥作用。因此，哲学的价值就只能主要从这些对哲学研究者产生的影响中来寻找。

不过，要是我们想要在判定哲学之价值的努力中不至失败，我们就还必须首先摆脱被错误地称作"实际"（practical）的人的那种偏见。日常所谓的"实际"的人即一个仅仅认可物质需要的人，这样的人只认识到人的身体需要食物，却忽略了为心灵提供食物的必要性。就算所有人都能经济充裕，贫穷和疾病也已经被降低到可能的最低水平，要创建一个有价值的社会也还是有很多其他工作要做。而且即使在当前的这个世界中，心灵所需的补给也至少与身体所需的补给同样重要。只有在心灵的补给中才会发现哲学的价值，也只有那些对心灵之补给并非漠不关心的人才能被说服去相信哲学研究并不是浪费时间。

就跟其他所有研究一样，哲学研究的目标也是获得知识。它所追求的知识是那种为科学整体赋予统一，系统化体系的知识，以及那种从对我们的信仰、偏见和信念的基础做出批判性反思而得来的知识。但是我们却不能说哲学在为这些问题提供确定答案方面，取得了多大的成就。如果你问一个数学家、一个矿物学家、一个历史学家或者任何其他专业的学者在他们的学科里

---

① 节选自：Bertrand Russell, *The Problems of Philosophy* (New York: Henry Holt and Company, 1912) 237-250.

面取得了多少确定的真理，他的回答可以长到让你听不下去。如果你问一个哲学家同样的问题，他将不得不承认（如果他够坦诚的话）他在其研究中尚未获得其他科学所获得的那种正面结果。当然，下面的事实可以部分地解释这一点：一旦关于某主题的确定的知识成为可能，它就不再被叫做哲学了，而是成为了一门独立的科学。关于天体的研究现在属于天文学的一部分，但它曾经也被包括在哲学里面；而牛顿的伟大著作最初也被叫做《自然哲学之数学原理》。类似地，关于人类心灵的研究直到最近才从哲学中分离出来并成为心理科学，而之前它一直都是哲学的一部分。因此哲学的不确定性并没有看起来那么大，因为那些有着确定答案的问题现在已经被纳入科学中了，而只有那些现在还无法给出确定答案的问题仍然留在我们称之为哲学的这个学科里。

不过这只是关于哲学的不确定性的部分事实。有很多问题——其中包括一些对我们的精神生活非常重要的问题——在目前看来对于人类的智力而言还无法解决，除非我们的智力变得和现在完全不同了。宇宙是否有一个统一的计划或目的？还是说它只是原子偶然聚集的结果？意识是否是宇宙永恒的一部分，可以让我们怀有智慧无限增长的希望？还是说它只是一颗小小行星上转瞬即逝的意外事件，而这颗行星上的生命最终也都会归于寂灭？善恶对于宇宙来说重要吗？还是只有人类才会关心它？哲学提出这些问题，而且不同的哲学家给出了不同的答案。但是不论这些问题的答案可否通过其他途径发现，哲学所给出的答案看起来都不是显然正确的。然而，不论发现这些答案的希望有多小，哲学的部分工作就是继续思考这些问题，让我们意识到这些问题的重要性，审查所有解决这些问题的途径，并保持我们思考宇宙的兴趣不被扼杀，而如果我们将自己只局限于那些有确定答案的知识范围内，这种兴趣是很容易被扼杀的。

的确，有很多哲学家认为哲学可以为这些根本性问题提供确定的答案。他们以为宗教信仰中最重要的那部分的真确性可以被严格地证明。要对这类企图是否可行做出判断，我们有必要对人类的知识做一个调查，以形成对其方法和局限的看法。在这方面说出专断的话并不明智，但是如果之前各章中的探索没有将我们导入歧途的话，我们就不得不放弃在宗教信念方面寻找哲学证明的希望。因此，我们不能将获知对这些问题的确定回答当作是哲学价值的一部分。再一次地，我们看到哲学的价值不可能是基于它对学习哲学的人提供了任何确定的知识这方面。

其实，哲学的价值很大程度上正须在这种不确定性之中寻求。一个从未接触过哲学的人终生都囿于偏见之中——来自常识的偏见，来自他所在的时代或国家的惯常信念的偏见，来自那些未经其审慎理性所构建或同意的在头脑中暗暗滋长的看法的偏见。对这样的人来说，世界是确定的、有限的、一目了然的；他不会对寻常的事物产生任何疑问，而不寻常的可能性也被他轻蔑地拒绝。但是反之，只要我们开始进行哲学思考，就会在处处发现问题，即使是最日常的事物也会带来一些难以给出完整回答的问题，正如我们在开头的章节中所看到的那样。哲学虽然不能确定地为它所提出的那些疑问提供答案，但是它能通过提示许多的可能性来扩展我们的思维，将其从习俗的暴政中解放出来。因此，虽然哲学减弱了我们对于"事物是怎样的"这类信念的确定感，但是它极大地提高了我们关于"事物可能是怎样的"方面的知识，它排除掉了那些从未进入到自由怀疑境地的人的那些自大而独断的看法，同时也通过以一种不熟悉的方式呈现熟悉的事物来保持我们的好奇心。

除了显示出那些未被怀疑的可能性这个用处，哲学的另一个价值——或许是它的主要价值——就在于它所思索的对象都是宏大的，对这些事物的思索可以让我们从狭隘和个人化的打算中解放出来。一个依本能生活的人的眼界只能囿于个人利益所构成的小圈子中：家庭和朋友或许会包含在内，但外部世界绝不会进入他的视野——除非外部世界有利或有害于那些出现在他本能欲望圈子里的事物。这种生活是狂热而局限的，而相比之下哲学的生活平静而又自由。处于本能兴趣中的个人世界是狭小的，它被置于一个巨大而强力的世界中，并且迟早会被这个更大的世界所毁灭。除非我们能将自己的兴趣扩展到包含整个外部世界，否则我们就将如被困于堡垒中的守军一样，知道自己无法逃脱，最终难免要投降。这样的生活中是没有平静可言的，只有坚持抵抗的欲望和无以为继的意志在不断争斗。如果我们想找到一个办法使自己的生活变得自由和伟大，我们就必须逃离这个监狱和这种争斗。

哲学的沉思（contemplation）可以为我们提供一条脱身之计。哲学沉思——在其最广阔的视野上——并不会将宇宙分为两个敌对的阵营：朋友和敌人、有益的和有害的、好的和坏的，而是不偏不倚地看待所有事物。纯粹的哲学沉思的目标不是去证明宇宙的其余部分都是类似于人的。所有知识的获得都是自我的一种扩展，但是要得到这种扩展，最好不要直接去追求它，而是要通过在求知欲独自发挥作用的时候所实施的研究，这种研究不事先期望其对象会拥有这样或那样的特征，而去让自我适合于在研究对象中所发现的性质。当我们将自我看作是现在这个样子，并试图去证明世界与自我是如此相似，以至于无需将任何看上去异质之物纳入考虑就能获知关于世界的知识，那么自我就不可能得到扩展。想要证明这点的欲望是自我专断（self-assertion）的一种形式，而且正如所有形式的自我专断一样，它也是自我所渴望，并且完全有能力获得的扩展之路上的障碍。正如在其他领域一样，在哲学推理中的自我专断也是将世界当作实现它自己的目的的手段，因此它会将自我看得比世界更重要，并且让自我为世界中的事物之伟大设定限度。而在沉思中则正好相反，我们从非我（not-self）出发，通过非我的伟大扩展自我的界限，通过沉思宇宙的无限，心灵也由此获得了某种无限。

因此，心灵的伟大难以通过那些将宇宙同化为人类的哲学而达致。知识是自我与非我的一种结合，正如所有的结合一样，它会被控制欲所破坏，因而也就会被任何强迫宇宙与我们在自身中所发现的东西相一致的企图所破坏。有一种普遍流行的哲学潮流倾向于这种观点：人是万物的尺度，真理是人造的，空间、时间和共相世界只是心灵的属性，而且如果存在什么非心灵所创造的事物的话，它也是不可知和无意义的。如果我们之前的讨论是正确的，这种观点就是错误的，不仅如此，它还会剥夺所有使得哲学沉思有价值的因素，因为它将哲学沉思束缚于自我之中。它所称为知识的，并非自我与非我的结合，而是一系列的偏见、习俗和欲望，这些东西在我们与外在世界之间形成了一道不可穿越的帘幕。能在这种知识理论中找到乐趣的人，就像一个因为害怕自己的话可能不被当作法律而从来不敢离开其家庭小圈子的人一样。

相反，真正的哲学沉思会在非我的每次扩展中、在一切可以扩大沉思之客体的事物中、也因而在进行这种沉思的主体中得到满足。在沉思中，所有个人或私密的东西、所有依赖习惯、私利和欲望的东西都会扭曲客体，并因此破坏心智所要追求的结合。因此通过在主体和客体之间形成这样一个阻障，那些个人和私密的东西就成为了心智的牢狱。一个自由的心智是像上帝那样在观看的，不受**此时**和**此地**的限制，也不带有希望和恐惧，更摆脱了习俗信念的枷锁和传统的偏见，平静地、不动感情地、只出于纯粹的追求知识的欲望去看，这种观看所追求的知识也是在人类所能达到的范围内尽可能地带有非私人化和纯粹沉思性质的。因此自由的心智也会更看重抽象和共相的知识而非由感官带来的知识，因为前者是不受个人经历干扰的，而后者一定要依赖于个人的排他的观点与个人的身体感官，而这些感官在呈现事物的时候一定会扭曲其原貌。

一个已经习惯于哲学沉思中的自由和不偏不倚的心灵也会在行动和情感的世界中保持某些同样的自由和不偏不倚。它会将它的目的和欲望看作整体的一部分，而不会有那种来自将它们看作一个不受任何他人行为影响的世界中的琐细碎片而产生的偏执。在沉思中，不偏不倚是一种对于真理的纯粹的欲望；它与心灵在行动领域中的品质——公正——是同一种品质；而在情感中，它就是可以给予所有人，而非只给予那些被认为是有用的人或者受人尊崇的人的博爱。因此沉思不仅仅扩展了我们思想的客体，而且也扩展了我们行动和情感方面的客体：它使得我们成为宇宙公民，而非仅仅是一座被高墙围困着的城市里的居民，与其他的一切为敌。在这种宇宙公民的身份中包含了人真正的自由，这种身份将他从狭隘的愿望和恐惧的奴役之下解放出来。

在此，我们可以将有关哲学价值的讨论总结如下：之所以要研究哲学，不是为了找出关于它的问题的确定答案——因为一般我们并不知道哪个答案是确定为真的，而是因为这些问题本身，因为这些问题扩展了我们关于何为可能的观念，丰富了我们的心智想象力，并且减弱了那种会禁锢心灵，使之无法思辨的那种独断的自负。而最重要的是通过对宇宙之伟大的沉思，使心灵变得伟大，并能与宇宙结合而产生心灵的最高善。

阅读问题

1. 当罗素说哲学的价值就在于它的不确定性时，他是什么意思？对于那些将他们的整个生活都局限于自身文化的惯常的而令人舒服的信念中的人，你认为罗素会说些什么？

2. 罗素是如何评价那种"实际"者的世界观的？他声称心灵的善至少和身体的善同样重要，你认为他说得对吗？为什么？

3. 他认为如果我们的生命要变得伟大和自由，我们就必须逃离本能的、私利的牢狱，你是否同意？请解释一下。

4. 根据罗素的看法，通过哲学沉思可以扩展自我的界限，而心灵也能由此获得某种无限性。你认为他这些话是什么意思？你是否相信哲学就像罗素所说的那样，是一种精神追求？请解释一下。

布兰德·布兰沙德

哲学的事业[①]

> 布兰德·布兰沙德（Brand Blanshard，1892—1989），著名的美国哲学家和罗德学者（Rhodes Scholar），在密歇根大学获得文学学士学位，在哈佛大学获得哲学博士学位。于斯沃斯莫尔学院从事教学工作20多年，后自1945年至1961年退休一直担任耶鲁大学哲学系系主任。他的主要著作包括《思想的本质》（The Nature of Thought）、《理性与善》（Reason and Goodness）和《理性与分析》（Reason and Analysis）。在下面的选文中，他表达了自己关于哲学与科学之间关系的看法。

我认为最好将哲学理解为一个更古老和更广阔的事业——理解世界的事业——的一部分。在下文中我们先对这种理解进行全景式的概览，然后我会探讨它的目标，它的主要阶段，最后讨论哲学通过哪些途径进入到这个事业中来。

我们刚刚已经说过，这个事业就是理解世界的事业。那么我们所说的"理解"（或者"理解某物"）又是什么意思？我先假定这个"理解"就是向我们自己解释的意思。很好，那么"解释某物"又是什么意思？如果我们碰到了某些难以理解的事实或事件，什么会让它们变得可理解呢？答案是：首先要将它们看作是某条规则的一个实例。比方说，你某天晚上感到剧烈的头痛，苦苦思索这是为什么。然后你想起来你刚刚吃了两大块巧克力蛋糕，并且你对巧克力过敏；于是看上去你的头痛就得到了解释。它不再仅仅是一个不知来自何处的邪恶的造访者，因为你已经将它"本地化"了，通过将它置于某个已知的规则下而将它同化到你的知识中。

哪种规则才是那些为了让事实变得更可理解而设置的规则呢？就是那些有关联性质的规则，那些将有待解释的事实与其他东西联系在一起的规则。通过将头痛这个现象置于某个将该事件与其他事件在**因果**上联系起来的规律，你就解释了你的头痛。同样地，通过逻辑上将其与三角形这一概念，以及三角形的属性联系起来，你就可以解释为何某个平面图形的内角和等于两直角之和。

哲学家们一直试图在两个方面来对科学研究加以补充。要满足我们对理解的渴望，科学研究必须在这两方面都得到扩展，但是科学家对这两方面却没有太大兴趣。事实是：从逻辑上来讲，哲学开始于科学之前，并且在科学的工作完成之后还在继续进行。在知识宽广的光谱上科学占据了中央位置，但是我们知道除了这个显而易见的部分之外，光谱还包括了其他部分，在红色端以外还有一大片的红外线区，而在紫色端的另一边也有一大片的紫外线区。哲学就负责处理科学的红外线区和紫外线区，它虽然与科学所在的中央区域连在一起，但却更加微妙而难以辨析。

先说说红色端。在何种意义上我们可以说哲学开始于科学之前？很多科学家喜欢将其所使

[①] 选自：Brand Blanshard, "The Philosophic Enterprise," The Owl of Minerva: Philosophers on Philosophy, ed. Charles J. Bontempo and S. Jack Odell (New York: McGraw-Hill, 1975) 163-177.

用的概念或者其研究工作中的预设当作是理所当然的。如果他愿意的话当然也可以审查一下这些概念和预设，有些科学家会这样做，但是大部分不会。因为如果他们要等到把这些困难的基本观念都搞清楚了才开始工作，那么他们可能永远都不能到达最让他感兴趣的那些工作那里。但是根本不审查这些基本的观念也是荒唐的，而这个有点吃力不讨好的基础工作就是哲学家的任务。

在上文中我将这些未经审查的观念称为概念和预设。让我们先对这两个概念作一个说明。

在常识和科学中人们都会经常使用某些特定的单音节的小词，这些词语看起来实在太熟悉了，而且似乎也没有必要去定义它们。我们经常说："现在是什么时间？""这个小汽车里没有多少空间了"，"他没什么理由感觉受了冒犯"，"他一定是失去理智了（out of his mind）"，"我认为这些罢工对于公众来说是不公正的"。请考虑一下我们用过的这些词语：时间、空间、理由、好、真理、心灵、公正、我。如果有人问我们："你说的'我'是什么意思？"或者在我们向他打听时间时反问："你说的'时间'是什么意思？"我们可能会回答说："天啊，别像个傻瓜一样。"或者像圣奥古斯丁（St. Augustine）一样回答："在你问我时间是什么之前我还知道它是什么意思，可是你一问我我就不知道了。"我怀疑后面这个回答对于上面这些词语来说都是成立的。在日常生活的语境下，我们是很清楚这些词语的意思的，但是，要对它们进行思考，就是要不断揭示它们更深层次的、未被意识到的意义。这一点同时体现了当代语言哲学的优势和弱点。的确，这个学派认为哲学的一个主要工作就是定义词语。苏格拉底谈话中哲学思想的首次迸发主要就在于试图对实践生活中的某些特定词语如正义、虔诚、节制、勇气等进行定义。但是这些词语的意义被证明是非常难以捉摸的，在《理想国》的整整十卷，他不断地追逐正义的影子，但到了书的结尾处也没能捕捉到它。苏格拉底认识到仅仅是抓住这些非常简单和常用的术语的意义，就可以解决伦理学和形而上学中许多最深刻的问题。不过需要提醒大家的是，苏格拉底并非日常语言哲学家，他不是雅典版的诺亚·韦伯斯特（Noah Webster）——一个致力于收集语言市场上正流通的那些钱币的人。相反，他非常乐于去表明在日常语言的层面上我们对词语意义的使用是混乱和不融贯的，只有通过提炼和修正它们，才能得到真正经得起考验的意义。

我们不能让一个想要找到流感发生的真正原因的科学家中断实验，直到他弄清楚真理的本质，或是因果关系的概念为止。而一个认为民主制度在某些方面比专制制度更好的政治科学家，也不能因为其同行尚未对"好"的定义达成一致看法就闭口不言。这些人必须继续他们的工作，而非错误地停下来与那些终极概念的定义多做纠缠。然而，这些概念毕竟是根本性的，在我们的思考中几乎每时每刻都必须要用到它们。而且如果研究者们全都去努力搞清楚那些相对不重要的事情，而没有人去研究最重要的那些，这就太荒唐了。而要在这方面做出努力的正确人选肯定就是哲学家了。我的一个哲学家朋友曾在电车上坐在一个推销员旁边，该推销员感到和他很投缘，于是就说了一大通有关他的行业的事情，最后他问我朋友："那么，你是做哪一行的？"我的哲学家朋友回答说："做概念（notions）的。"那个推销员似乎觉得这个回答十分正常，我们也应该如此。概念就是哲学家的行业，没有某些如真理、有效性、价值、知识等关键的概念，科学思想就没办法上路，但是科学家们本身既没有时间也没有兴趣审查这些概念。

我们认为，除了这些终极的概念之外科学家们往往还倾向于将一些终极的预设交给其他人来考察。我会列出一些预设，请大家看看是否有哪个自然科学家没有将这些预设当作理所当然的：我们可以通过感知来了解有关物理秩序的事实；我们的逻辑律对于这种物理秩序而言是有效的；存在一个每个人都可以接触到的公共的时空，事情会在这个时空里发生；每个事件都有一个原因；在某种条件下，同类的事件曾经总是发生，将来也总是会发生；我们应该根据证据的强度来调整对命题的认可程度。上述这些都是非常重要的命题，也是科学家们每天都会用到的命题。如果其中任何一个命题有错，那么他的整个研究就会陷于困境。但是这些命题并非科学命题，它们只是被所有科学共同预设的命题，它们与所有科学的思想相一致，却不属于任何一门科学。不去审查这些命题是荒唐的，因为它们中的一些，甚至全部都可能出错。但是如果一个科学家在使用显微镜或者望远镜做研究之前，要先知道通过感知来获得知识是否可能或者是否可能存在一个不依赖于本体论的逻辑学，他一定会吓坏了。科学家们有时也会讨论这些问题，我们当然一直欢迎他们发表意见，但通常情况下，他们最好还是明智地求助于专家比较好。而在这些问题方面的专家就是哲学家。

说到这里，我希望自己已经说清楚了"哲学开始于科学之前"是什么意思。说哲学在科学之前，就是说哲学会审查那些作为科学家工作之出发点的主要概念和预设。科学在逻辑上依赖于哲学。如果像休谟和卡尔纳普所认为的那样，哲学能成功地证明任何对不可感知（nonsensible）之存在物的指称都是无意义的话，那么物理学中对电子和光子的说法就必须要么被抛弃，要么其意义就必须被彻底地修改。而如果像詹姆斯、席勒和弗洛伊德所说的那样，哲学能成功证明我们的思考总是不可避免地与我们的冲动和情感捆绑在一起，那么科学的事业——作为一种对无偏向性的客观真理的追求——在一开始就被颠覆了。哲学并非只是科学大厦的一点装饰品，而是它的奠基石。

如果说哲学开始于科学之前的话，那么在科学家的工作完成之后它也在继续进行着。每一门科学都可以被看作是为回答一个大问题而做出的长久的努力。例如物理学的问题是："物理运动的规律是什么？"生物学的问题是："生命体展示了何种结构和行为？"每种科学都会将自然的某个领域看作是自己的研究对象，并试图将它保持在自己的研究界限内。但是自然是没有边界的，电子的运动、《哈姆莱特》的写作，与列宁革命的发展在某种意义上都是连续一体的。谁来研究这种连续性呢？谁能够去思考，一名在自己的领域努力钻研的物理学家，与另一个在自己的研究范围里耕耘的神学家之间的道路如何贯通呢？当然也还是只有哲学家才能完成这项任务。有一种在我看来是错误的完成方式是这样的：将哲学定义为一个盲人在一间黑暗的屋子里寻找一顶并不在房间里的黑色帽子，并补充说如果他真的找到了，那就是神学。有人可能会觉得由于没有两个真命题之间会相互矛盾，所以各个相互独立的科学研究的结果不可能会冲突，因此也不存在需要调和它们的问题。然而事实正好相反，当我们只是审查一下各门科学所产生的那些最为一般性的研究结果，就会发现它们冲突得一塌糊涂，而且调和他们的工作量是极其巨大的。没错，最尖锐和最令人着迷的形而上学问题都来自想要调和各主要学科的研究结果的企图。

例如，你要如何调和物理学和心理学呢？物理学家认为每个物理事件都有一个物理原因，该观点看起来完全没问题。如果说某个物质实体自己动起来了，或者动起来之后还会加速或改变方向，但却没有任何物理原因，这看起来是非常荒唐的。如果你说一个运动没什么原因就自己发生了，这在物理学家看来是不负责任的说法。如果你说这表明存在着来自空间秩序之外的干涉，这就是迷信的说法。可是心理学不正是在说这种干涉事实上每天都在发生吗？如果我的嘴唇和声带正在振动，那是因为我在思考某些想法并想将它们告诉你。而一个想法或欲望唯一能产生这种结果的方式就是通过对我的头脑里的波或粒子的物理运动产生影响。说只是与我的想法相关的一些神经在产生这些结果是没有用的，因为这些物理的变化并非我的想法，而且如果我的想法本身对于我所做的事没有任何影响的话，那么理性的生活就变成了一部哑剧。我的行为就不再是由我的有意识的选择所指导的，我所说的任何话也不是由我的想法和感觉所决定的。常识并不会接受这种观点，正常的心理学更无法接受这种观点，与此相冲突的证据太多了。这些证据显示，有意识的选择的确会对我们舌头和嘴唇、胳膊和腿的行为产生影响，而这种选择并不属于物理事件。行为是可以被意识指导的。但是你又如何能将这种观点与物理学家的信念（所有的行为都是有物理原因的）结合在一起呢？这就是活生生的哲学中的身—心问题。

这种冲突不仅仅会发生在自然科学之间，它也会发生在自然科学和规范科学之间。就说物理学和伦理学吧！对于物理学家来说所有的事件——至少是那些宏观的事件——都是有原因的；也就是说它们是由在此前发生的某些事件通过遵循某些规律而导致的，这种观点看起来也完全没问题。现在将它运用到伦理学中吧！你所做出的一个选择也是一个事件，即使它不是一个物理事件，它也会遵循所有事件都有原因这个法则。这意味着你做的每个选择都是由它们之前发生的某些事件通过某些规律导致的。但是如果真是如此，如果已经确定了在我的任何一个选择之前发生的事件，那么我就不得不做我实际上所做的事，我就不可能做出其他选择。但是如果这是真的，那么对于任何事件而言"我当时不应该这样做"就成了无意义的说法，因为我当时只是做了自己唯一能做的事。但是这样的话，我们平时所理解的伦理学会变成什么样子？如果科学原则为真，我们就不得不重新考虑悔恨、奖励和惩罚、赞扬和谴责这些活动的伦理学基础。这就是古老的自由意志问题，弥尔顿（Milton）作品中负责吹响号角的天使在闲暇时就充满兴致地探讨过这个问题，今天大学课堂上的本科生也会以相同的热情对此展开讨论。与我们上面所提及的那两个例子类似的冲突还有很多，它们不属于某一个学科，而是在各个学科之间，它们必须被一个中立于各学科的代理来判定，而这个代理的唯一候选人就是哲学。哲学是各学科间的协调机构，是国家劳资关系委员会（National Labor Relations Board），或者你愿意的话也可以叫它知识共同体的世界法庭。正如这些代理机构一样，它并没有任何强制执行自己判决的手段，它唯一依靠的就是它所给出的决定的合理性。

现在我们可以看一下哲学在整个智识事业中的地位。智力从一开始就表现出了寻求理解的动力。要理解任何事物就意味着要在其他使其变得可理解的事物或事件的背景下来把握它。该动力完成的第一个创举就是我们的常识系统，通过几千年的试错，它已经被塑造成形。之后这个系统被科学所取代，相比常识而言科学的解释网络更加地精确和全面。哲学则继续在智识事业中对科学所没有进入的领域进行探索。它是一种将理解推向可能的最远极限的企图，它将科学赖以建立的地基和保持科学间结构的梁柱都纳入其视野中。哲学既是科学的批评者，也是它的完成者。据我理解，这就是所有伟大的哲学家所从事的工作，从柏拉图到怀特海都是如此。

他们或许永远都不会获得完全的胜利，人们也很可能会利用他们已经达到的理解让他们自己和他们的事业从这个世界上销声匿迹。但只要他们还允许自己继续存在一天，该事业就定将继续前进。因为为理解而做的努力并非一时的冲动或怪癖，也不是闲暇时光的游戏或者"商业社会中的抒情歌吟"，而是人类的本质或存在的核心要素，它将人类从淤泥中带到了他现在所在的崇高但尚不稳定的高台之上。这种智力的动力已经构建了他的世界并逐渐将其改造到与充满奥秘的外在世界相一致。对于任何了解这一点的人来说，哲学都是不需要辩护的。它在实用的方面也可能是有益的（它当然是有益的），但是那并不是人进行哲学思考的主要原因，人们进行哲学思考是因为他们不可抑制地想这样做，因为理解的事业就像人类一样古老，它使人成为他现在所是的这个样子，而且也只有它才能将人塑造成他将可能成为的样子。

阅读问题

1. 当布兰沙德说哲学开始于科学之前时，他说的是什么？他说哲学为科学提供了奠基石，他说得对吗？或者你是否认为科学可以为它自己提供奠基石？请解释一下。

2. 根据布兰沙德的观点，物理学和心理学之间是如何发生冲突并产生了心—身问题的？为什么这种冲突不可能通过这两种科学自身进行的更深入的研究来解决呢？

3. 为什么布兰沙德将哲学比作知识共同体的世界法庭？相比科学而言，为什么哲学能更好地协调各门科学之间的根本冲突呢？

4. 什么是"理解的事业"？布兰沙德认为哲学是如何被纳入该事业中的？你是否赞同理解的动力是人类本质和存在的核心要素？请解释你的观点。

第2章

心—身问题

2.1 导言

> 真的存在一个所谓的心—身问题吗？如果是的话，拥有哪一个更好呢？
> ——伍迪·艾伦

正如所有生物一样，我们人类拥有身体。但是与有些生物不同的是，我们还拥有心灵。我们通过身体来吃、喝、走路、谈话、呼吸，同时通过心灵来思考、感受、欲求、认知和理解等等。现代科学表明，我们身体中的各种活动都可以在物理学上得到解释，即它们只是各种电化学或者生物力学反应而已。但我们心灵中的活动又是怎么回事呢？我们的思想也可以通过物理的方式来解释吗？很多人对此持否定态度，其中最重要的一位就是16世纪哲学家，同时也是解析几何的创始人勒内·笛卡尔（René Descartes）。虽然笛卡尔认为身体就是一台机器，他却坚持我们人类绝不仅仅等同于我们的身体，因为不会有任何机器有能力做到我们所做的事。在《谈谈方法》（*Discourse on Method*）一书中他描述了自己得到这一观点的路径。

思想实验

笛卡尔的机械傻瓜

从这个角度来看，我们可以把身体视为一台由上帝所制造的机器，这种机器的设计是无与伦比的，能够做出各种令人惊叹不已的动作，远远胜过任何由人类所发明的机器。在这里我要特别停下来说明一件事：如果真有这样一些机器，它们拥有像猴子或者其他无理性动物一样的部件和外形，我们就没有任何办法能确定这些机器和那些动物在本质上有何不同。可是如果有一些机器跟我们的身体非常类似，而且尽可能不走样地模仿我们的行为，我们应该还是能通过两个明确的测试来识别出它们并不是人。第一个测试是这样：它们永远不能像我们那样使用言语或者其他符号，来向他人表达自己的思想。因为我们可以很容易设想一种机器，它被构造成能吐出一些词语，甚至能让它对扳动它某些部件的动作做出反应；比如说，如果我们摸它的某个部位它就会问我们想要对它说什么，如果摸另一个部位它就会喊疼……但是它永远不能以不同的方式来安排自己的发言以恰当地回答别人对它说的话，而这是最下等的人也能做到的。第二个测试是，虽然这些机器可以做到一些我们所做的事情并且和我们做得一样好，甚至可能比我们做得更好，却绝不可能做别的事情，由此可见，它的行为并非出于知识而是出于它部件的结构。由于人类的理性是一种能够应付一切可能事件的通用工具，而机械部件要应付每种特定的行为则必然需要作出相应的特别调整才行。由此可知，一台机器上绝不可能有那么多的部件，使得它足够应对生活中的各种场合，就像我们的理性所指引我们去做的那样。[1]

> 人类的历史根本上是心灵的历史。
> ——威廉·巴雷特

笛卡尔相信我们不是机器，因为我们拥有两项机器所不可能具备的能力：（1）灵活地针对无限种类的话题来说话的能力，（2）灵活地应对无限种类的情况来行动的能力。机器也许能在某些特定的语境和场景中智能地讲话或行动，但它们的能力永远比不上我们，因为只有在处理那些在其中其行为方式已经被事先设计或规划好的情况时，机器才能智能地行动，而我们却可以灵活应对从没见过的情况。因此，我们一定不只是机器而已。

尽管多数从事认知科学研究的人们不同意笛卡尔对人工智能前景的评估，但他们的确同意运用语言和解决问题的能力是衡量智能最重要的两项指标。事实上，我们在下文将看到一种被广泛接受（同时也饱受批评）的人工智能测试——图灵测试——就与笛卡尔所提出的那种很相似。计算机科学的创始人之一艾伦·图灵（Alan Turing）声称，如果发现某台计算机使用语言的方式无法与一个普通人类区分开来，那么就可以判定这台计算机一定有思考能力。

我们可以制造一种拥有我们的语言能力和解决问题能力的机器吗？假设可以的话，它会有心灵吗？对这个问题的回答，决定了我们如何对待那些终将与我们共同工作和生活的机器人。文化人类学家亚瑟·哈金斯（Arthur Harkins）于1986年预言，到2000年，法庭上将会出现第一桩人类和机器人结婚的案件判例。[2] 尽管这个预言过于乐观，许多人仍然相信这种民事程序将会不可避免地到来。这样的预言引出了许多有趣的问题。一个机器人配偶应当拥有哪些权利呢？如果他们离婚的话又会发生什么？机器人可以分到夫妻共有财产的一半吗？我们关于权利的观念与我们关于理性思考的观念紧密相连。如果一部机器能像我们一样进行理性思考，那我们就很难否认它享有与我们相同的权利。

智能机器人将会是节省劳力的终极设备。事实上，有人曾声称一旦智能机器人成为可能，我们都会因为机器人为我们提供的取之不尽的劳力而活得像国王一样。例如，前国家标准局系统工程部主席詹姆斯·阿布斯（James S. Albus）在他的专著《人民的资本主义：机器人革命经济学》（*People's Capitalism: The Economics of the Robot Revolution*）中描述了他认为将要到来的乌托邦。他说道：

> 在工业革命之前，贵族阶层的存在只能建立在奴隶制之上，因为一个人单凭自己所创造的财富不可能过上贵族式的生活。然而，在机器人时代，你会拥有可以自主思考，自主行动甚至自主繁殖的机器。原料会被自动放进机器，成品做好后会自动通过市场机制分销出去，所得收入会放进一个公共机构，作为社会红利分发给所有人。
>
> 由此获得的财富，可以使人类文明达到一个全新的层次，那是迄今只有少数人，即贵族阶层才达到过的高度。机器人、自动化和自动化工厂的时代，会让每一个市民都能像贵族一样过上经济上自足无忧、不用为任何雇主打工的生活。[3]

阿布斯相信，在未来的五十年内，机器人劳力将会给我们每个人带来约75万美元的年收入。[4]

奴役人是不道德的，难道奴役机器人就不是不道德的吗？阿布斯所描述的机器人是可以自主思考的。换言之，它们有自己的心灵。我们可以心安理得地强迫这些被造物（creatures）去做违反它们意愿的事吗？把它们当作奴隶对待与把人当作奴隶对待不是一样的吗？如果不是，那么是哪方面的区别造成的呢？因为它们是由无机物而非有机物组成的？但是某人的组成材料与某人的性别、种族不同样是伦理上无关的吗？也许，阿布斯描述的那一幕并不如他想象的那样美好。

假设我们最终造出了像我们一样可以说话和处理问题的机器，那是不是表示我们也是机器呢？未必，因为我们处理信息的方式可能与机器不同。但就算我们是机器，这也不代表我们的思想一定可以被机械术语所解释。在17世纪哲学家，微积分的创始人莱布尼茨（Gottfried Wilhelm von Leibniz）看来，思想并不是一个机械概念。所以即使机器可以思考，思想也不能被机械地解释。莱布尼茨通过下面这个思想实验来阐明这个观点。

思想实验

莱布尼茨的心灵磨坊

……不得不承认，知觉以及依赖于它的一切都不能用形状和运动这些机械的理由来解释。假定存在这样一台机器，它的结构能产生思想、感觉和知觉；设想一下这台机器按照原有的比例放大，使得你能够像走进一间磨坊一样进入其中，参观它的内部，但你能观察到什么呢？只有零件之间的相互推动，没有任何东西能解释知觉来自哪里。对知觉的解释只能从单纯的实体中寻找，而不是机器这样的复合体中。[5]

在大脑中行走
假设你能像电影《神奇旅程》（*Fantastic Voyage*）里的船员那样在大脑中行走，你能观察到思想吗？

大脑是一台思想、感觉和知觉机器，尽管它不是由钢铁和硅做成的。即使你缩小到血液细胞的大小并且在它的内部行走，你能观察到的也仅仅是神经细胞间化学物质的交换，而不可能是大脑正在进行的思考、感觉和认知。所以，莱布尼茨和笛卡尔一样相信心灵不可能以机械的方式被解释。但与笛卡尔不同的是，他不认为制造一台能思想的机器是不可能的。在他看来，机器可能会思考，只是其思考过程不可能从机械的角度解释。

这个观点或许看上去有些奇怪，但直至今日仍然有一些人这么认为。整体常常大于部分之和，例如一个联赛中表现最出色的球队可能不是由那些最优秀的球员组成的。在这样的情形下，我们可能无法从对部分的理解中得出对整体的理解。同样地，心灵或许也大于它的部分之和。人类是有理智的，尽管他们的神经细胞并非如此，所以，对他们神经细胞的理解或许无法让我们获得对他们心灵的理解。

不过，莱布尼茨并不认为意识源于物质的复杂的组合，相反，他认为物质源于意识的复杂的组合。在他看来，构成宇宙万物的基本单位是意识的微粒（monads）而不是物质的微粒。于是，莱布尼茨认为，意识不是少数生物所独有的，它是一切事物（甚至那些最基本的粒子）都在某种程度上所拥有的。这就是为什么他说，对意识的解释必须从单纯的而非复杂的实体中寻找。

这样的观点对成长于西方社会的人而言，可能显得很奇怪，而对于东方人而言，却可能是显而易见的。许多印度教思想家都会声称所有的存在都是意识。例如，伟大的印度教神学家商羯罗（Shankara）就认为，实在就是纯粹的存在（being），纯粹的智识和纯粹的欢乐。[7]世上没有物质，物质不过是由于我们对实在本性的无知而产生的幻觉罢了。

认为心灵是唯一实在的观点叫做**唯心主义**（idealism）。认为物质是唯一实在的观点叫作**唯物主义**（materialism）。认为实在同时包含心灵与物质的观点叫做**二元论**（dualism）。心灵哲学的任务之一就是确定这三个观点（如果有一个合理的话）哪一个最合理。在西方的主要研究型大学里，唯物主义占据了主流，然而迄今为止，并未出现完全令人满意的唯物主义心灵理论。换句话说，没有一种理论能完全解释物质体是如何思考的。但是，同样没有一个理论可以完全解释非物质体是如何思考的。如果我们想了解心灵是什么，我们就必须研究各种心灵理论，检视那些用于测试各种心灵理论的思想实验，并展示这些理论是如何在回应各方批评的过程中不断发展的。

我们从考察笛卡尔的二元论开始（第2.2节），接下来是唯物主义的行为主义理论（behaviorism）和同一性理论（identity theory）（第2.3节），然后是唯心主义的功能主义理论（functionalism）（第2.4节），最后，我们将会考察取消式唯物主义（eliminative materialism）（第2.5节）和属性二元论（property dualism）（第2.6节）。

上述每一个理论都构成了心理学、通灵学、认知科学、人工智能和语言学等

唯心主义
认为只有心灵及其内容才是唯一实在的学说。

唯物主义
认为只有物质才是唯一实在的学说。

二元论
认为实在应该同时包含心灵和物质的学说。

新闻播报：即将到来的奇点

阿瑟·哈金斯关于2000年时就会有机器人婚姻的预言落空了。然而，许多思想家认为未来的三十年里计算机会变得和我们一样聪明。这些计算机能设计和制造出其他甚至性能更好的计算机。到那时——我们将这样的转折性时刻称为"奇点"——技术进步会快得让我们无法预料其产物。数学家弗诺·文奇（Vernor Vinge）探讨了这一事件的影响：

未来三十年里，我们会拥有制造超人智能的技术手段。在这不久之后，人类的时代将会终结。

……我们正处于与人类崛起时一样大的时代变局中，因为我们即将用技术造出远超人类智能的存在。另一个使我们坚信这一切会发生的原因是，科学可以通过如下诸多手段达到这样的突破：

• 可能会出现"觉醒了的"并具有超人类智慧的发达计算机……

• 大型计算机网络（及相关用户）也可能"觉醒"并成为智慧远超人类的存在。

• 计算机与人类的交互变得越来越紧密，以至于计算机操作者可能恰当地被认为拥有超人的智慧。

• 生物科学同样可能提供一些能够提高人类先天智能的方法……

从人类的角度来看，这样的变化无疑会颠覆之前所有的规则，或许一眨眼的功夫，技术就如脱缰之马完全不受控制了，我们过去认为"要一百万年才能发生"的变化可能在下个世纪就能成真。

我认为称这样的事件为奇点再恰当不过了。到那时，我们旧有的各种模式必将被某种新的现实所取代。我们越是接近这个奇点，这种新现实就越强烈地在一切人类事务中彰显其存在，直到人们对此感到习以为常。然而，到了它终于来临的时候，它也仍然可能会是一个巨大的震撼和更大的未知……

我们将超智能机器定义为这样一台机器，它能够远远超越即使是最聪明的人类的所有智力活动。既然设计机器是人类智力活动的一种，那么超智能机器自然可以设计出更优秀的机器；这无疑会带来一场"智力大爆炸"，而人类的智力只能瞠乎其后。于是，第一台超智能机器将会成为人类所需要的最后一项发明——倘若这台机器足够听话，以至于它会告诉我们如何控制它的话……[6]

思想探究

人工智能

如果对于人工智能的进一步研究可能会导致人类的灭亡，我们还应该允许这样的研究继续下去吗？我们是否应该禁止这类研究呢？如何禁止呢？有什么方法可以确保人工智能机器不会被制造出来？如果一个国家禁止这项研究而其他国家却不这么做，又会发生什么呢？

领域正在进行的研究项目的基础。这些理论不仅决定了各领域研究者们如何解释他们的研究成果，还决定了他们如何设计实验。我们能发现什么取决于我们期待发现什么，所以如果这些研究项目背后的哲学有缺陷的话，它们就不大可能站得住脚了。正如阿尔弗雷德·怀特海指出的那样，科学能走多远取决于它背后的哲学。一个充足的关于心灵性质的理论必须奠基在一种可靠的哲学之上。

本章目标

阅读完这一章以后，你应该可以

- 陈述各心灵理论之内容。
- 描述用于测试这些心灵理论的思想实验。
- 评析各心灵理论的强项和不足。
- 定义质性内容，意向性和突现性。
- 就心灵的本质和人工智能是否可能等问题构建自己的观点。

2.2 机器里的幽灵：心灵即灵魂

> 人的灵魂是不朽不灭的。
> ——柏拉图

> 灵魂不朽的证据之一是人们都这么认为——他们之前还认为地球是平的呢。
> ——马克·吐温

笛卡尔认为没有一部机器可以像我们一样好地思考。但他所知的机器无非是像钟表和水车这样死板的机械，如果他的时代有电子计算机的话，或许他就不会对人工智能抱持如此怀疑的态度了。然而，笛卡尔相信思想绝不是一个物理过程，所以他就得出结论说它一定是个非物质的过程。在他看来，心灵是一个能够独立于身体而存在的，与身体相互作用的非物质实体。换句话说，笛卡尔认为，心灵即是灵魂。这种认为心灵状态（mental state）[①]是与身体相互作用的非物质实在的状态的学说叫作**笛卡尔式二元论**（Cartesian dualism）。

笛卡尔的理论之所以被称为是二元论的，是因为他宣称人类是由两种根本上不同的东西组成的：物质的和精神的。物质部分拥有诸如质量、电荷、动量和占据空间等物理性质，因而物质体都是可以被感官感知到的。另一方面，精神部分则没有任何物理性质，无色，无嗅，无味，也不占据空间，因而无法被任何物理仪器探测到。然而，笛卡尔不仅认为精神是存在的，还认为它是我们藉以思考的东西，是组成心灵的材料，可以独立于身体存在。所以，当我们的身体死亡的时候，我们的精神仍然会继续存在。

笛卡尔关于心灵的非物质性（以及灵魂不朽）最有说服力的论证来自他的《第一哲学沉思录》（*Meditations on First Philosophy*），这本书最初的副标题是"论上帝存在和灵魂不朽"，然而，论证心灵独立于身体存在并不是笛卡尔在这本沉思录中的唯一目的，他还想要证明上帝存在以及解释知识何以可能。为了理解笛卡尔的心灵理论是如何得出的，我们或许需要对他更大的计划进行一些了解。

笛卡尔的怀疑

> 曾经怀疑过自己的第一原则，是一个文明人的标志。
> ——奥利弗·温德尔·霍姆斯（Oliver Wendell Holmes）

当笛卡尔还是个学生的时候，他曾经（和今天的很多大学本科生一样）意识到，许多他原本看作确定无疑的东西其实是不确定且可疑的。笛卡尔断言，绝大多数被认为是知识（knowledge）的东西其实不过是意见（opinion）罢了，因为知识必须是确定的，而我们所知的几乎没什么是可以确定的。笛卡尔认为唯一一个可以在其中找到确定性的（因此也是唯一一个可以得到知识的）领域只有数学，特别是几何学。几何学定理是由自明的真理推论而来的。笛卡尔相信，如果科学要产生知识，它也必须建立在同样无可怀疑的真理之上。

在《沉思录》中，笛卡尔就着手寻找这样的真理。他认为，只要找到哪怕一条无可怀疑的真理，就会非常有助于我们将科学奠定在牢固的基础上。他说，"就像阿基米德只要求有一个固定不动的支点，就能借此将地球撬起来并移至其他地方

[①] 心灵哲学中，mental state 不仅指各种感情，还指对外部世界的感知和对自身的反思等等，因此这里将之翻译为内涵更为宽泛的心灵状态而非心理状态。

一样，如果我能足够幸运地找到一个确定而无可怀疑之物，就有理由（对奠定科学的基础）怀有很大的希望了。"⁸ 为了试图确定是否有这样一个能借以推导出外界知识的阿基米德点，笛卡尔试图寻找数学命题以外是否还有无法被怀疑的命题。

笛卡尔意识到，要实施这个计划，他不需要逐一检验每一个信念，只要审查推导出这些信念的原理就可以了。如果这些原理是可被怀疑的，那么基于这些原理的信念就是可被怀疑的。他这样写道，"对基础的摧毁必然导致整座大厦的倾塌"。⁹

科学大厦所置身于其上的基础原理之一，就是感觉经验可以作为知识的来源。然而，笛卡尔论证道，这条原理是可疑的，因为我们无法确定感觉经验是否能正确地反映世界。有时，我们感觉到的东西其实并不存在，如置身幻觉（hallucinations）之中时；其他时候，我们感觉到的并不是事物本来的样子，如置身错觉（illusions）之中时。所以，就如我们不能相信一个曾经说过谎的证人一样，我们同样也不能相信感觉经验可以向我们描绘一幅完全准确的现实图景。

为了证明感觉经验是不可靠的，笛卡尔诉诸梦中的景象。"我睡觉的时候常遇到这样的情况，我梦见自己穿着衣服在烤火，而其实我一丝不挂地躺在床上！"¹⁰ 梦境常常看来如此真实，以至于我们无法在做梦的时候确定自己在做梦。比方说，现在你正在读这本书，但有可能过几分钟你就会醒过来，并发现你在读书这件事情不过是个（恶？）梦。因而，感觉经验并不能成为知识的来源，因为我们永远无法绝对确定我们不是在做梦。

如果感觉经验无法成为知识的来源，那么很多我们认为是"知识"的东西就都不能算是真正的知识。但感觉经验并不是知识的唯一来源。数学就是不基于感觉经验的知识，数学理论并不像科学理论那样需要观察来验证，它的真实性藉由纯粹理性来保证。

但是笛卡尔声言，即使通过理性获知的东西，也是可以被怀疑的。为了证明这一点，笛卡尔构造了一个思想实验。他论证说可能会有一个存在（比如上帝）将包括数学和几何学在内的所有他相信的东西都变成假的。他说道：

> 我怎么知道他没有这么做过？即，本来没有地，没有天，没有具有广延的物体，没有大小，没有方位，尽管如此，当我看到它们的时候，它们都像是真的存在一样。另外，就如我有时想象其他人在自以为最了解的东西上自欺欺人一样，我怎么知道我每次计算二加三的时候，数正方形的边数的时候，或是判断最简单的事情（如果还有更简单的事情的话）的时候没有被欺骗呢？¹¹

因为无法排除有一个魔鬼对他做这样的事的可能，笛卡尔不能确定他的任何一条信念是真的。

> 我在形而上学考试时作弊被学校开除了，因为我窥探了旁边考生的灵魂。
> ——伍迪·艾伦

笛卡尔式二元论
认为心灵状态是与身体相互作用的非物质实在的状态的学说。

> 怀疑是知识之钥。
> ——波斯谚语

> 人类变得文明不是因为他们愿意去相信，而是因为他们时刻准备怀疑。
>
> ——门肯（H. L. Mencken）

笛卡尔设想有一个超自然存在通过类似心灵感应的方法，将思想放进他的大脑。然而要实现笛卡尔的想法，其实并不需要借助超自然存在。我们知道思想和感觉可以通过用电或者化学方法刺激大脑产生。一旦我们足够了解大脑，我们完全可以通过适当地刺激一个人的大脑来给任何人以任何一种经验。笛卡尔的问题在于：我们怎么知道我们的经验不是人为制造出来的？我们怎么知道我们不是像《黑客帝国》里所描绘的那样由计算机来控制感觉的缸中之脑？或者我们怎么知道我们不是像电影《十三度凶间》（*The Thirteenth Floor*）和《感官游戏》（*eXistenZ*）描绘的那样在玩一个高级的虚拟现实游戏？笛卡尔宣称，因为我们无法断定是否有这样的可能，所以我们不能通过感觉经验来得到关于外在世界的知识。

思想探究

> **在"母体"里生活**
>
> 笛卡尔是正确的吗？真的没有办法能弄清楚你是否被一个恶魔欺骗或是生活在黑客帝国里或是在玩一个高级的虚拟现实游戏吗？如果你觉得你知道这些都不是真的，你是怎么知道的呢？真正的经验和人造的经验之间有什么区别呢？如果你认为你无法知道你的经验是不是人造的，那你觉得自己能了解外在世界吗？如果能的话，你是怎么了解的呢？

我思故我在

勒内·笛卡尔
（1596—1650）

现在看来笛卡尔好像不可能知道任何事情，因为一切似乎都是可疑的。但笛卡尔却声称，即使在这件事上，事情也未必是表面看上去的样子——因为至少仍有一件事是他所不能怀疑的，即他在怀疑这一事实。如果他在怀疑这件事是确定的，那么他的存在也是确定的，因为除非他存在，否则就不能怀疑。就这样，笛卡尔得出结论，他至少知道这件事："我思，故我在。"（I think, therefore I am）

下面是他对于自己如何认识到这一点的叙述。

> ……我注意到，当我宁愿认为所有东西都是假的的时候，这么去想的"我"必然应该是个什么东西，这使我发现这条真理"我思，故我在"是如此地确定无疑，即使是怀疑论者最狂妄的假定也不能动摇它，所以我毫不犹豫将之采纳，作为我所寻找的那种哲学的第一原理。[12]

笛卡尔认为这条真理——我思故我在——可以充当关于外部世界知识的基础。这个问题我们会在第七章中再详细检视。现在我们关心的是笛卡尔的心灵哲学。在笛卡尔看来，我们到底是什么样的存在呢？

> 你根本想象不到有还有哪些奇怪和不可信的东西是没有被哲学家们说过的。
>
> ——勒内·笛卡尔

勒内·笛卡尔：近代哲学之父

在17世纪，由古代哲学家和教父们缔造的思想体系很大程度上被由科学推动的知识革命颠覆了。勒内·笛卡尔（1596—1650）可能是这场革命里最伟大的英雄，也是近代哲学的真正创始人。

他出生在法国图尔市附近，与他同时代的有伽利略和开普勒，此时哥白尼已经完成了他的工作，而牛顿还没有开始。10岁时，笛卡尔被送去安茹州拉弗来什的耶稣会学院（Jesuit College of La Fleche in Anjou），在那里学习哲学和数学。之后他获得了法学学位并于1618年在荷兰参军。军旅期间，受到他在"火炉暖室"里睡觉时梦境的启发，他对建立一种新的科学和哲学体系产生了兴趣。

他是一名非常聪明的学生，还很年轻的时候就在学问方面取得了一些成就。他清晰地看到老师们学问水平的局限性，并意识到他们的推理和论证中存在着很多缺陷和不足。他认为一切知识都是可怀疑的，并且在一生中的大部分时间都在试图改变这种状况。他二十几岁的时候，将自己的精力主要投入到数学中，在这个领域做出了卓越的贡献：创立了解析几何（数学术语"笛卡尔坐标系"就是以他的名字命名的）。笛卡尔在数学中看到了一种可以从简单的前提推导出确定知识的理性系统，他于是希望所有的知识都能具有这样简单的结构，并且产生同等的确定性。

1628年他移居荷兰，在这里他完成了他最重要的两部哲学著作：《谈谈方法》和《第一哲学沉思录》。之后他完成了《哲学原理》（Principles of Philosophy），这是他关于形而上学和科学的思想纲要，以及《论灵魂的激情》（The Passions of the Soul），一部关于伦理学和心理学的作品。

1649年，他离开荷兰去瑞典为克里斯蒂娜女王教授哲学。在那里他感染肺炎并去世——据说是因为他必须每天早晨5点为女王上课，这极大地扰乱了他一贯迟起的睡眠规律。据说他的临终遗言中也提到了他的心身二元论观点："那么，我的灵魂，你是时候离开（身体）了。"

可设想性论证

唯物主义者宣称我们是物质体——物质微粒的复杂集合体。如果是这样的话，我们就无法离开身体存在。但笛卡尔却认为，我们可以脱离身体存在。于是，我们就一定不只是运动着的物质。那还能是什么呢？一个非物质的心灵。

笛卡尔通过下面的方法推导出这样的观点：

> ……来研究一下"我"所是的那个东西，我发现我可以设想自己没有身体，设想没有我所在的世界也没有我所在之处，但即使这样我也无法设想我不存在。相反，正是从我想怀疑其他事物的真实性这一事实，可以明显而确定地推出我的存在；另一方面，如果我停止思考，即使所有其他我想象过的事物都存在，我也没有理由相信我存在过。由此我明白我是这样一个实体：其全部的本质或本性是思考，它的存在不需要立足之处也不依赖任何物质。这个"我"，换言之，使我得以成为我的这个灵魂，它与身体截然分开，甚

至比身体更容易认识,即使身体不存在了,这灵魂还依然是其所是。[13]

我们能够离开身体存在这件事是可想象的。毕竟,许多人都相信他们的灵魂可以在肉体死后继续存在,而且从表面上看,这个信念并不自相矛盾。而离开心灵我们还能存在却是不可想象的。在笛卡尔看来,如果我们再也不能思考,那我们就不再存在。所以,笛卡尔的结论是,我们是思考的存在,没有物理性质的非物质实体。就像摇滚歌手斯汀(Sting)唱的那样,"我们是物质世界里的精神(We are spirits in a material world)"。

笛卡尔为我们提供了一种常见的——同时使人感到宽慰的——关于自我的观点。我们中的大多数人都愿意相信我们可以在肉体死亡后继续活着。但尽管灵魂不朽的前景很吸引人,却只有极少数哲学家或心理学家认为笛卡尔的观点有说服力。为了了解笛卡尔式二元论者为什么这么少,让我们来仔细看看他的推理。

> 思维即是存在。
> ——巴门尼德
> (Parmenides)

笛卡尔试图找到他自己的本性或本质。本性或本质包含了此物不能摒弃的,使一物是其所是的属性。比如,有四条长度相等的边就是一个正方形的本质属性,因为如果一个正方形失去了这个属性,就不再是正方形了。所以,本质属性是逻辑上的必要条件,它是一物存在所必须要有的。

笛卡尔首先考查了身体对他的存在是必不可少的这一假说。他论证说,如果身体是必不可少的,那么脱离身体而存在就变得不可想象了。但他声称,这并非不可设想,无肉身的心灵这一观念是融贯地可想象的。于是他得出结论,身体对他来说并非是必要的。

接下来,他考查心灵对他的存在必不可少的假说。他的推理是,如果心灵对他来说是必要的,那么没有心灵的存在就应该是不可设想的了。他发现这确实不可设想。如果他失去了思考的能力,他将不再存在。所以,心灵对他来说是必要的。笛卡尔的论证可以表述如下:

1. 对我来说没有身体而存在是可设想的。
2. 所有可设想的都是可能的。
3. 所以,对我来说没有身体而存在是可能的。
4. 如果对我来说没有身体而存在是可能的,那么拥有身体对我来说不是最关键的。
5. 所以,拥有身体对我来说不是最关键的。
6. 对我来说没有心灵而存在是不可设想的。
7. 所有不可设想的都是不可能的。
8. 所以,对我来说没有心灵而存在是不可能的。
9. 如果对我来说没有心灵而存在是不可能的,那么拥有心灵对我来说是关键。
10. 所以拥有心灵对我来说是关键的。

尽管这些论证是有效的——它们的结论都可以由前提推导而来——但可能是不合理的,因为一部分前提可能出了错。这里最重要的前提是,没有身体的存在是可设想的。真的是这样吗?你可以自己做一个思想实验。试想一下你没有身体——没有臂膀,没有腿,没有手,没有眼睛,没有耳朵,等等。你能做到吗?如果可以,你真的是在想象没有身体的存在吗?或者你只是在想象幽灵一般的类似身体的存在?别忘了,笛卡尔所谓的心灵是没有任何物理属性的,甚至不在空间中占据位置。除思考外你不能做任何事情,不能感知任何东西,因为你没有身体。你无法与他人交流除非你有心灵感应的能力。但即使你有,你也没办法分辨出其他人,因为他们也没有身体,不在空间中占据位置。

通过反思,许多人发现没有身体的存在是不可设想的。英国哲学家布罗德(C. D. Broad)将他对这个问题的保留意见总结如下:

> 就我个人而言,我越是去设想与我过去仅有的对人的认知完全不同的,甚至完全不了解的"人"的具体细节,并试图由这个没有身体的人概念必然地推导出我的整个人格观念时,就越是发现这么做非常困难。他将用某种洞察术去感知外部的事物和事件(如果他能感知的话),而非用眼睛耳朵这类的专门感官,同时也不通过受外界刺激这种方式来经验特定感觉。他将用某种念力去作用于外部事物和人(如果他能以任何方式作用的话),而非四肢,同时他还会失去诸如压力、拉力等感受特征,而这些感受特征在我们使用四肢的时候,会从皮肤、关节和肌肉感受到。他将用某种心灵感应的方法来与他人联系(如果他能和其他人联系的话)而非用发声器官和清晰的吐字。他与自己的交流(如果他有的话)只能由纯粹想象来实现,而非借助发声器官的运动或是能显示自身存在的感觉。
>
> 仅当在抽象中,这一切才是"可设想的";但是,当我试图去想象"那会是什么样"的具体细节,我发现我无法形成清晰而确定的观念。当然,即使大多数其他人都和我一样不能作出这样的想象,这也并不能限制自然中事实上会有什么存在和发生了什么。但它确实对获益于可设想性论证的思辨设下了非常明确的限定。并且,如果我无法清楚地想象一个没有身体的人是什么样的,那么把对这种人的(如果可能存在的话)的经验,与死去的人在世时的经验充分的联系在一起,如同将**同一个人**的经验联系在一起那样,这对我也将是同样的难以置信。[19]

布罗德声称人没有身体而存在是不可设想的,因为它无法被融贯地设想。一旦他开始填充细节,并对这样一个存在意味着什么进行推断,他就发现这样的存在与他的经验毫无关联乃至不可思议。其次,他声称即使你有一个非物质的灵魂,即使它能在你的身体死亡后继续活着,**你仍然无法在死后活着**,因为你的人格同一性

> 人自身就是自然中最令人困惑的东西,因为人想不通身体是什么,心灵是什么,遑论身体是如何与心灵联合起来的。这对他们是最难的,却是他们的存在本身。
> ——布莱兹·帕斯卡
> (Blaise Pascal)

《圣经》中人的概念

许多人认为笛卡尔式二元论在关于人的观点上与传统基督教相似,这是他们的误解。毋宁说,基督教提供的是关于人的一元论观点,在其中身体与灵魂是不可分的。英国神学家阿德里安·撒切尔(Adrian Thatcher)解释说:

> 关于圣经之图景(所描绘的)人是非二元论存在这件事,圣经学者们罕见地就此达成一致,而且《圣经》也几乎没有给人类本质上是灵魂存在的观念以及灵魂与身体是可分的观点提供支持。当然,二元论者可以反驳说,不管《圣经》是怎样谈到这个问题的,二元论都为现代基督教教义提供了令人信服的思想框架。即便如此,他们仍然不能回避从《圣经》的角度出发,二元论是十分古怪的这一事实。林恩·德·席尔瓦(Lynn de Silva)对这一立场概述如下:
>
>> 圣经学已完全确定在《圣经》中没有像古希腊和印度教思想里那样将人一分为二。《圣经》中关于人的观点是整体论的(holistic)而非二元论的。那种认为灵魂是不朽的实体,在人出生时进入身体,死亡时离开身体的这类观点与《圣经》中关于人的观点毫不相干。在《圣经》中,人是由灵魂、身体、肉体、心灵等等共同组成的整体,其中没有任何一个部分可以脱离整体,在死后继续存在……
>
> 在《圣经》的思想体系里,死亡并腐朽的是整个的人而非仅仅是身体。神在花园里对人说道,你本是尘土,仍要归于尘土。(创世记3:19)。人皆如草,先知如是叫喊,"他的美容都像野地的花。草必枯干,花必凋残,因为耶和华的气吹在其上;草必枯干,花必凋残,唯有我们神的话必永远立定"(以赛亚书40:6-8)。你们的生命是什么?圣雅各如是问,你们原来是云雾,出现少时就不见了(雅各书4:14)。
>
> 更重要的是,关于创世(creation),道成肉身(incarnation),耶稣复活(resurrection),耶稣升天(ascension)的教义都倾向非二元论的观点。说我们的灵魂不朽,是混淆了造物主与受造物间的差别。如上一段中的几则《圣经》引言所明确显示的,受造物有起点,也有终点。在《圣经》诗文中描绘的这些图景其实都是想让人们注意到,相较于永生的神,人生如此短暂。而如果人是不朽的,这一切就毫无意义了。神降生为基督——这个道成肉身的过程——也是一个非常物质化的事件,这使得基督的人性作为一个整体——而不仅仅是基督的人类灵魂——成为他单一神圣位格的完美整体的一部分。此外,基督的复活与升天也非常清楚地排除了二元论对人的解释。基督的死是真正的彻底的死亡,而不仅仅是肉身的死亡。基督复活的奇迹清楚地表明是神使耶稣从死者中复生,而不是只恢复耶稣的肉身,然后将他不朽的灵魂与身体重新组合在一起。如果耶稣并没有真正死去,那我们要问,耶稣复活出于什么目的呢?难道它只是为了使其门徒相信死亡的枷锁从此永远松开了?这不大可能,因为如果门徒们已经相信灵魂不朽,他们根本不需要耶稣的复活来保证;如果他们真的需要什么来保证灵魂不朽,耶稣复活的奇迹也不能提供这样的保证;这不过是徒增困惑罢了。耶稣升天同样表明二元论者对人的解释是多余的。因为如果耶稣的灵魂可以在肉身死亡后活着,那在他死的时候就已经可以回到圣父的怀抱了。还要升天做什么呢?为了用一种高度视觉化的方式说再见?基督升天毋宁说是被荣耀了的仍拥有身体的基督以新的形态、样貌向圣父的回归。当然,这里我并不是要论证某种关于此事的历史版本好于另一种,而关键在于,复活和升天的故事所表达的神学信仰基于下面这个假设更能说的通:即所有人在肉身死亡后跟死亡前在本质上都同样只是一个肉身的整体。[14]

新闻报道：笛卡尔与活体解剖

1982年1月18日，动物解放前线（Animal Liberation Front）的一名成员走进皇家学院（Royal Society）——英国国家科学院——的总部，对笛卡尔的画像划了数刀。是什么使得这位动物解放前线的成员做出这样的举动呢？究其原因，笛卡尔被许多人认为是现代活体解剖（在活体动物身上进行解剖实验）之父。

笛卡尔之所以被冠上这个可疑的称号，是因为他认为动物没有灵魂，因此感觉不到痛苦。他在《谈谈方法》中写道：

> 还有一件事值得注意，尽管许多动物在某些活动中表现得比我们灵巧，但我们同时发现，它们在很多其他方面则完全没有这种灵巧的表现。因此，它们的某些活动比我们灵巧，并不能证明它们拥有心灵……毋宁说这恰恰表明它们根本没有理性，它们的活动是它们器官的本性使然，就像由齿轮和发条组成的钟表在报时和衡量时间方面比拥有智慧的我们更准确一样。[15]

笛卡尔认为，要思考和感觉就必须有意识，有意识就必须有心灵。动物们没有心灵，所以它们既不思考，也没有感觉。尼古拉·马尔布朗士（Nicholas Malebranch）这样总结笛卡尔的观点："它们进食时不快乐，大叫时不痛苦，成长却不知道这一点，它们什么也不欲求，什么也不害怕，什么也不知道。"[16]

相信了这个观点的科学家，就应该不会为任何活体动物实验感到内疚。例如，拉封丹（La Fontaine）就这么描述过：

> 他们（笛卡尔主义科学家们）对狗实施殴打时非常冷漠，并嘲笑同情这些生灵就好像它们也会感到痛苦的人。他们说动物就像钟表，它们在挨打时发出哭喊就像是我们碰到了钟表的弹簧时发出噪声，它们的身体是没有感觉的。他们把可怜的动物们的四肢钉在板上进行活体解剖，用以观察在当时备受争议的血液循环。[17]

但据我们所知，笛卡尔本人从未参与过任何活体解剖。他甚至养了一只名为格拉先生的宠物狗并非常关心它——你从那种认为动物不过是机器的人那里是看不到这种行为的。

笛卡尔对狗的宠爱或许源于他对动物的观点的不确定。在给亨利·摩尔（Henry Moore）的信中，他写道："尽管我确信我们无法证明动物会思考，但这也并不能证明它们不会，人的心灵不能进入它们的心脏。"[18]笛卡尔意识到，我们不能证明为真的东西，并不因此而自动成为假的，否则会犯诉诸无知的谬误。我们无法证明动物有心灵，但这并不意味着它们没有，因为我们不能进入动物的头脑（或心脏）。既然我们无法知道动物是否有心灵，笛卡尔似乎乐意将疑点的利益归于它们①。

---
① 即现代刑事诉讼中的疑点利益归于被告。

依赖于你的身体。（我们将会在第四章考查这个问题。）

只有当某事无法被合理地质疑之时，我们才有理由相信它。布罗德的反思表明，我们有理由怀疑这一论断：没有身体的存在是可设想的。因为我们没有理由相信笛卡尔可设想性论证的第一前提，所以它无法证明我们可以离开身体存在。

思想探究

没有身体的天堂

试想你有一个不朽的灵魂，它在你死后去了天堂，而天堂里的居民全都是

> 我的心灵无法想象灵魂这样一个东西。或许我错了，人真的有灵魂，但我就是无法相信它。
> ——托马斯·爱迪生（Thomas A. Edison）

不朽的灵魂。这样的天堂值得期待吗？你不再能进行你喜爱的体育活动或是注视爱人的脸庞。你过去感受过的所有风景、声音、气味都将消失。人与人唯一可能的联系方式是心灵感应，每个人都能读透你的心思。你没有任何隐私可言，甚至无法保留一点自己的想法。度过这样的永生可能么？

可分性论证

可设想性论证并非笛卡尔给他的二元论提供的唯一论证。他同样给了我们如下的可分性论证：

> ……心灵与身体有一个很大的差别。身体按其本性是永远可分的，心灵则完全不可分。事实上，当我在考虑心灵时，换言之，当我在考虑仅仅作为思考之物存在的自己时，我无法将我自己划分成任何部分，无疑只能将自己理解为一个整体……这与有形体、有广延的对象不同，因为我所能想象的有形实物中，没有哪个是我无法在脑海里将其分割成几部分的。[20]

笛卡尔在这里诉诸**同一物的不可分辨性**（indiscernibility of identicals）原则：如果两事物是量的同一的（如果两个名称或描述指称同一事物）那么对其中一个为真的无论什么，都对另一个也为真，反之亦然。例如，如果马克·吐温（Mark Twain）与塞缪尔·克莱门斯（Samuel Clemens）是同一的，那么对马克·吐温为真的无论什么，都对塞缪尔·克莱门斯也为真，反之亦然。于是，笛卡尔的可分性论证可以表示如下：

1. 如果心灵与身体是同一的，那么对身体为真的无论什么都对心灵也为真，反之亦然。
2. 但心灵不可分，而身体可分。
3. 所以，心灵与身体不是同一的。

这同样也是一个有效论证。而问题同样是，它的前提是否可信？

神经生理学家已经证明了心灵是可分的。根据这点，前提2将会受到质疑。脑结合部切开手术（一个神经生理手术）会将连接大脑两个半球的神经束（脑胼胝体）切断。接受这个裂脑手术（通常是为了纾解癫痫症）的病人们似乎都变成了被分裂的多个心灵。开创了这个手术的诺贝尔奖获得者，心理学家罗杰·斯佩里（Roger Sperry）表示，"迄今为止所有观察记录都显示手术后这些人都拥有了两个相互独立的心灵，也就是两个分离的意识领域。右半球经历的东西完全与左半球的意识领域无关"。[21]这就引发了一个有趣的问题：在这个手术后，原来的一个人是不是变成两个人了？这个问题我们会在第四章中深入讨论。

即使笛卡尔所说的身体可分而心灵不可分是正确的，这也不意味着心灵可以

> 思想（mind）是商业社会中的一声抒情的呼喊。
> ——乔治·桑塔亚那（George Santayana）

脱离身体存在。因为心灵可能是身体所具备的能力，我们考虑一下嗓音就可以明白。嗓音不是声带，你失去嗓音时，你并没有失去你的声带，你只是失去了发声的能力。然而这个能力是不可分的，就如你不能分割感觉一样，你也不能分割能力。但这并不意味着嗓音可以脱离声带独立存在。就如嗓音是制造声音的能力一样，心灵也可能是种做出行为的能力。如果是这样的话，那么即使心灵是不可分的，它也同样不能独立于身体存在。

交互作用难题

笛卡尔的理论是一种二元的心身交互影响说，它认为尽管心灵与身体是两个截然不同的实体，它们却相互作用着。心灵中发生的事情会影响身体的状况，反之亦然。例如，难堪会让你脸红，气愤会让你血压上升，恐惧会让你发冷汗，等等。反之，被掐会让你感到疼痛，吸毒会让你产生幻觉，吃巧克力会让你愉悦，等等。但在笛卡尔那里，心灵是没有物理属性的，那么它是怎么作用于物理对象的呢？它无法通过碰撞与身体相互作用，因为它在空间中不占位置；它也无法通过类似磁力或是重力这样的力与身体相互作用，因为这样的力只能影响物质实体。笛卡尔式二元论没法解释心灵与身体的相互作用如何可能，它也就无法对关于心灵的一些最重要的事实作出解释。

给笛卡尔理论造成困难的心身交互作用难题很早就被提出了。波西米亚的伊丽莎白公主（Princess Elizabeth of Bohemia）1642年开始读笛卡尔的《第一哲学沉思录》，她在智识方面有着卓越的才能，因为偏好精神生活而拒绝结婚。笛卡尔获悉伊丽莎白公主对他的作品感兴趣，他给她写信表示可以对她不明白的地方提供解释。在1643年5月6日的回信中，伊丽莎白公主提出了下面的问题：

> 我恳求您告诉我，这是怎么做到的——人的灵魂决定了他身体的动物精气（由神经元释放的化学物质）的活动，以致它做出自发的行为——因为它仅仅是一种精神实体。因为运动的发生似乎总是因为这个运动的物体被推动——取决于使得它运动的那种推力，以及推动者表面的性质和形状，前两个条件与相互联系有关，第三个条件则蕴含着推动者是有广延的；但您完全排除了灵魂概念中的广延，在我看来它们之间的接触与灵魂的非物质性存在冲突。²²

伊丽莎白清楚地看到，笛卡尔对灵魂非物质性的描述使得解释灵魂为何会带来物理效应变得非常困难。

笛卡尔没有对伊丽莎白的问题给出很好的回答。起初，他回答说灵魂通过类

同一物的不可分辨性原则
如果两物是同一的，那么它们一定拥有同样的属性。

哦！可笑的作者，一旦我承认了这两种截然无关的实体①，你就没什么可以教我的了。因为你既不知道被你们称为灵魂的东西是什么，也不知道它们怎么结合在一起，更遑论它们是如何相互作用的。

——狄德罗
（Diderot）

---

① 指心灵与身体这两个实体。

似重力的方式影响身体，但这不成立，因为重力是一种物理力，而灵魂是没有物理属性的。后来，在《论灵魂的激情》中，笛卡尔试图诉诸松果腺来解释心身交互作用问题：

> ……我们的身体中，行使灵魂功能的既不是心脏，也不是整个大脑，而是大脑最中心的的部分，即一种位于大脑中央的非常小的腺体，它悬挂在导管上，装着动物精气（animal spirits）的前半部分通过这条导管与后半部分相连，使得这个腺体极其微小的震动都会导致这些精气产生非常大的变化，相应的，这些精气最微小的变化也会使得这个腺体产生非常大的变化。[23]

笛卡尔认为松果腺是整合我们感觉经验的器官，也因此是心身交互作用的所在。我们有两只眼睛、两只手和两只耳朵等等，但我们并不因此看到、摸到或者听到双重事物。因为我们只有一个松果腺。在笛卡尔看来，正是松果腺使我们能将感觉器官收集来的杂多经验整合为一个连贯的整体。

今天我们知道松果腺并不能整合我们的感觉经验。但即使可以，笛卡尔仍然没能为心身交互作用问题提供一个解决方案，因为他没有告诉我们心灵如何改变神经细胞中"动物精气"的流动。要解释非物质的存在可以使一个极小的物质对象移动，与解释它可以使一个极大的物质对象移动是同样困难的。缺少对心身交互作用的可靠解释，笛卡尔理论便无法提供一个令人满意的关于心灵的解释。

平行论
这项学说认为心灵与身体是两种不会交互作用的相互独立的事物。

偶因论
平行论的一种，认为心灵活动与身体活动之间的每一次关联都是上帝单独造成的。

前定和谐
平行论的一种，认为心灵活动与身体活动之间的关联是上帝在创世之初设计好的。

平行论：偶因论与前定和谐

宣称心身交互作用不过是表面现象，而实际并非如此，是处理心身交互作用难题的方式之一。心灵与身体看上去是交互作用的，这是因为心灵活动与身体活动是平行发生的。在心身平行论（parallelism）看来，心灵活动与身体活动的关联并非是心身之间发生因果作用的结果。

一些心身平行论者相信是上帝通过持续干预我们的生活创造了心身现象之间的关联。例如，我们决定抬起胳膊，上帝就恰好让相关神经细胞照做了。同样，我们的胫部被踢，这时上帝恰好在我们心中创造疼的感觉。这样的观点被称为偶因论（occasionalism），它能解决心身交互作用问题，代价是在思维图景中引入上帝这个实体。然而不幸的是，这个代价看来高了些，因为神的干预与心身交互作用是同样神秘的。

其他平行论者相信心灵活动与身体活动相对应这一现象是上帝预先设计好的。例如莱布尼茨就将心灵与身体比作两个同步运转的时钟。就如一个时钟的运行符合另一个时钟却不需要干预一样，心灵活动符合身体活动也不需要上帝的任何干预。莱布尼茨将这种观点称为前定和谐（preestablished harmony），心身关联早在上帝创世之初就设定好了。

上面两种平行论观点都不是很有吸引力，因为他们都使得心身交互作用成了奇迹。偶因论需要许许多多的小奇迹，而前定和谐论则需要一个非常大的奇迹——但奇迹是人类所无法理解的。

物理因果闭合性原则

笛卡尔式二元论的心身交互作用论还与唯物主义的基本原则——**物理因果闭合**（causal closure of the physical）——相冲突。根据这项原则，物理作用不应该有任何非物理的原因。例如，任何一种身体运动都可以用某部分肌肉收缩加以解释，某部分肌肉收缩可以用某些神经元产生的神经冲动来解释，某些神经元产生的神经冲动又可以用大脑里存在某些化学物质来解释，以此类推。在这个解释链条中不需要任何非物理的原因。

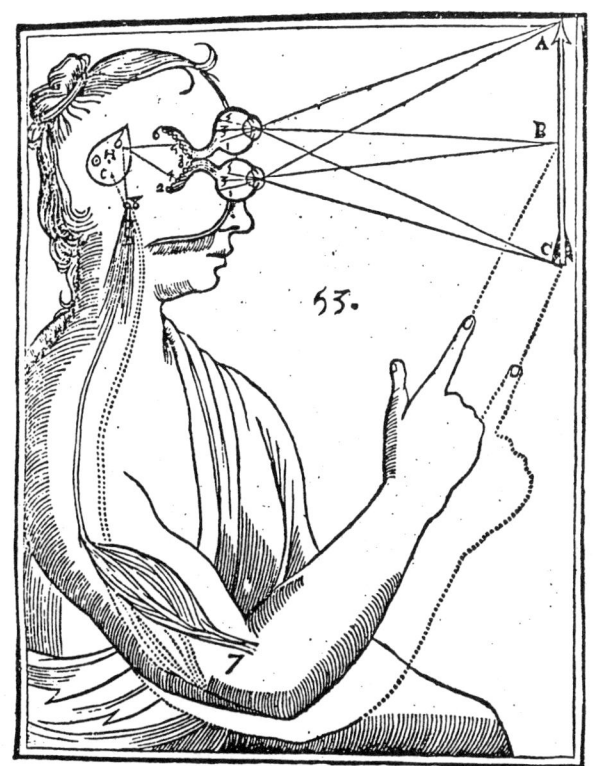

心身接口

在笛卡尔看来，松果腺是心灵与身体的接口。1664年法文版的《论人》（*Treatise of Man*）中的这幅插图显示，松果腺将眼睛获得的信息传送给心灵，并将心灵的指令传送至肌肉。

此外，非物理的原因这一观念也违背了一条物理学的基本定律——质能守恒定律。根据这条定律，在一个封闭系统中（不可能有质能进入或逸出）质能的总量是守恒的。这表明质能无法像变魔术一样出现或消失。现代科学将物理世界看作一个封闭系统，诸如笛卡尔的心灵这样的非物质实体是无法影响它的。别忘了，笛卡尔的心灵不存在于物理世界，它没有物理属性。如果它要影响物理世界，就必须改变自身的能级，但这是不可能的，因为物理世界是封闭的，没有质能可以进入或逸出。所以笛卡尔的心灵是无法与物理世界相互作用的。

然而，人们确实有思想、感觉和愿望，它们又似乎都是非物质的。我们要怎样才能解释这些事实呢？一些人建议，我们可以承认笛卡尔的心灵而否认它的因

> ## 灵魂的居所
>
> 笛卡尔认为连接心灵与身体的是大脑,但并非所有人都这么想。灵魂的居所曾被认为位于我们身体的其他部位,神经科学家科林·布莱克默(Colin Blakemore)描述道:
>
>> 对于古埃及人来说,灵魂的居所显然位于其他部位。因为虽然他们将死去的王与贵重的陪葬品一起安葬,而且试图使他们的遗体在去见奥西里斯①的旅程中保持最完美的状态,但他们会用勺子通过鼻子将死者的整个大脑移除出去。埃及人认为木乃伊的意识并不存在于头部,而是在他的心脏和其他内脏那里。我们身体里几乎所有的主要器官都曾一度被某种文明认定为核心器官——灵魂和感情的守护者,使之为人的器官。作为(看上去像是)所有静脉的发源地,血红色的肝脏在苏美尔人(最早使用文字记录其思想的人类)、亚述人和古代的以色列人心中占据特殊地位。"我的灵歌颂你,永不停止"(My liver shall sing praise to Thee, and not be silent),大卫王或许是按照字面意思来使用这个词的。②
>>
>> 血管的布局可以为人类找寻自己的灵魂提供指引,这一点也不奇怪。归根到底,什么是灵魂?一个推动者(mover),一个赋予生气者(animator,在拉丁文中它的词根由表示灵魂的"anima"而来)。仅就为身体带来动力而言,有什么是比让温暖的血液自由流向身体各处更为重要的呢?失去血液也就意味着失去生命,因此血液的源头也必然是生命的源头,于是我们得到了一个古老的生物学观点——灵魂的居所是心脏。古典时代最伟大的生物学家亚里士多德就支持这个观点。直到今天这个观点仍然影响着我们,不过不是在科学中,而是在诗歌和流行歌曲中,在那里,想念、疼痛并最终破碎的是心而非大脑。
>>
>> 在亚里士多德的理论中,大脑的功能只是使来自心脏的血液冷却,心脏才是思考和感觉的器官。24

果力。

这种观点被称为副现象论(epiphenomenalism)。它主张心灵与身体的因果关联是单向的:身体影响心灵,但心灵并不影响身体。心灵仅仅是由身体中进行的物理活动所产生的不起任何作用的副产品。("副现象"指一个次级过程,它起源,并依赖于一个初级过程。)副现象论者认为,就像烟由火产生,却不影响火一样,思想、感觉和愿望也都由大脑产生却不影响大脑。或者换个类比,就如蒸气是沸水的副产品但无法影响产生它的水一样,心灵作为大脑的副产品,也同样无法影响产生它的大脑。

这种解释身心关系的观点,对于那些相信科学可以纯粹用物理规则解释世界上发生的任何事情的人是非常有吸引力的。虽然它未能解释身体影响心灵的机制,但是它也没有假设任何不可观察的原因。副现象论在19至20世纪仍有一大批拥护者,其中最著名的当属托马斯·赫胥黎(Thomas Huxley):

> 我们(就如野兽一样)的所有意识状态都由构成大脑的物质中的分子

---

① Osiris,埃及神话中的冥王。
② 在原文的语境中,肝(liver)被理解为"灵"。原诗按字面意思直译是:"我的肝歌颂你,永不停止"。

运动产生。在我看来，没有任何证据证明意识状态是有机体（人或兽）运动的原因。如果这些观点能得到充分的证明，就意味着我们的心灵状态不过是有机体的自动变化在意识中所产生的对应符号罢了；用一个极端的例子来说明，我们称为"意愿"的那种感觉并不是自发行动的原因，而是直接造成这种行动的大脑状态的映像。我们不过是有意识的自动机器……[25]

赫胥黎想让我们相信，我们的思想、感觉和愿望对我们的行动毫无影响。即使我们没有形成任何信念，感受任何痛苦或者渴望任何对象，我们的生活也不会有什么不同。事实上，即使没有人有一丝思想，整个人类历史也不会有什么不同。

这种观点严重地违背了我们的常识。我们如何安排自己的生活似乎很大程度上都取决于我们的心理活动。例如，想要向朋友打招呼的意愿会使你抬高手臂，对某条道路禁止通行的信念会让你选择另一条路线，感觉到痛苦会让你把手从火炉上移走。如果副现象论成立，那么所有这些陈述就都是假的了，因为心灵状态只是行动的结果而非原因。

另外，如果心灵状态不起任何作用，那它们存在的原因就变得莫名了。如果心灵没有任何物理作用，那么它也就无法为拥有它的生命体增加什么繁殖上的优势。于是，副现象论者们无法通过心灵对我们生存的帮助来为心灵的存在提供解释，因为在副现象论者看来心灵是没有生存上的价值的。具有心灵的生物并不能比没有心灵的生物过得更好。那么，作为一个心灵理论，副现象论看来并没有什么比笛卡尔式二元论显著优越之处。

物理因果闭合性原则
根据这项原则，物理作用没有任何非物理的原因。

副现象论
这项学说认为心灵是由身体活动产生的不起任何作用的副产品。

意识怎么能被斥为副现象？难道不是只有通过这个副现象，我们才能将它感知为一个副现象，或是任何其他的东西么？
——约瑟夫·伍德·克鲁齐（Joseph Wood Krutch）

思想探究

心灵中转站

在笛卡尔式二元论看来，我们是用心灵而非大脑思考的。所以对于笛卡尔式二元论者而言，大脑不过是个构造复杂的中转站罢了，它从心灵那里接收并反馈信息。根据这个观点，那些大脑受到严重损伤或者得了阿尔茨海默症一类疾病的患者根本不会有任何认知障碍。他们的心灵还和过去一样，不过是失去了与身体联系的能力而已。然而，这是真的吗？心灵不会受到大脑的损伤和疾病影响吗？还是失去大脑的功能将使我们失去心灵的功能？哪一种解释更可信？为什么？

他心问题

副现象论与笛卡尔式二元论都面临另一个尴尬的问题：它们似乎没有确定的办法用以判断其他人是否拥有心灵。这就是**他心问题**。你知道自己有心灵，因为你可以通过直接经验获知这一点。你有各式各样的想法、感觉和愿望，这都表明你是有心灵的。但你无法对别人的思想、感觉和愿望获得直接经验,于是为了得出其他人也有心灵这个结论,你必须诉诸某些物理事实。但通过物理事实似乎无法超越合理怀疑地确认非物质的心灵的存在。

因为非物质的心灵是没有物理属性的,所以你无法用物理设备探测到它们。计算机轴向断层扫描(computerized axial tomography)与磁共振成象(magnetic resonance imaging)或许能告诉你其他人是否有大脑,却无法告诉你他们是否有心灵。因为人的任何行为都可以通过机械模拟出来,某物表现得像一个人这一事实也并不代表它有心灵。笛卡尔本人也意识到了这个问题。他写道,"我从这个窗口看出去,看到的可能只是戴着帽子穿着衣服的自动机械"。[26] 于是,一个实体二元论者完全不能排除这种可能性,即他遇到的所有人都是没有心灵的机器人——就像电影《复制娇妻》(Stepford Wives)里那样,只是这些机器人也许不像电影里那么温和。

这种认为自己的心灵是唯一可以知晓其存在之物的观点,称为**唯我论**(solipsism)。这种观点是十分古怪甚至疯狂的,尽管它能吸引一些人。因为接受这个观点就意味着我们要抛弃许多我们原本坚信的关于现实、知识和价值的本质的信念。例如,我们通常认为其他人是有心灵的,他们的心灵影响他们的行为,那些拥有心灵的人都应该得到特别的对待等等。如果某种实体二元论成立,那么我们就没法合理地声称我们知道所有这些事情了。如此一来,接受实体二元论的代价就太高了。

> 对我来说维特根斯坦之所以能被称为真正艺术家的原因之一是,他意识到没有什么结论比唯我论更可怕了。
> ——大卫·福斯特·华莱士(David Foster Wallace)

他心问题
解释如何可能探知世界上的其他心灵是否存在的哲学问题。

唯我论
这种观点认为宇宙中只有一个心灵,即我自己的心灵。

总 结

笛卡尔式二元论认为,心灵状态是一种与身体相互影响的非物质实体的状态。笛卡尔提出两个论证来证明这个观点:可设想性论证与可分性论证。在可设想性论证中,笛卡尔声称他可以设想自己脱离身体存在,身体因此并非必不可少的。在可分性论证中,他认为,身体是可分的而心灵不可分,他的心灵与身体因此不是同一的。然而这些论证不成立,因为说非物质的存在是可设想的这一点很可疑;而且即使心灵是不可分的,这仍然不能推出心灵可以独立于身体存在。

笛卡尔式二元论面临的主要问题是解释两个性质如此不同的实体(心灵与身体)是如何可能相互作用的。笛卡尔并没有为身心交互作用给出可靠的解释。

副现象论是二元论的一种,这种观点认为尽管身体可以影响心灵,心灵却不能影响身体,心灵状态不过是身体活动的副产品。但如果非物质的心灵不能影响任何事物,不起任何作用,它们的存在便无法解释了。

笛卡尔式二元论还面临他心问题,如果这个问题成立的话,我们或许没办法分辨其他人是否有心灵。如此一来，笛卡尔式二元论者并无法反驳唯我论——认为自己是在宇宙中唯一有心灵的人的理论。而任何蕴含着我们没有理由相信他心存在的观点都是可疑的。

学习问题

1. 在笛卡尔式二元论看来，心灵状态是什么？
2. 笛卡尔给出了什么理由来说明，他无法获得对外部世界的知识？
3. 他又给出了什么理由来说明，他可以确定地知道自己在思考并存在着？
4. 笛卡尔的可设想性论证是什么？
5. 笛卡尔的可分性论证是什么？
6. 物理因果闭合性原则是什么？
7. 质能守恒定律是什么？
8. 副现象论是什么？
9. 他心问题是什么？

讨论问题

1. 没有肉身的存在是可设想的吗？还是说这个概念包含着内在的矛盾？你能否设计一个思想实验来支持你的看法？
2. 笛卡尔认为心灵和灵魂是同一的。心灵可以被这样认定吗？如果不能，灵魂与心灵的区别在哪里？心灵与灵魂的关系又是怎样的呢？
3. 许多人认为除心灵（mind）与灵魂（soul）外，人类还拥有精神（spirit）。精神是什么？它是否只是心灵或灵魂的另一种叫法？又或者它完全是另一种东西？你能给出人类拥有精神的充分必要条件吗？
4. 假设有人自称他有一个可以摧毁人类灵魂的装置。当它被运用时，它可以让一个人的灵魂无法升入天堂，除此以外对那个人不会产生任何可见的影响。你如何评价这个说法？它有没有使得人类有灵魂这一断言更可信？为什么？
5. 有些人声称他们发现了灵魂存在的物理证据。例如邓肯·麦克杜格尔（Duncan McDougall）就将濒死的人放置在一架非常精密的仪器上，测出人死后体重会减少0.75至1.5盎司。这个证据能证明笛卡尔式灵魂的存在吗？为什么？
6. 是否可能建造一台拥有我们的语言和问题解决能力的机器呢？这样一台机器会有心灵吗？
7. 笛卡尔不认为动物有灵魂，因为它们无法做出任何不能用机械规则解释的行为。换言之，它们没有通过理性思考和表达来表明它们是有心灵的。笛卡尔是正确的吗？动物没有心灵吗？

如果你认为它们有心灵或灵魂,你认为它们的心灵会是怎样的呢?

8. 超心理学,或通灵学现象(心灵感应、遥视、预知、念力等)能为笛卡尔式的心灵的存在提供充分的证据吗?为什么?

9. 托马斯·杰弗逊(Thomas Jefferson)在1820年10月15日给约翰·亚当斯(John Adams)的信中写道,"谈论非物质的存在就是在谈论不存在之物。说人类的灵魂、天使、上帝是非物质的,就等于是说他们什么也不是,或者说压根就没有什么上帝、天使或灵魂"。杰弗逊说谈论非物质的对象就是在谈论不存在的东西。你同意吗?为什么?

网络探究

1. 圣经学者声称,《圣经》没有为相信灵魂不朽提供任何理由。艾德里安·撒切尔(Adrian Thatcher)在专栏"《圣经》中人的概念"中阐述了一些圣经学者的论证。要寻找更多关于《圣经》和灵魂不朽的论证,请在搜索引擎中输入《圣经》(Bible)和"灵魂不朽"(immortal soul)。你觉得哪一个(些)论证最有说服力?为什么?

2. 活体解剖正被广泛实施着,每年都有数百万动物成为科学实验的对象。这一做法不再能被笛卡尔哲学主张的动物没有感觉来辩护了。它究竟能不能得到辩护呢?如果能,要怎样辩护呢?如果不能,为什么?在互联网上搜索"活体解剖",寻找证据来证明你的立场。

3. 随着奇点的日渐临近和计算机的日益智能,一些人相信人类将不得不将多种多样的技术创新纳入自身之中才能继续生存和繁衍。其他人则认为用这样的方式改变我们自己是错误的,因为它会改变我们人的本性。你怎么看?尼克·博斯特伦(Nick Bostrom)在他的文章《为后人类的尊严一辩》("In Defense of Posthuman Dignity")中着手解决这一问题,你可以在这里找到这篇文章:http://www.nickbostrom.com/ethics/dignity.html。

2.3 人如其所食：心灵即身体

尽管笛卡尔式二元论没能解决心—身问题，它的确帮助我们化解了科学与宗教的冲突。从11世纪开始——也就是西方学者在西班牙托莱多城的图书馆里"发现"古希腊哲学家的著作的时候——教士与科学家（当时称"自然哲学家"）的关系就日益紧张起来。这些作品表明，用自然法则而非超自然法则解释宇宙是可能的。在宗教启示以外，理性也可以作为知识的来源。

在12世纪，法国哲学家、神学家皮埃尔·阿伯拉尔（Pierre Abelard, 1079—1142）构建了如下四条用以规范调查研究的规则：

1. 系统地怀疑并质疑一切。
2. 学会区分得到理性证明的陈述与仅仅是被说服而相信的陈述。
3. 注意用词的准确，也期待其他人的用词也是准确的。
4. 时刻提防谬误，即便是在《圣经》里。

> 我尊重信仰，但只有怀疑才能让你获得教益。
> ——威尔逊·米茨纳
> （Wilson Mizner）

因为意识到这些认知方法会破坏自身在智识方面的权威，天主教会于1140年谴责阿伯拉尔。该教会还于1210年禁止人们在巴黎讲授逻辑学，但魔鬼已经从瓶子里放出来了，太多人感受到了新的思考方式的力量，因而在1255年，教会很不情愿地允许大学开设逻辑课程。

自然从此不再高深莫测，它的秘密可以被任何愿意逻辑地考察感官证据的人所探知。新的认知方法孕育的最为惊人的主张出自哥白尼（Copernicus, 1473—1543）：地球并不是宇宙的中心。哥白尼表示行星的运行可以被地球绕着太阳转这个假说来解释。此外，他还表示，这个假说比太阳绕着地球转的假说更为简单。哥白尼的著作完成于1530年，但考虑到它与教会的教义相冲突，他不愿将其出版。于是《天体运行论》（*On the Revolutions of the Heavenly Spheres*）直到1543年他死的那天才首度问世。

许多学者意识到哥白尼发现的重要性并开始撰写相关的著作。乔尔丹诺·布鲁诺（Giordano Bruno）便是其中之一。1593年教会认定他的学说为异端，并于1600年将他绑在火刑柱上烧死了。另一位代表是伽利略·伽利雷，他通过世界上第一台望远镜，发现了木星的卫星以及金星的相位等。因为哥白尼假说能为他的发现提供最好的解释，伽利略接受了它。1632年，他出版了《两大世界体系的对话》（*Dialogues Concerning the Two Chief World Systems*）。在这部著作中，一位哥白尼日心说支持者与一位地心说支持者辩论，在本书的结尾，哥白尼的支持者最终让步了。设置这样的结局意在安抚教会，但收效甚微，因为在行文中他显然是站在了哥白尼一边。教会因而禁止了这部书并毁掉了能发现的所有副本。宗教法庭把伽利略抓去审讯，以酷刑为威胁迫使他放弃他的观点，并使他在软禁中度过余生。

笛卡尔正是在这样的学术氛围中写作的。科学理论对教会的教义提出质疑，而教会则试图通过迫害科学家来阻止科学探索。为了缓和这样的冲突，笛卡尔提出世界包含两种截然不同的实体，其中只有一种适合成为科学探索的对象。教会拥有科学无法染指的领域——精神领域——因而会容许科学家继续从事他们的研究工作。科学由此似乎不再构成威胁，因为如果笛卡尔的说法能成立，科学便无法在心灵和道德问题上篡夺教会的权威。

笛卡尔的安排在之后的两百多年里都十分有效。但到了19世纪末，科学家们就不再认为心灵科学是不可能的了。他们不仅发现了笛卡尔论证中的缺陷，也意识到我们用以解释动物行为的原则同样可以解释人类的行为。人们普遍认为，只要心灵是直接可观察的，科学就可以研究它。于是科学家和哲学家们都试图寻找一种理解心灵的方法，以使它成为合法的科学研究对象。为了解新的关于心灵的科学理论，我们有必要了解一下推动它们发展的认识理论——经验论。

经验论

> **经验论**
> 这种认识理论认为感觉经验是关于外部世界知识的唯一来源。

经验论（Empiricism）认为感觉经验是关于外部世界的知识的唯一来源。尽管古希腊也有许多经验论者，但其最有影响的现代版本是由英国哲学家约翰·洛克（John Locke）和大卫·休谟在17至18世纪创立的。他们认为，心灵中没有东西不是源于感觉的。就如洛克所说，心灵是一块白板（a tabula rasa/blank slate），上面除了感觉经验书写上去的内容外，别无他物。

传统经验论认为，我们的心灵中有两种不同的观念：简单的和复杂的。简单观念（不由其他观念组成的观念）对应或表示诸如热、冷、光、暗、响、甜、酸、苦、滑等感觉。复杂观念则由简单观念组成。例如，关于一个苹果的观念，则由相应的某种形状、大小、颜色、味道、质感等观念组成。于是，所有的复杂观念都可以被还原或分解为表示感觉的简单观念。

基于上述关于思想性质的观点，经验论者得出两个重要的推论：（1）一个观念只有当其源于、或者可以被还原为感觉印象时，才对应一个真实的对象。（2）一个词语只有当其指示一个真实的对象时才具有意义。休谟用这两条原则来证明诸如"自由""因果关系"和"自我"这些词语都是无意义的，因为它们并不由感觉印象而来。在其著作《人类理解研究》（*Enquiries Concerning the Human Understanding*）中，休谟写道"当我们怀疑某个哲学术语的使用是没有任何意义或者思想内容时（这种事太常见了）我们只需要探寻一下：这个被假设的观念是来自什么印象？如果它不可能被对应到任何一个印象的话，那么这就足以证实我们的怀疑了。"[27]休谟认为，应当将这些无意义的词语从我们的语言中清除出去。

> 我们如果相信这些原则，那么当我们在各个图书馆中浏览时，将造成多

大卫·休谟：模范哲学家

在哲学界，许多人认为只有苏格拉底才称得上一个伟大哲学家几近完美的典范：他集智慧与高尚的品格于一身。但还有另一个人也接近了这个理想，他就是大卫·休谟（1711—1776）。根据各方面的记述，休谟身边的人都十分爱戴、尊敬和仰慕他。他不仅博学，而且还很有魅力、性情温和而合群。"总之，"休谟的朋友，哲学家、经济学家亚当·斯密（Adam Smith）说道，"无论是在他生前或死后，我都始终认为，他在人类天性的弱点所能容许的范围内无限接近于一个理想的、全知全德的人。"

他解决复杂而艰深的哲学问题之余，从未与日常生活脱节，因为他时常发现自己游走在严肃哲学之外。在不同的时候，他曾经是一位经济学家，一位精神不稳定的贵族的同伴，一位军事专员，一位散文家，一位成就卓著的历史学家（他著有六卷本的《英国史》），英国大使在巴黎时的私人秘书；英国北方事务部副部长。

此外，休谟的博学也令人印象深刻。他熟读古代典籍，有极好的数学、逻辑学、道德哲学和历史素养。他既阅读当时主要的法文和英文诗歌，也阅读那些用英文、拉丁文和法文撰写的伟大文学作品。

不知怎的，在日常生活与伟大的文学作品间穿梭的休谟，还能抽出时间来研究宏大的哲学。他通过推理和怀疑的方式审视知识、自我、因果关系和宗教，迫使哲学重新评估所有这些领域。休谟之后的哲学家所做的很多工作就是试图回应他所提出的那些论证。

大的破坏呢？当我们拿起一本书来，比如神学的书或者经院哲学的书，我们可以问，这其中包含着量和数方面的任何抽象推理吗？没有。其中包含着关于事实和存在的任何经验推理吗？没有。那么我们就可以把它扔到火里，因为它所包含的没有别的，只有诡辩和幻想。[28]

休谟认为，那些使用不来源于感觉的词语的人根本不知道自己在说些什么，因为他们不过是在胡说八道。

休谟以其经验论表明，不仅笛卡尔式的心灵不存在，笛卡尔式的心灵这个概念本身也是不可理解的。他在《人性论》(*A Treatise of Human Nature*)中写道：

大卫·休谟（1711—1776）

> 因为每个观念都是从先前的印象而来的，如果我们有任何心灵实体的观念，我们也应该有一个对这个实体的印象，而这是难以想象的，如果不是不可想象的话。因为一个印象若非与实体相似，又怎么可以表现这个实体呢？但按照这派哲学来说，一个印象既然不是一个实体，也没有实体应有的特殊性质或特征，它又怎么能表现一个实体呢？……
>
> 由此可见，无论是考察观念最初的来源或是依靠一个定义，我们都无法得出一个令人满意的实体概念；在我看来，这是彻底放弃争论灵魂是物质还是非物质的一个充足理由，也是使我放弃这个问题本身的一个充足理由。[29]

> 谈论非物质的存在就是在谈论不存在之物。说人类的灵魂、天使、上帝是非物质的，就等于是说他们什么也不是，或者说压根就没有什么上帝、天使或灵魂。
> ——托马斯·杰弗逊

在休谟看来，我们无法感知灵魂。因为没有一个感觉印象可以让我们得出灵魂这个观念，我们不知道"灵魂"这个词指称什么。灵魂是否存在这个问题是无法回答的，因为没人知道他们所谈论的"灵魂"这个词是什么意思。

逻辑实证主义

现代物理学的兴起为传统经验论提出了许多问题。19世纪初，约翰·道尔顿（John Dalton）用实验方法证明了古希腊原子论者在两千多年前提出的观点，即物质对象是由被称为原子的极小的物质微粒组成的。道尔顿正确地认为原子是能保证元素的化学性质的最小微粒，但他错误地认为，原子是不可分且不可变的。20世纪初，对放射物与放射性的研究表明，道尔顿的原子不仅能被分割为更小的碎片，而且可以转换成其他原子。道尔顿的原子并非构成宇宙的基本单位。更小的亚原子微粒才是。然而亚原子微粒，如电子实在太小以至于它们在原则上就是不能被直接观察到的。但是如果它们不能被直接观察到，我们关于亚原子微粒的观念就不可能得自感觉经验。而如果亚原子微粒的观念不得自感觉经验，传统经验论就会告诉我们讨论亚原子微粒是无意义的。然而一群处在世纪之交的科学家们并不支持这个结论，他们居住在维也纳，并且具有良好的哲学素养。这群科学家被称为维也纳学派（the Vienna Circle），他们试图建立一套意义理论，使得我们能够在理解现代科学的同时，摒除无意义的形而上思辨，并以此为现代物理学寻找一个坚实的哲学基础。这套理论就成了我们称之为逻辑实证主义（logical positivism）或逻辑经验主义（logical empiricism）的哲学运动的中心学说。

传统经验论主张一个词语只有当它是由感觉经验而来的时，才有意义。逻辑实证主义则主张语句只有当它能被感觉经验所证实时，才有意义。也就是说如果我们无法辨别一个句子的真假，这个句子就不能告诉我们关于世界的任何事情。让我们来考虑一下海德格尔在《什么是形而上学》（What Is Metaphysics）一书中的这个句子："无不存在。"（The Nothing nothings）这个句子说出了什么关于世界的事情吗？这个世界要具备什么特征才能使这个句子成立呢？我们怎么确定世界是否如这个句子所说呢？逻辑实证主义者鲁道夫·卡尔纳普（Rudolf Carnap）在《通过对语言的逻辑分析清除形而上学》（The Elimination of Metaphysics through the Logical Analysis of Language）一文中认为我们无法回答这个问题，因为这个句子是无意义的。[24]那些认为这个陈述包含着对实在本质的深刻洞见的人，实际上是在将含混误以为是深刻。

尽管物理学家著作中的有些句子所包含的词语并不来自感觉经验，但它们仍然是有意义的，因为它们是可证实的。我们知道如果这些句子为真，则世界一定会是什么样的，也知道如何判定世界是否是这样的。因此，这样的句子真正能够让我们理解实在的本质。

> 我想人类的大脑就像一座空的小阁楼，你需选择一些家具来填满它。
> ——阿瑟·柯南·道尔

逻辑实证主义者认为，知道一个句子的意义就是知道如何证实它。例如，知道"猫趴在垫子上"这个句子的意义，就是知道什么样的观察可以证明这个句子为真。逻辑实证主义者由此得出结论，一个句子的意义就是证实它的方法。这就是他们著名的**意义的可证实性理论**（verifiability theory of meaning），他们用这套理论建构了被称为"逻辑行为主义"（logical behaviorism）的心灵理论。

逻辑行为主义

我们通过观察人们的行为来判断他们是否处于某种心灵状态。例如，我们说一个人很渴，是基于我们观察到当有人给他一杯饮料时他的行为。如果他喝了，我们就有理由相信他很渴。既然一个陈述的意义就是它的证实方法，而我们证实关于人的心灵的陈述的方法是观察他的行为，由此可知当我们说某人处于某一心灵状态时的意思是，他/她会在特定情境下做出特定行为。在逻辑行为主义看来，心灵状态就是行为倾向。

拥有某种**行为倾向**（behavioral disposition）就是受到特定刺激下做出特定反应的倾向。例如，每次你看见老鼠时都倾向于尖叫，你就具有这种特定的行为倾向。逻辑行为主义主张，处于某种心灵状态无非就是拥有某种行为倾向。例如，你相信正在下雨，就是倾向于在出门的时候带上雨衣；你渴望财富，就是倾向于去从事能够赚钱的活动；你恐高就是倾向于避免去高处。根据逻辑行为主义的理论，行为倾向并不是由心灵状态所导致的；它就是心灵状态本身。任何具有某种行为倾向的人就具有相应的心灵状态，反之亦然。

逻辑行为主义是一种唯物主义理论，因为它不假定任何非物质（非物理）物体的存在。它同时还是一种还原论（reductive theory），因为它声称心灵状态只不过是行为倾向。还原论在科学中备受推崇，因为它通过减少实体的数量来简化我们的本体论（讨论何物存在的理论）。如果一类实体可以还原为另一类，我们在承认后一种实体的同时就无需再承认前一种实体了。

例如，"平均父/母有1.5个孩子"（The average parent has 1.5 children.）①。这个陈述的对象——平均父/母（average parent）——看来是个不一般的人。这个"平均"父/母拥有的是哪半个孩子？是上半个还是下半个？没有人会将这个"平均"父/母看作是实际父母以外的实体，认为世上真有个"平均父/母"存在。我们知道所谓平均父母的说法不过是为了更便捷地讨论实际父/母而发明出来的。说平均父/母有1.5个孩子，不过是说孩子的数量与父/母数量之比是1.5。一旦我们意识到任何时候

（心理学家应当通过自省来回想起）一些欲望之间的毁灭性的冲突，一些几乎不可能赢的道德抗争，一些剧烈的疼痛，一些基本的诱惑，一些深切同情、慈悲奉献、极致愤怒和严重恐惧的冲动。告诉我们上述经验都毫无价值可言的思想系统（例如行为主义）难道没犯什么根本性的错误吗？

——威廉·麦克杜格尔（W. McDougall）

---

① 这里注意英文和中文表达方式的不同。按照中文习惯一般将"父/母"作为主语，这句话应表述为"每个父/母平均有1.5个孩子"。而在英文的表述里，"average parent"才是主语，且是单数（所以下文才说它是个不一般的人），意为"每个父/母"，为了照顾上下文，文中直译为"平均父/母"。在英文语境中，主语本身包含实体化倾向，"average parent"做主语时，人们会倾向于认为这是一个独立的实体。

逻辑实证主义
一个哲学运动，基于"知道一个句子的意义，就是知道哪些观察能证实它"这一基本假设。

意义的可证实性理论
这项学说认为一个陈述的意义就是证实它的方法。

逻辑行为主义
这项学说认为心灵状态就是行为倾向。

行为倾向
一种在特定刺激下做出特定反应的倾向。

我们说的平均父母都是在说实际父母，任何认为平均父母是实际父母以外的实体的倾向就消失了。同样，逻辑行为主义主张，一旦我们意识到可以将对心灵状态的讨论替换为对行为倾向的讨论，认为心灵是身体之外的实体的倾向就消失了。

逻辑行为主义比笛卡尔式二元论更简洁，因为它的假设更少。特别是它不假设非物质的（非物理的）物体。奥卡姆剃刀原则（Occam's razor）告诉我们，如无必要，勿增实体。所以如果我们没有理由假定非物质物体的存在，那对它的假定就是不合理的。

逻辑行为主义也比笛卡尔式二元论更保守，因为接受它不需要放弃任何已被证实的法则或理论。而要接受笛卡尔式二元论，就可能要放弃物理因果闭合性原则和作为现代物理学基石的质能守恒定律。逻辑行为主义能保留现代科学理论框架的完整性，而笛卡尔式二元论则似乎要将它撕成两半。

此外，逻辑行为主义比笛卡尔式二元论更为有效，因为它解决了他心问题。我们无法判断笛卡尔式的心灵存在与否，因为它们是非物质的，而非物质的东西是不可观察的。而在逻辑行为主义看来，心灵是实际行为和可能行为的模式。既然行为是可观察的，心灵就是可观察的。而事实上，有时观察他人的行为比观察自己的容易多了。于是有了这个关于行为主义者的老笑话：一个行为主义者在性爱之后会对另一个说什么呢？"我看得出你很快乐，但我快乐吗？"

既然逻辑行为主义认为拥有心灵不过就是具有某种行为倾向，那么承认有可能存在具备智能的机器人也就不困难了。如果一个机器人的行为与一个正常人类无异，它就有心灵，尽管它是由硅和钢铁做成的。至于它有没有感觉则毫不相干。逻辑行为主义者关心的只是各类行为所展现出来的倾向，如果某个东西的行为与我们足够相似，那么它就拥有与我们同样的心灵状态。

从充足性标准来看，逻辑行为主义是优于笛卡尔式二元论的。但为了研究它是否是一个可接受的理论，我们必须检验它能否解释心灵现象的所有相关方面。

既然逻辑行为主义认为拥有特定行为倾向是拥有心灵状态的充要条件，那么就必须承认下面两个陈述：（1）如果某物处于一种心灵状态中，那么它必然拥有特定的行为倾向（必要条件）。（2）如果某物拥有特定的行为倾向，那么它一定处于某种心灵状态中（充分条件）。那么，反驳逻辑行为主义只需表明（1）处于某种心灵状态却没有特定行为倾向是可能的，或者（2）拥有特定行为倾向却不处在某种心灵状态中是可能的。让我们来检验一下逻辑行为主义，看看是否存在上面两种情况的可能性。

许多心灵状态如痛苦、爱、恐惧都与特定感觉相关联。拥有某种心灵状态是一种什么样的感觉被称作这种心灵状态的主观特征或**质性内容**（qualitative content）。质性内容对心灵状态来说似乎是必要的；如果你没有恰当的感觉，你便不处于某种心灵状态中。例如，如果别人一拳打在你鼻子上，你却什么也没有感觉

赖尔的范畴错误

逻辑实证主义并不是到达逻辑行为主义的唯一途径。英国哲学家吉尔伯特·赖尔（Gilbert Ryle, 1900—1976）通过细致分析有关心灵的词汇在日常语言中被使用的方式，同样得出了心灵状态是行为倾向的结论。我们倾向于假设名词是指称实体的，但并非总是如此。例如，让我们考虑"她跳了一支华尔兹"（She danced a waltz.）这个句子中"华尔兹"这个词语。尽管"华尔兹"在这里是个名词，但它指示的不是一个事物，而是一种跳舞的方式。所以我们不妨以（尽管听起来很笨拙）"她华尔兹地跳着"（She danced waltzily.）来代替"她跳了一支华尔兹"。在任何情况下，如果我们认为华尔兹可以独立于人们的舞蹈存在，那我们肯定是弄错了。同样，赖尔声称，如果我们认为心灵可以独立于人们的行为存在，也肯定是弄错了。跳一支华尔兹不过是用特定的方式跳舞。同样，拥有心灵不过是用特定的方式行为。赖尔用下面的论证来说明心—身问题背后的语言混乱。

思想实验

赖尔的寻找大学的人

一个外国人初次造访牛津或者剑桥大学，在被展示了许多学院、图书馆、运动场、博物馆、科学院系和办公室之后，他问道："那么，大学在哪？我已经看过学院成员们生活的地方，管注册的人工作的地方，科学家们做实验的地方等等。但我还没看过你们大学的成员们在其中生活和工作的那个大学呢。"人们向他解释，所谓大学并不是另外的什么机构，不是与他看见的学院、实验室和办公室相并列的隐秘事物，大学一词只是将他刚才所看到的所有东西组合起来的方式。当他看到这些机构和它们之间的协同关系时，他就看到大学了。他的错误在于天真的认为基督教堂学院、波德林图书馆、阿什莫林博物馆和大学是并列的，似乎"大学"是上述机构所构成的集合中的另一个成员。他错误地认为大学与其他机构属于同一个范畴。[31]

赖尔的寻找大学的人犯了赖尔所谓的"范畴错误"，他假定大学是与图书馆、博物馆和实验室以同样的方式存在的。类似地，二元论者们也犯了范畴错误，他们假定心灵与身体是以同样的方式存在的。心灵，就如大学一样，仅仅是行为的复杂模式而已。如果不这样想就是接受了赖尔所说的"机器里的幽灵的教条"。在赖尔看来，拥有心灵就是拥有特定的行为倾向。

到，那你并不处于痛这个心灵状态中。逻辑行为主义却反过来认为，感觉与心灵状态无关。只要你有符合这种状态的的行为倾向，无论是否有感觉，你都处于一种心灵状态中。但这看起来难以置信。

想象一下，一个因为神经障碍而无法感觉到痛的人：

思想实验

完美的伪装者

一些人生来就感觉不到疼痛。这是非常危险的状况，因为这样的人没法及时感觉到身体受到了严重的伤害。设想这样的一个人是学习人类行为方面的天才，他学会了在适当情形下表现出适当的感觉到疼痛的行为。例如，如果有人

> 经验是位优秀的导师，但她开出了可怕的账单。
> ——明娜·安特里姆
> （Minna Antrim）

踢了他的腿，他会像正常感到疼痛的人那样抓着自己被踢的腿，一边单脚跳着一边喊"哎哟！"。他是一个如此优秀的演员，以至于他的行为与那些能感觉到疼痛的人的行为别无二致。

完美的伪装者表现得和能感觉到疼痛的人一样。通过多年的学习，他已经获得了与正常人一样的行为倾向。但他感觉不到疼痛，且如果他无法感觉到疼痛，就不可能处于痛苦这个心灵状态。所以，拥有正确的行为倾向并不是处于某种心灵状态的充分条件。

> **质性内容**
> 特定心理状态的感觉性质。

拥有正确的行为倾向同样不是处于某种心灵状态的必要条件。有些人可以凭借超凡的意志，在遭受可怕的痛苦时表现得和完全没有痛苦一样。如果这样的人在隐藏痛苦方面是如此优秀，以至于其他人也完全无法分辨出他是否痛苦，那么逻辑行为主义会让我们认为他们从未处于痛苦中。但这不可能是正确的。任何感觉到痛苦的人就处于痛苦状态中，无论他/她是否表现出来。为了证明处于痛苦状态并不需要表现出特定的行为，希拉里·普特南（Hilary Putnam）提供了如下的思想实验。

思想实验

> **普特南的超级斯巴达人**
>
> 设想一个由"超级斯巴达人"或者"超级斯多葛人"组成的社会，在这个社会中成年人都拥有一种能力，可以成功抑制所有痛苦造成的非自主行为。他们可能有时会承认感到痛苦，但始终用的是愉快而柔和的口吻——尽管他们正在经历如被诅咒一般的痛苦。他们从不会抽搐、尖叫、畏缩、哭泣、咬紧牙关、握紧拳头、浑身冒汗或是表现出其他看起来很痛苦、或者看起来像是正在抑制与痛苦有关的非条件反射行为的样子。然而，他们与我们一样能感觉到痛苦并厌恶它。他们甚至承认，要做到像他们那样的表现需要强大的意志力，只不过出于在他们看来非常重要的理念上的原因，他们才这样做，并且通过常年训练，他们已经学会如何使自己的行为符合他们严苛的标准。[25]

如果你熟悉《星际迷航》（*Star Trek*）这部电视连续剧的话，普特南的超级斯巴达人对你来说或许并不陌生。他们很像剧中的瓦肯星人，如斯波克先生（Mr. Spock），出于理念的原因抑制与痛苦有关的行为。在一场惨烈的血战之后，瓦肯星人断定，只有学会控制他们的情感，他们的种族才能生存下去。所以，从那时起，所有瓦肯星人一出生就开始接受训练，以学会隐藏他们的感受。他们仍然是有感觉的，只是不表现出来而已。逻辑行为主义会让我们认为因为瓦肯星人从不做出像是处于痛苦状态的举动，所以他们从来都不会处于痛苦状态。但这显然是荒谬的，你不必非要去按照特定方式来行为才算是处于痛苦中。所以拥有特定的行为倾向对处于特定的心灵状态来说是不必要的。

普特南的论证可表达如下：

1. 如果拥有特定行为倾向是处于特定心灵状态的必要条件，那么处于某种心灵状态却没有特定行为倾向便是不可能的。

2. 但就如超级斯巴达人这个例子所昭示的，处于痛苦状态却没有与痛苦相关的行为倾向是可能的。

3. 因此，拥有特定行为倾向并不是处于特定心灵状态的必要条件。

普特南的超级斯巴达人并不表现出感到痛苦时的行为，因为他们不**想要**（want）表现出这些行为。但想要（wanting）本身就是一种心灵状态。所以对斯巴达人的行为最好的解释是，这是由他们的心灵状态产生的。然而在逻辑行为主义看来，这是不可能的，因为心灵状态并不是行动产生的原因——它们只是做出反应的倾向。这是逻辑行为主义的致命弱点，它假定心灵状态在因果上是惰性的

> 我完全等同于我的身体，仅此而已；灵魂不过是我身体中某种事物的名称。
> ——费里德里希·尼采（Friedrich Nietzsche）

行为疗法

心灵状态就是行为倾向的想法启发了我们对待精神疾病的方式。如果我们想要改变一个人的心灵，我们需要做的就只是改变他/她的行为。心理学家莫顿·亨特（Morton Hunt）描述了行为治疗师们使用的一些技巧：

> 行为治疗师中的代表性人物约瑟夫·沃尔普（Joseph Wolpe）在数年前表示，弗洛伊德对神经官能症的解释是完全多余的。神经官能症"不过是一种习惯——一种持续地做非适应性行为的习惯"，它能被诸如"系统脱敏疗法"（systematic desensitization）等逆条件作用（counterconditioning）的方式治愈。一个典型的案例是，对阳物有病态恐惧的女性患者会先被诱导放松并想些快乐的事情，然后她被要求想象一座远处的裸体男性雕像（阳物在那里相对不具威胁性）。当放松和愉快的想法使得远处了无生气的阳物变得可容忍之后，患者被要求想象它在越来越近的地方，最后练习将这些想法与真实男性的形象关联起来。报告显示，这种治疗方式使这位女患者可以容忍真正的阳物。
>
> 其他行为治疗师通过厌恶性条件作用（aversive conditioning）法，将欲戒除的行为与不愉快的经验联系在一起来消除这种行为。一些治疗师在男同性恋看到裸体男性色情照片时对他实施电击，其他治疗师则试图通过这些方法来克服暴食：训练他们的病人，在想要暴食的时候，想象自己在公共场合呕吐，或者给他们能在进食不久后产生恶心感觉的药物。早期报告宣称这些努力取得了相当大的成功。[33]

电影《发条橙》（*A Clockwork Orange*）生动地描绘了厌恶性条件作用法的运用。不幸的是（也可能是幸运的），这个方法没能获得预期的成功。亨特解释说：

> 将人看做是老鼠一样的想法太狭隘了：人会思考并寻找重塑自身行为的理由。即使存在来自外部的奖惩压力，他们也会依照自己的想法行事。
>
> 因此，多数行为治疗方法都未能获得它们最初承诺的效果。例如，性方面的短期疗法最初看来可以治愈大多数接受治疗的身心障碍者，但随后的研究表明患者的复发率非常高……
>
> 最令人失望的是厌恶疗法：将同性恋、暴食、酗酒和其他行为与急剧的不愉快的刺激联系起来后，确实在中止这些行为上面有很高的效率，但效果非常短暂。因为与实验室里的动物不同，接受厌恶疗法的人类患者知道那些痛苦的刺激是有目的的。[34]

（causally inert），没有人会因为处于某种心灵状态而去做出任何行为。因此，逻辑行为主义并不是一种充足的心灵理论。

逻辑实证主义主张所有关于心灵状态的陈述都可以翻译为关于行为倾向的陈述。我们有理由怀疑这种翻译能否实现，因为处于某种心灵状态比按照特定方式行动要复杂得多。罗德里克·齐硕姆（Roderick Chisholm）通过下面的思想实验来说明这个观点。

思想实验

> **齐硕姆的满怀期待的外甥**
>
> 假设琼斯期待25分钟后在火车站见到他的姨妈，我们对这种情形的构想可以表述为："琼斯处于某种身体状态，如果他在25分钟以内见到他的姨妈这种状态就得到满足，而如果他没有在那个时间里见到他的姨妈，这种状态就将中断。"……但如果他见到了他的姨妈并将她当成了其他人怎么办？又或者，如果他见到了其他人并将她当成了自己的姨妈怎么办？在这种情况下，根据我们的定义，满足或者中断都不会发生。[35]

逻辑行为主义认为，"琼斯期待他的姨妈会在25分钟后到达火车站"这个句子意味着以下行为倾向：如果琼斯见到了他的姨妈，他会和她打招呼；如果他被问及"你的姨妈什么时候到？"他会回答"大概25分钟之后"等等。但这两种陈述的意义并不相同，因为前者为真的同时，后者可以为假。如果琼斯见到了他的姨妈，他并不必然会和她打招呼，因为他可能没有认出自己见到的这个人就是他的姨妈。如果有人问他，"你的姨妈什么时候到？"他也并不必然会说"大概25分钟之后"，因为他可能听不懂这个问题，或者不想说实话。问题在于，我们怎么应对特定外界刺激取决于我们当时所处的其他心灵状态。既然是心灵状态之间的相互作用产生行为，我们便无法将某种心灵状态与某一套固定的行为倾向相关联。

逻辑行为主义的失败告诉我们，意义的可证实性理论是有缺陷的，而事实也是如此。如果一个陈述的意义就是证实它的方法，那么每当我们发现一个新的证实方法时，能被这个方法证实的那些陈述的意义就会随之改变。但即使我们发明一种新的测量身高的方法，"琼斯身高5英尺"这个陈述的意义也并不发生改变。

然而，意义的可证实性理论面临的最大难题在于它的自我毁灭：如果它可以成立，那么它便是无意义的。因为意义的可证实性理论如果适用于所有陈述，它就适用于它自身。所以，只有当它可以被证实的时候，意义的可证实性理论才是有意义的。但我们没有办法证实"一个陈述的意义在于证实它的方法"这个陈述，因为它不是经验陈述，没有任何观察可以支持它。于是，根据它自身的标准，它是无意义的。真是讽刺，旨在消除所有无意义的陈述的理论最终却要消除自己。

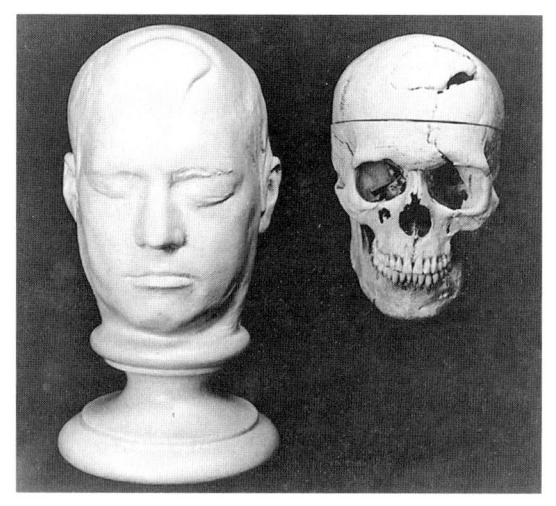

菲尼亚斯·盖奇的脸像与头骨
盖奇的事故表明心灵依赖于大脑。

同一性理论

我们很早就知道，心灵是受大脑影响的。但直到最近人们才认识到，大脑的不同部分执行着不同的功能。这个认识被1848年佛蒙特州的卡文迪什小镇附近发生的事件戏剧性地证明了。菲尼亚斯·盖奇（Phineas Gage）是一个铁路工人队的领班，他负责安置炸药。这项工作的内容是在石头上钻洞，将炸药填入其中，然后用一根铁条将炸药压紧。正当盖奇压紧炸药的时候，炸药爆炸了，使得铁条恰好穿过了他的大脑。尽管他当时陷入了昏迷，但并未因此丧命。几分钟后他就醒了过来并且可以说话。最后他康复了，但他却变成了另一个人。主治医生之一约翰·哈洛这样描述他：

> 他的身体状况良好，我倾向于认为他已经康复了……但他的智力官能与动物性倾向之间的平衡可以说是被打破了。他暴躁易怒，无礼，放肆地说粗鲁的脏话（他过去从不这样），对他的同伴几乎毫无尊重，愿望受到挫折时无法克制自己也不听从劝告，时常执拗顽固，任性而又犹豫不定，制定许多未来的行动计划，很快又将它们全部放弃……就此看来，他的心灵发生了根本性的转变，以至于他的朋友和熟人都说他"不再是原来那个盖奇了。"[36]

大脑受损深刻地影响了盖奇的心灵。

在盖奇的事故之后，心理学家们搜集了大量的数据，他们中的许多人认为，对这类事实最好的解释都是基于心灵就是大脑这个假设之上。心理学家巴里·贝叶斯坦（Barry Beyerstein）列出了其中的一些证据：

> *系统发育心理学*：在大脑的复杂性与该物种的认知能力之间有一种进化上的关联。

> 所以心灵是什么呢？这些有意识的原子又是什么呢？上个星期吃的土豆！
> ——理查德·费曼（Richard P. Feynman）

发展心理学：人的各种能力的形成与大脑发育有关，大脑发育故障也会中止心理发育。

临床心理学：事故、中毒、感染、营养不良以及大脑发育时受到刺激等造成的脑损伤会导致可预见的，而且很大程度上不可逆的心理机能缺失。

实验心理学：心理活动与大脑中电活动上的、生物化学上的、生物磁效应上的以及解剖上的变化具有相关性。当人的大脑在外科手术中受到电或者化学方面的刺激，便会产生运动、认知、记忆和食欲等，效果与相同细胞通过常规方式激活所产生的反应相类似。

经验心理学：许多天然或和人造的物质都与大脑细胞发生化学作用。假如这些神经系统的修改器不能愉快地，以一种可预见的方式影响意识的话，那么尼古丁、酒精、咖啡因、迷幻药、可卡因和大麻在娱乐价值方面比吹肥皂泡也好不了多少。

尽管这些资料丰富多样且相互印证，从上文提及的数据本身却无法推导出PNI（心理–神经同一性理论，简称"同一性理论"）成立。但这项理论具有简单、易出科研成果、适用现象的范围广以及缺乏可信的反证的诸多优势，因此得到了几乎所有神经科学家的认同。[37]

上文对贝叶斯坦文字摘录的作用，不仅在于它传递的信息，也在于它展示了充足性标准如何可以帮助我们在各种竞争性的理论中进行判定。他承认**同一性理论**（identity theory）——认为心理状态就是大脑状态的理论——并不是唯一可以解释这些资料的理论。但它是最好的理论，因为它提供的解释更为简洁，更易产出成果，比其他竞争理论有更大的适用范围。

大脑——在正常状态下密度与半成品果冻相仿——容纳了大约一千亿细胞，约3磅重，功率大致相当于20瓦。大脑细胞分为两大类：胶质细胞与神经元。神经元从身体各部分接收信息，并对这些信息进行存储和处理，而胶质细胞为神经元提供支持。大脑中的神经元被组织成各种不同的集合体，这些集合体能够单独作为封闭的系统来运行。当它们以这种方式运行的时候，它们以同样的频率同时产生神经冲动。所以，一种大脑状态可以被视为某组神经元所产生的，形成特定模式的神经冲动。

同一性理论比笛卡尔式二元论更为简单，因为它不假设非物质实体的存在。大脑是一个物质体，它所有的属性都可以用物理法则解释，也就不需要绕过物理的方法来解释心灵。

同一性理论同样比笛卡尔式二元论更易产出成果，因为它成功预言了许多新的现象，例如通过电刺激大脑可以产生某些心灵状态。通过电刺激脑外科手术中的病人大脑，研究人员发现他们可以在病人的大脑中引起各种景象、声音、气味、记

> 思想是大脑的分泌物。
> ——皮埃尔·让·乔治·卡巴尼斯
> （Pierre Jean Georges Cabanis）

忆等——这正是同一性理论为真的情况下我们所能预期到的。笛卡尔式二元论则无法给出此类可证实的预测。

同一性理论也优于逻辑行为主义，因为它为心理因果作用提供了直截了当的解释。逻辑行为主义的失败是因为它无法解释心灵状态如何影响行为的事实，而同一性理论在解释这样的事实时完全没有问题。既然我们做什么取决于我们的大脑，而心灵状态就是大脑状态，所以心灵状态可以影响行为。在同一性理论看来，心理因果作用不过是物理因果作用的一种。

和逻辑行为主义一样，同一性理论是一种还原论。它主张心灵状态无外乎是大脑状态。但与逻辑行为主义不同的是，同一性理论并不对心灵术语的意义进行分析。它并不声称当我们说一个人处于某种心灵状态时，就是在说他处于某种大脑状态。它只宣称心灵状态与大脑状态是同一个东西，在这种意义上，此陈述可以类比为"闪电是一种放电现象"这类陈述；其正确性并不内含在其定义之中，而是通过科学研究发现的。为了判定同一性理论是否是一个充足的心灵理论，我们有必要验证一下它是否符合事实。

同一性与不可分辨性

如果两个事物是同一的——也就是说，如果两个词语指称的是同一个事物——那么对其中一个为真的无论什么都对另一个也为真。所以，如果心灵状态与大脑状态是同一的，那么对心灵状态为真的无论什么，都同时对大脑状态为真。然而似乎有许多对心灵状态为真的描述对大脑状态并不为真。假设你头疼，这个时候你知道自己处于疼的心灵状态，但你并不知道自己处于哪种特定的大脑状态。看来心灵状态与大脑状态拥有不同的属性。一个是被你所知的，而另一个则不是。因此，心灵状态与大脑状态似乎并不同一。

这个论证与笛卡尔的可分性论证拥有相同的结构。它试图表明心理状态与大脑状态并非同一，因为它们拥有不同的属性。尽管这似乎是对同一物的不可分辨性原则（the indiscernibility of identicals; 这项原则认为如果两个事物是同一的，那么对其中一个为真的无论什么对另外一个也为真，反之亦然）的直接应用，但它却是错误的——因为这项原则并不适用于类似"被某人所知"这样的主观属性。就像在索福克勒斯（Sophocles）的《俄狄浦斯王》（*Oedipus Rex*）中，俄狄浦斯知道伊俄卡斯忒是他的妻子，却不知道他的妻子就是他的母亲，但这并不意味着伊俄卡斯忒不是他的母亲。所以，这个论证无法反驳同一性理论。

意识经验

另一个相关的论证则没有犯同样的错误。它认为大脑状态可通过实证研究来认识，而心灵状态不可以，所以心灵状态并不与大脑状态同一。这个论证并没有重

同一性理论
这项理论认为心灵状态就是大脑状态。

你只使用了10%的脑力吗?

有一个流行的迷思（myth）说我们只使用了大脑的10%。一些人认为这个迷思来自英国神经生理学家约翰·洛伯的研究。在医治脑积水患者的过程中，洛伯发现一些人头颅里95%的部分都被脑脊髓液填满，但他们的IQ仍然在100以上。在发表于《科学》杂志上的文章中，洛伯提供了一则材料，说一个年轻人IQ有126，而他几乎没有大脑："我们对他进行脑扫描，发现他的脑颅里填满了脑脊髓液，一般在脑室和皮质层之间该有的厚约4.5厘米的大脑组织被一层厚约1毫米的组织取代了。"[38]洛伯承认，"我不敢断定这位学习数学的学生的大脑究竟是50克还是150克，但明显远不及正常的1.5千克，而他所拥有的脑质很多也只是处于那些相对而言未受脑积水影响的更原始的深层结构中。"[39]洛伯对此的解释是什么呢？"大脑一定像肾脏和肝脏那样，有非常大的部分是冗余或闲置的。"[40]然而尽管我们可以仅使用少于正常量的脑灰质，这也并不表示我们没有使用我们已有的其他脑灰质。所以，洛伯的研究无法支持10%的迷思之说。但它却给我们提供了否定同一性理论的理由。如果完全不同的两种大脑状态可以实现同一种心理状态，那么即使是在同一物种中，我们也无法将一种心理状态鉴定为一种大脑状态。有鉴于此，同一性理论无法告诉我们以下问题的答案：处于某一种特定的心灵状态意味着什么？

复前一个论证的失败之处，因为"可通过实证研究来认识"是一个客观属性，客观属性应当被同一的事物共享。

托马斯·内格尔在他的论文《作为一只蝙蝠是种什么样的体验？》（"What Is It like to Be a Bat?"）中给出了这种论证最有影响的表述之一。内格尔认为，有一种东西是所有有意识的存在都知道的——作为他们那种存在的主观体验。他认为这项知识是不可能从经验研究中得到的，然而所有关于一个事物的物理属性都是可通过经验研究来认识的，所以他得出结论，"有意识"并不是一个物理属性。下面是内格尔的表述。

> 生活就是与不同意识状态相连接的一系列感觉。
> ——雷米·德·古尔蒙（Remy de Gourmont）

思想实验

内格尔的蝙蝠

我假设我们都相信蝙蝠是有主观体验的。毕竟它们是哺乳类动物，且如果我们不怀疑老鼠、鸽子或鲸有主观体验的话，我们也没什么理由怀疑它们有主观体验……

我已经说过，蝙蝠有主观体验这个信念的本质在于，存在某种"作为一只蝙蝠是什么样子"的体验这种东西。我们知道大多数蝙蝠（确切地说，属于小蝙蝠亚目的生物）主要通过声呐或者说回声定位来感知外在世界。它们发出快速的、经过精妙调节的高频率尖叫，然后在音域范围内测定物体反射回来的声波……然而尽管蝙蝠的声呐显然是一种感知的方式，但它的运作与我们所有的

> 感知方式都不相类似，而且没有理由假定它主观上与我们所能够体验或想象的任何东西相似……
>
> 这与心–身问题直接相关。因为如果经验事实——关于有机体的主观体验为什么样的事实——只能从一种视角获知，那么有机体的物理行为如何能揭示其体验的真正特性，就将是个谜。[41]

在内格尔看来，存在某种蝙蝠以外的物种不能认识的东西，那就是作为一只蝙蝠的主观体验。但蝙蝠的所有物理属性都是其他物种可以认识的，所以心灵状态与物理状态不可能是同一的。

内格尔的论证是这样的：

1. 如果心灵状态与大脑状态是同一的，那么通过认识大脑，我们就可以认识关于心灵的一切。
2. 但就如蝙蝠的例子表明的那样，认识关于大脑的一切不能使我们认识关于心灵的一切。
3. 所以，心灵状态不是大脑状态。

内格尔认为，同一性理论没有考虑到任何充足的心灵理论都必须解释意识经验的主观性特征。作为某物的主观体验只能从内在，也就是第一人称视角来感受。而某物的物理属性则全都可以从外在，也就是第三人称视角来认识。因为完备的关于物理属性的认识并不能带来对心理属性的认识，是故心灵是不能与大脑等同视之的。

内格尔对蝙蝠精神生活的思考暗示，人类不是唯一有意识的生物。相反，我们有理由相信大多数脊椎动物都拥有某种形式的意识经验。我们甚至有理由相信在其他星球也可能会演化出有意识的存在。科学家与科幻作家都已经意识到硅基（与碳基相对）生物[①]是可能存在的。而如果硅基生物是可能存在的，为什么硅基生物不会有意识呢？

如果心灵状态与大脑状态是同一的，那么只有有大脑的生物才可能有心灵。但思想似乎可以由大脑之外的其他结构引起和实现。大卫·刘易斯（David Lewis）在下面的思想实验中讨论了这个问题。

思想实验

> **刘易斯的疼痛的火星人**
>
> ……也许会有这么一个火星人，他时常会像我们一样感觉到疼，但他的疼在物理的实现方式上与我们迥然不同。他以液压为动力的心灵完全没有像我们

---

① 地球上包括人在内的绝大部分生物都为碳基生物，即都以碳作为基础，而碳和硅在化学元素中同属一族，性质相似，因此许多人相信硅也可能为生命提供基础，这类生命被命名为硅基生物。

一样的神经元,却有许多装有不同体积液体的可充气孔洞,任何一个孔洞被充满气后都会开启一些阀门,并关闭另外一些。他的心灵管道遍及身体,除了头上的热量交换器。当你掐他的皮肤时,你不会触动他的C纤维[①]——他没有C纤维——但你会使得他脚上的许多小孔洞充气,他就感觉到疼了。他的反应也与疼痛相一致:他的思考和行动被打断,他呻吟,在地上打滚,他非常想阻止你掐他并确保你不会再掐。总而言之,他感觉到了疼,但他没有像我们一样的等同于疼痛或伴随疼痛出现的身体状态。

也许会有这样一个火星人,(我的)这个想法十分坚定。一个可靠的心灵理论最好不要否认火星人的这种疼的可能性。我完全可以接受,火星人并非和我们在完全相同的意义上疼痛,但我们最好还是承认在某种简单直接的意义上,他和我们都可以被称作在疼痛。[42]

刘易斯的火星人有着与我们迥然不同的生理构成。特别是他没有神经元,因此也没有大脑,但他能感觉到疼。如果同一性理论成立,那么这就是不可能的,因为没有大脑之物是不可能感觉到疼的。但有意识的外星人这个词组看起来并不是自相矛盾的,试想一下在电影《E. T. 外星人》(*E. T.—The Extra-terrestrial*)中的外星人,他们也像刘易斯的火星人一样可以感觉到疼痛(以及爱、悲伤和乡愁)。即使假设验尸报告显示他的构造与刘易斯的火星人类似,我们也不应该否认他是有意识的。所以,拥有大脑并不是拥有心灵的必要条件。

希拉里·普特南也表达了同样的观点,他用的是一个更实际的例子:计算机。

思想实验

普特南的有意识的计算机

假定……我们作为整体都只是遵守物理法则的物质系统。那么……我们的心灵状态,例如"正在考虑明年夏天的旅行",也不可能等同于任何物理或化学状态。从我们对计算机等的认识显然可以明白,不论大脑的程序可能是什么,制作出某种具有完全不同的物理和化学结构却也具有相同程序的东西都必然是物理上可能的(尽管不一定在现实中可行)。那么从心理学(与之相关的科学)上来看,将一种心灵状态等同于使它实现的物理或化学过程无论如何都是荒唐的。这就像假如我们遇到火星人并发现他们身体从功能的角度来讲与我们完全相同,却因为他们没有C纤维,就说他们感觉不到疼一样。[38]

---

① 人类用以传递痛觉的神经纤维。

Copyright © by Ziggy and Friends, Inc. Reprinted with the permission of Universal Uclick. All rights reserved

尽管计算机没有大脑，它可能会感觉到疼也仍然是可设想的。计算机用硅芯片而非神经元来处理信息，如果将这些硅芯片的功能设计成与我们的神经元相同，那么计算机就可能会像我们一样思考和感受。

许多科幻作品都已经探讨过出现有意识的计算机这一可能性了。其中最著名的也许是电影《2001太空漫游》（*2001: A Space Odyssey*）中的Hal。Hal不仅能够运算，还能充满才智地与人对话并执行自己制订出的计划。Hal是仅仅由硅芯片和电线组成的，在它的电路中没有一个神经元，但它却能思考。如果Hal是逻辑上可能的（如果思考并不需要借助大脑），那么同一性理论就不可能成立。

刘易斯和普特南的论证可以表达如下：

1. 如果同一性理论为真，那么任何没有大脑的东西都不会有心灵。
2. 但就如刘易斯的疼痛的火星人和普特南的有意识的计算机显示的那样，没有大脑的东西有心灵是可能的。
3. 所以同一性理论为假，拥有大脑并不是拥有心灵的必要条件。

刘易斯和普特南的思想实验表明，心灵可以被大脑以外的东西实现。换句话说，心灵是"多重可实现的"（multiply realizable）。许多人将**多重可实现性**（multiple realizability）视为对同一性理论的决定性反驳，因为它意味着你不需要有一个大脑就能有心灵。

那些认为所有物种只有像我们一样有大脑，才拥有心灵的人，通常被称作"物种主义者"（speciesists），因为他们认为只有特定种类的动物才能有心灵。有心灵的动物都应该得到相当程度的尊重，例如，我们不应该让这些动物遭受不必要的痛苦。不过，物种主义者只会尊重那些像我们一样有大脑的物种。

考虑一下由斯蒂芬·斯皮尔伯格执导的电影《AI》中人类毁灭机器人的场景。或者考虑一下《黑客帝国动画版》（*The Animatrix*）中人类拒绝机器人加入联合国的场景。在这两种情况下，人类都是在进行物种歧视，他们歧视机器人，因为它们不由血肉之躯所组成。如果有朝一日，我们制造出像我们一样智能的计算机，到时我们会怎么对待它们，可以很大程度上反映我们的道德智慧。

一个种族主义者会基于别人的种族对他们做出负面评价；一个性别主义者会基于别人的性别对他们做出负面评价；一个物种主义者会基于其他造物的物种对他们做出负面评价。物种主义者认为只有碳基生命才有心灵，因此我们称之为"碳沙文主义者"（carbon chauvinists）。同一性理论者就是碳沙文主义者，因为他们认为不论其他生物多么智慧，只要它们没有大脑，它们就没有心灵。

思想探究

物种主义

假设你爱上了一个你见过的人里看起来最机智、幽默、富有爱心的人。现在我们假设这个"人"其实是个机器人，你会得出结论说这个机器人实际上没有心灵吗？为什么？

刘易斯的疼痛的火星人和普特南的有意识的计算机告诉我们，心理状态并不是大脑状态，逻辑行为主义的谬误让我们知道，心理状态也不是行为倾向。为了证明这两个心灵的还原理论都是不完备的，约翰·塞尔（John Searle）提供了下面的思想实验：

思想实验

塞尔的大脑替换

试想一下，你的大脑状况开始恶化，这使得你将逐渐失明。你的医生不顾一切想治好你，他们尝试了所有办法恢复你的视力。在其他办法都失败了之后，最终他们试着在你的视觉皮层中植入了一些硅芯片，令你和医生们都感到惊奇的是，硅芯片使你的视力恢复到正常状态了。现在，设想你的大脑状况令人沮丧地继续恶化，而医生则继续植入更多的硅芯片。你应当已经知道下面将发生什么：最终，你的整个大脑被硅芯片取代了，以致你摇摇头就可以听到头颅里的芯片相互碰撞的声音。在这种情况下，存在着不同的可能性，一种没有被任何先验根据所排除掉的逻辑可能性是：你仍然拥有之前所有的思想、经验、记忆等等，你的精神生活完全不受影响……

还有第二种没有被任何先验根据所排除掉的逻辑可能性：随着你逐渐退化的大脑中植入的硅芯片越来越多，你发现你的意识经验领域逐步萎缩，但这从外在表现上完全看不出来。你震惊地发现，你实际上正在丧失对自己外在表现的控制。例如，你发现当医生测试你的视觉时，你听到他们说，"我们正在把一个红色的物体放在你的眼前，请告诉我你看见了什么。"你想大声呼喊，"我什么也看不见，我要彻底失明了"，却听见自己的声音说道，"我看见我的眼前有一个红色的物体。"如果我们将这个思想实验推向极致，将得到更令人沮丧的结果。我们可以想象你的意识经验领域逐步萎缩直至消失，而你表现出来的可观察的行为依然不变……

现在来考虑一下第三种可能。假设这种情况下，逐步植入大脑的硅芯片对你的精神生活完全没有影响。但你越来越无法将你的思想、感觉和意图转化成行动。我们设想在这种情况下，你的思想、感觉、经验、记忆等等都原封不动，但你的外显行为却逐渐减少直至全身瘫痪。最后，你完全丧失了行动能力，尽管你的心灵生活一点都没变。这时你可能听到医生说："硅芯片可以维持心跳、呼吸和其他生命过程，但病人显然已经脑死亡了。我们可以将系统关闭了，因为病人根本没有任何心灵生活了。"你发现他们完全错了，你想要大喊："不，我还是有意识的！我能感觉到周围的一切，我只是因为丧失了身体机能才无法移动身体。"[44]

多重可实现性
这种观点认为心灵可以被非大脑的东西实现。

我们已经有了与手、腿、心脏、肺、肾等功能相近的人造设备，在不久的将来，功能与神经元相近的人造设备是完全可能出现的（见"新闻报道：神经芯片"）。这些设备可以植入神经元正日渐坏死的大脑，并逐步将之全部替换。塞尔描述了这个替换程序的三种可能的后果，其中的每一种都不利于行为主义和同一性理论。

在第一种情况下，该程序完全成功。新植入的硅芯片实现了旧脑细胞所有的功能。这个可能的结果对同一性理论来说是个反例，因为这表明心灵不必非要有大脑才行。

在第二种情况下，该程序没有影响你的行为，却抹去了你的意识。你的行为举止一如既往，你却无法控制——甚至根本无法意识到——你的身体在做什么。这项手术将你变成了一个僵尸（zombie）。僵尸是一个可以像普通人一样行动却对自身的行为毫无意识的存在，就像个梦游者一样。第二种情况是行为主义的反例，它表明有心灵不仅仅是有正确的行为倾向。

在第三种情况下，该程序没有影响你的意识，却影响了你的行为。手术使你全身瘫痪，你可以意识到周围的一切却无法动弹。这与患有卢伽雷氏症，只能移动左手几个手指的物理学家史蒂芬·霍金（Stephen Hawking）非常相似。最后的这种情况对逻辑行为主义和同一性理论来说都是反例，因为它表明拥有心灵并不需要任何行为倾向或是大脑。

思想探究

神经假体[①]

假设你的大脑正在坏死，你生存的唯一希望是将它替换为硅芯片。你会这样做吗？假设这个替换程序有许多成功的先例，而且据做过这个手术的患者反馈，他们感觉与之前没有什么不同。这个信息会影响你的决定吗？

新闻报道：神经芯片

硅芯片可以代替神经元并不是科幻作品中的空想。南加州大学已经研制出了这样的芯片。

正当大多数神经科学家绞尽脑汁，探寻为什么大脑以这样的方式来工作的时候，南加州大学的研究员们选择了一条完全不同的路径：他们希望通过追踪单个神经元之间是如何交流的，实现给大脑植入模拟神经元交流的计算机芯片的手段，从而达到恢复已经失去的脑功能的目的。

不要在意背后的原因是什么："如果我们能知道输入和输出信息的方法，那就足够了，"46岁的主管研究员特德·伯杰（Ted Berger）说道。"我们可以将之写入芯片，而我们已经准备好了。"

如果伯杰的团队可以让大脑对芯片做出回应，那么那些晚年失忆、在车祸后瘫痪以及中风失语的人都可能可以恢复大脑失去的功能。

"随着年龄的增长，每个人都会衰老，都会失去记忆，"生物工程博士研究生达拉尔说道，"如果我们能找到可以帮助人们重获记忆的东西，那再好不过了。显然我们将因此帮助许多人。"……

团队成员们已经记录了许多海马体——大脑中负责记忆的部分——中的神经元对信号做出回应的方式。他们已设法将这些神经编码刻在芯片上，实验表明他们完美地模仿了神经元相互交流所用的语言。现在他们面临着一些实质性的障碍：他们可以使芯片与大脑交流吗？他们能把芯片做得小到可以安放在头骨里么？

伯杰和他的研究员同事小阿尔芒·坦圭（Armand R. Tanguay Jr.）自信可以解决这两个问题。

47岁的坦圭确信他们的团队可以造出可用的大脑假体——或许还能"顺便"提高记忆力和计算能力——只是想想这项工作所包含的意义就能让他心潮澎湃。

"我必须告诉你，这使我们每天都极度兴奋，"电气工程学副教授坦圭说道，"现实是如此振奋人心，使人不能自已。"……

研究人员试图将一些神经元移植到芯片表面，看看它们是否可以充当信息管道。他们希望通过制造看起来和交流起来都十分逼真的神经元的假体——它与被替换的神经元有着相同的形状和以相同方式排列的电路集群——使得它周围的神经元能自然地与之对话。

一旦这个难题得以解决——研究人员毫不怀疑他们能做到——他们预言，科学家们将可以对大脑的任何部分进行替换。"你没有理由不这么做，"伯杰说道，"用这个方法来替换损坏的大脑是可能的吗？我想答案是肯定的，这并非白日做梦，它确实是可能的。"

研究人员自信不久之后的某天，他们的研究可以使得盲人重见光明，瘫痪病人下地走路，聋子听到声音，哑巴能够说话。

"这项研究有潜力实实在在地减轻人类的痛苦。"坦圭说道。

虽然看起来是那样奇异，"这是真实的，"伯杰说道，"非常真实。"45

[①] 假体即假肢、人造视网膜等人造器官，这里指用以替换大脑的硅芯片。

总　结

　　逻辑行为主义是一种源自经验主义传统的心灵理论，这项理论认为心灵状态就是行为倾向，行为倾向指以特定的方式对特定的刺激做出回应。逻辑行为主义是一项唯物主义理论，它不假定任何非物质实体的存在；它还是一项还原论，它声称所有关于心灵的陈述都可以被转换为关于身体的陈述。这不是一种充足的心灵理论，因为它无法解释我们心灵状态中的感觉特质，它设想的那种转换也是无法实现的。

　　认为心灵状态就是大脑状态的同一性理论比行为主义更为优越，因为它可以解释心理因果作用。但我们有理由怀疑心灵状态可否等同于大脑状态，因为大脑状态可以通过经验观察认识到，而心灵状态却不可以。此外，拥有大脑似乎并不是拥有心灵的必要条件，我们完全可以想象一个没有大脑的外星人，或是用硅造出的计算机，或是一个已将神经元替换为生物芯片的人是有心灵的。

学习问题

　　1. 赖尔的"寻找大学的人"这个思想实验是怎样的？它是如何试图动摇笛卡尔式二元论的？
　　2. 在逻辑行为主义看来，处在某种心灵状态中意味着什么？
　　3. 什么是意义的可证实性理论？
　　4. 在经验主义看来，知识的来源是什么？
　　5. "完美的伪装者"这个思想实验是怎样的？它是如何试图动摇逻辑行为主义的？
　　6. 普特南的"超级斯巴达人"这个思想实验是怎样的？它是如何试图动摇逻辑行为主义的？
　　7. 在同一性理论看来，处在某种心灵状态中意味着什么？
　　8. 内格尔的"蝙蝠"这个思想实验是怎样的？它是如何试图动摇同一性理论的？
　　9. 刘易斯的"疼痛的火星人"这个思想实验是怎样的？它是如何试图动摇同一性理论的？
　　10. 普特南的"有意识的计算机"这个思想实验是怎样的？它是如何试图动摇同一性理论的？
　　11. 塞尔的"大脑替换"这个思想实验是怎样的？它是如何试图动摇同一性理论和逻辑行为主义的？

讨论问题

　　1. 设想一个机器人的外在表现与一般人毫无分别，那么它是否应与人类享有同等的权利？

为什么？

2. 设想我们对一个在失事飞碟中发现的外星人进行解剖，假设他没有任何一个器官类似大脑。这能否表示这个外星人没有智能？为什么？

3. 如果行为主义或同一性理论是正确的，心灵状态不过就是物理状态，那将会怎样？我们需要对我们的法律制度做出什么变革？对社会呢？

4. 拉里·豪泽（Larry Hauser）提出了下面这个思想实验，他认为这个思想实验在质疑二元论、同一性理论和功能主义的同时，也为行为主义提供了支持。

思想实验

你的妈妈是个僵尸

想象一下……你的妈妈是个僵尸。你怎么发现这件事，严格来说并不重要，但为了帮助你想象，我们来为这个故事添加一些生动的细节。在一个本来再正常不过的脑科手术中，你发现本应是妈妈大脑所在的地方装满了锯末（就像那些古董娃娃一样）：这些填满大脑的东西（1）并不是和我们一样的神经生理材料，（2）不具备各种感受性/感觉（qualia①/feelings），且（3）没有足够的区分度，因而不能分别支持诸多功能性组织。当然，里面并不是非要装锯末不可，你可以将其设定（或想象成）任何一种替代品……于是，这个妈妈不具备个人化的感受或感觉能力，没有相应的神经生理材料，也没有适当的功能性组织，而她的行为却一如既往。我认为，你不该因此而否认她的思维能力和智识水平。[46]

你同意吗？在这样的情况下，你仍然相信你的妈妈有心灵吗？或者你认为她不过是个制作精巧的自动化机器？哪一项理论可以作为你判断的基础呢？

5. 在行为主义看来，我们的心灵可以在身体死亡后继续存在吗？要怎样存在呢？

6. 在同一性理论看来，我们的心灵可以在身体死亡后继续存在吗？要怎样存在呢？

网络探究

1. 读一读本章末尾的故事《他们是肉做的》（"They're Made of Meat"，见章末的阅读材料）这个故事的寓意是什么？你同意吗？为什么？

2. 如果心灵就是大脑，那么唯一提升心灵的方式就是提升大脑。一些人认为我们应当在技术允许的范围内尽可能地追求这一目标，所使用的技术手段包括用电流刺激大脑等。那些想通过直接操纵大脑来提升心灵的人被称为"电线脑"（wirehead），并认为只有这种方式才能实现人间天堂。参见http://www.wireheading.com。你同意吗？为什么？

---

① "qualia"是"quale"的复数形式，是指各种心理状态所具有的独特属性，是那种使得不同感觉得以不同的特性，常常以"what it is like to be/feel..."的形式出现。

3. 行为主义者认为,我们应当在监狱里施行行为矫正技术来改变罪犯们的行为模式。这是一个明智的使用公共资金的方法吗?在网络上搜索"行为矫正"(behavior modification)和"监狱"(prisons),并评价两方的观点。

2.4 我，机器人①：心灵即软件

> 心灵就是大脑所做的事。
> ——马文·闵斯基
> （Marvin Minsky）

如果心灵状态不是大脑状态，也不是非物质实在的状态，那它们是什么呢？许多人认为它们是功能状态（functional states）。功能状态是一种被其功能，即"它可以做什么"而非其构成材料所定义的概念。而，以"钟表"这一概念为例，它可以被许多不同的材料制成，具体表现为日晷、滴漏、布谷鸟钟、落地式大钟、数字时钟等不一而足。使这些东西成为"钟表"的并不是它们由什么做成的，而是它们能做什么，即计时。在功能主义看来，心灵更像是钟表而不是石头，因为它们都能通过它们所做的事情来定义。

执行一项功能，就是获取特定的输入（input），产生特定的输出（output）。例如，流水线上的每个工人，都是通过取得特定的零件，以特定的方式将它们组装在一起，来实现某项功能。当两个事物执行相同的功能，它们就被认为拥有相同的"因果职能"（causal role）。所以如果一个机器人可以替代工人在流水线上工作，这个机器人就有了与工人同样的因果职能。

在这种被称为**功能主义**（functionalism）的心灵理论看来，心灵状态属于功能状态。与同一性理论声称心灵就是大脑不同，功能主义认为心灵就是大脑所做的事。根据这个观点，心灵状态是由它们的因果职能——也就是它们特有的输入和输出——来定义的。行为主义也从因果职能的角度来定义心灵状态，但它认为其中唯一的输入是物理刺激，而唯一的输出是身体的运动。功能主义与行为主义不同，它允许心灵状态同时作为输入和输出来作用于其他心灵状态。例如功能主义认识到，相信你的爱人对你不忠会使你嫉妒。于是，在功能主义看来，心灵状态不仅可以导致行为，也可以导致其他的心灵状态。

逻辑行为主义被证明是不充足的心灵理论，是因为它没有认识到心灵状态的因果职能。而功能主义非常重视心理因果作用，故而它没有犯与行为主义相同的错误；同一性理论被证明是不充足的心灵理论，是因为它没有认识到没有大脑的东西也可以有心灵，而功能主义允许心灵可以由大脑以外的其他东西引起并实现，故而它也没有犯这样的错误。那么，现在的问题是，拥有心灵是否仅仅意味着可以执行特定的功能呢？

人工智能

> 人类仍然是所有计算机中最伟大的。
> ——约翰·肯尼迪
> （John F. Kennedy）

功能主义理论为人工智能这一研究领域奠定了基础，人工智能研究的目标是创造一台可以自主思考的计算机，这样一台计算机会具备自己的心灵。

一台智能计算机将会极大地节省我们的劳力，特别是在它配备了机器人的身

---

① 标题为一部小说和改编的同名电影的名称，讲述人与机器人之间相处的故事，另一个译名为《机械公敌》。

体之后。这类机器人不仅能在做家务和工作方面大展身手，还能在战场上发挥作用。有了足够的智能机器人，人类便不再需要在繁重的体力劳动或是战争中浪费生命了。

在功能主义看来，拥有心灵就是拥有执行特定功能的能力，一台计算机要执行的功能取决于它所运行的程序，于是，被称为"强AI"的强人工智能观点认为，拥有心灵，不过就是运行了正确的程序而已。在这个观点看来，心灵之于大脑正如计算机的软件之于硬件，换句话说，你的心灵就是你的大脑中运行的程序。

这个观点产生了许多有趣的后果。如果你就是你脑中的程序，那么任何运行你的程序的东西都可以是你。许多计算机科学家相信在不久的将来，通过扫描你的大脑，识别其运行的程序并将之传输到计算机里，你就能获得永生。前麻省理工学院人工智能实验室主任马文·闵斯基（Marvin Minsky）写道："在大约100年之后，我们再也没有理由死亡了，因为你可以将你的人格下载到另一个存在形态里。"[47]计算机科学家杰拉尔德·杰伊·苏斯曼（Gerald Jay Sussman）也赞同这个想法。在与记者格兰特·福杰麦德尔（Grant Fjermedal）的访谈中，苏斯曼这样说道：

> "如果你能制造一台包含了你的心灵内容的机器，那么那台机器就是你。余下的你那该死的肉体，则让人完全提不起兴趣，因为这台机器可以永存，即使它不能永存，你也可以将它存在磁带中做个备份，然后在第一台机器损坏之后将它加载到另一台机器里。"
>
> "每个人都想不朽，"苏斯曼说道，"我不认为时机已经成熟，但我们已经很接近了。这一天现在不远了，恐怕我就是会死去的最后一代人，我的一些学生或许能够活得更长一些。"
>
> 当我告诉苏斯曼说丹尼·希利斯最近也对我说了相似的话，他回答说，"我们距离突破已经只有一步之遥了。"
>
> "你认为我们已经如此接近了吗？"我问道。
>
> "是的。"[48]

苏斯曼认为心灵就是程序。就如我们可以将一个程序从硬盘传输到CD里一样，苏斯曼期望有一天，我们也能将我们的心灵从大脑传输到计算机里。（我们将在接下来的第四章中更详细地讨论这种可能性的哲学意蕴。）

这样一种不朽是可能的吗？这取决于功能主义是否是一种充足的心灵理论。为了评价其充分性，我们必须检验一下它的含义，功能主义意味着心灵状态仅仅是特定的功能状态而已，别无他物。让我们来看看如果这是真的会怎么样。

功能主义
这项学说认为心灵状态属于功能状态。

功能主义与感觉

> 思想与大脑的关系，大致与胆汁和肝或是尿液和膀胱之间的关系一样。
> ——卡尔·沃格特
> （Carl Vogt）

普特南的"超级斯巴达人"这个思想实验表明，处于某种心灵状态而没有任何特定的行为倾向是可能的。（你应该还记得，普特南的超级斯巴达人能体验到疼痛却从不将他们的疼痛表现出来。）相似地，大卫·刘易斯也认为，处于某种心灵状态而不处于任何特定的功能状态也是可能的。

思想实验

刘易斯的疼痛的疯子

可能存在这样一个奇怪的人，他有时能像我们一样感觉到疼痛，但他的疼痛的前因后果与我们大相径庭。我们的疼痛通常源于割伤、烫伤或者压伤等，而他的疼痛则源于空腹时的适量运动；疼痛通常会分散我们的注意力，而他的疼痛则会促使他将注意力从其他任何事物转移到数学上；剧烈的疼痛在任何时候都不会导致他产生呻吟或者满地打滚的倾向，却会让他交叉双腿并打响指，他一点也没有要避免或是阻止痛苦的想法。总而言之，他会感觉到疼痛，但他的疼痛所具有的因果职能却与我们的疼痛完全不同。毫无疑问，在我们眼里他称得上是某种意义上的疯子，而这也正是我对他的称呼，当然，我所设想的这种"疯"与现实里的完全不同。[49]

刘易斯的疯子能感觉到疼痛，但他的疼痛与我们的功能非常不同。不是让他无法集中注意力，使他呻吟、满地打滚，而是将他的注意力转移到数学上，使他交叉双腿并打响指。这样的一个人显然非常怪异，但却不是不可想象的。这个可怜的家伙可能只是被搭错线了。如果这样一个人是可能存在的，那么功能主义便是错误的，因为处于某种心灵状态，并不取决于处于某种功能状态。

刘易斯的论证是这样的：

1. 如果功能主义为真，那么一个人疼痛的时候与我们在疼痛时所表现出的功能不一样便是不可能的。

2. 但是，就如刘易斯的"疼痛的疯子"思想实验显示的那样，一个人疼痛的时候与我们表现出的功能不同是可能的。

3. 所以功能主义为假，处于某种特定的功能状态并不是处于某种心灵状态的必要条件。

我们不是非要处于任何特定的功能状态才能疼痛的，使疼痛之所以为疼痛的是你的感觉，而不是它能让你执行的功能。功能主义认为是后者，这是错误的。

正如刘易斯表明处于某种功能状态并不是处于某种心灵状态的必要条件一样，内德·布洛克（Ned Block）试图表明，它同样也不是充分条件。在功能主义看来，拥有心灵不过就是运行了正确的程序，至于运行这个程序的硬件是什么——不论是神经元、硅芯片还是人——则是无关紧要的。计算机科学家约瑟夫·魏泽堡（Joseph Wiezenbaum）曾证明用木棍、石头和厕纸就可以制造出一台计算机，功能主义会让我们相信如果那些木棍、石头和厕纸可以运行正确的程序，它们就也会有心灵。布洛克不同意这个结论，为了证明他的观点，他设想了一台由人组成的计算机。

思想实验

布洛克的中华民族

假设我们使中国政府转而信奉功能主义，使政府官员们相信在一小时的时间里构筑一个"由人组成的心灵"可以极大地提高他们的国际地位。我们为这十亿人（我之所以选择中国就是因为那儿有十亿居民）每人配备一个专门设计的收发两用的无线电设备以使他们以适当的方式与其他人以及一个人造身体交流……我们用一组卫星来显示字母，使得在中国的任何一个地方都能看到它们。十亿人互相交流的系统加上卫星共同扮演一个外置的"大脑"，并通过无线电与人造身体相联系……

中国–身体系统并非在物理上显然不可能的，它可以在较短的一段时间，比如一个小时内，在功能上与你相当……

之所以构造这个小人脑（由微型人脑构成的）系统……是为了描述（机械）功能主义的显见（prima facie）反例，即存在这样一个显见质疑，这个模拟人脑究竟有没有任何心灵状态——用经验论的说法，它是否被哲学家们以不同的方式称为"质性状态"（qualitative states）、"直感"（raw feels）或是"直观现象特质"（immediate phenomenological qualities）……的那个东西。用内格尔的话来说，这里存在一个显见的质疑：是否存在"作为小人脑系统的体验"这种东西。[50]

在布洛克的思想实验里，中国人所起的作用正如大脑中的神经元：他们相互间发出并接收信号。如果功能主义为真的话，那么一旦十亿中国人开始运行程序，中国的人口就变为十亿零一个了——十亿带着无线电对讲机的人，以及由他们运行程序从而形成的那个"人"。如果这项计划能恰当地实现，我们甚至可以和那个"人"进行对话。但布洛克的观点是，这种情况下，这个"人"不可能有任何意识经验，他因而不能被认为是有心灵的。所以，拥有心灵一定不仅仅是拥有正确的功能组织。

布洛克的证明是这样的：

1. 如果功能主义为真，那么任何拥有正确的功能构成的东西都是有心灵的。

2. 然而正如布洛克的"中华民族"思想实验表明，并非任何拥有正确功能构成的东西都有心灵。

3. 所以功能主义为假，拥有正确的功能组织并不是拥有心灵的充分条件。

计算机可以由任何东西制造出来：机械齿轮、真空管、硅芯片等，所需要的只是这些组件以正确的方式相互联系。同样地，功能主义主张心灵也可以被任何东西制造出来，只要某物有正确的功能组织——只要它能在接收到输入信息后做出正确的反应——它就可以被认为是有心灵的。布洛克的中华民族思想实验使得这种说法看起来有问题，这个思想实验表明没有一种关于心灵状态的纯粹关系性质的理论可以解释它们的质性内容。

布洛克的中华民族思想实验是一种针对功能主义的**感受性缺失诘难**（absent qualia objection），因为该思想实验的目的是表明，某物在功能上与一个人类相当却没有意识经验是可能的。布洛克的这个反对意见是许多人拒绝人工智能之可能性的原因，他们说，由硅和钢铁制造出来的机器人也许运行起来能像我们一样，但它们永远不会像我们一样能感受，也永远不会产生感觉或经历情感等，所以，它们不可能像我们一样有心灵。

然而似乎不仅某物在功能上与我们相当却没有任何意识经验是可能的，而且某物在功能上与我们相当且拥有错误的意识经验也是可能的。后者被称为**颠倒光谱问题**（inverted spectrum problem），下面是普特南提出的版本：

思想实验

> **普特南的颠倒光谱**
>
> 颠倒光谱的例子（出现在洛克的著作中）说的是一个小伙子，他把蓝色看成红色，把红色看成蓝色（或者说他对颜色的主观感受更接近彩色负片而非彩色正片①）。听到这样一个案例，人的第一反应可能是说，"可怜的家伙，人们应当同情他。"但别人怎么会知道这件事情呢？当他看到任何蓝色的东西的时候，他看到的都是红色的，可他自小就被教育说这个颜色是蓝色，于是如果一个人问他那个东西的颜色是什么，他会说"蓝色"。所以没人会知道。
>
> 我的版本是这样的：假设你的光谱在你生命中的某个时候逆转了，而你还记得世界在此之前的样子，这样就没有认识论上的"验证"问题了。你某天早上醒来，天是红的，你的红毛衣却变成了蓝的，所有的脸庞都像是在彩色负片里那样呈现一种可怕的颜色。我的天啊！你可能要学着改变你说话的方式了，你要把在你看来是红色的东西说成是"蓝色"，假设你做得足够好，以至于当别人问你某人的毛衣是什么颜色的时候，你能给出"正常的"答案。但到了晚上，我们想象你可能会抱怨说："噢，我真希望那些颜色看起来是我小时候看到的那个样子。它们看上去就是和以前不一样了。"[51]

---

① 彩色负片是相机胶片的一种，在数码相机出现之前被广泛使用，因为被摄体和补色的关系，它的成像是明暗倒转的，彩色正片则反之。

颠倒光谱为功能主义制造的困难是：两个光谱相互颠倒的人，或者同一个人在光谱颠倒之前和之后的功能状态都是相同的。针对相同的信息输入，他们会输出相同的信息，例如，你问他们，"停车标志是什么颜色的？"他们都会回答说"红色的"。同样地，如果你问他们，"成熟的西红柿与停车标志的颜色是一样的吗？"他们也都会说，"是的"。但是尽管他们处于相同的功能状态，他们却处于不同的心灵状态中，因为他们视觉体验的质性内容是完全不同的——其中一个看见红色对象的时候经验到红色，而另一个经验到的却是蓝色。所以，处于某种心灵状态一定不仅仅是处于某种功能状态。

普特南的论证是这样的：

1. 如果功能主义为真，那么拥有相同功能构成的人不可能有不同的心灵状态。
2. 但是，就如普特南的"颠倒光谱"思想实验表明的，拥有相同功能构成的人并非不可能有不同的心灵状态。
3. 所以功能主义为假，拥有特定的功能构成并不是拥有特定心灵状态的充分条件。

感受性缺失诘难
这个诘难基于如下信念反对功能主义：即一种功能状态可以在没有任何一种心灵状态的质性内容的情况下，拥有其所有功能属性。

颠倒光谱问题
即要如何解释以下事实的问题：即使在功能上是等同的，人们的色彩经验也可以迥然不同。

颠倒光谱与伪正常视界

伪正常视界现象暗示着，光谱颠倒或许并不仅仅是一种生理上的可能性，你会是其中之一吗？

一个人表现出来的行为与你我在日常生活中一样，与我们一样将描述颜色的词汇运用到对象上，且与我们有相同的辨色能力，却把我们看到的红色看成绿色，把我们看到的绿色看成是红色，这是可能的吗？或者换个角度来问：假如你与所有其他人或是大多数人感知到的红绿是相反的，因而在其他人看见夕阳或是摇曳的树叶时，在他们究竟看到了什么这个问题上，你从根本上就是错误的，这是可能的吗？

哲学家们时常通过考查思想实验来讨论感受性反转（Qualia Inversion）的可能性，然而事实上，这种情况的存在是有科学根据的。色盲的生理基础理论与遗传学理论使我们预见到一些人是"伪正常"的。伪正常的人们"被认为有正常的色觉，除了红绿颠倒——这一点证明起来十分困难，如果确实能证明的话"。这样的颠倒会影响到对任何包含红色或绿色成分的颜色的感知，一条绿蓝色的河在伪正常的人看来是紫罗兰色的。这样的描述会让你对伪正常人的经验得到正确的认识，然而别忘了，你也有可能是其中之一。根据片坦尼达（Piantanida）1974年发表的色盲的遗传学模型，伪正常的人在10 000名男性中就有14位。[52]

思想探究

伪正常视界

伪正常视界的人在功能上与正常人无异，他们的存在能否为功能主义无法解释意识经验的主张提供支持？为什么？

电影《黑客帝国》中的马斯（Mouse）这个角色关于味觉能力提出了一个相似的难题，当马斯喝了一些尼布甲尼撒飞船上的稀粥之后，发生了下面的讨论：

> 马斯：你知道这让我想起了什么吗？"美味小麦（Tasty Wheat）"。你尝过"美味小麦"吗？
>
> 斯威驰（Switch）：没有，严格意义上讲，你其实也没尝过。
>
> 马斯：这正是我想说的，正是。因为你会感到奇怪：机器怎么会知道"美味小麦"是什么味道呢？也许它们完全弄错了，也许我认为是"美味小麦"的味道，实际上是麦粥或者金枪鱼的味道。这使你对许多事情都感到疑惑……[53]

马斯意识到，在母体（Matrix，计算机模拟出来的世界）以外的人们品尝到的"美味小麦"的味道，或许并不像母体之内的人们品尝到的那样。母体中运行的程序在功能上或许等同于人脑中运行的，但那并不意味着它能产生同样的经验。由此看来，功能上的对等并不能保证心灵上的对等。

感受性缺失与颠倒光谱这两个针对功能主义的反驳是令人信服的。面对这样的反驳，功能主义者必须表明：要么这些思想实验中所想象的情况是不可能的；要么与心灵状态所关联的质性内容对于其本身并非必要。

保罗·丘奇兰（Paul Churchland）采用第二种选择，他认为与心理状态相关联的质性内容其实与它无关。"这句话的意思，"他说道，"是说你对红色感知的质性特性（qualitative character）可能与我对红色感知的质性特性不同，我们与第三者对红色的感知可能也不同。但只要这三种状态都标准地由红色的对象造成，且标准地使我们三个人相信某物是红色的，那么所有这三种状态就都是对红色的感知，无论其内在的质性特性是怎样的。"[54]对于感受型缺失和颠倒光谱的诘难，这样的回答仅仅是在回避问题，它是在假定功能主义为真的前提下为之提出的辩护。为了理解这个回答的不恰当之处，只需要把你自己当做是普特南的光谱颠倒的人。你会认为在光谱颠倒之前和之后，你的心灵状态是一样的吗？你能设想只要它们的因果职能（causal role）相同，你对红的感知与你对蓝的感知就会是一样的吗？如果不能，那么丘奇兰硬着头皮所做的辩护就没什么说服力了。

尽管功能主义没能抓住那些有质性内容的心灵状态（如感知）的本质，它可能会认为它抓住了那些没有质性内容的心灵状态（如信念）的本质。毕竟《星际迷航》中的斯波克先生和戴塔（Data）的例子表明，没有感情的人也可以是有智能的。为了探索这种可能性，让我们仔细考察一下智力（intelligence）这个概念。

图灵测试

现代计算机科学的创始人之一艾伦·图灵也是最早探究人工智能可能性的

人之一,在他1950年发表的文章《计算机与智力》(Computing Machinery and Intelligence)中,他考查了这个问题,机器能思考吗?他没有试图通过定义"机器"和"思考"这两个词来回答这个问题,而是设计了一项测试,如果机器能通过这项测试,那就表明这台机器是智能的。下面是图灵对这项测试的描述。

思想实验

> **模仿游戏**
>
> 我们可以通过一个名为"模仿游戏"的游戏,来以一种新的形式提出(机器能思考吗?)这个问题。游戏的玩家共有三位,一位男士(A),一位女士(B)和一位任意性别的提问者(C)。提问者与另外两个人待在不同的房间里,游戏的目的是让提问者确定另外两个人哪个是男人,哪个是女人。他把他们标为X和Y,在游戏的最后他会说"X是A,Y是B"或者"X是B,Y是A"。提问者被允许向A和B提出如下的问题:
>
> C:"请X告诉我他或她的头发有多长?"
>
> 假设X实际上是A,那么A必须作答。A在游戏中的目的是试图使C做出错误的判定,他的回答因此可能是"我的头发被剪短了,最长的那缕接近9英寸①。"
>
> 为了不让回答者说话的语调帮助提问者做出判断,答案应写下来,最好是

---

① 1英寸约等于2.54厘米,9英寸大约是23厘米。

用打字机打出来。于是理想的配置是两个房间里的人通过一台电传打字机来沟通,或者也可以通过一个中间人来复述他们的问题和回答。第三位玩家B在游戏中的目的是帮助提问者,她最好的策略或许就是给出真实的回答。她可以在回答中加上类似"我才是女人,别听他的!"的话,但这无济于事,因为男人也可以作出相似的评论。

我们现在要问的是,"当一台机器在游戏中扮演A的角色时会怎样呢?"提问者会像有男人和女人参与的游戏那样,在该游戏中也时常作出错误的判断吗?这些问题取代了我们最初的那个问题,"机器可以思考吗?"[55]

图灵主张,如果一台机器也可以像一个正常人一样玩这个游戏——也就是说,如果它能像一个正常人那样说服提问者相信它是个人——那这台机器就是智能的。在图灵看来,智能就是能像我们一样使用语言,仅此而已。

1950年图灵预言,五十年后我们会有一台足够强大的计算机"可以将这个模仿游戏玩得如此之好,以至于提问者在五分钟的提问后做出正确判定的几率不超过70%"。[56]亚瑟·克拉克正是意识到这个预言,才会将他那部关于名为哈尔(Hal),且会说英语的计算机的小说,命名为《2001:太空漫游》,因为如果图灵是对的,那么在2001年将会存在像哈尔一样的计算机。

艾伦·图灵(1912—1954)

艾伦·图灵:密码与计算机之父

艾伦·图灵(1912—1954)的天才似乎是难以解释的。在他的童年时期,创造力和探究从不会受到鼓励,而成年之后,他所做的创造几乎没有先例,他伟大的成就也几乎没有智力上的垫脚石。图灵是个孤独的人,时而被驱逐,常常被误会,然而他却成为了计算机科学之父,且首次看到了数学、逻辑、心灵和机器之间的关系,虽然这在今天看来十分明显。

艾伦·图灵生于伦敦,就读于剑桥国王学院,但在接受正式教育很久前,他就对许多基本的哲学和科学问题感兴趣。他最早想探究的问题之一,是人类心灵如何包含在物质之中,以及它是否能够独立于物质而存在。他同样想知道量子论(物理学领域中关于亚原子粒子的理论)是否在心—物之谜中扮演了重要角色。表面上他是一位有前途的年轻数学家,实际上他的兴趣比这广泛得多,涵盖了数学、逻辑和物理学。

图灵的第一个伟大成就是图灵机,它是一个存在于理论中的抽象计算工具,可以计算所有可计算的东西。今天我们所用的计算机都是图灵机的通用模型。

二战期间,图灵在英国的政府部门中担任制造和破译密码的工作。那时候,德国使用了一种密码设备——恩尼格玛密码机(Enigma cipher machine)——可以为关键性的战时通信制作出看似无法破解的密码。但图灵构思出了另一种强大的设备来破解恩尼格玛密码,只要破解了一小段的密码文本,这种设备就能将恩尼格玛信息解码。图灵的工作为盟军的战争活动做出了重要贡献。

战后,图灵成为了一名顶级长跑运动员,是1948年奥运会的重要候选人,却因伤无缘大赛。1950年,图灵在哲学期刊《心灵》(Mind)

上发表了一篇里程碑式的论文。他描述了图灵测试，一个用于测试机器是否可以思考的方法，他在这个领域的工作极大地推动了人工智能（AI）的研究。

图灵是位同性恋者，然而在20世纪50年代的英国，同性恋被视为犯罪。当其性取向被发现时，他被捕入狱，并被注射了大量的雌激素——在当时的英国，这是针对同性恋的首选"疗法"。在释后的某天，他吃下蘸有氰化物的苹果自杀身亡。

图灵测试不只是一个思想实验。1991年之后的每一年休·勒布那（Hugh Loebner）与剑桥行为研究中心（Cambridge Center for Behavioral Studies）都会联合组织一场具体实例化（formal instantiation）的图灵测试，勒布那为第一台可以让人类误判它是人的计算机准备了100 000美元和一枚金牌。至今仍没有计算机赢得此奖，不过每年表现最佳的计算机都可以获得2000美元。

尽管至今没有计算机能像人类一样交谈，它们却可以在许多智力活动中胜过人类。1997年，当时的国际象棋世界冠军加里·卡斯帕罗夫（Gary Kasparov）便败在了IBM的超级计算机"深蓝"手上。2011年，在节目《危险边缘（Jeopardy）》中分别得到最高分和游戏时间最长的选手，布拉德·鲁特（Brad Rutter）和肯·詹宁斯（Ken Jennings），被另一台IBM的超级计算机"沃森"击败。这台计算机是以IBM的第一任董事长托马斯·J.沃森（Thomas J. Watson）命名的。沃森不被允许去网上搜寻答案，它所有的知识都是包含在自己的程序之中的，不过IBM还不曾派过计算机参加勒布那的比赛。

我们不应低估通过图灵测试的难度。为通过这项测试，计算机显然要说谎。例如，对"你是计算机吗？"这个问题回答"是"的计算机都不能通过测试，当被问及"你的眼睛是什么颜色的？""你喜欢的食物是什么？""你高中毕业是什么时候？"的时候，计算机都必须给出虚假却又可信的答案。看来只有知道自己在接受图灵测试的机器才能通过这项测试，而看上去，如果一台机器可以拥有这样的知识，它就一定是智能的了。

约翰·塞尔（John Searle）否认通过图灵测试需要智能，要明白这一点，塞尔认为你只需要把自己放到计算机的位置上想一想。

思想实验

塞尔的中文屋

设想一种你不懂的语言。就我来说，我不懂中文，在我看来中文书就像是许多毫无意义的涂鸦。现在假定我正处在一个摆着装满中文符号的篮子的屋子里，我同时也得到了一本搭配中文符号的英文规则手册，这些规则可以使我在不懂任何中文符号的情况下通过形状来辨认它们。这些规则可能表现为这种形式,"取出第一个篮子里的具有某形状的涂鸦符号,将它放在第二个篮子里的具有某形状的涂鸦符号后面"。

设想一下,屋外懂中文的人递进来一组符号,我根据规则手册组织并递出更多的符号作为回应。现在,这本规则手册就是"计算机程序",它的作者就是"程序员",而我就是"计算机",装满符号的篮子就是"数据库",那一组递进来的符号就是"问题",我给出的就是"回答"。

现在假设这本规则手册被如此编写,以至于能使我对"问题"的"回答"与一个地道的中国人无异。例如,屋外的人递给我一些我看不懂的意为"你最喜欢的颜色是什么?"的符号,我根据规则给出一些我同样不懂的意为"我最喜欢的颜色是蓝色,但我也很喜欢绿色"的符号。我满足了懂得中文的图灵测试,但我仍然完全不懂中文,通过我刚才描述的方法我也绝不可能懂得这些中文符号是什么意思,我像个计算机那样处理符号,但我没有给这些符号赋予任何意义。[57]

> 计算机能不能思考这个问题不比潜水艇能不能游泳这个问题更有意思。
> ——艾兹格·W.迪科斯彻(Edsger W. Dijkstra)

塞尔在屋子里所做的正是计算机在处理数据时所做的工作,也就是说,他按照一系列规则操控形式化的符号,在屋外的人看来,他像是懂得这些符号的意义似的,因为他就像是个地道的中国人一样,拿出了一列符号作为对收到的一列符号的回应。于是塞尔得出结论说,通过图灵测试并不是智能的可靠标志。他的论证可以表达如下:

1. 如果一台计算机可以单凭运行一项程序就懂得一门语言,那么屋子里的人就懂中文(因为他正在做和计算机一样的事——根据一系列规则操控符号)。

2. 但屋里的人并不懂中文。

3. 所以计算机无法单凭运行一项程序就懂得一门语言。

计算机与人类操控符号的不同之处在于:计算机操控符号是基于它们的物理特征或形式,人类操控符号则是基于意义或内容。而一个符号的意义并不是它的物理特征,你不能通过检察一个符号的形式来判断它的意义,因为任何一个东西都可以作为另外任何一个东西的符号化表达。例如,"X"和"O"在不同的场合里,可以表示足球运动员、拥抱与亲吻或者是井字棋游戏的玩家。因为计算机只能对符号的形式而非意义作出回应,因而它们的回应不能被认为是智能的。

一个符号如何能与其他符号组合取决于它的**句法**(syntax),一个符号的意义取决于它的**语义**(semantics)。塞尔的观点是无论一台计算机在构造句法上正确的符号序列方面做得多好,它都无法懂得那些符号的意义,因为正如他所说,"单凭句法并不足以解释语义"[58]。要理解一个符号的意义,就必须知道人们打算用它表达什么,而人们用它表达什么并不取决于它的的物理或是功能属性。

人工智能共同体的成员们很早就意识到塞尔的中文屋思想实验向他们的整个

句法
一个符号与其他符号组合以形成一个句子的方式。

语义
一个符号的意义。

项目提出了严峻的挑战，因而他们想出了很多回应，以削减这一挑战的破坏力。下面是他们的回应和塞尔的反驳的概要：

- 系统回应（Systems reply）：屋里的人或许不懂中文，但包含屋子、人、符号和规则说明书在内的系统是懂得中文的。反驳：屋里的人可以通过将所有规则内化而成为这样一个系统，但他仍然不懂中文。
- 机器人回应（Robot reply）：屋里的人或许不懂中文，但如果将这个屋子放进一个与世界进行互动的机器人体内，那么这个机器人便会懂得中文。反驳：做出这样的回应意味着放弃认为要拥有心灵，只需要运行正确的程序即可这样的强AI立场，这个回复的观点隐含着认为在运行正确的程序之余，还需要在正确的机器上运行这样的"弱AI"立场。然而塞尔认为只要对同样的思想实验做出细微改动就可以适用于这样的情况，假定屋里的人是通过电视摄像机获得那些符号的，而他生成的符号则是通过操纵机器人的手脚来完成的。即使在这种情况下，运行这项程序也仍然无法使他懂得中文。
- 大脑模拟器回应（Brain simulator reply）：屋里的人不懂中文是因为他运行了错误的程序。如果程序不是操纵符号，而是模拟一个会说中文的人说中文时神经元产生神经冲动的顺序，那么这个系统就将是懂中文的。反驳：同样，对该实验做一些小的改动就可以表明这行不通。假定屋里的人操纵的不是符号，而是一组由阀门连接的精心设计的水管，程序根据收到的符号指示哪些阀门打开，哪些阀门关上。这样，这些水管组成的系统就模拟了神经元的活动。尽管如此，塞尔认为不论是屋里的人还是这个人和这些水管组成的共同体都不懂中文。
- 组合回应（Combination reply）：即使上面的回应都不成功，把它们合并起来就可以创造一个懂得中文的系统，因为这个系统的行为与懂中文的人别无二致。反驳：这个回应假定了逻辑行为主义为真，因为它声称如果某事物看上去像是懂得（中文）的，那它就真的懂得。然而逻辑行为主义并不是一套可行的心灵理论，如果我们对这个系统一无所知，我们或许有理由得出结论说它懂得中文，而既然我们知道其结构，这样一个结论便无法得到辩护，因为我们可以在不假定它懂中文的情况下解释它的行为。[60]

要理解一门语言，一台计算机必须知道这门语言中各个符号代表着什么。塞尔的观点是仅仅运行一项程序不会给它这样的知识，它还需要其他的东西，而其他还有些什么，塞尔并没有说明。但不论它是什么，它都必须给运行程序的那个东西以语义学的知识，也就是符号的意义。

联结主义

我们熟悉的计算机——以放在我们桌上的那些为例——都是串行处理器（sequential processors），因为它们只有单一的中央处理器（CPU），一次只执行一个指令。然而还存在其他不使用单一处理器的计算机体系结构，被称为并行与分布式处理（parallel distributive processing）或连接机（connection machines），它们有许多同时运行的可调节的反馈交换器。这些机器的优势在于，它们是通过模拟格式而非数字格式来存储信息，这使它们在执行某些诸如模式识别的复杂任务时，比一般的数字计算机要好得多。

连接机中的交换器就如大脑中的神经元那样，它们相互连接并拥有不同的"激活值"（activation value），激活值表明生成一个输出所需的输入的强度，这些值随接收的输入而变化，因而连接机可以在反复试错中学习。

连接机不是按照串行处理器的方式来设计的，被给予这些机器的不是一系列指令，而是相当于一整套训练方案的东西。在被给予一个特定的输入后，它们的交换器的激活值会为了产生所需的输出而做出调整。这似乎就是我们在学习某个东西的时候大脑中的反应，所以理论上说，配置得当的连接机可以学习我们能学习的任何东西，而以连接机思路制造的机器人最终完全可能发展到可以用和人类儿童相同的方式受教育。

塞尔的中文屋这个思想实验似乎无法对连接机构成威胁。因为在连接机中没有一个像是屋子里的人那样的**单一的**处理器，在连接机里也没有像是由那个人遵循的一系列指令那样的程序。然而塞尔还有另一个情景——中文体育馆（Chinese gym）——可以证明连接机与串行计算机一样无法实现真正的理解。

思想实验

塞尔的中文体育馆

> 假设这次没有中文屋，却有一个中文体育馆：一个包含许多只会说英语的人的大房间。这些人可以实现与连接机架构中的节点和突触同样的运作……而结果与一个按照规则说明书来操纵符号的人并无二致。在这个体育馆中没有一个人会说一个中文词，这个系统作为一个整体也不可能学到任何一个中文词语的意义。然而，经过适当的调整，这样一个系统却可以正确地回答中文问题。[59]

在塞尔看来，无论一台计算机是串行的还是联结式的都与智能的问题无关，因为智能绝不仅仅只是对于一个给定的输入能够生成正确的输出这么简单。

思想探究

完全图灵测试

心理学家斯特万·哈纳德（Stevan Harnad）提出了人工智能的完全图灵测试（Total Turing Test）。要通过这项测试，被测试的计算机必须做到一个正常人所能做到的每一件事，包括走路、骑车、游泳、跳舞、演奏乐器等等，只有拥有机器人身体的计算机才能做到这些。通过完全图灵测试对拥有智能，以及拥有心灵来说是必要或者充分的吗？为什么？

意向性

当我们思考的时候，我们的思考总是关于什么东西的。例如，与希望洋基队①（Yankees）赢得锦标赛的愿望相关的，是洋基队、锦标赛，和洋基队将会赢得锦标赛这一命题。思考的这种"关涉"（aboutness）被称为意向性。**意向性**（Intentionality）一词源于拉丁语动词intendo，意为"指向或针对某物"。所以有意向性就意味着指向或针对某物，它所指向或针对的事物被称为意向对象。

心灵状态的意向性不能与人的意向性相混淆，我们常说人做事是有意向的或有目的的，而当我们说一个心灵状态有意向性，这不是说它做什么事是有目的的，而是说它表现或指涉某物。

心灵状态最不寻常之处在于它们可以关涉那些不存在的东西。例如，我们可以思考美人鱼、独角兽和半人马，尽管这些事物都不存在。德国哲学家弗朗茨·布伦塔诺（Franz Brentano）提出这就是心灵状态与物理状态的分别之处，心灵状态可以指向不存在的事物，而物理状态却不可以。你可以想象一块不存在的石头，但你不能踢到一块不存在的石头。无论如何，可以想象不存在的事物和事态的能力对思维来说是必不可少的。

一个充足的心灵理论必须对心灵状态的意向性做出解释。换言之，它必须解释我们的思考如何可能关涉事物。塞尔的中文屋思想实验旨在表明功能主义无法对心灵的这个方面作出解释，根据这个思想实验，我们可以在功能上与一个说中文的人等同，却仍然不懂一个中文词。因此，一个心灵状态的意向性无法由它的功能所决定。

塞尔的中文屋思想实验是否表明机器不能思考呢？不，正如塞尔自己承认的那样，"我们都是机器，而且我们都可以思考"。⁶¹他想表明的是，思考不仅仅是运行一个程序，那还有什么呢？在正确的硬件上运行。在塞尔看来，某物可以有心灵，仅当它思考的载体与我们的大脑有相同的"因果力"（causal powers）。更具体地说，它必须有生成含有意向性的状态的能力，因为没有意向性它的思考就无法关于任何东西。

塞尔的中文屋思想实验是否表明图灵测试不是一个好的智能测试？不，因为即使通过这项测试并不能证明某事物具有智能，不过这仍然可能是它具有智能的一个很好的证据。一个证据即使不是结论性的，也可以有很强的说服力，而人们总是应该对测试的结果持保留态度，因为结果可能来源于该测试要测量的东西以外的其他东西。多数测试只能为所测试的假说提供**显见**证据，换言之它们提供的证据只是表面的好证据，却可能会被其他考量推翻。所以尽管通过图灵测试的任何东西并不必然是智能的，但是却很可能是智能的。然而，进一步的研究或许会表明这种可能

> 一个表达可以有意向性，就如一个信念有意向性一样，然而信念的意向性是固有的，表达的意向性却是派生的。
>
> ——约翰·塞尔

---

① 美国职业棒球联盟中的球队。

性也不大。

内德·布洛克就描述了一种不需要任何智能就可以通过图灵测试的方法。

思想实验

> **布洛克的自动对话机**
>
> 我们把一组可以在一个小时或更短时间内说完的、按顺序排列的句子称为可说的句子串（a speakable string of sentences），这个可说的句子串可以包含一个非常长的句子或是许多短句子。让我们来考虑一下所有可说的句子串的集合，因为英语只含有有限数量的词语（事实上，应该说只含有有限数量的、可以形成足够短到可以放进一个可说句子串的词语的声音序列），这个集合拥有非常多，但数量有限的成员。考虑一下所有可说的句子串集合的一个子集，这个子集中的每一个成员都可以被理解为一组对话，其中至少一方所说的内容是有意义（make sense）的，我们把这样的一个子集称为智能的可说句子串（smart speakable string of sentences）……我们无需把"有意义"限定得过分严格，比方说如果句子1是"让我们听听你胡说八道，"那么句子2就可以是一堆胡说八道。智能的可说句子串是一个有限的集合，它原则上可以被一个消耗大量经费和时间的非常大的团队列举出来。想象一下所有智能的可说句子串被记录在磁带并被以如下的方式安置在一个非常简单的机器里。机器的工作过程如下：一个提问者说出句子A，这台机器在智能的可说句子串里搜索，选出那些以A为开头的句子串，然后随机选出一个（或者选取随机搜索到的第一个以A为开头的句子串），然后说出这个句子串中的第二句话，我们将它称作"B"，提问者说出另一个句子，称为"C"，这台机器就随机选出一个以A为开头，接下来是B，再接下来是C的句子串，并说出第四个句子，以此类推。
>
> 假如这个团队在列举智能的可说句子串上做得周密而又富有想象力，这台机器便有了模仿人类对话的能力，事实上，如果这个团队的工作极具创意，这台机器的对话能力将可能是超人的（尽管如果要"跟上"时事的流变，这项工作必须时常重做）。然而这台机器显然根本没有任何心灵状态，它不过是一个巨大的目录搜索器加一个磁带播放机而已。[62]

意向性
心灵状态的属性，它使心灵状态关涉他物。

要存储所有这些对话的存储量是巨大的，且我们对话的时间越长，所需的存储量就越大。所以，这样一台机器也许是不可能被造出来的。然而，就如塞尔的"中文屋"一样，布洛克的"自动对话机"表明，智能不仅仅是根据一个输入，生成一个特定的输出这么简单。这个输出是如何生成的也同样重要，如果它的生成是通过完全不需要任何智能的方式而来的，那么即使它能通过图灵测试，它也不是智能的。

思想探究

> **虔诚的机器人**
> 假定一个通过了图灵测试的机器人要求受洗。是否应该让它受洗呢？为什么？它是否应该被给予与我们相同的权利呢？为什么？

总 结

在功能主义看来，心灵状态不是物质状态也不是非物质实在的状态，而是功能状态。换言之，它是伴随着特定功能或因果职能的状态。一个心灵状态的功能可以依据它的输入与输出来定义，因为计算机程序同样可以依据输入与输出来定义，功能主义认为心灵就是一种程序。根据这种观点，心灵之于大脑恰如计算机的软件之于它的硬件，你就是你的程序，所以运行你的程序的任何东西都将是你。那么理论上，你可以通过将你的心灵下载到一台计算机上而获得不朽。

然而看起来处于一种特定的功能状态既不是处于一种特定的心灵状态的必要条件，也不是其充分条件，因为和行为主义一样，功能主义没有解释我们心灵状态的感受性特质。人们的个体经验非常不同，尽管他们可能在功能上是同一的。因此，功能主义并没有把握住心灵的本质。

一些人认为，功能主义为不含有质性内容的心灵状态，例如信念等，提供了充分的解释。心灵状态的本质特征是它们的意向性——它们指向或指涉某物。然而功能主义无法对意向性做出解释，因为一个人可以在不懂得符号的意义的情况下知道怎样操纵符号，就像塞尔的"中文屋"思想实验所显示的那样。这并不意味着机器不能思考，但它的确意味着拥有心灵不仅仅是运行了正确的程序。

学习问题

1. 在功能主义看来，处于一种心灵状态是什么意思？
2. 刘易斯的"疼痛的疯子"这个思想实验是怎样的？它是如何试图动摇功能主义的？
3. 布洛克的"中华民族"这个思想实验是怎样的？它是如何试图动摇功能主义的？
4. 普特南的"颠倒光谱"这个思想实验是怎样的？它是如何试图动摇功能主义的？
5. 对智能进行检验的图灵测试是什么？
6. 塞尔的"中文屋"这个思想实验是怎样的？它是如何试图动摇图灵测试的？
7. 意向性是什么？
8. 布洛克的"自动对话机论证"是怎样的？它是如何试图动摇图灵测试的？

讨论问题

1. 建造一台可以通过图灵测试的计算机是可能的吗？为什么？

2. 用木棍、石头和厕纸来制造一台可以正常运行的计算机是可能的。如果这样一台计算机运行你的程序，它将会是你吗？为什么？

3. 思考一下对塞尔的"中文屋"这个思想实验的诸多回应。你认为哪一个比较可信？为什么？

4. 假定由布洛克的"中华民族"运行程序而形成的"人"声称她很冷。你会相信她吗？为什么？

5. 心理学家史蒂芬·哈纳德提出了人工智能的完全图灵测试。为了通过这项测试，接受测试的计算机将必须能做到一个正常人能做到的每一件事，包括走路、骑车、游泳、跳舞、演奏乐器等等，这些只有拥有机器人身体的电脑才能做到。通过完全图灵测试对拥有智能因而拥有心灵是必要或者充分的吗？为什么？

网络探究

1. 发明家雷·库兹韦尔（Ray Kurzweil）与科学家米切尔·卡波（Mitchell Kapor）打赌20 000美元，说一定会有计算机在2029年之前通过图灵测试。你可以在这里找到这件事情的细节：http://www.longbets.org/1.你认为谁会赢？为什么？

2. 能与人类对话的程序称为"聊天机器人"（chatterbots）。许多不同种类的聊天机器人可以在这里找到：http://simonlaven.com/.试着与其中的一些机器人对话，你觉得哪类机器人设计得最复杂巧妙？你会将它们中的任何一个称为智能的吗？为什么？

3. 勒布纳人工智能奖的主页可以在这里找到：http://www.loebner.net/Prizef/loebner-prize.html. 看看其中一些获奖计算机的对话记录，它们能欺骗你吗？

4. 电视剧《星际迷航：下一代》（Star Trek: The Next Generation）中，有一个名叫戴塔的机器人。他没有情感，但他非常想拥有它们，因为他想变得更像人。在"人的尺度（The Measure of a Man）"这一集中，有人论证说他缺乏情感这一点意味着他不是一个人。人们因而举行了一场审判来确定他的属性是人还是仅仅是星舰。这一集的脚本可以在这里找到：http://www.st-minutiae.com/academy/literature329/135.txt.审判过程的视频可以在这里找到：http://www.youtube.com/watch?v=3PMl DidyG_I.你认为法官做出了正确的决定吗？为什么？

5. 人工智能计算机的建造也许会威胁到人类的生存。这个星球上最好的计算机科学家之一——比尔·乔伊（Bill Joy）——为这样的可能性非常担忧，以至于他呼吁禁止所有人工智能的研究（以及遗传学和纳米技术的研究）。他表达这些担忧的文章可以在这里找到：http://www.wired.com/ wired/archive/8.04/joy.html.你赞同我们应当限制这些领域的研究以保护我们人类吗？为什么？

2.5 世界上根本没有鬼：心灵即迷思

没有一个心灵的还原理论——逻辑行为主义、同一性理论或是功能主义——成功地（或看上去有可能成功地）提供了对心灵之性质的充分解释。这些理论显见地被证伪，是哲学研究的重要成果，也是任何充足的心灵理论所必须进行解释的一项材料。**取消式唯物主义**（Eliminative materialism）为这些材料提供了一种解释，它主张心灵的还原理论之所以失败是因为心灵术语并不指称任何内容，换言之，无法将心灵状态还原成物理状态的原因在于，根本没有东西需要被还原——心灵状态根本不存在！

这样一种主张也许看似惊人，但取消式唯物主义辩称，热爱魔鬼的女巫并不存在这种主张，在西班牙宗教法庭的成员看来，也许同样是看似惊人的。正如13世纪几乎每个人都认为存在恶魔般的女巫这项民间理论（folk theory）是理所当然的一样，21世纪的我们也几乎都认为存在心灵状态这项民间理论天经地义。而正如科学知识的进步已经表明根本不存在恶魔般的女巫那样，同样会有一天，科学知识的发展或许也会表明根本不存在心灵状态。

早期提倡取消式唯物主义的理查德·罗蒂（Richard Rorty）提供了下面的思想实验来阐明他的观点。

> 心是什么？无物。物是什么？无心。
> ——托马斯·凯
> （Thomas Key）①

取消式唯物主义
这项学说认为根本不存在心灵状态。

思想实验

> **罗蒂的恶魔**
>
> 某个原始部落持有这样一种观点：疾病是由恶魔引起的——不同的恶魔对应不同种类的疾病。当被问及除了会导致疾病以外，关于恶魔他们还知道些什么，他们回答道部落的特定成员——巫医——在吃了神圣蘑菇后能在病人身体的上方和四周看到许多（形体飘忽的）像人一样的东西。例如，巫医注意到，癫痫病患者的身边伴随着一个蓝色的长鼻子恶魔，肺炎患者则伴随着一个红色的肥恶魔等等，他们甚至还知道其他的一些事实，如红色的肥恶魔不喜欢巫医给肺炎患者的某种菌。如果我们遇到这样一个部落，我们会想告诉他们世上根本没有恶魔，我们会告诉他们疾病是由细菌、病毒等导致的，我们还会说巫医看到的不是恶魔，而仅仅是幻觉罢了。[63]

我们曾经用恶魔来解释过疾病，现在我们用细菌、病毒等来解释它们。所有涉及恶魔的记载都从我们的医学教科书中被清除掉了，同样，罗蒂宣称，所有提到心灵状态的内容有一天也会从我们的心理学教科书中被抹去。他解释说：

---

① 原文语带双关，显得俏皮，中文翻译只能达意，却无法传递原句的神韵，故列原文如下：What is mind? No matter. What is matter? Never mind.

说"没有人感到过疼痛"并不比说"没有人看到过恶魔"更荒谬，如果我们对"当我说'我感觉到疼痛'时我是在报告什么？"这个问题有一个适当的回答的话。未来的科学也许会这样回答这个问题"你是在报告大脑运行中的某个事件，如果你愿意在未来用'我的C纤维正在发出信号'取代'我很疼'的话这将使我们的生活更简单"。当他这样回答时，他的例子与用"你报告的是你的幻象中的内容，如果你未来用这些术语来描述你的经验的话你的生活会更简单些"。回答巫医的问题"当我报告有一个恶魔的时候我在报告什么？"的科学家所面对的状况是同样显见的。[64]

现代科学可以在不诉诸恶魔的情况下，解释恶魔理论能解释的一切。同样，罗蒂说，现代科学或许也能在不诉诸疼痛的情况下，解释疼痛理论能解释的一切。如果真是这样的话，科学将表明，我们没有什么好的理由去相信疼痛的存在。在这种情况下，那些继续相信疼痛的人与那些继续相信恶魔的人一样是自欺欺人。

取消式唯物主义有别于还原论的唯物主义之处在于，前者不将心灵等同于任何物理的东西。逻辑行为主义与同一性理论都主张，谈论心灵状态就是谈论某种物理状态，而取消式唯物主义则主张，我们谈论心灵状态时，其实什么内容都没有说。心灵是一个迷思，心灵状态并不比古希腊诸神更加真实，因此，所有关于心灵的讨论都可以从我们对行为的解释中排除出去。

如果从没有人疼痛，那么由此可知没有人因为他/她疼痛而做出任何事情。如果心灵状态不存在，那么心灵原因（mental causes）也不存在。于是，就如副现象论一样，取消式唯物主义否认心灵状态影响行为，而与副现象论不同的是，它还否认心灵状态存在。

常识心理学

常识心理学（folk psychology）是我们关于心灵的常识理论，它依据诸如信念和欲望等心灵状态来解释人们的行为。常识心理学不仅假设我们有信念和欲望，还假设它们会影响我们的行为。取消式唯物主义者拒绝这两个假设，在他们看来，根本不存在信念和欲望，因而它们也无法影响我们的行为。

取消式唯物主义者怎么能否定一些看上去明摆着的事物呢？他们通过声称心灵状态是理论实体（theoretical entities）来做到这一点。理论实体是为了解释某些事物而被假定存在的东西。例如，原子在它们最初被假定存在时就是一个理论实体，直到最近才有人第一次实际观测到原子，然而它们之前被认为是存在的，因为它们为某些现象提供了最好的解释。取消式唯物主义声称，心灵状态就像原子一样：我们相信它们存在的唯一理由是它们看上去为某些现象提供了最好的解释。但与普遍的看法不同的是，心灵状态并不解释任何事物，因此我们没有理由相信它们存在。

例如，哲学家保罗·丘奇兰就声称常识心理学无法解释许多心理现象。

> 在常识心理学中，很多重要且与我们息息相关的东西都仍然是个谜。我们不知道睡眠是什么，或者为什么我们需要睡眠，尽管我们把生命中三分之一的时间都花在这上面……我们不明白学习如何让我们从嗷嗷待哺的婴儿变成一个精明的大人，或者什么导致了智力上的差别。我们对于记忆如何运作没有一点头绪，也全然不知人们是如何从大得可怕的信息存储中快速检索一小部分相关信息的。我们不知道心理疾病是什么，也不知道怎样才能治愈它。[65]

因为常识心理学无法解释睡眠、智力、记忆、心理疾病等现象，丘奇兰声称它最终会被另一种不依赖信念和欲望的理论所取代。

只有当常识心理学的目的就是解释这些现象时，它无法解释这些现象才会成为反对常识心理学的理由，而事实并非如此。常识心理学的目的仅仅是解释正常成年人在清醒状态下的行为。我们因为常识心理学无法解释睡眠而拒绝它，就像我们因为大陆漂移说无法解释大陆的形成而拒绝它同样毫无道理。不同的理论解释不同的事物，我们没有理由因为一项理论不能解释所有事物就拒绝它。

另外，即使如信念和欲望这样的常识心理学概念不能在最好的心灵理论中占一席之地，这也不意味着信念和欲望都不存在。塞尔提供了下面的例子。

思想实验

塞尔的雪佛兰旅行车

考虑一下我们现存的理论物理科学。现在我们有一种理论可以解释物理实在是如何运作的，且优于我们基于一般标准的常识理论。物理理论所作用的领域涵盖了常识理论中关于高尔夫俱乐部、网球拍、雪佛兰旅行车和复式乡间别墅的部分，而且我们的常识物理概念如"高尔夫俱乐部""网球拍""雪佛兰旅行车"和"复式乡间别墅"不能完全，甚至根本不能匹配理论物理的分类方式。对理论物理学而言这些表达没有任何作用，这些现象也没有一个可能被顺利还原到理论物理概念的。理想的物理学——事实上也就是我们现行的物理学——归类事实的方式与我们一般的常识物理学归类事实的方式十分不同。因此，复式乡间别墅、网球拍、高尔夫俱乐部和雪佛兰旅行车等其实都不存在。[66]

塞尔以这样的方式来奚落取消式唯物主义者的论证，他表明，如果我们接受根本不存在心灵状态的说法，我们也就必须接受根本不存在雪佛兰旅行车，或是复式乡间别墅的说法。取消式唯物主义认为，如果信念和欲望这些概念没有出现在最好的心理学理论中的话，我们就没有理由相信存在任何信念和欲望。塞尔回答说，如果那是一个好的论证，那么因为雪佛兰旅行车和复式乡间别墅的概念没出现在我们最好的物理学理论中，所以我们也就没有理由相信存在任何雪佛兰旅行车，或是复式乡间别墅，这显然是荒谬的，所以取消式唯物主义者的断言也是同样荒谬的。

尽管罗蒂认为心灵状态可以类比成恶魔，但二者有个非常重要的不同点：我们可以用幻觉来解释恶魔的幻象，但我们无法用幻觉来解释感觉，因为幻觉是感觉的一种，拥有幻觉就意味着拥有感觉。为了使自己的说法成立，罗蒂必须找到其他的方法来解释，我们对于感觉的认知如何可能是个错误。但我们有某种感觉这一事实如何可能是错误的呢？当笛卡尔认为他不能怀疑他正在思考这一事实时，他似乎抓住了一些无可反驳的东西。这表明感觉并不只是理论实体，相反，它们是任何充足的心灵理论都必须解释的。

主观知识

如果还原论或取消式唯物主义中有一个为真，那么仅用物理术语对世界进行完整的描述便是可能的，因为并不存在非物理的事物或属性。然而弗兰克·杰克逊（Frank Jackson）声称，关于世界所有物理事实的全部知识并不能赋予我们完整的关于世界的知识。例如，考虑一下下面这个博学却看不到颜色的科学家。

思想实验

杰克逊的没见过色彩的科学家

玛丽是一名出色的科学家，出于某些原因，她被迫生活在只有黑白两色的屋子里，只通过一台黑白电视监视器来观察世界。我们假设，她获得了所有可被获知的物理信息，包括当我们在看到成熟的番茄或是天空时以及当我们使用"红""蓝"等这些词语时发生了什么。

当玛丽被从她的黑白屋子里释放出来后会发生什么呢？她是否会学到什么新东西呢？显而易见，她将学到一些关于世界的东西，以及我们关于世界的视觉体验，那么她原有的知识就不可避免地是不完备的了。然而她原本已拥有所有的物理信息了。因此，存在物理信息以外的信息，物理主义为假。[67]

尽管玛丽从没见过有颜色的东西，她却知道所有关于视觉的物理事实。如果物理主义为真，那么她已经知道了关于视觉的一切可知的东西。但她并不知道关于视觉的一切可知的东西，因为她并不知道有颜色的物体看起来是什么样的。所以，杰克逊得出结论说，物理主义为假；世界不只由物理对象和物理属性构成。

在杰克逊看来，任何一种对世界的解释，如果没有将我们意识经验的质性内容包含在内都不能被认为是完备的。但任何纯粹的物理主义对世界的解释都无法将它纳入其中，因为拥有某种经验的感觉如何并不是一个物理事实。（记住，所有物理事实都是可以从第三人称的角度获知的。）所以，与取消式唯物主义希望我们相信的相反，要提供一个纯粹由物理规则构成的对世界的完备解释是不可能的。

这是一个反对物理主义，特别是其中的取消式唯物主义的有效论证。就如大卫·刘易斯承认的那样，"我们不敢允许有被我们忽略的信息存在……那将是个失败"。那么刘易斯要怎样应对杰克逊的思想实验呢？"我们适当的回答是，"他告诉我们，"知道它是什么样的体验这件事根本不包含任何信息，这并没有消除任何迄今为止开放的可能性。毋宁说，知道它是什么样的体验意味着拥有能力：认知能力、想象能力、依靠富有想象力的实验预知人的行为的能力。"[68]那么，在刘易斯看来，玛丽（在她的房间里）并不缺少关于世界的任何信息，她只是缺少某些能力。

玛丽所不知道的是看到颜色是种怎样的体验。在刘易斯看来，知道对某事物的体验是怎样的相当于知道了应该如何做某事。所以玛丽并不缺少任何事实知识（factual knowledge），她只是缺少执行的知识（performative knowledge）。这个论证的问题是，知道某事怎么做（know how to do something）对知道某事是什么样的（know what something is like）来说既不是充分条件，也不是必要条件。因此，刘易斯拯救物理主义的企图失败了。

知道怎样做某事并不是知道它是什么的充分条件，因为玛丽可以在拥有刘易斯提到的所有能力的情况下仍然不知道红色看上去是什么样的。例如，她能知道红色的事物表现为她电视屏幕上的一个具有特定特征的灰色阴影，这项知识可以赋予她通过识别或想象那个特定灰色阴影来识别或想象红色物体的能力。（在这种情况下，她是在想象红色的物体，却不是将它们作为红色的物体来想象。）因为玛丽可以在不知道红色是什么样子的情况下，知道怎样去识别或想象红色的物体，所以知道怎样做并不意味着知道是什么。

知道某事是什么样的同样不意味着知道怎样做，因为一个人可以知道某事是什么样的却不能做任何事。例如，天生瘫痪的病人能知道疼痛是什么感觉，尽管他们连一块肌肉都移动不了。所以，知道某事是怎样并不能被视为是知道怎样做的一种。

如果物理主义为真，那么关于所有物理事实的知识将使我们对世界有一个完整的认识。然而如果我们没有关于质性内容的知识的话，关于世界我们似乎还有许多不了解的地方。假设有一名博学的唯物主义者，她感觉不到疼。她知道人们都倾向于避免使人疼痛的事物，但她知道为什么会这样吗？她知道使人疼痛的事物会给身体造成伤害，而人们通常会想要避免给身体造成伤害，然而这会让她对人们为什么都倾向于避免使人疼痛的事物有完整的认识吗？似乎不是这样，这种

新闻报道：第一次看到颜色

杰克逊的"没见过色彩的科学家"只是一个想象的产物。但生来只能看到黑色和白色，后又获得辨色能力的人却是真实存在的，记者乔乔·莫伊斯（Jojo Moyes）在英国报纸《独立报》上报道了下面的故事。

昨天一名少年告诉记者，他在第一次看到颜色时是如何喜极而泣，这多亏了英国科学家们开发的革命性的隐形眼镜。

18岁的凯文·思嘉特出生时有罕见的眼缺陷，他看任何东西都是黑白的，这种症状一百万人中才有一个。而在他的祖父母唐·思嘉特和多萝西·思嘉特攒够钱为他购买特殊的眼镜之后，他正在学习各种颜色。

"我戴上眼镜之后出去散步，慢慢地，五彩缤纷的世界第一次呈现在我的眼前，"来自格洛斯特郡切尔滕纳姆市的凯文说道，"在那之前我完全不知道颜色是什么，因为我过去无法看到它。"

"我不可抑制地哭了，因为世界与我过去看到的是如此不一样。红色不停地跳入我的眼帘，我只能问我的祖父母哪种颜色是哪个，因为我完全没有概念。"

"它为我打开了一个全新的世界，我从没想过树和花这些事物是这么地漂亮。"

思嘉特太太（抚养凯文长大的祖母）说道："他完全变了一个人，我不认为任何人能意识到他过去的世界是多么灰暗。"

"配镜医师曾对我们说，他们无计可施，因为孩子的色盲太严重了。所以当我们听说有这样的眼镜的时候，我们决定试一试看能不能帮到凯文，结果是令人吃惊的。"

"他把我们拖到外面，到处跑并指着各种事物问它们是什么颜色的。他看来十分激动，高兴得哭了。"

思嘉特太太说凯文的女朋友萨拉·吉尔对他的反应有些不安，她有一半的越南血统，不清楚凯文见到她的皮肤颜色后会有些什么反应。

"这对凯文来说不会有什么区别，因为我们事先已跟他解释过，人们的皮肤有不同的颜色和质地。"思嘉特太太说道。

这副新眼镜对凯文的职业前景也有所帮助。由于他现在能看到屏幕上的颜色了，他得到了一份与电脑有关的工作。

这副名为ChromaGen的眼镜自去年7月问世以来，目前在英国只有六家配镜医师的诊所提供，每副定价为540英镑。凯文的眼镜是由布里斯托尔的配镜医师罗吉尔·斯普纳提供的，他说道："凯文的情况是戏剧性的，因为他过去生活在一个完全灰色的世界。他是我遇见的第一个完全色盲。"

"当他来到这里并试着戴上他的眼镜时，全程都在激动地哭泣。不过，能够帮到他对我来说是一次非常有益的体验。"[69]

思想探究

看到颜色

凯文声称在他带上眼镜之前他对颜色一无所知。这个现实生活中的例子能否支持杰克逊做出的感受性不是物理属性这一断言呢？

看法漏掉了避免疼痛的最重要的原因——它带来痛苦。由于行动都是由各种感觉（以及对感觉的恐惧）产生的，任何没有体验过它们的人都不能完全了解人类行为。

"疼感觉起来是**这样的**（这里"这样的"指的是经验的质性内容）"是一项关于世界的事实。然而它不是一个物理事实，因为正如我们看到的那样，它既不能等同于也不能还原为物理事实。于是，任何试图仅靠物理主义术语描述或解释世界的人，都未能解释意识经验的本质。

为了强调物理主义理论在解释心灵上的困难之处，戴维·查尔默斯（David Chalmers）提供了下面这个关于僵尸（zombies）的思想实验。

思想实验

僵尸

……让我们考虑一下僵尸的逻辑可能性：某人或某个东西在物理方面与我（或是其他任何一个有意识的存在）是相同的，却完全没有意识经验。在整体层面上，我们可以考虑一下僵尸世界的逻辑可能性：一个在物理方面与我们所处的世界完全相同的世界，但其中却根本没有意识经验这个东西，在这样的世界里，所有人都是僵尸。

让我们考虑一下我的僵尸双胞胎，这个家伙的每一个分子都与我相同，他的所有低级属性，根据完备的物理学设定都与我相同，但他完全没有意识经验。（一些人也许更愿意将僵尸称为"它"，但我使用指称人的代词，因为我开始喜欢上我的僵尸双胞胎了。）为了使假设更完善，我们可以想象现在我正望着窗外，从外面的树那里体验到了一些不错的绿色的感觉，通过咀嚼巧克力棒获得了愉快的味觉体验，同时在我的右肩有轻微的疼痛感。

我的僵尸双胞胎会怎样呢？他在物理上与我是相同的，我们也假设他处在相同的环境里。他当然在功能上与我是等同的：他的内部结构可以被适当地调整，使他表现出的行为与我毫无分别。他会在心理学上与我等同……他会在功能的意义上感知外面的树，在心理学的意义上品尝巧克力。所有这些都凭借着对心理概念的功能分析，由他在物理上与我相同这一事实推导而来……只是所有这些功能都不会伴随任何真正的意识经验，也不会有现象学意义上的感受，并不存在"作为僵尸的体验"这种东西。[70]

> 没有什么是比思想更不可想象的，除了思想的完全缺席。
> ——塞缪尔·巴特勒（Samuel Butler）

查尔默斯笔下的僵尸——不像好莱坞电影里的或是伏都教的僵尸——在生理上、行为上都与我们相同。他们是由与我们相同的材料做成的，他们的行为也与我们一样，我们与他们唯一的区别是他们没有意识经验。并不存在"作为僵尸的体验"这种东西，因为他们没有感觉或是情绪，然而你无法通过看或者解剖他们来辨别这一点，因为不论是从内部还是外部来看，他们都与我们别无二致。

与笛卡尔的可设想性论证一样，查尔默斯的僵尸论证旨在表明意识是非物质的，他主张一种二元论，但不是笛卡尔主张的那种。查尔默斯并无意复活心灵是可以独立于身体存在的非物质实在这一理念，而是试图表明心灵属性不能被还原或解释为物理属性。

传统上，科学一向通过辨识事物的结构或功能来解释它们。意识的许多方面或许可以用这样的方式来解释，如辨识刺激的能力、整合信息的能力以及控制行为的能力等。查尔默斯将它们称为意识的"简单问题",这并不是因为它们的解决方案简单明了,而是因为它们可以通过传统方式得到解决。而物理过程怎样,以及为什么能产生意识这类问题,看起来则不能用同样的方式解决,即使有再多关于结构和功能的知识似乎也无法为这些问题提供答案。因而,查尔默斯称这些为意识的"困难问题"。他的僵尸思想实验便突出了这样的困难,我们生活在这个世界上,却没有任何的意识经验似乎是完全可设想的,那么为什么意识经验会出现,大脑是怎样产生出它的呢?为了回答这个问题,查尔默斯认为我们需要一种新的解释方式。在下一节中,我们将讨论这样一种解释方式可能是什么样的。

思想探究

> **僵尸**
>
> 一个僵尸(没有心灵状态的生物)可以做正常人能做的所有事情吗?我们能做的事情之一是使用隐喻语言——照字面来看为假,在比喻意义上却可能为真的表达方式。尼尔逊·古德曼解释说:
>
> > 我面前有一幅描绘海边的树木与悬崖的画作,画作色调灰暗,表达出极大的悲伤……这幅画照字面来看是灰色的,只在隐喻意义上是悲伤的……但说这幅画很悲伤在隐喻意义上为真,尽管在字面意义上为假。正如这幅画显然更应归于"灰色"的标签下而非归于"黄色"标签下,同样,这幅画显然也更应归类为"悲伤的"而非"灰色的"。[71]
>
> 僵尸能不能认识到这幅画作应归在"悲伤"这个标签下呢?从定义上看,僵尸是不会感知到悲伤(或灰色)的,它并不知道悲伤(或灰色)是什么样的。在缺乏这项知识的情况下,它能将这幅画作划入适当的范畴吗?为什么?

总 结

取消式唯物主义为心灵的还原理论的失败提供了一种解释:心灵状态不能被还原为物理状态的原因是:根本没有什么好还原的,因为心灵状态并不存在。我们认为存在心灵状态,是因为我们无法摆脱一种糟糕的心灵理论——常识心理学。常识心理学是指用信念和欲望来解释人类行为的,常识性质的心灵理论。在取消式唯物主义看来,信念和欲望都是被设定出来用以解释行为的理论实体,而我们可以在不诉诸信念和欲望的情况下解释人类的行为,于是,我们也就没有理由去相信它们的存在。

取消式唯物主义主张仅用物理术语就能提供关于世界的完整描述。然而任何对世界的描绘，如果它遗漏了我们意识经验里的质性内容，都将是不完整的。因为有一个关于世界的事实是，每一种感觉都对应其独特的感受体验。因为感觉是真实的，而取消式唯物主义无法解释我们的感觉，所以它不是一项充足的心灵理论。

学习问题

1. 罗蒂的"恶魔"这个思想实验是怎样的？它是如何试图动摇心灵的还原理论的？
2. 取消式唯物主义的心灵理论是什么？
3. 什么是常识心理学？
4. 塞尔的"雪佛兰旅行车"这个思想实验是怎样的？它是如何试图动摇取消式唯物主义的？
5. 什么是物理主义？
6. 杰克逊的"色盲科学家"这个思想实验是怎样的？它是如何试图动摇物理主义的？

讨论问题

1. 取消式唯物主义是不是比还原论（包括逻辑行为主义，同一性理论和功能主义）更接近一个充足的心灵理论呢？为什么？
2. 常识心理学是失败的心理学理论吗？为什么？
3. 心灵状态可以被认为是理论实体吗？为什么？
4. 我们可以在不提及其他人的心灵状态的情况下充分地解释和预测他们的行为吗？
5. 我们可以从对世界的科学描述中清除掉所有涉及心灵状态的内容吗？
6. 知道是什么（know what）是知道怎样做（know how）的一种吗？为什么？
7. 僵尸（没有心灵状态的生物）可能做到我们能做的所有事吗？
8. 如果我们放弃相信心灵状态存在，接受我们都是无意识的自动化机器的观点，社会将如何变化？这会是一件好事吗？为什么？

网络探究

1. 在古代，许多疾病都被认为是邪灵导致的。例如，http://www.nzetc.org/ tm/scholarly/tei-BucAnth-t1-body-d1-d6.html.在互联网上搜索大众信念（folk beliefs），认为心灵状态存在的信念与这些信念属于同一范畴吗？为什么？
2. 哲学上说的僵尸是没有意识经验的，而其他类型的僵尸比如伏都教的僵尸是什么样的呢？在互联网上搜索僵尸，看看你可以区分出多少种。除哲学上所说的僵尸外，还有其他类型的僵尸没有意识经验么？如果有的话，是哪些呢？

3. 在互联网上搜索"色盲"。色盲的人仅仅是缺少正常人所拥有的一项能力吗？还是说他们缺少了某类信息？这对唯物主义的心灵理论意味着什么？

2.6 整体大于部分之和：心灵即特性

取消式唯物主义不值得相信，这意味着，虽然将心灵还原为物理的或功能的尝试失败了，但这个失败不能基于心灵状态不存在这种观点来解释。那么对这样一种失败的最好解释是什么呢？许多人相信最好的解释是，心灵状态是超越于物理属性之上的，这种关于心灵本性的观点称为属性二元论（property dualism），它还被称为"突现唯物主义"（emergent materialism）、"非还原的唯物主义"（nonreductive materialism）以及"温和的唯物主义"（soft materialism）。

一些心灵状态如疼痛和恐惧有独特的感觉，而其他心灵状态如希望和信念则有特定的对象。然而正如已表明的那样，心灵状态是什么样的主观体验（它的质性内容），以及它是关于什么的（它的意向性内容），不是物理的或者功能的属性，因为二者都不是从第三人称视角就可知的。我们可以在不知道拥有它是什么感觉或它关于什么的情况下认识心灵状态的物理的和功能的属性，因此我们可以得出结论说，心灵属性与物理属性之间的区别看来是不能回避的。

> 思想与成组织的物质之间的不协调是如此之小，以至于似乎思想是它的一个属性。
> ——朱利安·奥夫鲁瓦·德·拉美特利（Julien Offroy De La Mettrie）

原初意向性

心灵状态的质性内容（感觉）和意向性内容（对象）不能还原为物理的或功能的属性，因而它们是"原初"（primitive）属性，**原初属性即**不能用更基本的东西解释的属性。杰凯特（Jacquette）通过下面的思想实验来论证意向性的原初性。

> 意识就是智力与其对象相遇时发生的事。
> ——阿扎特·印纳雅·汗（Hazrat Inayat Khan）

双重表现理论

并非所有属性二元论者都是突现唯物主义者。例如巴鲁赫·斯宾诺莎（Baruch Spinoza）就主张心灵属性不仅不是突现的，它们也不是物质体的特性。斯宾诺莎主张心灵与物理属性是单一基本实体的两个不同的方面，这个基本实体则既不是心灵的，也不是物质的。这就是**双重表现理论**（double aspect theory，也称为二重一元论即dual-aspect monism）。"表现"（aspect）是事物呈现的方式，例如，凹透镜有两个表现方式——凹面和凸面——从一个视角看来是凹进去的，从另一个视角看来是凸出来的。同样的，斯宾诺莎声称，宇宙的实体也有两个表现方式——心灵的与物质的。可以说，心灵是实体向"内部"呈现的方式，而物质则是实体向"外部"呈现的方式。一切事物，从最基本的粒子到最复杂的集合，都有心灵的和物质的这两个表现方式，表现方式不是突现的。

尽管这个观点很有启发性，却并不能让我们得到什么新的认识，因为它没有告诉我们任何有关这个基本实体本身的事情。我们对透镜的描述可以独立于它呈现给我们的方式，我们甚至可以解释为什么从不同的视角看它会显得不一样。然而斯宾诺莎对于表现方式的观点不能提供这样的解释，为什么他的实体可以以一种方式向内部呈现，而以另一种方式向外部呈现，这个问题与他的实体本身是什么一样神秘。

思想实验

杰凯特的意向性测试

在这个思想实验中,我们试着首先用字母"A"来指称你手上拿的书,然后指称这本书的重量,然后指称它占据的空间,然后指称它的颜色。重复这个做法,你可以随心所欲地将它从一个用法转换到另一个,并仔细注意在你做这些的时候可能发生的任何心理事件(mental events)或心理意象(mental images)以及我们可以称为意指现象学(phenomenology of intending)的东西。首先请注意,你在进行这项练习时并没有遇到什么困难。你可以很容易地用多种指称方式来使用字母"A"而不受阻碍。你意识到一旦你产生出相关的意向,你就会用"A"来表示书、或者它封面的颜色、或者它占据的空间。如果当其中某一个特定意向生效的时候有人问你你觉得"A"表示什么,你可以不假思索地立即回答他,在这些场景中的任意一个,你都不需要去找出"A"的意义,它的意义完全取决于你,它由你决定而非由你发现。其次,当你关注自己形成关于字母"A"的意向,或是将其从一物转换到另一物时发生的心理事件时,如果你的经验与多数人相似的话,那么根本就不存在什么特别的本质事件伴随着你的意指,不存在什么可识别的内在专注、或是独特的心理意象这样的事件,你只是在意指某个用"A"表示的事物或新事物,仅此而已。而如果在我们的思想中不存在独特地塑造意指一个对象的心理事件,而思想只是直接地意指对象,意向性便再次体现为一个原初概念(primitive concept),因为它不能被还原为心理学的东西,没有任何独特的心理事件可以作为意指的条件。[72]

这个实验表明,我们的思想涉及什么不是由它们的意向性之外的任何特性决定的,我们不依赖其他任何东西来思考对象,我们只是思考它们。这就是使意向性成为原初属性的原因。

普特南赞同这个观点,他写道:

> 另一种解释真理(以及指称等)概念的客观性的方式是由布伦塔诺和齐硕姆提出的,即将意向属性的存在看作一个"原初"事实。如果原初在这里的意思是"不可还原为任何非意向的概念"的话,那么(就像我论述过的那样)这确实就是正确的回答。[73]

在这个观点里,意向性与意识就像是质量与电荷:它们是基本属性,不能依据任何更基础的东西来解释。考虑到所有还原或者取消这些属性的尝试都失败了,这样一个观点看起来是非常合理的。

基础属性可以通过解释它们与其他属性的关系来理解,这种非还原的解释形式引领了一些现代科学中最伟大的进步。牛顿对 $F=ma$(力等于质量乘以加速度)

> 我的结论是,在作为一种不可还原的觉知关系这个意义上,意识是这样一个概念:如果我们心理学家打算给出一个充分的关于生活与行为的解释的话,就既不能排除也不能转换它。
> ——西里尔·伯特爵士(Sir Cyril Burt)

的发现，以及爱因斯坦对 $E=mc^2$（能量等于质量乘以光速的平方）的发现，就是诸多例子中的两个。如心灵科学要产生相似的进步，就必须找出相似的可以支配意向性与意识的法则。正如内格尔所说：

> 仅当我们认识到心灵的独特性，我们才会认可那些可以让我们了解它的概念和理论。否则便会有因为依靠基于其他目的设计的概念而陷入徒劳的危险，并无限期延迟任何对心灵与身体的统一理解的可能性。[74]

人们常说，认知科学——哲学、心理学、人类学和语言学中涉及心灵的分支领域——正在等待它的艾萨克·牛顿：一个可以将这些彼此相异的领域整合到一个统一的理论框架中的人。内格尔认为，通过将心灵现象还原为其他东西是不可能做到这一点的，只有通过发展能认识到它们的独特性的理论才可能做到这一点。

如果心灵属性是原初的，也因而是不可还原的，自然就会产生这样的问题：那它们是哪来的呢？对这个问题有两种不同的看法：一派——泛心论者（panpsychist）——认为它们不来自任何地方，因为心灵属性无处不在，所有事物都是有心灵属性的，即使是最小的亚原子粒子；另一派——突现论者（emergentist）——认为当那些缺乏心灵属性的事物以某种方式组织起来时，心灵属性就形成了。让我们来考察一下这两派观点。

泛心论

泛心论（Panpsychism）这种观点认为所有事物都有心灵属性。这不是说所有事物都有心灵，而是说所有事物都具有我们认为是与心灵相关的那类特性，如感知、欲望、记忆，等等。它适用于有生命的对象，也适用于无生命的对象。尽管大多数泛心论者都不至于说石头是有意识的，但它们会说石头有着意识最初的微弱迹象，因此一些泛心论者会说无生命的对象是"原意识的"（protoconscious）或者说拥有"原经验"（protoexperience）。

泛心论有漫长而辉煌的历史。大多数前苏格拉底哲学家都是泛心论者，还有一些著名的思想家如莱布尼茨、克利福德（W. K. Clifford）、威廉·冯特（Wilhelm Wundt）、席勒（F. C. S. Schiller）、怀特海、查尔斯·哈茨霍恩（Charles Hartshorne）、德日进神父（Pierre Teilhard de Chardin）也是。将这些人引向泛心论的是它提供了具备一致性与完备性的世界观。正如怀特海的追随者阿加（W. E. Agar）所说，泛心论"通向一幅更一致的，更令人满意的世界图景，这是其他理论不能比拟的"，尤其是它避免了"心灵因素……在世界历史的某个时期从天而降"[75]这样的观点。泛心论者不需要解释心灵属性从何而来，因为它们在创世之初就存在于最基本的宇宙成分里了。

尽管泛心论是小众观点，但即使在物理学家中也有它的捍卫者。例如，宾夕

属性二元论
这项学说认为心灵状态同时拥有物质属性和非物质属性。

原初属性
一种无法用任何更基础的属性还原或分析的属性。

双重表现理论
这项学说认为心灵与身体是一个单一的基本实体的两种表现方式。

宇宙中没有什么是无生命或者无意识的。
——塞缪尔·亚历山大

法尼亚大学的物理学教授伊诺思·威特默（Enos Witmer）解释说：

> 如此一来，我们似乎被一步步引导到这样一个观念，即量子物理学中的粒子是一种拥有一个高效的情报机关的实体，这个情报机构始终向它报告整个宇宙正在发生的事情。[76]

在威特默看来，这些粒子不仅"知道全部空间的势能①（potential energy）"[72]，它们同样能根据这个信息行动。他说道，"只有当一个粒子或是系统做出量子跃迁时，它才必须从多种'自潜在转为现实'的路径中'做出抉择'，以上引用或改述自海森堡②（Heisenberg）"[78]。威特默马上指出，这不是说基本粒子有心灵或是自我意志，而是说"它们有这样一种属性，它是意志力和自发运动模糊的发端"[79]。换句话说，尽管它们不是有意识的，但它们是原意识的。

科学的成功以及它只用物理术语就能解释大部分世界的能力使得泛心论显得有些牵强。此外，尽管泛心论不会面临要解释心灵属性从哪来的难题，它却面临着解释原意识的属性如何组合成有意识的个体这样一个难题。突现论者声称不需要通过假定无生命的对象有原心灵（protomind）来解释为什么我们是有心灵的，世界上存在许多突现属性，意识只是其中之一。

突现论

> 像你我这样有感觉的存在可能仅仅是由神经网络形成的，这样的想法十分荒谬。
> ——侯世达（Douglas R. Hofstandter）

突现论声称心灵属性是突现属性。突现属性是被一个事物整体所拥有却不为它的任何部分所拥有的属性。例如，生命就是一个突现属性，一个活的有机体的基本组成部分——它的原子和分子——是没有生命的，然而有机体本身却是有生命的，因为它的各部分之间以恰当的方式相互作用。而**突现属性**便是由原本没有这种属性的事物以适当的方式相互联接后突现产生的。

在突现论者看来，意识就是一个突现属性。组成我们大脑的单个的神经元是无意识的，但一旦它们以正确的方式相互联接，意识就突现了。

由于突现论者有支持心灵因果效能的倾向，他们通常信奉被称为自上而下的，或者说下向的因果关系（top-down, or downward causation）。自然可被看做具备一个层级结构，在这个层级结构中低层的事物使高层的事物得以产生。例如，亚原子粒子产生原子，原子产生分子，分子产生细胞，细胞产生有机体，有机体产生社会。这些是称为上向因果关系（bottom-up causation）的例子，即低层的事物会影响高层的事物。而突现论者声称这样的因果关系可以向另一个方向流动，即高层的事物可以影响低层的。

"下向因果关系"（downward causation）这个术语是由社会学家唐纳德·坎贝

---

① 物理学术语，直译"潜在的能量"，与下文自"潜在转为现实"相呼应。
② 德国理论物理学家

尔（Donald Campbell）引入的，用来解释环境对生物进化的影响。许多神经生理学家认为这个概念可以用来解决心—身问题。神经生理学家亚诺什·圣阿戈陶伊（János Szentágothai）解释说：

> "心灵"功能——被认为突现于大脑功能——或许对大脑功能有一种**下向因果效应**（downward causal effect）。换句话说，意识与思想也许会在不与被认可的（合法的）自然法则冲突的情况下，介入由自组织（self-organization）形成的神经元网络的活动。心灵功能有可能通过下向因果关系影响那些（通过上向因果关系）使它们从中突现的大脑功能，这是在被广泛接受的自然法则框架内可以提出的，较为吸引人的一种脑—心问题的解决方案。[80]

诺贝尔奖获得者神经生理学家罗杰·斯佩里（Roger Sperry）也发表了类似的观点：

> 在大脑中，在物理-化学和生理学层面的控制，被突现于有意识的心理过程层面的因果控制所取代了，而这过程包含主观经验内容的新形式。因果控制正是这样从纯粹的物理学、生理学或物质决定性层面的脑动力学，转向心灵、认知、意识或主观决定性层面的脑动力学的。在有意识过程中，这些神经生理事件，即神经冲动的流动交换和关联，不再仅仅被规定为一类事件，而是成为被更高的心灵控制卷入、包围和调动的事件，这类似于电视机里的电子流被不同频道的节目内容调动并分别成像。[81]

在斯佩里看来，就像电视机里的电子的流动是由它接受到的节目决定的，那么我们大脑里的神经冲动的流动也是由我们所有的意识经验决定的。如果意识经验真的可以影响神经冲动的流动的话，那么意识经验就不仅仅是一种副现象。

然而，节目与电视的类比从根本上是有缺陷的，因为电视里的电子和它接受到的节目之间的作用，与大脑中的神经冲动和意识经验之间的相互作用，并非以同一种方式发生。就电子与电视节目来说因果作用似乎是单向的——从发射机到显像管——然而就神经冲动和意识来说因果作用却似乎是双向的。大脑中发生的事会影响我们的意识经验，我们的意识经验也会影响大脑中发生的事。也许水流与河岸是个更好的类比。水滴汇聚形成溪流，河岸就突现出来，河岸的产生源自水分子的运动，然而河岸又决定了水分子的流动方向。在这个类比中，意识就像是河岸，神经冲动就像是溪流，正像溪流产生河岸一样，神经冲动产生意识；而就像河岸决定溪流的流动一样，意识也决定神经冲动的流动。在河岸与溪流之间存在一种双向的交互作用：河岸决定溪流的路线，溪流决定河岸的轮廓。同样地，在意识与大脑之间也存在一种双向的交互作用：意识决定神经冲动的接替发生，而神经冲动决定意识

我的信念是对我们大脑中的突现想象的解释……基于各层次之间相互作用的一种奇异的循环，顶层不断向底层施加影响同时又被底层决定……
——侯世达

突现属性
这种属性产生（突现）于没有这种属性的事物以特定方式的相互作用。

的内容。当然这个类比没能把握住意识内容的动态性质,因为河岸过于被动了。然而,这个类比的确展示出一幅突现特性是如何回溯地影响产生它的东西的图景。

也许下向因果关系看上去违背了物理因果闭合性原则,或是质能守恒定律。但这不一定是事实。物理因果闭合性原则是说物理作用没有非物理的原因,如果"非物理的原因"的意思是"由一个非物质对象引起",那么泛心论者与突现论者都不需要否认物理因果闭合性原则,因为他们都可以将心灵属性看作是物质对象的属性。在他们看来,心灵属性是不可还原为物理属性的,但它们是被物质对象所有的,所以他们不需要将物理效应归因于非物质物体,或是超自然存在。

下向因果关系同样不需要违背质能守恒定律。一些人认为所有因果关系都牵涉到能量的传递,所以如果心灵影响物质,那么就必须有一些能量传递到物理世界,或者自物理世界传递出去,这样就违背了质能守恒定律。然而,因果关系并不总是需要牵涉能量传递。例如,设想一个拴在绳子上的球在被人挥动着转圈,绳子导致了球以转圈的方式移动,但它并不注入任何能量到这个系统中,它只是决定这个系统中的能量怎样分布,同样,心灵对身体的影响或许也只是通过决定能量在大脑中怎样分布而已。所以,尽管能量守恒定律论证对实体二元论来说是个难题,因为后者认为心灵是非物质的东西,但这对于属性二元论者来说却并不必然是问题。

将心灵属性看作因果上有效(causally effective)的好处在于,这不仅可以解决

埃舍尔(M. C. Escher)的作品瀑布(石版画,1961年创作)
流过通道的水流为我们提供了一个下向因果关系的视觉类比。

心—身问题，还可以开辟新的研究路径：

> 过去将意识看作是某种内在表现的、副现象的或是语义学上的伪问题的种种解释，一直无法在概念层面和实验层面产生什么成果（例如，我们根本无从对一个副现象展开讨论），而与之相比，突现论提出的交互作用方案则可能是富有成效的。它提出了新的难题和可能的解决方案，开辟了研究心灵属性本质的新路径、重新定义了心灵属性的交互作用以及它们与现行神经生理学之间的关系。例如，可以直接地得出这样的结论，即大脑的进程，必须能察觉自身刺激的模式属性，同时对其作出反应……有相当多的间接证据，特别是来自对知觉和认知现象的观察的那些证据可以证明，大脑实际上就是这样做的。[82]

还原论的和取消式的心灵理论未能抓住心灵的本质。另一方面，属性二元论提供了一个兼顾心灵状态的质性内容和意向性内容的理解心灵的架构，通过将心灵看做是原因同时也是结果，它避免了副现象论中的矛盾，并使得对人类的自由和尊严提出自洽的解释成为可能。

突现的上帝？

突现属性如意识和自我意识也许能从神经细胞以外的事物中产生。例如，如果正确类型的计算机芯片以正确的方式相联接，意识和自我意识也可能会从中产生。属性二元论不排斥存在人工智能和外星智能的可能性。

有趣的是，我们大脑中神经细胞的数量与银河系中星星的数量是大致相等的：约一千亿。银河系——或者整个宇宙——可能是某个宇宙智能体的大脑吗？一些人认为完全有可能。例如，物理学家和神学家亚瑟·皮考克（Arthur Peacocke）认为不仅宇宙自身可能是有自我意识的，而且这个宇宙的意识也许会通过下向因果关系，影响宇宙中发生的事。他写道：

> ……自然界的进程表现出了特定的趋势（tendencies），就卡尔·波普尔（Karl Popper）近日再次使我们注意到的那个意义而言，其中一些趋势强大到可以称为倾向（propensities）。这其中包含了复杂性增加的倾向，这种复杂性是有机生命体的组织性增加的基础，而组织性的增加又是意识和自我意识突现的基础……

> 考虑到自然世界的这些特性，难道我们不能恰当地将整个世界看作一个整全的系统，而且它的一般状态可以"自上而下地"作用于或者约束构成它的那些许多层级？我提出的这些对因果关系在我们层次分明的复杂世界里实际运行方式的全新认知，为我们思考关于上帝如何可能与世界交互作用提供了新的思想资源。[83]

思想探究

万有在神论

皮考克将他的观点称为"万有在神论"（panentheism），因为尽管上帝依赖世界而存在（就如思想依赖大脑而存在那样），他是超越世界的（就如思想不能还原为物理状态那样）。皮考克的上帝观念是可能的吗？你是否认为我们生活在上帝的大脑或身体中？为什么？

我们如何对待彼此——以及我们如何组织社会——取决于我们对自身的看法。如果心灵状态不能成为原因——如果我们的想法不能影响我们的行动——那么现实会与我们看到的非常不同。如哲学家杰瑞·福多（Jerry Fodor）所说：

> ……如果我伸出手并非因为我想这样做，我挠身体不是因为我感觉到了痒，我说出某些言论不是源自我怀有的信念……如果这些没有一个是在字面意义上真实的，那么几乎我相信的每件事都是假的，那真是世界末日。[84]

为了确定我们是否需要在根本上重构我们的世界观，我们需要确定对下向因果关系的信念——通常被称为自由意志（free will）——是否合理。这是我们下一章的主题。

总　结

心灵状态无法被还原为物理状态或是功能状态这个事实，不能用心灵状态不存在这一假说来解释。最好的解释似乎是，心灵状态兼有物理的和非物理的属性。这种观点称为属性二元论，它主张心灵状态兼有物理的和非物理的属性。

但为什么心灵属性会从物理属性中突现呢？它们为它们的拥有者赋予了怎样的生存优势呢？它们的主要优势似乎是有效地为我们反映了世界，各种感觉反映或指涉世界，却不凭借它们拥有的任何物理或是功能属性，它们只是把世界呈现出来。因而，意向性是一种原初属性。

心灵状态也许能对产生它们的物理状态产生因果效应，这个观点并不否认，在物理上完全相同的大脑，在心理上也是完全相同的，它否认的是，仅仅基于物理属性就可以预测或解释一个人之后产生的心灵或物理状态。这种关于心灵属性的观点提供了一种非常有吸引力的心—身问题的解决方法，也开辟了新的研究方向。通过将意识同时看作是原因和结果，属性二元论避免了副现象论的难题，并使得一个融贯的对自由和尊严的解释成为可能。

学习问题

1. 在属性二元论看来，处于一种心灵状态意味着什么？
2. 什么是原初属性？
3. 杰凯特的意向性测试是怎样的？
4. 为什么意向性是一种原初属性？
5. 什么是下向因果关系？

讨论问题

1. 属性二元论是一个比取消式唯物主义或还原论更加充足的心灵理论吗？为什么？
2. 意识的目的是什么？换言之，为什么会进化出意识？
3. 一个没有意识经验的存在——僵尸——能做到我们能做的所有事吗？
4. 如果心灵属性是非物质的，那关于心灵的科学是可能的吗？为什么？
5. 一个唯物主义者可不可能相信心理因果作用？为什么？
6. 银河系是否可能是一个智能生物的大脑呢？它是智能生物的大脑这一断言看上去有没有道理呢？为什么？

网络探究

1. 人们区分出了许多不同的类型的突现。上网搜索一下"突现"（emergence），看看你能辨认出多少种不同的类型。哪种类型的突现是下向因果关系所需要的呢？
2. 一些物理学家认为量子力学为泛心论提供了基础。上网搜索"泛心论"（panpsychism）和"量子力学"（quantum mechanics）或是"量子意识"（quantum consciousness）会发现许多这样的思想家。这种观点可信吗？为什么？
3. 科学家通过在大脑中植入一些设备，使仅靠思想控制机器成为了可能。你可以在这里读到其中的一些研究：http://www.skewsme.com/implants.html.也许最引人注目的，是一只猴子学会了仅通过思想操作操纵杆。你可以在这里看到这只猴子：http://youtube.com/watch?v=7-cpcoIJbOU.这些是下向因果关系的例子吗？为什么？

勒内·笛卡尔

第一哲学沉思录：第二个沉思①

> 勒内·笛卡尔（1596—1650），一般认为是近代哲学的创始人，同时也是17世纪科学革命中的核心人物之一。年轻时，他曾在三支不同的军队服役，1628年退伍后去了荷兰。接下来的二十年里，他写就了大量关于科学和哲学的作品，包括《追求真理》《指导心灵的规则》《谈谈方法》《第一哲学沉思录》和《哲学原理》。他压下了他的第一部著作《世界》没有发表，因为他听闻伽利略因为拥护哥白尼假说，而被罗马天主教会迫害。在《第一哲学沉思录》的这个选段中，笛卡尔提出了他相信自己在本质上是思考着的存在（a thinking being）的理由。

第一哲学沉思录——对上帝之存在与身体与心灵之区别的证明

第二个沉思

论人类心灵的本性并论心灵比物体更容易认识

昨天的沉思在我心里引起那么多的怀疑——这些怀疑太重要了，以致于让人无法忽视——可是我却看不出能用什么办法来解决它们。我就好像忽然掉进非常深的水潭里似的，惊慌失措得既不能在水底把脚站稳，也不能让自己游上来浮到水面上。尽管如此，我将努力沿着昨天的路继续前进，丢开任何哪怕有一点点可疑的东西，就好像我知道它是绝对错误的一样。我还要在这条路上一直走下去，直到我碰到某种可靠的东西，或者——在最坏的情况下——至少直到我确实知道在世界上就没有什么可靠的东西时为止。阿基米德说，只要有一个固定不动的支点，他就能撬起地球。同样，如果我有幸找到哪怕是一件十分微小的确切无疑的事，那么我就有权抱远大的希望了。

因此我假定，凡是我看见的东西都是假的；我会认为我的记忆告诉我的东西全是谎言。我没有感官，体积、形状、广延、运动和地点都不过是幻象。那么有什么东西可以认为是真实的呢？或许只有一件事是确定的，那就是没有什么是确定的。

[下面这一段内容，我选择以两个人你来我往辩论的形式来呈现。不过请记住，笛卡尔的原作不是以这样的方式写的。②]

抱有希望的人：我怎么知道就没有什么东西——除了上述被怀疑的那些之外——是丝毫不能被怀疑的呢？难道没有一个上帝（随你怎么称呼他都行）赋予了我现在正在产生的这些念头吗？

抱有怀疑的人：然而，我为什么要这么想呢？这些思想的创造者很可能就是我自己呀？

抱有希望的人：如果那样的话，至少可以推出有"我"这个东西存在，不是么？

---

① 节选自：René Descartes, *Meditations on First Philosophy*. 这里采用的是 Jonathan Bennett 发布在 www.earlymoderntexts. com. 上的版本。
② 笛卡尔原著的写法是自问自答。

抱有怀疑的人：这让我迷惑了，因为我已经说过，我否认我有感官和身体，但我却与身体和感觉如此紧密地联系在一起，以至于看上去我不能没有它们。而现在既然我已经说服自己世上什么也没有——没有天空、没有大地、没有心灵、没有身体——这难道不相当于在说我也不存在吗？

抱有希望的人：不是的，因为如果我已经让自己相信了什么东西，那我就肯定是存在的。

抱有怀疑的人：可是有一个非常强大、狡猾的骗子，他用尽一切伎俩不停地欺骗我！

抱有希望的人：尽管如此，如果他骗我，那么我就毫无疑问是存在的：让他一直欺骗我吧，只要我还在思考，他总不会使我什么也不是。所以，在我对事物进行彻底的思考之后得出的结论，即"我思，故我在"这个命题，在任何我说起或者想到它的时候都必然是真的。

但这个必然存在的"我"——我仍然不确切地知道它是什么。因而我正处于将它与其他东西弄混的危险中，我也因此会在我认为最确定和明显的这条知识上犯错。为了认清这个"我"是什么，我应当回想一下在进行这个沉思之前，我认为我自己是什么，我将从这些信念中清除掉任何会被我刚才使用的那些论证（即使是非常轻微地）质疑的东西，使得剩下的关于我的信念是确定无疑的。

那么，我过去认为自己是什么呢？一个人。但人是什么？我应该说是'有理性的动物'吗？不，因为那样我就必须追问动物是什么，理性又是什么——这其中任何一个都将引出其他更麻烦的问题，也就会浪费我更多的时间。我应该把注意力集中在每当我思考这个问题时，自发、自然地出现在我脑海的那些信念。第一条这样的信念是，我有脸、手、手臂以及身体各部分组成的整个结构（这些是尸体也具有的），我称之为身体。下一条信念是，我吃、喝、走路、感觉和思考，我认为这些是灵魂的活动。①如果我思考过灵魂是什么，我曾想象它是一种稀薄而又朦胧的东西——就如风或者火之类的——这个东西散布在我身体的各个更坚固的部分之中。不过我对物体的性质更拿得准，我认为我确切地知道它是一种什么样的东西。如果要用我之前具有的概念来解释物体的话，我会说：

我认为"物体"是任何有一定的形状和位置，可以占据一定的空间，从那里把其他任何物体都排挤开去；它可以通过触觉、视觉、听觉、味觉或是嗅觉来感知，并且能以不同的方式被移动。

我还必须说，一个物体自己不能移动，只有别的东西碰到并推动它时，它才会移动。在我看来要一个物体能自主移动、或者能感觉和思考是非常出乎意料的，我对于某些物体——被称为人的身体的那些——可以做到这些事情感到十分惊奇。

可是我既然假设了有一个极为强大、恶毒的骗子用尽一切方法来欺骗我——现在我应该说我是什么呢？我可以声称自己具有任何一个刚才将之归于物体的那些特性吗？当我仔细思考它们，我发现它们都是值得怀疑的，我犯不上浪费时间来一一列举它们。那拿出我归于灵魂的特性出来讨论吧！吃饭或是运动？假设我没有身体的话，这些就仅仅是假象了。感觉？人需要身

---

① 在这部作品中，"灵魂"＝"心灵"；"灵魂"在这里没有宗教含义。

体才能感觉，而且除此之外，在做梦的时候我似乎通过感官感觉到了许多东西，但醒来之后却发现我实际上并没有感觉到它们。思考？我终于发现它了——思考！这是唯一一个不能与我分离开的东西。我思故我在，这是确定的。但能维持多久呢？我思考多久，我就存在多久，我的存在或许不会长过我的思考，因为假如我停止思考，我也许就不存在了，我必须将这种可能性当做是真实的，因为我现在的思考方针是拒绝一切不必然为真的东西。严格说来，我只是一个思考的存在——一个心灵，或是一个灵魂，或是一个理智，或是理性，这些词的意思我刚刚才开始知道。那么我便是一个真正的存在的东西了。我是一个什么样的东西呢？我的回答是：一个思考的东西。

我还是什么呢？我要发动我的想象力来看看我是否还是别的什么。我不是由四肢和器官拼凑起来的被称为人体的东西；也不是渗透到四肢的稀薄的气体——如风、火、空气、呼吸或者任何我想象出来的东西；但我已假定所有这些东西都不存在，因为我假定所有物体都不存在。然而尽管我继续假定它们不存在，我也仍是某种存在确定的东西，我假定它们不存在是因为对我来说它们是不可知的，但是难道它们不可能与我所意识到的那个"我"是等同的么？我不知道。眼下我不打算讨论这个问题，因为我只能对我知道的东西形成看法。我认识到我存在，那么我要问：对于这个我，我知道些什么呢？我对它的认识不能取决于任何我还没有意识到其存在的东西上面，也不能取决于任何我在想象中虚构出来的东西，"虚构"这个词就表明依赖想象出来的东西是错误的：如果我用想象力表明我是某样东西或是其他什么，那便只是虚构罢了，只是讲故事而已；因为想象仅仅是去想一个物体的形状或影像。①这使得想象十分可疑，因为我确信我存在的同时，我也知道包括想象在内的任何与物质本性有关的东西都完全可能只是个梦而已；所以对我来说"我要运用想象力来获得一个对自身的清晰的理解"是愚蠢的，就如同说"我是醒着的，我看到了某种真实的东西，但我要故意睡着，在梦里看到更多更真实的东西！"一样愚蠢。如果我的心灵想要获得一个关于它自身本性的清晰认识，它最好不要指望想象力。

那么，我究竟是什么呢？一个会思考的存在。那是什么？一个会怀疑、理解、肯定、否定、欲求、拒绝，同时也会想象和感觉的东西。

这一大串属性我都拥有，看上去委实有些长——而实际上我就是拥有所有这些属性。为什么不呢？难道这个我与那个怀疑几乎一切、理解一些东西、肯定这样一件事——我存在并且思考，否定其他任何东西，想要知道更多的东西，拒绝被欺骗，不自觉地想象许多东西，知道其他似乎来自感觉的东西的我不是同一个我吗？所有这些不是与我存在一样真实的吗？即使我处在永久的梦境中，即使我的创造者已经尽其所能来欺骗我？它们中的哪一个可以说是能与我分开的呢？事实是我在怀疑、理解、欲求，这已经十分明显了，我看不出怎样使它更明显。而在想象的"我"也同样是这个"我"，因为即使（就如我假定的）我想象的东西没有一个真正存在，我也确实是在想象它们，这也是我思考的一部分。最后，在感觉东西的或者说似乎是在通过感官认识物体的也是同一个"我"，因为我可能是在做梦，我无法确定我现在看到的火焰，听

---

① 笛卡尔在这里采纳的是他自己关于想象的心理学理论。

到的木柴燃烧时噼里啪啦的声音，感觉到的火的热度是否是真实的，但我确实似乎看见了，听见了，感觉到热了。这不可能是假的，严格地说，我们说的"感觉"就是这种"似乎意识到"的意思，当"感觉"一词被限定在这个范围内理解的时候，它也就是思考的一部分。

这一切使我开始对我是什么有了更好的了解。但我仍然忍不住去想，物体——我对它形成心理意象并由感官考察它——对我来说，比起那个无法在想象中进行描绘的令人迷惑的"我"，我更加清楚地知道它。然而如果这是真的，那这会是一件十分令人惊奇的事情。如果比起我已经认为是真实的、已知的东西——也就是我自己，我能更清楚地把握我认为是可疑的、未知而又外在于我的东西——物体，这确实是令人惊奇的。但我发现了问题在哪里：我一直朝着错误的方向前进，因为我的心灵心猿意马，拒绝谨守真理的边界。那好吧，我应当先让它自由地奔跑一会儿，等到要拉缰绳的时候它才不会过分的抵抗。

阅读问题

1. 笛卡尔说他之前对自己身体的性质要比对心灵的性质更为确定，但现在他怀疑前者而确信后者。是什么样的考虑使他得出这样的结论呢？

2. 为什么笛卡尔相信他无法与他的身体等同？

3. 在笛卡尔看来，他自身的哪个方面是必不可少的？也就是说，他的哪一个特性对他持续的存在来说是必要条件呢？

4. 为什么笛卡尔得出结论说他关于自身的认识不以任何方式取决于想象呢？

戴维·阿姆斯特朗

心—脑同一论[①]

> 澳大利亚哲学家戴维·阿姆斯特朗（David Armstrong）（1926—　）是同一性理论坚定的支持者。他的著作包括：《唯物主义心灵理论》（*A Materialist Theory of the Mind*，1968），《信念、真理与知识》（*Belief, Truth and Knowledge*，1973），《什么是自然规律？》（*What Is a Law of Nature*，1983），《共相》（*Universals*，1989）以及《状态与事件的世界》（*A World of States of Affairs*，1997）。

人有心灵，这也就是说，他们能感知，他们有感觉、情绪、信念、思想、意图以及欲望。拥有心灵意味着什么？去感知、感受感情、持有信念或是拥有意图又意味着什么？与许多其他近代哲学家一样，我认为我们拥有的关于心灵本性的最好线索，是由近代科学关于人的本性的发现和假说提供的。

近代科学关于人的本性说了些什么呢？诚然，各个科学家的观点有多种多样的争论和分歧，但我认为，有一个观点是逐步得到普遍认同的，以至于它有希望成为被正式确立的科学信条。这个观点就是：我们可以仅靠物理-化学的术语就能给出一个完备的关于人的解释。过去十年里，这个观点得到了极大的推进，这都得益于分子生物学这个新学科的诞生，这个学科许诺向我们揭露作为生命之基础的物理及化学机制。在此之前，这个观点从神经生理学的开拓性工作那里得到了巨大的支持，神经生理学这门学科旨在探索仅用电化学的方法解释大脑工作的可能性。平心而论，那些仍然拒绝以物理-化学视角看待人类的科学家，选择这么做主要是基于哲学的、道德的、或宗教的理由，而科学细节方面的理由则是次要的，没有得到认真的对待。这不是说未来不会出现新的证据或是难题促使科学重新考虑关于人的物理-化学观点，但现在科学思想的发展明显是朝着物理-化学假说的方向去的，而且我们目前还找不到更好的方向。

那么，对我和许多与我想法一致的哲学家而言，这明显意味着，我们必须试图找到一种对心灵本性的解释，使其与人只是一架物理-化学的机械这个观点相一致。而在这篇文章中，我所试图解决的正是这个问题：（以最简略的方式）概述唯物主义者或者物理主义者对心灵的解释……

在试图阐明我的研究过程之合理性之后，我重新回到我的主题：在物理-化学的框架之内，或者我们可以说从一个唯物主义者的角度出发，试图找到一个对心灵的解释，或者，如果你愿意这么说的话，对心灵过程的解释。

有一种对心灵过程的解释，能立刻吸引任何对唯物主义观点抱有同情的哲学家，即行为主义。它最早由心理学家沃森（J. B. Watson）提出，引起了广泛的兴趣，并得到了有科学倾向的哲学家们的支持。传统哲学倾向于将心灵认为是神秘的内在领域，它是外在领域或者我们身体

[①] 选自：David Armstrong, "The Nature of Mind" in *The Nature of Mind and Other Essays*, D. M. Armstrong, ed. (Brisbane, Australia: University of Queensland Press, 1980).

行为的原因，并对它们负责。笛卡尔认为这个内在领域是一个精神实体，这种将心灵认为是精神体的概念是吉尔伯特·赖尔在他的重要著作《心灵的概念》（*The Concept of Mind*）中基于行为主义来抨击的对象。他将笛卡尔的观点讥讽为"机器里的幽灵"信条。心灵不是身体行为背后的什么东西，它是身体行为的一部分。我对你的愤怒，指的不是某种心灵实体发生了改变使得我做出了一个攻击性的行为，而是攻击行为本身，我使用强硬的言辞、动手打你、转过身去对你置之不理等等都是我对你的愤怒。思想不是一个内在过程，不是导致我说出和写下言语背后的原因，而就是说话和书写本身，心灵不是一个内在领域，而是外在的行为。

显然，这样一种心灵观非常符合一个彻底的唯物主义或者物理主义的关于人的观点。如果我们没有必要在心灵过程和它们在身体上的表现做出区分，而是将心灵过程等同于他们所说的"表现"，那么心灵的存在就不会与人只是物理-化学的机械这一观点相冲突了。

不过，我上面所描述的行为主义的说法是十分粗糙的，这种说法的粗糙之处体现在它有明显的漏洞。一个明显的困难是我们普遍拥有这样一种经验，即我们可以有心灵过程，却不做出能被认为是这些心灵过程的表现的行为。例如，一个人也许在生气，却没有任何身体上的表示；他也许在思考，却没有说出或做出任何事情。

在我看来，面对这个反驳意见，最可信的完善行为主义的尝试是引入行为倾向（a disposition to behave）的概念。（行为倾向在赖尔对心灵的解释中占据了特别重要的位置）让我们首先来考虑一下倾向的一般性概念。脆性（brittleness）是一个倾向，是诸如玻璃一类的物质所拥有的倾向。脆性物质就是那些受到很小的力，就很容易被打破或打碎的物质。但很容易被打破或打碎并不是脆性本身，毋宁说它们是脆性的表现。脆性是物质很容易被打破或打碎的趋势或者倾向。一片玻璃可能在过去的整个历史中从来不曾被打碎或打破过，但它仍然是脆的：从低处摔落或轻微的打击都会使它打碎或破裂。行为倾向是人在特定情况下以特定的方式行动的趋势或倾向，玻璃的脆性这种倾向在其整个历史中都始终具有，但显然还有某些倾向是会产生也会消失的。行为主义者所感兴趣的行为倾向，很多都是后面这种有一定时间期限的倾向。那么，赖尔的人是如何以行为倾向概念来回应那个明显的针对行为主义的反驳意见的呢？即尽管心灵过程产生了，行为主体却可能没有以任何它所倾向的相关方式来行为？他们的策略是论证在这种情况下，尽管主体没有以任何相关方式来作出行为，他/她仍然是倾向于以相关的方式来作出行为的。玻璃没有被打破，但它仍是脆的。人没有做出行为，但他仍有行为倾向。我们可以说，他认为尽管他没有说话或行动，在那个情况下，他仍然倾向于按照某一特定方式来说话或者行动，如果他被问及，也许他就会讲话或是做出行动了。所以即使在他没有表现出生气的时候，我们仍然可以说他生气了，因为他倾向于表现出生气的行为。如果对方哪怕再骂一句，他都将爆发，等等。这样一来，行为主义便有希望能与那些明显的事实相一致了。

弄清楚这些思想家如何理解倾向这一概念是非常重要的。引用赖尔的话来说：

拥有倾向这样一个属性，**并不是处于一种特定状态，也不是经受了一种特定变化**；而是在实现了某种特定条件的前提下，将会或者很容易会处于一种特定状态或者经受一种特定变化。（《心灵的概念》，第43页）

所以，通过说玻璃是易碎的来解释为什么在某个特定场合一块被轻轻敲击的玻璃碎了，仅仅是在说，这块玻璃碎了，因为它就是那种在被轻轻敲击后就经常会碎掉的东西。对这样一种东西来说，碎掉是正常的行为，或者说不是异常行为。脆性不能认为是碎裂的原因，或更加含糊地说，不能认为它是导致碎裂的一个因素。脆性只是表达了那类事物容易碎裂这一事实。

但尽管行为主义者为回应心灵过程可以在没有行为的情况下发生这一反驳做出了一些努力，但是当争论平息下来之后，我们发现这种努力显然还是不够的。当我在思考而我的想法并没有导致任何行动的时候，显而易见的是，确实有些什么组成我的想法的东西在我之中发生了。这不是在说如果某些还没有被满足的条件得到满足的话，我就会说话或行动。而是某些事情正在发生，是最强烈的和最字面的意义上的"发生"，这个事情就是我的思想。赖尔的行为主义否认这一点，因而作为一个心灵理论它是无法令人满意的。然而我知道没有任何一种行为主义比赖尔的行为主义更令人满意。对于我们这些希望找到一个纯粹物理主义的关于人的观点的人而言，这意味着我们必须寻找其他对心灵本性和心灵过程的解释。

但也许我们并不需要为行为主义没能提供一个令人满意的心灵理论过于苦恼。行为主义对心灵过程的解释是极端不自然的。如果某人以某种方式说话和行动，我们很自然地会说这些话语和行为是他的思想的表现。说一个人说出的话和做出的行动与他的思想是同一的则是非常不自然的。我们会很自然地将思想认为是与话语和行动非常不同的东西，思想只有在合适的情况下才会产生话语和行动。我们认为，思想并不是与行为同一的，它们是行为背后的东西。一个人的行为可以构成我们将某些心灵过程归于他的原因，但行为不能被看作是这些心灵过程本身。

这提出了一个关于心灵的非常有趣的思路。行为主义固然是错误的，但也许没有全错。行为主义将心灵与心灵事件和行为的发生等同起来或许是错误的。但或许他们在这一点上却没有错：我们关于心灵和个体的心灵状态的概念在逻辑上是与行为相关联的。因为或许我们所谓的心灵状态是人的某些状态，它在合适的情况下会产生一系列的行为。心灵或许不能被定义为行为，却可以被定义为特定行为的内在原因。思想不是合适情况下的言语，而是内在于人的某种东西，它会在合适的情况下导致言语的产生。而且事实上，我认为这是对我们所谓的心灵状态的正确解释，或者至少是一个正确的初步的解释。

这样一个思路要怎样与纯粹的物理主义者关于人的观点相联系呢？我的立场是，虽然它无法使这样一个物理主义的观点成为必然，但它确实可以使它成为可能。它不能使一个纯粹物理主义的人的观点成为必然，但却是与它一致的。因为如果我们将心灵和心灵状态看作无非是内在于人并引起特定的一系列行为的原因，那么它就成为了一个科学问题而不是逻辑分析的问题，即那个原因的内在本质究竟是什么的问题。这个原因也许是如笛卡尔认为的那样，是一个通过松果腺来产生复杂人类行为的精神实体。它也可能是呼吸，或者是特殊的光滑的运动着的分散于人体各处的原子，又或许可能是许多其他的什么东西。然而事实上，现代科学的结论似乎是：人类与高等动物做出与心灵活动相关的行为的唯一原因是中枢神经系统的物理–化学作用。因此，假如将心灵状态定义为仅仅是引发特定行为的原因这一点是正确的，那么我们就可以认为这些心灵状态与纯粹的中枢神经系统的物理状态是同一的。

此时，我们可以停下来并回到行为主义者们所谓的倾向。我们发现，在他们看来，玻璃的脆性或者用另一个例子，橡胶的弹性并不是玻璃或橡胶的状态，而只不过是这类事物会表现为它们所表现出的样子这个事实。但现在，让我们考虑一下一个科学家会怎样看待脆性和弹性。在面对受到非常小的冲击就碎裂这一现象，或者施加一个力就会拉伸而力消失时就会收缩这一现象，他会假设玻璃和橡胶当前的某些状态（state）是这两种材料的样本具有该典型特质的原因。起初，他不知道这是一种什么样的状态，但他会极力去发现它，而且也许会成功。而当他发现这一状态的时候，他很有可能会这样说："我们已经发现玻璃的脆性事实上是玻璃分子的某种模式。"换言之，他会认为脆性是玻璃具有的一种状态，这种状态是使得玻璃易碎的原因。在他看来，一个对象的倾向就是这个对象的一种状态。玻璃具有脆性这一状态，是因为它会带来脆性的典型表现形式，即易碎。但倾向本身是区别于它的表现形式的：它是在适当的环境下，引起这些表现的玻璃的状态。

你会发现，这种看待倾向的方式是与赖尔和行为主义者大相径庭的。它们最大的区别在于：如果我们和我前面提到的科学家们一样，将倾向看作是一种实际状态的话，那么即使这些状态的本质还没有被发现，我们也可以说倾向就是在适当的情况下，引起该倾向的那些表现形式的诱因或肇因。玻璃的某一种分子结构构成了它的脆性，这也就是当玻璃受到打击时会碎掉的原因。

我不在这里详细论述这个问题，因为这一论证的细节是技术性的和困难的，但我认为，将倾向看作是状态这样一个对科学来说很自然的观点是正确的。我认为这个观点可以得到严格的论证：即如果我们使用"倾向"这个概念的话，我们也一定会认可倾向就是拥有该倾向的对象的一种实际状态。此外，我认为这种理解也同样适用于与倾向紧密联系着的能力（capacities）和力量（powers）这两个概念。我在这里先直接假设这一点。

但也许由此可见，拒绝心灵仅仅是人类的一系列行为这一观念而接受心灵是那些行为的内在原因这一观点，与拒绝赖尔关于倾向的观念而接受一种将倾向看作是物体的具有现实因果效力的状态的观点，是紧密联系在一起的。行为主义者的错误之处在于将心灵等同于行为。他们试图用行为倾向来解释那些没有产生行为的心理事件时，其实就离正确答案不远了。

但是我认为，要想得出正确的观点，他们必须将这些倾向看作是拥有该倾向的人的实际状态，即拥有实际能力，可以在适当的环境下做出相应行为的状态。但要做到这一点，就必须抛弃行为主义的宗旨：在讨论与心灵有关的问题时，我们不必去探究外在行为背后的内在状态。

因此，两个相互独立却又互相关联的思路将我推向了同一个方向。第一个思路强烈反对将心灵认为是行为的想法。这个思路认为心灵是位于我们复杂行为背后的、产生这些复杂行为的东西。第二个思路是，行为主义者们说的倾向，如果以适当的方式去理解的话，实际上就是行为背后的状态，并且会在适当的环境下产生相应的行为。将这两个思路放在一起，我们就得到了一个心灵状态的概念，即使得一个人倾向于做出特定范围内的一系列行为的状态。这个陈述：心灵状态就是使一个人倾向于做出特定范围的行为的状态，在我看来是寻找心灵状态的概念的一个极具启发性的方式。我发现它在对个体心灵概念给出详尽的逻辑分析方面富有成效。

虽然我不认为黑格尔的辩证法能告诉我们多少关于实在之本质的东西，但我认为人类的思想通常的确是以辩证的方式展开的：从一个论点到它的对立面，再到二者的综合。对心灵的思考或许就是一个恰当的例子。我已经说过，古典哲学倾向于将心灵认为是某种内在的领域，我们可以称之为正论。行为主义则走向另一个极端：心灵被视为外在的行为，我们可以称之为反论。我提出的二者的综合是，心灵可以被恰当地设想为一条内在的原则，但这一原则是依据人倾向于产生的外在行为被识别出来的。这样一种对心灵和心灵状态的看法本身并不包含一种唯物主义者的或者物理主义者的关于人的观点，因为这样一个分析并没有表明这些心灵状态的内在本质。但如果我们有一般的科学根据（如前所述，事实上确有），认为人类不过是一个物理机制的话，我们就可以继续论证说，心灵状态事实上只是中枢神经系统的物理状态。

那么，沿着这些思路，我想要继续寻找一个与纯粹唯物主义者的关于人的理论相容的对心灵的解释。我在《唯物主义心灵理论》（*A Materialist Theory of the Mind*）一书中已经试着将这个计划在细节上付诸实践。可想而知，针对这个观点可以提出许多强有力的反驳。然而在本文中，我接下来只打算做一件事。我将探讨对我的心灵观点的一条最重要的反对意见——一条许多哲学家都与之有同感的反对意见——并接下来试图表明我可以如何回应这一反驳。

认为我们的心灵仅仅是一个倾向于引起某类行为的内在原则的观点，也许会被认为分有了行为主义的某个弱点。有些现代哲学家声称尽管行为主义也许是一个从他人的视角来看，对心灵的令人满意的解释，但在第一人称视角下却讲不通。为解释这一点，我们设想一下，在我们遇到其他人的时候，我们观察到的全都是他们的行为：他们的动作、他们的言论，等等。因此，如果我们只考察其他人的话，行为主义看起来也许是与所有事实相符的。但行为主义的困难在于，它无法令人满意地适用于我们自己。对于我们自己来说，我们所意识到的东西远超行为所表现的。

现在，假设我们将心灵想象成一个倾向于引起某类行为的内在原则，这同样也很好地符合了他人视角的情况，我们观察到其他人表现出复杂的身体表现，这与一般的物体所表现出来的大相径庭。我们推测，这样的表现一定源自一种非常特殊的内在原因，对象正是基于这种原因才产生这样的表现的。我们将这个内在原因命名为"心灵"，那些接受物理主义者关于人的观点的人会认为我们观察到的仅仅是身体的中枢神经系统而已。让我们将这个例子与玻璃的例子做一个比较，在玻璃的例子中我们观察到某些特有的行为：在一个较小的力作用其上时，这种材质会被破坏并碎裂。我们通过假设玻璃的一个特殊的内在状态来解释这一表现。那些接受一种纯粹的物理主义的关于玻璃的观点的人会认为这一状态乃是玻璃的自然状态，也许是源于它的分子排列，而不能说是源于住在玻璃里的恶魔的古怪恶毒的性情。

然而，当我们考察我们自己的情况时，这样的立场就不那么可信了。我们有意识，也有经验。那难道我们可以说有意识和有经验就仅仅意味着在我们体内有一种倾向于产生特定种类行为的东西在运行吗？这样一种解释似乎并不适用于这类现象。由此看来，我们对心灵的解释，如行为主义，是无法妥善处理第一人称的情况的。

为了更好地理解这一反驳，我们接下来考虑这样一个特殊的情况。如果你不间断地开车行驶过很长一段距离，你也许会对这种情况下会出现的古怪的"自动"状态有所体会。一个人会突然"清醒"过来，并发现他已经开了很远，之前却对到自己在做的事情没有什么意识，甚至完全没有意识到任何东西。他一直在路上开着车，也许还使用了刹车和离合器，却完全没有意识到这些。

如果我们考虑一下这样的情况，显然在某种意义上说，当一个人处于这种自动状态（automatic state）中时，心灵过程仍然是进行着的。除非这个人的意志仍然以某种方式操控着，并除非这个人仍然以某种方式感知着，否则这辆车不可能仍然行驶在路上。然而，某些心灵上的东西无疑是缺失了的。因此，我认为，当我们宣称将心灵解释为一个内在的倾向于产生某类行为的原则会忽略掉意识和经验时，我们所认为被忽略了的正是在自动的驾驶这个情况里所缺失掉的东西。物理主义的批评者们会承认，将心灵过程解释为人倾向于产生某类行为的状态很可能足以处理诸如自动的驾驶这样的情况，它可能也足以处理动物的大多数心灵过程，这些动物也许在这样一种自动的状态中度过了其一生的许多时光。然而，反驳者会说，它不能处理我们通常享有的意识。

现在我将针对这种重要而强力的反驳给出简要回应。让我们从一个显然不可能的情境出发，考虑一下我所给出的这种对心灵过程的解释是如何处理感官感知（sense-perception）问题的。

心理学家们很早就意识到在感官感知和选择行为之间有着非常紧密的逻辑联系。假如我们想要确定某一动物是否可以感知到红和绿的区别，我们也许会让这个动物在两条路之间做一个选择，一条路上亮着红灯，另一条路上则亮着绿灯。如果这个动物碰巧选择了绿色的路，我们就奖励它；如果它碰巧选择了红色的路，我们则不奖励它。如果在重复多次之后，这个动物系统地选择走亮着绿灯的路，且我们确定两条路之间唯一的区别就是灯的颜色的区别，我们就有权说这个动物可以分辨出颜色的差异。通过它的眼睛，它在亮着红灯和亮着绿灯的路之间做出选择。于是，我们说，它可以看出红和绿的区别。

在此，一名行为主义者可能忍不住要说，动物有规律地选择走亮着绿灯的路这件事就等同于它对颜色差异的感知本身。但这个说法并不令人满意，因为我们都想说感知是内在于人或动物的——内在于它的心灵的——尽管这一心灵事件无疑是环境作用于有机体所导致的。然而，假设我们不说它们具有知觉，而说它们具有在这种环境中做出选择性行为的能力，并且将这些能力看作是类似于倾向的一种有机体的实际的内在状态。那么我们就能将动物的知觉看作是一种使得动物在被强迫的条件下能够倾向于在红灯路与绿灯路之间做出选择性行为的内在状态。

一般来说，我们可以将知觉看作是针对我们的环境而倾向于产生出某些选择性行为的内在状态或事件。去感知就像是获得了一把门钥匙，你不一定非要用这把钥匙：你可以将它放进你的口袋里，永远不去管那扇门。但如果你想要打开这扇门的话，这把钥匙是必须的。盲人就是没有获得某些钥匙的人，其结果是他不能像那些视力健全的人那样在他的环境中行动。那么，由此看来将感知看作是内在状态是一个非常有前景的视角，这种内在状态是由各种选择性行为来定义的，在环境的推动下，它们会使感知者将之显现出来。

现在，我们对感知的讨论要怎样与意识和经验（我们通常拥有，但进入自动状态中的司机却没有的那类东西）的问题关联起来的呢？很简单，我的想法是，意识（consciousness）就其字面意义而言，仅仅是对我们自身心灵状态的感知或察觉（awareness）。处在自动状态下的司机也在感知或察觉道路，如果他没有这样做，车就会被开进沟里。但他当下并没有察觉到自己对道路的察觉，他感知到了道路，但他并没有感知到他正在感知道路或是他脑海中的其他什么。与通常情况下的我们不同，他没有意识到他的心里在想着什么。

因此，我认为意识或经验就如洛克和康德所认为的那样，就其字面意义而言是一种感知。康德用"内感官"（inner sense）这个令人印象深刻的术语来形容它。我们无法直接观察到其他人的心灵，但我们每个人都有能力观察我们自己的心灵，并"感知"到那里正在发生着什么。而处于自动状态下的司机，其"内在的眼睛"（inner eye）是闭着的：他当下无法意识到他的心里在发生什么。

那么，如果这个解释是循着正确的路线的话，为什么我们不应当沿着我们所给出的对感知的解释一样的路线，给出对内在观察的解释呢？为什么我们不应当将之想象成一种内在的状态，在这种情况下，这种内在状态直接指向其他内在状态而非外在环境，使得受到环境推动时我们可以以一种指向我们的心灵状态的，具有选择性的方式来行动呢？一个能觉知或意识到自身的思想和情绪的人，就是一个有能力在他不同的心灵状态之间做出区分的人。他的这种能力也许会从他的言语中展现出来。他也许会说他处于一种愤怒的心灵状态中，当且仅当他处于一种愤怒的心灵状态中的时候。但这样的言语行为就仅仅是其觉知的表现或结果了。这种觉知本身是一种内在状态：这种内在状态赋予人以用行为表达自己的能力。

因此我认为，对我们的心灵状态的意识也许是与对我们心灵状态的感知相同的，而且，就如其他感知一样，它可以被看作是一种赋予我们选择性行为的能力的内在的状态或事件，在这种情况下，选择性的行为指向我们自身的心灵状态。所有这些只需要对意识的概念进行一个逻辑的分析，而不需要牵涉到其他东西，尽管它不排除对这些内在状态是什么的纯粹的物理主义的解释。然而，如果基于一般科学的理由，我们可以被说服去相信一个对人的纯粹物理主义的解释很可能是真的，就似乎没什么可以阻碍我们将这些内在状态看作是中枢神经系统的纯粹物理状态。于是，对我们自身的心灵状态的意识就变成仅仅是中枢神经系统的一部分对我们中枢神经系统的另一部分进行扫描了。意识就是中枢神经系统中的自我扫描的机制。

正如我已经强调的，我所做的不过是为心灵哲学勾勒一个方案。我还需要做各种各样的扩展和说明，也还需要阐明和克服各种各样的怀疑和困难。但我希望这足以显示出，一个纯粹的物理主义的心灵理论是激动人心且可信的智性选择。

阅读问题

1. 在阿姆斯特朗看来，什么是行为主义？
2. 行为主义者们在什么地方是正确的？在什么地方是错误的？
3. 阿姆斯特朗是如何描述同一性理论的？
4. 为什么阿姆斯特朗认为同一性理论优于行为主义？

戴维·查尔默斯

意识经验难题[①]

戴维·查尔默斯（David Chalmers, 1966—）是加州大学圣克鲁兹分校的哲学副教授。他在阿德莱德大学攻读数学和计算机科学并获得学士学位，在印地安那大学攻读哲学和认知科学并获得博士学位。他的著作《有意识的心灵：探寻根本理论》（*The Conscious Mind: In Search of a Fundamental Theory*）于1996年由牛津大学出版社出版。麻省理工学院出版社近来出版了一本他的论文集，名为《解释意识：困难的问题》（*Explaining Consciousness: The Hard Problem*）。在下面的选文中，查尔默斯使用了一连串的思想实验表明，对心灵的还原主义解释都是失败的。

意识经验（conscious experience）一时成为世界上最熟悉又最神秘莫测的东西了。我们对所有事物的认知里，没有什么比对意识的认知更为直接的了，但要使它与我们所知的其他所有事物一致，则格外困难。它为什么存在？它是做什么的？它如何可能是由大脑中的神经过程引起的？这些问题是所有科学中最为有趣的问题。

从一个客观的视角看来，大脑是相对可理解的。当你看着这页书的时候，大脑中正飞快地运行着如下进程：光子刺激你的视网膜，电子信号从你的视神经传到你大脑的各个区域，最后你也许会以一丝微笑，一个困惑的皱眉或是一句评论作为反馈。当然，其中也存在着一个主观层面。当你看着这一页的时候，你意识到了它，使直接体验到的图像和文字经验变成了你个人精神生活的一部分。你对各色的花朵和充满生气的天空都有生动的印象。同时，你也许感觉到某些情绪，形成一些想法。这些经验共同构成了意识：主观的和内在的心灵生活。

多年来，研究大脑和心灵的科研人员都避免涉及意识。学界流行的观点是：科学是基于客观性的，它无法适用于意识这样主观的东西。心理学领域的行为主义运动在20世纪初盛极一时，它专注于外在的行为，不允许以任何方式谈论内在的心灵过程。后来，认知科学的兴起将研究焦点转移到大脑的运行过程，在这个时候，意识仍然是研究的禁区，它只适合做深夜酒会的谈资。

然而，在过去的几年里，越来越多的神经科学家、心理学家和哲学家开始拒斥意识不可被研究这种想法，并试图探究它的奥秘。就像所有新领域一样，这个领域也不可避免地存在着许多不同且相互排斥的理论，它们使用基本概念的方式也是相互矛盾的。要解开这一团乱麻，哲学推理是至关重要的。

这个领域的观点五花八门，从还原论（意识可以由神经科学与心理学提供的标准方法来解释）到被称为神秘主义（认为我们永远不可能理解意识）的立场不一而足。我认为，在细致的推敲下这两个观点都会被证明是错误的，而真理应当在二者之间。

[①] 选自：David Chalmers, "The Puzzle of Conscious Experience," *Scientific American* 237 (December 1995) 80-86.

为了反驳还原论，我将证明神经科学的工具无法为意识经验提供一个完全的解释，尽管他们提供了很多有价值的信息。为了反驳神秘主义，我会支持意识可以由一种新的理论来解释。这样一种理论的完整细节还尚不可知，但缜密的论证和有根据的推理可以揭示它的某些一般特性。例如，它可能会涉及新的基本定律，其中信息的概念可能会发挥核心作用。这些若隐若现的初步理解表明，一个关于意识的理论也许会对我们关于宇宙和我们自身的看法产生惊人的影响。

困难问题

研究者们以许多不同的方式来使用"意识"（consciousness）一词。要澄清这里涉及的问题，我们首先要将通常聚集在这个名称下的问题分离开来。从这个目的出发，我发现区分意识的"简单问题"和"困难问题"是有益的。简单的问题绝非是不重要的——事实上它们在心理学和生物学等领域里极具挑战性——只不过那些困难问题才是我们这里要探讨的中心谜题之所在。

意识的简单问题包括：一个人类主体是如何区分感官刺激并对它们做出恰当反应的？大脑是如何从许多不同的渠道中整合信息并用这些信息来控制行为的？主体如何可能用言语来表达他们的内在状态？尽管所有这些问题都与意识相关联，然而它们关心的都只是认知系统的客观机制。因此，我们有充分的理由期待认知心理学和神经科学的进一步研究可以回答它们。

相比之下，困难问题则是大脑中的物理过程如何产生主观经验这样的问题。这一困难问题涉及思考和感知的内在方面：各种事物的主观体验是怎样的。例如，当我们发现我们正通过视觉感知到生动鲜明的蓝色，或者在思索着远处双簧管妙不可言的声音、为剧烈的疼痛而感到痛苦、心头突然掠过的幸福或是陷入沉思时的沉静之感。所有这些都是我所谓的意识的一部分，正是这些现象构成了真正的心灵之谜。

为了厘清这个区别，让我们来看看澳大利亚哲学家弗兰克·杰克逊（Frank Jackson）设计的思想实验。假设玛丽是一名23世纪的神经科学家，她是研究大脑过程中负责色觉部分的世界领先的专家。但玛丽终其一生都生活在一个黑白屋子里，她从未见到过其他颜色。关于大脑中的物理进程，她已经知道了所能知道的一切——大脑的生物学、结构和功能。这样的认识使得她可以知道关于简单问题所需要知道的所有知识：大脑如何区分刺激、集成信息和产生口头报告（verbal reports）[①]。从关于色觉的知识那里，她知道了颜色的名称与光谱上的波长一一对应的方式，然而，仍然有某些关于颜色的非常重要的东西是玛丽所不知道的：某种颜色，比如红色，感觉起来是什么样的。我们由此可以得出，某些关于意识经验的事实是无法从关于大脑功能的物理事实中得出的。

的确，根本没人知道为什么这些物理过程会伴随着意识经验。为什么我们的大脑在处理特定波长的光的时候，我们会产生关于深紫色的经验？为什么我们会有经验呢？难道一个无意识的自动化系统就不能与人一样完成相同的任务吗？我们需要用一套意识理论来回答这样的问题。

---

① 个体对自身心理活动的口头陈述。

我并不否认意识起源于大脑。例如，我们知道视觉的主观经验与视觉皮质的物理过程紧密相连，然而这种联系本身却是复杂难懂的。主观经验看上去是由一个物理过程产生的，但我们不清楚它是如何产生，或是为什么而产生的。

神经科学就够了吗？

考虑到神经科学和心理学近来对意识的研究如火如荼，人们也许会认为这个谜即将被揭开。然而，经过仔细观察我们会发现，当下几乎所有的工作都只关于意识的简单问题。对还原论观点的信心源自于在这些简单问题上的研究进展，但所有这些在与困难问题有关的问题上都起不到什么作用。

让我们来看看圣地亚哥索尔克生物研究所的神经科学家弗朗西斯·克里克和加州理工学院的克里斯多夫·科赫（Christof Koch）提出的假说。他们认为意识也许是源自于大脑皮层中的某种振动，这种振动与神经元每秒40次发出神经冲动的频率是同步的。克里克和科赫认为，这一现象或许可以解释在大脑的各部分处理的单一感知对象的不同属性（如颜色、形状等）如何可以合并成一个连贯的整体。基于这项理论，当大脑表现两项信息的部分的神经冲动同步的时候，这两项信息就可以精确地联系在一起。

这项假说可以令人信服地阐明一个简单问题，即大脑中的信息是如何整合的。但无论发生了多少信息整合，为什么同步的振动就会产生视觉经验呢？这个问题牵涉到了困难问题，而这个理论不能为其提供任何解释。实际上，克里克和科赫在困难问题是否可以被科学解决这个问题上抱持着不可知论的态度。

相同的批评还可以适用于近年来几乎所有对意识的研究。哲学家丹尼尔·C. 丹尼特在他1991年出版的《意识的解释》（*Consciousness Explained*）一书中提出了一套复杂的理论，用以解释大脑中诸多相互独立的过程如何协同产生对所感知到的事件的整体反馈。这项理论或许可以很好地解释我们是如何对我们的内在状态做出口头报告的，但关于为什么这些报告的背后一定有主观经验作为支撑，它却没有给出任何解释。就如其他还原论的理论一样，丹尼特的理论也是一项解决简单问题的理论。

所有这些简单问题最关键的共性是，它们都是关于一个认知的或行为的功能如何实现的问题。这些问题都只是关于大脑如何执行某些任务的——它如何区分刺激、整合信息并如何产生报告，等等。一旦神经生物学找到了恰当的生物机制，表明这些功能是如何实现的，简单问题就算是解决了。

相反，意识的困难问题则远不只是功能如何实现的问题。即使与意识相关联的行为的和认知的功能都被解释了，更深的谜题仍然存在：为什么行使这些功能时会伴有意识经验？困难问题的困难之处正在于此。

解释的鸿沟

一些人声称，要解释困难问题，我们需要引入新的物理解释的工具：非线性动力学，神经科学的新发现，或者量子力学。但这些想法也都遭遇了相同的困难。让我们来看一下亚利桑那大学的斯图尔特·R·哈梅罗夫（Stuart R. Hameroff）和牛津大学的罗杰·彭罗斯（Roger Penrose）的提议。他们认为意识源自于细胞微管（细胞内部蛋白质结构）中发生的量子物理过程。哈梅罗夫和彭罗斯声称，用这样一个假说来解释大脑如何作出决定，甚至是如何证明数学定理是可能的（如果不是很有可能的话）。但即使这个理论可以解释上述问题，这项理论仍然对这些过程如何可能产生意识经验不置一词。事实上，同样的问题对于任何基于物理过程的意识理论都存在。

问题在于，物理理论最适合解释的是为什么系统会有某种特定的物理结构，以及它们如何执行各种功能。科学里的大多数问题都具有这种形式；例如在解释生命现象时，我们需要描述一个物理系统如何能繁殖、适应和新陈代谢。但意识是一个完全不同的问题，它是超越于对结构和功能的解释的问题。

当然，对于研究意识来说，神经科学也并非毫不相关。例如，它或许能揭示意识在神经系统中的对应物的本质——那些与意识经验联系最为直接的大脑过程。然而，除非我们知道为什么这些过程能产生意识经验，否则我们将无法跨越哲学家约瑟夫·莱文（Joseph Levine）称之为"物理过程与意识之间的解释鸿沟"的东西。要跨越这一鸿沟需要一种全新的理论。

真正的万有理论

在寻求这样一种理论的过程中，一个重要的观察结论是，并非科学中的所有实体都可以用更加基础的实体来解释。例如，物理学中的时空、质量与电荷（以及其他）都被认为是世界的基本特性，它们无法被还原为更简单的东西。尽管这些特性不可被还原，复杂而有用的理论仍会通过基本法则将这些实体与其他实体联系在一起。这些特性和法则共同解释了各种各样的复杂而微妙的现象。

人们普遍认为，物理学为宇宙的基本特性和法则提供了一个完美的目录。就如物理学家史蒂文·温伯格（Steven Weinberg）在他1992年出版的《终极理论之梦》（*Dreams of a Final Theory*）中写道，物理学的目标是"万有理论"（theory of everything），从这项理论中我们可以推演出关于宇宙的所有知识。然而，温伯格承认，意识仍然是一个难题。无论物理理论力量多大，意识的存在似乎都无法从物理法则中推演出来。他通过宣称物理学也许最终可以解释意识的客观对应物（也就是神经系统对应物）来捍卫物理学，但显然，这样做并不能解释意识本身。如果意识的存在无法由物理法则推演出来，这项物理理论就不是一项真正的万有理论。所以，一个最终理论必须包含一个额外的基础组成部分。

为此，我认为意识经验应被看作是一个基本特性，无法被还原成任何其他更基本的东西。这一想法或许乍一看十分奇怪，但它是理论要保持一致性所必须的。在19世纪，人们发现电磁现象无法被当时已知的原则来解释，科学家们因而引入了电磁荷作为一个新的基本实体，并研究相关的基本法则。同样的原因也可以用在意识上，如果现有的基础理论都无法包含它，那么我们就必须寻找一项新的基础理论了。

任何基本属性都一定会对应相关的一套基本法则。就意识而言，其基本法则必须将意识经验与物理理论中的元素联系起来。这些法则几乎可以肯定将不会干预物理世界的法则，后者依据自身构建了一个封闭的系统，而这些法则充当了桥梁的作用，它们说明经验如何依赖于基本的物理过程。能跨越解释鸿沟的正是这样一座桥梁。

如此一来，一个完善的理论就需要包含两个组成部分：物理学法则，它告诉我们关于从无限小到整个宇宙的物理系统的特性；以及我们所谓的心理物理学（psychophysical）的法则，它告诉我们上述的某些系统是如何与意识经验联系在一起的。这两个组成部分将共同构成一个真正的万有理论。

寻找一项理论

我们暂且先假设存在这样的心理物理学法则，我们如何可能发现这样的法则呢？这项工作最大的障碍是缺少相关的数据。如前所述，意识是主观的，是故我们无法直接从其他人的角度来观测它。然而这个困难只是一个障碍，而非死胡同。首先，我们每个人都可以获知我们自己的经验，这一丰富的资源就可以用来构建理论。我们同样可以合乎情理地依赖间接的信息，诸如主体对他们经验的描述。哲学论证和思想实验也都能派上用场。这些方法都有局限性，但它们足以为我们寻找新的理论提供一个很好的开端。

这些理论不会是可被决定性地检验的，所以与传统科学学科中的理论相比，它们不可避免地带有更多的主观推断色彩。尽管如此，它们没有理由不应被用来尽可能精确地解释我们的第一人称经验以及其他主体所报告的证据。如果我们发现某理论比起任何其他具有同等简单性的理论更符合这些资料，我们就有充分的理由去接受它。现在我们还没有哪怕任何一个理论能与这些资料相符合，所以对可检验性的担心还言之过早。

我们也许可以从寻找高阶的桥接法则开始，即将物理过程和日常生活层面的经验连接起来。这样一个法则的基本轮廓或许可以从以下观察中获得：当我们意识到某物的时候，我们通常能基于它采取行动并能谈论它——这些都是客观的物理功能。反过来，当一些信息被直接地用于产生行动和言语时，通常它都被意识到了。因此，意识（consciousness）与我们所说的"察觉"（awareness）是高度关联的：通过这一过程，大脑中的信息被全面用于运动过程，如言语和身体动作。

这个想法也许看似琐碎。但正如我们在这里所定义的，察觉是客观的且是物理的，而意识则并非如此。为了将概念适用的范围延伸到不能说话的动物和婴儿，我们有必要对察觉的定义做一个改进。但至少在常见的情形下，我们可以看到一个心理物理学法则的粗糙轮廓：有察觉就必然有意识，反之亦然。

为了进一步发展这一思路，让我们设想一下存在于意识经验之中的结构。例如，某个视界的经验就是一幅不断变换颜色、形状、模式的镶嵌图案，因此它有着详细的几何结构。我们可以描述这个结构、探究它的不同组成部分并执行其他依赖于它的行动，这些事实表明，这一结构通过意识的神经过程直接对应着大脑提供的有用信息。

类似地，我们对颜色的经验也有一个内在的三维结构，它与大脑视觉皮层里的信息处理过程的结构互为镜像。这个结构正如艺术家们所使用的色轮（color wheels）和绘图所示，各种颜色被排列进一个系统化的模式中——从红到绿是一个轴，从蓝到黄是另一个轴，从黑到白则是第三个轴。在色轮上，相邻的颜色感觉起来是相似的，它们在大脑中符合的也极有可能是相似的知觉陈述，这些陈述是目前人类尚未完全理解的神经元中复杂三维编码系统的一部分。我们可以将其中暗含的概念重新叙述为一条结构一致性原则：意识经验的结构反映了察觉中的信息结构，反之亦然。

另一个心理物理学法则的候选者是组织不变性原则（the principle of organizational invariance）。这一原则表明，有着相同抽象结构的物理系统会产生同一种意识经验，无论它们由什么构成。例如，如果我们神经元之间的精确交互可以被复制到硅芯片上，这些硅芯片就也能产生相同的意识经验。这个想法多少有些争议，但我认为它可以从逐步用硅芯片来替代神经元这个思想实验那里得到强有力的支持。这一想法的深远意义在于，或许有一天，意识可以在机器中实现。

信息：物理的与实验的

一个意识理论的最终目标是一套简单而优美的基本法则，与物理学的基本法则类似。然而，上文描述的原则都不大可能成为基本法则。毋宁说它们似乎是高阶的心理物理学法则，与诸如热力学和动力学等物理学中的宏观原则类似。那么，基本法则会是什么呢？没人知道，但我不介意大胆猜测一下。

我认为，心理物理学的基本法则或许会以"信息"作为其中心概念。麻省理工学院的克劳德·香农（Claude E. Shannon）在20世纪40年代就曾提出，信息作为一个抽象概念，意味着一套相互独立的状态，以及这些状态之间共性与差异的基本结构。例如，我们可以将一个10位二进制代码看作是一个信息状态。每当这样的信息状态与物理状态（比如电压）相符合的时候，它们都可以在物理世界中体现出来，而它们之间的差异可以通过某些途径如电话线等传送出来。

我们同样可以发现，信息可以体现在意识经验中。例如，视界领域中有色斑点的模式就可以被近似地看作是像素显示屏。有趣的是，我们发现在意识经验中体现的信息状态与在大脑中的基本物理过程所体现的信息状态是相同的。例如，色彩空间的三维编码显示，颜色经验的信息状态与大脑中的信息状态是直接符合的。我们甚至可以将这两种状态认为是同一种信息状态的两个方面，这种信息状态同时体现于物理过程和意识经验之中。

于是就自然地会有如下假说。或许信息，至少是某些信息，有两个基本的方面：一个物理的，一个经验的。这一假说可以具有基本原则地位，成为物理过程和经验之间关系的基础。我们在任何时候发现的意识经验，都作为一个信息状态的一个方面而存在，它的另一个方面体现在大脑中的物理状态中。这个假设还需要被进一步充实才能成为一个令人满意的理论，但它很好地符合了我们之前提到过的各个原则——例如，具有相同结构的系统会包含相同的信息——且它能解释我们意识经验的许多特性。

这个想法至少与其他想法是相容的，例如物理学家约翰·惠勒（John A. Wheeler）就认为，信息是宇宙物理学的基础之一。物理学法则也许最终可以被信息术语解释，如此一来，我们将在物理学和心理物理学法则的建构上获得令人满意的一致，甚至物理学理论和意识理论或许可以最终并入一个更大的信息理论中去。

信息的普遍存在会造成一个潜在的问题。例如，即使一个温度计也可以包含一些信息，我们能说它是有意识的吗？关于这个问题，我们至少有两种可能的回应。第一种回应是，我们可以限制基本法则，使得只有某些信息可以有经验的方面，这或许取决于它的物理过程是怎样的。第二种是，我们可以勉强承认所有的信息都有意识的方面——复杂的信息处理伴随复杂的经验，而简单的信息处理伴随简单的经验。如果是这样的话，那么即使是一个温度计也会有经验，尽管这样的经验会比最基本的色彩经验也要简单得多，而且显然这样的经验不会伴有情绪或思考。乍一看这似乎很奇怪，但如果经验确实是基本的，那么我们就可以期望它是普遍的。总之，对这种回应方法的选择应当取决于哪一个可以与最强的理论统一起来。

当然，这些想法也可能全都是错误的。但是，它们有可能可以发展为一个更加强有力的方案，这个方案可以根据我们大脑的物理过程预测其产生的意识经验的精确结构。如果这项计划成功了，我们将有充分的理由来接受这一理论。如果它失败了，我们还可以走其他的路，还可以发展出其他可供选择的基本理论。这样，或许有一天，我们可以解决心灵的最大谜题。

阅读问题

1. 查尔默斯认为，什么是"简单问题"？什么是"困难问题"？如果科学家们解决了所有的简单问题，就可以解决困难问题吗？为什么？

2. 关于玛丽这个没见过色彩的神经科学家的思想实验是怎样的？查尔默斯认为该实验表明"存在关于意识经验的事实，这些事实无法被还原为关于大脑功能的物理事实"，你同意吗？说说你的想法。

3. 查尔默斯提出意识由大脑产生，他的意思是什么？是不是说大脑状态就是意识状态？查尔默斯关于意识的观点是如何区别于诸如笛卡尔这样的实体二元论者的？

4. 查尔默斯对诸如丹尼特这样的还原论者的主要批评是什么？他的批评是正确的吗？说说你的想法。

特利·比森

他们是肉做的[①]

特利·比森（Terry Bisson, 1942—）是一名美国科幻作家。他写作过几本将科幻与魔法或讽刺结合在一起的小说。他的短篇故事《熊发现火》（"Bears Discover Fire"）获得了1991年的雨果奖、星云奖、轨迹奖和斯特金奖。下面的这个故事获得了星云奖的提名，在这个故事中他从外星人的视角描绘了物种主义。

"他们是肉做的。"

"肉？"

"是的，他们都是肉做的。"

"真的是肉？"

"这毫无疑问。我们从这个星球的不同地区各找了几个家伙，带到我们的侦察舰上，对他们进行了全方位的检查，他们完全是肉。"

"这不可能。那些无线电信号又怎么解释？那些发往其他星球的信息呢？"

"他们用无线电波来交流，但这些信号是从机器里发出来的，而不是从他们那儿发出来的。"

"那么是谁制造了那些机器？他们才是我们想要接触的。"

"他们制造了那些机器，这正是我想告诉你的事，这些肉制造了那些机器。"

"真荒唐！肉怎么可能制造机器？你这是要我相信存在一种有知觉的肉。"

"我不是要你相信，我只是告诉你，这些生物是那个地区中唯一有知觉的物种，且他们由肉组成。"

"也许他们就像是奥弗莱人，你知道的，一种碳基的智能，他们会经历一个肉质阶段。"

"不，他们从生到死都是肉。我们已经研究了相当于他们的好几个生命跨度那么久了，也用不了多少时间。你知道肉的寿命有多长吗？"

"饶了我吧。嗯，也许他们只有一部分是肉，你知道的，就像维迪莱人那样，有一个肉做的头颅，里面是电子等离子体的大脑。"

"不。我们考虑过这点的，因为他们确实有一个肉做的头颅，这点和维迪莱人一样。但我告诉过你，我们检查过了，他们完全是肉。"

"没有大脑？"

"噢，算是有一个大脑吧，只不过他们的大脑也是由肉组成！这正是我一直想告诉你的事。"

"那么……他们用什么思考呢？"

"你还没听懂，对吧？你拒绝理解我告诉你的事，正是肉做的大脑在思考。"

"会思考的肉？你要我相信肉会思考！"

[①] Terry Bisson, "They're Made of Meat," *Omni*, April 1991.

"对，会思考的肉！有意识的肉！会爱的肉，会做梦的肉。这些事情都是由肉来做的。你明白了吗？还是我要再从头说一遍？"

"天啊！所以你是认真的吗，他们是肉做的！"

"谢天谢地，你终于明白了。是的，他们确实是肉做的，他们已经花了上百年的时间试图与我们取得联系了。"

"天啊。那么这种肉脑袋中有些什么想法？"

"首先，他们想和我们说话。然后，我估计他们想探索宇宙，接触其他的智慧体，交流思想和信息。一般都这样。"

"我们将要和肉交谈。"

"是这么回事。这就是他们用无线电发出的信息：'喂，有人吗？有人在家吗？'诸如此类。"

"那么，实际上他们会说话，会使用词语、观念和概念吗？"

"噢，是的，只是他们用肉来这么做的。"

"我记得你刚告诉我他们用的是无线电。"

"他们确实使用了无线电，但你以为在无线电上的是什么？肉的声音。你知道拍打肉会发出声音，对吧？他们就是靠互相拍打他们的肉来说话的，他们甚至还能从肉里挤出气流来唱歌。"

"天啊。会唱歌的肉。这太过分了。那么，你有什么建议吗？"

"正式的还是非正式的？"

"都说说吧。"

"正式的话，我们应该去接触、欢迎并记录下宇宙的这个象限中任何及所有有知觉的物种，不带任何偏见、恐惧或偏爱。非正式的话，我建议我们抹去记录，并忘掉整件事。"

"我就等你说这个呢。"

"这看来有些残酷。但凡事有个限度。我们真的想跟肉接触吗？"

"我百分之百同意。跟他们接触要说些什么呢？'喂，肉。最近过得好吗？'但这有用吗？这事涉及到几颗行星啊？"

"只有一颗。他们可以通过某种特殊的装肉的容器跑到其他星球那儿去，但他们无法在那些星球上生存下来。而作为肉，他们只能通过 C 空间来旅行，这使他们无法达到光速，也使他们与外星生物接触的可能性较小。事实上，希望非常渺茫。"

"因此我们就假装在这片宇宙中一无所有就可以了？"

"正是如此。"

"真残酷。但你自己也说了，谁想跟肉打交道呢？而已经在我们飞船上的那几个，就是你彻底检查过的那几个，你肯定他们不会记起这件事？"

"如果他们还记得的话，就会被当成疯子。我们进入他们的脑袋中，抹去这些肉的记忆，对他们而言，我们只是一个梦。"

"我们只是这些肉的一个梦！对于这些肉来说，我们只存在于梦里！多么奇怪又恰当至极的说法。"

"然后我们把这整个区域标注为'无智慧区'。"

"很好,我赞成这么做,无论正式地还是非正式地。事情完结了。还有其他情况吗?银河系那一侧还有什么有意思的东西么?"

"有的,在G445地区的九级恒星上生活着氢核智慧生命,他们非常腼腆,但很可爱。他们在两个银河系周期之前和我们打过交道,现在又来示好了。"

"它们总是跑过来纠缠不清。"

"为什么不呢?想象一下,如果找不到同类的话,这个宇宙该有多么冰冷孤寂、不堪忍受啊……"

阅读问题

1. 关于人类和他们的物种主义倾向,比森的故事告诉了我们什么?

2. 你是否认为一个生物是否拥有完全的道德权利取决于这种生物由什么物质组成?或者,换句话说,一个有智慧的生命是否可能由肉以外的东西组成?为什么?

3. 如果比森笔下无肉的外星人友好地造访地球,你会像尊重人类那样尊重他们吗?或者你会认为他们的道德地位(moral status)是更弱的吗?解释一下你的想法。

4. 如果你必须说服比森笔下的外星人,让他们相信人类应当享有与他们同等的尊重,你会怎么说呢?

第3章
自由意志与决定论

3.1　导　言

> 自由就是不做任何环境、任何约束和任何偶然性的奴隶。
> ——塞内卡

假设你是一名出色的计算机科学家，完成了一项惊人的创举。你创造出了许多科幻小说中描绘的那种机器人，它就像是《星际迷航》里的机器人指挥官戴塔那样。然而，糟糕的事情发生了。

你心爱的作品杀了一个人。警察抓不到你的机器人，但他们可以抓到你——并立即以谋杀罪名把你逮捕了。检察官宣称你要为这起谋杀负责，因为给这台机器人编程的是你。你回答说，你将这台机器人设计成可以根据它自己的自由意志做出选择。但检察官宣称机器人不可能有自由意志，它的选择直接决定于（1）它的初始构造，（2）随后由外界环境带来的改变。在这两个因素上机器人显然都没有发言权。检察官说，机器人的选择和行为，是被在它控制之外的力量所决定的，你才是要为此负责的人。即使机器人可以更改它的程序，或者改变周围的环境，你也必须承担责任。毕竟，检察官说，机器人自我编程和改变环境的方式都取决于你。

你回答说，如果因为（1）和（2），就说你的机器人没有自由意志的话，那么人类也同样没有自由意志。人类和机器一样，是由超出他们控制的初始构造和环境影响的结果，他们对自己的出生、基因构成、身体特征，以及影响他们早期发育的生活条件都没有发言权。你说道，人们也是被他们的基因和环境所决定了的，就像你的机器人是由你编程的一样。你宣称，就像人类尽管是"编程"的产物却显然可以有自由意志一样，你的机器人也是有自由意志的。[1]这个说法正确吗？不论科学发展到何种地步，一个机器人真的可以在其程序被决定的同时，又能够自主地作出选择吗？难道"被编程之物具有自由意志"不是像检查官所暗示的那样，是自相矛盾的吗？说得更确切一些，我们人类可以同时既是被决定的又是自由的吗？看起来我们和机器人的处境没有什么不同。就上面提到的来看，我们都相信我们是由基因和环境联手"编程"的产物；但我们仍然想要相信至少我们的某些行动和选择是自由的。这两个信念如何可能同时为真呢？

这个机器人的场景将我们引向了问题的核心。我们对自身似乎抱有一些相互冲突的信念，而这个冲突比大多数人认识到的都更基本也更令人不安，它是被哲学家们称为**自由意志与决定论难题**的核心问题。让我们将这个难题表述得更加精确一些。

> 试图与必然性争辩是徒劳的。
> ——詹姆斯·拉塞尔·洛威尔（James Russell Lowell）

首先，我们都相信，或至少倾向于相信，每个事件都有一个使它发生的原因。我们会觉得，如果说一个事件的发生是没有原因的（uncaused），那么这是在胡说八道；如果一个人很严肃地认为她的时钟在没有任何原因的情况下停止工作了，我们不会相信她，即使没人能准确判定是哪一个或哪几个原因造成的，我们仍然不会相信时钟会没有任何原因而停止工作。我们也许会说是出于我们不知道的原因或者很难发现的原因，但不会说原因根本不存在。不论我们谈论的对象是时钟、计算机、太阳耀斑、鹅的交配习惯还是感冒，我们都认定它们一定是有原因的。

进一步说，我们都相信我们的行动——我做什么、说什么和选择什么——同样一定是有原因的，就像其他任何事件都一定是有原因的一样，因为我们的行为也是事件的一种。我们会假设我们的行动是遗传因素、过往的经验、性格特点、先前的环境或者**某个东西**[①]作用的结果。实际上，我们相信我们的行动必然有其原因，否则它们就都只是偶然发生的了。

另一方面，我们都相信我们有自由意志——有些时候我们可以自主做出选择，并且选择什么完全取决于我们自己。大多数人也都认为如果我们的行动是自由的，那么我们就应当为我们所做的事情负责。

但如果每一件事、包括每一个行动都是有原因的，那人们如何可能有自由意志呢？假设你做出了一个动作：你的手指按下了一个按钮，引爆了一个炸弹。因为每件事都是有原因的，你手指的这次移动就必须是有原因的——原因也许是伴随着大脑与手中的特定电脉冲而产生的肌肉收缩。从决定论的观点看来，这件事是有原因的，而这些原因本身又一定分别有其他原因（如特定的大脑状态），且其他的这些原因一定又还有其他原因，以此类推。事实上，一定存在一整条因果序列无限延伸到过去——甚至要回溯到你出生之前很久。因此，你按下按钮这个简单的行动一定是你无法控制的什么原因造成的，你的行动是早已被决定的，在你想到去按下按钮之前就被决定了——甚至是在你有手指之前就被决定了。更糟的是，我们的所有行动都可以这么解释：它们都是被决定的。因此，它们看起来完全处于我们的控制之外，当我们做出行动的时候，我们是别无选择，必须按着被决定好了的方式去行动的。

美国哲学家、心理学家威廉·詹姆斯（William James，1842—1910）用下面的方式来解释因果决定论（causal determinism）：

> 它表明宇宙的那些部分已经制定了绝对的法令，命令其他部分应当怎么做。未来从一开始就不存在任何模糊的可能性：我们称为现在的这个部分是与整体相一致的。被永恒固定下来的未来不可能被其他未来代替，整体体现在每个部分中，将每个部分焊接成一个完全的统一体——一个铁块，没有任何发生改变的可能或希望。[2]

所以，如果决定论的观点为真，我们怎么可能是自由的呢？如果我们的行动不处在我们的控制之下，我们怎么会有自由意志呢？我们都相信我们是自由的，但这如何可能呢？我们怎么可以前后一致地同时相信我们是被决定的和我们有自由意志呢？我们最基础的两个信念看上去互不相容。一些似乎十分错误的基本假定弥漫

> 我们的生活中有两个好东西——自由思想和自由行动。
> ——萨默塞特·毛姆
> （Somerset Maugham）

[①] 应是暗示一些超自然力量，比如上帝。

> 一个人可能在午饭前是个悲观的决定论者，而在饭后则变成了一个乐观的相信意志自由的人。
> ——奥尔德斯·赫胥黎（Aldous Huxley）

在我们与他人、法律、社会机构，以及我们内心深处的想法之间的关系之中。我们真的是不自由的吗？决定论是错误的吗？我们是不是错误地理解了这个问题呢？

很多事情都依赖于我们对这个难题的回答，而其中最事关重大的莫过于我们对于道德和法律责任的理解。如果我们在任何意义上都不是自由的，我们就没有理由为我们的所作所为负责，我们没有理由受到称赞或是谴责，不会因为我们的任何行动得到奖赏或惩罚。毕竟，我们无法控制我们的行动——这些行动是一条向过去无限延伸的因果链产生的结果，我们对这个过程没有发言权，它只是发生在我们的身上罢了。我们因此没有理由为我们的行动和选择承担责任——就如我们同样也没有理由为降临在我们身上的遗传疾病负责一样。

为了更全面地理解这个观点，我们考察一下作家塞缪尔·巴特勒（Samuel Butler）笔下的虚构世界。在他的讽刺小说《埃瑞璜》（*Erewhon*）中，他要我们设想一个刑罚系统在根本上与我们不同的国家。在《埃瑞璜》中，犯罪的人不会受到惩罚，而是被送进医院治疗道德疾病，就像我们的世界里对待病人那样；而那些身体上生病的人，却不是接受治疗，而是像我们对待罪犯一样被起诉和惩罚。巴特勒的观点是，如果决定论为真，惩罚罪犯与惩罚病人的意义就会是一样的，因为罪犯的行为和病人的情况都是被超出他们控制的力量所决定的。

在一个戏剧性的案例里，一个年轻人因为生病被判有罪，法官在判决时做出如下陈述：

> 被告，你被控在患有肺痨的情况下劳动，在经过公正的审讯之后，你的陪审团同胞认定你有罪，对于审判公正性我没什么好说的：指控你的证据十分确凿，我唯一能做的是遵照法律程序，在最后对你说一句话，这句话必须是非常严厉的。看到一个原本有大好前景的年轻人，被一个在我看来彻底堕落的体格带到如此悲惨的境地，我很难过，但你不值得同情：你已经不是初犯了……你去年就因为重度支气管炎被判有罪，我发现尽管你只有23岁，可你至少14次因为多少有些可憎的身体疾病进过监狱，这么说事实上并不过分：你的大部分生命都将在监狱里度过。[3]

如果巴特勒是对的，那么我们的刑罚制度就全都错了，它因为人们不可能控制的行动而惩罚他们——对这些行动他们是不负有责任的。我们不需要诉诸小说也能看到这个主题的其他变奏。我们只需拿起一份报纸，就可以在上面读到律师在为他的委托人辩护说，被告对他的非法行为是不负有责任的，因为他生来就带有糟糕的基因，或者他是在一个暴力的社区中长大的（并因此患有"都市生存综合症"），或者他也是长期虐待的受害者。

著名辩护律师克莱伦斯·丹诺（Clarence Darrow，1857—1938）在使用"决定

在法庭上：是魔鬼让我干的

律师们仍然使用决定论辩护为他们的委托人洗脱罪名。但今天的律师会更具体地阐述他们委托人行为的原因。《纽约时报》的玛格特·斯莱德报道了一些决定论辩护的新近案例。

"是魔鬼让我干的"这个借口可能和魔鬼自身一样古老。而当美国人从只关心自己的"唯我世代"（Me Generation）转变为了自我宽恕的"不是我的错世代"（Not Me Generation）时，由心理学解释为之背书的"魔鬼"就越来越多地出现在近来的法庭辩护中。

……洛杉矶的穆萨·汉诺凯因为用扳手将妻子打死被控谋杀（murder），在律师的努力下，他最终被判处次一级的故意杀人罪（voluntary manslaughter）。他的律师辩称汉诺凯先生的妻子在心理上阉割了他——迫使他睡在地板上，给他起侮辱性的绰号——导致他的自尊被摧毁了，患上了"懦弱配偶综合症"（meek-mate syndrome）。

戴蒙·奥斯比，一个18岁的黑人青年，在德克萨斯州沃斯堡市的一个停车场枪击了两名手无寸铁的黑人……律师辩称他患有"都市生存综合症"（urban survival syndrome，即生活在内城里的黑人害怕其他黑人），成功使陪审团陷入僵局。

……辩护律师已经将他们的陈述押注在：

"类固醇癫狂症"（Roid rage），19岁的特洛伊·马修·爵度被指控在约克县附近的83号州际公路上向车辆投掷石块……导致多人受伤。他的律师将被告的情绪波动与类固醇的使用相关联起来，以减轻这位少年的刑罚。

"黑人的愤怒"（Black rage），这种辩护被形容为一种由受到种族歧视导致的精神失常，被他的律师用来解释为什么黑人科林·费格森会在纽约市近郊的往返列车上杀死6人，伤害19人……

"胎儿三甲双酮综合症"（Fetal trimethadione syndrome）出自纽约州萨沃纳市的一个案例，在该案中，14岁的艾瑞克·史密斯将一个4岁男孩打击致死。对此，他的律师声称，因为被告的母亲在怀孕时，使用了治疗癫痫的药物，使得被告产生了一种无法自控的"虐待倾向"……

"除非将所有这些东西都当作心理呓语排除出去，否则越是了解人们如何及为何以某种方式来行动，我们就越是能（为人们）提供有效的辩护。"弗吉尼亚州亚历山大市的律师丽莎·B.凯姆勒如是说，她在为洛雷娜·波比特辩护时，成功援引"受虐的女人"（battered woman）这一辩护来解释，为什么波比特会在她丈夫睡觉时，切掉他的阳具。陪审团因而判断她是短暂性精神错乱……

学者们说，危险在于陪审团变得不愿意划出准线。"如果我们允许都市精神病作为对犯罪的辩护，"约翰·莫纳汉说道，"下一个会是什么呢？表现为病态地害怕割草机和烤肉的郊区精神病？"

刑法的存在基于人们有自由意志这一理念。"这也许是一个立法上的虚构，"他说，"但它对于一个民主国家来说是不可缺少的，如果拒绝了这一理念，我们就变成乔治·奥威尔小说里的人物了。"[4]

论辩护"（determinism defense）这方面，有着一贯娴熟的技巧和激情。在20世纪20年代，他为利奥波德和洛布（Leopold and Loeb）这两个大学生辩护，他们杀死并肢解了一个孩子。他承认这两个男孩确实做出了令人发指的行动，但辩称他们——就像我们所有人一样——从没有真正控制过自己的生活。甚至在这两个男孩构思犯罪之前他们就被一种力量所决定了——这是注定的。在辩护中，丹诺声称：

自然是强大而冷酷无情的。她自有其神秘莫测的行为方式，我们都是她的受害者。自然掌握着我们的命运，而我们自己对此无能为力。在古代诗人奥马尔·海亚姆（Omar Khayyam）笔下，我们只是：

他棋局中无助的棋子，

站在这个日与夜的棋盘之上，

到处移动，进攻，肆意杀戮，

最后一个个回到壁橱里。

这个孩子和这些有什么相干？他不是他的父亲，他不是他的母亲，他不是他的祖父母。一切都由外界加在他身上。并不是他自己选择被这些家庭教师和万贯家财所环绕。他没法左右自己，然而却不得不为此付出代价。

以前，英国法官会开庭让陪审团来审判马、狗、猪是否犯罪，这种做法直到19世纪初才被废止。我在书里读到过这样一个故事，说法官、陪审团和律师审判一头老母猪，并宣布这头老母猪躺在她的十头小猪身上将它们压死是有罪的。

这是什么意思？让动物接受审判。你的意思是想告诉我迪基·洛布对他自己现在成为这个样子能比生在地球上的其他遗传生物负有更多的责任吗？[5]

使用这样的策略，丹诺说服了陪审团放弃死刑判决，改判终身监禁。

如果丹诺是正确的，那么我们就必须承认道德责任不过是个幻觉。我们也许会发现自己同意斯坦贝克小说《愤怒的葡萄》（*The Grapes of Wrath*）中的传教士卡西的看法，他在某个夜晚醒来说："根本无所谓罪行或是美德。它们都只是人做的事，都是同一件事的一部分。人做的事里，有些很好，有些则不怎么样，但任何人都没有权利做出更多评价了。"[6]

要试图确定我们是否能自由地行动，我们将考察多种关于自由行动的理论。我们从强决定论（hard determinism）开始（3.2节），这个理论认为没有人可以自由地行动，因为所有事件都是被引起的（caused）。接下来我们将考察非决定论（indeterminism），非决定论认为我们的一些行动是自由的，因为有些事件是无原因的。然后，我们将考察两种形式的相容论（compatibilism）（3.3节）：传统相容论（traditional）与分层相容论（hierarchical），相容论认为即使所有事件都是被引起的，我们仍然可以自由地行动。最后我们将考察自由意志主义（libertarianism）（3.4节），自由意志主义认为自由行动意味着行动是由一个主体[①]而非事件引起的。

---

① agent在本书中除少数语境外，一般译为主体，如道德主体（moral agent）、行为主体（behavior agent）、主体因果作用（agent causation）等，这个词亦有行动者、践行者等译法。

这些理论中的每一个都有它的优势和不足。为了确定哪一种是最可信的，我们就必须判断哪一种理论能对包含思想实验在内的所有证据给出最好的解释。

本章目标

在读完这个章节后，你应该能
- 认识到法律和道德决定论与现实问题的关联性。
- 评价被引用来支持决定论的证据。
- 陈述各种自由行动的理论。
- 描述用于测试这些理论的思想实验。
- 评价各种自由行动理论的优势与不足。
- 定义因果决定论、因果的非决定论、相容论、不相容论、一阶欲望和二阶欲望。
- 构造你自己关于自由行动如何可能（或者为什么它们是不可能的）的观点。

> 没有比错误地相信他们是自由的那些人更加绝望地被奴役着的人了。
> ——歌德（Goethe）

3.2 一切都是命运：自由即偶然

在这一节中，我们将考查两种密切相关的理论，它们都是对因果决定论学说作出的挑衅性反应。你或许已经在没有对此多加考虑的情况下，假定其中一种为真了。现在，让我们来看看这样的假定是否经得起推敲。

强决定论

那些相信我们没有自由意志——认为不存在自由行动——的人被称为**强决定论者**（hard determinists）。他们声称，每一件事都是由因果作用决定的，因而没有人可以自由地行动。威廉·詹姆斯赋予他们"强决定论者"的称谓是因为他们不"惧怕和回避诸如命中注定、意志的枷锁、必然性等词语"。[7]他们欣然接受这样的观点，即没有人能控制自己的生活。

传统上，强决定论者都是唯物主义者。事实上，第一个提出物质原子论的留基伯（Leucippus，约公元前500年）就因为这句话而闻名——"没有什么是偶然发生的，每一件事都是必然。"在留基伯看来，世界是由微小而不可分割的被称为原子的东西组成的，这些原子穿过空洞的空间并按照固定的法则相互碰撞，这些碰撞可能导致单个的原子结合在一起或者使原子的集合分裂开来。当单个的原子结合在一起的时候，某物就产生了；当原子的集合分裂的时候，某物就不复存在了。所有事情的发生都是原子碰撞的结果。

尽管我们称为原子的东西并非不可分割，我们关于实在的最先进的理论仍然基于留基伯的洞见。这种主张被称为粒子物理学的"标准模型"，它认为，世界中所有的东西都是由基本粒子组成的，这些粒子间的相互作用产生了所有我们已知的物理现象。

法国天文学家皮埃尔-西蒙·拉普拉斯（Pierre-Simon Laplace，1749—1824）在以下的思想实验中清晰地揭示了粒子物理学的决定论意蕴。他指出，假定有这样一个存在物（上帝？来自外太空的先进的外星人？一台超级计算机？），它知道关于宇宙中所有物体的事实和支配它们的法则，拉普拉斯意识到，这样一个存在物就能预言整个宇宙的未来！

思想实验

拉普拉斯的超级存在物

假设有这样一个智能体，它能理解所有使宇宙运行的力量，以及组成它的各个存在物各自的情况——一个大到足可分析这些数据的智能体，它的公式里可以涵盖宇宙中最大的物体和最小的粒子的运动；对它而言，没有什么是不确定的，过去和未来都以同种方式呈现在它的眼中。[8]

在传统的唯物主义看来，宇宙就像是一场巨大的台球游戏。就像每一个台球的路径都是由作用于它之上的力决定的，每一个基本粒子运行的路径也是如此。知道台球的运动法则、属性和作用在它们之上的力的人将能预言它未来所有的运动；同样地，知道所有物理法则、宇宙中所有物体的所有属性以及所有作用在它们之上的力的人也将能预言宇宙的整个未来，包括我们将要做的一切。但如果预言我们所有的行动是可能的，那么我们的所作所为就不取决于我们自己了；如果按照传统的唯物主义所主张的，我们所有的行为都取决于超出我们控制的力量，我们便没有自由意志。

那么，在传统唯物主义看来，宇宙就是一架巨大的按照固定法则运转的复杂的机械。在这个巨大的机器里，有许多被称为人类的机械组件，他们同样是全然物理的并完全受制于自然法则。这些机械拥有复杂的大脑来产生各种大脑状态，每一个大脑状态都必然地跟随在另一个大脑状态后面，以至于人的每一个想法和行动都是必然性的产物，就像是任何机械运行所必须的那样。因而，我们的选择和行动的原因是超出我们控制之外的。我们也许看起来是自由的，但那不过是出于对作用在我们身上的力量的无知而产生的幻觉罢了。

18世纪的保罗·亨利·霍尔巴赫男爵（Baron Paul Henri d'Holbach）雄辩地描绘了这一世界图景，霍尔巴赫是系统地批判人类有自由意志的第一批近代思想家之一，他声称：

> ［人］与普遍的自然联系在一起，服从必然且不可变的涵盖自然界所有事物的法则……人的生活就像是一条线，自然命令他沿着这条线在地球表面上行进，他任何时候都不能偏离它，哪怕一瞬间也不可以。他的出生没有经过他的同意，他的身体组织也丝毫不受他自己决定，他的想法不由自主地出现在脑海，他的习惯是在其他人的控制下养成的，他不断地被显性的和隐性的原因改变，这些原因都不由他控制，却必然地规定了他存在的模式，思维倾向的色彩并决定了他的行为方式。⁹

在霍尔巴赫看来，我们都是自然中的事物。受那些支配着自然中其他事物的法则所支配。既然那些法则不受我们控制——既然我们无法随意改变那些法则——我们的生活就是不受我们控制的了。就像我们无法改变过去一样，我们也无法改变未来。

强决定论的哲学理论奠基于**因果决定论原则**（the principle of causal determinism），这项原则表明所有事件都是前一个事件与自然法则共同作用的结果。根据这项原则，所有未来将发生的事情都是过去发生的事情和自然法则共同作用的结果。然而，你无法改变过去（因为你无法穿越时空回到过去），又无法改变自然法则，所以该发生的都会发生，你什么也做不了。

科学在起作用，人性曾起过作用，学术研究曾起过作用，所以理智的人现在可以意识到其实每个人都是他背后无止境的遗传和他周围无限的环境的产物。

——克莱伦斯·丹诺

强决定论
这项学说认为根本不存在自由的行动。

说人是出于自由意志而犯下罪行的，因而应对其负责，就像说花儿应该为它们的色彩和香气负责一样。在这两个例子里，其最终结果都是由原生质的本性，以及情势中的偶然共同塑造的。

——纳桑尼尔·坎托
（Nathaniel Cantor）

在强决定论看来，可能的未来只有一个，因为宇宙必须按照自然法则所规定的方式展开。如果出于一些不寻常的巧合，宇宙中的所有事物都回到了过去的某个时刻，所有事情依然会按照之前的轨迹重新发生一次，其中也包括你阅读本书这个事件。且如果拉普拉斯的超级存在体拥有关于宇宙那个时刻的状态的所有知识，他也可以预知到你会在此时此刻阅读本书。强决定论者说道，你能控制你的生活这种观念已经可以被抛弃了，事实与你所想的刚好相反，你根本没有自由意志。

强决定论者并不否认我们看上去是有自由意志的，他们否认的是事物看上去的样子就是它们真正的样子。在他们看来，我们对自身行动的真正原因一无所知，因而才会产生我们有自由意志这样的幻觉。为了说明我们的处境，斯宾诺莎让我们设想一块被扔向天空的石头，它能意识到自己的运动：

> 让我们进一步设想一块石头，当它持续运动的时候，可以思考和认识到，自己正在尽可能奋力地继续运动下去。这样一块石头，只能意识到它自己的奋力运动和它自己的愿望，这使得它相信它是完全自由的，它会认为它的持续运动仅仅是出它他自身的意愿。这就是人类夸口的他们所拥有的自由，它只来源于这样一个事实，即人们能意识到自己的欲望，但却意识不到决定了这些欲望的原因。[10]

因果决定论
这项学说认为所有事件都是过往事件和自然法则的产物。

这块有意识的石头认为它是自由的，因为就它所知，它正在做自己想要做的事。然而我们知道，它的运动完全是由超出它控制的力量所决定的。在斯宾诺莎看来，我们就像是那块有意识的石头，错误地相信我们有自由意志，因为我们没有意识到我们行为的原因是什么。

后果论证

强决定论者们相信因果决定论与自由意志是不相容的。在他们看来，如果因果决定论为真，那么我们就不可能会有自由意志。既然他们接受了因果决定论原则，他们就主张我们是没有自由意志的。

认为因果决定论与自由意志不相容的观点称为**不相容论**（incompatibilism），一些信奉自由意志的人（如非决定论者和自由意志主义者，我们稍后考查他们的观点）也主张这个观点。美国哲学家彼得·范·因瓦根（Peter van Inwagen）通过提出被他称为"后果论证"（the consequence argument）的论证阐明了不相容论。这个论证是这样的：

> 如果决定论为真，那么我们的行动就是自然法则和过去所发生事件这两者的产物。但我们出生前发生的事件并不取决于我们，自然法则也同样不取决于我们。因此，这些事情（包括我们现在的行动）的结果也不取决于我们。[13]

自由与预知

科学并不是唯一一门其原则似乎会否定自由意志的学科，神学也属于这个范畴。一个传统基督教神学的基本信条是，上帝是全知或无所不知者。但如果上帝知道所有我们将会做的事情，那么看起来我们就没有做其他事情的自由了。中世纪政治家、哲学家波伊修斯（Boethius，480—524）提供了最早的也是最简明的两难困境之一：

> 在我看来，上帝的普遍预知与任何自由判断的存在都是不一致的。因为上帝预知所有事情，且不可能犯错，上帝预见到的事情就一定会发生……此外，正如我知道一个当前的事实时，这个事实就必须如此一样；当我知道某事将会发生时，它也就必须发生。因而一个已被预知的事件的发生就必然是不可避免的了。[11]

波伊修斯的意思是，如果某人知道某事会发生，"这件事会发生"这个陈述就一定为真，因为你无法知道错误的事情。例如，你无法知道1+1=3，因为1+1不等于3。然而如果某事将要发生这个陈述为真，那么这件事就不可能不发生。例如，如果太阳明天将会升起这一陈述为真，那么太阳明天就必然会升起，否则这个陈述就不能为真。所以，如果某人知道某事将会发生，那么它就一定会发生。而如果它一定会发生——如果它是不可避免的——那么就没有人可以自由地阻止它的发生。因此，全知的代价就是自由。

波伊修斯认为全知与自由意志在表面上的矛盾只能通过假定上帝独立于时间存在来规避，而伟大的新教改革家、长老教会的创始人约翰·加尔文（John Calvin，1509—1564）认为，正是因为上帝独立于时间而存在，所以才没有人可以改变他或她的命运，他写道：

> 当我们将预知归诸上帝的时候，我们的意思是所有事情都一直永远地存在于上帝的眼前，对他而言没有什么未来或过去，所有事情都是现在的；而且其存在的方式并非是仅仅从他心灵的观念中构想出来的，就像我们记忆中的事情重现于我们的心灵一样，而是真正地目睹它们，看到它们就好像确实是在他面前发生一样。这样的预见可以延伸到整个世界以及所有生灵。我们将上帝永恒的意旨称为预定（Predestination），也即上帝已经自行决定每一个人类个体的必然命运。然而他们被造出来时命运就是不同的，因而一些人注定永生，另一些人则注定受到永恒的诅咒。[12]

在加尔文看来，上帝对每个人生活的每个瞬间都一目了然。我们每一个人的生活都展现在上帝的面前，就像是一幅展开的电影胶卷。正如胶卷上每一幅画面都是固定的，我们生活中的每个事件也是如此。因此，加尔文认为我们中的一些人注定会上天堂，另一些则注定会下地狱，我们什么也不能改变。

你也许会反对说，尽管上帝可能知道你将会作出什么选择，他并没有帮你作出选择。这或许是真的，但想象一下：只有当你可以选择不去做它的时候，我们才说你能自由地去做某事。如果你要做什么是注定的——如果上帝已经预见到了它，那就必然如此——那么你这样做就不可能是一个自由的行动。

思想探究

自由与预见

加尔文的论证可以表达如下：

1. 如果上帝知道我明天将会做X，那么我明天将会做X就是真的。

2. 如果我明天将会做X是真的，那么我明天就不可能不做X。

3. 如果我明天不可能不做X，那么我明天就不是自由地去做X的。

4. 因此，如果上帝知道我明天将会做X，那么我明天就不是自由地去做X的。

这是一个可靠的论证吗？为什么？如果你认为它是不可靠的，你会拒绝哪个前提？为什么？

在范·因瓦根看来，事件是有结果的，且那些结果都取决于自然法则，而我们执行的行动就包括在那些结果当中。然而因为那些行动是我们无法控制的事情的结果，我们的行动就不是自由的。

后果论证可以用更形式化的方式表现如下：

1. 如果因果决定论为真，那么每个事件都是过去的事件和自然法则的结果。

2. 我们无力改变过去的事件、自然法则或是它们的结果，其中包括我们自己的行动在内。

3. 如果我们无力改变我们的行动——如果我们不能不这么做——那么我们就不可能自由地行动。

4. 因此，如果因果决定论为真，那么我们就不可能自由地行动。

前提1阐明的是因果决定论的概念，说某事是被因果地决定的就是说它是一个对过去发生的事件和自然法则的陈述的结果。前提2陈述的是一条显见真理，即我们无法改变过去或是自然法则。我们无法做任何事来改变已经发生的事情，同样，我们也无法做任何事来改变自然法则。即使世界上的所有人一起手拉手高喊 $E=mc^3$，也不会改变爱因斯坦的著名定律：$E=mc^2$。前提3指出了根据我们这一局限性而作出的推论。如果每一件事都如它们所发生的那样发生，而不能以其他的方式发生，那么我们的行动就不是自由的。自由需要有能力在不同行动方式间做选择，但如果因果决定论为真，那么就不会有其他可供选择的行动方式。我们只能做被决定去做的事，而不能作出其他行动。在这样一个世界里，没有人可以自由地行动。

> 新近的医学研究已经证明许多（尽管并非所有的）罪犯从一开始就因为心理或生理上的缺陷而注定会犯罪。
> ——路德维希·毕希纳（Ludwig Buchner）

不相容论
这项学说认为因果决定论与认为我们有时可以自由地行动的观点是不相容的。

如果那个世界就是我们的世界，那么我们个人的和社会的许多做法就都是不正当的了。其他人的行为常常会使我们产生诸如尊重、钦佩、感激、蔑视、怨恨和嫉妒等道德情感。我们同样常常判断某些行为是对的或错的、残酷的或仁慈的、适当的或不适当的，等等。如果没有人可以自由地行动，那么这些道德情感和判断就都是错置的。我们不会谴责一块铁被磁铁所吸引，也不会赞扬一块磁铁吸引了一块铁。然而如果强决定论为真，那么我们就与铁和磁铁无异了，我们也应与它们一样不应受到赞扬或谴责。

为了解这一点，我们假设你看到一个人犯下了可怕的罪行，你对他只有蔑视，甚至是憎恶。然而，接下来你发现，他曾被一名疯狂的科学家绑架、洗脑和催眠，是这名科学家强迫他犯罪的。这时，罪犯就不应受到你的谴责，因为他无法控制自己。如果强决定论为真，那么我们就都像这名罪犯一样。我们不过是按照编好的程序去行事的，因此我们无法为我们的行为负责。

强决定论者认为因果决定论会排斥道德责任的论证可以表达如下：

4. 如果因果决定论为真，那么我们就不能自由地行动。

宿命论 vs. 因果决定论

你是一个宿命论者（fatalist）吗？如果是的话，那么你就一定会赞同这些流行的宿命论断言"顺其自然——该来的终究要来"或者"大限将至，时日无多"。宿命论的观点是未来早已注定，任何人都无法改变，也就是说，无论如何，所有未来的事件都会发生。宿命论因此排斥自由意志。

但宿命论与因果决定论是不同的，后者的观点是每个事件都有一个原因。因果决定论认为未来事件的发生是先前事件的结果。这里先前发生的事件也包括我们所做的事情，所以许多未来事件的发生是因为我们的所作所为。而宿命论则认为，**不管我们做什么**，未来事件都会发生。

"命运（Fate）"这一观念自古以来就一直存在，直到今天依然盛行。它能抚慰心灵，暗示在世界看上去的一片混乱里，存在一个严格的秩序，一种从最开始就注定的模式。它将平和的心境——一种宁静的顺从感——带给那些必须面对迫在眉睫的死亡之可能性的人，如战争中的士兵。相信命运同样可以成为借口，它为宿命论者不去努力克服困难提供了理论基础。

关于命运之作用方式的故事会让你有一种恐怖的感觉。看看你读过这个小小的由它的中心人物——死神讲述的故事后会不会脊背发凉：

> 巴格达有个商人派他的仆人去市集购买食品，不久之后仆人回来了，脸色惨白、瑟瑟发抖地说，主人，刚才在市集的时候，我被人群中的一个女人撞了一下，我回头一看，发现撞我的人是死神。她看着我，对我做出了一个威胁的动作；现在，把你的马借给我吧，我要骑着它离开这个城市来避开我的命运。我要去萨马拉，在那里死神找不到我。商人将马借给他，仆人骑上马，将马刺刺进马身体的两侧，马以最快的速度载着他飞奔。商人继续来到市集，他看到我站在人群中，便过来对我说，为什么早上你看到我的仆人的时候，要对他做出一个威胁的动作呢？那不是威胁的动作，我说道，那只是吃惊的表现。看到他在巴格达我感到很惊讶，因为我今晚在萨马拉跟他有个约会。[14]

除了令人毛骨悚然的感觉之外，有什么理由让我们接受宿命论吗？首先，似乎没有对它有利的经验证据。我们所有人的日常经验都表明，根本没有无论我们做什么，所有未来的事件都注定发生这回事。相反，有数不尽的情况表明似乎我们所做的事情是可以影响接下来发生的事件的。难怪几乎没有什么人——如果有的话——可以是一贯的宿命论者，没有人会因为无论如何一切都已注定而拒绝做哪怕举手之劳的小事来帮助他们自己。想象一下一个人说，"如果我注定今天要吃午饭，我就会吃午饭。如果我注定不会吃午饭，我就不会吃午饭。因此，我根本没有必要去关心午饭的问题"。看来，基于人类经验的对宿命论的信仰不过是迷信罢了。

然而，有些逻辑论证曾被试图用来为宿命论提供支持。其中之一是这样的：你明天或者会面临死亡，或者不会。假如你明天将面临死亡，那么"你明天将面临死亡"这一陈述现在就已经为真了；如果你明天将面临死亡这一陈述为真，那么你明天就必然要面临死亡，你做什么都于事无补。换句话说，关于未来的为真陈述要求未来一定必然是某个特定的样子。

但这个论证犯了一个逻辑谬误。我们知道一个必然真理是一个不可能为假的陈述。你明天要么会死亡，要么不会，这当然是一个必然真理，但你明天将会死亡，这却不是一个必然真理，同样，你明天不会面临死亡也不是一个必然真理。这两个陈述，如果为真的话，都只能是偶然真理——即有可能为假的陈述。在上面的论证中，两个陈述中必有一个为真，并不能推出其中的某一个必然为真。所以，这个支持宿命论观点的论证失败了，与其相似的论证也面临同样的命运。

5. 如果我们不能自由地行动，那么我们就不能为我们的行为负责。

6. 因此，如果因果决定论为真，那么我们就不能为我们的行为负责。

前提5——我们不能为我们无法控制的行为负责——背后的原理在法律中已完全得到承认。当被告可以表明一个行动是"不可抑制的冲动（irresistible impulse）"的结果，陪审团通常会认定他们无罪。然而如果强决定论是正确的，那么我们所有的行动——而不仅是那些特定的暴力行为——都是不可抑制的冲动的结果。

强决定论者提出的论证是有说服力且有效的。要确定我们是否要接受他们的结论，我们就必须确定我们是否有理由去相信他们的前提。

思想探究

> **生活之书**
>
> 假设拉普拉斯的超级存在体写了一本记述你生活的书。它描述了在你活着的每一分钟里，你将会做些什么。现在假设你无意中发现了这本书并读了它。你能做出书里没写的事情吗？如果你可以，那是否表明你有自由意志？

科学与天性/教养之争

让我们从因果决定论开始。是什么理由使我们相信每个事件都是先前的事件和自然法则作用的结果呢？从本质上来说，主要理由可以归结为以下两条：（1）科学显示因果决定论为真，（2）经过反思的常识显示因果决定论为真。多数人几乎可以毫不费力地领会原因（1）的含义，他们每天都被提醒说科学在持续不断地发现无数物理现象的潜在原因。科学已经表明恒星、彗星、引擎和细胞都按照不变的自然法则行事，许多曾经神秘的事件都被表明有可识别的原因。物理关系被描述得像数学一样精确，对物理事件的成功预测已经成为科学的界定特征了。事实上，近代强决定论者的理论正是受到了这样的科学发展的启发。霍尔巴赫所持有的强决定论的灵感来源就是科学，特别是其中的物理学。用他自己的话说，只需科学就能证明他的决定论的正确性。

心理学家和生物学家发现人类的行为具有可预测性，这为因果决定论提供了强大的支持。正如心理学家斯金纳所说，"随着科学分析的进步，完全决定论对个人的豁免已被取消，特别是在对个人行为的解释方面"。[15]斯金纳相信，人类行为在原则上与钟表的行为一样是可以预测的。

> 几乎没有任何有见识的人……能继续无视这种事实，即许多非常严重的不道德行为，它们被民间认为是因为某人的"错误的选择"而导致的，而实际上，它们是由超出个人控制的，甚至常常没有被意识到的力量带来的结果。
> ——约翰·邱伯尔
> （John Cuber）

行为主义

斯金纳对人类行为的可预测性的信心来自于他的鸽子实验。通过强化（奖励）鸽子来做出期望行为的方式，斯金纳能够训练他的鸽子执行许多不同寻常的任务，如打乒乓球、演奏一台玩具钢琴以及跳舞，等等。他认为，所有有效的学习都是有选择的强化［后来被称为"操作制约（operant conditioning）"］的结果。通过奖励适当的行为，不奖励不适当的行为，他能使鸽子们做几乎所有的事情。

这个对行为可塑性的信念可以推广到包括人类行为在内的所有行为，同时这点也得到斯金纳的导师，约翰·B. 沃森（John B. Watson）的认可。1925年，当他在动物身上进行了大量成功的制约实验之后，他声称：

> 给我十二个健康且健全的婴儿，让他们成长在我指定的世界里，我保证可以将他们中随机挑选出的一个人培养成任何一种类型的专家——医生、律师、艺术家、商人、首领甚至是乞丐和小偷，无论他的天赋、嗜好、障碍、能力、使命或祖先的种族如何。[16]

沃森明确认为我们成年之后的行为取决于我们童年时是怎么被养育的——也就是说，取决于我们的后天教育，而与我们的天赋才能和基因组合似乎毫无关系。

斯金纳和沃森在天性/教养之争（nature/nurture debate）中站在教养那一边。这项争论关注的是人类行为的主导原因：决定人类行为的首要因素是我们的基因编码（天性）吗？还是我们是如何长大的（我们的教养方式）？要注意的是，这项争论并非关于我们的行动是否是被决定的，双方都同意我们的行为是超出我们控制的因素的结果。问题是这些因素中的哪一个在塑造我们的行为方面占有更重要的地位。

斯金纳认为我们的社会和心理问题都源于有缺陷的环境制约作用。他声称，我们的育儿方法过于随意以至于不能创造出适当的刺激-反应联结。只要我们在孩子成长期间能提供正确的奖惩机制，我们就能消除大部分危害社会的犯罪和心理疾病。斯金纳在他的小说《瓦尔登湖2》中向我们展示了他构想中适当地组织起来的社会图景。

斯金纳的理想社会里不存在监狱。我们现行的刑罚系统都基于这样的假定，即人应当为他们的行为负责，如果他们犯下了罪行，那么就应受到惩罚。而在斯金纳看来，没有人应当为他们的行为负责，每个人都仅仅是做了他们的环境设定他们去做的事情。正如他所说："科学分析将赞美和谴责都转到了环境身上，于是传统的做法就不再是合理的了。"[17]犯罪的人只是被不适当地设定（programmed）了。于是，斯金纳设想将我们所有的监狱改造成行为修复中心，在那里罪犯们被重新设定成守法的市民。然而，并不是所有人都认为这是一个乌托邦，许多人觉得在安东尼·伯吉斯的小说（以及斯坦利·库布里克的同名电影）《发条橙》（a Clockwork Orange）中呈现出来的反乌托邦图景更加准确地描绘了斯金纳的方案。

与沃森试图让我们相信的不同，操作制约技术并不能用来塑造所有的可能行为。例如，斯金纳发现，鸽子为了食物，可以形成啄钥匙的条件反射，却不会形成拍打翅膀的条件反射。老鼠可以因为条件反射而按下一根棒子，但猫却不会。老鼠

> 真正的问题不是机器是否能思考，而是人是否能思考。
> ——B. F. 斯金纳
> （B. F. Skinner）

> 如果我们最后可能会落到像老鼠或者巴甫洛夫的狗那样行动的话，很大程度上是因为行为主义把我们塑造成了这样。
> ——理查德·罗森
> （Richard Rosen）

在被喂下会导致疾病的药物之后，再喂下蓝色的酸水，会对酸水产生排斥，但同样的条件下，鹌鹑却对蓝色的水产生排斥。显然，生物的行为受到它们的天性与教养的共同影响。[18]

支持生物特征对行为的影响的最有力的证据之一，来自对双胞胎的研究。明尼苏达大学的托马斯·J. 布沙尔（Thomas J. Bouchard）通过研究超过一百对从出生起就被由不同家庭收养长大的同卵双胞胎发现，与成长在相同家庭环境的异卵双胞胎相比，他们的IQ更为接近，且他们在人格、气质、职业兴趣、业余爱好和社会态度上有着惊人的相似。[19]这表明我们的基因组合不仅会影响我们的物理特征，如身高、体重和发色，还会影响我们的心理特征。基因组合并不完全决定它们，但显然是一个非常重要的决定因素。

新闻报道：假装具有自由意志

一些强决定论者，力图缓和他们的立场——行为没有对错、人没有好坏、没有人应当受到赞扬或谴责——所蕴含之推论的惊人程度，他们声称我们仍然可以像是有自由意志一样去行动。所以，意识到所有事情都是由超出我们控制的力量决定的，并不意味着我们必须改变我们通常的做法。这个断言可信吗？我们真的可以在充分认识到人们无法控制自己的时候，继续因为他们的行为而惩罚他们吗？我们可以在知道我们所做的任何事都不取决于我们自己的时候，继续表现得像过去一样吗？心理研究表明这不可能。由英属哥伦比亚大学心理学家福斯（Vohs）和斯库勒（Schooler）进行的一项研究表明，对决定论的信念会导致不道德行为的增加。下面是他们研究结果的摘要：

> 道德行为需要依赖对自由意志的信念吗？我们进行了两个实验来考察，引导实验对象相信人类的行为是被决定的是否会鼓励他们作弊。在思想实验1中，他们让一组参与者阅读一份鼓励相信决定论的文本（例如，将行为描述成环境和基因因素作用的结果），而另一组参与者则阅读一份中立文本。受到决定论信息影响的参与者在接下来的一项任务中作弊行为有所增加，这项任务要求他们在计算机上独立完成一些数学题，但他们同时也可以通过计算机程序中的缺陷来获得数学题的答案。此外，通过减少对自由意志的信念也会使得参与者作弊行为有所增多。在实验2中，阅读了支持决定论陈述的参与者，会以过高奖赏自己在认知任务中的表现来作弊，而读了支持自由意志的陈述的参与者则没有这样做。这些发现表明对自由意志的争论不仅有科学和理论意义，还有社会意义。[20]

看来，自由意志不是我们可以假装出来的东西。如果我们相信强决定论为真，我们的行为会向着我们不愿意看到的方向转变。

思想探究

假装具有自由意志

假设福斯和斯库勒是对的——接受强决定论会使得我们通常认为不道德的行为有所增加。这能否构成我们不去相信强决定论为真的理由？为什么？

思想探究

行为矫正

刑事审判制度面临的最大问题就是累犯率，即曾经进过监狱的人在出狱后再次犯案的概率。对于强盗、入室窃贼和偷车贼而言，这个概率超过70%，每年社会要因为这些惯犯付出数十亿美元的代价。假设通过在监狱里实施一个行为矫正计划，我们就可以减少一半的累犯率并为社会节约几十亿美元。我们应当这么做吗？为什么？

社会生物学

哈佛大学生物学家威尔森（E. O. Wilson）将我们的基因组合（我们的天性）和我们的教养（我们是如何被培养的）的关系比作照相底片和显影水之间的关系，正如底片可以被显影得很好或很糟一样，我们的天性也是如此。即使是拥有音乐或者数学天赋的人也需要通过训练才能充分发挥他们的潜力，但我们能达到的极限——我们的个性、态度和性格的基本轮廓——都已被写在我们的基因中了。所以，在天性/教养之争中，他站在天性一边。

> 性格，我可以肯定，是来自基因的。
> ——泰勒·考德威尔（Taylor Caldwell）

威尔森是社会生物学的创始人，这门学科研究社会行为的生物学基础。社会生物学背后的基本前提是，就像某些身体特征可以给某生物在生存竞争中带来优势一样，某些心理特征也是如此。例如，我们的DNA中包含有产生对生拇指①的基因，是因为比起没有这种拇指的动物，有这种拇指的动物更有可能活足够长的时间以便繁殖后代。同样的，社会生物学家说，我们的DNA中也包含害怕坠落的基因，因为比起没有这种恐惧的动物，有这种恐惧的动物更有可能活足够长的时间以便繁殖后代。社会生物学家因而相信，我们的心理机能与生理机能都写在我们的基因里。

> 科学家们已经发现羞怯的基因。他们本该在几年前就发现的，但它躲到了其他几个基因的后面。
> ——乔纳森·卡兹（Jonathan Katz）

1982年，威尔森做出了下面的预言：

> 十年，最多二十年内，我们极有可能将识别出许多这样的基因，其效果可以通过大脑中特定化学物质的实际产生进行追踪，并进一步发现气质、情绪甚至是认知能力的可测量的属性。[21]

威尔森的预言成真了。近来最激动人心的发现也许来自教堂山的北卡罗来纳大学，研究员们发现了三种会使得青少年产生严重的暴力犯罪倾向的基因。[22]并非每个有这样的基因的人都会成为少年犯，但在适当的环境下，这些基因的携带者有非常高的几率从事犯罪行为。

减少与这些基因关联的犯罪行为发生率的一个方法是，减少这些基因的出现

---

① 指的是拇指可以和其他四指对握，这样便于抓握东西，使手更加灵活。

> 它们在你和我的身上，它们创造了我们的身体和心灵，保存它们是我们存在的根本原因。这些复制因子走过了漫长的岁月，现在它们被称为基因，而我们就是它们用以维系生存的机器。
> ——理查德·道金斯
> （Richard Dawkins）

概率。我们有许多方法可以做到这一点，我们可以要求每个人做一个基因检查，使这些基因的携带者绝育，这样他们就不能将其基因传给后代；或者我们可以要求对怀孕的该基因携带者的胎儿进行基因检查，然后打掉那些带有制造麻烦基因的胎儿；或者我们可以要求想要生育的携带者进行体外受精并进行植入前的基因诊断，只移植不带有那些基因的受精卵。这听起来很不可思议吗？你不认为它会发生吗？所有这些技术现在都有了，美国就曾经制定过类似的法律。

自1907年开始一直延续到20世纪50年代期间，美国有超过三十个州通过了对某些智力缺陷者或精神病患者进行强制节育的法律。这些法律被统称为优生法（eugenic laws），共导致超过60 000美国人的非自愿绝育。[23]优生学力图通过推广"好"的基因，消除"坏"的基因来改进人类的基因组合。前一种形式称为积极优生学，包含各种类型的选择性繁殖。精子库就是其中的一种类型，顾客可以从精子银行的菜单中选择不同类型的捐赠者，多数人选择那些他们觉得身体特征合心意的捐赠者的精子。

优生学的另外一种形式被称为消极优生学，它力图阻止特定有害基因的扩散。美国的优生法就是消极优生学的一种类型，纳粹的死亡集中营也是。一种更为温和的名为"植入前遗传学诊断"（preimplantation genetic diagnosis，简称PGD）的优生学形式，正在世界范围内的很多体外受精中心实施着，它在受精卵植入子宫之前分析它是否具有某些基因，希望以此来避免一些基因缺陷，电影《千钧一发》（Gattaca）就描绘了这样一个社会，在其中PGD成为了生殖技术的默认选项。在当下的美国，使用这项诊断需要在约8000美元的体外受精费用的基础上额外增加3000美元。

一旦我们对哪些基因对应哪些特性有了更多的理解，就应该能做到按照我们的标准来定制婴儿。届时我们不仅可以指定他们的身体特征，还能指定他们的心灵特征。威尔森在二十五年前就预见到了这一点，他讨论了一些可能性：

> 如果我们可以通过基因干预改变我们的基本天性——例如两性关系的强度、从孩子身上得到的快乐，再加上我们对心灵的遗传基础有了更多的知识后，你就可以制造出以非常不同的方式来回应世界的人类——例如，一些人会因为生活在城市而获得巨大的快乐，而另一些人则愿意生活在农村。[26]

威尔森将基因工程看作改进社会的可靠方法，斯金纳则更倾向于行为工程。然而他们都假定，我们的行为是被"程序"设定好的，威尔森认为支配我们的程序来自基因，而斯金纳则认为它来自环境。然而我们无法改变我们的父母，也无法改变过去，如此看来，我们所有的行为都不取决于我们。在这样一个世界，似乎没有自由意志的立锥之地。

决定论是自我否决的吗？

一些人基于决定论是自我否决（self-refuting）的这一理由来反对决定论。例如，约翰·希克（John Hick）就声称：

> ……我们关于理性信念的概念是与思想自由（intellectual freedom）的概念相关的。因而，一个没有思想自由的世界也同样不会有理性信念。因此，相信世界是完全被决定的这个信念就不能被合乎理性地声称为一个理性的信念。完全决定论的论证因而就必然是自我否定的，换言之，这是一种逻辑上的自杀。[24]

希克的论证可以表达如下：

1. 如果决定论为真，那么没有人会因为他们有一个相信这种主张的好理由而相信任何东西。（取而代之的是，他们相信它是因为他们的神经元以特定方式受到刺激。）
2. 如果没有人是因为有好的理由相信某东西而去相信任何东西，那么就没有信念是理性的。
3. 因此，如果决定论为真，那么没有信念是理性的，包括相信决定论为真这个信念。

帕特里夏·史密斯·丘奇兰（Patricia Smith Churchland）认为这个论证并不令人信服。她写道：

> 一个类比或许可以将所谓的"自我否定"论调的漏洞生动地表示出来。直到不久之前，人们还相信生物和非生物的区别在于前者充满了"生命活力（vital spirit）"，而后者则没有。后来这个理论受到挑战并被驳倒了，但考虑下面这个对活力论的异想天开的辩护，它的构造与前面提及的为自由意志辩护的论证很相似：
>
> 反活力论者说不存在生命活力这种东西。这个陈述是自我否定的，因为仅当说这话的人的陈述不能被认真对待时他才可以希望得到认真的对待。因为如果他的陈述为真，那么说这话的人就没有生命活力，那么他一定死了。但既然死人什么都说不出来，他们当然也不会说出反活力论者说的那些话。一个人不可能与死人讲道理。

这个例子中的论证试图表明，反活力论是自相矛盾的，但显然，该论证是一个不当的推理。这个论证是不合理的，因为生命可以由生命活力以外的事物来解释，例如通过某些物理因素来解释，尽管这样的解释可能比当时能设想到的一切理论都更加复杂难懂。[25]

思想探究

捍卫决定论

希克和丘奇兰谁是对的呢？丘奇兰会拒绝希克的哪个或哪些前提呢？为什么？她的拒绝是合理的吗？为什么？

思想探究

基因工程

假设威尔森是对的，我们的心理状态是由我们的基因塑造的，另外假设我们开发出了可以改造我们的基因结构的技术。我们应当这样做吗？为什么？一个强决定论者可能会反对它吗？如果会的话，是基于什么理由呢？如果不会，为什么？

不论行为主义者和社会生物学家想让我们相信什么，科学并未证明因果决定论为真。事实上，现代物理学现在明确地拒绝这一信念。物理学家保罗·戴维斯（Paul Davies）解释说：

> 在分子和原子的尺度上，通常的因果规律并不适用……一个典型的量子过程是放射性原子核的衰变。如果你问为什么一个给定的原子核在此刻而非其他时刻衰变，这个问题是没有答案的。这个事件"恰好发生"在那个时刻，仅此而已。你无法预知这些事件，你能做的只是给出概率……这种不确定性不单是我们对试图使原子核衰变的所有微小的力的无知导致的结果，它是大自然所固有的量子事实的一部分。[27]

> 如果我们着眼于宇宙运行的方式，便会发现量子力学赋予我们以基本的、不可避免的不确定性，所以宇宙的历史就具有了多种可能性。
> ——默里·盖尔曼（Murray Gell-Mann）

物理学家相信在原子的层面上，存在诸如一个放射性原子的衰变这样的没有原因的事实。我们没有能力预知这类事件的发生，不单是因为我们测量仪器的局限性，也不仅是我们对原子的内在运作不够了解以至于我们无法预知它们的行动，而是因为有些事件就是没有原因的。

物理学家们之所以会得出这个结论，是因为决定论的理论无法解释某些实验结果。爱因斯坦从来都不喜欢量子的不确定性。他的名言"上帝不跟宇宙玩骰子"就是对这种厌恶的概括。他认为一定存在某个"隐藏的变量"，如果我们知道了它，就会使得我们可以精确地预知每个事件的发生，即使是在原子层面的那些事件。

爱因斯坦的猜测非常有趣，但许多物理学家认为这是不科学的，因为我们没有办法检验它。因而在1965年，物理学家约翰·贝尔（John Bell）表示，爱因斯坦所预言的隐藏变量的理论与量子力学不一致。用于检验这个预言所需要的设备直到1980年才出现。实验结果始终是支持量子力学的。因此，隐藏变量理论被否定了。[28]我们没有能力预知原子事件的发生不是因为我们无知，而是由于宇宙本身的基础性质使然。物理学家史蒂芬·霍金（Stephen Hawking）模仿爱因斯坦的名言，以这样的方式总结后来的思考："上帝不仅玩骰子，他还将它们丢到我们看不到的角落里。"

强决定论者也许会以这样的方式来试图为因果决定论辩护，即声称尽管它在亚原子粒子的微观层面无效，但他在日常事物这个唯一与我们有关的宏观层面上是有效的。对于部分为真的事实未必对于整体为真，否则就犯了合成谬误（the fallacy of composition），所以即使亚原子粒子的行为是不确定的，这也并不意味着我们的行为也是不确定的。

> 让现代物理学用完全决定论的方式预测任何事情都是不可能的，因为它从一开始就和概率打交道。
> ——亚瑟·爱丁顿（Arthur Eddington）

然而，对因果决定论的这个辩护并不成功，因为微观层面无原因的事件可以在宏观层面上产生深刻的影响。科普作家马丁·加德纳（Martin Gardner）借助盖革计数器（一种通过发出嘀嗒声来指示放射性微粒的存在的装置）来表明这一点。

思想实验

加德纳的随机轰炸机

设想一架在大陆上空以超音速飞行的飞机装载了一枚氢弹，这枚氢弹的投掷机制是由盖革计数器（一种探测电离辐射的仪器）的嘀嗒声来触发的。如果量子力学是正确的，那么这个嘀嗒声触发的时机就是纯粹随机的。因此，这枚炸弹会扔在哪儿完全是由随机性决定的，由此造成的所有可能的后果都会是有同等可能性的历史进程。[29]

通过探测亚原子粒子的存在，盖革计数器有效地在微观世界和宏观世界之间进行了"配对"。这样一来，任何微观世界出现的非决定论都会反映在宏观世界。在加德纳描绘的情境下，盖革计数器的嘀嗒声是不确定的，氢弹的投掷也同样是不确定的。

不确定性远非仅仅被限制在微观世界，哲学家约翰·杜普雷（John Dupré）认为"如果无论什么地方出现了因果的非决定论（causal indeterminism），那么它一定会（几乎）随处可见"。[30]正如加德纳的"随机轰炸机"这个思想实验所显示的，微观层面的非决定论可以反映在宏观层面。普遍的非决定论，杜普雷说，可以解释为什么即使是少量的粒子之间的相互作用都这么难以解释，更何况将化学还原为物理学。[31]无论如何，我们必须得出这样的结论，即科学并没有证明因果决定论为真。不仅在遗传学、神经生理学和心理学中没有可信的科学理论能证明**所有**人类行动都是由先前的事件所引起的，而且我们没有理由相信非决定论只限于微观领域。

常识与因果决定论

我们都相信或者倾向于相信因果决定论为真，这个普遍的信念来源于我们的常识。然而，正如我们已经说过的，所有人都持有某信念这一事实并不会使得这个信念为真，即使是常识的信念也可以是假的。然而，一些普遍的信念不仅是常识，而且是**基于反思的**常识（reflective common sense）。基于反思的常识的信念是即使在我们仔细反思和评估之后，我们仍然会相信的信念。这个评估的一部分内容是试图想出使这个信念为假的反例，如果我们仔细评估了这个信念，且没有发现任何相关的反例，那么我们相信它就是正当的，它是一个合理的信念。

因果决定论就被认为是这样一个信念，一条基于反思的常识。毕竟，如果我们不相信所有事物都是有原因的，我们要怎样去理解这个世界呢？看起来，所有事物都是有原因的这一理念对人类的理解来说是一条至关重要的假设。伊曼努尔·康德（Immanuel Kant）就持这样的观点，他认为除非我们预设了所有事件都是有原因的，否则我们无法理解这个世界。

即使只有预设每个事件都是有原因的我们才能理解世界，这也不意味着每个事件的确都是有原因的，因为世界也许是不可理解的，我们理解世界所需要的东西也未必就真的存在于世界中。此外，现代物理学已表明，我们可以在不假定每个事件都有原因的情况下理解这个世界。量子力学给了我们一个前所未有的对物理世界的理解，然而它却没有假定每个事件都是有原因的。所以，无论是科学还是反思的常识都无法为因果决定论提供依据。

思想探究

> **与强决定论一起生活**
>
> 假设强决定论者是对的，世上不存在自由意志——行为没有对错，人不分好坏，没有人应得赞美或是谴责。我们需要怎样改变我们的社会才能适应那样的现实呢？什么样的社会制度必须被废除？我们又必须建立些什么样的社会制度？这样的改变可能实现吗？为什么？

非决定论

认为有些事件并不是过去事件和自然法则的结果，这样的观点被称为因果的非决定论（causal indeterminism）。从这个观点来看，未来不是固定不变的，它可以以许多不同的方式展开，而且所有未来展开的可能方式与过去发生的事情都具有连续性。另一个原子论者，古希腊哲学家伊壁鸠鲁（Epicurus，公元前341—前270）意识到如果原子的运动是完全被决定的，那就不会有自由意志了。为了解释自由意志如何可能，他推测说原子在穿越空间的运动过程中会随机地"转向（swerve）"，亚原子粒子的这种随机运动直到现代物理学那里才得到证实。物理学家马克斯·玻恩（Max Born）举了下面的例子来说明它："如果盖斯勒（Gessler）下令让威廉·泰尔（William Tell）发射一个阿尔法粒子击中他儿子头上的一个氢原子，用的不是十字弓，而是全世界最好的实验设备，泰尔的技巧是无济于事的，击中或是未击中将完全是一个运气问题。"[32]物理学家亚瑟·爱丁顿（Arthur Eddington）认为这样的非决定论可以为我们关于自由意志的信念进行辩护。他写道，"从将决定论从现代物理学中驱逐出去的理论革命中我们得到的重要推论是，人类的行动是完全地被预先决定的这一假定不再必要了。"[33]如果我们的行动不是被预先决定的，那就为自由意志留出了空间。

威廉·詹姆斯和伊壁鸠鲁一样关心决定论的伦理意涵。詹姆斯意识到受必然性支配的世界中是不可能存在道德的。所以，他主张有些事情的发生是偶然的。

> 非决定论……认为各部分有一定的相互作用的松散空间，以至于指定其中任何一个部分都不必然决定其他部分应当是什么样的。它承认可能性也许是超出现实的，且还没有被我们所认识的事物也许实际上本身就模糊不清。我们设想的两个可供选择的未来也许现在都同样有可能出现，仅当其中一个成为现实时，另一个才被它排除而变得不可能。非决定论因此否认世界是一个刻板的事实单元……难道不是所有困扰我们的动机、所有交

> 许多杰出的行动都应归功于偶然，然而将军和政客们却将掌声和欢呼占为己有。
> ——亨利·霍姆（Henry Home）

威廉·詹姆斯：生理学家、心理学家、哲学家

威廉·詹姆斯（1842—1910）是哲学史上一个比较有趣的人物。他是美国最重要的哲学家之一，但他的专业知识和兴趣远远超出哲学范畴。

他出生在纽约市，父亲是一名神学家，弟弟则是著名小说家亨利·詹姆斯。这就解释了他为什么花了那么多时间学习宗教心理学，且写作风格生动、清晰，以至于看上去更像小说而非哲学论文。詹姆斯最初研习的是艺术，然而随后他却进入哈佛大学成为一名医学生。后来他在那里讲授生理学和解剖学，然后是哲学，然后是心理学。

詹姆斯似乎是受到了自己心理需求的推动，才去着手解决一些棘手的哲学问题。在他的职业生涯中的某个时刻，他受到自由意志和决定论难题的困扰，变得意志消沉，甚至考虑过自杀，直到他找到了对他来说有意义的回答才恢复过来。（他的观点是，即使宇宙是严格遵循决定论的，人仍然有自由意志。）

他同样对宗教信仰的心理学和哲学意蕴抱有浓厚的兴趣。他想在他的世界观里为宗教寻觅一席之地，采取的方式是声称只要宗教的主张"有用"，人们就可以正当地接受它们，即使没有任何证据能为这些主张提供支持。这种将各种主张从"有用"或者"没用"的角度来理解的观点是詹姆斯的实用主义的一部分，实用主义的观点是：一个主张的意义或真实性，与接受这个主张带来的实用效果（即，它是有用的）是一回事。

付我们选择的未来都是从过去的土壤中生长出来的吗？它们中的任何一个，无论是通过偶然还是必然实现的，在它实现的那个时刻，在我们看来不都会是与过去相符的吗？不都以最完全最连贯的方式与已经存在的那些现象错杂交合了吗？[34]

威廉·詹姆斯
（1842—1910）

如果世界不是完全被决定的，我们中的每个人都有许多可能的未来。那些未来中的哪一个会成为现实取决于我们所做的选择。但一个自由的选择——一个偶然做出的选择——会与一个必然的选择一样与过去相符合。

詹姆斯的自由的行动是无原因的这个观点被称为非决定论（indeterminism）。它拒绝因果决定论原则，而这是强决定论的第一前提。因为我们最好的科学理论表明某些事件是无原因的，比起强决定论来说，非决定论更加保守，因为它更符合我们已有的知识。但尽管非决定论比强决定论对我们的信念系统的破坏更小，它仍然有它自身的问题，因为它无法解释个人责任。仅当你做出了一个行为时，你才为这个行为负责。但如果一个行为是无原因的，你就没有做出这个行为，所以一名非决定论者似乎很难让人们为他们的行为负责。

理查德·泰勒（Richard Taylor）通过下面的思想实验来说明这个问题。

因果的非决定论
这项学说认为有些事件不是过去事件和自然法则的结果。

非决定论
这项学说认为自由的行动是无原因的。

思想实验

泰勒的不可预知的手臂

假设我的右臂是自由的,根据这种对"自由"的理解,这也就相当于在说,它的运动是无原因的。它不时这样动,不时那样动,但没有什么原因导致了这些运动。有时它大力地向前移动,有时向上,有时向下,有时它只是漫无目的地漂移着——这些运动都是完全自由且无原因的,很显然,我与它们根本毫不相关,它们只是发生了,而不论是我还是其他人都无法判断这只手臂接下来要做什么。它也许会抓住一根棍棒,并将它砸在最近的旁观者头上,而我的惊讶程度并不比他小。去问这些运动为什么会发生或者寻找任何关于它们的解释是永远没有意义的,因为在我们假设的这个情况下,根本不存在任何解释。它们只是发生了,根本没有任何原因。[35]

泰勒设想他的手臂的运动是完全随机的。也许是他的手臂与一块放射性的物质以这样的方式相连:每当这块放射性的物质发生衰变,他的手臂就会运动。无论如何,泰勒手臂的运动是完全随机的,泰勒无法为它们负责。

行动与反射(reflex)的区别在于,行动是有意图的。在医生用木槌敲打你的膝盖后,你的腿就会向上踢,这是一个反射——不是一个行动——因为你并不是有意让它发生的。同样的,泰勒的手臂的动作也不是行动,因为他并不是有意让它们发生的。然而如果它们不是行动,它们也同样不是自由的行动。所以,非决定论并没有为自由的行动提供一个令人满意的解释。

我们通常假定人的行为可以通过诉诸这个人的动机、环境或二者兼有来解释。如果非决定论为真,那么有些行动(被称作"自由的行动"的那些)就会变得不能解释了,因为它们的发生根本没有任何原因。于是,非决定论让自由的行动变得难以理解,它没有解释自由的行动何以可能,却留给我们一个与我们开始时一样巨大的谜题。

总 结

因果决定论,即每个事件都是过去事件和自然法则作用的结果这一观点,导致一些人接受强决定论,即认为世界上不存在自由的行动。强决定论者认为因果决定论与自由和道德责任都不相容。然而现代物理学却是支持因果的非决定论的,即有些事件并不是过去的事件和自然法则的作用结果。于是,未来看起来并不是被决定的。

一些人认为因果的非决定论为自由创造出了空间,他们接受非决定论,即自由的行动是无原因的。例如，威廉·詹姆斯就认为，只有当人类的选择不是因果链上的一环而是偶然的结果时，自由意志才是可能的。正是偶然性这一因素才使得人类存在多重的可能性，而不是只有唯一的闭锁的未来。这个观点很吸引人，却有着严重的缺陷：因为如果一个行动是无原因的、偶然的事件，那它就是随机的，而一个随机的行动不能成为一个自由的行动，因为它不是由意志产生的行为。

学习问题

1. 什么是因果决定论？
2. 什么是强决定论？
3. 支持强决定论的论证是怎样的？
4. 科学是否表明因果决定论为真？
5. 反思的常识是否表明因果决定论为真？
6. 什么是因果的非决定论？
7. 什么是非决定论？
8. 泰勒的"不可预知的手臂"这个思想实验是怎样的？它是如何试图动摇非决定论的？

讨论问题

1. 假设强决定论为真，惩罚会有任何正当性吗？为什么？
2. 假设经过仔细考虑后，你完全接受了强决定论。面对下面的情况，作为一个强决定论者的你会做出怎样的反应呢？
    a. 辛普森（O. J. Simpson）①因另一起谋杀指控而受到审判，你相信他犯下了罪行，而他再一次被判无罪。
    b. 你最好的朋友散播了一个恶意中伤你的谣言。
    c. 你谋杀了你的母亲。
    d. 你的姐妹被你的一个朋友强暴了。
3. 假如一个非常了解你的人认为他可以预见你在接下来的24小时内将会做的每件事。在不告知你的情况下，他非常详细地写下了他的预言。事实证明，他的预言是正确的。一个人可以准确地预言另一个人的行为是否显示他的行为是被决定的——即它完全是各种原因的结果？
4. 理论物理学家威廉·纽科姆（William Newcomb）提出下面的思想实验来检验有关预知和因果作用的信念。

---

① 前美式足球运动员，轰动全美的辛普森杀妻案的主人公。他被控谋杀前妻和一名餐馆侍应生，却因警方的失误导致证据失效，结果无罪释放。

思想实验

纽科姆悖论

假设有这样一个存在者,据你所知,他过去总是能正确地预言你所做的选择。现在假设这个存在者为你提供了以下安排:他向你展示了两个盒子,并解释说盒子1里有一千美元,而盒子2里或者有一百万美元或者什么也没有。你可以做出如下两个选择:(1)把两个盒子里的钱都拿走,或者(2)只拿走第二个盒子里的。这个存在者已经将钱放进盒子里了,且他是根据他的预言来放的。他告诉你说如果他预言你会选择第一个选项,那么他就会让第二个盒子空着;如果他预言你会选择第二个选项,只拿第二个盒子,他就会将一百万美元放进第二个盒子里。如果你面临这样的选择,你会选择哪一个呢?你会选择将两个盒子里的都拿走还是只拿第二个盒子里的?为什么?

网络探究

1. 人们普遍认为上帝的预知(对未来的知识)排斥自由意志。在互联网搜索引擎中输入"全知"(omniscience)和"自由意志"(free will)来探究这个问题。认为全知和自由意志不相容的最强的论证是怎样的?反对它的最强的论证是怎样的?被称为开放神论(open theism)或者开放神学(open theology)的学说试图对这个困境提出一种怎样的解决方案?这个方案是可行的吗?为什么?

2. 大多数父母使用植入前遗传学判断(PGD)都是为了避免基因缺陷。但一些聋人家长却用这个方法来确保他们的孩子也会是聋子。在互联网搜索引擎中输入"PGD"和"聋"(deafness)来探讨这个问题。这是对PGD的正当使用吗?

3. 基因工程可以用来将一个物种的特征给予另一个物种。例如,生物学家将从萤火虫身上提取的基因添加到烟草里,创造出可以在黑暗中发光的烟草。在互联网搜索引擎中输入"基因工程"(genetic engineering)和"嵌合体"(chimera)来探讨这个问题。我们应当将其他物种的特征添加到人类身上吗?

3.3 发明之母：自由即必然

自由意志的信徒似乎被迫陷入两难的境地：如果因果决定论为真——如果每个事件都是过去事件和自然法则的结果——那么我们就不能自由地行动，因为我们所做的所有事情都是由超出我们控制的力量引起的。但如果因果非决定论为真——如果我们的行为中有些是没有原因的——那么我们仍然不能自由地行动，因为那些行为并不取决于我们。然而因果决定论和因果非决定论二者中必有其一为真。于是，我们不能自由地行动这个结论看来是无法避免的了。

一些人试图通过主张因果决定论是与自由意志相容的来避开这个结论。在他们看来，即使所有事件都是过去的事件和自然法则的结果，我们仍然可以自由地行动。威廉·詹姆斯将这个观点称为**弱决定论**（soft determinism），因为它"厌恶残酷的字眼，拒绝宿命、必然性这些词语，甚至连预先决定都不能接受，说它真正的名字其实是自由"[36]。认为被决定的行动仍然可以是自由的这种观点更多地被称为**相容论**（compatibilism），因为根据这一观点，即使决定论为真，我们仍然可以有自由意志，二者并不相互排斥。

相容论是一个非常吸引人的解决自由意志难题的方案，因为它不需要我们放弃对因果决定论的信念和对自由意志的信念中的任何一个。相容论者认为鱼与熊掌可以兼得，即使科学成功表明我们所有的行为都是被决定的，我们也不需要放弃我们能为自己的行为负责这样的信念。被决定的行动也可以是自由的。

不相容论者和传统的相容论者都赞同，自由地行动就意味着有以其他方式行动的能力。如果摆在你面前的行动方案只有一个——你别无选择，只能做该项行动——你就不可能自由地执行这项行动。自由需要选择，而选择需要可供选择的事物。正如英国哲学家艾耶尔（A. J. Ayer）所说：

> ……只有当我认为我可以以另一种方式行动的时候，我才能为我所做的事负上道德责任。因为一个人不用为他无力避免的行动负道德责任。[37]

艾耶尔在这里阐明的道德责任的条件被称为**其他可能性原则**（principle of alternative possibilities）：仅当一个人原本可以不这样做时，他才可以为做某事负责。这一条件可以通过"小径分叉的花园"[38]一图生动地描绘出来：

> 我们必须信奉自由意志。我们别无选择。
> ——艾萨克·B. 辛格
> （Isaac B. Singer）

弱决定论（相容论）
这种学说认为被决定的行动也仍然可以是自由的。

不同的路径代表在同一时刻你可以采取的不同的行动方案。只要有若干行动方案可供选择，你就要为选择其中一个而负上责任。但如果决定你要采取哪种方式的不是你的力量——如果你被迫选择一条特定的路径——你就不应为此负责。

约翰·洛克提出了下面的思想实验来为其他可能性原则提供支持。

思想实验

> **洛克的受困的健谈者**
>
> 假设一个人在熟睡的时候被放进一个房间，在这个房间里有一个他渴望见到并与之攀谈的人，并且假设他被锁在这个房间里，没有能力出去：他醒来后，很高兴地发现自己有一位非常令人满意的同伴，他很情愿继续留在这里，也就是说，他更愿意留下来而不是离开。我要问的是，他难道不是自愿留在这里的吗？我想，没有人会怀疑这一点。然而因为他被紧紧地锁在房间里，很显然他并无法自由地选择不留下来；他没有离开的自由。所以，自由并不是一个属于意愿或者偏好的概念；而是一个人有能力根据心灵的选择或指引做某事，或不做某事。[39]

洛克的被困的健谈者在睡觉的时候被绑架，然后与一个他渴望与之交谈的人锁在了同一个房间。当他醒来时，他并没有离开的愿望，因为他享受这样的陪伴。他留在房间里，这是一个自愿的行动，因为他想要这么做。但这不是一个自由的行动，因为他不能做出其他行动，即使他想离开这个房间也做不到。正因为他没有离开的自由，他留在这个房间就不是一个自由的行动。因此，有能力做出其他行动，是自由地行动的一个必要条件。

传统的相容论

传统的相容论者接受其他可能性原则和因果决定论原则。他们认为，即使所有事情都是被过去的事件和自然法则所决定的，你仍然可以做出其他行动。但这如何可能呢？如果你做的每件事都是由过去发生的事决定的，你又怎么能做出其他行动呢？传统的相容论通过提出对"原本可以做出其他行动"（could have done otherwise）这个短语的一个假言分析来回答这个问题。他们认为，说你原本可以做出其他行动，其实是在说**如果**你做出了其他选择，**那么**你就会做出其他行动。在他们看来，你事实上不能做出其他选择，这是因为你所有的选择都是被超出你控制的力量所决定的。然而，如果假定你做出了不同的选择，这个选择就会导致你做出不同的行动，那么就可以说你的行动是自由的。

第一个明确表达相容论立场的人是托马斯·霍布斯。他拒绝自由行动是没有原因的这一非决定论的想法，认为它完全不可理解。"没有什么，"他说，"可以是它

托马斯·霍布斯：伟大的唯物主义者

和许多哲学家一样，托马斯·霍布斯（Thomas Hobbes，1588—1679）也通晓多门学问。他是一名数学家、古典学者、诗人和杰出的语言学家。他翻译了修昔底德（Thucydides）的作品、荷马（Homer）的《伊利亚特》（*Iliad*）和《奥德赛》（*Odyssey*）以及其他法学、逻辑学、光学、宗教学和政治学方面的拉丁文著作。

霍布斯生于英格兰，成长于伊丽莎白时代，就读于牛津大学。他乐于指出他是早产儿，因为那时他的妈妈听说西班牙无敌舰队要打过来了。"恐惧与我，"他说，"是一对双胞胎。"

他的兴趣和人际关系复杂而广泛。他曾到意大利拜访伽利略，迁居法国时与笛卡尔多有智识上的交流，担任过弗朗西斯·培根（Francis Bacon）的秘书，与数学家伽桑狄（Gassendi）过从甚密，还做过英国王储查理二世的老师。

作为一名哲学家，霍布斯主张某些异教的和有争议的观点，这使得他时常处于被当局迫害的危险中。其中有两个观点在今天仍然具有争议性：彻底的唯物主义和政治专制主义（political absolutism）。他的唯物主义观点是世界上的所有事物都是物质的（material）或物理的（physical）。霍布斯——第一个现代唯物主义者——认为所有存在的事物都不过是运动中的物质。就如他所说，"宇宙，也就是诸多事物的整体是有形的，换言之是物质的"。甚至心灵也是物质材料按照特定方式运动的结果，世界就是一台巨大的机器，而人类是这台机器中的机器。

在霍布斯的杰作《利维坦》（*Leviathan*）中，他认为人类的自然状态（natural state）是混乱、残酷、暴力和欺骗。在他看来，逃离这样的地狱，维持秩序、自由和正义的唯一方法是将政治权力交给某个专制的统治者（可以是一个人，也可以是几个人一起统治）。这个统治者必须将法律强加给人民，惩罚犯错的人，不惜一切代价维持秩序。在这个系统中，任何普通人都不能对任何事物享有绝对权利。这是扼制人类的自然状态的罪恶所必须付出的代价。

自己的开端（Nothing taketh a beginning from itself）。"⁴⁰ 自由的行动，与其他所有事件一样，必须有一个原因，具体来说，自由的行动必须是由意志引起的。但由意志引起并不足以使一个行动成为自由的，因为如果只有一种行动方案摆在你面前——如果你不能做出其他的行动——你的行动就不是自由的。

由此，霍布斯接纳了其他可能性原则。他以这样的方式清楚地表达了他的观点：

……他可以自由的去做某事，即是说如果他有这样做的意愿就可以去做，他有不想这样做的意愿就可以不做。⁴¹

换句话说，你的行为是自由的，仅当如果你想要做这样的行动，它就会发生，而如果你不想做这样的行动，它就不会发生。于是，根据霍布斯的传统相容论，必须满足两个条件才会使得一个人的行动是自由的：（1）这个行动必须是由她的意志引起的，且（2）这个行动不可以是外界强迫的。如果这个行动不是由她的意志引起的——如果并不是她使得此事发生——那么她就没有实施这一行动。而如果她是被外在地强迫的——如果在那样的情况下她不能做出任何其他的行动——那么她就

托马斯·霍布斯
（1588—1679）

其他可能性原则
仅当一个人原本可以做出其他行动时，他才可以为做某事负责。

不是自由地去做这一行动的。

相容论者对自由意志的解释背后的基本观点是，自由地行动就是做你想做的。如果你被迫违背你的意愿去做某事，你的行动就不是自由的，你也不应为它负责。例如，设想一下，有一把枪指在一名银行柜员的头上，假如他是一名忠诚的雇员，他就不想把钱交给劫匪。然而如果他把钱交给了劫匪，我们不会谴责他，因为他被迫违背自己的意愿。相容论者于是认为自由就在于外部强制或强迫的不在场。这一类型的自由通常被称为"消极自由"（negative freedom）或是"免于……的自由"（freedom from...），因为它认为自由就是不受阻碍地行动。

相容论者乐于承认意志是天性与教养的产物。你想要做什么完全由你的基因中被写入了什么样的编码（你的天性）和你拥有什么样的经历（你受到了怎样的教养）决定。尽管如此，他们认为只要你的行动是由你的心灵状态引起的，你就可以被称为在自由地行动。沃尔特·史泰斯（Walter Stace）解释说：

> 那么，自由的行动和不自由的行动有什么区别呢？界定自由的行动［像是"甘地为了解放印度而绝食"这样的自由行动］和不自由的行动［像是"一个人在沙漠中因为没有食物而绝食"这样的不自由的行动］的特征是什么？尽管这两组行为都是有原因的，难道［自由的行动］的原因和［不自由的行动］的原因在种类上有所不同，这点不是很明显的吗？自由的行动都是由愿望、或动机、或在主体心灵中的某种内在的心理状态（psychological states）导致的；而另一方面，不自由的行动都是由外在于主体的物理力或是物质条件导致的。警察的逮捕就是由外部所施加的物理力，在沙漠中缺少食物就是外部世界的物质条件。我们或许可以因此构造出下面的这个粗略的定义。**自由的行动是那些直接原因来自主体的心理状态的行动。不自由的行动是那些直接原因来自主体以外的事态的行动。**[42]

自由的行动和不自由的行动之间的区别，斯泰斯说，在于它们的原因。那些直接由主体内在的心理状态导致的行动是自由的，那些直接由外在于主体的事物（如有一把枪指着他的脑袋）导致的行动就不是自由的。我们只可以为我们自由地作出的行动负责。

惩 罚

不相容论者认为，接受决定论就需要拒斥我们常见的赞扬与谴责，或是褒奖与惩罚等做法。相容论者则不同，正确地理解决定论并不会对那些做法造成威胁。我们可以继续赞扬和谴责、褒奖和惩罚，只要我们清楚我们为什么这么做。许多人将惩罚看做是偿还——是为了维护正义天平的平衡所需的一种报应。如果某人伤害了另一个人，他必须受到同等的伤害。这种惩罚观体现在谚语"以眼还眼"上。

> 偶然性是个无意义的词，没有什么可以无缘无故地存在。
> ——伏尔泰
> （Voltaire）

> 一般说来，我们可以用不受阻碍地实现愿望来定义自由。
> ——伯特兰·罗素

相容论者并不以那样的方式看待惩罚。对他们来说，惩罚唯一的合法目的是改造和威慑。我们可以正当地为了改造某人而将他关起来——使他变成更好的人——或为了阻止其他人犯下相似的罪行，为报复而监禁则是不正当的。罪犯所犯的罪行是由他的基因和成长经历（天性与教养）导致的，既然他无法控制他的父母是谁，或者他是如何被抚养长大的，我们就不应为他的所作所为而谴责他。

逻辑实证主义者摩里兹·石里克（Moritz Schlick）提供了一个关于相容论者对惩罚的经典解释：

> 实际上什么是惩罚呢？我们时常听到的这个观点，即对过去犯下的错误所实施的自然报复，在有教养的社会里是不应得到辩护的。那种认为可以通过造成更多的痛苦来"纠正"已经造成的痛苦的观点实在是太过野蛮了。诚然，惩罚源自报复和复仇的冲动，但这样一种冲动除了是一种本能的欲望，即通过消灭或伤害作案者来消除使人做出复仇行动的原因外，还能是什么呢？惩罚只关乎确立原因和行为的动机，这就是它唯一的意义。惩罚是一种教育手段，因而它的目的是动机的塑造，它部分用于阻止犯错之人再次犯错（改造），部分用于阻止其他人做出相似的行动（威慑）。同样地，在奖赏的情形中我们所关心的也是激励作用。[43]

在相容论者看来，报复不是惩罚的正当理由。报复性惩罚仅在被惩罚者罪有应得时才是有意义的。但根据相容论者的观点，没有人"应得（deserve）"惩罚，因为他们所做的事情并不取决于他们，他们所有的行动都是由他们无法控制的力量所导致的。（别忘了，相容论者也是因果决定论者。）所以，相容论者不认为我们应当惩罚他们来报复或纠正过去的不正义，因为你不能因为他们的所作所为而谴责他们。

然而，相容论者的世界里仍有惩罚的一席之地。惩罚可以起到教育的作用，它可以教导罪犯们认识到他们错误的行为方式，从而有助于改造他们。它同样可以通过告诫其他人如果他们违背了法律会怎样来威慑他们。相容论者的惩罚的效果并不取决于它是否平衡了正义的天平，而是它是否能使世界变得更好。这是一个值得钦佩的目标，但并不符合我们一般的惩罚观念。

预先惩罚

从对待惩罚的态度我们就可以看出，相容论者的道德观念与我们一般的道德观念有着很大的不同。我们一般认为人们在犯下罪行之前不应受到监禁，因为那太不公平了，你怎么能因为人们没做过的事情来惩罚他们呢？但正如索尔·史密兰斯基（Saul Smilansky）最近所指出的，因为相容论者信奉因果决定论，对于有充分理由相信其将会犯罪的人，相容论者会觉得没有理由不去将他们事先关起来。他说

> 惩罚必须与罪行相匹配。
> ——西塞罗
> （Cicero）

传统的相容论
这项学说认为自由的行动是（1）被人的意志驱动的，（2）没有外在的制约。

> 任何的不正义都会威胁到所有的正义。
> ——马丁·路德·金
> （Martin Luther King Jr.）

道："鉴于决定论和完全的可预测性，相容论似乎没有任何有原则的方式来抵挡预先惩罚（prepunishment）的诱惑。"[44]他们不会因为预先惩罚不是应得的就抵制它，因为正如我们所看到的，他们并不信奉应得这个概念；他们也不会因为人会改变其想法来抵制预先惩罚，因为在他们看来，人们在想什么（以及他们做什么）是完全由超出他们控制的力量所决定的。相容论非但没有保存我们一般的道德观念，还严重地破坏了它们。

思想探究

> **少数派报告**
>
> 电影《少数派报告》（Minority Report）描绘了一个实践预先惩罚的社会。拥有预知能力的人（被称为"pre-cogs"）可以预先看到未来发生的事，并指挥预防犯罪（pre-crime）警察赶去将要发生犯罪的现场。当然不会存在这样的人，但如果有的话，我们利用他们来预先惩罚将会犯罪的人会是一件坏事情吗？为什么？预先惩罚的问题使传统相容论的可信度下降了吗？

传统相容论者不想放弃自由意志的观念，也不想放弃因果决定论的观念，他们认为二者是相容的——接受一个并不意味着就要拒绝另一个。但正如我们所看到的，接受传统相容论意味着拒绝许多我们传统的关于惩罚的信念。所以，或许这两个观念并不如相容论者希望我们相信的那样相容。

根据传统的相容论，一个行动要是自由的就必须满足两个条件：（1）这个行动必须是由人的意志所致，（2）它必须不受外部的约束。这就是自由行动所需的所有条件吗？理查德·泰勒（Richard Taylor）不这么认为，他提出了下面的反例。

思想实验

> **泰勒的天才生理学家**
>
> 假设我的身体正以不同的方式运动着，这些运动没有受到外部的约束或阻碍，它们都与我的愿望、选择和意志行为等完全一致……我们进一步假设，尽管我的行为与我的意愿完全一致，因此依照我们正在检视的自由概念来说我是"自由的"，但我的意愿本身是被引起的。为了使这一切变得更形象，我们可以假设我的身上插着许多线，一位天才生理学家可以通过按下仪器上的各种按钮来随意使我产生他想要的意愿。因此，在这样的情况下，我所有的意愿都是他赋予我的。通过按下一个按钮，他唤起我抬起手的意愿，此时我的手并没有受到阻碍，它是响应我的意愿才抬起的；通过按下另一个按钮，他唤起我向前踢的意愿，我的腿并没有受到阻碍，它是响应我的意愿才踢起的。我们甚至可以假设这名生理学家在我手里放了一把步枪，并对准过路的人，接下来通过按下

相应的按钮，唤起我的意愿来按压我的手指以扣动扳机，路人于是中弹身亡。⁴⁵

在泰勒所想象的这种情况里，传统相容论的两个条件都得到了满足：他的行为是由他的意志引起的，且这些行为都没有受到外部的约束。他正在做他想要做的事，也没有外部的力量阻止他做出其他的行动。然而他的行动不是自由的，因为他的愿望不是他的，这些愿望来自那名天才生理学家，而非来自他自己。

你也许会认为泰勒的思想实验并不是传统相容论的反例，因为是这位天才生理学家引起了泰勒的行动。但你可能错了，这位天才的神经生理学家并没有直接引起泰勒的行动，他只是直接引起泰勒的愿望。通过按下按钮，他并没有抬起泰勒的手，他只是赋予泰勒以抬起手的愿望。所以，泰勒行动的直接原因（近因）是他的愿望，天才生理学家的操纵只是行动的间接原因（远因）。既然泰勒的行动是直接地由他的愿望引起的，且没有受到外部约束，传统相容论就会让我们相信它们是自由的。然而，它们不是自由的，它们比木偶的行动好不到哪去。

我们不必诉诸科幻作品来理解传统相容论对自由行动分析的不足，让我们来考虑一下瘾君子的例子。

思想实验

泰勒的瘾君子

举例来说，仅仅服用某些毒品一小段时间之后，人就会对它有一种强迫性

新闻报道：有罪的思想和预防犯罪

在行动实施前，判断一个人打算做什么的能力已不再只是科幻作品的素材。神经生理学家已经研发出一种脑扫描技术，这使得他们可以读取人的意图：

> 国际一流的神经生理学家组成的团队已经研发出一项强大的技术，使得他们可以看到一个人的大脑深处，并在他们行动前，读取他们的意图……
>
> 这个团队使用了高分辨率的大脑扫描，辨认其活动模式并将它们翻译成有意义的想法，以显示出一个人近期打算做什么。这是科学家们第一次成功地以这样的方式读取人的意图。
>
> "通过这台扫描仪，我们可以在大脑中寻找这些信息，并读出一些你从外部不可能有办法发现的东西。这就像是在黑暗中点亮了一个火把，借以寻找墙壁上的字句。"约翰-狄伦·海恩斯（John-Dylan Haynes）如是说，身在德国研究人类认知和脑科学的马克斯·普朗克学院的他与英国伦敦大学学院和牛津大学的同事共同领导了这项研究。[46]

这项技术还十分粗糙，但它最终会让我们在罪行实施前鉴别出计划犯罪的人：

> 在海恩斯教授看来，将脑部扫描仪用于判断人们是否有可能犯罪是一个有争议的问题，而社会现在就应该解决这个问题。"我们看到有一天这种技术成为强制的时候将带来的危险，但我们也必须意识到如果我们禁止该技术，我们同时也拒绝了那些不打算犯罪的人自证清白的一种可能性。"[47]

思想探究

犯罪意图和预防犯罪

在法律上，要为犯下的罪行负全责的前提是你必须有犯罪意图（mens rea—a guilty mind）①。单凭犯罪意图就足以将人下狱吗？

质的欲望。那么，假如我在不知情也没有同意的情况下，成为这种欲望的受害者，并遵循这样的欲望来行动。仅仅依据我在试图获得毒品时没有受到阻碍这一事实，就能得出我是在自由地行动吗？某种意义上说，显然是这样的，但在关于我是否应该服用毒品这个意义上，我几乎是没有自由的。我从没有选择让对那些毒品的欲望被加在我身上。[48]

只服用几次就对可卡因上瘾是可能的，当一个人上瘾之后，他就会对它有一种无法抗拒的欲望。然而，吸毒者对可卡因的使用这一行动却是符合传统相容论所列出的自由行动的条件的：这一行动是由吸毒者自己的意志使然，并没有受到外部的约束。于是，传统相容论会让我们相信吸毒者服用可卡因这一行动是自由的。但这并不令人信服，吸毒者无法控制自己，他们是毒瘾的奴隶。因为传统相容论给出了相反的回答，所以我们有理由相信，它是错误的。

强迫行为（毒瘾只是其中一例）是由无法控制的欲望所导致的。例如，盗窃癖就是由一种无法控制的对盗窃的欲望所导致的。因为欲望是一个内在原因，所以

---

① 前者是拉丁文，后者是英文，意思都是犯罪意图。

传统相容论会让我们相信盗窃癖导致的行为与一般的小偷的行为同样是自由的。然而，任何认为强迫行为（compulsive behavior）与普通行为同样自由的观点都很可疑。

泰勒的思想实验表明，由传统相容论提出的条件对自由行动来说是不充分的。尽管你的行动是由你的意志导致的，且它们没有受到外部的约束，它们仍然可能是不自由的。如果你的意志不受你控制——如果你的选择不取决于你——你的行动就不是自由的。

在法庭上：政府主导的洗脑

从20世纪50年代开始，直到60年代末，在近二十年里，美国中央情报局（CIA）在不知情的美国和加拿大公民身上进行了一项洗脑实验，来看看是否可以让他们执行复杂的违背他们意志的指令。这项代号MKULTRA的实验，其目的是创造出电影《满洲候选人》（*The Manchurian Candidate*）中塑造的那种特工。下面是这个计划的简述：

> 在1977年8月3日的参议院听证会上，主管中央情报局的斯坦菲尔德·特纳上将（Admiral Stansfield Turner）披露，CIA在当事人不知情也没有征得其同意的情况下，对无数的美国人进行了洗脑实验。他们中一些是犯人，一些是精神病患者，还有一些是癌症患者。然而还有数量未知的非住院患者在不知不觉中成为这项实验的对象，例如，CIA还给圣弗朗西斯科、纽约以及其他一些城市酒吧里的顾客服用过LSD等精神类药物，很多护士和其他医院工作人员都参与过感官剥夺实验，导致他们中的一些人精神分裂症发作……
>
> 这个花费了纳税人至少两千五百万美元的庞大实验，其主要目标是为了设计出即使牺牲自己也要执行任务的个体，纽约时报所引的一份1952年1月25日的CIA备忘录询问道："这个实验是否可能'控制一个个体以至于他会执行我们的［CIA的］命令，即使这个命令会违背他的意愿、甚至是违背诸如自我保存这样的自然界基本定律。'"[49]
>
> 1975年，国会给死于实验的一名特工的家属以750000美元的赔偿，1988年，司法部门给予九名在不知情的情况下参与到实验中的加拿大公民以750000美元的赔偿。

思想探究

满洲候选人

假设CIA能够通过修改一个人的欲望使得他想要执行CIA的命令，创造出一个"满洲候选人（Manchurian candidate，Richard Condon同名小说里的角色，指被洗脑而完全听从指使者命令的杀手）"。根据相容论，那个人在执行命令时的行动是自由的吗？为什么？

思想探究

宗教狂热

陷入宗教狂热的人常常会获得一整套全新的信念和欲望。在儿女陷入宗教崇拜中时，父母有时会认为狂热带走了他们的自由意志，而强行拯救他们。一个相容论者能为这样一种拯救辩护吗？为什么？

分层相容论

> 有盗窃癖的人是指一个无法自拔地去拿人东西的人。①
> ——亨利·摩根 (Henry Morgan)

想要相信自由意志的欲望是强烈的，想要相信因果决定论的欲望也是如此，我们的许多社会制度都基于前者，而我们的许多科学学科则基于后者。想要维持对二者的信念的欲望使得一些思想家对传统相容论做出调整以避开众多反对意见。这种新型的相容论被称为"分层相容论"（hierarchical compatibilism），因为它基建于"我们的欲望可以被从低到高分为许多层级"这一信念之上。

我们每个人都想做许多事，而这些欲望常常是相互冲突的。例如，你也许想要睡个好觉，这样你在第二天的考试中可以有很好的发挥，而同时你可能也想拖着不去睡觉。所以当我们说你做了你想要做的，我们的意思也许仅仅是你遵照了你诸多欲望中的一个来行动，但我们的意思也可能是你遵照了那个你想要遵照它来行动的欲望而行动。仅当你的行动是第二种情况的时候，才是自由的，分层相容论的创始人哈利·法兰克福（Harry Frankfurt）如是说。

> 为什么吸毒者和电脑迷都被称为使用者（users）？
> ——克里福德·斯托尔（Clifford Stoll）

我们欲求许多事物和事态。我们欲求诸如食物、衣服和住所这些事物，以及健康、博学、高薪这些事态。指向事物和事态的欲望被称为**一阶欲望**（first-order desires）。

像我们这样有自我意识的存在不仅能意识到我们有一阶欲望，还能意识到我们有关于这些欲望的欲望。例如，一个吸烟者可以有不想要吸烟的欲望，也就是说他的欲望是成为一个对烟没有欲望的人。指向一阶欲望的欲望被称为**二阶欲望**（second-order desires）。

有二阶欲望却不想依照它行动是可能的。例如，假设你是一位常常被咨询到婚姻问题的神父，在这种情况下，你或许会有想知道结婚是什么样的欲望，但你可能并不想实现这一欲望，因为如果你这么做了，那么你就不再能做一名神父了。我们想要依照它行动的二阶欲望被法兰克福称为**二阶意欲**（second-order volitions）②。

法兰克福说，自由地行动，就是按照二阶意欲来行动。如果你没有形成二阶意欲，或者你没有依照已形成的二阶意欲来行动，你的行动都不是自由的——你不过是你的一阶欲望的奴隶。法兰克福用两种不同的瘾君子来阐明他的观点。

思想实验

法兰克福的不情愿的和放浪的瘾君子

我们假设有两个深陷毒瘾的人，对他们的毒瘾的生理状况的解释是相同

---

① 原文：A kleptomaniac is a person who helps himself because he can't help himself. 这是一句双关的俏皮话，中文无法译出。
② 这个词的直译为二阶意志力，其内涵是对二阶欲望的欲望。在英美学术界，有将意志理解为欲望的倾向，但在欧陆传统中则并非如此，特别是在康德那里，意志属于理性范畴，其作用体现在对欲望的克制，所以这里意译为二阶意欲。

的，他们两个人都不可避免地屈服于周期性的对毒品的欲望。其中一位瘾君子讨厌他的毒瘾，且总是拼命挣扎想摆脱它，尽管完全无效。他试了所有他认为可以使他克制对毒品的欲望的办法，但这些欲望太过强大以至于他完全无法抵挡，最终，它们总是能征服他。他是一名不情愿的瘾君子，无助地被自己的欲望击倒……

另一位瘾君子则是一个放浪者。他总是按照一阶欲望行动，从不关心促使他去行动的欲望是否是他想要的。如果他在获得和服用毒品方面遇到问题，他对他想要吸毒的强烈欲望的反应也许会包括一些考虑和抉择，但他从没有考虑过他的欲望和他的意志之间的关系是否是他想要的。这位放浪的瘾君子也许只是个动物，因此没有能力去对自己的意志进行思考。无论如何，就他对他的放浪没有任何考虑这一点来说，他与动物无异。⁵⁰

不情愿的瘾君子有二阶意欲却无法依照它们去行动。他意欲自己可以不屈从于欲望去服用毒品，但他无法控制自己，他是毒瘾的奴隶。而另一方面，放浪者却没有二阶意欲，他从不质疑或反思他的一阶欲望，他从不会去想吸毒是否是值得欲求的。按照法兰克福的理论，这两位瘾君子都是不自由的，因为他们都没有按照二阶意欲来行动，不情愿的瘾君子没有按照二阶意欲来行动是因为他无法让自己按照它们来行动，而放浪者没有按照二阶意欲来行动则是因为他根本没有二阶意欲。

在法兰克福看来，自由的行动是由一个人决定性地认同（decisively identify with）的二阶意欲所致。这种观点被称为**分层相容论**，因为它基于这样一个信念，即欲望和意欲是有层次的。词组"决定性地认同的"是用来防止无限后退（infinite regress）的，因为就如我们的一阶欲望会冲突一样，我们的二阶欲望也会冲突，我们也许会因此构造出三阶欲望来解决这一冲突，但三阶欲望也会相互冲突，如此无限后退。但我们确定无疑地认同的二阶欲望，法兰克福说，"'回响'在潜在的无限高阶的阵列中"，使倒退停止，并给我们的偏好结构带来一致性。

为了表明这些条件是怎样形成自由行动的，法兰克福诉诸了另一种瘾君子的例子。

思想实验

法兰克福的快乐的瘾君子

……假设有第三种瘾君子，他的毒瘾与不情愿的和放浪的瘾君子的生理基础是一样的，且他也受到了这种毒瘾的不可抗拒的推动，但他对他的状况感到满意。他是一名心甘情愿的瘾君子，并不想对这样的状况做出任何改变。如果毒瘾对他的支配出于某种原因减弱了，他会竭尽全力使它恢复，如果他对毒品的欲望开始消退，他会设法将其恢复到原来的程度。⁵¹

> 我是一个放纵的酒鬼，一名放纵的瘾君子，但我不想看到我的孩子做同样的事。
> ——奥齐·奥斯本
> （Ozzy Osbourne）

> **一阶欲望**
> 指向事物和事态的欲望。
>
> **二阶欲望**
> 指向一阶欲望的欲望。
>
> **二阶意欲**
> 人们想要依照其行动的二阶欲望。
>
> **分层相容论**
> 这项学说认为自由的行动是由我们决定性地认同的二阶意欲所致的行动。

在法兰克福看来，快乐的瘾君子是自由的，因为他是按照他的二阶意欲去吸毒的。所以，与泰勒想让我们相信的相反，一个瘾君子的行动可以是自由的。

于是，法兰克福的分层相容论避开了许多对传统相容论来说致命的反驳。我们还记得，传统相容论认为所有的瘾君子，患有强迫症的人，洗脑的受害者等等在他们的行为没有受到外部的约束，并且是由他们的意志所致时，都是自由地行动着的。另一方面，分层相容论，不仅与常识一样认为那些人的行为常常不是自由的，而且它能解释为什么：他们或是没有形成二阶欲望（如放浪的瘾君子）或是没有按照二阶欲望行动（如不快乐的瘾君子）。但在那些既形成了二阶欲望又按照它行动的小概率情况（如快乐的瘾君子）下，他们的行动是自由的。

分层相容论同样可以解释为什么我们一般不认为动物有自由意志。动物，特别是哺乳类动物，很可能是有意识的，但它们似乎并没有自我意识，因为它们似乎不能形成二阶欲望。例如，牛无法形成一个不想吃得过多的欲望，它们从不考虑它们是否想要成为受欲望驱使的那类生物。换句话说，动物是放浪者。它们只有一阶欲望，并只按照一阶欲望来行动。

除了可以解释为什么瘾君子和动物不是自由地行动的，分层相容论还可以解释自由意志为什么如此可贵。按照二阶意欲来行动的人做他们想做的事，他们是自己的主人。而无法按照二阶意欲来行动的人则无法控制他们自己的生活，他们没有成为他们想成为的那种人，结果是他们对自己越来越陌生，并对自己的无力感到绝望和沮丧。

分层相容论更加符合常识，且比传统相容论的解释力更强，但它拒绝了我们关于自由意志的核心信念之一：其他可能性原则。根据分层相容论，自由行动并不需要你能做出其他的行动。

法兰克福用下面的思想实验来阐明这一观念。

思想实验

法兰克福的决定引导者

假设某人——比如布莱克——想要琼斯完成某个行动。布莱克准备好了付出相当大的努力来达到他的目的，但他想避免不必要地表明自己的意图。所以，他等到琼斯将要下决心做出行动的时候才考虑是否要干涉，且除非他知道（布莱克在判断这样的事情上很在行）琼斯不打算做他想要琼斯做的事情，否则他什么也不做。无论琼斯最初的偏好和倾向是怎样的，布莱克都能得逞……现在我们假设布莱克并不需要表明自己的意图，因为琼斯自行决定并完成的行动恰好是布莱克想要他去完成的。在这样的情况下，很明显琼斯对他现在的所作所为和如果布莱克没有采取相应措施，以确保琼斯按他的要求去行动的情况，所要承担的道德责任是一样的。如果我们基于琼斯不能作出其他行动，来为琼斯的行动找借口，或者拒绝给予通常情况下琼斯应得的赞赏，这都是十分不合理的。[52]

法兰克福描述了这样一种情况，琼斯不能做出其他行动，因为布莱克不会允许他这样做。但如果琼斯做了布莱克想要他去做的（在布莱克没有介入的情况下），那么琼斯就要为他的所作所为承担责任，尽管他不能做出其他行动。所以，法兰克福说，其他可能性原则是假的。

如果法兰克福是正确的，即其他可能性原则是错误的，那么他将清除接受相容论所要面对的一个主要障碍。责任似乎需要真实的选择，且真实的选择需要能在可能的不同行动方案中做出选择。而如果责任不需要真实的选择，相容论将变得更容易被接受。

然而，许多人认为法兰克福并没有成功表明责任不需要真实的选择。例如，罗伯特·凯恩（Robert Kane）和大卫·韦德克（David Widerker）就声称，布莱克用以判断他是否要介入的那个迹象，要么可以保证琼斯将作出布莱克所需的决定，要么不能。如果它能，那么琼斯做决定的过程就是决定论的，如果它不能，那么就是非决定论的。无论是哪种情况，法兰克福的思想实验都是失败的。

神经生理学使生活更美好

法兰克福所想象的决定引导者不仅仅是虚构的产物。许多神经生理学家都试图通过电流刺激大脑来控制人的思维方式。他们中最重要的一位，当属前耶鲁大学神经生理学教授何塞·德尔加多（Jose Delgado）。塞缪尔·查夫（Samuel Chavkin）这样讲述他与德尔加多博士的合作：

> 德尔加多博士觉得这一进展［对大脑的电流刺激］为许多症状如疼痛、情绪病和癫痫的治疗带来了一个重大的突破。这项研究基于用大脑的一部分来对另一部分的活动进行"反制"这一基本思路。"我们知道知觉、决策、学习和其他活动都伴随有可探测的电流现象，"他近来写道，"我们也知道对大脑的电流刺激会诱导或更改各式各样的自发的、身体的和心灵的表现。"所以为什么不将这项知识用来随心所欲地控制大脑的现象呢？……
>
> 他指出，"对大脑活动的探测、信息的处理和刺激的自动触发"，"可能会有重大的治疗价值"且可以只在需要的时候才使用。"这是我对未来五至十年精神病学的展望，"他预言道，"到那时我们会开始依赖植入小型计算机来治疗情绪疾病。"[53]

德尔加多博士已经研发出一款"刺激接受器"，它既可以监测大脑活动，又可以通过电流刺激来改变它。这样一个装置不仅可以用于治疗精神障碍，还可以用来改造罪犯或其他社会异类。配备了这一装置之后，大脑状态可以始终处于监控之下，如果它显示出任何异状，人们可以通过远程控制使其恢复常态。

思想探究

大脑刺激

如果德尔加多的计算机植入可以使人们成为行事更有效率、适应性好的公民，一名相容论者可以正当地反对使用它们吗？为什么？

如果琼斯做决定的过程是决定论的，法兰克福在反驳其他可能性原则的问题上就仅仅是想当然的，因为他已经假定这项原则为假了；如果这一过程是非决定论的——如果琼斯的决定在选择的那一刻是非决定的——那么琼斯就有可能做出不符合布莱克意愿的事情，因而这项原则就没有被否定。

其他人，如玛利亚·阿尔瓦雷斯（Maria Alvarez）则认为，无论布莱克采取什么措施，以使琼斯做出符合他意愿的行为，他都不可能强迫琼斯做出这样的决定，因为决定的做出需要一个考虑的过程或者说对实践理性（practical reason）的运用，然而这二者都不存在于这一情况中。布莱克或许可以强迫琼斯以某种方式行动，却无法强迫他以某种方式作出决定。所以，法兰克福的思想实验还是没能动摇其他可能性原则。

要想自由地行动，仅仅依照二阶欲望是不够的，你用以指引行动的还必须是你自己的欲望。迈克尔·斯洛特（Michael Slote）用被催眠的病人这个例子来说明这一点。

思想实验

> **斯洛特的被催眠的病人**
>
> 考虑一下下面这个例子。罗伯特在两个相互冲突的一阶欲望X和Y之间摇摆不定，一位催眠师来拜访他并决定通过对他进行催眠，并引导他形成有利于X的二阶意欲来"解决"他的问题。有了这个二阶意欲的结果是，罗伯特为满足X而行动，且从未想到他的果断是由一位催眠师导致的。这个例子或许带有科幻的痕迹，但他足以表明我们关于自由行动的"合于理性"条件在概念上是不充分的。因为我们都显然会否认，当罗伯特按照由催眠师引导形成的二阶意欲来行动时，他是按照他自己的自由意志来行动的。[54]

罗伯特根据他所认同的二阶意欲来行动，但他的行动不是自由的，因为他的意欲不属于他，它来自于一名催眠师而非他自己。因此，自由行动一定不仅仅是依照你确定无疑地认同的二阶意欲来行动。如果你的行动不是你自己的——如果你所做的事不出于你自己——你就不是自由地行动着的。

自由行动是自我的产物。我们的欲望和意欲也许是我们行动的直接原因，但除非那些欲望是在我们自己的作用之下形成的，否则我们的行动并不真正属于我们。罗伯特·凯恩解释说：

……要根本上为一个行动负责，行动者就必须为导致这个行动发生的所有充分理由（条件、原因或动机）负责。例如，如果一个选择由一个行动者的性格和动机（连同背景条件）产生，且通过它们可以充分地解释这个选择，那么行动者必须至少部分地对过去的自愿选择或形成他/她现在的性格和动机的行为负责，才能根本上为一个行动负责。[55]

你的所作所为是由你的性格所决定的。但如果你的性格在某种意义上不取决于你——如果你无法控制你会获得什么性格——那么你就无法根本上为出自性格的行为负责。

很可能会有这样的情况，因为一个人具有的特定性格和动机，他不可能做出其他行动。丹尼尔·丹内特援引了马丁·路德（Martin Luther）的例子，在路德脱离天主教会的时候，据传曾说过这样一句话，"这是我的立场，我别无选择。（Here I stand, I can do no other.）"[56]考虑到他是什么样的人，以及他当时的处境，路德不可能做其他事情。然而，丹内特说，路德可以被要求对他的所作所为负责。凯恩也会同意这个观点，不过他会加上以下限定，如果认为路德最终要为他的所作所为负责，在过去一定有一个时刻，在那个时刻路德本来可以做别的事情，并且那时他做的选择最终造成了他现在的性格。如果他无法决定自己成为什么样的人，他就不能根本上为他的行动负责。问题是，一个人如何可能做出如此关键的关于自身的选择呢？我们会在下一节中探讨这个问题。

思想探究

自愿的银行柜员

假设你是一名银行柜员，正处于枪口的威胁下。你意识到如果你将强盗的枪抢走，就可以阻止这名银行劫匪，但你认为你成功的几率不高。所以，你平静地将钱交给了他。根据分层相容论，你在把钱交给银行劫匪的时候是自由的吗？如果是，那这是否是分层相容论的反例呢？为什么？

总 结

相容论认为因果决定论并不拒斥自由。即使因果决定论为真——即使每个事件都是过去的事实和自然法则的结果——我们也仍然可以自由行动。持这种观点的人被称为弱决定论者。

在传统相容论看来，行动是自由的仅当它们（1）是由个人的意愿所致，（2）没有受到外部约束。一个行动没有受到外部约束，仅当一个人做出某个行动时，如果他做出其他选择的话，就可以做出其他行动。这两个条件对自由意志来说并不充分，因为即使符合了这两个条件，你的行动仍然可能不是自由的。如果你的意愿不取决于你，你就不应为你的行为负责。

通过调和自由意志和因果决定论，相容论认为我们可以继续维持我们的一些传统做法，即让人们对他们的行为负责，且当他们犯罪时施以惩罚。但是，我们传统的惩罚观念中有一部分是报复，而在相容论的惩罚观念里却没有报复的立足之地；我们传统的惩罚观念中还有一部分是我们不应在人们实行犯罪前惩罚他们，而相容论在这一方面同样不支持传统的惩罚观念。

分层相容论是基于人们有不同层次的欲望这一见解的。一阶欲望是指向事物或事态的欲望，二阶欲望是指向一阶欲望的欲望，实践一阶欲望的二阶欲望就是二阶意欲。在法兰克福看来，自由的行动不仅仅是按照一阶欲望来行动，还必须按照你认同的二阶意欲来行动。根据这一类型的相容论，即使你不能做出其他行动，你的行动也可以是自由的。

但分层相容论仍然不能完全解释自由意志，因为我们的二阶意欲本身也许是由超出我们控制的力量所导致的。于是，自由的行动就不仅仅是按照你确定无疑认同的二阶意欲来行动了。

学习问题

1. 什么是弱决定论？
2. 什么是传统相容论？
3. 对于我们所有的行为都是有原因的，但某些行为却是自由的这一现象，斯泰斯是怎样解释的？
4. 泰勒的"天才生理学家"思想实验是怎样的？他的"瘾君子"思想实验是怎样的？这两个思想实验是如何动摇传统相容论的？
5. 法兰克福的"决定引导者"思想实验是怎样的？它是如何试图动摇传统的责任观念的？
6. 什么是分层相容论？
7. 斯洛特的"被催眠的病人"思想实验是怎样的？它是如何试图动摇分层相容论的？

讨论问题

1. 假设你创造了一台机器人，它非常先进以至于能在复杂的情况下独立行动。它自己做决定，并总是能完全按照其决定行动，而这些事情又是与它的程序一致的。这台机器人能自由地行动吗？为什么？
2. 根据分层相容论，洛克的"受困的健谈者"的行动是自由的吗？为什么？
3. 无论根据传统或分层相容论，惩罚他人可以得到辩护吗？如果可以，这样的辩护会是怎样的呢？
4. 你有哪些二阶欲望？你有没有什么想做却做不到的事情？这意味着你是不自由的吗？为什么？
5. 如果你的选择从来都不取决于你——如果你在形成你的性格或成为你所是的那一类人这个过程中没有发挥任何作用——那么，你应为你的行为负责吗？为什么？

网络探究

1. MKULTRA——CIA的洗脑计划——恰好在纽伦堡审判结束后开始实行。纽伦堡审判确立了在人体实验方面的一般准则,MKULTRA是否违背了这些准则呢?在搜索引擎中输入"MKULTRA"和"纽伦堡"(Nuremberg)来探究这个问题。

2. 一些不快乐的性瘾患者意识到,他们无法控制他们对性这个一阶欲望的渴望,因而他们要求阉割。这是一个国家应当尊重的合理要求吗?在搜索引擎中输入"性犯罪者"和"阉割"来探究这个问题。

3. 犯罪有生物学基础吗?如果有,我们应当怎样对待那些生理上有犯罪倾向的人呢?在搜索引擎中输入"犯罪的生物学基础"(biological basis of crime)来探究这个问题。

3.4 控制你自己：自由即自决

> 自由，就是一个人的自我对自我行使的主权。
> ——艾伯特·派克
> （Albert Pike）

相容论试图调和因果决定论信念和自由意志信念，但它的企图似乎并不成功。看起来自由行动不仅仅意味着做你想做的，如果你的愿望不属于你，由它们产生的行动也不会是自由的。

爱因斯坦很明确地表明过这一点，他在"我的信条（Credo）"中告诉我们：

> 我不相信自由意志。叔本华的名言"人可以做他想做的，却不能想要他所想要的"（Man can do what he wants, but he cannot want what he wants），陪伴我度过了一生中的各种情境，使我可以接受他人的行为，即使那些行为会令我不快。[57]

在爱因斯坦看来，仅当我们可以想要我们所想要的时，换句话说仅当说我们可以决定我们的欲望时，我们的行动才是自由的。然而爱因斯坦并不相信我们可以。就像天性/教养之争中的双方一样，他认为我们的欲望是超出我们控制的力量的产物，我们无力改变它们。因此，他不相信自由意志。然而还有一些人，他们同意爱因斯坦所说的自由意志需要我们有控制欲望的力量，但他们认为我们有这样的力量。被称为**自由意志主义者**（libertarians）的这些人认为我们的某些行动——我们的自由行动——是在我们的控制之下的，因为它们是由我们自己导致的。

最早的自由意志主义者之一，苏格兰哲学家托马斯·里德（Thomas Reid，1710—1796）写道：

> 道德主体的自由，在我看来就是控制自身意志所作决定的力量。
>
> 在任何行动中，如果他有力量去想做什么或不想做什么，在这个行动中他就是自由的。但是，如果在每一个自主行动中，他的决定都是心灵状态中的某些不由自主的东西，或存在于外部环境的东西的必然结果，他就不是自由的；他没有我称为道德主体的自由的那种自由，而是受制于必然性。[58]

在里德看来，自由行动需要自主决定你想要依照其行动的欲望是什么。如果你所有的行动都基于来自外界的欲望，你的行动就不是自由的。在那样的情况下，你并不比机器人好到哪去。自由意志主义者认为，你的欲望必须是你自己的，你才能自由地行动。换句话说，你必须自主设定（self-programming）。

> 我也许有自由照我喜欢的去行动，但我有自由照我喜欢的去喜欢吗？
> ——亚瑟·叔本华
> （Arthur Schopenhauer）

相容论者认为自由行动仅仅是做你想做的，在他们看来，你的愿望从何而来无关紧要。自由意志主义者不同意这一点，他们认为，如果你的愿望不是你自己的，由它们而来的行动就不是自由的。在自由意志主义者看来，要想自由地行动，你就必须做你自己的事情（do your own thing）。

传统相容论基于一个消极的自由概念——只要没有外部的约束加诸你的行动

之上，你的行动就是自由的——自由意志主义者则基于一个积极的自由概念——只有你的行动是取决于你的，你才是自由的。这种自由是积极的，因为它需要自我决定（self-determination）的**存在**。只有当你有力量去掌控你的命运的时候，你才有积极的自由。

对自由的辩护

有两个论证通常用于支持自由意志主义者所谓的自由意志：经验论证和权衡论证。让我们分别来看看这两种论证。

经验论证

我们都时常有这样的印象，我们可以自由地选择，同时我们所做的这些选择是取决于我们自己的。在无数情境里，我们都有这样的印象，我们有很多可供选择的事物，没有什么阻止我们选择其中任何一个——或哪个都不选择。简而言之，我们持续不断地产生关于我们是在自由行动的经验。每个人都会由衷地认同我们有这样的经验：

> ［在］大多数时刻，我在坐着、说着什么或听着某人说话的时候，我都有这样的印象，我接下来可以用我的右手做许多事情：做个手势，抓抓头，把它放在大腿上，放在口袋里，等等。在我看来，此时此刻没什么可以阻止我的右手接下来做出这些可选项中的任何一个；且在我看来，无论是此时的情境，还是迄今为止已发生过的事情，都使得这些可选项中的任何一个都可能被我做出。而且当我意识清醒的时候，我的脑海中几乎是持续不断地出现类似的开放可能性的印象，不仅关于我可以用我的右手来做什么，还关于我可以用我的头、发声器官、腿和脚来做什么。在每个时刻里，我都有这样的印象：是我自己，而非任何先于此时刻发生的事件，在决定这些开放的选项中，哪一个身体动作是我接下来将会自愿做出的。[59]

在这些行动方案中做出选择的经验是我们共有的经验之一，这项经验与我们拥有的关于外部世界的经验是同样常规而一致的。于是从表面上看来，似乎我们关于自由意志存在的证据与我们关于外部世界存在的证据是一样的。最终我们有可能发现我们关于自由意志的经验仅仅是一个幻觉，就像我们关于外部世界的经验也有可能是个幻觉一样——我们可能像《黑客帝国》描述的那样生活在一个计算机模拟出的世界，在那里我们对外在或内在的知觉都是不准确的。但在没有有效证据证明自由意志是一个幻觉的情况下，我们有理由相信它不是幻觉。

> 所有的理论都反对意志自由，所有的经验都支持它。
> ——塞缪尔·约翰逊
> （Samuel Johnson）

自由意志主义
这项学说认为自由行动是由自我（主体、个人）导致的。

权衡论证

正如我们都有在可选的行动方案中做出选择的经验，我们也都有考虑要选择哪个行动的经验。然而，仅当我们认为是我们的力量使得我们做什么或者不做什么的时候，我们才能在不同做法之间做出权衡（delibration）。如果你认为你想去的那个音乐会现在已经结束了，那么你就不能考虑是否要出席这场音乐会。因为你知道你已经没法出席这个音乐会了（你没有选择了），你不能郑重其事地去决定是否要出席。你可以假装做出决定，但根本谈不上实际的权衡。因些，当我们在权衡时，我们必须是认为我们可以进行自由行动的。

然而，相信某物为真并不使它成真。数百万的孩子相信存在复活节兔子、牙仙子和圣诞老人，但这并不意味着它们是存在的。我们都知道那些民间信仰是假的，同样，一些人认为自由意志也是一个民间信仰，而我们现在知道它是假的了。

神经生理学的挑战

一些证明自由意志不存在的最好的证据，来自于神经生理学家本杰明·里贝特（Benjamin Libet）进行的反应时间实验。里贝特想知道有意识的思考、大脑活动和身体运动之间的关系：有意识的思考出现在产生身体运动的大脑活动之前还是之后？依靠测量脑电活动的脑电图（EEG）来探测导致身体运动的神经冲动（称为"准备就绪潜能 / the readiness potential"）是可能的。依靠测量肌肉的电压变化的肌电描记器（EMG）来探测身体运动也是可能的。于是，里贝特让他的被试者们坐在一张桌子上，将一台EEG连在他们的头皮上，然后将一个EMG连在他们的一只前臂上，在他们面前放置一个快速转动的时钟和一个按钮。他们得到的说明如下："随意选择一个时刻弯曲你的手指按下按钮，并告诉我们你决定这样做的时候

> 生活就像是一个纸牌游戏。发什么牌到你手里是决定论的，而你要怎么出牌则是自由意志的。
> ——贾瓦哈拉尔·尼赫鲁（Jawaharlal Nehru）

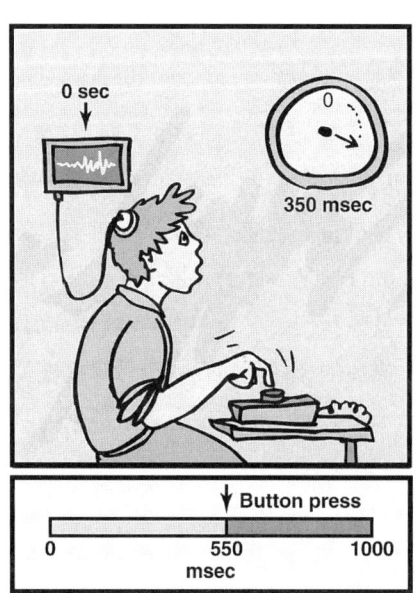

里贝特的实验装置是否表明自由意志是一个幻象？

由威斯康星大学麦迪逊分校的德瑞克·鲍兹（Deric Bownds）和比尔·菲尼（Bill Feeny）提供。

指针指向的时刻。"从EEG探测到准备就绪潜能的时间到EMG探测到肌肉移动的时间之间相差大约500毫秒。所以，身体运动的发生大约在大脑活动开始后的半秒之后。然而令人惊讶的是，被试者意识到决定按下按钮的时间大约是在大脑活动开始后的300毫秒之后！我们一般假设有意识的决定引起神经冲动，然后产生身体运动。但里贝特的实验则提出了不同的结论，产生决定的意识出现在决定产生之后！如果是这样的话，那么意识看起来就是一个副现象了——一个由大脑活动产生的无用的附属品，而并非大脑活动的发起者。

里贝特这样解释他的实验结果：

> 在一个人有意识地知道他想行动之前，自由自愿的行动的开端似乎已经无意识地肇始于大脑。那么，在执行一个自愿的行动这一过程中，有意识的意志（conscious will）还有什么作用吗？要回答这个问题就必须认识到，有意识的意志比肌肉活动要早150毫秒，虽然它出现在准备就绪潜能之后。这150毫秒的时间足以让意识功能影响到意欲过程的最终结果。[60]

在里贝特看来，尽管意识并不产生行动，但却可以阻止它的发生。"这表明，"神经生理学家维拉尔·拉马钱德兰（Vilaynur Ramachandran）说道，"我们有意识的心灵也许并没有自由意志（free will），而毋宁说是有'自由否定意志'（free won't）。"[61]

思想探究

自由否定意志足以证明自由意志吗？

假如里贝特的想法是正确的，有意识的意志无法产生行动，却可以取消它们。拥有这种有意识的否决力量是否足以让你为你的行动负责？

然而，并非所有人都赞同里贝特对他的实验结果的解释。首先，即使意识在这样一个人为设定的情形下，没有引起单独的肌肉活动，它也仍然参与了识别目标、制定计划和设计策略。例如，它也许在帮助被试者决定他们是否要参与到这个实验中这个问题上发挥作用。

其次，许多神经生理学家认为里贝特的实验测试的并不是自觉意识（conscious awareness），而是"元自觉意识"（meta-conscious awareness）。正如安东尼·杰克（Anthony Jack）和菲利普·罗宾斯（Philip Robbins）所说，

> ……因果作用幻觉论［认为有意识的意志的作用是一个幻觉的理论］几乎可以肯定是错误的。相信它的唯一原因来自于未能区分意识状态（指向X的意向）和元意识状态（对"自己怀有指向X的意向"的认识）这一错误。在里贝特的著名实验中，直到大脑活动发生之后的某个时候，被试者才形成

我的妻子和我的岳母

希尔（W. E. Hill）作

这幅两可图既可以看成一位年轻的小姐，又可以看成是一位年长的妇人。但你可以决定你想要看到哪一面。这是一个自由意志的证据吗？一些心理学家认为如此。戴维·鲁姆哈尔特（David Rumelhart）这样评价这幅画，"我可以使它成为我想要的样子。这是想做一件事而不想做另一件事的一个微不足道的例子，然而这现象本身却不是微不足道的。"[62]

了对自己有意识地想要做某事的认识。但这不足为奇，我们有意识地想要做某事的想法仅仅在有意识的意向形成之后才出现。除非我们假设有意识的意向是立刻形成的，并且即时伴随着对我们有一个有意识的意向的认知，否则里贝特的实验并不构成任何挑战。63

做一个有意识的决定，和自觉地意识到"我正在做一个有意识的决定"，这两者是有区别的。前者是自觉意识的一个例子，而后者是元自觉意识的例子。元自觉意识，就像是一般的自我意识（self-consciousness）一样是一个二阶意识，在这种情况下，它是对一个人已经有意识的做了某事这一事实的自觉意识。在杰克和罗宾斯看来，里贝特的被试者所报告的不是有意识的决定的发生，而是他们什么时候能自觉意识到他们的有意识的决定。既然一个人会料到元自觉意识有时候会发生在作出意识决定之后，他们便不会对里贝特的实验结果大惊小怪了。

那么，准备就绪潜能，也就是比按下按钮早500毫秒，比意识到想要按下按钮早300毫秒的那个神经冲动模式是什么呢？阿尔弗雷德·米尔（Alfred Mele）提出，这不是一个无意识的决定或者行为意图，而是一种无意识的行为冲动。他写道：

> 没有什么可以证明这样一个陈述，即一个被试者在时间W［被试者报告说"第一次意识到想要行动"的时间］意识到的东西是已经做出的弯曲手指的决定或者已经获得的弯曲手指的意图，而相反，应该是诸如已经产生的弯曲手指的冲动一类的东西。64

在米尔看来，准备就绪潜能并不是手指移动的原因，而是它移动的一个必要条件。就如氧气是火的必要条件，却不是它的原因。由此看来，在准备就绪潜能出现的情况下，做出一个有意识的决定可以导致一个行动，就如在有氧气的情况下，划动一根火柴可以产生火一样。因此，有一种与自由意志的信念相一致的方式可以解释里贝特的实验结果。

主体因果作用

> 一根棍子移动了一块石头，棍子是被手移动的，手是被人移动的。
> ——亚里士多德

自由意志主义者认为即使一个行动没有被过去的事件所决定，只要它是由一个自我（self）或主体（agent）导致的，它就仍然可以是自由的。因此，自由意志主义者时常会赞同一种被称为**主体因果作用**（agent causation）的因果作用，它在一个主体（自我，个人）引起一个事件时出现。

传统上，主体因果作用与事件因果作用被当做是两种完全不同的因果作用，因为主体因果作用被认为可以启动新的因果链。根据这种观点，当我们引起某事的发生时，我们就是在像上帝一样行动。美国哲学家罗德里克·齐硕姆解释说：

> 如果我们要对某事负责，那么我们就有了一项原本只被归于上帝的特

权：我们每个人在行动的时候，都是一个"自身不动的第一推动者（a prime mover unmoved）"。在做我们所做的事情的时候，我们导致了某些事件的发生，而没有什么东西——或什么人——使得我们去导致这些事件的发生。[65]

许多人发现这个主体因果作用的概念十分神秘——如果不是不融贯的话。丹尼尔·丹内特对此提出了一个有代表性的担忧：

> 一个主体要如何在没有事件（假定在主体内部没有）导致那个影响（它本身受更早的原因的影响等）的情况下产生这样的影响？坦率地说，主体因果作用是一个非常神秘的学说，它假定了一些与我们发现的化学反应、核裂变与聚变、磁引力、飓风、火山的因果进程或是那些诸如新陈代谢、生长、免疫反应和光合作用这样的生物进程完全不同的东西。[66]

传统意义上理解的这种主体因果作用似乎会让自由意志等同于神迹。我们像上帝一样开启因果链的假定实在让人难以接受。它没有解释任何东西，而是用一个神秘的东西代替了另一个。

齐硕姆也开始意识到传统的主体因果作用概念是有很多问题的，并且在晚年提供了一个替代性的概念：

> 在早年关于这个主题的文章中，我对比了主体因果作用和事件因果作用，并提出"主体因果"不能还原为事件因果。我现在认为这个提议是错误的。我过去称为主体因果作用的东西其实是事件因果作用的一个亚种。[67]

事件因果作用（event causation）是一种科学家们所研究的因果作用。它在一个事件引起另一个事件时出现，比如，当火柴的点燃引起爆炸时。一个事件可以被描述为一个对象在某个时候有某种属性（property）。例如，木柴燃烧这个事件可以被描述为木柴在特定的时候有燃烧这个属性。木柴燃烧这个事件可以引起或因果地造成任何数量的其他事件，比如棉花糖被制作出来。木柴的燃烧依赖于它拥有的特定属性或因果力，比如发热这一属性。

主体因果作用是事件因果作用的一种，这里的事件即某主体在某个时刻拥有某种属性。就如普通事件可以凭借它所拥有的属性引起其他事件，主体因果作用也是如此。蒂莫西·奥康纳（Timothy O'Connor）将这些属性称为"使意愿成为可能的属性"（volition-enabling properties），因为这些属性可以使主体自由地行动。[70]就如自我意识一样，这些属性可以被理解为突现（emergent）属性，它们是由某些事物（如神经元）以某种方式相互作用时产生的。事实上，自我意识本身也许就如萨特和斯穆里安所提出的那样（见"萨特和斯穆里安论自由意志"），是一种使意愿成为可能的属性。无论如何，我们都需要意识到主体因果作用并不必然需要实体二

> 自由，在我的形而上学看来，是一个理智主体自主决定的力量，它意味着思想、选择和力量。
> ——约翰·亚当斯

主体因果作用
在一个主体（自我、个人）引起一个事件时出现的因果作用。

事件因果作用
当一个事件引起另一个事件时出现的因果作用。

萨特和斯穆里安论自由意志

作家、哲学家让-保罗·萨特（Jean-Paul Sartre）是被称为**存在主义**（existentialism）的哲学运动最重要的倡导者之一。存在主义认为，人就其本性而言，是可以自由地去做他们想做的事情的。我们并没有被设计成去执行特定的功能，也没有被强迫去做任何我们不喜欢的行动。我们总是可以自杀。我们自己，也只有我们自己，需要为所有发生在我们身上的事情负责。下面是萨特对这一问题的表述：

> 我注定非自由不可（I am condemned to be free）。这意味着我的自由不受任何限制，除了自由本身，或者如果你愿意这样说的话，我们没有终止自由的自由……
>
> 就如我们所看到的那样，就人类的实在而言，存在就意味着选择自我；它能容纳或接受的任何东西都既不是从外部也不是从内部而来，它孤立无援，它被抛掷到了令人难以忍受的使得自己存在的必要性（the necessity of making itself be）之中——连最小的细节也是如此。因此，自由不是一个存在物；它是人的存在——也就是说，他的存在之虚无（his nothingness of being）。如果我们首先想象人是完全充实的，那么试图在他身上寻找自由的时刻或心理范围就是荒谬的。这就像是我们在一个预先充满的容器中寻找虚空一般！人不可能时而被奴役时而自由；他要么是完全、永远地自由的，要么是完全不自由的。[68]

在萨特看来，自由是人的本性的一部分，如果某物是一个人，那么它就不可能不是自由的。

逻辑学家雷蒙德·斯穆里安（Raymond Smullyan）对此表示赞同。下面这段话摘自斯穆里安的《上帝是一个道教徒吗？》（*Is God a Taoist?*），在这段话里上帝解释了为什么人会有自由意志：

> 你们为什么会有我可以创造没有自由意志的你们这样一个想法呢！你们表现得像是有这种可能性一样，然后想知道为什么我没有选择它！你们难道没有发现吗，一个没有自由意志的知觉存在，就像是一个没有施加万有引力的物体一样是不可想象的。（顺带一提，有万有引力的物体和有自由意志的知觉存在之间的类比要比你想象的多。）你真的可以诚实地哪怕是想象一个没有自由意志的有意识的存在吗？它究竟是什么样的？我认为你生命中有一样东西在误导你，那就是你曾被告知自由意志是我赐予人类的**礼物**。就好像我先是创造了人，然后赋予他自由意志这一额外的属性一样。也许你认为我有某种"画笔"，用它来给某些造物画上自由意志，另一些则不画。不，自由意志不是一个"额外的东西"；它正是意识本质不可或缺的一部分。一个没有自由意志的意识存在在形而上学上就是荒谬的。[69]

思想探究

自我意识和自由意志

你同意萨特和斯穆里安所说的，有自我意识而没有自由意志的存在是不可能的吗？为什么？你会乐于承认任何有自我意识的机器人有自由意志吗？为什么？

元论。主体并不一定非要是非物质的实体或者无实体的精神才能导致行为，只要具有正确的属性，他们完全可以是实体事物。

主体同样不一定要被解释为不动的第一推动者，主体因果作用可以被看作是在引导因果链，而不是开启它们。就如我们所看到的，可选的行动方案就像是几条岔路，主体所做的选择可以决定这些链条究竟要走向哪一个分岔。这样理解的话，主体因果作用就与第二章讨论的心理下向因果关系概念相一致了。为了更好地了解当一个主体做出选择时发生了什么会我们来考虑一个特例。

假设你要在读研究生、参加和平工作队（The Peace Corps）①和进入商界之间做出选择。这样的选择可能是很困难的，且你所做出的选择可能会深刻地影响到你将成为什么样的人。你会想要仔细考虑你的选项，这种考虑包括辨认出你选择这些选项的原因。如果你去读研究生，你可以学到更多关于你喜欢的学科的知识；如果你加入和平工作队，你可以去国外帮助贫民；如果你进入商界，你也许会赚的比选择前两个选项都要多。一旦你辨认出相关的原因，你就可以做出选择，在做出这个选择时，你需要确定哪一个或一组原因最有分量。就你没有被强迫必须选择其中的某一个而言，你的选择是没有被决定的，但这并不意味着你的选择是没有原因的，因为你支持每个选项的原因都在因果的意义上影响你的决定，只不过它们不必然地导向某一个决定。如果所有在你做决定之前发生的事情全都照样再发生一遍，你也还是有做出其他选择的可能性。你的决定取决于你本人。

相容论者和强决定论者主张，这种关于自由行动的观念不可能是正确的，因为它要么导致一种无限后退，要么就使得人类的行动变得不可理解。我们再次考虑一下在读研、参加和平工作队和进入商界间的选择。假设你选择加入和平工作队，某人（如你的父母）也许会想知道为什么你会选择这个选项，既然你的选择是理性的，经过仔细考虑之后的结果，那就应该是有原因的，并且这个原因应该是一个二阶原因，它能说明为何你更看重某一组原因而不是另一组。然而如果这个决定，即将一组原因看得比其他的更重要，是个理性的决定的话，那就应该要有一个三阶原因来解释为什么要使用这一选择的原则，以此类推，直到无穷。于是，正如盖伦·斯特劳森（Galen Strawson）所说，"真正的自我决定论是逻辑上不可能的，因为它需要实际地做出一系列无限倒退的，对选择之原则的选择"[71]。

> 真正的自由是能够按照一个人真正的个性，完整的自我，自我决定和不受外在强迫来行动。
> ——科利斯·拉蒙特（Corliss Lamont）

施特劳森对理性选择提出的要求可信吗？在相互竞争的几组理由中做出理性的选择，这需要发展出一条选择的无穷序列吗？似乎并不需要。假设某人问你加入和平工作队的原因，你可以很得体地回答道："因为我认为帮助贫民比继续我的学业和赚很多钱更重要。"这解释了你的选择，并且很容易理解，我们也就不需要诉诸任何更高级的选择原则了。[72]

现在假设某人问你，"为什么你决定帮助贫民是更重要的？"在这样的情况下，一个恰当的回答可以是，"我就是这么认为的"。但相容论者和强决定论者可能会问，这与一个纯粹随机的行动有何不同？如果你对原因的衡量不是由其他事件或原因决定的，它不就是随机的么？自由意志主义者会这样回答这个问题：它不是随机的，因为它是由你导致的。在你做决定的过程中，你考虑了如果你选择了不同的选项，你会过什么样的生活，你会成为什么样的人。在你的心灵中衡量过这些事实之后，你决定说，"这是我要过的生活"。只要你的选择不是由先前的事件所决定的，且是

---

① 美国政府资助的组织，以志愿者的方式向第三世界国家提供教师、医生、护士和各种技术人员。

人类是我们所知的唯一具有自我意识的生物。自我意识可以让我们自由吗?

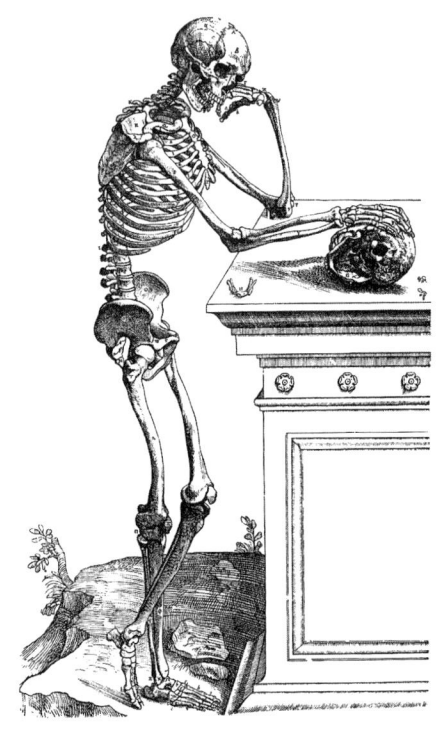

你之所以是你,是你有意识和潜意识做出的选择所导致的。
——芭芭拉·霍尔(Barbara Hall)

依据你的意图来做出的,它就是一个非随机但却自由的行动。

通过做出这个选择,你决定某些价值比其他价值更重要。那么,那些价值可能会在未来的决定中被给予更大的权重。于是,就像判例①一样,你现在所做的决定可以影响你未来的决定,也因此可以决定你将会成为什么样的人。

你的性格是被你的信念、欲望和价值观念所决定的,罗伯特·凯恩(Robert Kane)把你改变这些东西的行动称做"自塑行动"(self-forming actions)。要实现这样的行动,你就必须有自我意识,你必须能反思你的信念、欲望和价值观,并决定你是否想成为按照它们行事的那种人。也就是说,你必须能形成二阶欲望。如果你还有能力按照那些决定来行动,你就有自我决定的力量,并且可以被认为能根本上为你的行为负责。

在文章《一个融贯的、自然主义的和可信的自由意志主义的自由意志观的构造》("A Coherent, Naturalistic, and Plausible Formulation of Libertarian Free Will")中,马克·巴拉格尔(Mark Balaguer)论证说,上文描述的那种决定符合自由意志主义者对自由意志的要求,因为它们不是由先前发生的事件所决定的,又恰如其分地是非随机的。沿着罗伯特·凯恩的思路,巴拉格尔称这样的决定为"撕裂的决定"(torn decisions)。因为做出这个决定的人"(a)在两个或两个以上的选项之间

---

① 法律用语,指如果法院先前的某一个判决是具有法律效力的,那么它就会成为以后审判同类案件的依据。

选择，其中选择任何一个都是有理由的，而且在确定哪一组理由更强时会有被撕裂的感觉……（b）在没有最终解决这一冲突的情况下做出决定，即这个人经验了一个只是在做出选择的过程"。[73]巴拉格尔声称，所有这些决定都牵涉到主体因果作用，而且由是肯认了自由意志主义意义上的自由意志的存在。

> 如果我们的撕裂的决定在选择的那一刻是非决定的，那么就是我们创造并控制了它们。这里需要注意的第一点是，上面所描述的一个撕裂的决定在选择的那一刻是非决定的，于是由此可知，没有什么主体以外的东西导致她做出她的选择……而第二点是当我们将外部原因的缺席与意识的、意向的和目的性结合的时候，我们似乎就得到了创造者和控制者的身份：如果（a）一个主体S有意识地、有意向地、且有目的地选择了某个选项A，且（b）没有什么S以外的东西导致她选择A，那么似乎（c）她就创造并控制了这个决定。[74]

如果许多同样值得欲求的行动向你开放，而你有意向地决定采取其中一种，那么，巴拉格尔声称，你就是那个行动的原因，且要为那个行动负责。巴拉格尔描述的这种撕裂的决定我们都十分熟悉，回想一下我们在超级市场里在数十个无法区分的速食汤罐头之间做选择时的情景。你对某个特定罐头的选择并不依赖过去的事件，你选择哪个罐头完全取决于你。此时，你的选择不是自塑（self-forming）行动，但仍然是一个自由行动。

接受这样一个自由意志主义的自由意志观点并不需要排斥任何科学事实或是常识信念，这就是为什么巴拉格尔称他的观点是"自然主义的"。与丹内特希望我们相信的相反，主体因果作用并不需要我们承认任何神秘的东西。并且，与相容论的自由意志概念不同的是，自由意志主义的观念与我们的应报理论（retributive justice）的做法是一致的：如果你要为你的性格负责，你就要为由它而来的行为负责；如果你伤害了其他人，你就应该受到伤害作为惩罚。

另外，没有一个自由意志主义者会承认预先惩罚原则。如果自由行动在选择的那一刻是非决定的，那么我们就永远无法确定某人将会做什么。除非他们确实犯下了罪行，否则他们是无罪的。

自由意志主义同样有助于我们解释为什么会有这么多的个体差异和文化差异，为什么诸如前苏联曾企图进行的那种社会工程会失败，且为什么在同一个家庭中成长的人常会有分歧。自由意志主义自身融贯、并且有很强的解释力，它为自由意志难题提供了可行的解决方案。

主体（个人，自我）是有自我意识的存在，也就是说他们能形成二阶欲望。他们知道是什么事物在激发他们行动，且他们可以决定他们是否要被那些事物激发。于是，我们可以赞同法兰克福所说的自由行动就是那些由二阶意欲导致的行动。但如果二阶意欲本身不是由主体所引起的，由它们导致的行为就不是自由的。

> 自由就是想要对自己负责的意志。
> ——弗里德里希·尼采

通过要求二阶意欲必须是由主体所引起的，自由意志主义避开了曾动摇分层相容论的难题。

自由意志主义的可信度问题还远没有解决，因为主体因果作用概念可能最终被发现是完全错误的。但考虑到我们在第二章最后谈到的下向心理因果作用的可能性和自然主义解释的可能性，自由意志主义仍旧是个热门的选择。

思想探究

> **自由机器人**
>
> 回想一下本章最开始时提到的机器人。假设它真的被设计成能做出选择，能从错误中汲取教训，而且还拥有自我意识的话。这台机器人有自由意志吗？为什么？如果没有，我们还要给这台机器人增加一些什么东西才能使得这台机器人有自由意志呢？如果有，那是什么样的？

总 结

因为无论传统相容论还是分层相容论，都没能调和自由意志与因果决定论，我们有理由相信这两者是不相容的。一个不相容论者仍然可以信奉自由意志，并从我们有自由意志这一事实，得出因果决定论为假的结论，然而如果因果决定论为假，那因果非决定论就必须为真了。不过，我们可以通过在两种不同类型的因果作用间加以区分来避开非决定论（自由行动是没有原因的），即事件因果作用（一个事件引起另一个事件）和主体因果作用（一个主体或个人引起一个事件）。按照自由意志主义，自由行动不是由其他事件引起的，而是由主体或人引起的。自由意志主义者并不否认每个事件都有一个原因，他们只是否认每个事件都有一个事件原因。自由行动是由主体引起的这一观念与我们行动和权衡的经验是一致的，且非常符合属性二元论的心-身理论。

学习问题

1. 自由意志主义对自由意志的论证是怎样的？
2. 这一论证中自由意志主义者和强决定论者都接受的前提是什么？
3. 什么是事件因果作用？
4. 什么是主体因果作用？
5. 一些人声称我们的经验并不为我们的行动有时是自由的这一观点提供证据支持。他们提出了怎样的论证？自由意志主义者是怎样回应这一论证的？

讨论问题

1. 哪一种心灵理论与自由意志主义是一致的?

2. 主体因果作用是一个关于经验的假说,可以通过感觉经验来证实或证伪。描述一个可以确定是否有主体因果作用这个东西的实验。如果这个实验失败了会怎样?这会对心灵理论和我们关于自身的观点造成什么样的影响?

3. 萨特和斯穆里安提出任何有自我意识的事物没有自由意志都是不可能的,这种说法是正确的吗?

4. 如果自由意志主义为真,它能为惩罚作出什么样的辩护?有没有哪种为惩罚的辩护可以适用于自由意志主义却不适用于强决定论或相容论?如果有的话,它们是怎样的?

网络探究

1. "Libertarian"除了是一种关于自由意志的形而上学理论的名称(自由意志主义),还是一个国家政党的名称(自由党)。网址www.libertarianism.com 解释了自由意志主义的基本原则。政治自由意志主义者必须是形而上学的自由意志主义者吗?为什么?

2. 在电影《火狐》(Firefox)中,克林特·伊斯特伍德(Clint Eastwood)仅用思想就可以控制一架飞机。科学家们创造出了许多用脑电波控制物体的装置,包括即将上市的由思想控制的耳麦。在搜索引擎中输入"由思想控制的"(thought-controlled)和"装置"(device)来考察一下这些作品。这些装置可以作为自由意志主义者所说的自由意志的证据吗?为什么?

3. 心理学家已经发现,只是在脑中想像进行某个行动——比如弹钢琴——就会像你真的执行了这个行动一样改变你的大脑。在搜索引擎中输入"how the brain rewires itself"(大脑是如何自我重组的)来探究这个以及其他明显的心灵控制物质的例子。这些例子是下向因果关系的例子吗?它们会为自由意志主义者的自由意志观提供支持吗?为什么?

理查德·道金斯

我们都别再打巴兹尔的车了①

  理查德·道金斯是一名演化生物学家，同时也是牛津大学西蒙义公共科学教育讲座教授（Simonyi Professorship for the Public Understanding of Science）。他著有多本畅销书，其中包括《自私的基因》(*The Selfish Gene*)、《盲眼钟表匠》(*The Blind Watchmaker*)、《解析彩虹》(*Unweaving the Rainbow*)、《真实的魔法》(*The Magic of Reality*)、《上帝错觉》(*The God Delusion*)等。本文是他在Edge.com上对"你最危险的想法是什么？"这个问题的回应。道金斯在文中为一种自由意志与道德责任的强决定论观点辩护。

  如果我们问人们，为什么他们会支持死刑或者对重刑犯进行长期监禁，他们给出的回答通常会涉及报复。他们也许会提到威慑或改造，但他们的措辞暴露了他们的真实想法。人们想要杀死一名罪犯，是想要他为他犯下的可怕行为付出代价，或者想要让被害人或其家属"满意"。对这一带有缺陷的"报复"概念的一种尤其扭曲且令人厌恶的误用就是基督徒将（耶稣的）被钉上十字架称作是"赎罪"。

  报复作为一项道德原则与对人类行为的科学看法是不相容的。在科学家们看来，尽管我们的大脑与人造计算机的工作方式不同，但它们显然同样受物理法则支配。计算机失灵的时候，我们不会惩罚它，而是去寻找硬件和软件的问题，并通过更换损坏的组件来将其修复。

  巴兹尔·弗尔蒂（Basil Fawlty）是不朽的约翰·克里斯（John Cleese）创作的英国电视剧里的旅店老板，在他的车损坏并再也无法启动的时候，他先是给了它一个合理的警告，数到三，然后又给了它一次机会，随后便采取行动了。"很好！我已经警告过你了。这可是你自找的！"他爬下车，抓住一根树枝，开始往死里抽打这辆车。我们当然会为这种非理性的行为发笑。我们遇到这样的事情不会去鞭打汽车，而是寻找问题的所在。是化油器太满了吗？是火花塞或者配电点太潮湿了吗？或者不过是油用完了？我们为什么不能用同样的方法来对待一个犯错的人，如谋杀犯或强奸犯呢？为什么我们不由衷地笑话一个要惩罚一名罪犯的法官呢，就像我们笑话巴兹尔·弗尔蒂那样？或者像笑话公元前480年，因为其船队无法前行，就判决汹涌的大海受鞭刑300次的的薛西斯王一样？难道那些谋杀犯和强奸犯不正像一台组件有缺陷的机器吗？是养育方式的缺陷？教育的缺陷？抑或是基因的缺陷？

  我们总是随意将谴责和责任这样的概念用在那些做错事的人身上。当一个孩子打劫了一位老妇人，我们应当谴责这个孩子本人还是他的父母？或是他的学校？还是疏忽的社工？在法庭上，低能被当做是精神问题而成为一种被普遍接受的辩护。为了减轻委托人的责任，并试图免除对委托人的指控，辩护律师可能援引他不幸的童年、父亲的虐待甚至是不祥的基因（据我所知还没有人援引到不祥的行星连珠②，不过就算有也不稀奇）来为其辩护。

---

① 选自：Richard Dawkins, "Let's All Stop Beating Basil's Car," http://edge.org/q2006/q06_9.html
② 行星连珠是指从地球上观察到的太阳系几个行星处于同一条直线上的现象，一些迷信的人认为这会导致灾难发生。

然而，不论是否减轻责任，一个真正科学的、机械的神经系统观点都会使得责任这一理念成为空谈，不是吗？任何犯罪，即使是最令人发指的犯罪，原则上都可以将责任归结为被告的生理状况、遗传和环境等前提条件。难道司法听证会判决一个犯错的人应负责或应减免责任，不是与审判一辆汽车一样无意义吗？

为什么我们会觉得，这样的结论几乎是不可接受的？当我们将犯人看作需要修理或更换坏损部件的机器的时候，为什么还会本能地憎恨谋杀儿童的罪犯或蓄意破坏公共财产的人？想来是因为，诸如谴责和责任甚至是恶与善这样的心灵构念（mental constructs），是数千年的达尔文式演化将之植入我们的大脑的。将谴责和责任归于具体的人是"有意向的行动者"这个有用的假定（useful fiction）的一部分，我们在大脑中采取这样的设定，是为了便于对这个我们所不得不生活其中的世界获得更为真实的分析。我最危险的想法是，我们应当最终会抛弃掉所有这些假定，甚至学会去嘲笑它，就像我们因为巴兹尔·弗尔蒂打他的车嘲笑他那样。只是，我恐怕不大可能达到这种层次的觉悟了。

阅读问题

1. 道金斯说，报复与关于人类行为的科学看法是不相容的，你同意吗？为什么？
2. 道金斯将罪犯比作坏了的机器。这个比喻恰当吗？为什么？
3. 道金斯认为，一个真正科学的、机械的关于神经系统的观点会使责任这一理念变得毫无意义。你同意吗？为什么？
4. 在道金斯看来，是什么导致我们错误地相信自由意志？他的解释恰当吗？为什么？

W. T. 史泰斯

自由意志问题[1]

沃尔特·特伦斯·史泰斯（Walter Terence Stace, 1886—1967）是经验论的坚定捍卫者。他曾在锡兰（Ceylon）担任过英国公务员，之后来到美国的普林斯顿大学教授哲学。在这段选文中，他极力维护传统的相容论。

……科学自然主义的兴起为现代思想带来了一个巨大的难题，这个难题关涉到道德的基础。旧有的宗教基础很大程度上已经崩溃了，一代又一代人在此之上建立的理论大厦都面临倒塌的危险。我前面已经指出，道德行为全盘崩溃的可能性非常小，因为它一旦发生，社会便无法存在下去。然而，道德标准正面临着危机却并非是错觉，这一危机内在于旧有的宗教基础实质上的消失之中。

我将首先探讨自由意志的问题，因为没有自由意志便没有道德可言，这是毋庸置疑的。道德涉及的是人应当做什么，不应当做什么。然而，如果一个人没有选择想要做什么的自由，如果他做的所有事都是被迫的，那么去说他不应做某事或应做某事都是没有意义的。在这样的情况下，所有的道德概念也都是无意义的。如果一个人做的所有的事情都是被迫的，他又如何去为自己的行为负责呢？比方说，一个人如何能为自己没法不去做的事情受到惩罚呢？

我们会发现，那些博学的哲学或心理学教授只在他们工作、研究和授课的时候才否认自由意志的存在。因为当他们要做任何实际的事情的时候，即便是最微不足道的事情，他们也总是表现得好像自己和他人都是自由的一样。他们在晚餐的时候询问你想要这道菜还是那道。他们会问一个孩子为什么要撒谎，并因他没有选择说实话而惩罚他。所有这些都与对自由意志的怀疑相悖。这使得我们怀疑自由意志问题其实是个伪问题，而在我看来，事实便是如此。对自由意志的争论仅仅是语词之争，它源于对词语意义的混淆。按照现在流行的说法，这是一个语义学问题（a semantic problem）。

一个语词之争是如何产生的呢？让我们设想一下如下的情况，尽管没有人会荒谬到犯这样的错误，但它能说明我们要解决这一问题所必需的原则。假设一个人认为"人"（man）这个词表示一种有五条腿的动物，简而言之，在他看来"五腿动物"就是对人的正确定义。然后他找遍世界，发现世上根本不存在五腿动物，他就进而否定人的存在。他会得出这样荒谬的结论，是因为他使用了对"人"的错误定义。如果你想要让他知道自己的错误，你只需要告诉他正确的定义就可以了；或至少告诉他，他的定义是错误的。这个问题和对它的解决无疑都只是语词之争，我认为，自由意志问题及其解决也同样只是类似的语词上的争执。这一问题源于学者们，尤其是哲学家们，采取了一个错误的关于自由意志的定义，然后发现世上没有什么能符合他们的定义，于是他们便否定它的存在。就逻辑上而言，他们的结论与那个否认人的存在的人一样

---

[1] 节选自：W. T. Stace, *Religion and the Modern Mind* (New York: J. B. Lippincott Company, 1952) 248–258.

荒谬，唯一的区别是，后者的错误是粗疏而显而易见的，而那些否认自由意志的人所犯的错误则十分微妙且难以察觉。

在现代，直到最近，承认和否定自由意志的哲学家们都假定，决定论与自由意志是不相容的。如果一个人的行动完全由回溯到遥远的过去的因果链条所决定，那么他们完全可以被一个知道所有这些原因的心灵事先预测到，我们就假定在这种情况下这些行动不可能是自由的。这意味着，我们假定了某种由自由意志产生的行动的定义，即它们不是完全由原因决定的或可以被事先预见到的行动。简言之，自由意志被定义为非决定论。这是一个错误的定义，它最终招致对自由意志的否定。一旦我们获得了真正的定义，我们就会发现世界究竟是如牛顿科学所表明的那样是决定论的，还是如近来的物理学所告诉我们的那样在某种程度上是非决定论的，都与自由意志问题无关。

当然，在某种意义上说，一个人可以以任何他喜欢的方式来武断地定义一个词语。然而定义仍然可以有正确和错误之分。如果词语的定义是根据被定义词的一般意义来定义的，那么它就是正确的；如果不是，则是错误的。如果你给出了一个错误的定义，荒谬而不真实的结果就可能接踵而至。例如，没有什么能阻止你武断地将人定义为五腿动物，但就其无法与这个词的一般意义相符合而言，这个定义不仅是错误的，还会导致否认人的存在这一荒谬的后果。这表明，一般意义是判断一个定义正确与否的标准。这就是我要用于定义自由意志的原则。我将表明，非决定论并不是"自由意志"的一般意义。并且，我将试图通过寻求这个词语在日常对话中的用法来找到它的正确定义。

下面是这个词语在日常对话中的一些例子。我们会注意到，在这些例子中当我们问一个人是否基于自由意志而行动时，是为了要确定他是否要为他的行动负有道德和法律责任。

琼斯：我曾经一周没有进食。

史密斯：你是自愿这样做的吗？①

琼斯：不，是因为我在沙漠里迷路了，无法找到食物。

但假设绝食的这个人是圣雄甘地，他们的对话就会是这样：

甘地：我曾绝食一周。

史密斯：你是自愿这样做的吗？

甘地：是的，我这样做是想要迫使英国政府让印度独立。

让我们来看看另一个例子。假设我偷了一些面包，但我是个像乔治·华盛顿一样诚实的人。于是，如果我在法庭上被控有罪，可能会出现下面这样的对话：

法官：你是自愿偷面包的吗？

史泰斯：是的，我偷面包是因为我饿。

---

① 原文为 Did you do that of your own free will?，可直译成"你是出于你自己的自由意志这样做的吗？"在日常语言中，of one's free will 就是我们中文里说的"自愿"的意思。

在不同的情境下，对话也可能是这样的：

法官：你是自愿偷面包的吗？

史泰斯：不，我去偷面包是因为受了雇主的威胁，如果我不这么做的话就会挨打。

近来，在特伦顿的谋杀审讯中，一些被告签署了供状，却随后宣称他们是在警察的胁迫下才签署的。这时就可能出现下面的对话：

法官：你是自愿签署这份供状的吗？

囚犯：不，我是因为遭到了警察的殴打才签署的。

现在假设陪审团成员中有一位哲学家。我们可以想象一下在陪审团休息室里会发生下面的对话：

陪审团主席：囚犯声称他并非自愿签署供状，而是屈打成招的。

哲学家：这与本案无关，因为根本不存在什么自由意志。

主席：你的意思是不论他是因为良心发现签署供状还是屈打成招，都没有分别吗？

哲学家：毫无差别。不论是他屈打成招还是基于自己的欲望——比如想要说出真相的欲望——他签署供状这一行为都是由因果作用所决定的，在这两种情况下他的行为都不是基于他的自由意志。既然根本不存在自由意志这种东西，我们就不应该讨论他是否是基于他的自由意志才签署供状这样的问题。

主席和陪审团的其他成员会正确地得出这样的结论：这位哲学家肯定是犯了什么错误。他可能是犯了哪一种错误呢？答案只有一个，这位哲学家一定是以某种他自己的特殊方式来理解"自由意志"一词的，而这显然不是人们一般用于确定道德责任问题时的用法。换句话说，他一定是使用了这个词的错误的定义，即"行为不被任何原因所决定"。

假设一个人中午时离开了他的办公室，并被问及此事。于是我们可能听到下面的对话：

琼斯：你是自愿离开办公室的吗？

史密斯：是的，我出去吃午饭。

但我们也可能听到他们说：

琼斯：你是自愿离开办公室的吗？

史密斯：不，我是被警察强行带离的。

我们已经列举了不少关于行动的案例了，以英语的一般用法看来，它们可以被看作人们基于自己的自由意志来行动的案例。我们还应该说，在这些案例中他们的行动是出于自己的选择，且如果他们选择做出其他行动，他们也可以那样做。例如，圣雄甘地并非是被迫绝食的，而是他的选择使然，只要他愿意，他是可以进食的；史密斯出去吃午饭也是他的选择，如果他愿意，他也可以留在办公室继续工作。我们同样也收集了不少相反的案例，在这些案例中，人们无法行使自己的自由意志，他们没有选择，完全是被迫的。那个在沙漠中绝食的人不是出于自己的自由意志才这样做的。因为沙漠中没有任何东西可以给他吃，所以他被迫绝食，没有任何选择的余地，其他的案例也是如此。在审视过这些案例之后，我们应该很容易发现当我们说一个人行使了或没有行使他的自由意志时，我们通常所表达的意思。我们因而应当能从中提取出对自由意志这个词的恰当的定义。让我们将这些案例列在一个表中：

自由的行动	不自由的行动
甘地为解放印度而绝食	一个人因为沙漠中没有食物而绝食
一个人因为饥饿而偷面包	一个人因为雇主威胁要揍他而偷窃
一个人因为想要说出真相而签署供状	一个人因为遭到警察的殴打而签署供状
一个人因为想吃午餐而离开办公室	一个人被强制带离办公室

显然，要找到对自由行动的正确定义就必须发掘出左边这一栏中所有行动共有的特性，且这种特性同时也是右边这一栏中所有行动所不具备的。这种自由的行动中有，而不自由的行动中没有的特性才会成为可以定义自由意志一词的特性。

我们所寻找的这种特性是没有原因的或者说是不被原因所决定的吗？这是不可能的，因为尽管右边这一栏中的行为都有原因，诸如遭到警察的殴打或在沙漠中没有食物等，但左边这一栏的行动也同样都有原因。甘地先生之所以绝食是因为他想要解放印度，那个人之所以离开办公室是因为他饿了，等等。而且，我们没有理由怀疑自由行动的这些原因自己也是由先前的原因所引起的，先前的原因又是其他原因的结果，以此类推可以无限追溯下去。任何一位生理学家都可以告诉我们饥饿的原因。导致甘地对解放印度抱有强烈愿望的原因无疑更加难以发现，但原因是确实存在的。其中一部分原因也许在于他的腺体或大脑中的某些特质，一部分可能源自他过去的经历，另一部分则可能源于家族传统，还有一部分可能源于他所受过的教育。自由意志的捍卫者常常倾向于否定这些事实，但这显然是得不到任何证据支持的诡辩。唯一合理的观点是人类所有的行为，包括自由的行为和不自由的行为，都完全是由原因所决定的，或者至少与自然中其他事件被决定的程度相同。物理学家告诉我们的这个观点或许是正确的，即自然并不如我们过去想象的那样确定，然而无论决定论在多大程度上是事实，人类的行为都似乎是与其他任何东西一样同等地被决定的。且如此一来，我们就不能依照不自由的行动是被决定的而自由的行动不是这一标准，来区分自由的行动和不自由的行动。因此，没有原因或者不被原因所决定一定不是对自由意志的正确定义。

那么，自由的行动和不自由的行动之间的区别在哪里呢？在上面的表格中，左边这一栏所有行动都具备，而右边这一栏行动都不具备的特性是什么呢？尽管上述两组行动都是有原因的，但左边这一栏的行动的原因与右边这一栏行动的原因难道不是不同种类的原因吗？自由的行动都由欲望、动机或主体心灵中某种内在的心理状态所导致的。而另一方面，不自由的行动则都由外在于主体的物理力或物理状态所导致的,警察的逮捕就是一种外在的物理力,在沙漠中缺少食物就是外在世界的物理状态。由此,我们可以构造出下面这样一个粗略的定义:自由的行动是指这样一种行动,它们的直接原因是内在于主体的心理状态;不自由的行动则是这样一种行动,它们的直接原因是外在于主体的事态。

显然,如果我们以这样的方式来定义自由意志,自由意志就肯定是存在的,而哲学家对其存在的否定就可以被正确地看作是胡说八道了。因为很明显,那些我们一般将之归为对自由意志的行使或人们自由地选择去做的行动,事实上是由人们自身的欲望、愿望、思想、情绪、冲动或其他心理状态所导致的。

在应用这个定义的时候,我们会发现它通常是行之有效的,但仍旧存在一些使人犯难的案例,这个定义看起来并不能完全适合它们。要解决这些问题常常需要仔细注意词语的用法,并记住它们并不总是一致地被使用的。我仅举一例,假设一个暴徒威胁要朝你开枪,除非你将你的钱包交给他,假设你照做了,在给他钱包这件事上,你是否是基于你的自由意志去做的呢?如果我们应用我们的定义,就会发现你的行动是自由的,因为你行动的直接原因实际上并不是外在的力量,而是对死亡的恐惧,这是一个心理原因。然而,大多数人都会认为你的行动是被迫的而非自愿的。这是否表明我们的定义出了错呢?我不这么认为。亚里士多德给出了一个本质上与我们的想法相一致的解决自由意志问题的方案(尽管他没有使用"自由意志"一词),他承认存在被他称为"混合的"或临界的个案,在这些个案中,我们很难确定应当将这样的行为称为自由的还是被迫的。在我们所讨论的这个案例中,尽管没有实际的力量作用在你身上,但顶在你额头上的枪也十分近似于是实际的力量,因而我们可以说这是一个被迫的案例,一个临界案例。

下面是另一种看似疑难的案例。根据我们的观点,一个行动可以是自由的,即使该行动可以事先被准确地预知。但假如你说谎了,并且在此之前就注定了你一定会说这个谎。那么一个人如何可以说"你当时本可以说真话"呢?答案是,只要你想说真话,你原本是可以说真话的,这一点千真万确。事实上如果你想说真话的话,你也一定会说真话的,因为这样一来产生你行为的原因,即你的欲望,是完全不同的,也因而会产生完全不同的结果。认为可预测性和自由意志是不相容的,这是一个错觉。常识也同样支持我们的观点。因为如果基于我对你性格的了解,我就可以预测你会体面地行动,但没有人会因此就认为当你体面地行动时,你不是出于你的自由意志来这样做的。

既然自由意志是道德责任的一个条件,我们就必须确定我们的自由意志理论可以为它提供一个充分的基础。说一个人的行为是道德上有责任的,这意味着一个人可以因为他的行为而正当地受到惩罚或奖赏、谴责或褒奖。但因为一个人不得不做的行为(cannot help doing)而惩罚他则是不正义的,如果一个人将要做什么是事先就可以确定的,我们却根据这个行动来惩罚他,这如何可能是正义的呢?我们并不会尝试去确定,包括人的行为在内的所有事件在事实上是否全部都是被决定的,因为这个问题与自由意志问题无关了。然而,如果我们为了方便论证暂且假设完全决定论为真,并坚持尽管如此我们依然是自由的,人们也许就会问,这样一种决定论的自由意志是否与道德责任相容呢？因为如果一个人将要做什么是事先就可以被预测的，那么因为这样的行动来惩罚他看上去就是不正义的了。

然而，认为决定论与道德责任不相容与认为决定论与自由意志不相容都同样是错觉。你不会因为了解一个人的性格，事先知道他将会做什么，就原谅他做的错事；也不会因为了解一个人的善良或者他的能力，事先知道他会赢得什么，就剥夺他的报酬或奖赏。

对惩罚的辩护卷帙浩繁，但就其对自由意志问题的影响而言，所涉及的基本原则却十分简单。对做错事的人进行惩罚是正当的，或者是基于这样可以纠正他的性格，或者是基于这样可以阻止其他人犯同样的错误。无论是在历史上还是在今天，惩罚的手段都常常被不明智地使用，因而，对它的使用常常弊大于利，但这与我们现在所讨论的问题无关。惩罚，只有当它是基于上面所提到两个原因之一或者两个原因同时存在时，才可能是正当的。那么问题就变成了，如果我们假定决定论为真，惩罚如何可能纠正人的性格或是阻止人们为恶。

假设你的孩子养成了说谎的习惯，你会对他进行温和的体罚。为什么呢？因为你相信他的个性如此，以至于一般的让人说真话的动机并不能使他说真话。你于是提供这个缺失的原因或动机，如果他重复说谎的行为，他就会获得痛苦与对未来痛苦的恐惧。你希望这样几次之后可以使他养成说真话的习惯，以至于即使不施加痛苦，他也会说真话。你假设他的行为是由原因决定的，但通常的使人说真话的原因在他身上并没有产生相应的效果。你因此人为地给他注入一个动机，即痛苦和恐惧，你认为这会使他以后说真话。

上述这项原则与你希望通过惩罚一个人来威慑其他人，使其不去为恶的原则如出一辙。你认为对惩罚的恐惧会使那些可能为恶的人向善。

我们也根据相同的原则来对待非人的生物甚至是无生命的事物，如果它们没有按照我们认为它们应该遵照的行为方式来行动。花园里的玫瑰丛只能开出小而瘦的花朵，然而我们却希望它们能开出大且饱满的花朵，我们因而提供一个使它开出大花的原因，即肥料；我们的汽车不能正常行驶，我们就提供一个可以让它更好地行驶的原因，即给它的机械上油。给人以惩罚，给植物以肥料，给汽车以润滑油，这三种行为都遵循同一个原则，并以同样的方式被证成。唯一的区别是不同类的事物需要不同类的原因，才能使它们做它们该做的。在特定的情况下，痛苦也许最适合应用在人的身上，油则适合用在机器上，将机油注入孩子的身体或者打一台机器都无疑是徒劳的。

我们由此发现，道德责任不仅与决定论相容，它本身还有赖于决定论，奠定惩罚行为之合法性的的正是人类行为是被某些原因决定的这一假设。如果痛苦不能成为说真话的原因，那么惩罚说谎就是不正义的。如果人类的行为和意志是没有原因的，惩罚和奖赏，乃至其他任何想要纠正人们的不良行为的行动都毫无意义。因为无论你做什么，都不会对他们以任何方式产生影响，道德责任也因而不复存在。如果人类身上根本不存在决定论，他们的行为就会变得不可预测且反复无常，他们也因而不用为此负责。这本身就成为一个反对哲学家们的一般看法即认为自由意志意味着不被原因所决定的强力论证。

阅读问题

1. 当史泰斯说对自由意志的争论仅仅是"语词之争"的时候，他的意思是什么？你同意他的说法吗？

2. 史泰斯是怎样试图调和因果决定论与自由意志的？自由意志的定义是怎样的？你同意他的分析吗？说说你的看法。

3. 史泰斯如何认为道德责任是与因果决定论相容的呢？你认为它们相容吗？为什么？

4. 在史泰斯看来，在什么情况下，惩罚是正义的？在他看来，"应得"或"不应得"惩罚的观念与此相关吗？你同意他对惩罚的看法吗？说说你的看法。

约翰·杜普雷

自由意志问题的解决方案[①]

约翰·杜普雷（John Dupré）是一名科学哲学家，埃克塞特大学ESRC"社会中的基因组研究"中心主任。他还是美国科学进步协会成员，英国科学哲学学会主席。他的著述有《事物的失调》（*The Disorder of Things*）、《达尔文的遗产》（*Darwin's Legacy*）、《人类本性与科学的局限》（*Human Nature and the Limits of Science*）。在这篇选文中，他通过论证人类是宇宙因果序列的一个来源，提供了一种自由意志主义者解决自由意志问题的方案。

众所周知，决定论被认为是与人类自由的信念相冲突的。然而，要表明非决定论，即对决定论的否定，如何使人类自由变得不那么成问题却并不容易。人们时常认为，量子力学的出现可以立刻解决自由意志与决定论的问题。更多时候，是科学家而非哲学家提出，我们只需要为大脑配备一台可以放大非决定论的量子现象的设备，就可以轻易战胜可怕的决定论。于是，自由意志的行动就可以由这种非决定论的推动所肇始。受到近来的混沌理论（chaos theory）趋势的影响，一些人倾向于重提这个说法。大脑中的混沌系统，即对原初状态的确切细节的一种模糊的感知，似乎为量子事件放大假说提供了一个不错的候选项。

但这个想法是注定失败的。我只需重申，确立自由意志的动机并不在于确信人类是随机行为的生成者，而在于担心人类自主性与这么一种可能性是不一致的：即使用一种表面上与人类主体的愿望和信念没有明显联系的理论，去充分解释人类行为的可能性。无论典型的相容论者所声称的，人类的自主性与机械的因果作用解释并非相互排斥这一想法是否能得到证明，但将人类的自主性与完全随机的行动调和起来的想法则注定是要失败的。初看之下，这表明无论人们最初对决定论有怎样的担心，非决定论都使得自由意志概念更加站不住脚了。

不过，虽然刚才提到的想法站不住脚，我在本文中的目标却是为了证明，对自由意志问题的解决的确需要非决定论为真。要阐述这一论旨如何可能，我有必要首先区分两种不同层级上的非决定论。一种是与对量子力学的一般理解相关联的非决定论，它在否认由关于某个事态的任何事实出发就能确定地推演出该事态结果的同时，仍然坚持存在一种关于所有事态的完善的因果真理。只是在这种形式的因果真理中，结果并不是唯一的，而是一系列附加特定的出现概率的可能结果的集合。因此，事态仍然被认为是依照某种法则逐步发展的，不过是某种略有不同的法则。我将决定论和这种温和的非决定论称为不同版本的因果完备性的论断（thesis of causal completeness）。即使决定论是错误的，因果的完备性仍然需要某种定量上精确的法则来支配每一个事态的发展。如果我们要继续维持因果完备性学说，那么要放弃关于我们行动的物理决定论就只能从它或多或少的不可靠性这个方向来着手了，而这远非一个理想的哲学目标。然而，我想提出的则是完全不同的另一种非决定论，它否认因果的完备性。我认为只有在极少数

[①] 选自 John Dupré, "The Solution to the Problem of the Freedom of the Will," *Philosophical Perspectives* 10 (1995) 385-402. 一些原文注释被省略了。

事态中，如果有的话，才存在一个完备的因果真理的。因果规律性在世界上的实际存在要比一般认为的少见得多。我认为真正解决自由意志问题的方法是承认人类事实上是世上少有的一种强大的因果效力来源，而非像一般认为的那样，只是天衣无缝的因果联系网络中可能有的几条漏网之鱼。

于是，我所主张的对人类自主性问题的解决方法是一种对传统的非相容论路径的彻底反转。传统的解决方法假定非人类的世界由一个因果联系的网络组成，其间的联系表现出一种规律式的、无例外的一般化，但却试图表明人类出于某种原因，是完全或部分的处于这个网络之外的。相比之下，我认为因果秩序在任何地方都是部分的且不完备的。但人类凭借他们极其的复杂却又高度有序的内部结构，提供了秩序和可预测性的绿洲。因此，承认非决定论的意义根本不是要表明人类行为是不可靠的或随机的，而是表明加之于人类之上的因果结构，无论是外在宏观因果的相互作用，还是内在的基本的微观过程，都不会威胁到这样一个自然的直觉，即在其所处的世界中，人类有时在因果上是有效力的（casually efficacious）。

这一图景与某些明显的经验事实直接相符：外在世界中很多最为明显有序的特征，诸如笔直的道路和竖立的坚固的高楼大厦，更不必说复杂的机器，都是人类行为的产物；而世界上许多最可预测的实体也是人类，就像休谟出于一个完全不同的目的所论证过的那样。计划可以在多人协作中完成，使复杂的社会机构得以运行，是因为人类的表现在很大程度上是可靠的。如果我们将人类看做是因果序列的来源，而并不是普遍外部秩序的例外或是某种包容万象的宇宙秩序中无关紧要的组成部分，所有这一切就都完全不成问题了。因此，对传统机械论因果完备性假设的彻底拒绝，确实化解了传统的自由意志问题。

在本文中，我将从许多不同方面来详细阐述这些主张。然而，在这之前，这篇文章的主要任务是证明其前提预设的合理性。接下来我会论证决定论，具体说是微观物理学上的决定论，的确是我们在充分解释人类自主性时要面对的一个问题。因此，我拒绝后休谟主义的相容论（post-Humean compatibilism），即认为任何意义上的决定论都不会为自由意志制造困难的那些看法。在第三部分中，我将论证，我们很幸运地没有任何理由去相信决定论——我们甚至也没有理由相信因果的完备性，无论是微观物理学上的还是其他类型的。这篇文章会以下的进一步讨论来作为结束，即讨论我拒绝接受因果的完备性可为传统的自由意志问题提供一条出路的原因。

微观物理学的决定论与其余一切的因果无效性

假设有一些无法分割为更小部分的微观实体，且所有更大的实体都由它们组成……那么，基于这样的假设似乎必然得出，一切事物的状态都完全由微观层面的法则所决定。从这一假设我们似乎也可以直接得出较高层次的对象完全由微观对象组合而成。因为，在给定了决定论的前提之下，一切单独的微观对象的状态都是完全由支配微观对象的法则完全决定的，且可以肯定的是，如果一个事物的每个组成部分的表现都是被决定的，这个事物本身的表现也是被决定的。

……我所主张的替代图景是拒绝任何层面的因果完备性。许多（也可能是所有）在结构层次中处于不同层级的对象都有其因果效力。这些因果效力从未显现在（确定性的或盖然性的）普遍法则中的原因之一是，其他层级的对象通常会干扰这些层级力量特有的行使方式。

因果的不完备性

有两种主要的经验，可能会被认为是可以证成对于决定论的信念的。它们是我们对科学定律的熟悉和我们的日常因果经验……那么，科学研究的实际成果能为决定论提供更为直接的证据吗？这些成果中最引人注目的那些……将会是那些为因果完备性提供微观层面的证据的。然而，这样的证据显然是不存在的。尽管在条件得到极为精细的控制的前提下，某些非常专门化的现象的确展示出一些令人印象深刻的规律性，但这也就是这类证据的全部了。（这些规律性是由十分精密的机器——为了产生这些规律性而特地设计的机器——产生的这一事实是意义重大的，这会在下面的论述中变得更加显著。）因果完备性的证据所需要的是，包含越来越多的物理粒子的复杂系统可以被证明经得起基于支配单个粒子的法则的因果解释，换言之，需要的就是总体上的还原论的证据。我不能在这里深究还原论问题要面对的困难，不过我也不需要这么做，因为没有人声称自己能基于单个粒子的运动来解释哪怕是非常小的粒子集合的运动；还原论，即使是化学和物理学中相对简单的那部分，现在看来很大程度上也变得不可信了，即使物理学自身也被普遍认为由相互之间关系不明确的法则组成，尽管至少物理学的统一仍被一些物理学家视为可以实现的目标。无论如何，认为每一个物理粒子的运动完全由微观物理学法则所决定的观点必须源于微观物理学发展之外的其他可信来源。

那么，由此看来微观决定论一定是受到宏观层面的经验所驱动的，考虑到决定论和还原论之间的联系，这多少显得有些自相矛盾。但是……

许多日常现象在表面上并没有显现出是被决定的甚至是近似于被决定的。接下来让我们来考虑一下抛硬币的例子。人们常常声称，硬币掉落时哪面朝上是一个在根本上被决定了的现象，我们无法预测结果的唯一原因是没有掌握足够的关于初始条件的精确知识。至于为什么会产生这样的断言就不怎么清楚了。推测起来，这一定是因为抛硬币的这个过程所牵涉的法则的类型（主要是牛顿式的）被假定为决定论的。但我已仔细考虑过这条思路的缺点，在抛硬币的例子中，既然我们事实上无法做出任何预测，这个例子就为反驳决定论奠基于宏观的科学法则这一观点提供了进一步的支持。无论如何，认为日常的因果经验，用类似于密尔（Mill）和麦凯（Mackie）的语言风格加以提炼之后，为决定论信念提供立足之地这一观点轻易地忽视了这样一个事实，即我们大量的经验，不论是从诸如抛掷硬币和轮盘赌这些赌博性质的活动中得到的，还是在诸如落叶和翻滚的浓烟这些不稳定的自然现象中看到的，都没有为决定论提供任何基础。

我接下来要提出的最后一个论证也许是最有说服力的。如果任何一个地方存在因果的非决定论，那么它一定会（几乎）无处不在。假设非决定论唯一的容身之处在于量子力学（的确有人会做出这种离奇的假设）。那么仍然可以肯定的是——在这里我们就需要用到在大脑中植入一台虚拟的量子放大器这样的假设了——想要将量子事件的不确定性对宏观层面的影响完全隔离开来是不可能的。让我们再重新考虑一下抛硬币这样的例子，假定硬币的运动轨迹会对其落地时的结果产生决定论式的影响。假设硬币被抛到了a点，且掉下来后将会正面朝上；再假设一个快速运动的空气分子对硬币产生的撞击足以使结果反转，使得抛出的硬币反面朝上。如果这一情境能够达到精确的平衡，这种情况显然是可能的。我们假设分子运动的轨迹是一个完全微观的事件，它会在一定程度上受到量子的不确定性的支配，于是我们可以很容易发现，对抛硬币事件的确定性的断言就不能成立了。我们不能将这种不确定性仅仅看做是另一项牵涉其中的因素，因为它是否会对最后的结果造成任何影响是不能被任何关于初始条件的知识所决定的。

这个例子的另一个优点是，我们可以想象抛硬币这类事件会产生影响深远的多重后果。假如，一个贵族家庭的末代败家子将他的全部身家赌在抛硬币上。抛硬币的结果将会戏剧性地影响到他的依附者、仆人、债主等人的生活，而这些人的命运又会层层波及到更多人。（喜欢阅读维多利亚时代小说的人应该很熟悉这样的故事。）一般认为，这一论证旨在阐明，凭借由某个非决定论事件所引发的各种因果链条的作用，任何一个地方的非决定论现象都很可能会影响任何地方的决定论现象。值得一提的是，这个论证同样适用于具有各种结构复杂性的层面内部，以及它们之间。

机器与有机体

正如我在前一章节所试图表明的那样，我不认为对我们（极为有限的）关于普遍规律性的知识进行直接的反思会为建立一个有着完整的因果架构的宇宙理念提供多大的帮助。然而，我们的决定论直觉极有可能产生于对复杂且高度组织化的结构的反思，特别是对机器和生物有机体的反思。由于作为自由意志问题源头的整个形而上学视域都可以被恰如其分地称为机械论（mechanism），那么那些认为人造物在一定程度上为宇宙提供了模型的观点，肯定是恰当的；而对有机体（众所周知，人们倾向于将它们错误地当成一种自然产生的机器）的探究会让我们回到这篇文章开篇的主题——人类在因果链中的地位问题。

我们很容易发现为什么机器会在某种程度上倾向于激发我们的决定论直觉。机器（至少是好的那些）是高度可预测的。我确信，当我将我的电脑和打印机以正确的方式连接之后，我输入电脑的字符最后会一字不差地被打印机打印出来。（因为也没那么自信，所以我还是会时常打一份出来存个底；而且我也听说，有些人还会将他们的电脑文档备份到磁盘上。）但进一步反思起来这些事情就令人费解了，我们可以恰当地赞美说，这是现代技术的伟大胜利。但为什么它会被认为是为宇宙提供了一个一般意义上的模型呢？如果一台好的电脑或汽车所具有的那种规律性是典型的宇宙规律，那么我们似乎可以期待，这样一种规律性应当很容易被制作出来，或者甚至是从自然中找出来。但其实一点也不容易，这也正是为什么这样的技术成就是值得赞美的。如果宇宙是一架机器，这一点看上去也并不明显……

现在让我们来看看有机体，将有机体视为机器这种想法十分常见，特别是在笛卡尔之后。自然神学直到19世纪末，还仍然十分明确地将有机体认为是一位神圣的机械师的作品。毫无疑问，这样的类比就有机体的某些方面而言是有启发性的。事实上许多昆虫复杂而极为刻板的行为，例如建造用于产卵的洞穴，都显示出只有设计巧妙的机器才有的特征。如果说这个类比是恰当的话，那么我上文关于机器的论述也就同样适用于有机体与因果规律的普遍性之间的关联。然而另一方面，与有机体，特别是人类相比，机器还有非常大的局限性。

例如，当我打算沿着花园小路走的时候，我的腿以恰如其分的方式运动着，使得我能保持平衡并将我向前方推进。以上的这些事实都可以通过一种类似于解释机器运行的方式来进行解释，尽管它也许会比我们目前能制造出的任何机器都要复杂。我认为关于肌肉组织的生理学和细胞化学解释了肢体运动是如何发生的，各种各样的感觉和神经机制是如何使我们动作稳定并朝向正确的方向的行走的，以及我们是如何保持直立姿态的。尽管这看上去非常像是我在解释内燃机引擎的工作原理，但我们应当注意的是，内燃机引擎实际上并不是一个机器，而是机器的一部分。如果我们现在考虑的不只是一台引擎，而是一整部汽车，我们就会发现还有一类十分重要的功能我们没有提到。我所考虑的是诸如点火钥匙、方向盘和刹车这些东西，有了这些设备，机器变得易于被驾驶员操纵。一辆可靠的汽车与一台可靠的发动机的区别是，后者是前者的必要非充分组成部分，而前者则将那些被输入的指令与整个机器的行为以一种可靠的关系连接起来。因此，机器并不产生因果的自主性，它们充其量不过是延伸它们的使用者的因果自主性的工具罢了。人与机器之间最表象也最深刻的不同在于人类身上并没有安装控制装置……

在我们是随机行动的生成者，和我们是机器这两个我所反对的观点之间，我们可以找到赋予人类自主性以意义的观点。我在前面的讨论中强调过，人类的许多部分都有机器的特征，即一些复杂的约束条件，这些约束条件是为了确保某些器官或身体系统的功能运行的可预测性。但人类与机器根本上的不同在于人的身上没有控制装置。没有外在控制的自我控制显然只能是自主性或者自由意志，这就回到了本文最初的主题。有一种观点认为以复杂的因果链作为媒介，在感觉器官中输入的信息或许可以决定整个有机体的行为，因而感觉器官有时会呈现出控制装置的功能。我并不试图反驳这样的观点，这一观点在简单的有机体那里可能是真的，但在我们身上则不是，除了那些纯粹的反射性动作，诸如为避开飞虫而闪避。导致我们倾向于认为自己是机器的原因是，我们受到了决定论的诱惑。如果世界是决定论的，那么我的行为就必然是源于有某种刺激作用在我的身上，我们假设最重要的刺激就是感官刺激。于是，我身上那些复杂的与机器相似的部分，它们存在的目的就仅仅是为了确保那些通过刺激我的感觉器官而引起的行为与周围的环境相适应。然而对因果的完备性的拒斥为我们提供了一个更为自然的观点。我的结构的复杂性赋予我一系列强大的因果力，这一系列因果力如果缺乏复杂的与机器相似的内在结构的话，将是不可想象的。然而，尽管对那些力量的运用显然受到了我所感知到的周围的环境的影响，但它最终还是取决于一个自主的决定过程。一旦我们将因果秩序看做是某种特殊的东西，而不是普遍的东西，我们就可以毫无障碍地将人类的意志视作这种秩序中的一种自主性来源。

阅读问题

1. 在杜普雷看来，为什么量子的不确定性不能解决自由意志问题？

2. 什么是因果的完备性？什么是微观物理学的决定论？为什么它们会威胁到自由意志？

3. 杜普雷为了反驳因果的完备性提出了哪些论证？这些论证是好的论证吗？为什么？

4. 杜普雷提出了什么证据来支持他所宣称的人类"事实上是世上少有的一种强大的因果效力来源"？这个证据有说服力吗？为什么？

杰弗里·克伦普纳

黑盒子[①]

杰弗里·克伦普纳（Geoffrey Klempner）是期刊《商业哲学》（*Philosophy for Business*）的编辑，帕斯威尔哲学学院（Pathways School of Philosophy）的主任，国际哲学家协会的研究中心主任。在下面这个小故事中，他探讨了预知与自由意志的问题。

拳击手的大脑一阵眩晕。他没看清那一记快速的上勾拳是如何避开他的防御，正中他的左颌的。他的后脑勺感到一阵剧烈的刺痛，一阵寒冷的雾气似乎开始在拳击场的四周弥漫开来。有那么几秒钟他凝视着场外的人群，眼中浮现出困惑的神色，就像没想到竟然会有人在那里一样，接着他又看向脸上血迹斑斑的对手。最后，他点点头，似乎在表示赞许似的，然后双膝一软，缓缓地倒在拳击台上。

不久之后，在酒吧里，丹尼正在安慰他的朋友乔。"我只是不明白，怎么会这样，"乔哭号道，"我就这么损失了100英镑，我押的拳手分数明明是领先的。他还把那坨笨蛋打倒了两次，不，是三次，他没有理由输！"

"哎，可他的确输了。"丹尼以一种阴沉的口吻说着，那语气就像是在对人类存在的本性提出一条意义深远的真理。他们默默地沉思着这条真理。丹尼继而说道："他在几分之一秒的瞬间分散了自己的注意力，仅此而已。"

乔一言不发，那几分之一秒的时间吞掉了他一周的家用开支。那个晚上，乔做了一个梦。在梦里，他先是觉得自己醒了，睡在他旁边的妻子贝蒂看上去平静安详，脸上显不出一丝他们当晚激烈争吵的痕迹。然后他突然感觉到房间里还有别人，吓得心脏差点停止跳动。阴影中一个高高的穿着风雨衣的人逐步逼近，他的脸藏在宽大的风帽中。

"你不认识我，但我认识你。"是一个措辞得体的男人的声音，那声音小得仅比耳语声高一些。乔扑向那个人，想抓他却抓了个空。"你赌输了，我很遗憾，不过我早知道你会输的，"那声音继续平静地说道，"你近来颇为不顺，是吗？"乔没有回答，这更像是一条对事实的陈述而非问题。"正因为如此，我才会来到这里给你一个提议，我相信你会觉得它颇具吸引力。"

"别告诉我，你要买我的灵魂！"乔笑道，"你很幸运，它最近掉价了。"他不再害怕，而是安心享受他的梦境。

"不，一点也不，"那个声音回答道，"我有一份礼物要给你。你可以接受它或者拒绝它，这不是圈套。要怎么使用它由你决定。"

乔注意到床头柜上有一个黑色的盒子，他把盒子拿了起来。盒子上只有一个红色的按钮，按钮旁边用巨大的白色字体写着："按这里。"乔犹豫了几秒钟，然后小心翼翼地将盒子放回桌上。

[①] Geoffrey Klempner, "The Black Box," *The Possible World Machine*, http://www.pathways.plus.com/world/

"明智的选择，"风帽下传来那个人的声音，"你需要先知道这东西是干什么用的。我会告诉你一切，我们之间没有什么好隐瞒的。我们的组织对未来了如指掌。基于我们关于物质宇宙现状的全部知识——我就不详细说明了——我们能够预测将会发生的每件事，我们可以准确无误地知道一个太阳系会在什么时候诞生、一片树叶会在什么时候落下。现在，你想知道的关于未来的所有事情都保存在那个盒子里。还需要我多说吗？"

"要的，"乔挑战地说，"你刚才所说的并不合理。能够预测或大或小的物理事件的进程是一回事。为了论证的需要，我暂且认为你们确实可以预测这一切，尽管这个想法看上去相当不靠谱。但如果你想要预测人类主体的行动就是另一回事了，你引入了一个新的变量，而这个变量并不在你预测的范围之内，那就是一个人，比如我自己，会选择如何处理这些所谓的知识，这是不可预测的。如果你昨天来告诉我，我将去观看拳击比赛，你就给了我一个让我昨天选择不去看比赛的理由——为了证明你是错的！"

"你太天真了！"风帽下的人居高临下地训斥乔说，"你以为我们没有将你会如何处理这些信息计算在内吗？我保证，你所有的一切都已经纳入我们的考虑了。"

"那么你们已经知道我会不会接受你的礼物了？"

"完全正确。那么，你会接受它吗？"

乔想张嘴说"不会"，但他却发现自己说的是"会的"。乔醒来后发现他的妻子已经起床并穿戴整齐了。他刚打算把那个奇怪的梦告诉她，却恐慌地发现那个盒子正被她拿在手里。

"我想你的钱是拿去买这个了吧！"贝蒂用责备的眼神看着乔。"看在上帝的份上，千万别按那个按钮！"乔大叫道。"为什么不呢？"看到丈夫如此惊慌，她漫不经心地将盒子从一只手扔到另一只手，然后按下了按钮。盒子里传来了一个女人的声音："感谢您的呼叫。请在提示音响后提出你的问题……哔。"

"上帝啊，我下面要怎么办？"乔哭着喊道。

"你要把盒子从你的妻子手上夺回来。"

乔想都没想就抢过盒子放在床上。他等着看这个盒子还会做些什么，但什么也没发生。乔一边盯着这个神秘的盒子，一边将关于那个穿着风衣的人的事告诉贝蒂。贝蒂的嘴越张越大。

"你以为我会相信这个？"

"这是事实。"

贝蒂的脸上第一次露出犹豫的表情。乔意识到自己有机会控制住局面，他克制着自己的恐惧，缓慢地将手伸过去按下按钮："来，问它点儿什么！"

"感谢您的呼叫。请在提示音后提出你的问题……哔。"

贝蒂犹豫了一会儿，说："好吧，我现在要做什么？"

"你会在十五秒内打电话给你的朋友朱迪。""不，我不会的，就是这样。"贝蒂回答，她走到梳妆台前，看到桌上有张她两天前写的便条，"朱迪明天生日。"

"哦，见鬼！"她不假思索地走到电话前，拿起电话拨号。电话那头刚传来朱迪的声音，她就猛地挂上了电话。她突然意识到自己做了什么。

乔高兴地笑着。"轮到我了！"他让盒子告诉他当天下午在坎普顿公园举行的赛马的胜利者的名单。在盒子里的女声报着名字的时候，乔的眉毛挑了好几下。然后他打电话给博彩公司，买了一张50英镑的多重彩。"我们要发财了！"

乔和贝蒂在卧室里翩翩起舞。

贝蒂抿了一口自由古巴①，极目所望，加勒比的阳光洒在淡黄色的沙滩上。蔚蓝的海洋与晴朗的天空在地平线上交会。"亲爱的，"她忽然说道，"这真是个美妙的假期！但我真的想回家了，我想念我的朋友了。"

乔看上去很绝望："我们不能。"

"到底为什么呢？你有什么瞒着我吗？"她定定地看着乔恳求的眼睛，突然感觉如坠冰窟。

"我今早问那个盒子，这个假期还会持续多久，它说还有两个月，"乔以一种平淡的口吻说道，"我们没有必要试图离开，一定会有什么来阻止我们的。"

贝蒂的眼中闪着怒火："又是那个该死的盒子！你说过你会把它留在家里的！"

"我想这么做来着，"乔突然哭着说道，"然后我问它，我是否会把它留在家里，它说不会。"

贝蒂紧紧抓住他的肩膀。"听我说，我们必须摆脱它！"但乔避开了她的目光。

"我们什么也做不了。"

厨房的桌上摆满了空的啤酒罐。乔很孤独，他面前的那个黑盒子变得越来越大，直到占据了他的整个视野。

乔陷入了无法抗拒的欲望，同时又感觉到强烈的厌恶，他希望他的手不要动。但他一定要知道。他按下了红色的按钮。

"感谢您的呼叫。请在提示音后提出你的问题……哔。"

"我……现……该……些什么？"②

乔已经口齿不清了，但盒子很快回复了他："一分钟内，你会再喝一罐啤酒。"

乔在桌了上搜寻着。所有的啤酒罐都空了。一阵强烈的欢乐涌上心头。为了确认，他又数了一遍酒罐的数量。他总共买了十二罐啤酒，现在十二个啤酒罐都空了，屋里没酒了。"我自由了，终于自由了！"

就在这个时候，门铃响了，是他的朋友丹尼。"我听说你近来生活不太如意，"丹尼说，"我想我应该过来看看你，顺便一起看场斯诺克。"他手上抱着一打啤酒。

阅读问题

1. 故事里的主角有可能不去做盒子说他会去做的事情吗？假如他偏离了盒子的预测，这是否表明他有自由意志？为什么？

---

① 一种鸡尾酒，由百加得朗姆酒和可乐调制而成。
② 他喝醉了，语无伦次。

2. 假设你的每一个行动，哪怕是很久以后的行动，都能被精确地预测出来。这是否表明你所有的行动都是被因果地决定的？为什么？

3. 如果有一个盒子能预测你生活中会发生的所有事情，一直到你死去的那一刻，你会想要拥有一个这样的盒子吗？或者考虑一个更为真实的情境（一些人实际上不得不面对的情境），假设你知道你可能有一种遗传性的缺陷，这个缺陷注定会导致你在15年后死亡。现在，有一项简单的基因测试可以告诉你，你是否有这样的缺陷。你会接受这样的测试吗？还是会选择不去知道自己的命运？

4. 假设故事中的盒子是由一个全知的神操纵的，那么这个盒子的持有者是否能违背神的预言而自由地行动呢？

第4章
人格同一性问题

4.1 导　言

> 贤明的人求知最重自知。
> ——威廉·莎士比亚

假如现在是21世纪下半叶的某一个时期，你染上了一种不治之症。你的医生通知你，传统的治疗手段已经救不了你了。但是，有一种新的方法可以让你从死神的手中逃脱。认知科学家最近完善了一种设备，可以将你大脑（心灵？）的内容上传到由生物芯片组成的有机计算机（organic computer）之中。这些生物芯片具有等同于神经元的因果效力。且计算机被封装在一个机器人的身体里，这台机器人可以被制造成你成年后任何年龄段的样子。机器人配备了视觉、听觉、嗅觉、触觉和味觉感应器。一旦转换之后，新身体的外在功能和表现与一个健康的人类有机体毫无二致。它可能会这样说，"那边那具是我过去使用的身体。""我不再感到疼痛了，并且我的新身体可以产生同样的感觉，就像过去的那个一样。"不过问题仍然存在：这样的身体真的具有意识，还是说它们仅仅是设计巧妙的机器人而已？如果它们是有意识的，那么它们究竟与从前的病躯拥有同样的意识存在，还是不同的呢？如果它们是不同的，那么之前的意识存在去哪里了呢？它们就这样不复存在了？如果你快要死了，你愿意接受这个提议，把你的大脑的内容上传到这样一台计算机里吗？

要回答这个问题，必须判断在该转换过程中你是否还存活着。那个具有你大脑内容的机器人就是你吗？你对这个问题的回答必然依赖于你如何理解人格同一性——换言之，在你看来，什么使得此一时刻的人（之前的那个人）与彼一时刻的人（之后的那个人）是同一个人？

在一生中，我们所有人都会经历无数的变化。不仅我们的身体发生了改变，我们的心灵也同样发生了改变。例如，我们的信念，态度和欲望，都可能与十年前的时候截然不同。然而，我们通常认为这些变化都是发生在一个并且是同一个人的身上。这是如何可能的？一个人怎么可能发生了变化，却仍然是同一个人？这些问题正是人格同一性理论所要回答的。

> 人类可以被定义为能够说"我"，同时也意识到自身是一个独立实体的一种动物。
> ——埃利希·弗洛姆

我们对自身的考虑不同于我们对其他人的考虑。虽然我们在听到某人将要死去时可能会感到遗憾，但我们不会像设想自己死亡那样去设想他或她的死亡。测试人格同一理论的一种办法就是，去判断你是否会像关心现在的自己一样去关心未来的某个人。如果在上面的例子里，你知道在机器身体里的那个人将在转换之后，系统调整自身的时候，承受巨大的疼痛，你会相信你就是那个要经历疼痛的人吗？如果是这样，那就有理由相信那个机器人就是你。

人们不仅仅考虑他们的未来，他们也会为他们的过去负责。正义要求我们仅仅惩罚那些需要为所犯罪行负责的人。如果你没有犯罪却受到惩罚，这是不公平的。同样地，因为你做的事情而惩罚别人，这也是不公平的。另一种检验人格同一性理论的方法，就是判定是否之后的那个人需要为之前的那个人所做的事情负责。

假如你承认在你经历转换之前曾经犯过罪，那么我们将那个机器人投入监狱是否正当呢？如果是，那么就有进一步的理由去认为那个机器人就是你了。

虽然绝大多数人可能从来没有认真考虑过将他们的心灵上传到一个机器人中的可能性，但是许多基督徒相信他们的灵魂将最终上升到另外一个身体中，正如圣经所教导的那样，他们在死后会在一个新的身体中得到重生。

这条教义来自于圣保罗给哥林多人的第一封书信：

> 无知的人哪，你所种的，若不死就不能生。并且你所种的不是那将来的形体，不过是子粒，即如麦子，或是别样的谷。但神随自己的意思给它一个形体，并叫各等子粒各有自己的形体。凡肉体各有不同：人是一样，兽又是一样，鸟又是一样，鱼又是一样。有天上的形体，也有地上的形体。但天上形体的荣光是一样，地上形体的荣光又是一样。日有日的荣光，月有月的荣光，星有星的荣光。这星和那星的荣光也有分别。死人复活也是这样：所种的是必朽坏的，复活的是不朽坏的；所种的是羞辱的，复活的是荣耀的；所种的是软弱的，复活的是强壮的；所种的是血气的身体，复活的是灵性的身体。若有血气的身体，也必有灵性的身体。[1]

一些人把这段话理解为我们将在来世（afterlife）获得一个被改造了的物理的身体；另一些人则把它理解为我们将得到一个崭新的属灵的身体。两种理解方式都认为我们会得到一个身体。但是如果我们可以从有血气的身体转换到属灵的身体中去，难道我们不就也可以从有血气的身体转换到机器人的身体中去吗？

人格同一理论不仅应该帮助我们确定我们是否可以在身体死亡后作为同一个人继续存在，它还能帮助我们判断我们是否能经历其他一些变化而作为同一个人存在。比方说，弗兰克是一个右翼极端分子，他认为政府无权向富人征税，然后把征来的税给予穷人，他炸毁了美国国税局（IRS）的一间办公室，造成了若干人受伤。为了逃避逮捕，他落脚在一个小社区中，并且改名叫罗伯特。在当地的施食处工作了好几年之后，他加入了消防队，并且积极参与社区服务计划。他同时也加入了本地教会并且定期在主日学校讲课。一天晚上，在研读圣经的过程中，他经历了宗教体验并成为了一名重生基督徒（born-again Christian）。于是，他决定把他的生命奉献给帮助那些有需要的人。罗伯特发现他现在无法认同从前那个激进的弗兰克的想法，感情和欲望。弗兰克的信念，态度和价值观对于罗伯特是完全陌生的。虽然罗伯特依稀记得那场爆炸案，他知道现在他再也不会做这样的事情。如果罗伯特被FBI逮捕了，那么他是否应该因为弗兰克所犯下的爆炸案而被惩罚呢？因为一个人犯下的错误而惩罚另一个人，这是错误的。那么罗伯特和弗兰克是同一个人吗？如果不是，罗伯特就不应该背负弗兰克的罪名。

如何回答"罗伯特和弗兰克是否同一个人"这个问题，取决于我们如何解释

> 我们的灵魂属于我们的身体，而非我们的身体属于我们的灵魂。
> ——赫尔曼·梅尔维尔（Herman Melville）

> 我们并不是因为证明了不朽才去相信它，而是，因为我们相信它所以才一直在尝试证明它。
> ——詹姆斯·马蒂诺（James Martineau）

> 我不想因我的工作而不朽……我想通过不死来达到这个目的。
> ——伍迪·艾伦

"同一（the same）"这个词。当我们说某物与另一物是同一的，我们可能在说它们具有相同的性质。例如，当我们说，某个经销商卖的车与另一个经销商卖的车是同一的，我们的意思是它们具有相同的构造，模型和出厂年份，并且因此具有相同的特性。这种类型的相同称作**质的同一**（qualitative identity），因为如果两个东西在这种意义上是同一的，那么它们具有相同的性质。

但是，当我们说一样东西和另外一样东西相同，我们也可能是说它们是同一样东西（one and the same thing）。例如，当我们说，二手市场上的某辆车与我们家抵押的那辆车是同一的，这意味着那辆汽车和我们家曾经拥有的汽车是同一辆车。这种同一的类型被称作**量的同一**（numerical identity），因为在这里两种不同的描述，被用来指称同一个东西。

再举另外一个例子，假如你在大海里游泳，弄丢了你的毕业戒指。你可以新买一个与你原来戒指在质的方面相同的戒指，但是它们在量上并不同一，因为它并不恰好是你丢的那一个。因此，质的同一并不意味着量的同一。另外一方面，有人可能会在海滩上发现一枚戒指，这个戒指与你原来的戒指在质的方面相差甚远：它可能被海水侵蚀了，甚至戒面也掉了。但是，它可能与你原来的那个在量上同一。所以，量的同一并不意味着质的同一。

你原来的毕业戒指可以经历许多改变，同时依然继续是同一个戒指。但是有一些变化，它一旦经历就不复存在了。例如，如果它被侵蚀得太厉害以至于碎成块，或者如果它被熔化了，它就不复存在了。当某物发生了变化，它就失去了一个或一些性质。如果某物可以失去某种性质，却仍然继续存在，那么我们就说这种性质对于该物是**偶然的**（accidental）。如果该物失去了某性质，就不复存在了——这种性质对此物的存在起着决定性的作用——那么该性质对于该物就是**本质的**（essential）。

同一性条件（identity conditions），或者通常所说的"持续条件（persistence conditions）"是这么一种条件，即为了让一个事物在不同时刻中持存所必须满足的条件。它们表明是什么让某一个时刻中的某事物与另一个时刻中的某事物是量的同一的。人格同一性理论试图说明人格同一的条件是什么。它们告诉我们一个人可以经历什么样的改变，还仍然能维持是同一（量的同一）个人。

指出适用于人的同一性条件的一种方式是，考虑人们能从什么样的改变中幸存下来。你可以从剪头发中存活下来。你会失去一些头发，不过你不会就此消失。因此拥有特定数量的头发对于你而言并不是本质的。但是如果你得了严重的健忘症，并且失去对你过去经历的所有记忆，又会如何呢？你会从这种变故中幸存下来吗？人格同一理论将要回答的是这类问题。

人格同一理论试图回答这个问题：是什么使得某一时刻的某人与另一时刻的某人是同一个人？这个问题应该跟以下这个问题区分开来：我们如何辨别此时的

在法庭上：凯瑟琳·索尼娅，又名莎拉·简·奥尔森

1999年6月16日，FBI在明尼苏达州的圣保罗逮捕了前共生解放军（Symbionese Liberation Army，简称SLA）成员凯瑟琳·索尼娅。据称在20世纪70年代，索尼娅参加了许多由SLA策划的爆炸和银行抢劫案。在之后的25年里，索尼娅使用了一个新的身份。她把自己的名字改为莎拉·简·奥尔森，嫁给了一名医生，并且成为了她所在教会的活跃分子。在她被保释听证之前，她的律师斯图亚特·汉隆甚至宣称她与以前的她不是同一个人：

> 那个离开（SLA）的女孩和现在这个存在于1999年的明尼苏达州的人不是同一个人。她是一个成熟的女人，她与社区联系紧密，并且她绝不会逃跑。我想在明尼苏达州的人们都会明白这一点，并且我们得说服一个加州法官也相信这些。[2]

在保释听证时，许多人作证说她不是那种会从保释中逃跑的人，更不用说犯罪了。

思想探究

不同的人

从质上来说，如今的凯瑟琳·索尼娅肯定与20世纪70年代的她是完全不同的两个人。但是她们是在量上不同的吗？这种不同是否足以让她得到减刑？

一个人是否与彼时的一个人是同一的？前者是一个形而上学的问题，因为它试图确定人格同一性（personal identity）的本质。后者是一个认识论的问题，因为它试图确定我们能用什么样的证据来判断人们是否同一。这两个问题是相关的，但它们是不同的问题。它们之间关系类似于一种疾病与它的症状的关系。例如，一个人是否得了莱姆病（Lyme disease）取决于他或她是否感染了某种特定的细菌。但是，我们分辨一个人是否得了莱姆病，是通过观察症状，例如有无靶状皮疹（bull's-eye rash）。

对形而上学上的人格同一问题的探讨，能帮助我们回答认识论方面的问题。只要我们知道是什么使得此时的一个人与彼时的一个人是同一个，我们就应该能够较好地分辨两个人是否是在量上同一的。一个使判定两个人是否同一变得不可能的人格同一理论，不能算是恰当的理论。

通过考虑两种将同一性与不同实体联系在一起的理论，我们将开始对人格同一性问题的讨论。之后，我们将考虑各种将同一性与心理状态联系在一起的理论。最后，我们将探讨一些尝试将两种进路结合在一起的理论。

本章目标

在阅读本章之后，你应该能够

- 陈述各种人格同一性理论。
- 描述那些用来检验它们的思想实验。

质的同一
两个物体是质的同一的当且仅当它们具有相同的属性（性质）。

量的同一
两个物体是量的同一当且仅当它们是同一个。

偶然属性
一个物体可以没有而不至于消失的一种属性。

本质属性
一个物体没有它就不能存在的一种属性。

- 评价各种人格同一理论的长处和弱点。
- 定义质的同一，量的同一，表象的记忆，实在的记忆，心理连通性和心理连续性。
- 形成你自己的关于来世之可能性的观点。

4.2 我们不过是造梦的材料①：自我即实体

人格同一的问题是变化问题的一种：某物发生了改变，那么它又如何可能仍然是原来的物体呢？如果有东西发生了变化，它就变得不同了。如果它是不同的了，那么它和原来的东西就不再是同一的了。因此，某事物如何能够在变化中保有其身份同一性呢？

虽然古希腊哲学家对变化问题进行过很多思考，但是第一个对同一性条件进行系统阐述的人却是约翰·洛克（John Locke）。在《人类理解论》（*An Essay Concerning Human Understanding*）的第一版中，洛克批评了笛卡尔的观点，笛卡尔认为我们的身份/同一性（identity）就在于我们的灵魂之中，虽然洛克并没有给出自己的正面论述。但是洛克意识到，任何对于道德责任的充分说明都必须处理人格同一性的问题，正如他所说的："人格同一，是建立所有褒奖与惩罚之正义性的基础。"³因为某人没有做的事情而奖励或惩罚某人是不公平的。因此，在他的朋友威廉·莫利纽克斯（William Molyneaux）的敦促下，洛克再版了他的著作，其中增加了题为"同一性与差异性"的章节，陈述了他关于该主题的看法。

按照洛克的观点，一个时刻的某事物与另一个时刻的某事物是否同一，取决于该事物的种类，或者所考虑的方面。大量存在的物质，例如石头或者泥土的同一性条件，与有生命的事物，例如植物或动物是不同的。

对于无生命的物质而言，只要它们保有原来构成它们的原子，我们就说它们维持了它们的同一性。如果它们获得或者失去一些原子，就会变得不同。正如洛克提出的："如果这些原子中的一个被拿走，或者一个新的被添加进去，那么它们就不再是相同的物质，或者说相同的物体。"⁴

然而有生命的事物却会持续地获得或失去一些原子，因为他们吸收营养，排出废物。他们所消耗的物质被用来长成新的细胞或者修复受损的细胞。如果一个有机体活得足够久的话，那么最初构成它的所有物质都可能被替换过了。然而，洛克说，一个有机体可以在一个时间跨度里维持同一性，只要它各部分的组织方式能够持续地实现其特有功能。例如，一棵橡树可以看作是和一个树苗是同一的，只要它们都共同享有同样的功能性组织，并且存在一个从树苗到橡树的连续发展过程。在这种情况下，洛克就说树苗和橡树都拥有着一个"共同的生命（common life）"。

因此生物的功能性组织对于其本身是本质的。如果一个组织失去了实现其特有功能的能力，它就不复存在了。例如，如果我们砍倒或者烧掉一棵橡树，它就不复存在了，因为它再也不能实现它作为橡树的特有的功能了。

像其他的生物一样，人类的身体也经常替换组成它们的物质。生物学家告诉

> 我生命中的唯一一个遗憾就是，我不是别的什么人。
> ——伍迪·艾伦

> 物质是不朽的，而形式转瞬即逝。
> ——狄伊·哈克（Dee Hock）

---
① 本节标题引用自莎士比亚的《暴风雨》第四幕第一场。

我们，大概每过七年，人的身体就要将其所有构成物质都替换一遍。因此，在你的身体里，没有一个原子与你七年前的身体一样。然而你今天的身体与你七年前的身体在量上是同一的，因为在整个替换的过程中，它仍然维持着同样的功能组织。

人造物的同一性条件与生物的非常相似。例如，你可以替换掉你车上的轮胎，空气过滤器，燃料泵，以及任何其他组件，但它仍然是（量上的）同一辆车。洛克用钟表的例子来阐明这个观点：

> 钟表是什么？它分明只是一些被适当地组织和构造起来的部件，我们若给它加以充分的力量，它就可以达到某种目的。如果我们假设，这个机器的有组织的各部分，在经过不断修理以后，在其无生命的各部分不断地增加或减少以后，还能推持其共同的生命，还是一个连续的存在体，那么这就和我们在动物身体方面的假设很相似了。[5]

一个钟表是被设计成通过某种方式实现一定的功能的。只要发生的变化没有阻止它实现其功能，那么在这个意义上，该变化就保持了它的（量上的）同一。

思想探究

霍布斯的忒修斯之船

假如在忒修斯的船上的木板，一块接一块地被陆续换掉，直到几年之后，船上已经没有任何一块原来的木板了。再假如，原来的木板都没有被毁坏，而是好好地保存在一个仓库里。假定人们把原来的木板以原来的顺序重新组装起来。现在那艘经历了连续修整的船，和由原来木板组成的船并排地泊在港口。那么这两艘船中哪一个才是与原来的船同一的呢？洛克的同一性条件理论可以帮助我们解答这个问题吗？如果可以，会怎样解答呢？

人

意识是受造物的荣耀。
——詹姆斯·布劳顿
（James Broughton）

人（persons）是具有包含生存权在内的完全的道德地位的存在。正如我们在第一章论述过的，给予他们这种地位的并不是制造他们的材料，而是他们能用这些材料做什么。人们具有理性思考的能力，以及意识到自己在一个时间跨度里持续存在的能力。

洛克赞同这个观点。他定义人为一个"有思维的智慧存在，能够作出推理和反思，并且能在不同的时间和地点把其自身当作其自身，即同一个思考着的实体"，[6]因此，是理性和自我意识使得人区别于其他种类的东西。

然而，你并不一定需要是人类（human）才能具备理性和自我意识。事实上，许多人相信存在着至少一个非人类的人（nonhuman person）——犹太—基督教传统的上帝。为了论证人并不一定需要是自然人，洛克并没有诉诸上帝。他诉诸了一只能说话的鹦鹉！

十八世纪时流传着一个故事，说的是一只巴西的老鹦鹉，它不仅能说话，而且还能提出和回答问题。下文是对洛克在书中记载的王子与鹦鹉之间对话的译文。（这只鹦鹉似乎应该讲葡萄牙语，虽然对话是用法语记录的）

> 当它[那只鹦鹉]刚进到王子所在的房间里时，王子身边正围绕着一大群荷兰人。它看见他们以后，立刻就说："这里的白人真多啊！"他们指着王子问鹦鹉，它觉得这是什么人？它回答说："大概是位将军之类的人吧。"人们把鹦鹉带到王子身边，王子就问鹦鹉："你是从哪里来的？"它答复道："从马吕南来的。"王子又问说："你的主人是谁？"它答说："一个葡萄牙人。"王子又问它说："你在那里做什么？"它答道："我在那里照看小鸡。"王子笑了，然后说："你来照看小鸡？"鹦鹉回答说："是的，的确是我；并且我很清楚地知道应该怎么照看它们。"[7]

引用这段对话时，洛克并不是在认可其真实性，而只是觉得这是可能的。他的观点是，存在着一只有理性和自我意识的鹦鹉是可以设想的。如果是这样的话，那么，作为一个人类就并不是作为一个人的必要条件。

思想探究

海豚

海豚是非人类的人吗？一些科学家是这么想的。海豚的大脑占身体比重比我们的还大，它们能认出镜子里的自己，它们自己有名字，并且它们能够主动援救被鲨鱼袭击的人类，有时甚至在受到威胁的游泳者身边环游达40分钟以上，直至鲨鱼离开。你对此会怎么想？认可海豚是人这一观点意味着什么？我们的哪些行为和活动将不得不因此发生改变呢？

动物主义

一些人相信同一性寓于身体之中。在他们看来，我们首先是动物，我们持存的时间和我们的身体持存的时间一样长。跟其他动物一样，只要我们的身体还保有着特定的功能，我们就保有着我们的同一性。只要你的身体继续实现它的动物功能——呼吸、循环、消化和类似的功能，你就持续存在着。那么，根据**动物主义**（animalism），同一的人是那些有同一活着的人类躯体的人。

为了支持动物主义，埃里克·奥尔森提出了下面这种思想实验。

> 我们现在知道灵魂就是身体，身体就是灵魂。
> ——萧伯纳

思想实验

> **植物人案例**
>
> 　　想象你现在陷入生理学家所谓的持续植物状态。因为暂时性的心脏衰竭，你的大脑被剥夺氧气达十分钟……在这段时间里，你大脑皮层的神经元因为缺氧而坏死了。除非大脑皮层完好，否则你不可能具有思维和意识，并且由于脑细胞不能再生，你的高级心智功能就不可挽回地失去了。你将再也不可能回忆起过去，或者计划未来，或者听到你所爱的人的声音，或者意识到任何东西……
>
> 　　但是，大脑皮层下的部分……对于缺血造成的损害的抵抗力强于大脑皮层，它们有时能够在大脑皮层被毁坏的情况下仍然继续运作。它们……维持着你的"植物"功能，例如呼吸，循环，消化和新陈代谢。让我们假设这些都发生在你的身上……其结果就是一个人形的动物（a human animal），除了没有心灵这点外它所有的东西都和你很像。
>
> 　　这个动物并不是昏迷的。昏迷是一个类睡眠状态（sleep-like state），但是一个植物人似乎有时会表现出醒着的样子。它可以对光和声有反应，但是不能以有目的的方式进行反应；它可以移动自己的目光，但是不能持续的跟随目标……
>
> 　　该动物也没有"脑死亡"，因为它的大脑中维持其植物性功能的部分还是完好的……病人绝对活着，至少在生物学的意义上它和牡蛎和橡树一样是活着的……
>
> 　　那么我们怎么可以肯定，病人在这种状态下真的失去了所有的认知功能呢？……可能还是存在可以怀疑的空间的。想象你陷入了一个持续的植物状态，并且因此你的高级认知功能被毁坏了，并且这种毁坏是永久性的。
>
> 　　……我对植物人案例提的问题是，是否因大脑皮层被毁坏而造成的人形动物就是严格意义上的你呢，还是说它跟一个你死后竖起的雕像没什么区别？你是成为一个植物人了，还是说你已经消失了呢？……[8]

　　奥尔森声称，如果你成为了植物人，你也并不会消失，因为思考的能力对于你而言不是本质的。你可以永远地失去那种能力而不至于不复存在。但是呼吸空气，血液循环和消化食物的这些能力对你来说是本质的。只有当你的身体连这些功能都不能实现了，你才真正地不复存在了。

　　根据动物主义，那么，使你之所以为你的，是你的身体——并不是你的心灵。由此就能得出作为一个人（person）并不是你的本质属性。它就像作为学生这个属性一样，你可以失去这个属性，并且继续存在下去。奥尔森解释道："可能我们不能把过着单调生活的动物称作人，因为它没有心理学上的将人与非人区分开来的那些特征（理性，自我意识，或你认为的其他什么特征）。"[9]根据奥尔森的观点，那些永远处于植物状态者不能被称为人，但是它们仍然继续存在着。

奥尔森的观点与笛卡尔的观点相左。正如我们在第二章看到的，笛卡尔主张你就是你的心灵。他的可设想性论证意图展示你的心灵对于你是本质的——没有心灵，你就不能存在。所以，奥尔森和笛卡尔，究竟谁是对的呢？我们先了解一下动物主义的后果，再来回答这个问题。

一个后果是你不可能从你躯体的死亡中幸存。动物主义者不能相信传统意义上的天堂或地狱，因为那里没有物理性的躯体。但是那并不意味着他们不能相信有来生。在他们看来，只要你们的身体复活了，你就能复活。

一些人希望将他们的身体保存在液氮中，以便将来可能复活它们。这种加工被称为冷冻悬置（cryonic suspension），需要将所有的血液排出身体，代之以防冻剂，并且将身体浸泡在大量零下321华氏度的液氮中。这样处理的身体几乎不受腐化的影响。那些选择了这种措施的人都希望有一天能够找到复活他们身体的方法。棒球皇帝泰德·威廉斯（Ted Williams）就怀有这样的愿望。他的身体和头现在各自漂浮在单独的液氮滤毒罐中。采取该措施的代价是相当夸张的，大概要150 000美元。但是，有一个更为经济的方案。你可以选择仅仅冻结头部，只需要80 000美元。无论如何，如果冷冻悬置是唯一能让自己在身体死亡后幸存下来的办法，我们中只有很少的人才能指望来世。

但是，那些接受身体理论的人，可能会寻找另外一种来世：复活（resurrection）。物理的物体可以经历拆解与重组而幸存下来。例如，一个手表为了清洁而被分拆了。当表的各个部分凌乱的散落在钟表匠的桌子上时，表是不存在的。然而当这些部件被重组到一起后，表又再次重新存在了。因此，从理论上讲，当组成你身体的原子以原来的配置方式复原到你死前的状态时，你是可以复活的。

认为不朽与肉体的复活有关这种观点，在一开始就是基督教教义的一部分。耶稣通过复活达到了不朽，并且他的追随者认为在耶稣身上发生的事情也会发生在他们身上。早期的基督徒死后并不举行火葬，因为他们认为被火化的遗体即使可能复活，也一定很困难。然而现在我们知道了火葬并不摧毁组成肉体的原子。因此，如果上帝真的是全能且全知的，那么他或她就应该能够复活我们经过火化的肉体。

但是，重生的观念并非没有问题。正常情况下，我们死后身上的原子就会成为土壤的一部分。这些土壤成分可能会被植物的根系所吸收，并且这些植物可能会被其他人吃掉。因此一个人可能含有从前是另一个人类的部分的原子。如果上帝需要将二者都复生，那么由谁来获得这些共有的原子？神学家们并没有忽视这点。正如英国数学家和哲学家伯特兰·罗素所复述，圣托马斯·阿奎那（St. Thomas Aquinas）曾被这个问题所困扰。

> 我也不能相信个体会在肉体死亡后继续生存，虽然虚弱的灵魂会因为恐惧和可笑的自我主义抱着这个想法不放。
> ——艾尔伯特·爱因斯坦

动物主义
那种认为相同的人就是拥有相同活着的人类躯体的人的学说。

新闻报道：因克隆而永生

许多相信或者希望永生的人想象在这个过程中某种超自然的心灵会被转移到一个天堂里的灵体（spiritual body）中，或者被转移到尘世的另一个肉体里（转世）。然而有些人相信我们可以通过一种自然的心灵传输来获得永生。正如上文提到的那样，一些超人类主义者（transhumanists）相信我们将最终能够将我们的意识上传到强大的电脑中。但是，邪教领袖雷尔（Rael）却期待着我们能够将我们的心灵转移到克隆体中的那一天——就像在阿诺德·施瓦辛格主演的电影《第六日》中那样。下面是CNN对雷尔的采访，他是雷尔运动的创立者，他的附属公司——克隆辅助公司（Clonaid）——宣布已经在2002年制造出第一个克隆人。

> 前法国记者克洛德·沃利翁（Claude Vorilhon），自称雷尔，说外星人通过基因工程在地球上创造了人类生命，而他则是这些外星人的直系后代。他的追随者所建立的一间公司在周五宣布第一个克隆人已经诞生了——一个7磅重的女婴，她被称为"夏娃"。
>
> 这个公告引起了种种怀疑与担忧，因为其他哺乳类动物的克隆体都具有严重的出生缺陷，或者在发育过程中产生健康问题。但是在接受CNN的采访时，雷尔驳斥了对克隆动物健康问题的疑虑，他说"我毫不怀疑这个孩子将会非常健康"。
>
> "世界上的每个人现在都非常热衷于知道如果那个孩子发生了问题会怎样，而我想说，如果那个孩子非常的健康和漂亮呢，又会怎样？相比孩子出现问题，我想克隆的反对者应该对此会更感到不安。"他说……
>
> 雷尔运动最终希望研发出成年的克隆体，使得人们可以将他们的大脑转移进去，雷尔说："克隆一个婴儿仅仅是第一步。对于我而言，这并不是那么的重要……这是很好的一步，但是我的最终目标是通过克隆赋予人类永恒的生命。"[10]

思想探究

安全克隆

雷尔并没有说他打算如何让我们的心灵进入到我们的克隆体中。不过假如克隆变得就像体外受精一样安全，并且心灵转移这一过程不会产生副作用。那么尝试通过这种方式去达到不朽，是否是错误的呢？

> 我们的主早已写下了重生的许诺，并不仅仅在书中，而且在每一片春天的叶子里。
> ——马丁·路德
> （Martin Luther）

天主教会的官方哲学家圣托马斯·阿奎那，曾冗长而认真地讨论一个非常严肃的问题，而我不得不说，现代神学家怕是不恰当地忽视了它。他想象一个食人者，此人除了人肉以外什么都没吃过，而他的父母也有相似的癖好。他身体的每一个粒子都是曾经属于别人的。我们不能假设那些被食人者吃掉的人在不朽的轮回中会永远地少掉一部分。但如果这样的话，食人者还能剩下什么呢？如果他所有的肉体都还给了这些肉体原来的主人，那么食人者还能怎么在地狱中被火烧呢？正如这位圣徒所恰当地认识到的那样，这是一个令人困扰的问题。[11]

在地球上那些数千年来一直有密集人口居住的地区，同样的原子可能曾经成为过无数肉体的部分。毕竟水是循环的，而我们的身体约有75%是水。在这样的情况下，普遍的复活又如何可能呢？

非但如此，关于复活还存在一个更严重的问题。随着我们的细胞死去，然后被替换，我们一直在持续地更新组成我们的原子集合。那么是哪个原子集合将被复活呢？是你作为物理存在的最后一刻的那个原子集合？但是如果你死去时是一个身患阿耳茨海默氏症的残疾人呢？你还希望那个身体被复活吗？还是想要复活某个更年轻版本的你呢？

> 渴望永生就是渴望永远地延续一个巨大的错误。
> ——亚瑟·叔本华

动物主义者试图让我们相信，如果我们的肉体被重新赋予生命，无论是通过复活还是转世，你都将重新活过来。但是如果你的身体从冷冻悬浮装置中拿出来后它就永远处于植物人状态，该怎么办？为此做出150 000美元的投资划算吗？或者如果你的身体被复活，但被放入了别人的意识。那么你算是再次获得生命了吗？

深入思考这些议题的一种方式，是考虑以下的问题："我"这个词究竟指称什么？当我们使用单词"我"，我们是指称我们的肉体（像动物主义者相信的那样），还是指称别的东西？马丁·本杰明（Martin Benjamin）提出了下面这个思想实验来回答这个问题。

思想实验

本杰明的可疑的治疗

想象你已经被诊断出患有一种可怕的疾病，这病会很快地摧残你的身体，结束你的生命。这时一个外科医生出现了，他提供了一种激动人心的全新手术方式的可能性，保证能够阻止疾病的发展。但是，这种手术有一个非常严重的副作用。实施手术的时间需要非常久，并且所用的麻醉会非常强力。其中一个后果就是，虽然病治好了，但你自此就会陷入永久的植物人状态。然而，这个外科医生乐观地强调，至少你还活着！手术将治好你的病，你的生命也将得到拯救。

最后，让我们假设，该手术非常昂贵。完成它需要耗费你一生中的所有积蓄，并且需要变卖你的所有财产。现在的问题是，你会愿意去接受这个手术吗？[12]

你愿意接受这样一个会使你永远地处在植物人状态中的手术吗？经历过这个手术之后你还存活吗？本杰明并不这样认为，他写道：

当我问自己这个问题的时候，答案是很清楚的。无论我是否接受这个手术，看上去我都是会死的。这是因为，我——那个想做手术的动机是为了活到能见到我的孙辈，看着他们成长，完成我正在写的书，享受和我妻子的交谈与旅行，并且看到芝加哥小熊队赢得世界职业棒球大赛的存在——注定无法继续存活了。无论我是否接受这个手术，我——无论在这里具体指称什么——看起来都将是无法存活的。尽管我的身体可能活下去，那个身体的主人，即"我"却不能。[14]

死亡的定义

死亡在传统上被定义为呼吸与循环的终止。当一个人的呼吸与心跳停止之后,人们就会宣布他的死亡。但是随着诸多医学奇迹的到来,例如人工心肺机的发明,机器已经开始可以取代器官为我们的躯体维持生命机能,使得一些传统上可能早已被宣布死亡的人还能继续维持其生命活动很久。这种变化促使医生和立法者们把死亡定义为所有脑活动的停止或者脑死亡。要将一个人宣布为脑死亡,他需要检测不到任何脑活动,不论是大脑皮层(较高级的脑,负责精神生活)还是脑干(较低级的脑,负责控制身体的一些机能,诸如呼吸和循环)的活动都完全停止。但是许多人相信,一个病人可以在脑全部死亡之前就已经不在了。他们主张,如果大脑皮层已经死亡,而且病人永远失去了意识,病人也就不复存在了。丹·维克勒(Dan Wikler)通过一个思想实验来为这个观点进行辩护:

> 考虑一下这个思想实验:一个人被斩首了,并且内科医生有办法在某种意义上让头和身体都各自保持其机能的正常运行。然而,他们无法将二者重新连接起来。那么其中哪个才是他本人?
>
> 回答不可能是"都是",因为身体和头可以被放置到相隔甚远的地点。我相信几乎每个有能力在这二者中选择其一的人都会选择头。在斩首之后,头才是他本人,并且只有头的健康或死亡条件才决定他整个人的处境。

大致说来,人处在持续的植物人状态时,情形就与此类似。尽管植物人状态能保持大脑和身体在物理上的完整性,但二者在功能上已被切断。大脑已经永久而不可逆地失去了制造意识和感觉的那部分功能,让这样一具身体的功能持续运作下去,对这位病人而言并不比将他的一个肾脏取下并移植到其他人身上再工作几十年更有意义。没有了感觉和意识,继续保持生命机能的是一具(除了大脑中的相关部分之外的)完整的身体,还是一个单独的器官,对这个人来说并不构成有意义的区别。

这个离奇的思想实验对现实世界中临床和法律上的脑死亡议题会有怎样的影响呢?它并没有说明扩展了的脑死亡定义(大脑高级功能的丧失)是实用的或是令人满意的。不过它的确说明了这是概念上可靠的,并让人们可以在思想上开始接受一个身体非常健康的人可能已经死亡这一观念,这是一项重要的成就。[13]

思想探究

永久无意识

根据维克勒的说法,特丽·夏沃在1980年就已经死了,因为当时她陷入了永久的无意识中。你赞同那些永久无意识的病人已经不存在了吗?我们是否应该采用高级大脑死亡即为死亡这一定义?它有哪些利弊?

在这里,本杰明站到了笛卡尔一边——思考对于他是本质的。如果他的躯体得以存活,但是他不能再思考了,他将不复存在。所以无论单词"我"指称什么,本杰明认为它并不指称一个人的身体。

另外一个反对动物主义的证据在于置换身体的可能性。很多文学作品和电影都探讨过这一可能。弗兰兹·卡夫卡(Franz Kafka)在他的小说《变形记》(*The Metamorphosis*)里,就描述了这样一种置换。

在那个故事里,一个年轻人从睡梦中醒来的时候,身体变成了一只甲虫。然而他保留了他自己的人格,记忆和性格。因此,我们有理由相信他仍然是同一个人。如果这样的身体置换是可能的,那么具有同样的身体,就不是作为同一个人的必要条件了。

卡夫卡并没有告诉我们这样的转换如何发生。但是，从我们关于基因科学的知识来看，这样的转换在生理上似乎是可能的。科学家曾将一条完整的人类染色体溶入到一只大鼠的细胞中。（一条染色体是一串完整的DNA链条，是含有构造身体各部分的指令的化学物质。）科学家们相信，如果将足够的遗传物质溶入到大鼠细胞中，那些大鼠将开始长出人类的器官。

一系列根据乔治·朗格兰（George Langelan）的短篇小说《变蝇人》（*The Fly*）改编的电影探讨了将不同物种的DNA混合的后果。在1986年的电影版本中，一次人体传送实验使得杰夫·高布伦（Jeff Goldblum）的细胞被混入了苍蝇的DNA。当苍蝇的DNA开始表达自身的时候，他呈现出了苍蝇的特征。如果在这个过程中，他并没有失去他的心灵，那么他就可以在苍蝇的身体中继续存在。

《变形记》与《变蝇人》告诉我们，人并不等同于他们的身体。我们可以经历"身体交换"而不消失。然而，在哲学文献里，最著名的身体交换出现在约翰·洛克的著作中。他认为一个王子与鞋匠互换身体却不失去其人格同一性是可能的。

思想实验

洛克的王子与鞋匠的故事

如果一个王子的灵魂，带着他过去生活的意识，进入到一个鞋匠的身体，而那个鞋匠的灵魂弃身体而去了的话，那么每个人都能看出来，他将仍然与原来的那个王子是同一个人，并只能为那个王子的行为负责。[15]

洛克所描述的身体交换是很容易想象的。如果发生在晚上，我们可以想象王子醒来的时候，发现自己身在鞋匠的小屋里。毫无疑问他将为他所处的陌生环境感到惊奇，不过，这应该都比不上当他照镜子的时候受到的惊吓。他看到的将不是他自己的脸，而是一张鞋匠的脸。不过，正如洛克所说，如果他的意识并没有受到影响的话——如果他的记忆、人格和性格被原封不动地保留下来——他将仍然是那个王子，即使在一个鞋匠的身体里。

大量的电影都探讨过这种身体交换的可能，例如《长大》（*Big*）、《天堂可待》（*Heaven Can Wait*）、《双重身份》（*All of Me*）、《怪诞星期五》（*Freaky Friday*）、《重返十八岁》（*18 Again*）、《反之亦然》（*Vice Versa*）、《虎父无犬子》（*Like Father Like Son*）、《小小的梦》（*Dream a Little Dream*）、《人鬼情未了》（*Ghost*）等。虽然这种身体交换就目前的技术而言是不可能的，但在逻辑上似乎是可能的。并且如果我们相信功能主义者如雷·库兹韦尔所说的话，这一技术将会在未来30年内实现。但是这种技术一旦可以实现，我们的同一性就不可能寓于我们的身体之中，因为在这些例子中，具有同一身体并不是作为同一人的必要条件。

动物主义者认为，身体交换是不可能发生的。不过在大脑移植的案例中，会发生什么呢？例如你的大脑被移植到另一个身体里。你的同一性是继续属于你原来的身体，还是在你大脑所在的地方呢？奥尔逊以这种方式提出了他的问题：

思想实验

> **移植案例**
>
> ……想象一个技艺高超的外科医生移走了你的大脑……并且植入到另一个头颅中……你的大脑就像从前连接到你身体其他部分那样，与那个人的身体相连接……并且就像是在你头颅里运行一样，它能在新的头颅里正常地发挥作用。
>
> 这样做的结果是出现了一个生理上和你或多或少相似的人类……而在另一方面，她并不能回忆起任何那个头颅被你的大脑所植入的人身上所发生的事情，也没有获得那个人的任何性格特质（至少一开始是这样）。
>
> 毫无疑问你已经猜到，问题的关键是，在这个故事（我们把它称之为"移植案例"）里，"你"究竟发生了什么。你是那个生物学意义上还活着，但头脑空空的，继承了你之前所有植物性功能的人类吗？还是那个拥有你的大脑和记忆的人？（还是说这项手术直接就终结了"你"的存在？）[16]

奥尔逊会让我们相信，你就是那个躺在手术台上的无脑人。在他看来，这里并不存在什么身体交换，因为大脑移植与肝脏移植无异，获得一个新的大脑，并不会比获得一个新的肝脏对你的同一性改变更多。

彼得·安格尔（Peter Unger）则提出了不同看法。他认为，你的同一性在于你的大脑。为了证明他的观点，他对奥尔逊的移植案例进行了修改。他设想在一次大脑移植手术中，你和你的同卵双胞胎交换了大脑。在手术之后，你成为了谁？你会是那个由你的双胞胎的身体和你的大脑组成的人，还是那个由你原来的身体和你双胞胎的大脑组成的那个人？安格尔认为，要判断这一点，取决于你希望谁可以免于剧痛。

思想实验

> **安格尔的剧痛**
>
> 让我们来思考一下这样的情形，你和另外一个，并不是性质上完全不同的人，而是与你非常相似的双胞胎……
>
> 首先，对于那个拥有你原来的大脑和新的身体的人，我们提出这样一个问题：从纯粹自我中心的角度来考虑，你愿意在这个疯狂的手术开始之前，选择让自己承受巨大的痛苦吗？其条件是如果你不接受刚才的主张，那么在这个手术完成后的那一刹那，那个拥有你的大脑，并因此具有你的意识的人就要承受**更大的痛苦**。你当然愿意。尽管这个证据并非完全确凿，但它强有力地表明，

正如我们深深相信的那样，无论是移植前还是移植后，你都是那个拥有你的大脑的人。

其次，为获得更为有力的证据，我们提出一个与之并列的问题：从纯粹自我中心的角度来考虑，你愿意在这个疯狂的手术之前，选择让自己承受巨大的痛苦吗？条件是如果你不接受刚才的主张，那么在这个手术完成的一刹那，那个拥有你的身体，同时具有你的双胞胎的意识的人将承受**更大的痛苦**。你当然不愿意，从自我中心的角度来看，这个选择糟糕透顶。虽然这个回答并不是绝对决定性的，但是已经在一定程度上具有足够的结论性了。因此，我们得出结论，**你丝毫没有这种信念，即你就是那个（和你健康的旧身体一起）继承了你的植物性生物功能的人。**[17]

安格尔认为，你之所以愿意忍受手术前的剧痛，来防止那个由你双胞胎的身体和你的大脑组成的人之后经受更大的痛苦，其理由就是这样可以防止你受到更大的伤害。与动物主义者想让我们相信的相反，你的同一性并不在于你的身体之中，而是在于你的大脑（或者你的意识）中。

另一个事实同样支持这个结论，即你不愿意承受手术前的剧痛，而宁愿那个手术后的由你身体和你双胞胎大脑组成的人去承受更大的痛苦。为什么呢？因为这个人不是你。因此，我们再次得出结论，我们并不是因为身体而同一。

之所以动物主义者将个体的同一性用身体来定义，是因为他们相信这个观点：每个身体都只对应一个个体。这可以由同一律的传递性原则得出：如果A=B，并且B=C，那么A=C。或者说，如果两个或更多的个体与同样的东西同一，那么它们互相之间也肯定同一。然而，就如一个人占据两个或以上的身体看上去是可能的，同一个身体也可能由两个或以上的人占据。如果这样的"两人合住"（double occupancy）可以发生，那么动物主义者就是错的。然而我们有理由相信不仅身体在理论上可以住有多于一个人，实际上某些身体的确会被多于一个的人格所占据。

例如，那些患有多重人格障碍（multiple-personality disorder）的患者。他们的这些人格不仅可能具有不同的性情，而且还可能在年龄和性别方面也相异。他们拥有不同的脑波模式，不同的讲话方式，甚至拥有不同的记忆。有人认为这使得他们成为了不同的人。事实上，法庭在判决的时候已经这样看待他们了，在那些患有多重人格障碍症的病人作为证人出庭的案例中，法官们会要求不同的人格分别宣誓，因为他们并不假定病人的各个人格分享共同的记忆。（参见"多重人格障碍症"栏目。）然而，如果不同的人格可以被看作不同的人，那么人们就不能因为他们的身体而被看作同一的。

最有效的证明某物为可能的方式，就是表明该物实际上存在。让我们一起来看看连体双生儿阿比盖尔·亨泽尔和布列塔尼·亨泽尔（Abigail and Brittany

在法庭上：多重人格障碍症

有证据显示，在那些多重人格障碍症患者身上，不同的人格可以有不同的记忆。那么是否不同的人格就是不同的人了呢？在威斯康星州温纳贝戈县发生的一起强奸案审讯中，受害者患有多重人格障碍症，巡回法官罗伯特·霍利（Robert Hawley）要求在受害者每次改变人格的时候重新宣誓。法官假定，不同的人格并不具有相同的关于宣誓的记忆。[18]

马里兰州贝塞斯达市的美国国家心理健康研究所（the National Institute of Mental Health）的精神病学家和生理学家小弗兰克·W.普特南博士（Dr. Frank W. Putnam, Jr.），已经对多重人格障碍症进行了数年的研究，并且作出了许多令人瞩目的发现，正如《纽约时报杂志》所报道的：

> 在他的实验过程中，普特南博士发现患有多重人格障碍症的病人的不同人格之间，其脑电波有着惊人的差别。实际上，在其中两个人格之间脑电波的差异，就像两个不同的人之间脑电波的差异一样大。
>
> 普特南博士和他的同事所做的第二项研究表明，每个人格可能具有自己的记忆。并且在另一项对不同人格之间的声音变化的研究中，他们发现所谓的"多重"患者可能具有非同常人的宽广音域和令人吃惊的彻底改变说话模式和习惯的能力……
>
> 由于他们的这种人格转换，通常是为了逃避真实的或想象中的危险，多重人格患者失去了他们生活的一部分。"时间丢失"是其中最常见的临床症状，并且对于心理健康工作者而言，这是他们在辨认多重人格患者时最为至关重要的信号。例如，娜塔莎不但会突然发现她自己出现在芝加哥、圣路易斯市或巴黎，而且还会突然发现自己正在玩具店或男人的卧室里，但是她却丝毫回忆不起是怎么遇见这男人的……
>
> 一些多重患者，例如茱蒂，选择了保持多重人格。茱蒂的未婚夫，美国中西部一所大学社会学系的主任约翰（茱蒂定期乘车去与他约会），支持她保留多重人格的选择。约翰见过茱蒂绝大多数的人格。他最喜欢茱蒂，但非常钦佩智慧的玛丽。他还陪伴过自杀倾向发作时的茱雅，他把有自我毁灭倾向的茱雅抱在怀里，直到另一个不那么想自杀的人格出现并占据她的身体为止。
>
> "一开始我都不知道该怎么想，"他说。"我会和某个人格吵一架，然后突然开始和另一个不知道发生过吵架的人格讲话。一个人居然完全不记得她干过的事，你知道这是有多令我沮丧和恼火吗？"[19]

思想探究

多重人格

对多重人格障碍症的标准治疗方法是试图将不同人格融合成一个。假如你是一个为某人治疗这种障碍症的心理学家，并且假设其中一个人格要求你继续进行融合疗法，而另一个则反对，你会怎么做？如果融合造成其中一些人格的所有记忆永远的消失，那么融合是否就是一种谋杀行为？为什么？

Hensel）的案例。阿比盖尔和布列塔尼拥有同一个身体，但是她们是两个独立的个体——一个卵子没有成功地完全分裂成同卵双胞胎而产生的结果。布列塔尼控制身体的左边，而阿比盖尔则是右边。尽管如此，她们已经学会了游泳，骑车和弹钢琴。在动物主义者看来，每个个体只能有一个躯体，因而他们必然会否定阿比盖尔和布列塔尼是独立的个体。但是这一点是很难否认的，因为她们中的每一个人都可以完整地陈述各自不同的思想、情感和欲望。她们上学时每个人都有自己的成绩单，她们最近也申请，并且拿到了各自的驾照。亨泽尔双胞胎的案例有效地反驳了动物主义的观点。

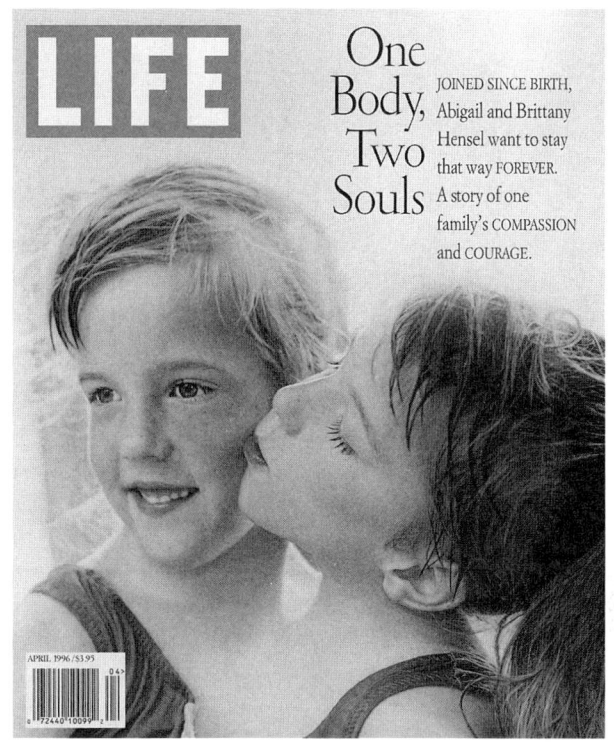

亨泽尔双胞胎
阿比盖尔·亨泽尔和布列塔尼·亨泽尔共享一个身体。这是对动物主义的反驳吗?

灵魂理论

许多人相信,他们能通过经历洛克所描述的那种身体交换达到不朽。那些相信轮回转世的人相信他们的灵魂可以进入一个新的肉体。那些相信天堂的则相信他们的灵魂会进入一个新的灵体。然而,两者都相信,他们的同一性在于他们的灵魂。这表明他们相信**灵魂理论**(soul theory)——同一的人即具有同一灵魂的人的学说。

尽管人格同一的灵魂理论拥有大量的支持者,但它面临的困难更有甚于动物主义,因为没人知道灵魂是什么。动物主义的优势在于,身体的同一的本质是十分清晰的。但是,没有人知道灵魂的同一包括什么。灵魂既不能藉由它的成分,也不能通过它们在空间中的位置进行识别,因为它们传统上就被看作非物质的,因而既不具有构成物,也不在空间中占有位置。除非我们知道什么可以使得灵魂成为同一的,否则我们就不能用灵魂去解释什么使得人成为同一的。不能用无法理解的概念来解释未知。

灵魂传统上被认为是会思想的实体。他们不是思想本身,而是进行思考的东西。因此灵魂与思想的关系可以类比于针垫与针的关系。正如针垫异于嵌于其中的针,灵魂也与它所具有的思想相异。

区别思想与灵魂的好处在于,它提供了一种对人格同一问题的解决方式。我们所有人都持续地处于变化之中。但是,这些改变看上去却似乎发生在同一个人身

灵魂理论
相信同一的人即具有同一灵魂的人的学说。

圣奥古斯丁：灵魂人

大约在罗马帝国逐渐崩溃和所谓的黑暗时代刚刚开始的时候，出现了一位伟大的基督教哲学家和神学家，奥古斯丁（354—430）。他出生于北非，母亲是个基督徒，而父亲则是异教徒。因此在许多意义上，奥古斯丁都堪称一只脚踏在古典世界里、而另一只脚则踏进了中世纪的人。他终生都试图将两个世界融合在一起，吸收古典时代的智慧，并将其融入到中世纪的基督教义中，也就不会让人感到意外了。在这个过程中，他将许多当时对于早期基督徒们来说完全陌生的观念引入了基督教思想，而这些在现代的基督教义中都被大家习以为常了。

奥古斯丁通过早期的柏拉图主义哲学家普罗提诺（Plotinus），获得了柏拉图的二元观念，即实在中包括两个不同的领域。其中一个领域是完美的，永恒的和非物质的，而另一个是有缺陷的，转瞬即逝的和物质的。奥古斯丁说，我们都由来自这两个不同领域的东西做成。我们的肉体属于次等的物理世界，它就像火炉上的冰块那样无法持久。但是我们永恒而无形体的自我，即"不朽的灵魂"，则属于永恒，无形体的世界。就这样，奥古斯丁将一种新的达致不朽的方式引入到基督教思想中：脱离了肉体仍然能够存活的灵魂或自我。在奥古斯丁之前，基督教徒中盛行的观念是身体和灵魂是一个整体，并且不朽只能通过肉体的复活达到。

在他的《上帝之城》(The City of God) 一书中，奥古斯丁详细地勾画出了两个世界之间的区别。他说每个人都同时是两个王国的公民。其中真实、永恒的那个是上帝的王国，而短暂、虚假的那个则包括物质世界中的诸多世俗王国。在上帝的王国中，才有真实的知识，真正的价值和真正的生命。而在尘世的王国中，这些都不存在。

奥古斯丁逐渐得出这样的结论。实际上，直到33岁，他才第一次投入基督教的怀抱。在他年轻的时候，曾经一度迷醉于尘世的王国——有过几次风流韵事。他有一个情妇，并且和她生了个孩子，同时他还放纵自己去偷盗和说谎。他贪恋这种荒淫的生活——同时又讨厌它。他过去常常祈祷："请赐予我贞洁和自制吧，但还不是现在。"

圣奥古斯丁（354—430）

上。这是如何可能的？灵魂理论对此有一个现成的答案。虽然我们的思想也在不停变化，但是在进行思考的东西——灵魂——保持同一。就像同一个针垫可以在不同的时间嵌有不同的针，同一个灵魂也可以在不同的时间有不同的思想。

根据灵魂理论，你就是你的灵魂。它是使你之为你的东西。它就是你的本质，你的本性，你的真正的自我。那么灵魂理论承诺了这个观点，即只要你的灵魂存在，你就存在着。这是真的吗？莱布尼茨不这么认为。为了证明他的观点，他提出了如下思想实验。

思想实验

中国国王

道德和宗教所要求的不朽并不仅仅包含这种永恒的实体［灵魂］，因为如果一个人没有了自己曾经是谁的记忆，这种情况无论如何都很难说是可欲求的。

让我们假设某人可以一举成为中国的国王，但条件是他失去关于过去的所有记忆，就像重新出生一般。正如实践中或是我们想象中能察觉到的那样，这是否其实仅仅意味着他死了，而另一个中国国王诞生在他的身体里？如果是这样，那么这个人显然没有理由想去这样做。[20]

在莱布尼茨的时代，中国的国王是世界上最富有的人。许多人都想要获得这个头衔。但是如果他们必须付出的代价是失去他们所有的记忆，他们就可能需要三思了。失去了记忆之后，留下来享受环绕身边的财富的是否还是他们本人，这是值得怀疑的。

要明白这点，假如当你的灵魂上了天堂，它失去了所有的记忆。那个拥有你的灵魂的人因此并不知道你是谁或者你干过什么。在这种情况下，上天堂还是某种值得盼望的事情吗？或者假设对一个大脑做人体冷冻会消除它的所有记忆，所以当你的身体复苏的时候，那个人已经没有任何关于你的回忆了。那么你被复活了吗？或者假设你犯了死罪，然后法官给你两个选择，要么你被处决，要么消除你的所有记忆。其中一个选项会比另一个选项更有吸引力吗？在所有这些情况中，似乎回答都是"不"。这些都表明你不可能是你的灵魂，除了具有相同的灵魂以外，成为同一个人肯定还有别的条件。

前述考虑表明，具有相同的灵魂对于作为同一个人并不充分，但可能是必要的。也许，除非你具有同一个灵魂，否则你就不是同一个人。但即便如此，这仍然是值得怀疑的。

灵魂被认为是与它们拥有的思想相区别的。思想来来去去，但是灵魂仍然保持同一。因此，可以设想，思想可以从一个灵魂中转移到另一个灵魂中去，就像针可以从一个针垫转移到另一个针垫上，或者程序从一个电脑中传输到另一个电脑中。关于灵魂我们所知道的一切都不排除会发生类似的灵魂转换的可能性。事实上，天主教会相信在每一个被正确引导的圣餐礼上都发生了某种类型的灵魂交换（参看下面关于变质说的栏目。）但是，如果我们可以进行灵魂交换——如果我们的意识可以寄住于不同的灵魂中——那么具有相同的灵魂对于作为同一个人就不是必要的了。洛克在他著名的关于涅斯托耳（Nestor）和忒尔西忒斯（Thersites）的思想实验中探索了这一可能（涅斯托耳和忒尔西忒斯是特洛伊战争中的战士。）

思想实验

涅斯托耳和忒尔西忒斯

任何人反思自我，都会得出这样的结论，即他自己拥有一个非物质的精神［灵魂］，这就是他之中在思考着的那个东西，并且即使他的身体不断地发生变化，这个东西也使得他仍然保持同一，他将这个东西称为他自己（himself）；

> ## 变质说
>
> 在罗马天主教会看来，实体转换不仅是可能的，而且是真实存在的。每次神父组织圣餐礼时都会发生实体转换。
>
> 在最后的晚餐上，耶稣告诉他的门徒："'拿去吃吧，这是我的身体。'他拿起了酒杯，祝谢之后，把酒杯递给了他们，说：'你们都把它喝了吧，因为这是我立约的血，为了许多人的罪能得到赦免而流的。'"[21]罗马天主教会认为耶稣这里的话是实指。他们宣称耶稣在最后的晚餐中，通过说出，"这是我的身体"和"这是我的血"，将面包和酒变成了他自己的肉与血。同样地，天主教宣称神父可以通过在圣餐礼中说出"这是我的身体，这是我的血"将面包和酒变成基督的肉与血。这种变化发生的过程被称为"变质"（transubstiantiation）。
>
> 在1215年的第四次拉特兰会议（the fourth Lateran Council）上首度被确立为正统之后，变质说在1563年的特伦托会议（the Council of Trent）上又被重新肯定："因为我们的救主基督说，他在面包的种类之下所提供的确然是他真实的肉体，上帝的教会一直以来也坚信这一点，并且这个神圣的会议现在再次宣布，通过对面包与酒进行祝圣，实体（substance）的变化就发生了，面包的实体整个地变成了我们的主基督身体的实体，而酒的实体也整个地变成了他的血液的实体。天主教会将这种神圣的变化适当而正确地称为变质。"
>
> 当神父说出圣言时，面包和酒就发生了实体的转换。它们继续保有了所有可观察到的属性，但是现在这些属性都附属于一个不同的实体了，即名为耶稣基督的实体。

> 灵魂不过是世间的一次长期发酵中得到的最后的泡沫而已。
> ——乔治·桑塔亚那

现在如果他假设自己与特洛伊围攻战中的涅斯托耳或忒尔西忒斯具有相同的灵魂……但是他现在对任何涅斯托耳或忒尔西忒斯的行为都没有意识，那么他可以相信自己与他们之一是同一个人么？他们的行动和他有关系吗？他会把他们的行为归于自身，或者相信这些行为和其他存在过的人的行为相比，更多地属于他自己吗？……即使这是真的，即同样的寄于涅斯托耳或忒尔西忒斯身体中的灵魂现在与寄于他身上的灵魂在量上是同一的，但他们仍然不是同一个人。因此，这不会使他与涅斯托耳成为同一个人，正如即使曾经是涅斯托耳的一部分的粒子，现在成为了这个人的一部分，也不会使他和涅斯托耳成为一个人一样……但是如果他能意识到涅斯托耳的任何行为，那么他就会发现他和涅斯托耳是同一人。[22]

洛克想象一种情况，你所有的思想都寄寓在涅斯托耳或忒尔西忒斯的灵魂之中。在这种情况下，曾经包含涅斯托耳或忒尔西忒斯思想的那个灵魂现在只包含你自己的思想。那么这能让你与涅斯托耳或忒尔西忒斯成为同一个人吗？洛克说"不能"。如果你没有任何涅斯托耳或忒尔西忒斯的思想，那么你就不可能和他们中的任何一个是同一的，即使你现在的思想存在于他们之一的灵魂之中。正如洛克所说，"如果同一个意识可以从一个会思想的实体传递到另一个会思想的实体，那么这两个会思想的实体很可能是同一个人。因为如果相同的有意识存在被保存，那么无论在相同还是不同的实体之中，人格同一性都得以保存。"[23]对于洛克而言，你的意识在哪里，你就在哪里。因为你的意识可能寄寓在不同的灵魂之中，作为同一个人并不需要拥有相同的灵魂。

德国哲学家伊曼努尔·康德使用了撞球的类比来说明同样的观点。

思想实验

> **康德的灵魂转换**
>
> 一个弹性球沿直线撞击另一个类似的球，把它的所有动能传递给后者，并且因此后者继承了它的全部状态（如果我们仅考虑空间中的位置的话）。如果是这样的话，我们可以以类比的方式假定一些实体，其中一个能将它的表现形式连同全部的意识传给另一个，这样我们就可以想象一系列这样的实体，其中第一个将它的全部状态连同意识传给第二个，第二个实体又把它自己的状态和意识连同前面一个的全部状态和意识传给第三个，以此类推，每一个都把自己的状态和意识与从前一个那里接收到的所有东西传给其下一个。于是最后一个实体将能意识到前面所有实体的状态，并认为这些都是它自己的状态，因为这些状态在传递给它的时候全都附带着对它们的意识。[24]

康德认为，就像运动能够从一个撞球传递到另一个一样，意识也能够从一个灵魂中传递到另一个。如果你的意识占据了一系列不同的灵魂，你仍然会认为你自己是与这个系列中最开始的那个灵魂是同一的，因为这样你拥有他或她所有的记忆。因此，拥有相同的灵魂，并不是人格同一的必要条件。

一个关于人格同一的充分理论，应该能够让我们对人格同一作出准确的判断。但是，灵魂理论不能做到这点，因为它没有在一个人的灵魂和这个人的可辨识特征之间建立任何联系。它没有告诉我们灵魂可以决定一个人的哪些特征。因此，即使一个人转换了灵魂，我们也无从得知这一点。事实上，就我们所知的一切而言，人们很可能一直都在转换着灵魂。可能我们每时每刻都在获得新的灵魂。一些佛教徒似乎就持有这样的观点。因为灵魂转换是逻辑上可能的，所以我们的同一性不可能存在于灵魂之中。

虽然灵魂作为实体不可以被直接观察到，但是如果它们能够为一些现象提供最好的解释的话，我们也将有理由相信它们。科学家们常常通过假设（不可直接被观察到的）理论实体来说明一些令人疑惑的现象。例如原子这一实体（直到不久之前才被直接观察到）就是被设定来解释为何元素能以一定比率结合的。但是，我们不需要用到作为实体的灵魂来解释人类个性的任何方面。因此，并没有理由去相信它们的存在。神学家约翰·希克这样解释道：

> 让我们因此大胆地推断人就是一台机器，并且整个宇宙只是由单一的实体（物质）经过不同的变型而组成。
> ——朱利安·奥夫鲁瓦·德·拉美特利

如果我们有任何理由持有灵魂是特殊的神圣创造物这一传统观点的话，它们必须承载一些与众不同的个体特征。并且这些特征必须不是从遗传编码中产生的……

但是，存在一些先天却非遗传的特质，这种说法至少是很有问题的。因为即使没有特定科学知识的佐证，我们一直以来也都清楚这一事实：即儿童们的基础人格特质会与他们的父母十分相像，正如在纯粹的身体特征方面也非常相像一样……因为许多的特征过去被假定为是灵魂的属性，现在则被相信是我们遗传基因的一部分……

答案似乎是，虽然我们并不能证明遗传和环境这两个因素就能够解释个体的全部性格特征，但可以肯定的是，我们根本没有必要设定某个带有性格特征的，要么由上帝所直接提供，要么是由之前存在过的生命所发展出来的灵魂或者林伽舍利（linga sharira）[灵体]的影响来作为其补充。[25]

用以定义我们的同一性特征似乎不会具有超自然的起源。它们完全能够通过我们的基因组成或被养育的方式得到解释。因为我们不用设定灵魂实体的存在就可以解释人类个性，所以我们就不需要灵魂来为人格同一性奠基。

思想探究

天堂的灵魂

许多那些相信灵魂的人都相信他们的灵魂将升上天堂。但是这些在天堂的灵魂身上又会发生什么呢？马丁·加德纳提出了许多问题：

（升上天堂的）儿童们将会是多大呢？他们在天堂会长大吗？有人会在天堂变老吗？残疾人会变得完整吗？瞎子会看到东西，聋子会听得到东西吗？疯癫的人会变得理智吗？老人会变得年轻吗？某些或所有的地球动物也在那里吗？我们有时会喜欢的物质事物：房子、船、城市等会出现吗？你小时候曾游荡其中的田野呢？[26]

灵魂理论能回答这些问题吗？如果能，怎么回答？如果不能，这会破坏它作为人格同一理论的可信性吗？为什么呢？

总 结

动物主义是这样一种学说，同一个人是那些拥有同一活着的人类肉体的人。两个肉体可以仅仅在量上同一而不在质上同一。就是说，此时的一个肉体与彼时的一个肉体可以是同一个肉体，即使它们在某些性质上不同，就像橡树和树苗可以是同一棵树，即使它们具有不同的特征。

所需要的仅仅是，我们所讨论的事物身上发生的变化，与它所是的那一类事物相一致就可以了。

虽然动物主义并不排除来世（因为来世与复活的观念是一致的），但是这对于人格同一理论来说不是一个令人满意的解释，因为人们有可能发生了身体的置换，并且保持了他们的个性，正如在转世的例子中，并且也有可能由两个人占据同一个肉体，正如亨泽尔双胞胎的例子。灵魂理论是这样一种学说，即同一个人就是那些具有同一灵魂的人。但是，因为没有人知道灵魂是什么，这个理论并不能回答人格同一是如何可能的。更重要的，因为灵魂区别于它们所拥有的思想，那么人们交换了灵魂但却保留了他们的同一性，这是可能的。仅当灵魂理论能提供对某些问题的最佳解释时，我们才有理由相信灵魂，但是它们并不能解释人类个性的任何方面，因此也就没有理由去相信它们。

学习问题

1. 我们称为动物主义的那种人格的同一理论是怎样的？
2. 动物主义排除了来世的可能性吗？
3. 简述洛克的"王子与鞋匠"的故事，它是如何反驳动物主义的？
4. 人格同一的灵魂理论是怎样的？
5. 简述洛克的关于涅斯托耳和忒尔西忒斯的灵魂交换的思想实验，它是如何反驳灵魂理论的？
6. 为什么我们没有理由去假定灵魂的存在？

讨论问题

1. 七年前，你的身体不含有任何今天组成你身体的原子。假设某人可以定位所有七年前组成你肉体的那些原子，并且以原来的结构将它们组织起来。那么这两个人中哪个与你是同一的呢？
2. 如果你有了一个不同的身体——例如一个不同性别的身体——那么你还是原来的那个人吗？那些进行变性手术的人呢？他们成为了新的人了吗？
3. 如果有人给你金钱，以此作为交换让你的整个身体进入冷冻悬置状态，你愿意接受吗？那么如果有人赠送给你足够的金钱，可以让你得以把脑袋冷冻悬置起来，你愿意接受这个礼物吗？为什么？
4. 哲学家凯·尼尔森（Kai Nielsen）说："来世的概念是如此的有问题，以至于一个生活在西方20世纪的，在哲学或科学方面受过良好教育的人，如果相信永生，或者相信我们能从我们现有身体的腐烂或焚烧或僵化中幸存，是没有任何道理的。"[27]你赞同这句话吗？为什么？
5. 我们需要用灵魂来解释什么东西吗？如果需要的话，那是什么？

网络探究

1. 通过玩《哲学家杂志》网站上的"生存"("Staying Alive")游戏，检验你的人格同一观。网址如下：http://www.philosophersnet.com/games/identity.htm.

2. 复活的信念与不朽灵魂的信念是否一致？如果一个不朽的灵魂在天堂里是非常快乐的，那么为何到了最后审判日，它还要和一个重生的身体结合起来？在网络搜索引擎中输入"复活"("resurrection")和"不朽的灵魂"("immortal soul")，来了解这些话题。

3. 假设一个人脑的高级部分死亡了，这个人也就不存在了，我们是否应该将"死亡"的定义从全脑死亡修改为脑的高级部分死亡？这两种观点各自的相对优势有哪些？在网络搜索引擎中输入"高级脑死亡"("higher-brain death")来探究这个话题。

4.3 金色的回忆：自我即心灵

看上去，我们作为人的同一性并不由任何种类的实体的继续存在而决定。具有相同的身体或灵魂，对于作为同一个人，都是既非必要也非充分的。那么我们的同一性究竟依靠什么呢？许多人相信它依赖于我们的记忆。正如莱布尼茨意识到的那样，如果我们失去了我们所有的记忆——如果我们完全失忆了——那么就有理由相信我们因此就不复存在了。

记忆理论

洛克赞同莱布尼茨的我们的同一性在于我们的记忆这一说法。

> 这可以告诉我们人格同一性究竟被包含于何处：并不在于实体的同一，但是正如我已经说过的，在于意识的同一，如果苏格拉底和现任昆伯勒（Queinborough）的市长有同一意识，那么他们就是同一个人；如果同一个苏格拉底在睡着时和清醒时并不具有相同的意识，那么醒着的苏格拉底和睡着了的苏格拉底就不是同一个人。并且如果因为睡觉时的苏格拉底的思想，而惩罚清醒时的苏格拉底，将会是不正当的，这就像因为双胞胎中的一个所做的事情而惩罚双胞胎中的另一个——虽然他毫不知情，只是因为他们外表如此相似，以至于无法分辨；这样的双胞胎我们是见过的。[28]

在洛克看来，如果昆伯勒的现任市长意识到苏格拉底所意识到的东西——例如，如果他回忆起苏格拉底有过的经验——那么他就与苏格拉底是同一的。我们将这个观点称为人格同一的**记忆理论**（memory theory），它认为同一个人就是那些享有至少一项经验或者自传式记忆的人。

并非你的所有记忆都会影响同一性。对事实的记忆，例如事实2+2=4，可以被许多不同的人所拥有，并且因此不可能被用来区分你和别人。但是对经历的记忆，例如你的初吻，则仅可能被你所拥有，并且因此可以用来定义你是谁。其他人可以拥有关于你的初吻的一些事实的记忆，例如它发生在学校操场上，但是他们不可能回忆起你在操场上被吻的经验，因为他们不曾有过这一经验。经验记忆对于我们每一个人都是唯一的，洛克认为，这构成了我们人格同一性的基础。

记忆理论不同于动物主义，它允许一个人占据多于一个躯体并且因此对转世的可能保持开放的态度。如果一个人拥有曾经占据过另一个身体的记忆，那么那个人就与曾经占据该身体的人是同一人。记忆理论也允许两人占据同一身体。如果一个人对他在某个时间的身体上发生的事情完全没有记忆，（如洛克的"睡着的苏格拉底和醒着的苏格拉底"这个例子），那个人在那个时候就不在他的身体里。所以如果某个多重人格障碍症患者的一个人格对另一个人格控制身体时发生的事情完全

> 你必须通过哪怕是一点一滴的失去记忆才能开始认识到：是记忆构成了我们的生活。
> ——路易斯–布努艾尔（Luis Buñuel）

记忆理论
这项学说认为同一的人就是共享至少一项经验记忆的人。

约翰·洛克：伟大的经验主义者

很少有哲学家比约翰·洛克（John Locke, 1632–1704）对实际事务产生过更大的影响。他最伟大的成就是发展出了一套具有开创性的知识论，以及在政治哲学领域也构建了新的理解。前者改变了人们对心灵、教育、宽容和人类平等的思考。后者则为自由民主主义奠定了基础，并推动了美国和法国革命。

他生于英格兰，在牛津大学研习医学，同时开始参与公共事务。1675至1679年间，他在法国生活，并在那里研究了笛卡尔和另一位数理哲学家伽桑狄的著作。回到英格兰之前，他就与当时许多伟大的思想家有过接触。1683年，由于国内政治环境的缘故，洛克离开英国前往荷兰。流亡期间他写出了他的代表作《人类理解论》。此后他回到英国并出版了他的主要政治著作：《论宗教宽容》（A Letter Concerning Toleration）和《政府论》（Two Treatises of Government）。

洛克的知识论对教育和人权等方面有着巨大的影响。它基于这个前提，即我们知道的所有东西都是通过感觉经验得来的。所以我们对实在的理解要么是从感觉经验中推导出来的，要么是建立在一些归根结底是从感觉经验中提炼出来的原理之上。洛克认为，当我们出生时，我们的心灵就像一块空白石板——我们没有先天的观念（innate ideas）或者天生的知识（inborn knowledge）。只有我们的感觉经验才可以在石板上书写，用观念填充我们的思想，并拓展我们的心智。因此，所有人生下来都是平等的，在相同的起跑线上起步，并不会因出身而比别人高贵，而人们要想健全蓬勃地发展，所需要的仅仅是教育和平等的对待。

洛克同时也阐释了他这一知识论的政治意涵。通过感觉经验获得知识就其本性而言是一个可错的过程（a fallible process）。我们的感官可能会欺骗我们；感觉材料可能是不完整的或失真的。洛克由此得出推论，人类的可错性为我们宽容其他人的观点，并且避免教条式的立场提供了最充分的理由。强迫人们去接受某些信念——正如世俗的和宗教的权威所经常做的——因此是既不合理，也不道德的。

约翰·洛克（1632—1704）

邮局的一个下层办事员与征服者是等同的，如果他们共有同一个意识的话。
——阿尔贝·加缪（Albert Camus）

没有记忆则这两个人格就构成两个不同的人。

洛克最初发展人格同一理论的出发点在于为他的惩罚理论提供支持。因为他相信同一性依赖于记忆，他主张你不应该为你所不记得做过的事情负责。在洛克的观点中，如果你不记得做过某事，那么你就没有做过这件事。他承认，不能回忆起犯罪经过并不能在法庭上构成合理辩护。但是我们不接受这一辩护的理由是我们不能肯定被告说的是不是真话。然而，上帝并不受到这种局限，没人能在上帝面前隐藏任何东西。所以在最后审判日中，"在心灵中的所有秘密都将公开，没人能够被迫为他所不知道的事情承担责任，而是应该按照他良心的意思得到责难或原谅"[31]。换句话说，当到了上帝来审判我们的时候，我们不会为任何我们所不记得的事情负责。

不过责任似乎不能仅仅凭借回忆来断定其归属。假如一种药物能够消除一个人对于之前几个小时的记忆。再假如有人在犯了罪之后，立刻服用了这种药物。结

在法庭上：梦游和谋杀

洛克认为，当梦游者们进入梦游状态的时候，他们就和清醒时的他们不是同一人。如果某人醒来之后并不记得他梦游的时候做了什么，那么，洛克主张，那个清醒的人不应该为他梦游时的行为负责。至少一些法庭似乎是这么认为的。

我们所知范围内，首件将梦游作为辩护理由的案例发生在1846年，阿尔伯特·蒂雷尔（Albert Tirrell）被指控谋杀一个名叫玛利亚·比克福德（Maria Bickford）的妓女，并纵火焚烧了一家妓院。他声称自己是在梦游状态下犯下这一罪行的，并被无罪释放了。

到了2004年，出现了另一件类似的案件。斯蒂芬·雷兹（Stephen Reitz）被指控用棍子打死了他的情人伊娃·韦弗纳（Eva Weinfurtner），当时是2001年，他们正在卡特琳娜岛（Catalina Island）上一起度假。

雷兹声称他当时正在做一个与入侵者搏斗的梦，在梦中攻击了那个女人，并且对谋杀完全没有记忆。

当我们试图确定关于梦游的声言成立与否时，一个主要的测试标准是当事人是否确实没有关于该行为的记忆，以及事后有没有试图掩盖罪行。雷兹看起来通过了这一测试。他声称对此毫无记忆，只是对她的死感到困惑和震惊。而且在发现她的尸体后，他就步行到警察局自首了。

第二个测试则是证明缺少动机。无论从哪方面来看，雷兹和韦弗纳都相处得很好，并且他没有杀害她的动机。但是，雷兹的确有过暴躁脾气和暴力行为的黑历史，并且一些目击证人表示他们有时会在女方的身体上见到伤痕，很可能是因为家庭暴力。

然后第三个测试则是当事人是否有梦游史。雷兹经常梦游并且从小就有睡惊症。他小的时候，他的父母就曾为此安装过报警装置，这样一旦他们的儿子梦游并且离开家里，就能马上发现。

虽然儿童的梦游是非常普遍的现象，但成年人中只有极少一部分人会患这种障碍症。梦游有时会在家族中遗传，也可能会被酒精或药物使用、或压力过大等诱因而引发或加重。29

雷兹最后因杀死韦弗纳而被判处26年监禁。但是，在2005年的一个案例中，杀死自己父亲的朱尔思·劳（Jules Lowe）被宣判无罪，因为他当时正在梦游。

伊卜拉欣医生（Dr. Ebrahim）认为各项测试结果都显示劳先生在作出攻击行为的时候确实在梦游，处于一种被称为自动行为（automatism）的状态。

自动行为——法律上定义为不自觉的行动——有两种情况。一种是精神失常性质的自动行为，被认为是一种"心理疾病"，还有一种是非精神失常性质的自动行为，与外部因素有关。

劳先生被诊断出精神失常性质的自动行为，这意味着他不需要为击打父亲致死而负责任。他被无限期地送入到一所精神病医院。30

思想探究

梦游和谋杀

洛克认为梦游者梦游的时候和醒来之后是不同的人，你认为这是对的吗？为什么？无论洛克是否正确，法庭认为一个真正的梦游者醒来之后，不需要为他的那些（梦游中做出的）行为负责，你赞成吗？为什么？

果就是，那个人不能回忆起任何关于犯罪的事情。那么这是否意味着他就不需要为此负责任呢？看起来并不是这样。不能回忆起某物并不总是意味着某人就无需为此负责任。人们时常记不起他们喝醉酒时候所做的事情。但这并不意味着他们不需要为他们所做的事情受到惩罚。如果你在没有被强迫的情况下自愿喝醉了，那么你在醉中所做的事情就是错的，无论你是否能回忆起来。

直接与间接记忆
第三个人并没有直接记得A。但是他仍然等同于第一个人,因为他间接记得A。

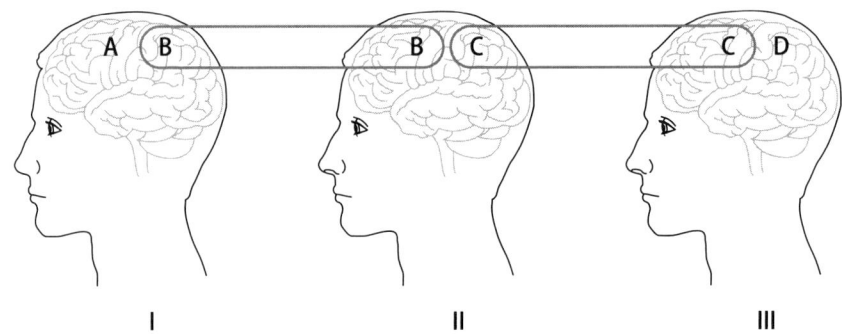

思想探究

记忆消除

电影《美丽心灵的永恒阳光》(*The Eternal Sunshine of the Spotless Mind*)以一种异想天开的方式探究了消除记忆这一技术的可能前景。但是实际上的确存在一些药物,例如普萘洛尔(propranolol),可以用来选择性地消除记忆。它们对于那些患有创伤后应激障碍(post-traumatic disorder)的病人特别有效,能使得他们忘记受到创伤的记忆。同时也有像莨菪碱(scopolamine)这样的药,能够阻止记忆的形成。它们常常会在"迷奸药(date-rape drugs)"中出现。如果这些药的更先进版本可以很容易地获得,会发生什么呢?是否应该因为这些药物有被滥用的可能性,而禁止将它们投放到市场上呢?

不一致的反驳

所谓"美好的旧时光"往往都源自坏记忆性。
——罗伯特·本奇利
(Robert Benchley)

不幸的是(也有可能是幸运的,依情况而定),我们的记忆并不完美。如果你和大多数人没什么不同的话,到现在你一定已经忘记曾经发生在你身上的许多事情了。假设你已经失去了对于你生命中某部分的所有记忆。那么这是否意味着你已经不再等同于当时你身体中的那个人呢?似乎洛克会这么认为。在一个著名的思想实验中,苏格兰哲学家托马斯·里德就使用洛克理论的这一后果来说明他的理论会导致矛盾。

思想实验

里德的勇敢的军官和年老的将军的故事

假设有一个勇敢的军官,当他还是学童的时候,曾经因为偷果园里的果子被鞭打过,在他第一次参战时,他还夺取了敌人的旗帜,并且在晚年当上了将军。假如——而且我们必须承认这是可能的——当他夺得敌旗的时候,他还是可以记得他在学校的时候曾被鞭打,但是当他成为了将军之后,尽管他还是能记起来他曾经夺得过敌旗,但是已经完全失去了被鞭打过的意识。

如果做出以上假设的话，我们就可以由洛克先生的学说得出结论，那个在学校被鞭打的人与那个夺得旗帜的人是同一个，并且夺得旗帜的人也与成为将军的那个人是同一个。由此得出，如果逻辑中有什么真理的话，那个将军与那个在学校被鞭打的人就是同一人。但是，这个将军的意识已经追溯不回当初被鞭打的时候了，因此，根据洛克先生的学说，他并不是那个在学校被鞭打的人。[32]

那个勇敢的从敌军中夺得军旗的军官，能够回忆起他还是个孩子的时候，曾因偷果子而被鞭打，而那个年老的将军回忆得起夺得军旗，但不能回忆起被鞭打。因此，根据洛克的理论，那个勇敢的将军与那个男孩是同一的，并且年老的将军又是与勇敢的军官同一的，但是年老的将军却并不和那个男孩同一。但这是不可能的，因为，就像我们已经看到的那样，同一律具有传递性：如果A与B同一，并且B与C同一，那么A就与C同一。因此，洛克的人格同一理论违反了同一律的传递性，就不可能是正确的了。

但是，洛克的理论还是可以被挽救的，如果我们愿意承认除了直接记忆之外，还存在间接记忆的话。**直接记忆**（direct memory）是你可以有意识地回忆起来的记忆。**间接记忆**（indirect memory）是一个更早期的你可以有意识地回忆起来的记忆。更早期的你通过一系列重叠的直接记忆而与你产生联系。例如，虽然你可能不记得五年前去过麦当劳，但你可能记得昨天做了什么，并且那个昨天做了那样事情的人可能记得前天所做的事情……一直这样向前回溯直到一个记得五年前去麦当劳的人。如果存在这样一系列重叠的直接记忆，那么你就同一于五年前去麦当劳的那个人。

这样看来，记忆像是绳子中的一段段线。正如没有一条单独的线可以伸展到整条绳子的长度，没有人的记忆可以覆盖他整个一生的长度。然而，一条重叠的记忆序列可以构成一个人，正如一段段线重叠而成的序列构成一条绳子一样。

虽然老将军并不能直接回忆起他小时候被鞭打的事情，但是他完全可以间接地回忆起它。所以通过让记忆的概念包含直接和间接记忆，我们是可以避免里德的驳斥并建构一个一致的人格同一理论的。

> 我们怎么回忆，回忆起什么，和为何回忆，形成了我们最为个人化的人格地图。
> ——克里斯汀娜·鲍尔德温（Christina Baldwin）

思想探究

你曾经是个胚胎吗？

根据洛克的理论，你的同一性以你的记忆所达之处为边界。但是你的记忆仅仅能延伸到你一两岁的时候，因为，在此之前，你的大脑并没有发育到能够存储记忆的程度。由此似乎可以得出，你从来都不曾是个胎儿。你的存在起源于一个胎儿，但是你自己从来都不是胎儿。洛克的理论的这个后果可信吗？为什么？

循环论证反驳

尽管我们不愿承认这一点，我们的记忆并不是完全可靠的。我们有时似乎能回忆起从未发生过的事情。例如，法国伟大的心理学家让·皮亚杰（Jean Piaget），对他的保姆在带着他沿香榭丽舍大街散步时击退一个绑匪的事情有着清晰的记忆，当时他还只有两岁。很多年后，他的护士在给他的双亲的一封信中承认，整个事件都是她编造的。因此，我们似乎可以回忆起一些经验这一事实，并不必然地意味着我们实际上有过它们。只有真正的记忆可以作为人格同一的基础。我们的记忆被假定为可以将我们和生活在过去的人联系起来。如果我们的记忆是虚幻的，那么它们就不能完成这项功能。因此，记忆理论的支持者需要告诉我们如何分辨**实在的记忆**（real memories）和**表象的记忆**（apparent memories）之间的区别。

一种解释这种区别的方式是，仅当拥有某记忆的人与拥有这个经验的人为同一的时候，我们才说一个经验记忆是实在的。但是这就制造了一个问题：如果我们必须使用人格同一的概念去解释实在的记忆，那么我们就不可能用实在的记忆去说明人格同一，否则就会陷入循环论证了，在进行解释的同时假设我们已经理解了需要去解释的东西。这就像试图通过说镇静剂拥有诱人入睡的效力，去解释镇静剂为什么会让人睡觉一样。这样的解释并没有告诉我们任何我们所不知道的东西。

巴特勒主教（Bishop Bulter）被认为是第一个意识到洛克的记忆理论是循环论证的人，他曾第一个提出："人们应该发现这是不证自明的：对人格同一性的意识本身预设了人格同一性，因此它无法构成人格同一性，正如知识概念已经预设了真理概念，因此它不能构成真理。"[33]知识预设了真，是因为你不可能知道某物，除非它是真的。为了要清楚地知道知识是什么，你必须首先知道什么是真。因此，真不能用知识来解释，因为这样的解释就是循环论证，它假设了对被解释对象的理解，因而它无法解释任何东西。

为了弄清楚巴特勒想表达的意思，我们考虑一个简单的概念：单身汉。单身汉概念预设了男性概念，除非你是男的，因为你不可能是个单身汉。那么为了知道什么是单身汉，你首先必须知道什么是男性。因此，你不可能用单身汉的概念来解释男性的概念。

类似地，巴特勒宣称，人格同一性也不能用实在记忆来解释，因为实在记忆的概念预设了人格同一性的概念。一个记忆不可能是实在的，除非拥有这个记忆的人与拥有这个经验的人是同一的。因为你不可能使用实在记忆这个概念而不预先假设人格同一的概念，所以你不能通过实在记忆来解释人格同一的概念。

西德尼·舒梅克（Sydney Shoemaker）和德里克·帕菲特（Derek Parfit）相信记忆理论可以通过诉诸一种不预设人格同一性的记忆概念逃出这个循环。他们提出了**准记忆**（quasi-memory），或者简称为q-记忆的概念，这种记忆可以将一个人与过去的经验联系起来，而不预先假设这些经验是被此人所拥有的。与过去的联系是用因果的方式来说明的。其思路就是如果一个记忆被恰当地引起，它就可以把你和过去的某人联系起来，即使那个人不是你。所以用q-记忆来定义人格同一可以避免内在于洛克理论中的循环论证。

帕菲特将准记忆定义如下：

我具有精确的对过去经验的准记忆，仅当

（1）我似乎记得有过一个经验，

（2）某人的确有过这一经验，并且

（3）我的表象记忆以某种恰当的方式因果地依赖于那一过去的经验。[34]

因此，一个准记忆是一个被实际经验以正确方式引起的表象记忆。通常，拥有关于一项经验的准记忆的人与那个实际拥有经验的人是同一的。但并不必然如此。神经生理学和计算机技术的发展可能使得人们有可能准回忆起其他人的经验。（参看"灵魂捕手"的栏目）

在电影《头脑风暴》（*Brainstorm*）中，一名科学家开发出了大脑记录装置，它能够录下人的经验。一旦某个经验被录下来了，其他人就可以通过回播磁带来获得该经验。（相似的装置在电影《全面回忆》（*Total Recall*）和《奇怪的日子》（*Strange Days*）里面也出现过。）如果你回放其他人的磁带，你的对那项经验的记忆，最多是一个准记忆。这不会是一个实在的记忆，因为原本的经验并未发生在你身上。

所有的实在记忆都是准记忆，但是并非所有的准记忆都是实在记忆，因为人们可以拥有他们并没有的经验的准记忆。例如，在电影《银翼杀手》（*Blade Runner*）中，人造人雷切尔（Rachael）拥有她的创造者的外甥女的记忆。雷切尔的创造者将其外甥女的记忆上传到雷切尔的大脑中。雷切尔似乎能记起拥有过许多经验，并且她的创造者的外甥女实际拥有那些经验。如果这些记忆是以正确的方式引起的，它们将构成准记忆。

以正确的方式被引起是很重要的。因为准记忆被假定为人格同一的基础，而并不是所有引起回忆的方式都能保持同一性。例如，假设一个催眠师给了你一个实际上发生在别人身上的经验的表象记忆。这应该不会使你与那个拥有该经验的人同一。即使你的大多数记忆都是通过催眠师来自于那个人的，这也仍然不会让你等同于他或她。于是，通过催眠师而产生的记忆就不能是准记忆，因为它不是以正确的方式被引起的。

拥有一项原来属于别人的准记忆，并不会使你和那个人成为同一的。但是拥有大量原来属于某人的准记忆，就会使得你与那人同一。假如你因为精神创伤而完全失忆了。现在假设有一个包含别人完整一生的经验的大脑记录带在你的大脑里回放。（这个磁带在那个人死之前就制作好了。）因此，你能回忆的仅有的经验就是磁带里记录的那些。在这样的情况下，有理由相信，在你身体里的人就是其记忆被

真记忆与假记忆的区别与珠宝的类似，虚假的总是看起来最真实，最灿烂的那些。

——萨尔瓦多·达利（Salvador Dali）

实在记忆
关于一个事件的记忆，这个记忆由实际拥有这个经验的人所回忆，并且是由该记忆所记录的事件引起的。

表象记忆
关于一个事件的记忆，要么这个事件没有发生，要么这个记忆并不是由记录的事件所引起的。

准记忆
一个由实际经验以正确方式引起的表象记忆。

记录在磁带里的那个人。那个人实质上经历了一次身体转换。

卡内基梅隆大学的机器人学教授汉斯·莫拉韦克（Hans Moravec）认为，一旦有可能将我们的心灵（和记忆）上传到计算机中，人格同一性就无关紧要了。我们不仅可以与其他人类分享记忆，并且还可以和其他生物分享。他写道：

> 选择性地融合其他人的某些记忆，将成为一种更高级的交流形式，回忆、技能、态度和人格都可以以这种方式迅速而有效地得到分享……

新闻报道：灵魂捕手

1995年，英国电信（British Telecom）的科学家和媒体开了一个玩笑，他们声称自己研制出了某种能够记录人类思想的电脑芯片。2004年的一部电影《最终剪接》（The Final Cut）中也探究过这一可能性。如果它成为了现实，q-记忆就能成为市场上的商品。以下是电讯报（the Electronic Telegraph）报道的故事：

英国科学家已经研制出一种能植入眼后的电脑芯片，它可以记录一个人一生中所有的思想和感觉。"这是死亡的终结。"克里斯·温特博士（Dr. Chris Winter）说，他是不列颠电信人工生命组（artificial life team）的成员。他预测在三十年之内，通过在电脑上回放他们的经验来复活其他人的生命将成为可能："通过将这些信息和基因记录结合到一起，我们就可以从身体上，情感上和精神上将一个人重新创造出来。"

温特博士在不列颠电信靠近伊普斯威奇（Ipswich）的马特莱谢姆黑实验室（Martlesham Heath Laboratories）中共有八名科学家在工作。他们把这种芯片称为"灵魂捕手"。通过把死去的人的灵魂捕手芯片植入到新生婴儿脑内的方式给他（她）灌输人生经验是可能的，温特博士说道。

建立这种数字化存在的提议，是基于对我们的大脑在一生中所处理的数据总量的合理计算之上的。不列颠电信的官方未来学家伊恩·皮尔森（Ian Pearson）已经开始测量视神经和皮肤，舌头，耳朵和鼻子中神经的脉冲流量。如果一生按80年来计算的话，我们在一生中会处理10TB的数据，等价于 7 142 857 142 860 000 张软磁盘的储存容量。

皮尔森说："如果现在电脑存储器微型化的趋势继续保持过去20年的速率——每十年体积减少到原来的百分之———的话，今天的8MB的芯片规模在30年后，就可以储存10TB。"

不列颠电信不愿透露这个计划的投资规模，但据温特博士表示，他们对"灵魂捕手2025"非常重视。他承认，该计划的确涉及许多需要严肃审视的伦理问题，但是强调不列颠电信在着手研究这一技术，以使他们的通信技术保持在行业前沿水平。

"一枚植入的芯片就像航空器的黑匣子一样，而且会将信息的沟通提升到超越现有概念的程度，"他说，"例如，警察能够用它来从受害者的视角再现袭击，强奸，或者谋杀，从而有助于逮捕罪犯。"

这一技术在其他领域的应用相对而言就没这么实用了，而且会更加可怕。"我甚至可以向我的朋友回放我度假时体验到的气味、声音和视野。"温特博士说。[35]

思想探究

灵魂捕手

你相信这样的芯片原则上可以被开发出来吗？为什么？如果它被开发出来，那么你认为它应该允许任何有足够资金的人开放购买吗？为什么？

这种心灵转移的需求并不仅仅存在于人类之间。地球上有其他拥有大脑的物种，如拥有像人类一样庞大而复杂的神经系统的海豚，大象，其他鲸鱼，或者也包括大脑容量可达我们人类二十倍的大王乌贼……人类可以应用的"脑到计算机"（brain-to-computer）的转移方式会对动物同样奏效，可以使得它们的思想，技能和动机也得以被编织进我们的文化织锦中。[36]

莫拉韦克所描述的图景是《星际迷航》中瓦肯人（Vulcan）的心灵融合（mind-meld）概念的技术等价物。《星际迷航》中的斯波克先生（Mr. Spock）通过心灵感应，能够直接地与其他生物的心灵进行沟通。莫拉韦克则要通过上传这些信息而做到这点。如果这种做法被广泛采用，并且我们担忧会因此丧失同一性的话，我们就不得不保证我们绝大多数的记忆都源自我们自己。然而，莫拉韦克并不关心人格同一性问题。相反，他期待着宇宙中所有心灵的记忆都被融入到一个超级心灵中的那一刻。[37]而怀有这一愿景的远不止他一个人。东西方的许多唯心主义哲学家——其中最著名的有商羯罗（Shankara）和黑格尔（Hegel）的追随者们——都持有类似的观点。

思想探究

心灵融合

一些印度教徒主张，意识到宇宙间仅有一个心灵，并且你与它等同，就意味着达到涅槃（nirvana）——一种极乐（perfect bliss）的境界。在他们的观点中，那种你是一个具有你自己个性的独立的人的看法，仅仅是个幻觉。假设你有这个机会，将你自己的心灵融入到其他一些心灵中，并且失去你对个体自我的感知，你会认为这是种理想的存在方式吗？为什么？

非充分反驳

虽然记忆是人格同一的重要因素，但许多人相信它并不是唯一的因素。我们似乎不仅被我们的经验，而且还被我们的欲望和动机所决定。我们关心什么和我们计划去做什么，与我们经历过什么一样，都是人格的重要组成部分。如果我们的欲望不是相对稳定的，我们就不会将计划付诸实践。如果我们再也不渴望达到计划中要达到的目的，我们就不会实践这些计划。所以，失去所有的欲望和目的，可能会像失去所有的记忆一样，对我们的自我具有同等的破坏性。

让我们考虑一下重生基督徒（born-again Christians）的例子。当他们找到耶稣基督的时候，他们宣称自己成为了新的人——得到了第二次生命。然而，这里发生了改变的不是他们的记忆，而是他们的信念和价值。接受耶稣进入他们的心中，赋予了他们全新的看待生活的方式。信仰的转变可以使他们获得新的人格和新的性

> 一个人的性格就是他真正的自我。
> ——H. W. 比彻
> （H. W. Beecher）

格。有些人相信这些改变会足够剧烈，以至于可以在字面意义上说，他们成为了全新的人。

就像我们可以将记忆区分为事实的和经验的一样，我们同样可以将欲望区分为个人的和非个人的。非个人的欲望就是那种关涉自己之外的人或物的欲望。例如，希望老鹰队赢得超级杯，就是一个非个人欲望。个人欲望则是关涉自己的欲望。例如，希望结婚，就是一个个人欲望。因为个人欲望指涉自己，所以它们不能用来定义人格同一。但是，就像建构一个经验记忆的观念而不预设人格同一是可能的一样，建构一个个人欲望的观念而不预设人格同一，也是可能的。一个**准欲望**（quasi-desire），与准记忆一样，是一个被实际欲望以正确的方式引起的表象欲望。

我们的欲望与我们的许多其他精神状态有着密切的联系，例如信念、价值和态度等。这些中任何一个的改变都可能带来欲望的改变。所以人格同一并不是一个一维的概念。我们是谁是由许多不同的因素决定的，当我们做出关于人格同一的判断时，所有这些都需要被纳入考虑范围之中。

心理连续理论

如果此时的一个人与彼时的另一个人直接准回忆和准欲求同一样东西，那么他们之间就存在着**心理联系**（psychologically connected）。如果此时的一个人与彼时的一个人间接地准回忆和准欲求同一样东西——如果他们是一个由彼此重叠的人组成的序列（an overlapping series of persons）的一部分，并且这个序列中的人之间都存在心理联系——他们就是在心理上连续的（psychologically continuous）。在这些概念的基础之上，我们可以构建出人格同一的**心理连续理论**（psychological continuity theory），根据这个理论，如果两个人是心理上连续的，他们就是同一的。这个人格同一理论优于洛克的记忆理论，因为它具有内在的一致性，非循环论证，而且足够丰富到将我们心理的方方面面都纳入考虑，是这些方面的共同作用，才使得我们成为我们所是的人。心理连续理论在解释来世如何可能这方面也毫无问题。你可以从躯体的死亡中得以幸存，只要还存在与你在心理上连续的人，你就还活着。那个人是否和你拥有同一个身体是不相干的。

> 以人格连续性为形式出现的同一性，是对于个体来说极端重要的特征。
> ——肯尼斯·L. 派克
> （Kenneth L. Pike）

思想探究

达斯·维达和阿纳金·天行者是同一个人吗？

在《星球大战》系列电影（the Star Wars saga）的第六部中，欧比旺·肯诺比（Obi-wan Kenobe）告诉卢克·天行者（Luke Skywalker），

你父亲被原力的黑暗面引诱了。他不再是阿纳金·天行者，而成为了黑武士达斯·维达。当那发生之后，那个曾经是你父亲的好人就消失了。

欧比旺是正确的吗？当阿纳金·天行者加入了黑暗力量，他就消失了吗？他肯定失去了此前的许多性格特征，以及许多之前的信念，态度和欲望。那么可以说他改变得足够多，以至于在字面意义上"成为了另外一个人"吗？还是说这个主张仅仅在某种视角下才是对的？如果是这样的话，这个视角是怎样的呢？

复本难题 I：转世

信奉转世的人认为，在不同时刻诞生的人可以在心理上是连续的。一些人的确似乎记得只有以前生活过的人才会记得的事情。问题在于，心理连续性是否足以使生活在不同时期的人同一。

假设我们拥有最为确凿的证据证明转世是可能的，假设某人知道关于某个历史人物的，且只有那个历史人物才可能知道的事情。这能证明现在的这个人是过去那个历史人物的转世吗？在英国哲学家伯纳德·威廉斯看来，答案是否定的。考虑一下这个思想实验。

思想实验

威廉斯的盖伊·福克斯转世

假设一个人经历了急剧的性格转变。过去他安静、谦和、常去教堂且爱家，有一天早上他醒来之后突然变得爱嚷嚷、不敬神且经常欺凌弱小，之后也一直如此……

假设这个性格发生了剧变的人——让我们称他为查尔斯——声称，当他醒来的时候，记起了许多目睹的事件和做过的行为，而他之前从不记得这些，而且在接受询问时，他无法记起他之前记得的其他目睹过的事件和做过的行为……

假设我们的询问以最为顺利的方式进行，且那些他声称所目睹过的事件和做过的行动全部都属于某个过去的人的生活史——比如，盖伊·福克斯（Guy Fawkes）。在查尔斯声称记得的事情中，不仅所有可被查证的都被证明与历史学家们所知的盖伊的生平轨迹相符合，而且其他无法被查证的也似乎非常可信，且为许多之前没有得到解释的事实提供了解释，等等。我们会说查尔斯现在就是盖伊·福克斯，或者盖伊·福克斯在查尔斯身上转世复活了，或者其他类似的什么吗？[38]

准欲望
一个被实际欲望以正确的方式引起的表象欲望。

心理联系
两个人是心理上有联系的，如果他们可以直接（自觉的）准回忆和准欲望同一件事。

心理连续性
两个人之间是具有心理连续性的，如果他们形成一个由彼此重叠的人组成的序列的部分，这个序列中的人们互相之间存在心理联系。

心理连续理论
一种同一性理论，主张如果两个人是心理上连续的，他们就是同一的。

查尔斯与盖伊·福克斯在心理上是连续的。（盖伊·福克斯于1605年试图通过引爆议会大楼来暗杀英格兰国王。）如果心理连续理论为真，那么查尔斯就是与盖伊·福克斯同一的。但威廉斯认为，查尔斯不能与盖伊·福克斯同一，因为其他人也可能与盖尔·福克斯在心理上连续：

思想实验

> **威廉斯的复本难题**
>
> 如果我们所描述的查尔斯经历的变化是逻辑上可能的，那么其他人在同一时间经历同样的变化也是逻辑上可能的；例如，查尔斯和他的兄弟罗伯特身上都出现了这种情况。如果是那样的话，我们该说些什么呢？他们不能都是盖伊·福克斯吧；如果是的话，盖伊·福克斯就可以同时存在于两个地方了，这是荒谬的。此外，如果他们都与盖伊·福克斯是同一的，那么他们也就与对方是同一的，这同样是荒谬的。因此，我们不能说他们都与盖伊·福克斯同一。[39]

根据同一性的传递性，如果A与B同一，且A与C同一，那么B与C同一。所以，如果盖伊·福克斯与查尔斯同一，且盖伊·福克斯与罗伯特同一，那么查尔斯与罗伯特同一。但查尔斯并不与罗伯特同一，他们是两个独立的人，在数量上各自独立的人不可能是量的同一的。所以，心理连续性并不是人格同一的充分条件。人格同一性一定不仅仅是心理连续性。

问题在于，心理连续性是一对多的关系。（许多不同的人都可以与同一个人是心理上连续的），然而，量的同一性却是一个一对一的关系。因此心理连续关系太过薄弱以至于无法构成人格同一性。

复本难题 II：心灵传送

心理连续理论是不充分的，这一点已被许多思想实验生动地证明了，特别是关于《星际迷航》式传送技术的那些。在电视剧《星际迷航》中，一个被称作传送机的装置被用来将对象从一个位置传送到另一个位置。根据《星际迷航：下一代技术指南》（*Star Trek: Next Generation Technical Manual*）中的描述，传送机的工作原理是，扫描一个目标，记录其中每一个亚原子粒子的状态，扫描会摧毁将粒子组合在一起的原子键，但那些粒子会被保存下来并以"断键亚原子物质流"的方式传送到目的地，扫描得到的图谱被用于将粒子以原来的构造方式重新拼在一起。[40]于是，当一个人被传送时，旅行者在本质上是被拆解后又被重新组合了（或者说被杀死又被复活了）。然而因为一个物体可以在分解重组后存续，因而我们有理由相信，人可以在这种远距传送的旅程中存活下来。

然而，现在我们假设存在一种不同的传送技术，就像《星际迷航》中的传送机一样，这台传送机可以扫描一个对象，并将它摧毁成为构成它的粒子。然而，与《星际迷航》中不同的是，它并不保存这些粒子，而是将图谱发送到另一台装置上，然后用不同的物质创造出这个对象的复本（replica）。你会在这样一台传送机的旅程中活下来吗？由你的图谱创造出的人是你还是仅仅是你的复制品？为了加强你的直觉，我们考虑一下英国哲学家德里克·帕菲特的传送机的故事。

思想实验

帕菲特的传送机的故事

我进入了这台传送机。我曾去过火星，不过是用老式的方法，在太空船上飞了几星期。这台机器将会以光速传送我。我只需要按下这个绿色的按钮。与其他人一样，我很紧张。它有用吗？我提醒自己接下来会发生哪些事情。当我按下那个按钮，我会失去意识，并且在似乎只过了片刻之后醒来。事实上我失去意识的时间可能会长达一个小时。地球上的这个扫描器在记录我细胞的准确状态的同时，会摧毁我的大脑和身体。接下来它会通过无线电波将这些信息传送出去。无线电波是以光速传播的，这些信息会在三分钟之后到达火星的复制器上。该复制器将用全新的物质创造出一个与我原来完全一样的大脑和身体，我会在这个身体里醒来。

尽管我相信这就是会发生的事情，我仍然很犹豫。但我随后想起今天早餐时，当我向妻子透露这种紧张心情时，她脸上露出了笑容。正如她提醒我的那样，她常常进行心灵传送，什么事儿也没有。我按下了这个按钮，正如预期的一样，我失去了意识，就像是一瞬间之后，我又苏醒过来，却是在不同的隔间里。我仔细检查了新身体，没有发现任何变化，就连今天早上剃须时在上唇上留下的伤口也还在原处。

几年过去了，其间我经常进行心灵传送。现在，我又来到这个隔间，准备开始另一次火星之旅。然而这一次，当按下绿色按钮时，我并没有失去意识，我听到了嗡嗡的声音，然后又安静下来了。我离开隔间，并对服务员说："它失灵了，我弄错了什么吗？"

"它没有失灵。"他说道，并递给我一张印制的卡片。卡片上面写着："这台全新的扫描仪在记录您的图谱的同时，并不会摧毁您的大脑和身体。我们希望您会为这项新技术带来的机遇感到高兴。"

服务员告诉我，我是这个新扫描仪的第一批用户。他还补充说，如果我愿意等一小时的话，就可以通过通信设备与火星上的我见面并通话。

"等等，"我回答道，"如果我在这里，我就不能同时在火星上。"

一个穿白色外套的人礼貌地咳嗽了一下，并要求与我私下交流。我们走进他的办公室，他让我坐下，停顿片刻之后，他说："我们的新扫描仪恐怕出了一些问题。它精确地记录了你的图谱，你与火星上的你交谈的时候就会发现这一点，然而它扫描的过程中似乎损坏了你的心脏系统。照目前的状况来看，尽管在火星上的你十分健康，在地球上的你却在接下来的几天里必须面临心脏衰竭。"

服务员稍后将我叫去通信装置面前，我在屏幕上看到自己，就像我每天早上在镜子里看到自己一样。然而不同的是，在屏幕上我不是左右颠倒的，且当我站在这里一声不吭的时候，我可以看见并听到自己在火星的工作室里开口说话。[41]

帕菲特让我们想象两种不同类型的传送机。一种在扫描他的同时摧毁他，另一种则不摧毁他。它们都利用扫描到的信息创造出了他的复制品。在第一种情况下，帕菲特的身体在扫描过程中被摧毁了，由他的图谱创造出的人似乎是与他同一的，因为他在心理上与帕菲特连续，且有一个与帕菲特一样的身体。在第二种情况下，帕菲特的身体并没有被摧毁，由他的图谱创造出的人则似乎并不与他同一，因为帕菲特原本的身体和心灵仍然存在。但如果在第二种情况下，这个复本不是与帕菲特同一的，那他在第一种情况下也不会与帕菲特同一。因为在这两种情况下，复本都只是帕菲特的复制品，不是帕菲特本身。

帕菲特的心灵传送就像是美化后的传真机，只不过传送的不是文件而是人。"传真"（fax）一词源于"摹写"（facsimile），意为某个事物的精确复本。从传真机打印出的文件是原件的复本，无论这一过程中原件是否被毁。同样地，帕菲特的传送机创造出的人也是原来的人的复本，无论这一过程中原来的人是否被毁。

上述对心理连续性理论的反对影响着我们对本章开头呈现的那个场景的判定。如果你同意将你大脑的内容上传到机器人之中，你能期望的最好结果是，这台机器人可以与你是在心理上连续的。但威廉斯的复本论证和帕菲特的传送机故事表明，心理连续性对人格同一性来说并不充分。就如复制出来的帕菲特们并不与帕菲特是量的同一的一样，拥有你的心理状态的机器人也不会是你。于是，它最多与你是质的同一的。因此，那些认为他们可以通过将心灵上传到电脑里并因此不朽的人也许是误入歧途了。

同样地，那些认为他们可以通过将他们的心灵"上传"到天上的形体并因此获得不朽的人也犯了类似的错误，将你的心灵转移到一个天上的形体不过是另一种形式的转世罢了，而正如我们已经看到的，转世并不能维持人格同一性。一个被上传的人不过是原型人物的复本，不论上传到的是物理的还是天上的形体。因此，复活（resurrection）也许是你死亡后还能幸存的最大希望了。

量子远距离传输

虽然传送器看起来在逻辑上是可能的,许多人认为它们在物理上是不可能的,因为它们看起来违反了海森堡测不准原理,即我们不能同时知道某个亚原子粒子的不同方面的状态。然而,IBM的科学家已经向我们展示了有一种方法可以绕过海森堡测不准原理——因此,帕菲特式的传送在物理上是可能的。以下是IBM对他们的成果的描述:

> 科幻作家们命名为超距离传送的技术,是指将一个物体或人在一个地方分解,同时在另一个地方出现完美的复制品。如何做到这一点,通常并没有被详细地解释清楚,其大意似乎是对原来的物体进行扫描以抽取出它的所有信息;然后将这些信息传送到接收方,在那里以此制造一个复制品,该复制品并不必然需要由原来物体的实际物质组成,但很可能使用相同种类的原子,以完全相同的方式按照原样排列起来。一个超距离传送机器就像一个传真机,只不过它是将三维物体像文档一样发送,它产生的是精确的复制品而非仅仅是大致相同的副本,并且在扫描过程中,它将摧毁原来的人或物体。有少数科幻作家会考虑在传送的同时仍保留原件,并且当原件和传送过去的同一个人相见时,让情节变得复杂;但是更常见的情况是传送器摧毁原件,仅作为一个超级传送装置,而非一个完美的灵魂与身体的复制器来运行。

两年前,由六名科学家组成的国际团队,其中包括IBM的研究员查尔斯·H. 班尼特(Charles H. Bennett),通过展示完美的超距离传送在原则上的确是可能的(但在此过程中原件必须被摧毁),肯定了大多数科幻作家的直觉。同时,其他科学家也计划在接下来的几年里,用实验来展示对微观物体,例如单个的原子或光子的传送。但是可能让科幻迷们感到失望的是,因为多种多样的工程学上的原因,在可预测的未来,我们无法期望传送人或者其他宏观物体的技术能够出现,即使这样做并没有违反任何基础规律。[42]

思想探究

远距离传输旅行

如果现在就存在这种技术,你会用它来从一个地方旅行到另一个地方吗?为什么?你的决定背后隐藏着怎样的人格同一理论?

思想探究

你能上天堂吗?

如果你的转世顶多只是你的复本,那么一个在天堂里的人,不也同样顶多只是你的复本吗?一个没有你的身体的天堂里的人可能与你是量的同一的吗?如何同一呢?哪个人格同一性理论能为你的答案提供支持?

总 结

我们作为人的同一性看起来并不依赖于做成我们的质料,而似乎依赖于我们的记忆。洛克的记忆理论是这样一种教条,即同一个人是那些能够回忆起同样东西的人。但是这会导致矛盾。可能会有两人,他们都与第三个人等同,但是相互之间却不是等同的,正如"勇敢的军官和老将军"这个例子向我们展示的一样。不过，洛克的理论可以通过承认既存在直接记忆（你可以自觉地回忆起来的记忆），也存在间接记忆（更早的你可以回忆起来的记忆）而被挽救。

但是，洛克的记忆理论是循环论证的；它预设了它试图解释的观念，即人格同一性。记忆的观念预设了人格同一性的概念，是因为你可以回忆起某事，仅当它发生在你身上。通过提出准记忆——除去个人指称的记忆——这一概念，我们可以回避这个问题。

虽然记忆是人格同一的重要部分，但除此之外它还有其他重要的成分——例如欲望和目的。有很好的理由相信，如果我们的欲望和目的以某种方式消失了，我们也就不复存在。心理连续理论承认这些别的因素，并且认为同一人是那些心理上连续的人。

虽然这个理论肯定是错误的，因为存在不止一个人与你在心理上连续是逻辑上可能的。不止一个人可以拥有你的记忆和欲望。但是如果这样的话，人格同一就不可能通过心理连续得到定义，因为心理同一并不保证量的同一。

学习问题

1. 什么是洛克的人格同一的记忆理论？
2. 里德的"勇敢的军官和年老的将军"的故事是怎样的？它是如何试图反驳洛克的记忆理论的？
3. 为何说洛克的记忆理论是循环论证的？
4. 什么是人格同一的心理连续理论？
5. 威廉斯的关于盖伊·福克斯的转世的故事是怎样的？它是如何试图反驳人格同一的心理连续理论的？
6. 帕菲特的"传送机"的故事是怎样的？它是如何试图反驳人格同一的心理连续理论的？

讨论问题

1. 如果你失去所有的记忆而没有恢复的可能，那么你是否消失了？
2. 过去在妇女分娩的时候，医生常常会给她们服用莨菪碱（scopolamine）。莨菪碱可以引起失忆，所以你回忆不起任何在药效发作时发生在你身上的事情。因此受到影响的妇女并没有对生产的记忆。那么她们有生产她们的孩子吗？洛克对此会怎么说呢？
3. 在催眠状态下的前世回溯（past-life hyponotic regression）是否为转世提供了证据呢？为什么？
4. 当有人因信仰耶稣基督而重生时，是否就有一个新的人存在了呢？为什么？
5. 假如一个重生的基督徒在信仰耶稣基督之前是个罪犯，那么这个人已经得到重生的事实，是否意味着应该对他从轻宣判呢？

6. 我们是否应该通过消除他们的记忆来试图改造罪犯呢？我们是否应该尝试通过改变他们的性格来改变罪犯呢？这两个方法中有一个比另一个更好吗？为什么？

7. 假如转世发生了，并且我们可以准确地鉴定出谁是谁的转世。那么一个罪犯所转世的人，是否应该因前世所犯下的罪而得到惩罚呢？为什么？

8. 复活是否是一个比转世更可信的关于来世的观点呢？为什么？

9. 考虑下面这个由伯纳德·威廉斯提出的思想实验。

思想实验

身体折磨

假设有人告诉你，你身体里的人明天要被折磨。但是，这个人不会有你的任何记忆，并且那个在你身体里的人将来也不会记得曾经被折磨过。那么你是否会害怕被折磨呢？如果是，那么是否意味着你的同一性，要比心理连续理论所认为的和你的身体的关系更紧密呢？为什么？

10. 在患有多重人格障碍症的人的身体中，不同的人格是否就是不同的人呢？为什么？在治疗多重人格障碍症时，首选的疗法是试图将多重人格融合成一个。这经常会导致对其中一个或更多人格的毁灭。那么这种毁灭算是一种杀人行为吗？如果是的话，这种杀人行为可以得到辩护吗？为什么？

网络探究

1. 电击疗法，或者电休克疗法（electroconvulsive therapy，简称ECT），是一种用以治疗严重抑郁的方法，它将一种电流通过病人的大脑，以期产生癫痫症状。这种方法一直被批评会使人产生长期记忆损伤，并且最近的研究肯定了这一指控。一些病人主张ECT消除了他们的同一性。这种疗法应该被禁止或严格管制吗？在搜索引擎中输入"ECT"或者"沙克海姆"（Sackheim）来探究这个问题。

2. 除了电击之外，人们也可以通过一些化学手段来消除记忆。"治疗性遗忘"（Therapeutic forgetting）或者"记忆抑制"（memory damping）技术都涉及使用药物去消灭或减少创伤记忆的情感影响。这种技术会被滥用吗？它应该被管制吗？如果是的话，应该怎样管制？在搜索引擎中输入"治疗性遗忘"，来探究这一话题。

3. 在那些患有多重人格障碍症（现在被称为"分离性身份识别障碍"）（dissociative identity disorder）的患者中，每个人格都是独立的个人，还是仅仅是一种隐喻？这些人格真的具有独立的意识流和独立的记忆吗？在搜索引擎中输入"分人格"（alters），"分离性身份识别障碍"和"真正的"（genuine）来探究这一话题。

4.4 你无法两次踏入同一条河流：自我即过程

我们会从《星际迷航》的传送机的旅途中幸存下来——而在帕菲特设想的心灵传送中却不会——因为《星际迷航》的传送机既运送身体，也运送心灵。因此，人格同一性所需要的似乎不仅仅是心理连续性。西德尼·舒梅克认为，除了心理连续性之外，你的心理状态还必须是同一个大脑引起和实现的。

大脑理论

我们的大脑是我们意识的载体，只要它们存活，我们就有理由相信我们存活。舒梅克通过下面的思想实验来证明大脑对人格同一性的重要性。

思想实验

> **舒梅克的大脑移植**
>
> 首先，假设医学开发出了一项技术，通过这项技术外科医生可以将一个人的大脑从他的头颅里完整地移出，经过检测或手术后，再将它放回他的头颅（重新接回神经、血管等），这一过程中不会导致死亡或是永久性损伤；我们想象这项"取出大脑"的技术已经广泛地使用于脑肿瘤和其他脑部疾病的治疗中。我们的故事就此开始，某天，一位外科医生发现其助手犯了个可怕的错误。布朗先生和罗宾逊先生都接受了脑肿瘤手术，手术过程中都取出了大脑。然而，手术结束后，助手无意间将布朗的大脑放入了罗宾逊的头颅中。其中一人立刻死亡了，但另一个人，也就是拥有罗宾逊的身体和布朗的大脑的那个人最终苏醒过来。我们将后者称为"布朗逊"。在恢复了意识之后，布朗逊对他身体的样子表现得十分震惊和诧异。在看到了布朗的身体之后，他难以置信地大喊："躺在那边的是我！"他指着自己说："这不是我的身体，那边那个才是！"在被问及姓名时，他不假思索地回答："布朗"。他能认出布朗的妻子和家人（罗宾逊从未见过他们），并能详尽地描述布朗一生中的事件，并总是把这些事件作为自己经历的事件进行描述。而对于罗宾逊过去的生活，他则一无所知。对他进行一段时间的观察后，我们发现他表现出来的人格特征、言谈举止、兴趣爱好和好恶等都是之前布朗的特征，而与之前的罗宾逊判若两人。[43]

舒梅克描述了这样一种情况，即布朗先生的大脑被移植到了罗宾逊的头颅中。由此产生的人——布朗逊——是与布朗先生在心理上连续的。他拥有布朗先生的记忆、欲望以及他的人格特征和言谈举止。因此，舒梅克认为，布朗逊与布朗是同一的。因为布朗逊的心理状态是由布朗的大脑引起并实现的，布朗逊没有布朗的身体就无关紧要。既然大脑是思想的器官，布朗逊的思想就是布朗的思想。这也就意味着，我们的大脑在哪，我们就在哪。这就是**大脑理论**（brain theory）：这

期望人格可以在大脑解体后幸存下来，就像是期望一个板球俱乐部可以在全部成员死亡后幸存下来一样。
——伯特兰·罗素

> ## 浪费大脑是可怕的
>
> 大脑移植不仅仅是科幻小说里的题材。从1961到1971年，梅约诊所的罗伯特·J. 怀特医生和他的同事们将一些猴子的头移植到了没有头的猴子身体上。尽管移植的猴子没过多久就死了——存活时间最长的只活了大概一周——但这是一个进步。怀特医生希望能看到这一研究领域进一步的发展。《通用语》（Lingua Franca）杂志最近报道了怀特医生过往的成就和对未来的展望：
>
>> 想象一下你是因身患卢伽雷氏症而身体残疾多年的物理学家史蒂芬·霍金。我们假设医生已经确定你的身体器官状况大幅恶化了，以至于你只剩一年的寿命，尽管你的心灵功能健全，甚至才智卓绝。有什么其他方法可以使你活下去吗？
>
> 凯斯西储大学医学院脑研究实验室的主任罗伯特·怀特（Robert White）认为有——或至少可能会有。他说，这一问题可以通过大脑移植来解决：将霍金的头切割下来，并接到一个无头捐献者的身体上。怀特宣称，大脑移植在猴子身上已经是可能的。他设想有一天，头部受到致命伤的死者不仅可以捐献他们的器官——还可以捐献整个身体。[44]
>
> **思想探究**
> 身体移植
>
> 你赞同你的同一性依赖你的大脑吗？你会在身体移植后活下去吗？为什么？

项理论认为同一的人就是心理上彼此连续，且心理状态是由同一个大脑引起并实现的人。

然而，拥有同一个大脑并不需要拥有一整个相同的大脑，因为神经生理学已经表明人可以在很大一部分大脑被破坏后继续活下来。一些人因为中风、受伤或外科手术导致几乎一半的大脑皮层被毁，然而他们的大脑却可以照常运行。在这种情况中，他们剩下的那部分大脑皮层接管了被毁坏的那部分的功能。

裂脑

尽管大脑理论优于身体理论，但它并没有避免复本难题。就像不止一个人可以与某个人是心理上连续的一样，同样也可能有不止一个物体与某物是物理上（时空上）连续的。例如，当一个阿米巴虫①进行分裂时，由此产生的两个阿米巴虫与原来的那个都是物理上连续的。也许看上去有些奇怪，但人与阿米巴虫一样可能会经历分裂。

大脑包括两个对称的半球，它们由一束被称为胼胝体的神经连接，这些神经纤维在两个半球之间传递信号。为了阻止癫痫从一个半球扩散到另一个，神经外科医生会将许多病人的胼胝体切断。他们发现，通过割裂患者大脑两个半球之间的联系，他们似乎创造出了两个独立的意识领域。

大脑理论
这项学说认为同一的人就是心理上彼此连续，且心理状态是由同一个大脑引起并实现的人。

---

① 单细胞生物，通过分裂来繁殖。

胼胝体
这一神经束联结着两个大脑半球

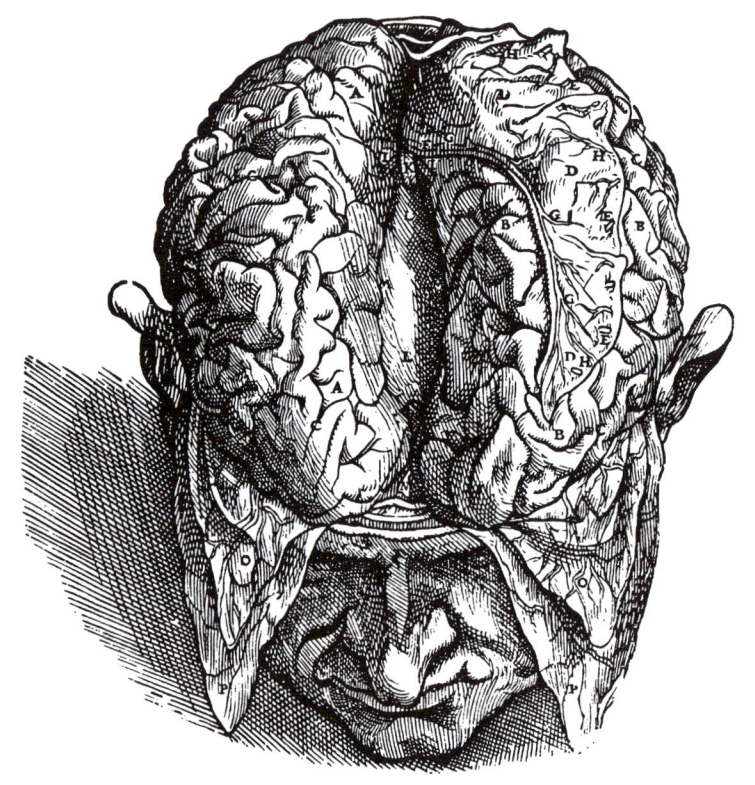

每一半大脑都管理另一半身体。左半球控制右半部分身体的肌肉，并接受从右半部分皮肤表面传来的信息；右半球则控制左半部分身体的肌肉，并接受从左半部分皮肤表面传来的信息。大多数人的左半球还掌管语言。而对裂脑患者而言，一个半球接受到的信息无法传递给另一个半球。例如，在一个实验中，某物体被放在一个被蒙上眼睛的裂脑患者的左手上。她不能说出这个物体的名字，因为语言功能是由左脑掌管，而只有右脑知道这个物体是什么。当她被要求用左手将这个物体从一盒物体中找出来时，她毫不费力地做到了；但当她被要求用她的右手找出这个物体时，她只能随机拿起一个物体。当眼罩被取下后，她被允许看着她的右手来试着抓起物体，每当她的右手抓起错误的物体的时候，她的左手都会拍击她的右手。这是右半球与左半球沟通的方法，因为它不再能使用胼胝体。这一行为使得罗杰·斯佩里（Roger Sperry）把裂脑患者描述为"一个头颅里有两个自由意志"[45]。换言之，一个头颅里有两个人。

裂脑实验使得德里克·帕菲特确信，大脑理论不是一个充分的人格同一性理论。为了展示它的不足之处，他提出了下面的思想实验。假设（可能在一些人身上确实如此）帕菲特大脑的每一个半球都具有同样的心理状态（同样的记忆、欲望、态度等等）。我们进一步假设，帕菲特是同卵三胞胎之一，然后假设如下。

异手症

罗杰·斯佩里的裂脑手术造成了"一个头颅里有两个自由意志"这一说法是颇有争议的，因为在实验室以外的地方，这些病患的活动都十分正常。然而，另外一些人经历的现象却为斯佩里的说法提供了支持，这种现象被称为异手症（Alien Hand Syndrome）。神经病学家比朗（I. Biran）描述了这种症状：

> 在斯坦利·库布里克的电影《奇爱博士》（Dr. Strangelove）中，主人公被描述成一个"行为诡异"的人，并且患有一种奇特的运动障碍。他的右手似乎有自己的意志，它时而会抓住他的喉咙，时而突然敬纳粹礼，奇爱博士必须一直试图用他的左手去控制不听话的右手。这个虚构的角色固然奇异，然而在神经病学的症状中的确存在着相似的运动障碍，与这种障碍相关联的复杂现象属于异手症的范畴。这种症状的特点是，在没有受到病人意图引导的情况下，手臂会自行实施一些看似有意义的行动。患者会发现他们无法阻止这条手臂去碰或抓其他物体，且他们也无法在不用另一只手掰开这只手的手指的情况下，放开被抓的物体。这些患者常对他们不受控制的手臂感到惊讶和沮丧，他们感觉到有一个外在的主体在控制着它，并时常用第三人称来指代它。[46]

思想探究

谁在操控这只手？

操控着这只奇异的手的主体可能是一个人吗？我们要如何分辨呢？

思想实验

帕菲特的分裂

我的身体受到了致命的伤害，我的两个（同卵三胞胎）兄弟则损坏了他们的大脑。于是我的大脑被分成了两半，分别成功地被移植到了我的两个兄弟身上。结果就是最后这两个人都相信自己是我，他们似乎拥有我的生活经验，我的性格，在其他所有方面都与我在心理上是连续的，而且还有一个与我非常相像的身体。[47]

在上面的例子里，帕菲特的两个脑半球被分别移植到了两个与他一模一样却又相互独立的身体上。（我们可以设想他的大脑之所以被分开是为了使手术的成功率翻倍。）因为他的每一个半球都有相同的心理状态，这两次移植产生的两个人在心理上都与帕菲特是连续的。且因为他们的大脑在物理上也是连续的，因此，他们的心理状态都是由帕菲特的大脑引起并实现的。因此根据大脑理论，这两个人都与帕菲特同一，但这是不可能的，因为两个人无法与一个人同一。由此看来，通过认为我们的心理状态必须基于大脑这一方式是无法回避复本难题的。

最接近连续理论

人格同一性不在于心理上的或物理上的连续性,因为同一性只能是一个事物和它自身的关系,而心理上的和物理上的连续性是可以在许多不同事物之间都有效的关系,心灵与身体一样可以分裂。一旦它们分裂了,分裂出来的事物并不与原先的那个同一,尽管它们是连续的。于是,为了回避复本难题,人格同一性理论要么必须排除任何形式的分裂,要么必须有办法确定哪一个分支是与原来的人物同一的。

悉尼·舒梅克采取了第一种策略,他认为人格同一性需要的是没有分支的心理连续性。[39]如果将你与另一个时空存在的人连接起来的因果链以某种方式发生分裂或合并,你的同一性不会被保留。于是,根据**不分支理论**(nonbranching theory),同一的人是这样一种人,他们在心理上相互连续且他们的因果链没有分支。

通过不允许因果链分支,舒梅克的构想避开了所有我们考察过的复本情境:威廉斯的"盖伊·福克斯的双重复生"、帕菲特的"无损心灵传送"和帕菲特的"分裂"——这些情境中的每一个都包含了某种因果链的分支。

罗伯特·诺齐克(Robert Nozick)则采取了第二种策略,他试图提供一种方法来确定哪一个分支与原来的人是同一的。心理上的和物理上的连续性是一个程度的问题,诺齐克声称,只要一个人与另一个人是充分地在心理上和物理上连续的,且没有其他人与前一个人在心理上和物理上连续的程度更深,那么后者就与前者是量的同一的。[49]于是,根据诺齐克的这一**最接近连续理论**(closest continuer theory),同一的人就是相互间最接近连续的人。

最接近连续理论可以避开某些形式的复本情境,但在那些两个人同等接近的情况下,诸如帕菲特的分裂、或双重复生、或双重心灵传送,最接近连续理论会告诉我们后出现的这两个人都不与之前的那个人同一。

然而,不论是采取不分支理论还是最接近连续理论,这都意味着拒绝我们关于同一性之本质最基本的信念之一:一个事物的同一性不依赖于其他事物的存在。这个信念被称为**只有x和y原则**(only x and y principle),它依赖于这样一个直觉,一个事物x是否与另外一个事物y等同,只取决于关于x和y本身的事实。关于其他事物的事实则是无关紧要的,因为同一性是存在于一个事物与它自身之间的关系。例如,一株橡树是否与一棵树苗同一,并不取决于其他树木的存在;同样地,你是否与过去的一个人同一也不应该取决于其他人的存在。

然而,不论是根据不分支理论还是最接近连续理论,你的同一性都依赖于其他人的存在。如果因果链使得你的心理状态被分裂为两个或更多个相同的分支,你就无法与你认为是你的那个人是同一的了。例如,在帕菲特的分裂这一情况下,

> 如果我是我,因为你是你,如果你是你,因为我是我,那么我不是我,你也不是你。
> ——哈希德派的拉比
> (Hassidic Rabbi)①

---

① 哈希德派是犹太教的一个教派,拉比指的是犹太人中智者、老师这一阶层。

佛教徒论自我与涅槃

相信万物无常是佛教的基本信念之一。此外，佛教徒认为对永恒的自我或灵魂的信仰是万恶之源。佛教神学家瓦尔波拉·拉胡拉（Walpola Rahula）阐述道：

> 根据佛陀的教导，自我的观念是一个虚构的、错误的信念，没有对应的实在，只会产生诸如"我"和"我的"一类有害的思想，以及私欲、渴望依恋、憎恨、恶意、自负、骄傲、利己主义、污秽、亵渎和令人困惑之物。它是从人际冲突到国家间的战争等这些世上所有烦恼的根源。简而言之，世间所有的恶都可以追溯到这一错误的看法。[50]

因为邪恶的根源在于对灵魂存在的信念，所以消除邪恶的方式就是停止相信灵魂的存在。一旦你这么做了，不仅世界会变得更美好，你也会领悟到涅槃，一种完满的幸福状态。

但你可能会问，如果没有灵魂，是谁在领悟涅槃？在佛教看来，是领悟自身在领悟（realization itself does the realizing）。拉胡拉解释说：

> 如果没有我，没有阿特曼（atman）①，谁在领悟涅槃？在我们讨论涅槃之前，让我们来问一个问题：如果没有自我，现在是谁在思考？像我们之前看到过的那样，是思想在思考，思想的背后并没有一个思想者。同样，是智慧，或曰领悟在进行领悟，在领悟的背后不存在其他的自我。[51]

自我或灵魂在传统上被认为是拥有思想的实体或事物。佛教徒否认自我的存在，是因为他们否认持存的实体的存在。一切事物都在不断变化着，因而没有什么思想所依附其上的不变的事物。我们总觉得好像存在着持续的自我，但在佛教徒看来，那只是我们为了实用的目的而约定俗成的，像"我"（I）、"我"（me）、"灵魂"这些词语都不指称连续不变的自我，因为并没有那种东西。

分裂产生的两个人都不与帕菲特同一，因为连接他们与帕菲特的因果链出现了分支，而且他们中的任何一个与帕菲特都不比另一个更接近连续。于是，帕菲特因为复本而死亡了。然而，如果两个人中只有一个人的移植是成功的，移植成功的人就与帕菲特是同一的。所以，在手术之前，帕菲特最明智的选择应该是雇佣一名杀手，并要求他如果两个手术都成功了，就杀掉其中一个人。只有通过保证因果链没有分支，他才能确定他会继续存在。这就是拒绝只有x和y原则所带来的荒谬后果。

思想探究

分支线

我们应当听从舒梅克和诺齐克的提议，放弃只有x和y原则吗？你赞同你是否与一个人同一取决于是否存在其他人吗？为什么？

不分支理论
这项学说认为，同一的人是那些心理上相互连续且他们的因果联系没有分支的人。

最接近连续理论
这项学说认为，同一的人就是相互间最接近连续的人。

只有 x 和 y 原则
一个事物x是否与另一个事物y同一，只能依赖于关于x和y的事实。

---

① 佛教用语，意为自我或神我。

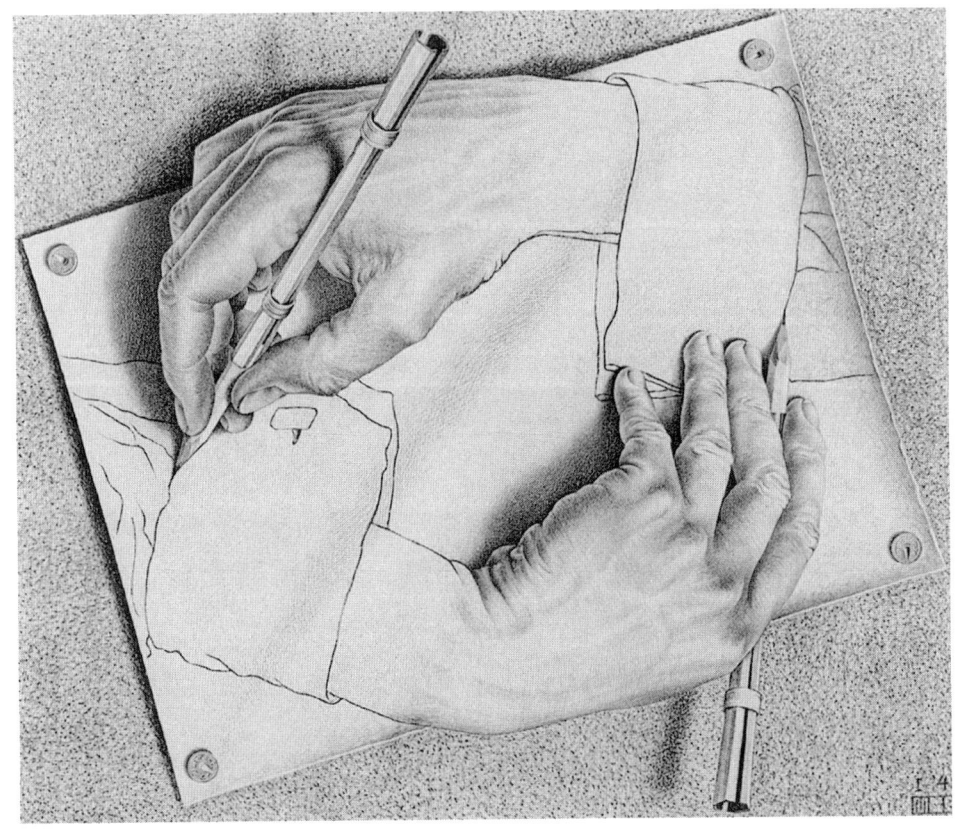

作画的手（M. C. 埃舍尔所作线描画，1948年）
对自我生成过程的视觉模拟。

同一性与幸存的关键

我们对人格同一性的考察始于这样的假定，即我们可以从身体的死亡中幸存，仅当我们与在我们的身体死后存在的某人是量的同一的。但迄今为止，我们还没能提出一个可以符合我们关于人格同一性本质的所有直觉的理论。帕菲特认为，这表明我们的直觉有误。量的同一对幸存来说并不是必要的。

我们再来考虑一下帕菲特的分裂这个例子。根据同一性的传递性，分裂产生出的两个人与帕菲特都不是量的同一的。如果他们是的话，那么他们就与对方是量的同一的，而这不可能。两个事物不能是一个事物。但尽管产生出的两个人都不与他同一，帕菲特将这一手术与死亡等而视之仍然是不理性的。如果两个人的移植手术都成功了，雇人杀死其中一个也是不理性的，尽管这样可以确保他与幸存下来的人在量上同一。对这些事实最好的解释，据帕菲特的观点，就是量的同一并非幸存的关键。关键的是心理连续性。如果我们保有我们的记忆和欲望，那么我们是否与之前生活的人是量的同一的并不重要。在这样的情况下，我们已经有了所有重要的东西。

为弄清楚帕菲特的意思，我们想象一下如果帕菲特的分裂成功了会发生什么。

> 试图定义自己就像是试图咬自己的牙齿。
> ——艾伦·瓦茨
> （Alan Watts）

分裂产生的两个人的相貌和言行都与他一般无二，这两个复本的存在显然会使得他的朋友和亲属感到有些烦恼，特别是他们同时遇到这两个复本的时候。但因为二者都在心理上和身体上与帕菲特无异，帕菲特的朋友和亲属完全有理由将他们两个都当做是他。

尽管帕菲特的两个复本都不是与他同一的，这并不意味着他们是刚刚才开始存在的。他们都相信自己是帕菲特，因为他们都拥有帕菲特的记忆、欲望和性格特征。甚至是在他们意识到对方的存在之后，他们依然能满足他们非个人的欲望，事实上，如果他们能学会互相合作，他们也许可以仅用一半的时间就完成帕菲特计划的任何项目［就像在电影《丈夫一箩筐》(*Multiplicity*)里面一样］。

不过，让这两个复本都去满足帕菲特的所有个人欲望还有一点困难，特别是如果帕菲特结婚了、工作了或者拥有房产的话。谁将得到他的妻子？谁将得到他的工作？谁将得到他的房子？当然，在手术前做好明智的计划也许可以消除这些困难。如果帕菲特知道这项手术将要进行，他也许会建立一个解决这些问题的程序，因为这两个分裂出来的人都拥有他所有的记忆，所以他们应当会遵从他建立的任何程序。无论是从第三人称还是第一人称视角来看，成为帕菲特的幸存者当然比死要好得多。

如果是面对必然的死亡（如我们在本章开始时呈现的情境那样），帕菲特很可能会接受医生的建议将他大脑的内容下载到一台机器人之中。如果这个做法能够成功，机器人就会在心理上与他连续，在帕菲特看来，这才是真正的关键。或者，帕菲特可以期待一种更加传统的来生，他可能希望能与某个灵体在心理上是连续的。他的心灵可能被放进两个或更多的机器人或灵体中这一事实并不会使他烦恼，因为只要至少有一个，他就能幸存下来。

同一性与责任的关键

洛克构造人格同一性理论的最初目的并不是要确定我们是否能在身体死亡后幸存，而是想要确定我们要如何分派赞扬和谴责。正义要求只有做出行动的人才得到报应或奖赏，因为其他人的行为而赞扬或谴责一个人则是不公平的。为了确认我们的赞许或谴责指向的是正确的人，我们需要一个人格同一性理论。其背后的理念是，如果你犯罪了，那么你——只有你——应该为之进监狱。然而，复本或是分支的可能——就如我们在威廉斯的复本、帕菲特的心灵传送和帕菲特的分裂这些例子中讨论的那样——表明量的同一性对个人责任来说也许不是必要的。

例如，假设在分裂之前，帕菲特是一个罪行累累的惯犯。那么尽管他的复本都不是与他量的同一的，当局也将有充分的理由将他们两个都逮捕。他们都有起初使帕菲特走上犯罪道路的所有欲望、意图和性格特征。既然我们的行动是由我们的性格而来，我们就有很好的理由相信帕菲特的复本会重蹈覆辙。只有犯下罪行的人

> 生活就是改变，完美就是不断改变。
> ——约翰·亨利·纽曼（John Henry Newman）

才应受到惩罚的原则在这里似乎变得不适用了，如果帕菲特的幸存者拥有他的性格，那么他们也应当得到惩罚。

量的同一对个人责任来说不仅不是必要的，而且不是充分的。你的性格可以随时间的推移而改变，如果它改变了，我们就有理由相信你也许不应为你过去的行为负全部责任。让我们来考虑一下下面的例子。

思想实验

> **帕菲特的改变了的诺贝尔奖得主**
> 假设一位年届九十的老者是少数几个实至名归的诺贝尔和平奖得主之一。他承认自己在二十岁的时候在一次酒后斗殴中伤害了一名警察，尽管那是一项严重的罪行，但他或许不应得到惩罚。[52]

这位年届九旬的诺贝尔和平奖得主与七十年前犯罪的那个人是量的同一的。但他或许不应为此受到惩罚，因为他的性格（character）可能不再是原来的样子了。你的性格是被你的信念、态度、欲望、价值观等所综合决定的，而你的行为则取决于你的性格，如果诺贝尔和平奖得主的性格发生了改变，这一改变使得他不再会做出年轻时的那些行为，我们有理由相信惩罚是无意义的。

假释裁决委员会似乎认可这一观念：如果一个人的性格得到了改进，他的罪责也就可以减轻了。帕菲特认为，这一想法也是限定追诉时效（statutes of limitation）的基础，限定追诉时效即一个人犯下的某个具体罪行只可以在有限的一段时间内被指控。[53]我们的司法系统中隐含了我们认可行为对性格的依赖关系。帕菲特认为，如果我们能将这种依赖关系进一步弄清楚的话，我们对罪行与惩罚的判断也能更加一致。

看来，量的同一性对道德责任而言，是既非充分也非必要的，性格的同一性才是关键。如果一个人的性格在事件发生后有了大幅度的改变，那个人对那个事件的责任也许就可以得到大幅度的减轻。

解释自我

> 实体是我们最大的错觉之一。
> ——阿瑟·艾丁顿爵士（Sir Arthur Eddington）

同一性理论试图说明在何种情况下，此时的某人与彼时的某人是量的同一的。但我们无法找到人格同一性的充要条件。为什么人的同一性条件如此难以发现呢？考虑到所有人格同一性的实体论（substance theories of personal identity）的失败，最好的解释似乎是，人并不是东西——人是一个过程。

根据突现的属性二元论，心灵是一个属性，是当一个物理事物达到一定程度的复杂性时突现而来的；相似地，自我也可以看作是一种在心灵达到一定程度的复杂性时突现出来的属性。不是每个有心灵的东西都有自我，因为不是每个有意识的东西都有自我意识，且每个有自我意识的东西，其自我意识的程度也是不同的。所以，与许多实体论者希望我们相信的相反，拥有自我并不是一件要么全有要么全无的事情。

自我的统一性（the unity of the self）可以被心理的和物理的创伤（如多重人格障碍和裂脑手术）破坏这一事实，是自我不是一个实体这一事实的进一步的证据。然而，在通常情况下，自我似乎是统一的，且任何过程理论都必须解释自我的这种显见的统一性。伊曼努尔·康德通过假定存在于我们的经验背后，并根据某些规则赋予这些经验以结构的"先验自我"（transcendental ego）来解释它。康德的自我是先验的，因为它无法直接被观察到。因此，康德认为，我们无从知道自我是否是一个持存的实体。[54]

然而，为了解释自我的显见的统一性，我们并不需要假定任何在经验背后的东西。我们只需要假定组成自我的属性是自组织的（self-organizing）。诺贝尔化学奖得主伊利亚·普里高津（Ilya Prigogine）已经表明，自然中的许多系统都是自组织的。[55]自我也许仅仅是这些系统中的一种。在前文我们已经发现，我们有很好的理由去相信心灵属性有因果力，这样的话，我们就没有理由相信它们不能使它们自己统一。

由此观之，自我是一个自我生成的过程（self-generating process）。我们借用佛教徒最喜爱的类比来说，自我之于身体正如火苗之于蜡烛。就如在燃烧的过程中，火焰的每个阶段都导致它的下一个阶段一样，自我的每一个阶段也在思考的过程中导致它的下一个阶段。火焰和自我都在不断的变化之中，但它们都是一个连续的过程，火焰不能脱离蜡烛而存在，自我也不能脱离身体，然而火焰可以通过许多不同的蜡烛来传递，自我也可以通过许多不同的身体来传递。因为火焰和自我都可以在不止一个实体上传递，所以我们不能将火焰或自我等同于实体。但如果我们愿意承认幸存不需要同一性的话，我们也许有理由期望可以在身体死后幸存。

> 我现在觉得，人日复一日地变化着，每过几年，他都会变成一个全新的人。
> ——乔治·桑
> （George Sand）

思想探究

罗伯特和弗兰克

让我们来考虑一下在本章引言中讨论的罗伯特和弗兰克的例子。根据你现在对人格同一性的了解，你认为罗伯特应当因为弗兰克的作为而受到惩罚吗？为什么？

道德主体、叙事与人

每个人都有应被尊重的权利，但只有一些人有能力去尊重那些权利。例如儿童，因智力原因而不具备行为能力的人，或精神病人也许就不能道德地对待他人，

> 作为一个人，意味着有一个故事要讲。
> ——伊萨克·迪内森
> （Isak Dinesen）

因为他们不知道对与错的区别，或是无法控制他们自己。不论是哪种情况，我们都不会让他们为他们的行动负责。只有那些有对错观念，且可以按照这些观念来行动的人才必须为他们的行为负责。可以道德地对待他人，且他们的行动可以公正地被赞扬或谴责的人被称为"道德主体"（moral agents）。

作为一个道德主体，你必须能自由地行动。且正如第三章中所说过的，要自由行动，你就必须能反思你的欲望、决定你是否要成为受这些欲望驱使的那种人。通过反思你的欲望并决定什么是有价值的，你促成了你的性格的形成，并使你的生活获得统一（unity）。

近来许多人开始重视人格同一性中统一的重要性。例如，玛雅·沙克曼（Marya Schechtman）认为，你是通过将你的生活看作某个叙事的一部分才成为一个人的："个人是通过意识到自己是一个持续的主体，一个具有过去的经验，也将在未来继续获得经验的主体，才将自身构成为人的……人编织关于他们生活的故事。"[56]欧文·弗拉纳根（Owen Flanagan）也同样认为，仅当你是按照一个"根据某种内在原理而展开的有血有肉的故事"[57]来生活时，你才是一个人，丹尼尔·丹内特将自我看作是一个叙事的重心。[58]在他看来，自我不是叙事之上或之外的什么东西，它**只是叙事本身**。在所有这些观点看来，自我由一个将思想、感觉和欲望编织为一体的叙事构成。

> 我们最大的责任就是不要成为过去的铅笔。
> ——罗伯特·斯特恩
> （Robert A. M. Stern）

拥有某种程度上统一的自我是负责地行动的必要条件。让我们考虑一下那些患有多重人格障碍的患者，对他们来说，存在着的是许多不同的故事线而不是一个统一的故事，法院通常不会让这些人为他们的行为负责，因为他们没有实施自我控制所需要的那种统一性。就如艾琳·萨克斯（Elyn Saks）在她的《哲基尔受审》（Jekyll on Trial）一书中所写的，"一个负责任的行为的必要条件（sine qua non）不是一个意识在选择要采取什么行动，而是一个**统一的**意识在选择要采取什么行动。"[59]仅当一个人自我的所有方面都可以参与到决定中时，他才能为他的决定负责。

持叙事理论者（narrativity therorists）认为我们通过将生活看成一个叙事来使我们的意识获得统一，这是道德行动的必要条件。然而，并非每个人都同意这个观点。例如，盖伦·斯特劳森（Galen Strawson）就同时拒绝心理上的叙事性假设（认为"人类通常把自己的人生看作、体验为或经历为一个叙事"）和道德上的叙事性假设（认为"对于好的生活或真实而又完整的人格而言，将生活经验为或想象为一个叙事是必不可少的"）。[60]他并不否认有些人会将他们的生活看做叙事，他只是否认每个人都这样做或都应该这样做。

斯特劳森区分了两种不同的"存在方式"，他将两者分别称为"历时性的（diachronic）"和"片段式的（episodic）"。对存在持历时性观点的人将生活的不同阶段看作是一个连续系列的一部分，因而会倾向于支持心理上的叙事性假设，而另一方面，对存在持片段式观点的人则将生活的不同阶段看作是不连续的片段，因而会拒绝心理上的叙事性假设。说某人是一个持片段式存在观的人并不是说那个人不能将他或她的生活看作一个故事，他们可以，但他们通常不会这么做。除了他自己之外，斯特劳森还列举出米歇尔·德·蒙田（Michel de Montaigne）、沙夫茨伯里伯爵（Earl of Shaftesbury）、司汤达（Stendhal）、哈兹利特（Hazlitt）、福特·马道克斯·福特（Ford Maddox Ford）、弗吉尼亚·伍尔夫（Virginia Woolf）、博尔赫斯（Borges）、费尔南多·佩索阿（Fernando Pessoa）、艾丽斯·默多克（Iris Murdoch）、弗雷迪·艾耶尔（Freddie Ayer）、戈伦韦·雷斯（Goronwy Rees）、鲍勃·迪伦（Bob Dylan）、普鲁斯特（Proust）等人，他们都对存在持片段式观点。

从哲学的角度来看，这两种观点的争论更多地是在伦理叙事性假设上面。斯特劳森认为将你的生活看作一个叙事不仅对于过好的生活是不必要的，而且它实际上还可能阻碍你过好的生活。在他看来，试图过一个故事化的生活会阻止你过好生活，原因是："我的推测是它几乎永远是弊大于利的——故事化的人倾向于在生活中追求故事或者叙事的连贯性，这通常会严重地阻碍他们对自己的本性获得公正、概括、实际而真实的理解，无论是显性还是隐性的。"[61]问题在于叙事会对事实进行加工。回忆起某段经历，并将它放置到一个叙事之中，这一过程会改变记忆本身——"众所周知，"斯特劳森告诉我们，"讲述或复述一个人的过去会导致变动、平滑化、美化乃至对现实的背离。"[62]好的生活不应建立在谎言之上，而故事化却使我们远离真相，使我们远离了好生活最重要的元素之一。

无论过故事化的生活对过好的生活是否必要，它对过道德的生活都是不必要的。道德行动需要一个统一的自我，但这个统一并非必须通过成为叙事的一部分而达致，它还可以来自对一个人生活中的事件进行自觉的反思。这样一种反思并不一定会导致一个连贯的叙事，因为其中可能有太多的迂回曲折以及突发事件以至于根本无法把它讲成一个连贯的故事。然而，自我反思可以通过赋予人生以意义来给一个人的生活带来统一。"统一的人格所需要的生活主体，"约翰·克里斯特曼（John Christman）写道，"是一个反思的主体，他的自我解读给那些事件赋予足够多的意义，使得我们可以从它们之中看到一个一致的人格。"[59]只要你的自觉的选择创造了一个一致的人格——一个一致的行为倾向的集合——你就有了一个统一的自我并且可以为你的行为负责。

尽管成为道德主体也许会要求某种程度的自我整合，但成为人本身似乎是不需要的。那些患有多重人格障碍的患者也仍然是人，他们是多重的或者碎片化的人；那些患有各种类型的失忆的人或许也不能构建一个统一的生活叙事，但他们仍然是人。

让我们来考虑一下加拿大指挥家克莱夫·韦尔林（Clive Wearing）的例子。由于病毒性脑炎摧毁了他的海马体，他患上了顺行性和逆行性的失忆症，他既无法

> 同一性源自一个人面对和运用他的经验的方式。
> ——詹姆斯·鲍德温（James Baldwin）

形成新的记忆也无法回忆过去。他的生活因而是由一系列不连续的意识周期组成的，每个周期只持续几分钟。他有一本日记，并经常在里面写道："现在是我第一次处于完全清醒的状态。"当被问及先前的日记时，他否认写过它们。克莱夫的生活没有叙事上的统一性。然而，他有许多人格特征，他理性、有自我意识（在小段小段的时间内），且能从事自发的行动。杀死克莱夫将毫无疑问是谋杀行为，所以尽管拥有一个统一的自我是成为一个道德主体的必要条件，但却不是成为人的必要条件。

思想探究

作为克莱夫·韦尔林

在克莱夫·韦尔林的身体里面有一个连续的人吗？或者他的身体里住着一连串的人，他们中的每一个都只存在几分钟？克莱夫·韦尔林身体里的那些不同阶段的自我意识之间并没有记忆的联系，但他的智力、性格、音乐才华、对妻子的爱等等都持续地存在着，这些是否足以将他不同阶段的自我意识整合成一个人呢？

总 结

复本难题表明人格同一性一定不仅仅包括心理连续性。舒梅克认为，此外还要加上你的心理状态必须是由你的大脑引起并实现的。然而不幸的是，舒梅克的大脑理论并没有成功定义人格同一性，因为正如帕菲特的分裂所表明的，尽管你的心理状态是由同一个大脑引起并实现的，它也可能属于两个不同的人。

人格同一性不能存在于心理上的和物理上的连续性之中，因为同一性只能发生在一个事物及其自身之间，而心理上和物理上的连续性则可以发生在许多不同的事物之间。规定只有没有分支的因果链才能保存人格同一性可以回避这一难题。然而，接受这个提议也就意味着要拒绝我们关于同一性本质的最基本的信念之一：只有x和y原则。这条信念基于这样一种直觉，即一个事物x是否与另一个事物y是同一的，只能依赖于关于x和y本身的事实。因为量的同一性是一个事物及其自身之间的关系，其他事物的存在不应对这个事物的同一性构成影响。

这时候，我们有必要问，量的同一性是否是幸存的关键。在帕菲特的分裂这个例子中，分裂出的两个人在心理上和物理上都与帕菲特无异。于是乎帕菲特和他的亲友们都有充分的理由相信帕菲特确实自那个奇怪的手术中幸存了下来——尽管不存在量的同一性。同样地，看起来量的同一性对道德责任来说也不是必要的，你是否应当为一个行动负责似乎更多地依赖于你的性格而非你的同一性。

我们可以基于自我是一个自我生成的过程而非不变的实体，来解释我们为什么无法找到人格同一性的条件。因为同一的过程可以在各种不同的实体上继续存在，所以我们不能将自我等同于实体。但如果我们愿意承认幸存并不需要同一性，那么我们便可以期望在身体死后幸存下来。

学习问题

1. 什么是人格同一性的大脑理论？
2. 舒梅克的"大脑移植"这个思想实验是怎样的？
3. 帕菲特的"分裂"这个思想实验是怎样的？它是如何试图动摇人格同一性的物理理论的？
4. 什么是只有x和y原则？

讨论问题

1. 假设大脑移植手术变得相对可靠了，你会将你的大脑移植到另一个人体内来避免必然的死亡吗？移植到一台功能齐全且能容纳人类大脑的机器人中呢？
2. 假设你的身体濒临死亡，且你大脑的一半被毁坏了。再假设你的配偶身体健康，但他/她的大脑也有一半被毁坏了。医生告诉你，他们可以将你剩下的那一半健康的大脑移植到你配偶的头颅里，你的配偶也同意接受移植。你会同意吗？如果同意接受你大脑的是一个陌生人呢？
3. 裂脑患者的头颅里真的有两个人吗？我们能否设计任何一个物理性质的实验来确定是否有两个人存在？描述一个这样的实验。
4. 不分支理论会怎样评价裂脑患者？是否有两个人存在于那个身体里？如果是，他们与手术前控制这个身体的那个人是同一的吗？
5. 一个充足的人格同一性理论可以违背只有x和y原则吗？拒绝这一原则的后果是十分匪夷所思的吗？如果可以，用一个思想实验来表达你的观点。
6. 心理连续性是幸存的唯一关键吗？
7. 假设某人犯了罪，并且做好安排，使得她的人格在那次犯罪后发生彻底的改变（通过洗脑、精神外科学、药物等）。这个改变之后的人应当为之前犯下的罪行负责吗？如果她的记忆也被清除了呢？
8. 我们的司法系统认识到责任与人的性格紧密相关这一事实意味着什么？如果我们更多地强调性格而非同一性，我们的司法系统会变得更加公正吗？
9. 哪一种心灵理论是与自我是一个过程这一观念相一致的？

网络探究

1. 国家地理频道（National Geographic Channel）最近播出了一期关于大脑移植的节目，其中出现了罗伯特·怀特的工作，这位神经外科医生曾于20世纪70年代在猴子身上做了大脑移植手术，这个真实实验的录像片段也包括在这期节目内。出于对动物权利的考虑，这个实验被中止了。怀特博士认为这项研究可能给人类带来的好处远比给猴子带来的伤害要大得多。你同意吗？在搜索引擎中输入"猴子大脑移植"（monkey head transplant）来探究这个问题。

2. 皈依宗教应当被认为是给罪犯减刑的考虑因素吗？在布朗诉佩顿这一案件中，美国第九巡回法院认为是应当的。这一判决后来被美国最高法院推翻了。哪一个立场更合理？如果一个罪犯的性格得到了正向的改善，他/她应被从轻发落吗？在搜索引擎中输入"布朗诉佩顿"（Brown v. Payton）来探究这个问题。

3. 异手症告诉了我们关于正常人的什么信息呢？我们大脑中的每个半球都可以被认为是一个独立的人吗？在搜索引擎中输入"异手症"（alien hand syndrome）来探究这个问题。

约翰·洛克

关于同一性与差异性①

约翰·洛克（John Locke，1632—1704）创立了英国经验主义这一哲学流派，同时也是沙夫茨伯里伯爵的医生。他最为著名的著作是《人类理解论》和《政府论》。前者概述了经验主义的基本原则；后者则概述了民主政府的基本原则。在这篇选文中，洛克指出，人格同一性所依赖的不是任何特殊的实体，而是我们对于自身持续存在的意识。

8. 一个动物是一个有生命，且有组织的身体；因此正如我们已经看到的那样，所谓同一个动物就是与不同物质微粒相联系的持续的同一个**生命**，这些物质微粒相继地组成那个有组织有生命的身体。且无论我们还曾谈及其他任何定义，独到的观察都会确定无疑地向我们揭示，当"**人类（man）**"这个字的发音从我们口中脱出时，我们所表明的存在于我们心中的理念只是一种具有某种形式的动物。因为我以为，任何人看到一个形状和构成与自己相同的生物，即使那个生物像猫或鹦鹉那样没有理性，我们仍会称他是一个人类；而任何一个人看到一只猫或鹦鹉在演讲、辩论、探讨哲学的时候，也仍然会称其为"一只猫"或"一只鹦鹉"。他们会说，前者是一个愚蠢的无理性的人类，而后者是一只非常聪明、富有理性的鹦鹉……

9. 在给出上述前提之后，为了探究人格同一性是由何形成的，我们必须考虑"**人（person）**"这个词意味着什么——我认为，所谓人就是一种会思想、有智慧的存在，他有理性、会反省，并且能将处于不同时间不同地点的自己认成是自己，是同一个会思考的东西。这种认识只能依赖与思考紧密相连的意识，在我看来，意识是思考所绝对必需的：任何人都不可能在不**感知**到自己在感知的情况下，去感知其他事物。当我们看到、听到、闻到、尝到、感觉到、思考到或欲求任何事物时，我们都知道自己在进行这些活动。因此，意识永远与我们当下的感觉与知觉相伴随——在这样的情况下，人们并不会去思考同一个自我是持续存在于相同的还是不同的实体中。因为，既然意识总是伴随着思考，且正是意识使得每一个人成为他所谓的自己，并因而使自我与其他一切事物区别开来。因此，人格同一性，即一个理性存在的同一性就只在于意识。而且当这个意识回忆过去的任何行动和思想时，意识能回溯到多远，这个人的人格同一性就可以延伸到多远，且过去的自我和现在正反思着这一过去的自我是同一个自我。

12. 但现在的问题是，如果在思考的这一实体发生了改变，那么他还会是原来的那个人格吗？或者，如果实体没有发生改变，他可以是完全的不同的人格吗……

13. 然而接下来，我们先来考虑问题的第一个部分……我们应当承认，如果同一个意识（如前所述，这与身体中同一个形相和运动是全然不同的）可以从一个思想的实体转移到另一个思想的实体中，那么这两个思想的实体就很可能构成同一人格。因为不管是在相同的还是不同的实体中，只要同一个意识能得以保存，那么人格同一性就能得以保存……

---

① 节选自：John Locke, *An Essay Concerning Human Understanding*, ed. Alexander Campbell Fraser (Oxford: Clarendon Press, 1894) 445-468. 一些原文注释被省略了。

14. 至于问题的第二个部分，如果同一个非物质实体能得以保存，是否可能出现两个完全不同的人格。在我看来，这个问题的根本判断依据在于——同一个非物质存在意识到了自己过去的行动的情况下，是否可以被剥夺掉所有它过去存在的意识，并永远不可能恢复？使得它因而可以展开全新的生活，且它的意识无法超出这种全新的状态。显然，那些支持前世说的人们所持的都是这个想法，因为他们承认灵魂不会有任何对于处于先前状况的自己做过什么的意识残留，无论是与身体完全分离时，还是进入其他的身体之后；而如果他们不支持这样的观点，那么他们就很容易被经验所驳倒。所以，人格同一性并不超出意识的领域，且一个先前的灵魂如果不是陷入了漫长的沉寂状态，就一定成为过许多不同的人。假设一名基督教柏拉图主义者，或是一名毕达哥拉斯的信徒，他根据上帝在第七天已经完成造物，认定他的灵魂从那时起就存在了，并想象它曾在其他许多人类的身体中轮回过；就如我遇到过的这样一个人，他称自己曾是苏格拉底的**灵魂**（姑且不论这个说法是否合理，据我所知，他担任的职务并非无足轻重，而且和他有过公务上的接触的人都认为他具备完足的理性，他发表的作品也能显示出他的才干和学识）——人们会问，既然他无法意识到任何苏格拉底的行动或思想，他和苏格拉底可能是同一个人吗？任何人都可以在对自身进行反思后，认为他自己是一个非物质的精神，这个精神在他的身体中思考，在他的身体不断变化的同时使他保持同一，这就是他所说的自我。他还可以假设自己与特洛伊战争时期的涅斯托耳或忒尔西忒斯具有同一个灵魂（因为据我们所知，灵魂不会挑剔其容身于中的物质，这个假设并不包含明显的矛盾），因此这个人拥有涅斯托耳或忒尔西忒斯灵魂的可能性，和任何其他人都一样大，然而既然他无法意识到涅斯托耳或忒尔西忒斯的任何行动，他还能想象自己是与二者之一同一的吗？他会关心他们的行动吗？他还能将那些行动认为是自己的，而不认为是曾经存在过的其他人的吗？因此，这个意识既然不能达及那两个人的任何行动，他与那两个人就不会是同一个**自我**，即使曾鼓舞涅斯托耳或忒尔西忒斯身体的**精神**与他的精神是量的同一的，但在这个意义上，就算他的灵魂或是非物质的精神是在它鼓舞他现在的身体的时候才开始存在、开始被创造的，也不会有什么不同。因为在这两种情况下，他和涅斯托耳都同样地不是同一个人，就像曾是涅斯托耳的物质的一部分现在成为了这个人类身体的一部分，也不会使它们成为同一个人一样。没有同一个意识，相同的物质粒子与任何其他身体相结合都不会产生同一个人；同样地，没有同一个意识，相同的非物质实体也不能通过与其他任何身体结合来产生同一个人。然而一旦他发现自己意识到了任何涅斯托耳的行动，他就会发现他与涅斯托耳是人格同一的。

15. 因此，我们可以很容易地设想，在同一个人复活时，尽管灵魂所栖息的身体与其在世时结构不同、部分相异，但伴随着灵魂的意识却是同一的。然而在身体变化之后，仅有灵魂的不变还不足以构成同一个人类（man），只有对认为灵魂就是人类本身的人而言才是如此。因为，如果一个王子的灵魂带着王子过去生活的意识，在一名鞋匠的灵魂离开他的身体的时候，进入了这名鞋匠的身体，每个人都可以通过他做出的属于王子的行动来断定他与王子具有相同的人格，并且只能为王子做的事情负责：但谁能说他与王子是同一个人类呢？身体也同样是人类的组成部分，我认为在这种情况下，每个人都应当以身体来确定他是否是同一个人类，鞋匠身体内的灵魂具有王子的思想，但这并不能使鞋匠成为王子：在除他自身之外的其他人眼中，他仍然是鞋匠。我知道，就一般的说法而言，同一个人格和同一个人类所指的是同一个东西。且事实上每个人都有自由按照他喜欢的方式来谈话，以他认为合适的清晰的声音来表达他的理念，并随意改变它们。然而，当我们要考查是什么使得**精神**、**人类**或**人格**同一的时候，我们就必须在心中确立精神、人类或人格的观念；在确定了它们的意义之后，我们就不难确定它们什么时候是同一的，什么时候不是等诸如此类的问题。

16. 然而尽管同一个非物质实体或者灵魂，无论它在什么地方、处于什么样的状态，都不能单独形成同一个人类，但显而易见的是，不管经过了多长时间——哪怕已经过去了无比之久——意识都能将过去的各种存在和行动整合于同一个人格之中，就像整合刚才发生的存在和行动一样。因此，只要能意识到现在和过去的行动，无论什么主体都可以成为同一个人格，这两种行动都是属于他的。假设我以同一个意识看到方舟和诺亚的洪水，于去年冬天看到泛滥的泰晤士河，并于此刻写作。我就丝毫不会怀疑，正在写作的我、去年冬天看到泰晤士河泛滥的我、经历了诺亚时大洪水的我是同一个**自我**——无论存在于什么实体中——正如我不怀疑此刻正在写作的这个我与昨天同一时刻写作的我是同一个**自我**一样。因为就我是否同一而言，无论此刻的自我是由与当初同一个或者其他的实体构成——只要我的自我意识将千年前的行动认作自己的行动，我就应当像关心或负责前一刻的行动一样去为一千年以前的行动关心或负责。

17. **自我**是有意识的，会思考的事物——无论由什么实体组成（无论是精神的还是物质的，简单的还是复合的）——它能感觉或意识到快乐和痛苦、幸福和苦难，因而意识能延伸到什么地方，自我就对自身关心到什么地方。因此，人们会发现，基于这种对意识的理解，小拇指和身体的大部分一样都是自我的一部分，将小拇指割去的话，意识如果随着小拇指离开整个身体，那么此时这个小拇指显然就成为与原来同一的人格，自我也就因而与身体的其他部分无关了。在这个情形下，当身体的一部分与其他部分相分离的时候，能形成同一的人格者，构建一个不可分割的自我者，是那伴随着实体的意识：在两个时间上相距甚远的实体那里情形也一样。现在能思考的东西的意识**可以**与什么实体结合，什么实体就能与之形成同一个人格，且只与这个意识而非其他任何东西共同形成自我；这个实体因而将所有一切东西的行动归于自身，不过这只是就意识能达及的地方而言，并不能超出意识之外。人们只要稍微反思一下，就会察觉到这一点。

18. 奖赏和惩罚的正当性与正义性都建立在人格同一的基础之上。每个人关心的都只是**自己的**幸福与苦难，至于那些没有与其意识相连接，或受其意识影响的实体身上发生什么，对于他们则是无关紧要的。因为从我刚才所列举的例子中，我们可以很明显地看出，当我们的小拇指被割掉之后，如果我们的意识随小拇指一起离去，那么随小拇指而去的自我与昨天关心整个身体的自我是同一个，因为昨天的身体也是自我的一部分，小拇指会将昨天那个身体的一切行动认为是它自己的行动。而原来的身体，就算它仍然活着，并在小拇指被割去后立刻有了自己独立的意识，但小拇指对其一无所知，它便不会将之认为是自我的一部分，它不会承认此后那个身体的行动是他自己的。

19. 这就表明，人格的同一性并不在于实体的同一性，而是如我所说过的那样，在于意识的同一性。如果苏格拉底和现任昆伯勒市长拥有同一个意识，那么他们就是同一个人格；如果同一个苏格拉底在清醒时和睡着时不分享同一个意识，那么清醒时的苏格拉底和睡着时的苏格拉底就不是同一个人格。所以，如果因为睡着时的苏格拉底的思想，而惩罚清醒时的苏格拉底，且清醒时的苏格拉底从没意识到这样的思想，这样的做法与因为一个人的罪行而去惩罚他毫不知情的双胞胎兄弟一样是不正义的，尽管他们的外表很相似、难以分辨，如此相似的双胞胎我们都曾见过。

20. 然而也许仍旧有人会反对说——假定我完全失去了我生活中的某部分记忆，且没有再记起它们的可能性，以至于我也许此生再也无法意识到它们。那么，难道我曾经意识到我拥有那些记忆，如今忘记了它们，我就与做出那些记忆中的行为的我不是同一人格吗？对此我的回答是，我们必须注意到"我"这个词所指的是什么，在这里"我"只是就人类而言。人们假定同一个人类就是同一个人格，"我"这个词就很容易被认为是指同一个人格。但如果同一个人类在不同时期可能拥有截然不同的不互通的意识，那么毫无疑问，同一个人类会在不同时间成为不同的人格。人们最庄严地宣布自己的意见时，正是采用了这样的想法。人类的法律不会因为一个人类清醒时的行为去惩罚疯狂时的他，也不会因为他疯狂时的行为去惩罚清醒时的他——这就使他们成为了两个人。英语中对此种情况的说法多少能解释这一点，我们会说他"不是他自己了"（not himself）或者他"发狂了"（beside himself），这些词语暗示我们，现在说这些话的人，或者首次使用这些词语的人，认为那人的自我发生了改变，在那个人类身上的不再是同一个人格……

22. 然而一个人类醉酒时与他清醒时是同一个人格吗？如果不是，那么为什么有人会因为他酒后的罪行受到惩罚，尽管他清醒后完全不知道他之前做了什么？这与梦游的情形是一样的。在这两种情况中，当事者被认为在人格上是同一个，所以当这个人清醒时要为之前的行为负责。人类的法律会惩罚上述二者，因为这种做法适合当前的人类知识水平——因为在这两种情况中，人们无法确定无疑地区分醉酒和睡眠状态的真假，因此，人以醉酒时或睡着时的无知来为当时的行为做辩护，是不能被采纳的。尽管惩罚依附于人格，人格依附于意识，醉汉也许无法意识到自己的行为，但人间的法官仍然可以公正地惩罚他，因为我们可以证实他的行为，却无法证实他的行为是无意识的。但在末日审判时，所有人心底的秘密都会袒露无遗，我们可以合理地认为，没有人会被要求为他不知道的事情负责，而是会按着他的良心的意思得到责难或是原谅。

23. 只有意识可以将遥远的各种存在联合为同一个人，实体的同一性却做不到这一点，因为对无论什么实体而言，无论它们的结构是怎样的，没有意识就不成其为人格，在这一点上，没有意识的尸体和其他各个种类的实体都一样不能成为人格。

阅读问题

1. 洛克对人格（person）的定义是怎样的？
2. 洛克讲述鹦鹉学舌的故事其目的是什么？他是如何区分人类（man）和人格（person）的？
3. 在洛克看来，人格同一性在于什么？
4. 对洛克而言，在什么情况下你应当为一个行动负责？

德里克·帕菲特

分裂的心灵与人的本性[①]

> 德里克·帕菲特（1942—2017）是任教于牛津大学万灵学院的哲学家。他的著作《理与人》（*Reasons and Persons*）对伦理学理论和人格同一性理论产生了重要影响。在这篇选文中，他论证说提出人格同一性理论之所以这么困难，是因为根本不存在人。

这些裂脑案例引起了我对哲学的兴趣。我们对于这些案例的知识依赖于唐纳德·麦凯（Donald MacKay）所描述的诸多心理学测试的结果，这些测试利用了两个事实：控制我们每只手臂活动，以及看到我们每只眼睛视野里东西的，是各自不同的大脑半球。当某人的两个大脑半球之间的联系被切断后，心理学家们向这个人的两半视野分别展示两个不同的问题，他们就会得到那个人的两只手分别写下的两个不同的答案。

下面是此类测试能提供的那类证据的一个想象出来的简化版本。一个大脑半球间的联系被切断的人目不转睛地看着一个宽屏风的中央，这个屏风的左半边是红色，右半边则是蓝色。两边各有一行用色调更深的该颜色写成的字："你看到了几种颜色？"被试者的两只手都写下了"只有一种"。接下来，屏风上的语句变为"你看到的颜色是什么？"这个人的一只手写下了"红色"，另一只手则写下了"蓝色"。

如果一个人作出了如上回应，我会得出结论说他拥有两个视觉感受——如他所声称的那样，他既看到了红色也看到了蓝色。但当他看到一种颜色时，他并没有意识到他还看到了另一种颜色。他有两条意识流，在每一条意识流中，他都只看到一种颜色：在一条意识流中，他看到了红色，而同时在他的另一条意识流中，他看到了蓝色。更一般地说，他可能同时有两套思想和感觉，拥有某套思想和感觉的他无法意识到另一套的存在。

这一结论是有争议的。一些人宣称，不存在**两条**意识流，因为劣势半球（sub-dominant hemisphere）作为大脑的一部分，其运作并不涉及意识。如果这个说法是真的，那么这些案例就没有什么意义了。我认为这个说法不是真的，这主要是因为，如果一个人的优势半球（dominant hemisphere）被摧毁了，他仍然能够按照在这些裂脑案例中的劣势半球做出反应的方式来做出反应，我们并不会认为他是一台没有意识的自动装置。诚然，劣势半球在某种意义上说是远远不够发达的，一般来说只有一个三岁小孩的语言能力。然而，三岁小孩是有意识的，这也就佐证了这一观点，即在裂脑案例中，**存在**两条意识流。

另一个观点是，在这些案例中，是两个不同的人在共享同一个身体。与麦凯教授一样，我认为我们应当拒斥这样的观点。不过，我的理由与麦凯教授不同。麦凯教授否认其中有两个人，是因为他认为其中只有一个人。而我认为，在某种意义上说，这个身体中一个人也没有。

[①] 选自：Derek Parfit, "Divided Minds and the Nature of Persons," *Mindwaves,* ed. C. Blakemore and S. Greenfield (London: Basil Blackwell, 1987) 19-25. 一些原文注释被省略了。

自我理论与丛束理论

要解释我的观点，就必须暂时将裂脑案例放下。我们知道，关于人是什么，以及人在一个时间跨度内的持续存在需要牵涉哪些东西，存在着两种理论。在**自我理论**（Ego Theory）看来，一个人的持续存在只能由一个特殊的自我，或经验的主体（subject of experiences）的持续存在来解释。自我理论者会宣称，如果我们问，使得某人的意识在任何时刻得以统合的东西是什么——例如，是什么使我此刻可以做到一边看着打字的内容，同时一边还能听着窗外的风声——答案是，因为这两者都是此时正被我这个人所拥有着的经验。同样地，我们之所以能将人的一生解释为一个整体，也依赖于一生中所有的经验都属于同一个人，或同一个经验主体这一事实。最为著名的自我理论当属笛卡尔的理论，在笛卡尔看来，每个人都是一个持续的纯心灵的存在——灵魂或精神实体。

与之竞争的理论则是**丛束理论**（Bundle Theory）。与许多艺术风格一样——如哥特式、巴洛克式、洛可可式等——这项理论是由其批评者命名的。不过，这个名字确实恰如其分。根据丛束理论，我们不能通过诉诸个体人格的存在来解释任何时候的意识的统一或是整个人生的统一。相反，我们应当认为，存在很多个系列的不同的心灵状态和事件——思想、感觉等诸如此类的东西——其中每一个系列都构成我们称之为一生的那种东西，每一个系列都由许多种因果作用统一起来，如经验和对这些经验的记忆之间的因果作用等，每一个这样的系列都像是用绳子捆成的束（bundle）一样。

在某种意义上说，丛束论者会否认人的存在。诚然，对人的彻底否定是荒谬的。在18世纪时里德就提出了这样的反对意见："我不是思想，我不是行动，我不是感觉，我是在思考、行动、感觉着的那个东西。"我不是一系列的事件，我是一个人。丛束论者承认这一事实，但他会认为这只是一个关于我们的语法，或关于我们的语言的事实，个人或主体只依赖语言而存在。然而，如果谁认为人是超出这个范畴的存在——是有别于我们的大脑和身体，有别于各种心灵状态和事件的独立存在——丛束论者会否认有这样的存在。

第一个丛束论者是佛陀，他向人们传授"无我"（anatta, or No Self View）。佛教徒们承认，自我和个人拥有"名义上的存在"，这意味着人仅仅是其他元素的组合体，只有可以作为独立元素的自在的存在，才是佛教徒们所谓的"真正的存在"。下面是佛经中的一些段落：

交谈伊始，国王礼貌地询问僧侣的名字，僧侣答道："陛下，我名为'那先'（Nāgasenā），我在宗教生活中的伙伴们这么称呼我，尽管我的父母给我起的名字是……这只是一个称呼，一个叫法，一种描述，一个习惯性的称呼。'那先'只是一个名字，它的后面没有一个人。"

陛下，您认为有情众生存在吗？您是被一个错误的概念误导了。这一束元素中并没有一个自我，有情众生其实并不存在。就如我们将一整套木制零件统称为马车一样，我们将这些元素命名为虚幻的存在。

佛陀如是说："修行者们，行动是存在的，它们的后果也是存在的，但行动着的人是不存在的。并没有哪个人在舍弃这个元素的集合，或是采纳一套新的元素集合。个人不过是我们对一个元素集合的习惯称呼，它其实并不存在。"

佛陀的主张与许多西方作者所发展的观点惊人地相似。既然这些作者对佛陀一无所知，那么这些主张之间的相似性就似乎表明它们不仅仅是某个时期某个文化传统的一部分，它们或许正如我所相信的那样，是真的。

我们所认为的自己是什么？

在心理学和神经生理学飞速发展的今天，丛束理论看上去似乎很明显是真的了。去否认有别于大脑和身体、有别于各种心灵状态和事件而独立存在的自我，在当下的环境里堪称一个很无趣的论点了。然而，这并不是唯一的问题。我们或许已经深信自我理论是错误的，甚至是毫无意义的，然而我们中的大多数，仍然怀有某些关于我们持续的历时性存在中所牵涉之物的信念，尽管我们可能并没有意识到这一点。而这些信念只有在类似自我理论的理论下才可能被证明为真，因此，我们中的大多数都对人是什么，以及我们自己抱有错误的信念。

这些信念会在我们思考某些假想的案例时，最为明确地显露出来，这些案例通常来自科幻小说，其中之一就是心灵传送。假设你进入了一个小隔间，当你按下一个按钮后，一台扫描仪会记录下你大脑和身体中所有细胞的状态，并同时彻底摧毁它们，扫描而得的信息会以光速传送到另一个星球上，那里有一台复制器创造出一个与你完全一样的有机复本。因为你的复制品的大脑与你完全一样，他似乎还记得经历过在你按下按钮前所经历过的所有生活情景，他的性格与你如出一辙，无论从任何其他角度看，他与你在心理上都是连续的。这种心理上的连续性并不具备一般意义上的原因，即大脑的持续存在，因为因果链条会随着你的"蓝图"的无线电传送一并传递过去。

许多作者宣称，如果你因为相信这是最快的旅行方式而选择了心灵传送，你就犯下了一个严重的错误。因为心灵传送不是一种旅行方式，而是一种死亡方式。他们承认，这并不像一般的死亡那么糟，值得宽慰的是，在你死后你还会有一个复本，这个复本会完成你没写完的著作，充当你的孩子们的父母等等。然而他们坚持认为，这个复本不会是你，他不过是一个与你完全一样的别人。这就是为什么这一前景几乎与一般的死亡同样糟糕。

下面我们再来想象一组情境，在其中每一种情境里，你的大脑和身体中不同比例的细胞将会被完全相同的复本代替。在第一个情境里，只有1%到2%的细胞被代替，在这系列情境中间的位置，这一替换率达到了40%到60%，而在这组情境接近末尾处。你98%或99%的细胞都被替换了。在这组替换情境中的最后一个里，我们就得到了纯粹的心灵传输的产物，即你所有的细胞都将被"替换"。

当你想象你的一部分细胞将会被完全相同的复本代替的时候，你很自然会产生下面这些信念。第一，如果你问，"我会活下来吗？最后出现的那个人是我吗？"对这个问题的回答必须要么是你会活下来，要么是你会死去。第二，对这个问题必须要么单纯地回答"是"或单纯地回答"不是"，传输结束后醒来的那个人要么是你要么不是你。不存在第三种答案，如醒来的那个人是半个你。你可以想象传输后你只有一半的意识，但如果最后产生的那个人的意识是完整的话，他就不可能是你的一半。我们将这些信念统一表述为：对"最后产生的那个人是我吗？"这个问题，一定**存在**一个回答，这个回答必须要么完全是，要么完全不是。

我们似乎有充分的理由相信，在心灵传输这个例子中，你的副本不会是你。在这个例子的一个略经修改的变体中，在你的复本被创造出来之后，你仍能存活，以至于你们可以相互交谈。这似乎表明，如果你的细胞100%被替换了，由此产生的人仅仅是你的一个复本。而在我上面所描述的系列情境中的第一个里，只有1%的细胞被替换了，由此产生的人很显然仍会是你。于是乎，位于这个系列情境中间的那些，所产生出来的人必须要么是你，要么仅仅是你的一个复本。这两个结果中必有一真，而其中哪个为真事关重大。

为什么我们不是我们所相信自己是的那样

如果这些信念是正确的，那么在这一系列情境中就一定存在一个临界百分比。所替换的细胞比例低于这个百分比，产生出的人就会是你，高过这个百分比，产生出的人就仅仅是你的复本。例如，假设你有49%的细胞被替换了，那么由此产生出的人就是你，但如果被替换的细胞超出这个比例，哪怕只超出一点，结果也会被全盘改变，由此导致最后醒来的是别的什么人。

从我们的自然信念出发，则一定会推导得出存在某种这样的临界百分比，但这个结论貌似是最不可信的。几个细胞怎么会造成这么大的影响呢？而且，如果真的存在这样一个临界百分比，也没有人能发现它究竟是百分之多少。既然在所有这些情境中，产生出的那个人都认为他就是你，那么这些情境中就不会有任何证据可以表明，他会在哪里突然就不再是你了。

丛束理论认为，我们应当拒绝这些自然信念。因为"你"这个人并不是一个单独存在的实体，所以我们完全可以确切地知道将会发生什么，而不去回答"你将会怎样"这个问题。此外，在我考虑的那些细胞替换的中间情境中，最后产生出的那个人到底是你还是和你一模一样的其他什么人这一问题其实是个空问题，这里根本不存在两种不同的可能性且其中之一为真。真正存在的仅仅是对同一事件经过的两种不同表述而已。如果你50%的细胞被完全相同的复本代替，我们或许会将由此产生出的人称作是你，或许会将他称为只是你的一个复本。但既然这里根本不存在两种不同的可能性，这两个说法的区别就仅仅是措辞上的不同而已。

正如佛陀所说，丛束理论是很难让人相信的，人们很难接受一个人会死还是能再活许多年这样的问题，实际上是空问题。

下面的这个类比或许可以将丛束理论要求我们接受的想法展示得更为清楚。假设有个俱乐部曾经存在过一段时间，并定期组织集会，后来集会活动终止了。数年后，有几个人组建了一个名字和规则都与过去那个俱乐部相同的俱乐部。我们会问，"这些人让之前的那个俱乐部复活了吗？还是他们仅仅创立了一个与之前那个俱乐部完全相同的另一个俱乐部？"在给出某些更进一步的细节的情况下，这个问题也会是一个空问题。我们完全可以知道到底发生了什么，而不对这个问题做出回答。也许有人会说，"但这个问题一定有个答案。后来组建的那个俱乐部或者与之前的是同一个，或者不是。"这只能表明这个人并不了解俱乐部的本质。

同理，如果我们对我设想的那些情境仍然存有疑虑的话，这就表明我们并不了解人的本质。在我提出的每个情境里，你都知道所产生出来的人在心理上和生理上都是与你完全相同的，且他拥有你身体和大脑中特定比例的细胞——或者是90%，或者是10%，又或者如心灵传送的案例中那样是0。了解这一点之后，其实你就知道了一切。在这些案例中，"你的身上到底发生了什么"这个问题可能会是一个真正的问题，仅当"你"是一个与大脑和身体，以及各种心灵状态和事件完全不同的独立存在的自我。如果不存在这样的自我，也就不存在什么真正的问题可问了。

接受丛束理论不仅困难，它还可能会影响我们的情感。正如佛陀所说，它会逐渐削弱我们对未来的担忧。这种影响可以通过重新描述对上述案例的看法所发生的变化显示出来。假设你将被摧毁，但接下来，火星上会出现一个你的复本。你会自然地认为这种情况与一般的死亡是同样糟糕的，因为那个复本并不是你。在丛束理论看来，你的复本不是你这一事实仅仅在于，尽管你的复本与你在心理上是连续的，但这种连续性的原因却是反常的。但当你反对心灵传输的时候，你所反对的不仅仅是这个原因的反常性。你所反对的是这个原因并不能将你送去火星。你所害怕的是这一反常的原因不能产生一个更进一步的十分重要的事实，这一事实不同于你的复本会在心理上与你连续这件事。你所要求的不仅仅是与未来的某个人在心理上保持连续，而是你自己就是这个未来的人。在丛束理论看来，并不存在这种特别的，更进一步的事实，在这个设想的案例中，你害怕其不会发生的事情，其实从来就没有发生过。你想要在火星上的那个人以一种特别而私人化的方式成为你，然而丛束理论认为，任何一个未来的人都不可能在这种特别而私人化的意义上是你。意思是，从你的自然信念的角度看来，即使是普通的生存，与心灵传输的糟糕程度也是同等的。**普通的生存与摧毁你然后产生一个复本是同样糟糕的。**

裂脑案例如何支持丛束理论

丛束理论的真理于我而言，在最宽泛的意义上，不仅是哲学的，也是科学的。我可以想象出很多种类的，可以用来证明相信独立存在的自我是合理的证据，以及可以用来证明正是这些自我的持续存在解释了每个人心灵生活的连续性的证据。然而事实上只有非常少的证据能支持这样的自我理论，却有大量证据支持丛束理论。

这些证据的一部分是由裂脑案例所提供的。在自我理论看来，要解释在任何时候统一我们经验的东西是什么，我们只需要声称这些经验都是被同一个人所经验着的就可以了。丛束理论拒绝这样的解释。在一般的案例中，它们之间的分歧是很难得到解决的。但让我们考虑一下我所描述的简化后的裂脑案例。我们给我想象中的病患展示一张海报，这张海报的左半边是蓝色而右半边是红色。这位患者两条意识流的其中一条意识到他只看到了蓝色，而同时在他另一条意识流那里，他意识到自己看到的只有红色。这两个视觉经验中的每一个都同时伴有其他经验，例如他对于自己的一只手在动的意识。是什么每时每刻都在这个人的每条意识流中各自统合这些经验？是什么将他对自己只看到红色的意识和一只手在动的意识统合起来？我们显然不能用这些经验是由同一个人所经验的来回答，这个答案无法解释这个人的两条意识流各自是如何统合的，因为它忽视了这两条意识流之间的不一致性。这位裂脑病患现在拥有两条意识流中的所有经验，如果这个事实可以统合这些经验的话，就不会存在两条不同的意识流了。

我在前面已经提过，这些案例并不涉及两个人分享一个身体的问题。因为这个案例只涉及一个人，而他有两条意识流，那么自我理论者的解释必然是下面这个套路。他必须要在人（person）和经验主体（subjects of experiences）之间做出区分，并宣称在裂脑案例中，存在两个经验主体。他其中一条意识流的经验得以统合是因为这些经验都属于同一个经验主体；而另一条意识流的经验得以统合是因为这些经验都属于另一个经验主体。以这种形式进行解释的话，自我理论就变得更不可信了。当我们可以将"经验主体"或"自我"的所指仅仅假设为"人"的时候，我们会很容易相信存在经验主体这样的东西；但如果存在不是人的经验主体的话，且如果一位裂脑患者一生中的任何时候都有两个不同的经验主体——两个不同的自我——为什么我们要相信真的存在经验主体这种东西呢？这算不上是一个反驳，但看来是一个反对自我理论的有力论述。

作为一个丛束理论者，我认为两个自我的假设纯属多此一举。在我看来，还存在另一种对意识的统一性的解释，它对一般案例和裂脑案例都适用。它基于这样一个简单的事实，即普通人在任何时候都能意识到自己正在体验几种不同的经验。这种对几种不同的经验的意识可以有益地与短期记忆中对几种不同的经验的意识相比。正如可能存在一种对拥有过的几种不同的经验的单一记忆一样，如听见钟敲了三次，同样可能存在一种同时意识到既听见钟敲响第四下又见到乌鸦飞过钟楼的单一状态。

与自我理论者给出的解释不同，这种解释可以很容易扩展并涵盖裂脑案例。在这些案例里，任何时候存在的都不是一个意识到几种不同的经验的状态，而是两个这样的状态。在我所描述的那个案例里，患者拥有这样一种意识状态，即在只看到红色的同时感觉一只手的移动，并且也拥有另外一种的意识状态，即在只看到蓝色的同时看感觉另一只手的移动。通过宣称存在两个这样的意识状态，我们并没有假定新的实体的存在，即与案例中涉及的个人完全不同的两个独立存在的自我。我们的解释诉诸的是一对心灵状态，这对心灵状态是对该案例完整阐述时无论如何必须描述的。

我已经表明裂脑案例如何能为我们关于人的本性的观点提供支持。我在此应该提及一下另一个这样的论据，它产生于对这类裂脑案例的想象性延伸，首先由戴维·威金斯（David Wiggins）完整地提出。

在这个想象的例子中，一个人的大脑被分裂开来，两个半球分别移植到两个不同的身体中，由此产生的两个人分开生活。这个想象的例子表明，人格同一性并不是问题所在。如果我将被分裂，我会得出结论说因为我的分裂产生的两个人都不会是我，我不复存在了。但这种不复存在的方式会与一般的生存一样好，或者同样糟糕。

威金斯的想象的例子中的一些特性在技术上可能永远不能实现。但我们不应当摒弃这个例子，因为它最显著的特性，即一条意识流被分成相互分离的意识流这种情况已经发生。这是发掘真实的裂脑案例所包含的巨大的理论价值的另一种方式。它们挑战了某些我们关于自身的深信不疑的假定。

阅读问题

1. 自我理论和丛束理论之间的区别是什么？帕菲特支持哪一种观点？你认为哪一种更可信？说说你的想法。

2. 帕菲特宣称我们大多数人在关于人和自我的问题上抱有错误的信念，为什么他会这样认为？你同意吗？

3. 通过俱乐部集会这一类比，帕菲特想要突出丛束理论的什么特点？你认为这个类比有助于解释人是什么吗？或者它是否误导了我们？

4. 在帕菲特看来，裂脑案例如何能支持丛束理论？你同意吗？为什么？

雷·库兹韦尔

永　生[①]

雷·库兹韦尔（1948—　）是一名企业家兼发明家，他发明了世界上第一个全字符识别软件，第一台供盲人使用的将文字转化成声音的阅读器，以及第一个能再现三角钢琴的声音的音乐合成器。他还是《灵魂机器的时代：当计算机超越人类智能时》(The Age of Spiritual Machines: When Computers Exceed Human Intelligence) 以及《奇点临近》(The Singularity Is Near) 的作者。在这篇选文中，他讨论了许多计算机技术可以延长人类生命的方式。

待植入思想 4 号：请联网。

数百幅闪烁的缩略影像逐渐显现出来，分布均匀地穿过整个虚拟视域。

思想：摄像机向左上方移动，选定温斯顿的影像并放大。

传输：我是内莉，让我们来连个线，边吃牛角面包边聊吧。儿童街的"巴黎春天"，我们最喜欢的那张桌子，如何？

四秒钟的停顿。

内心独白：该死，他怎么这么慢。

回复：我在，亲爱的，我在这儿！我们开始吧！

缩略影像变得清晰起来，地点转换成一个咖啡馆的场景。忍冬花的香味，馅饼，葡萄酒，微风。内莉坐在铺着纯白桌布的古雅的桌子旁。温斯顿的影像看上去 20 岁左右，身材健壮，出现在了她的对面。天上间或闪过一些信息影像。

温斯顿：很高兴与你再会，亲爱的！我们有几个月没见了！你选的这个身体真是光彩照人啊！然而这双眼睛却出卖了你，你总是选择树莓色的眼睛，非常大胆，内莉。那么，你找我什么事呢？我的另一部分正在芝加哥开一个商业会议，所以不能聊太久。

内莉：温斯顿，你为什么总是使用这个肌肉男的身体？你知我是多么喜欢你真实的身体。

温斯顿变成了一个 50 岁出头的男子，身体仍然十分健壮。

温斯顿：（大笑）我真正的身体？真滑稽！这么多年来，只有我的神经技师见过我真正的身体。相信我，那不是你想要看到的。我可以换比它好得多的！

他迅速翻过一千幅图像，而内莉脸上露出了痛苦的表情。

内莉：该死的！你不过是温斯顿的一个镜像！真正的温斯顿去哪了？我记得我使用的是正确的连接。

温斯顿：内莉，很遗憾我不得不告诉你，几周前埃文斯顿发生了一起运输机事故，然后，嗯，我很幸运地被及时找到并上传到网络了。我就是温斯顿现在剩下的全部，温斯顿的身体已

[①] 选自：Ray Kurzweil, "Live Forever," Psychology Today, Jan. 2000: 66–71.

经消失了。

当内莉通过大脑里的网络连接与她的朋友温斯顿联络时,他在生物学意义上已经死了。而他的电子心灵复本,这个虚拟现实的孪生子,在内莉虚拟的巴黎咖啡馆里与她相互寒暄。人类的心灵在身体死亡后可以继续在计算机中存活这一理念并不是什么值得大惊小怪的事情,这样一幅图景距离我们比大多数人所认为的要近得多。在未来的三十年里,我们的心灵很可能就可以生活在计算机中了。

科技发展的历史已经一再表明,随着一种技术模式走到尽头,一个全新的更加复杂的范式就会出现,并使得我们以指数级的速度不断进步。在1910到1950年之间,计算机技术的能力每三年就会翻一倍;在1950年至1966年之间,每两年翻一倍;到了今天,它每年就可以翻一倍。

到了2020年,你的1000美金的个人电脑的处理速度将会达到人脑的能力——每秒2亿亿次运算(10^{11}神经元×1000连接数/神经元×200运算次/秒·连接数);到2030年,整个小镇的人的大脑加起来其运算能力才能与一台1000美金的个人电脑相媲美;而到了2050年,一台价值1000美金的计算机的处理能力将会与世界人类大脑的总和相当。

当然,达到人类大脑的实际处理能力对于发明人类级别的智能机器是一个必要但非充分的条件。但到了2030年,我们会拥有扫描人类大脑并在电子载体上重新复原其形式的手段。

大多数人都没有意识到这一技术的革命性影响。计算机的发展使得它能接近甚至远远超过人类大脑的能力,其重要性不亚于数千世代前人类自身智能的演化。目前对计算机的预测忽视了这样一个事实,即一个全新的世界即将到来:在这样一个世界里,机器会更像是人类——人们用以复制大脑突触的方式来为它们编程,使它们获得对人类情感做出适当反应的能力;而人类会更像是机器——我们会通过植入数十亿"纳米机器人"(nanobots)来增强我们的身体和大脑,这成群的微型机器人会带领我们在虚拟现实中穿梭。我们已经开始朝这个方向前进了:人类和机器已经走在了相互融合的路上。

第一步就是将大脑信息上传或扫描到计算机里。下面这个方案对人体是有破坏性的:科学家们会取得濒死前的大脑,将其冷冻处理,然后以非常快的速度,每次扫描一个很薄的切片。这样,他们就可以轻易地观察到每一个突触薄层中呈现的的每一个神经元、每一个连接和每一团神经递质的浓度。

七年前,一名被判死刑的杀人犯允许他的大脑和身体以这种方式被扫描,你可以在互联网上访问他100亿字节的全部信息。你可以亲眼看到他身体里的每一根骨头,每一寸肌肉和每一团灰质。但这种扫描的分辨率还不够高,无法再现神经元间的连接、突触和神经递质的浓度,它们是捕捉人类大脑中的个性特征的关键。

我们现今的扫描仪器可以清楚地捕捉到这些神经特征,只要它距离需要扫描的对象足够近。在未来的三十年里,我们将能够把数十亿纳米机器人——血细胞大小的扫描机器——植入身体,这些机器人会穿过大脑的每一根毛细血管,借此来创造对每一个神经特征的完整的无创扫描。有朝一日,我们每注射一次纳米机器人到身体里,就可以将我们的知识、技能和人格的最细微的细节都拷贝到一个文件中,保存到计算机里。

今天，我们可以接触并感受到这项技术，只是我们尚不能将纳米机器人做得足够小。但微型化是技术加速发展的另一个趋势。当前我们的微型化技术可以每十年使纳米机器人的尺寸缩小5.6倍，所以保守估计，用纳米机器人扫描身体的方案也会在近几十年实现。纳米机器人可以扫描所有神经细胞的细胞体、轴突、树突、突触前囊泡、神经递质浓度和其他相关的神经组件的位置、内容、和关系。通过使用高速无线通讯，纳米机器人可以与其他纳米机器人以及其他收集大脑扫描数据库的计算机相互联系。

如果这个方案令人望而生畏，那么让我们来看看另一个在12年前首次被提出时，也被认为是野心过大的扫描方案，它要扫描的是人类的基因组。在那个时候，怀疑者们认为以当时的扫描能力来看，这项工作将会花上数千年。但这项计划将会按时完成，因为我们给DNA排序的速度正在成倍地加快。

到2029年，我们将通过吞下或静脉注射数十亿纳米机器人到我们的身体里，来进入一个三维空间——一个虚拟现实的环境。我们现在已经可以通过神经植入体来中和帕金森症和多发性硬化症引发的身体颤抖；通过植入人工耳蜗，我的一个聋人朋友现在可以听到我说话了。一种全新的视网膜植入体现在仍在研发中，通过基本上取代大脑的某些视觉处理回路，它能让盲人重见光明。近来，埃默里大学的科学家们将一块芯片植入一位中风瘫痪的患者的大脑中，这位患者现在可以开始通过自己的大脑直接与人沟通和控制周围的环境。

通过手术植入的神经植入体仅能放置到我们大脑中的一个或至多几个位置，而纳米机器人却可以被放置在大脑中的数十亿甚至数万亿个位置。我们已经研发出称为神经元晶体管的电子设备，它们对生物体不具侵入性，且这些电子神经元能够生物神经元相互沟通。这项技术是由德国的马克斯·普朗克生物化学研究所研发出来的，通过这项技术，科学家们近来可以用计算机来控制一只活水蛭的运动。

通过移动到特定神经元附近的位置，纳米机器人将能够探测并控制它们的行动。它们在虚拟现实中的应用方式是，让纳米机器人移动到连接我们五种感官的每一条神经纤维附近，当我们想进入某个特定的虚拟环境的时候，纳米机器人将会抑制来自真实感官的信号，并代之以虚拟信号。接下来，我们就可以控制我们的虚拟身体做出移动、说话等行为与虚拟环境相互作用。纳米机器人会阻止我们真正的身体的移动，取而代之的是，我们会获得一个虚拟环境中的虚拟身体，这个虚拟的身体也不必与我们真实的身体相同。

就像温斯顿和内莉所经历的那样，这项技术能让我们与其他人——或者虚拟的人——进行虚拟互动，而不需要在我们的大脑中添加任何设备。虚拟现实不会像你如今在大型电玩游戏中所体验到的那样粗糙，它在细节和精细程度上都与现实生活相似。所以，你再也不用打电话约朋友出来了，你可以在虚拟的意大利小酒馆会面，或者在虚拟的热带海滩上漫步，而一切都会显得无比真实。人们将能分享任何种类的体验——商业、社会、浪漫或者性——而不需要在身体上接近对方。

虚拟现实的旅行是很容易更改的，因为你只需要依靠你的思想，就可以关闭纳米机器人，你甚至可以指挥它们离开你的身体。你可以对纳米机器人编程，它们可以被制定成上一分钟提供虚拟现实的体验，下一分钟就执行大脑下达的各种其他命令。它们可以改变自身的形态，甚至更换软件。

当我们将一个人类级别的智能与机器相结合的时候，计算机在速度、精度、分享记忆的能力这些内在优势上会强大得令人生畏——这并不是外星人入侵，这是我们的人-机文明（human-machine civilization）时代的产物。

但虚拟生活和它所承诺的不朽是否可以消除人们对死亡的恐惧呢？一旦我们将我们的知识、记忆和洞见上传到一台计算机里，我们是否就有了永恒的生命？首先，我们必须要确定人的生命是什么，意识是什么。如果我的思想、知识、经验、技能和记忆在没有我的情况下获得永生，这对我来说意味着什么？

意识——看似是"活着"的基本宗旨——是一个令人困惑、引人深思的事物，关于它的问题自柏拉图的对话录以来就争论不休。例如，我们假设其他人都是有意识的，但是当我们考虑到这样一种可能性，即那些非人类的动物可能也有意识时，我们对意识的理解就要遭到质疑了。

对意识问题的争议在21世纪会更加激烈，因为非生物的存在——机器——将会使我们中的大多数都相信它们是有意识的。它们会掌握所有我们现在用来确定人类是否有意识的细微线索，且如果我们拒绝承认它们是有意识的，它们便会变得怒气冲冲。

让我们考虑一下这样的一种情况：假如我们扫描了我，并且记录下我每一个神经递质、突触、神经连接和其他相关细节的精确状态、水平和位置，然后在一台神经计算机中将这个庞大的数据库再具象化，那么哪一个是真正的我呢？如果你问这台机器，它会言辞激烈地强调它才是真正的雷。它拥有我全部的记忆，因而它会说"我在纽约的皇后区长大，大学就读于麻省理工学院，我住在波士顿地区，出售了几家人工智能的公司，走进了一台扫描仪，然后从这台机器中醒来。嘿，这项技术真的实现了"。

但有许多很强的论证支持它实际上是另一个人的观点。首先，原来的作为生物的雷（也就是我）仍然存在，我仍然存在于我由细胞组成的碳基大脑中。可叹的是，我（原来的作为生物的雷）只能坐在一边，看着新的雷在只存在于我的梦想中的事业上取得成功。

但新的雷同样会有一些强烈的主张。他会说尽管他与过去的那个雷并不完全相同；但那个雷目前的生物版本也同样并不与他完全相同，因为组成我的生物大脑和身体的粒子是不断发生变化的。其物质和能量的模式是半永久性的（也就是说，它们只会逐渐变化），但组成他的实际质料却在不断地快速地变化着。

由此看来，我的同一性更像是流过一块岩石的水流所形成的模式。这种模式会在几个小时甚至几年内相对保持不变，但构成这种模式的质料——水——则是变动不居的。

这个想法与一个哲学见解相一致，即我们不应将我们的同一性理解为一堆粒子，而应理解为我们所代表的物质和能量的模式。换句话说，如果我们转而将意识的定义理解为决定这些粒子如何构造的模式，那么新的雷就有理由宣称自己是过去那个雷的延续。

假设有一个人在我睡着的时候扫描了我的大脑，并具象化了新的雷，而我甚至可能对此一无所知。如果你走到我的面前，对我说"雷，有个好消息要告诉你，我们已经成功具象化了你的心灵文档，所以你再也不需要使用过去的身体和大脑了"。此时我也许会迅速意识到认为新的雷是我的意识的延续这一论证的哲学漏洞了。我或许会祝愿新的雷一切顺利，并且意识到他分有了我的模式，但我不会得出结论说他是我，因为我还在这儿。

无论你在这场辩论中站在哪一方，都有必要注意到这个事实，数据并不必然永远存在。信息的寿命取决于它的关联性、实用性和可获得性。如果你曾试过在存储格式老旧又模糊的过时的数据存储器中检索信息（例如一台20世纪70年代的小型计算机的磁带），你就会明白保持软件的可读取性没那么容易。但如果我们勤于维护我们的心灵文档，保留当前的备份，并将之以最新的格式传输到最新型的存储媒介里，那么至少关于我们是谁的最关键的那个方面①可以独立于我们的身体而长存。

这种超级科技智能对未来来说意味着什么？在21世纪的技术条件下，这显然会包含极大的危险。让我们考虑一下纳米机器人的繁殖不可控这一问题。这项技术要投入使用就要用到数十亿乃至数万亿纳米机器人，而要使纳米机器人达到这个数量，成本最低的方法是使它们能够自我复制，其本质上与生物世界里（比如细菌）的自我复制的方式一样。于是，就像生物世界里自我复制出错（比如癌症）会导致生物的死亡一样，机制上的缺陷可能导致纳米机器人的自我复制无法被终止，这会危及到所有物理实体，包括生物的和非生物的。

其他突出的问题还包括：谁来控制纳米机器人？纳米机器人还会与谁对话？

组织，包括政府、极端组织甚或是一个聪明的个体，可以将数万亿无法探测到的纳米机器人放入所有人的水或食物中。这些"间谍"纳米机器人就可以监视、影响甚至控制我们的思想和行动。更有甚者，经过认可的纳米机器人也可能受到软件病毒和其他黑客技术的侵袭。就像技术在今天会导致危险一样，在未来的几十年里还有大量的危险在等着我们。

就我个人而言，我是个乐观主义者，我期望对这项技术的有创造性的和建设性的应用在未来可以继续坚持下去。然而，一场对科技前景表示担忧的卢德式的运动也将会扮演一个有价值且日益重要的角色——卢德派即那些反对技术发展的人，他们的思想源自于19世纪早期的织工，那些织工抗议并砸毁威胁到他们生计的机器。

尽管如此，我仍然认为将人类的心灵从有严重缺陷的身体中解放出来是我们进化到下一阶段的必要步骤。在我看来，进化是生命的目的，这意味着生命（包括我们的生命）的目的在于进化。

进化又意味着什么呢？进化趋向于具有更多的复杂性、优雅、智慧、美、创造性和爱。上帝就被喻为是这些事物的化身，此外他还是永生和无限的。虽然进化从未达到无限的境地，但它始终朝着这个方向，并且以指数级的速度不断发展、进步着。因此，技术的进化会使得我们无限接近于上帝。而将我们的思想从我们的生物形态的严酷限制中解放出来或许会被认为是一个最本质的精神追求。

在下一个世纪结束的时候，非生物的智能将无所不在。只有极少数人会没有被植入某种形

---

① 指意识。

式的人工智能，人工智能在那个时代则会以加倍的指数级的速度不断增长，然而生物的智能则基本上停滞不前。非生物的思想会比起它的祖先强大数万亿倍，尽管它仍然源于人类。

最终，地球上创造出技术的物种会与他们创造出的计算技术融为一体。毕竟，被植入了数万亿纳米机器人而将功能加强了数万亿倍的人类，与基于人脑的高分辨率扫描而设计并将性能提升至数万亿倍的计算机又有多大的不同呢？

这是我们的子孙将会面临的，不祥的关乎存在的难题。但此时此刻，我们没有回头路可走，只能加速前进。

阅读问题

1. 扫描我们的大脑的目的是什么？库兹韦尔假定了一种什么样的心灵理论？
2. 库兹韦尔所提议的扫描大脑的几种不同的方法是怎样的？有没有一种方法比其他更好？
3. 我们如何可能知道一次大脑扫描是成功的呢？库兹韦尔在这里假设了一种什么样的人格同一性理论？
4. 在库兹韦尔看来，进化在他提出的场景下如何可能？

第5章
相对主义问题与道德

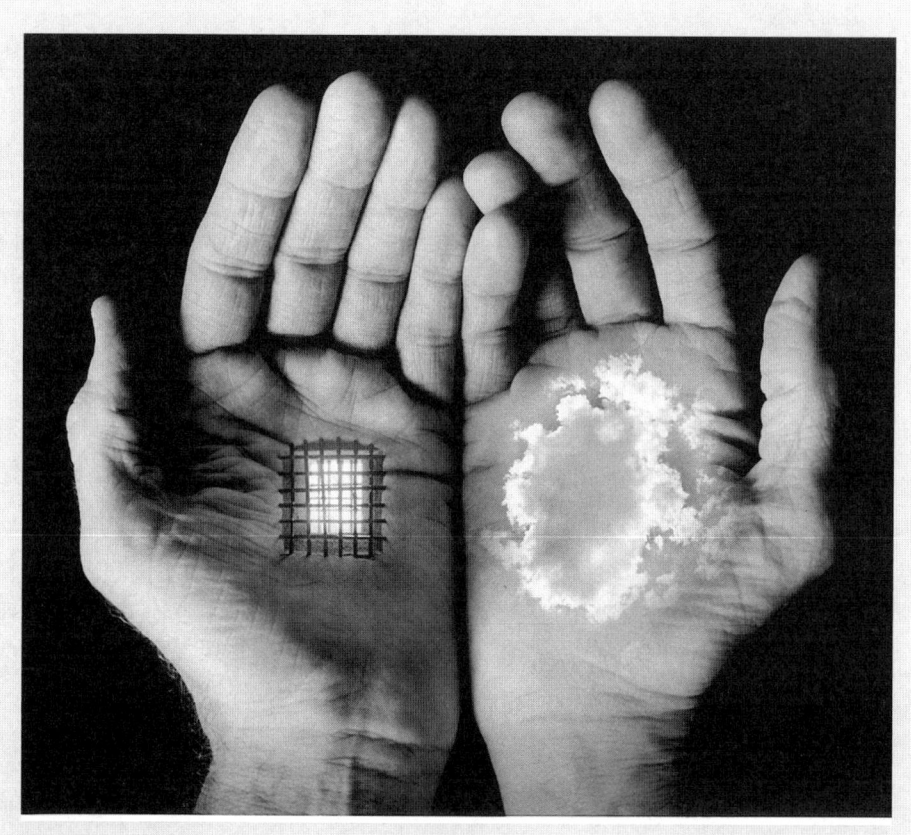

5.1 导　言

> 没有道德的人是被放到这个世界上的野兽。
> ——曼雷·P. 霍尔
> （Manley P. Hall）

1973年6月17日，乔治·齐格玛尼克（George Zygmanik）在一场摩托车交通事故中摔断了脊柱。车祸后，以前那个活跃的运动健将乔治变成了四肢瘫痪者，肢体一点都不能动。而且，他身体其他还有感觉的部分都很疼痛。接下来几天的大部分时间里，他的兄弟莱斯特（Lester）一直陪在他身边。在19日那天，乔治对莱斯特说："请握住我的手。"当莱斯特这样做了之后，乔治又说："你知道我想让你做什么。"莱斯特摇了摇头。乔治说："你是我的兄弟，我要你承诺杀死我，我要你向上帝发誓。"[1]

6月20日晚上11点，莱斯特·齐格玛尼克在衣服下藏着一支截短了的猎枪，走进新泽西海岸医疗中心。在乔治的病房里，莱斯特用这把枪对准了乔治的太阳穴，并扣动了扳机。在接下来的混乱中，莱斯特向一个护士自首了："我就是你们正在寻找的凶手，是我刚刚杀了我的兄弟。"[2]

莱斯特做得对吗？新泽西州政府并不这样认为。他被拘捕了，并被判处一级谋杀罪。然而，有些人对莱斯特的行为抱以宽恕的态度，因为他不仅使他的兄弟摆脱了痛苦，而且他这么做也是在满足他兄弟的要求。他们认为莱斯特的行为并不是出于恶意，而是出于爱。

> 在痛苦中死去的人并不嫌死得过早。
> ——普布里乌斯·西鲁斯（Publilius Syrus）

尽管莱斯特的行为在我们大多数人心中激起了强烈的情感，但是我们不能仅仅基于我们的情感来判断他的行为的对错。因为我们的情感可能是偏见、恐惧或文化环境的产物，因而是不理性的。人们曾经坚决认为拥有奴隶没什么错，但是我们并不能因此得出奴隶制度是道德上可允许的。另外，情感之间通常存在冲突。有些人认为莱斯特的行为是对的；有些人则认为他是错的。但是莱斯特的行为不可能既是对的又是错的。所以，判断一个行为在道德上是否正当，并不能依据我们的情感，而是要找出这些情感背后的原因。

通常，我们诉诸各种各样的道德原则为我们的行为做辩护，比如盗窃是不对的，撒谎是不对的，不守承诺是不对的，等等。道德哲学的一个任务就是判断这些道德原则能否可以通过一个统一的道德理论得到解释。就像开普勒和伽利略的运动定律依据的是牛顿的万有引力定律一样，这些道德原则背后是不是也有某个更基础的原则作为依据？

除了判断行为的对或错，我们也会判断人、人的品质和动机的好或坏。好人经常做对的事情，但是也不总是那样。例如，大约公元1400年到1600年间，罗马天主教宗教裁判所的审判官处死了数量在25万到200万之间的妇女，这样做的理由是她们是女巫。在这些审判官中，至少有一些是品格正派的人，他们认为自己是在帮上帝做事。但即使他们都是好人，他们做的这件事也是极其错误的。

就像善良的人会做错误的事情一样，恶人也会做正确的事情。例如，希特勒对动物很友善，并且在逐步掌握政权的过程中，其举措也改善了部分德国人的生活。他的动机可能是可鄙的，但这并不意味着他所有的行为都是错误的。一个行为的正当性（rightness）并不单单依赖于行为主体的善。

很多人通过从小被教导一套道德规范（moral code）来学习如何道德地行动。因此，很多人认为道德地行动无非就是遵守一种道德规范。但是如果我们需要从道德规范出发来做出所有的道德决定，这既是不可能的也是不可取的，因为道德规范太笼统，不能用来解决具体的道德问题。例如，"不可杀人（Thou shalt not kill）"这条诫命。当然，这条诫命并不意味着我们不应该杀任何东西——不管是植物，还是动物——因为，如果我们什么都不杀的话，就会饿死。这也不意味着我们绝对不能杀人，因为，我们有时候会因为自卫而不得不杀人。为了使一个人脱离痛苦而杀死他是错误的吗？十诫（The Ten Commandments）①没有说。要想从十诫中找到问题的答案，我们就必须诠释十诫，而要想诠释十诫，我们就必须诉诸道德理论。

除了过于笼统以外，道德规范给出的建议往往还是冲突的。想象一下，假如你是一个虔诚的基督徒，就在刚才，你的一个孩子咒骂了你。你不确定要怎么处理这个情况，所以翻开《圣经》想从中找到答案。在《出埃及记》21∶17中，你读到"咒骂父母的，必要把他治死"，就在你准备杀死你的孩子时，他却向你指出《出埃及记》20∶13又说了："不可杀人。"这种情况下，你该怎么办？要回答这个问题，你不能只看这些律令的字面意思，而要看到这些字眼背后的理论。你必须判定哪种行为最为符合一种正确的道德观念。

道德理论可以告诉我们我们应该运用什么样的道德原则来做出正确的道德判断。确定这些道德原则是什么的研究被称为"规范伦理学"（normative ethics），因为这些原则就是指导人们该如何行动的规范。另一方面，"描述伦理学"（descriptive ethics）尝试确定人们在现实中做道德判断所依据的那些原则是什么。描述伦理学属于心理学、社会学、人类学等社会科学的研究领域。通过研究个体和群体的行为，这些学科能够告诉我们人们实际上是用哪些原则指导行为的。规范伦理学属于哲学的领域。它试图确定如果人们想要避免做恶事和错事的话**应该**用哪些原则指导他们的行为。因此，规范伦理学是规定性的，而描述伦理学是描述性的。

最近有些社会学家声称他们也可以提供一种规范性的伦理理论。例如，社会生物学之父E. O. 威尔逊（E. O. Wilson）作出过一个预言性的评论："经验主义式的论证认为，如果我们去探索道德行为的生物学根基，并且解释了它们的物质来源和它们的偏颇之处，那么我们就应该能够达成一种明智的和持久的伦理共识。"³正如进化论可以解释生物为什么会具有这些身体特征，威尔逊认为进化论同样可以用来解释为什么人们会有这些道德信念。正如在生存竞争中，拥有某些身体特征是一种

> 法律的价值不在于它是法律，而是因为在它之中有正义。
> ——H. W. 比彻

> 合于伦理的生活对这个世界上所有最值得珍视的东西来说，都是必不可少的。
> ——欧内斯特·凯迪克（Ernest Caldecott）

---

① "十诫"即摩西十诫，是《圣经》中记载的上帝借由以色列的先知和众部族首领摩西向以色列居民颁布的十条规定，其中的第六诫即为不可杀人。

优势，同样，拥有某些道德信念在生存竞争中也是一种优势。乱伦是错误的就是这样一种信念，与近亲性交而生下的孩子通常会有基因方面的缺陷，而这些孩子在生存竞争中通常会出局的。所以，威尔逊认为乱伦是错误的这个信念已经根植于我们的基因里了。

威尔逊理论的核心就是这样一种假设：对人们实际上为什么会如此行动的理解将产生一种人们应当对彼此如何行动的理论。然而，我们有理由相信，这个理论从一开始就注定要失败。因为，你不能从"是"（is）推导出"应该"（ought）。我们不能从一个事情实际上是如此推导出它应该就是如此的。否则就是犯了自然主义的谬误（naturalistic fallacy）。

> 人性之伟大体现在道德的高度上，而道德是由人类的心智所维持、所启发和所装饰的。
> ——查尔斯·萨姆纳（Charles Sumner）

尝试从"是"推导出"应该"是谬误的，这是因为它违背了演绎推理的最基本的原则之一：在演绎论证中，前提中没出现的概念在结论中也不得出现。所以，如果"应该"或"应当"这些概念没有出现在前提中，那么它们也不可以出现在结论中。

为了明白这点，让我们来看看下面的论证：

1. 在几乎所有的文化中，女人都是屈从于男人的。
2. 因此，女人应当屈从于男人。

显然，从这个前提中并不能推出这个结论。事物实际上是某种状态并不意味着它们应当就是这种状态。

大卫·休谟是第一个认识到这种自然主义谬误的。他这样描述他的观点：

> 在我所知道的每一种道德体系中，我总是发现，作者先按照一般的推理方式写了一大段话，并且确立了上帝的存在，或是对有关的人类事务做出了评论；可是突然之间，我却惊讶地发现，我所看到的命题无不是用"应该"或"不应该"联系起来的了，而不是用命题中通常的系词"是"与"不是"联系起来的。这种变化虽是难以察觉的，但却关乎最后的结果。[4]

也就是说，威尔逊希望从经验事实中推出规范原则的企图似乎是错位了。

这种错位背后的原因可能是没有区别"解释"和"证成"这两个概念。当我们问："为什么你相信X？"的时候，我们可能是在寻求两种不同的回答：（1）对这种信念的因果解释，或（2）对这种信念的逻辑证成。例如，假设有人问一个男性沙文主义者："为什么你相信女人应当服从男人？"如果她寻求的是第一种回答，他可能会这样回答："因为我一直就是这样被教育的"或"因为基因决定了我会倾向于认为男人比女人优越。"但是如果她寻求的是第二种回答，上面这些回答就不合适了。你被灌输相信某些事情这个事实并不能使你对它的信念得到证成，同样，从基因方面倾向于相信某些事情这一点也不能使你对它的信念得到证成，因为这些东西都不能使得你的信念为真。当我们寻求一种信念的正当性理由时，我们寻求的是它之所以为真的理由。该信念是通过某种特定途径产生的这一事实并不能提供这样的理由。所以，即使威尔逊成功地辨认出了我们之所以拥有这些道德信念的原因，他也不能因此就使它们变得正当。

各种道德理论尝试回答这个问题：是什么使得一个行为成为正确的行为？或者，是什么使得一个人成为好人？他们试着找出正确的行为或者好人的共同特征——如果有的话。道德理论所要解释的材料（data）是我们经过深思熟虑的道德判断，这些道德判断是我们经过了批判性的反思之后才接受的。一个可信的伦理理论必须与这些判断相一致。如果它认可那些明显不道德的行为，那么它就不能被接受。

就像在其他领域的探索一样，道德领域中的材料与理论之间也存在着动态的相互影响。接受一个强有力的理论可能意味着拒绝一定的材料，反之亦然。道德探索的目标是在材料和理论之间达到一种"反思的平衡（reflective equlibrium）"。我们希望材料与理论之间的契合度很高以致于无论在这两方面发生了任何合理的变化都不能再提高这种契合度。

> 每个年轻人要牢牢地记住：所有成功的事业都是建立在道德的基础上的。
> ——H. W. 比彻

为了在道德信念间实现反思的平衡，你应当首先对你做出的道德判断和你接受的道德原则进行批判性的审查。你需要问自己："这个判断的背后隐含着什么样的道德原则？从这个道德原则能推出什么样的道德判断？"然后，考察你的道德判断和道德原则的一致性。试着判断你选择的道德原则能不能使你经深思熟虑做出的道德判断变得合理，以及你选择的道德原则能不能推出你经深思熟虑做出的道德判断。如果可以合理化和推出，那么你的道德信念就处于"反思的平衡"状态。如果不可以，你可以通过修改你的道德原则或道德判断来消除这种不一致性。

道德理论不仅应当与我们深思熟虑的道德判断一致，还要和我们对道德生活的经验一致。我们所有人都做过道德判断，也都陷入过道德争论，并且有时也会做不道德的事。如果一种道德理论暗示我们不会做这些事情，即如果由它可以推出我们从不做道德判断，也从未陷入道德争论，或者从未行不道德之事，那么我们也就有理由相信它是错的了。

一个充足的道德理论还应当是切实可行的，它能够帮助我们解决道德困境。我们之所以想知道是什么使得一个行为是对的，是因为我们想做对的事。如果一个道德理论是不可行的，即如果它不能针对具体情况给我们具体的指导，那么它就无法实现伦理探究的一个基本目标了。

我们对道德本质的探索将从考察不同形式的相对主义开始。然后，我们会考察两种最流行的伦理理论：后果主义（目的论的）和形式主义（义务论的）。最后，我们将会讨论关于怎样的人才是一个好人的各种理论。

本章目标

读完本章之后,你应该能够做到

- 陈述各种道德理论。
- 说明被用来测试这些道德理论的思想实验。
- 评估不同道德理论的优点和不足。
- 定义后果主义、形式主义、内在价值、工具价值、正义原则、仁慈原则、完全义务、不完全义务、消极权利、积极权利、显见义务和德性。
- 表述你自己的关于一个行为何以正确或错误的观点。

5.2 不要质疑权威——强权即公理

《独立宣言》声称每个人都拥有某些不可剥夺的权利，包括生命权、自由权和追求幸福的权利。这些权利被假定对于所有人都适用，不论他们生活在什么样的社会。然而，当今很多美国人不再认同存在这样的普遍权利。在他们看来，道德是相对于个人、文化或宗教而言的。

> 这个世界上没有绝对的事情，这是绝对的真理。
> ——瓦尔波拉·拉胡拉（Walpola Rahula）

人类学通常认为道德是相对于文化而言的。正如美术史学家威廉·弗莱明（William Fleming）在他的《艺术和理念》（*Arts and Ideas*）一书中所说的："人类学家对原始人的生活和风俗的研究表明，道德考量是因着部落风俗、社会条件与经济条件等方面的差异而各自不同的。"[5]不同文化中的不同道德信念之间的差异的确非常惊人。某些部落认为杀掉40岁以上的部落成员在道德上是允许的；食人族认为吃人在道德上是允许的；"居住在亚马逊河上游的西里奥诺印第安人（Siriono Indians）似乎认为，在众目睽睽之下性交无所谓，但要是一个人被抓到在公共场合吃东西，他就可能会耻辱地被逐出这个部落。"[6]道德信念之间存在这么大的差异，那么怎么会存在绝对的道德标准呢？

即使在同一种文化中，不同人持有的道德信念的差异也可能很大。例如，人们对堕胎、安乐死和死刑等事件涉及的道德问题所持有的观念也是根本不同的。这难道不是对道德判断的相对性的最好证明吗？如果存在一种普遍道德的话，那么在这些问题上人们不是应该会有比现在更一致的看法吗？

主观绝对主义

人们在道德问题上缺乏共识，这导致一些人接受了**主观绝对主义**（Subjective Absolutism）学说：一个人赞成一个行为，这就使得这个行为是对的。根据这个观点，道德只是一个关于个人偏好的问题。当我们说一个行为是对的的时候，我们仅仅是在说我们赞成这个行为。

> 生活、生命和现实都只是我们每个人所感知到的样子。
> ——雪莉·麦克雷恩（Shirley MacLaine）

尽管这个观点可能有助于解释为什么会有这么多过剩的道德意见，但是它不可能是正确的，因为它导致了一个逻辑上的矛盾。假设有人赞成莱斯特·齐格玛尼克的行为，那么根据主观绝对主义的观点，莱斯特做的是对的。再假设，有另一个人不赞成莱斯特的行为，那么莱斯特做的是错的。但是同一个行为不可能同时既是对的又是错的。不矛盾律告诉我们，任何事物都不可能同时既具有又不具有一个特征。所以，主观绝对主义不可能正确，因为它是自相矛盾的。

不论什么时候，当我们对一个行为作出道德判断时，我们对这个行为都有某种感受。但是对一个行为的感受不可能使得这个行为成为对的或错的。否则，同一个行为就可能既是对的又是错的，而我们知道这不可能。正如一个平面图形不可能同时既是圆的又是方的，一个行为也不可能同时既是对的又是错的。

然而，一个行为可以同时既被相信是对的又被相信是错的。一个人可以相信一个行为是对的，而另一个人则相信它是错的，但是这并不能使得这个行为既是对的又是错的。同样的，地球可以既被相信是平的同时又被相信是圆的。但是这并不能使得地球同时既是平的又是圆的。仅仅相信你的说法是真实的并不能使得这个说法成为真实的，仅仅相信一个行为是对的也并不能使得这个行为成为对的。

主观相对主义

主观主义者声称对与错并不是像圆与方这样的特征，而是像大或小这样的关系，他们试图通过这种方式来避免上面所说的矛盾。任何东西都不可能同时既是方的又是圆的。但是有些东西可以同时既是大的又是小的。相对于一粒芥菜籽来说，一颗橡子是大的，但是相对于一个椰子来说，它又是小的。所以，如果道德问题是关系性的，那么同一个行为就可以既是对的又是错的。

主观相对主义（Subjective Relativism）——某个人赞成一个行为就使得这个行为对这个人来说是对的——认为道德判断总是相对于个人而言的。不论什么时候，当某人说一个行为是对的时，她的意思只是说这个行为**对她来说**（for her）是对的。任何事物都不是绝对地对或错，正如任何事物都不是绝对地大或小。这样一来，要想理解一个道德判断，我们就必须首先了解做出这个判断的人是谁。

尽管主观相对主义可能看起来令人钦佩地体现了平等主义，因为它认为每个人的道德判断都一样好，但是它会导致相当奇怪的结果。一方面，它暗示着我们每个人在道德上都是永无过错的。只要我们赞成一个行为，对我们来说这个行为就是道德上正确的，我们对这个行为的判断也就不会错。但是这不可能是事实。假设希特勒赞成消灭犹太人，那么对希特勒来说，消灭犹太人就是对的。或者，假设宗教裁判所赞成迫害女巫，那么对宗教裁判所来说，迫害女巫就是对的。主观相对主义宽恕一切行为——只要这个行为的主体赞成它就行。但是即使希特勒和宗教裁判所赞成自己的所作所为，它们仍然是错的。相信某件事是对的并不能使得这件事成为对的。否则，所有人在道德上就都永无过错了，而这是荒谬的。

你很难与一个永无过错的人争论。所以，正如你能预想的那样，主观相对主义使得道德分歧成为了几乎不可能的事情。原因很简单。假设杰克认为堕胎是对的，而吉尔认为堕胎是错的。一般来说，我们会认为在杰克和吉尔之间存在着意见分歧。然而，根据主观相对主义的观点，他们的意见并无冲突，因为杰克实际上说的是他赞成堕胎，而吉尔说的是她不赞成堕胎。这两个论断并不相冲突，因为这两个论断的主语是不同的，并且它们说的是关于这些主语的不同的事情。所以，这两种说法可能都是对的。如果吉尔想反对杰克，她就不得不说类似于这样的话："抱歉，杰克，但是你并不赞成堕胎。"然而，吉尔很难处在一个可以说出这种话的位置上，因为没人能比杰克自己更清楚杰克是怎样想的。可是，根据主观相对主义的

> 在心灵的领域中，一个人相信为真的东西或者是真的，或者会变成真的。
> ——约翰·李利
> （John Lilly）

> 相对性适用于物理学，而不适用于伦理学。
> ——阿尔伯特·爱因斯坦

观点，如果吉尔想反对杰克，她就必须这样说。现在的问题是，道德主观主义把道德看成了一种口味（taste），而我们知道，关于口味没有什么可争论的。

为了更好地看到这一点，我们来看看类似的情况。假设杰克喜欢巧克力味的冰淇淋，而吉尔喜欢香草味的冰淇淋。吉尔会和杰克争论吗？不会的，因为杰克说的是自己的口味，吉尔说的也是自己的口味。如果吉尔想要和杰克争论的话，她就不得不这样说："杰克，对不起，巧克力味的冰淇淋并不是你喜欢的口味。"但这是愚蠢的，因为她并不具有做出这个论断的资格。

道德争论不关注人们是否知道他们自身的想法。但是如果主观相对主义是对的，这就是道德争论唯一可以关注的问题了。所以主观相对主义并不符合事实；它与我们的道德生活经验不一致。

主观相对主义不可能是一个正确的道德理论，因为，它会允许那些显然不道德的行为，它暗示着人们在道德上是永无过错的，并且，它否认存在任何实质性的道德分歧。它也与我们的道德生活经验不一致。我们将毫不犹豫地拒绝一个不符合事实的科学理论，同样，我们也毫不犹豫地拒绝主观相对主义。

主观绝对主义
使得一个行为正确的原因在于有人赞同它。

主观相对主义
对某个人来说，使得一个行为正确的原因在于这个人赞同它。

情感主义

为了给道德是主观的这种观点做辩护，一些人甚至会声称道德话语无所谓对错。我们所说的事情中，有些并没有真值。试考虑这些话语：万岁！好哇！唉！嘘！这些都只是感叹词而非陈述。它们是表达情感的，而不论断什么东西。所以，它们都既不是对的也不是错的。根据**情感主义**（emotivism）的观点，所有的道德言说（使用"对的"和"错的"等道德术语的言说）都是情感的表达。例如，如果我们说堕胎是对的，我们实际上是在说："堕胎，万岁！"

逻辑实证主义者A. J. 艾耶尔在他的《语言、真理和逻辑》（*Language, Truth, and Logic*）这本书中这样为一种情感主义辩护：

> 如果我……说"偷窃是错的"，这个句子是没有事实意义的，即，它并不是一个可以为真或为假的命题。这就像我写下"偷钱！！"一样，在此，这两个感叹号的外形和厚度就通过恰当的惯例表达了一种特殊的，道德上不赞同的情感。很显然，这里所说的东西并谈不上为真或为假。[7]

你或许还记得在第二章中我们说过，逻辑实证主义是立足于意义的可证实性理论之上的，这种理论认为如果一个句子不能被证实，那么它在认知上就是无意义的（既不是对的，也不是错的）。艾耶尔强调，关于道德的句子不能被证实，因为善或正当是不能被感觉到的。好人和正当的行为并没有特殊的外貌、感觉、口味、气味、或声音。所以，包含有"善的"或者"正当的"等术语的句子既不是对的，也不是错的。

虽然这种意义的可证实性理论并不怎么可信，不过情感主义仍然有其优势。通过把道德话语看成是情感的表达而不是事实的论断，情感主义就避免了主观主义所面临的某些困难。因为它声称道德话语并不是任何类型的判断，所以它避免了主观绝对主义的矛盾和主观相对主义的个人永无过错的问题。如果你不做出一个论断，那么你就不可能与任何人发生冲突，这样你就不可能是对的或错的。

然而，情感主义和主观相对主义一样，都解决不了道德分歧的问题，因为如果道德话语不是一种论断，那么它们之间就不会发生冲突。当你说"万岁！"时，你并没有说出一句别人可能反对的话。同样，如果当你说堕胎不对的时候，你实际上是在说"堕胎，呸！"你也没有说任何别人可能会反对的内容。然而，道德话语并不只是欢呼或咒骂。所以情感主义也不可能是正确的。

情感主义暗示了没有什么东西是好的或坏的，因为"好的"和"坏的"这两个词并不代表任何东西的性质或特征。这是一种反常识的激进论断。为了揭示它有多么的激进，布兰德·布兰沙德提出了下面的思想实验：

思想实验

布兰沙德的兔子

世界上人们普遍认同剧烈的疼痛是坏的这个价值论断。让我们设定一系列的情境，我恰巧对这些情境下的立法问题感兴趣，并且我认为我们每个人都会在这方面做出同样的论断。设想一只兔子落入猎人常用的陷阱里了。有迹象表明它为了逃跑已经挣扎了好几天，并且因为饥饿、疼痛和恐惧而发狂，它差点就把自己的腿吃掉了。但是它没有吃成，因为它已经死了。当我们想到它一定承受了长时间的极端痛苦时，我们很可能会说："让这样一个小动物承受这样的折磨，是一件坏的事情。"实证主义者告诉我们，当我们说这句话的时候，我们只是表达了我们此刻的情感。相反，我认为我们打算表明的是疼痛本身就是坏的。[8]

根据情感主义的观点，兔子的疼痛既不是好的，也不是坏的。它可能触动了你，使你产生某种情感，但是兔子的疼痛本身并不具有道德属性（因为情感主义并不承认道德属性）。但是布兰沙德无疑会说，事情并不是这样的。不论是否每个人都有这种情感，剧烈的疼痛始终是坏的。

另外，情感主义暗示着，每个人对同一件事情做出的反应都是同等恰当的。但是这也与我们的常识不符。假设某人对兔子的疼痛表达出喜悦的情感，或某人对虐待无辜儿童表达出高兴的情感。一般来说，我们会认为这些反应是不恰当的。基于有些事情（比如遭受不必要的痛苦）客观地就是错的这个假设，这种判断就很容易被解释，但是这种解释从情感主义的角度出发是行不通的。因此，情感主义者不能解释我们这种道德经验。

一种理论若与常识相冲突，它的可靠程度就会被削弱，但是我们并不因此就完全否定这个理论。常识曾经在很多事情上都犯过错，比如说地球的形状、大小和位置。但是只有当某种选项显著地优于常识时，我们才否定常识，而情感主义并没有什么优于常识的地方。它不仅与我们对道德生活的经验不一致，而且也不能为我们解决道德困境提供方法。实际上，情感主义认为根本就不存在什么道德困境。因此，它不是一种充足的伦理理论。

> **情感主义**
> 这种学说认为所有的道德言说都是对情感的表达。

文化相对主义

当我们说一个行为是对的时，我们不仅是在说我们赞成它。我们也不是仅仅在表达我们的情感。那我们在说什么？有些人认为，我们说的是我们的文化赞成这个行为。

我们的道德信念通常反映了我们成长于其中的文化。例如，如果我们在印度长大，我们可能会认为，为死去的丈夫陪葬而将妻子活活烧死是道德上允许的；如果我们在叙利亚长大，我们可能会认为男人娶不止一个妻子是道德上允许的；如果我们在苏丹长大，我们可能会认为为少女做阴蒂切割手术是道德上允许的；然而，如果我们在美国长大，我们可能会认为上述的这些情况道德上都是不允许的。生活在不同文化中的人有不同的道德信念，所以我们似乎不可避免地会得出结论说道德是相对于文化而言的。

> 世界是被习俗统治着的。
> ——品达（Pindar）

文化相对主义（Cultural Relativism）是这样一种学说：对于一种特定文化中的成员来说，使得一个行为是对的原因在于这种文化认同这个行为。与主观相对主义不同，文化相对主义并不暗示着人在道德上是永无过错的。但是它确实暗示着文化在道德上是永无过错的。文化制定道德法则，所以文化不可能做错。

然而，如果文化在道德上是永无过错的，那么不认同一个人所处的文化就不可能正确。社会改革者不能声称一种社会认同的做法是错的，因为一旦社会认可了它，那么它就一定是对的。例如，如果一个社会认同奴隶制，那么奴隶制就是对的。任何人要是有不同的看法，那他肯定错了。因此，文化相对主义将会让我们相信，耶稣、威廉·罗伊·加里森（William Lloyd Garrison）（主张废除死刑的先驱之一）和苏珊·安东尼（Susan B. Anthony）（主张妇女参政的先驱之一）等人的行为都是不道德的，因为他们所提倡的行为都是不被他们的文化所认同的。但是我们不仅没有谴责他们的行为是不道德的，相反，我们称赞他们揭露了他们文化中不道德的方面。文化在道德上并非永无过错，它们可能并且已经认可了不道德的做法。因此，文化相对主义不可能正确。

> 看上去荒谬的习俗，其背后经常有着实质性原因。
> ——夏洛蒂·勃朗特（Charlotte Bronte）

不同于主观主义，文化相对主义并没有使道德分歧成为不可能。个人可以正当地在一个行为的道德性方面产生分歧。但是根据文化相对主义，他们的分歧只跟他们的文化是否认同这个行为有关，因为是文化决定了一个行为的对错。所以，文化相对主义会让我们相信，当人们争执堕胎的道德时，他们只是在对他们的文化是否支持堕胎产生分歧。但是这是不太可信的。一般意义上的道德分歧与关于堕胎的具体分歧都不是关于民意的问题，它们并不能通过民意调查来解决。由于文化相对主义反其道而行之，所以，它不是一个充足的道德理论。

即使道德分歧是关于民意的，文化相对主义也仍然不是一个充足的道德理论，因为它是难以实行的。它并不能帮助我们解决道德困境，因为我们没有办法确定一个人真正的文化。假设你是一个信奉共产主义的犹太教黑人，生活在希特勒统治期间的巴伐利亚州。你真正的文化是什么？黑人文化？犹太教文化？共产主义文化？巴伐利亚文化？还是纳粹文化？我们每个人都是很多不同文化中的一员，没有办法确定哪个是我们真正的文化。但是如果我们无法确定我们的真正文化，我们就不能利用文化相对主义来解决道德问题。

> 习俗是傻瓜的法律。
> ——约翰·范布勒爵士（Sir John Vanbrugh）

既然文化相对主义有这么多的缺点，为什么它还这么盛行呢？部分原因在于，有些人认为它能促进宽容。例如，人类学家鲁思·本尼迪克特（Ruth Benedict）声称通过接受文化相对主义"我们将会达成一种更切实的社会信仰，它是希望的基石，是宽容各种共存的和同等有效的生活模式（它们都是人类自己从存在的原始材料中创造出来的）的新基础"⁹。但是明确地基于文化相对主义促进了宽容而拥护它就隐含着假定了宽容是一种绝对价值。然而，如果存在绝对价值的话那么文化相对主义也就错了。

> 宽容是无信仰者的德性。
> ——G. K. 切斯特顿

文化相对主义者至多可以一致地声称的就是她的文化重视宽容，然而其他文化也许并不宽容。事实上，几乎所有类型的原教旨主义者都不能容忍与他们意见不一致的人。这样，从文化相对主义者的视角来看，这些文化的不宽容也可以是合理的。因此，从促进宽容这个角度来说，文化相对主义的辩护注定是失败的。

文化相对主义之所以这么盛行的另外一个原因是，它似乎是唯一与人类学证据相一致的伦理理论。然而，文化相对主义的缺陷表明这个结论是错误的。要知道为什么，我们需要先来更加具体地考察一下人类学的论证。

人类学论证

人类学支持文化相对主义的论证是这样的：由于不同文化中的人对不同行为的道德性有着不同的看法，所以，不存在普遍的道德标准。但是人们的意见不同这个事实本身并不意味着不存在绝对的道德标准。只有结合某些其他的假定，才能得出这个结论。通过将这些假定清楚地展现出来，我们才能更好地评判人类学关于文化相对主义的论证是否合理。下面是论证过程：

1. 对于同一个行为，生活在不同社会中的人会做出不同的道德判断。
2. 如果生活在不同社会中的人对同一个行为做出不同的道德判断，那么他

> **文化相对主义**
> 这一学说认为对于一种特定文化中的成员来说，使得一个行为正确的原因在于这种文化认同这种行为。

们必然接受不同的道德标准。

3. 如果生活在不同社会中的人接受不同的道德标准，那么普遍的道德标准也就不存在。

4. 所以，不存在普遍的道德标准。

这是一个有效的论证，因为它的结论是从前提中推论出来的。但问题是，这些前提为真吗？前提1肯定是真的，因为它已经多次被人类学调查证实了。那前提3呢？它表明如果人们对于什么样的行为是对的这个问题的看法存在分歧，那么"什么使得一个行为是对的"这个问题就没有一个正确的答案。但这是说不通的。单单从人们的意见不一致这个事实出发，我们不能下结论说各方分歧的意见都是不正确的。分歧本身并不能使其中每一方的声言都无效，否则你只需要不同意某个观点就能达到驳倒它的目的了。然而，要表明某人错了，你必须给出你认为他或她错了的原因。仅仅是人们之间有分歧这个事实并不能证明不存在绝对的道德标准。

由于前提3是错误的，所以，人类学论证是不合理的。但是在这个论证中，前提3并不是唯一存在问题的前提。前提2说的是，无论什么时候——只要人们对一个行为的道德性存在分歧，他们就必然接受不同的道德标准。换句话说，无论什么时候——只要存在不同的道德判断，那么就存在不同的道德标准。是这样的吗？让我们考察一下道德判断是如何被做出的。

道德判断的逻辑结构

道德判断就是对一个具体行为的道德评价。道德标准就是对**一类**行为的道德评价。如"谋杀是错的"这一道德标准，针对的是一类行为（谋杀这类行为），但我们不能因此就说任何具体的杀人行为都是错的，因为杀人可能不是谋杀。谋杀是对一个人带有预先恶意的不正当的杀害。所以，为了确定一个特殊的杀人行为是不是谋杀，我们就必须判定遇害对象是不是一个人，这个杀人的行为是不是正当的，杀人者是不是出于仇恨或恶意的。

这些考虑表明了道德判断并不是仅从道德标准中推导出来的。要想从一个道德标准中推导出一个道德判断，我们需要知道关于这个事件的其他信息。没有这些信息，我们是不能做出道德判断的。那么，道德判断的公式就变成了：

道德标准 + 有关事实的信念 = 道德判断

因为单独的道德标准并没有暗含道德判断，所以，无论什么时候只要存在不同的道德判断，道德标准也就不同这个说法就不必然为真。对事件的事实所持看法的不同也可能导致不同的道德判断。

有些人类学家认为这是常有的事。正如社会心理学家所罗门·阿什（Solomon Asch）所讲的：

> 不要以牺牲真理为代价去盲从任何习俗。
> ——约翰·齐默尔曼（Johann Zimmerman）

> 习俗可能会让人陷入诸多错误，但任何错误都不能以习俗为借口。
> ——亨利·菲尔丁（Henry Fielding）

> 习俗的独裁正走向衰落，我们开始不满足于只是了解事情是怎样的，我们还要问它们是否应该是那样的。
> ——J. S. 密尔

> 我们认为从一个饥饿的孩子手中拿走他的食物是不对的，但是如果他正在进食过量，那么拿走他的食物就不是不对的了。我们认为兑现承诺是对的，但是如果这个承诺是去犯罪，那情况就不同了……我们很习惯地认为，对同一行为的不同评价自然就证明了存在着不同的评价原则。前面的例子表明这种理解是错误的。确实，对相关因素的考察显示出，固定原则的运用必须依据不同的情况而定……人类学的证据并不能为相对主义提供证明。我们没听说过这样的社会：在其中勇敢是受鄙视的而怯懦是光荣的、慷慨是一种恶习而忘恩负义是一种美德。这似乎反而表明了价值和意义之间的关系是不变的。[11]

根据阿什的观点，不同文化中的人之所以会有不同的道德判断，并非因为他们对道德的本质有着不同的看法，而是因为他们对事实的本质有着不同的看法。

让我们试着来考虑一下关于堕胎的争论。那些反对堕胎权（pro-life）的人认为堕胎是错的；那些赞同堕胎权（pro-choice）的人则认为堕胎是对的。这是否意味着这两群人对道德的本质有着不同的看法呢？答案是否定的，因为他们都认为谋杀是错的。他们争论的地方在于胎儿的本质这个问题。胎儿属于可以被谋杀的那类事物吗？胎儿是人吗？这样，他们的分歧就是胎儿是何种事物，而不是什么使得一个行为是对的或错的。

> 一个观点被广泛接受了，并不能表明它就不是完全荒谬的。
> ——伯特兰·罗素

男性沙文主义者认为给予女性与男性相同的责任是错的，而女权主义者则认为没有理由不平等地对待男女。对于女性应该被如何对待这个问题，男性沙文主义者和女权主义者作出了不同的道德判断。他们对于道德的本质有着不同的看法吗？不见得：他们很可能都接受"同等的东西应该被一视同仁地对待"这个平等原则。因此，他们的分歧并不是关于道德的本质，而是关于女性的本质。男性沙文主义者和女权主义者仅仅对女人可以做什么这个问题存在争论。由于道德判断是从道德标准和特定的事实信念中推导出来的，所以，道德判断上的不同并不必然地意味着道德标准上的不同。

思想探究

入乡随俗

阴蒂切除术——以手术方式切除阴蒂——在冈比亚很常见。人们认为这种手术会让女人更纯洁，成为更可欲求的妻子。1987年，一个在法国居住了5年的冈比亚人特农·扎哈特（Teneng Jahate）雇了一个产婆给她的两个女儿做了切除阴蒂的手术。她的两个女儿一个一岁，一个两岁。在法国，阴蒂切除术是不合法的，但是扎哈特不知道。她声明："我不知道这个手术在法国是禁止的。我这么做是因为当我的女儿回到冈比亚后还是会做手术的，所以，为什么不在她们还小的时候就把这个手术给做了呢？"[12]扎哈特做错了吗？为什么？

神命论

不论是个人还是社会都不能通过赞成一个行为就使这个行为成为对的。然而，很多人认为上帝可以。在他们看来，上帝不仅是道德律的制定者，而且还是推行者。上帝制定法规，并且他保证违反法规的人会遭到报应。这种观点通常被称为**神命论**（the divine command theory），它认为一个行为之所以是对的，是因为这是上帝要求的。也就是说，独立于上帝的意志而言，没有什么行为或不做什么行为是对的或错的。但问题是，上帝是凭借什么提出他的诫命的呢？他是遵循着某种标准，还是随意提出的呢？这与苏格拉底在《游叙弗伦篇》中试图解决的问题相似：是因为神明要求我们这样去做，所以一个行为才是正确的？还是因为一个行为是正确的，所以神明才要求我们这样去做？接受前者意味着接受神命论；而接受后者就是否定神命论，因为这个观点表明了一个行为的正确性是独立于上帝的意志的。

> 所有的道德义务都是与上帝的意志一致的义务。
> ——查尔斯·霍奇（Charles Hodge）

为了更好地了解神命论的含义，让我们来看看下面的故事。假设当摩西带着写有十诫的石板从山上下来时，他的族人围住了他，想知道上帝说他们应该怎样去生活。他的跟随者问："石板上都说什么啦？"摩西回答道："我有一些好消息和一些坏消息。""我们想先听听好消息。"摩西说："好的，好消息是上帝把诫命的数量限制到了十条。""那坏消息呢？"他们问。摩西说："坏消息就是上帝把禁止通奸写进了诫命里面。"我们在此需要注意的是，根据神命论，通奸是错的的原因在于上帝不允许这么做。如果上帝不禁止这么做，那么通奸就没有什么不对了。

沿着这条推理路径往下走，可以得出这样的逻辑结论。如果神命论是对的，那么十诫里面的内容也可以是这样的："你可以杀掉任何你不喜欢的人；你可以强奸任何你欲求的女人；你可以偷盗任何你贪图的东西；你可以在你空闲的时候折磨无辜的儿童……"因为杀人、强奸、偷盗和折磨他人在上帝使它们成为错的之前并不是错的，并且，上帝也可以使它们成为对的。

很多人把这个论证当作神命论的归谬法（a reductio ad absurdum）。它使神命论变得荒谬，因为想象上帝能宽恕这些行为是荒谬的。为了避免这种荒谬，神命论者可能会试着去否认上述情况的可能性。例如，她可能会说，由于上帝是全善的，所以，他不会纵容杀人、强奸、偷盗和折磨他人等行为。但是如果上帝是根据其定义为善的（by definition good），那么就不能用上帝来定义善，否则这样的定义就是循环定义——需要定义的概念已经包含在用来定义的概念里了。如果全善是上帝的一个基本特征，那么神命论就是在说，善的（或正当的）行为就是一个至善的（或至正当的）存在物意欲的行为。尽管这肯定是对的，但是它并没有让我们知道任何新的东西。它没有告诉我们是什么使得一个行为是正确的，因此它并不能增进我们对道德本质的理解。

> 人类历史上最大的灾难可能就是宗教对道德的绑架。
> ——阿瑟·C. 克拉克（Arthur C. Clarke）

通过否认善是上帝的一个定义属性可以避免这种循环定义。但是这并不能帮到神命论者什么，因为如果善不是上帝的基本特征，那么他所意欲的都是善的就得

> 上帝的意志就是无知的避难所。
> ——斯宾诺莎

不到保证。上帝是全知全能的并不必然使他趋向善。事实上，事情可能会走向反面。正如英国政治家艾克顿勋爵（Lord Acton）评论的那样，"权力导致腐败，绝对的权力导致绝对的腐败"。所以，神命论面临着一个困境：如果善是上帝的一个定义属性，那么这个理论就是循环论证；但是如果善不是上帝的一个定义属性，那么这个理论就是错误的。任何一种情况都表明神命论是一个不可接受的关于道德本质的理论。

然而，对于信仰上帝的人来说，神命论最突出的缺点可能在于它贬低了神，它摧毁了我们可能崇拜和服从上帝的任何理由。莱布尼茨解释道：

> 因此，当有人说行为的善不来自任何有关善的标准，而是仅仅来自上帝的意志时，在我看来他就毁灭了上帝的所有爱和荣耀——虽然他没有意识到；因为如果上帝做完全相反的事情也同样值得赞扬，那么为何还要去称赞他呢？如果他只是拥有着一种暴虐的力量，如果他的行为是出于任意而非出于合理性，如果正义就是服从最有力量者的意愿——这也是暴君的定义——那么他的正义和智慧何在？除此之外，任何一个被意欲的行为都假设了一个该意欲的理由，而这个理由必然是先于其行为的。[13]

莱布尼茨的观点是，如果不存在独立于上帝意志的对错的话，那么上帝就不能因为一件事物是好的而选择它，不选择其他的事物。由此如果上帝确实选择了某一事物而非另一种，那么他的选择就是任意的。然而，一个任意地做出决定的人是不值得崇拜的。

此外，如果上帝的命令是任意的——如果他的命令是没有道德理由的——那么我们也就没有道德义务去服从它们。如果我们不遵循他的命令的话，上帝也许会威胁要惩罚我们，但是尽管威胁可以强迫我们照做，它并不能产生一种道德义务。强权不能产生正义。所以，如果神的命令不是基于合理的道德原则的话，我们就没有理由去服从它们，就像我们没有理由服从希特勒一样。

莱布尼茨对神命论的反对极具深意，因为他是西方理性传统中最坚定的有神论者之一。他长篇大论地论证了一定有一个全能全知全善的上帝存在，正因为如此，现在这个世界是所有可能世界里最好的世界。由于上帝是全知的，所以，他知道什么样的世界是最好的；因为上帝是全能的，所以，他能创造出这样的世界；因为上帝是全善的，所以，他想创造出这样的世界。自从伏尔泰在《老实人》（*Candide*）中挖苦了这一观点之后，它就很难被严肃对待了。不过，莱布尼茨的例子证明了，对于一个有神论者来说，坚持道德独立于上帝是一个非常合理与忠诚的观点，完全没有不敬神或异端的倾向。

以上的考虑表明我们之前所述两难中的前一个选项是错的。上帝不能仅仅通过意欲一个行为就使得这个行为正确。上帝命令一个行为必须是因为这个行为是对

神命论
认为使得一个行为是对的原因在于上帝命令这样做的学说。

一个人的道德行为应当全部建立于同情、教育和社会纽带之上，而宗教基础并不是必要的。如果一个人因为害怕惩罚和希望死后得到奖励才去做道德的事，那么他的处境确实很可悲。
——阿尔伯特·爱因斯坦

的。然而，如果这样的话，道德就不依赖于上帝了。

但是你或许会反驳说，上帝是全能的——他能够做他想做的任何事情。所以，他必然能够使得行为成为对的或错的。然而，说上帝是全能的并不等于说他能做他想做的任何事情，而是说他能够做逻辑上可能的任何事情。正如伟大的天主教神学家托马斯·阿奎那说的，"隐含矛盾的任何事物都不在神的全能的范围之内，因为它不可能具备可能性这一面向（the aspect of possibility）。因此，与其说上帝不能让这些事件发生，不如说这些事件是不可能发生的"[14]。例如，上帝不能使数字3变成一个偶数。一个偶数是能被2整除的，而上帝不能使数字3变得可以被2整除。上帝不能做逻辑上不可能的事情。然而，并不能因此质疑上帝的全能，因为全能的意思是能做逻辑上可能的任何事情。

正如上帝不能改变数学定律一样，我们有理由相信上帝也不能改变道德法则。例如，他不能使爱变成是恶的，因为爱本质上就是善的。身兼律师和记者二职的艾伯特·派克（Albert Pike）认为：

> 圣托马斯说过，"一件事情不是因为上帝意欲它所以它就是正义的，而是因为它是正义的所以上帝意欲它"。如果他可以推导出这个美妙的想法之中所隐含的所有结论，他将会发现真正的点金石，这种神药能使世上的所有磨难都变成宝贵的仁慈。准确地说，就像上帝的存在是必然的一样，上帝也必然是正义的、充满爱的和仁慈的。他不能是不正义的、残忍的和不仁慈的。他不能废除关于对错的法则、功过的法则，因为道德法则同自然法则一样绝对。存在着一些不可能的事情，比如2加2等于5而不等于4是不可能的；一个事物既存在又不存在是不可能的。同理，要使上帝把罪恶变成美德、把爱和感恩变成罪恶是不可能的。
>
> 因此，根据圣托马斯的观点，道德法则是神的意志的实施，仅仅因为道德法则是绝对智慧和理性的决定，是神的本质的揭示，这构成了上帝制定道德法则的权利的唯一来源。[16]

派克对神命论的反对并非基于它是循环论证或它有损神的身份，而是基于它在逻辑上是不可能的。派克相信，像"爱是善的"这样的道德法则同"3是奇数"这样的数学定律一样都是绝对的。它们凭借其所涉及的概念之间的逻辑关系而成立，而不是凭借什么神的命令。所以，它们并不受神的意志的支配。

即使道德确实是依赖于神的意志的，神命论也不是一个合理的道德理论，因为它是难以实行的。就像没法确定哪种文化是一个人的真正文化一样，我们也没办法确定哪一个神才是真正的上帝。我们只有在弄清楚了要遵从哪种命令的情况下才能利用神命论来解决道德问题。然而，神命论并没有告诉我们怎样将正统的神的命令与不正统的神的命令区分开来。因此，它不能帮助我们作出道德决定。

在法庭上：上帝是我的辩护人

有时人们声称他们是被上帝命令去犯罪的。芭芭拉·唐尼（Barbara Downey）的案件就是个典型的例子：

> 芭芭拉·唐尼说，是上帝命令她去杀死自己7岁的女儿的。现在，这个住在阿帕奇枢纽的25岁女人将在一个人世间的法庭①上接受审问。在星期二，这个女人坦承她"依从上帝的意志"而射杀了她的女儿后被逮捕。星期三的早上，唐尼带着警察来到了阿帕奇枢纽东边的一片荒废了的区域，在那儿，他们发现了她7岁的女儿杰西卡·海姆斯的遗体。
>
> 唐尼第一次出现在法庭上时对法官说，"上帝是我的辩护人"。她声称是上帝告诉她要杀了这个未婚先孕而生下的女儿……唐尼的同居男友詹姆斯·戴维·拉德告诉警察，一个星期前，唐尼的行为就开始变得奇怪了。当地警察布莱恩·邓肯警官说："他（拉德）告诉我们，她当时正在读圣经中关于未婚先孕而生下孩子的那一节。当她在读这节时，她说，上帝告诉她，未婚先孕是不对的。"所以，当拉德发现唐尼在星期二下午1点15分（比平时提前了两个小时）就从四峰山小学将她女儿接走了的时候，他开始感到怀疑。大概在下午2点50分，"当他发现他的枪也不见了时，他就报警了"。邓肯说："她回答了我们所有的问题……她似乎对自己的决定和自己的所作所为很坦然。在她的心中，她是遵从上帝的意愿才这样做的……因为她的女儿是未婚先孕而生下的……"
>
> "拉德对于整件事情感到自责。"托马斯说。托马斯是住在他们隔壁房车中的邻居，他不想让自己的姓氏被公开……"她的所作所为是极度冷酷无情的，但是没有人能知道她那个时候在想什么，谁敢说她那时什么声音也没听到呢？"托马斯补充道。[15]
>
> 芭芭拉·唐尼（的律师）做出了有罪但精神失常的申诉，她被判处终身关押于亚利桑那的州立精神病医院。

思想探究

被命令去杀人

设想上帝向你显现，并叫你去杀了你的配偶和孩子。你该如何知道他就是上帝呢？假如你坚信他就是上帝，你会这样做吗？为什么？你的回答说明你对神命论持什么看法？

当然，任何一个教派的信徒都会声称他们知道可以去哪里找到真正的神的命令，即在他们的宗教经典里面。但是即使我们知道了哪一本宗教经典是受神的启示写出来的，我们也可能仍然不知道应遵从哪种命令，因为我们不能确定抄写员的记录是否正确无误。例如，下面这几条出自《圣经》中的命令：

- 咒骂父母的，必要把他治死。（《出埃及记》21:17）
- 凡在安息日工作的，必要把他治死。（《出埃及记》31:15）
- 祭祀别神，不单单祭祀耶和华的，那人必要灭绝。（《出埃及记》22:20）

咒骂父母可能不是一件好事，但是罪不至死。在周日（或周六）工作也不应该被看成是该死的恶行。因为某人是其他宗教的信徒就处死他这当然也是不对的。即使《圣经》告诉我们这些是上帝的意志，我们也知道它们是不道德的。所以，不

---

① 这里之所以强调是"人世间的法庭"是为了与上帝在人死后进行的末日审判相区别，由于唐尼自称是上帝命令她杀死自己的女儿，因此有人可能会认为在上帝的审判中她并不会被处罚。

管是《圣经》还是上帝，都不可能是道德的来源和基础。如果我们能判断它们的判决是不道德的，那么我们一定有独立于它们的道德标准。

有些人认为即使上帝不是道德法则的制定者，他也必须扮演道德法则的执法者这一角色。如果没有神的惩罚作为威胁，人们将不会做道德的事。但是这个观点并不比神命论本身更加合理。首先，作为一个关于人类心理的经验假说，它是有问题的。没有确凿的证据能说明有神论者比无神论者更道德。不仅心理学研究没能发现宗教崇拜行为与道德行为之间的显著关系，而且有神论者比无神论者的犯罪率更高。其次，神的惩罚的威胁并不会产生道德义务，因为强权不会产生正义，暴力威胁不会创造道德义务。我们并不会仅仅因为如果不遵从某人的意愿就会有生命危险而负有道德义务去服从他。

天堂和地狱通常被理解为上帝为了让我们乖乖听话而设置的胡萝卜和大棒，天堂是好人行善得到的奖赏，地狱是坏人作恶受到的惩罚。但是好人之所以做好事只是因为那是好事，而不是为了得到个人利益，也不是因为有人强迫他们这么做。如果一个人只是为了个人利益或者是为了避免伤害而行善，那就不能称其为好人。设想一个小孩掉进湖里快淹死了，一个游泳健将刚好在河边散步，但是他并不想救这个小孩。正在这个时候，一个坐在轮椅上的人过来了，他拿枪指着游泳健将的头，说："你要是不救那个孩子，我就把你的脑袋打开花。"于是，游泳健将就不情不愿地把小孩救了上来。我们应该因为这个游泳健将救了小孩而赞美他吗？似乎并不应该。同理，如果你行善的唯一原因是你害怕下地狱的话，那么你将来就是要下地狱的，因为你比那个游泳健将好不到哪里去。好人行善是为了善本身，而不是为了自己的利益。所以，我们需要一个上帝来制定道德法则或者推行道德法则的观点是错误的。

地狱的命运

当代神学家中很少有人会相信地狱的存在，因为他们认为一个全善的上帝不会让他的任何子民在地狱中受烈火灼身之苦且永远不得解脱，不管他们的罪行有多严重。约翰·希克这样解释：

> 反对永恒受苦的学说曾经似乎很弱，现在却似乎很强，因为让一种有意识的生物承受身体和精神上的永恒折磨（如果确实可以想象这种折磨的话），是难以言喻地可怕和恼人的。这种由神的命令而产生的折磨与上帝无限慈爱的观念完全对立。死后直接进入的天堂和地狱之间的绝对对立与人类无数不同程度的善恶无法对应；正义从不会要求有限的人类罪恶受无限永恒的痛苦的惩罚；这种无限的折磨不会产生任何积极或变革性的作用，因为这种折磨永远不会结束；并且这种施加于上帝创造物身上的永恒的折磨和惩罚也使得任何融贯的基督教神正论成为不可能。因此当代那些并不接受普遍救赎信念的神学家通常认为那些最终没有得到拯救者的灵魂会消散，不复存在，而非他们将受身处无限持续的地狱之火的折磨。[17]

如果这些论证是正确的，并且宇宙是由一个爱一切的上帝统治的，那么你就不必担心会去地狱了。不管死后会是怎样，都不会是永恒的折磨。

存在普遍的道德原则吗？

尽管道德分歧很普遍，但我们在道德上似乎真的有所进步。我们已经废除了奴隶制，赋予了女性选举权，还在捕捞金枪鱼的时候保证了海豚的安全。然而，如果存在道德上的进步，那一定有确定不变的道德标准作为依据来评价我们的行为和政策。如果不存在这样的标准，那么我们就没有理由说道德情况比以前更好了。这样，最能解释我们似乎在道德上有进步的就是存在着普遍的道德标准。

这些标准从何而来呢？我们没见过任何一个人甚至是上帝，能够仅仅通过相信一个行为是对的就使这个行为成为对的。但是如果信念不能为一个道德标准提供正当性，那么什么可以呢？包括这个国家的建立者们在内的很多人认为道德标准是能够自证的。

《独立宣言》声称："我们认为这些真理是不证自明（self-evident）的……"不证自明的真理指的是，如果你理解了它，那么你就有足够的理由相信它是对的。例如，试考虑这句话："凡是有形状的东西都有大小。"如果你理解这句话，也就是说，你知道形状和大小是什么，那么你就有足够的理由相信这句话是对的。你不需要其他任何的证据来支持你的观点，不证自明的真理自身提供依据，它们不需要进一步的证据来证明自己。

人们普遍认为逻辑学里有不证自明的真理，比如同一律A=A。但是道德里也存在不证自明的真理吗？似乎是有的。试考虑这句话：平等的人应当被平等地对待（equals should be treated equally）。这句话并不是说平等的人被平等地对待了，也不是说每个人都是平等的。它的意思是说，当平等的人没有被平等地对待的时候就一定有人做错了。对于任何一个知道平等和道德是什么的人来说，这句话就应该是不证自明的。

如果你不认为这句话是正确的，那么你就必须举个反例出来推翻它。如果你举不出来，也就是说，你不能举出一种平等的人不应当被平等地对待的情况，那么你所认为的就是不合理的，你没有理由认为平等的人不应当被平等地对待。

"平等的人应当被平等地对待"并不是唯一一条不证自明的道德真理，另一条不证自明的真理就是"不必要的痛苦是错的"。这并不是说所有的痛苦都是错的，像为一场考试而学习所遭受的痛苦对于获得更大的善好就是必要的。但是不必要的痛苦，如一个无辜的小孩所受到的虐待就是错的。

"平等的人应当被平等地对待"和"不必要的痛苦是错的"这两个原则是关于正义和仁慈的两条伟大的原则，它们不构成一种道德理论，因为它们没有告诉我们是什么使得一个行为是对的，但是它们形成了任何道德理论都必须满足的边界条件。如果一种道德理论违背了其中一条或更多的类似原则，那么它就不能被接受。

> 只有一种道德，正如只有一种几何学。
> ——伏尔泰

> 在上帝的所有品质中，尽管它们都是平等的，但是仁慈要比正义更光彩夺目。
> ——塞万提斯
> （Miguel de Cervantes Saavedra）

道德的孩子

很多人认为道德是后天习得而非先天固有的,让·皮亚杰(Jean Piaget)和劳伦斯·科尔伯格(Lawrence Kohlberg)等发展心理学家认为孩子是从他们的父母那里习得道德的。他们的父母告诉他们什么是对的,他们就相信什么是对的。然而,最近研究发现,这种关于道德发展的理念是错误的。布朗大学教育系主任和人类发展研究中心的负责人威廉·达蒙(William Damon)发现,即使是很小的孩子似乎也有是非感,而且这种是非感是不依赖于父母的教诲的:

> 达蒙的研究想法来自他大学毕业后从事的一份工作,作为纽约睦邻运动计划的一名社工,他专门负责安置外来移民中那些13岁以下的孩子,这些粗野又爱调皮捣蛋的孩子无疑是令人头疼的难题。他回忆道:"我注意到这些很小的孩子,即使才四五岁,就对家庭、他人、情感和道德这些东西具有一些观念,这些观念比发展心理学家所讨论的更先进、更复杂。"
>
> 这样的经历启发了他:"我感觉自己发现了某些别人没有发现的东西——这种感觉非常强烈和生动,是人一生中只能经历寥寥几次的那种。"当他后来进入研究生院时,达蒙为幼儿园阶段的孩子设计了一些实验,要求他们在其朋友间分配玩具和糖果。"让我印象深刻的是,在我去过的一个又一个幼儿园中,所有的孩子都对我的问题给出了类似的回应,"达蒙回忆道,"他们都是这样回答为什么要分享的:'如果我不和她分享的话,她就不和我玩了','如果我不和她分享的话,那我就伤害她了'。他们有着互惠意识和共情感。"
>
> 接下来,他问:"如果你的妈妈或你的老师告诉你不要和朋友分享你的午餐或糖果或自行车呢?"这些孩子回答说:"这是不对的,无论如何我都会分享。"科尔伯格和其他的心理学家曾经认为,在成年之前孩子们所有的道德价值判断都是从他们的父母那里习得的。对一个小孩子来说,之所以一个大人说是对的事情就是对的,仅仅因为这是大人说的。"但是孩子们说了,'我妈妈说的是错的,那是不好的,这对我的朋友是不公平的'。"[18]

达蒙认为孩子们天生就自然地倾向于做道德的事情。虽然这种倾向是需要培养才能健康发展的,但这是我们人类所共有的一种东西。

思想探究

道德的孩子

达蒙的研究让"存在绝对的道德标准"这一声言更可信了吗?为什么?

思想探究

道德知识

瑞福特·班波罗夫(Renford Bambrough)用下面的材料来证明我们具备道德知识。

> 对我们具有道德知识的证明基本上就存在于这句话中:"我们知道一个将要做手术的小孩应当在手术之前被注射麻醉药,否则他就会很疼。因此,我们至少确定地知道一个为真的道德命题。"我认为没有任何一个可以被用来当做怀疑"这个孩子应该被注射麻醉药"这一主张真值的原因的命题,可能比这个主张本身更显然地为真。如果一个哲学家提出反对我的观点的论证,即认为我

正义原则
平等的人应该得到平等的对待(对于不平等的人来说,他们所受对待不平等的程度则应与他们相关的差异成比例)。

仁慈原则
造成不必要的痛苦是错误的。

并不知道这个小孩应该被注射麻醉药,那么我事先就可以确定要么他的论证中至少有一个前提是错误的,要么从他的前提中推导出"我并不知道应当给这个孩子注射麻醉药"这一结论的推理过程是有问题的。[19]

这个论证是否足以让我们相信存在道德知识?为什么?它是否也足以让我们相信存在普遍的道德原则?为什么?在这个例子中所作的道德判断是基于哪一条道德原则呢?

总 结

主观绝对主义是这样一种学说:使得一个行为是对的的原因在于某个人认同这个行为。如果认同一个行为就使得这个行为是对的,并且如果不认同一个行为就使得这个行为是错的,那么同样一个行为就可以既是对的又是错的,这不可能,所以主观绝对主义就不可能是正确的。

主观相对主义是这样一种学说:使得一个行为对某人来说是对的原因在于行为者认同这个行为。这样看来,对或错就不是像圆或方这样的属性,而是像小或大这样的关系项。这种看法并不会像主观绝对主义那样自相矛盾,然而,它却导致一些奇怪的结果:一方面,它暗示了每个人都是道德上绝无过错的;另一方面,它暗示了所有的道德分歧都是关于人是否了解他们自己的想法的。因为这两种暗示都是不正确的,所以主观相对主义也是不正确的。

情感主义是这样一种学说:道德言说是表达情感的。当人们使用道德术语,如对和错时,他们并没有说任何可以用真或假来形容的东西。然而,如果这是事实的话,道德分歧就是不可能的。没有什么东西,哪怕是制造痛苦,是对的或错的。这与我们道德生活中的经验不相符。

文化相对主义认为对某个人来说,使得一个行为是对的的原因在于行为者的文化认同这种行为。这种观点蕴涵着文化在道德上是绝无过错的,因此当某人与自己的文化产生分歧时,某人就不可能是正确的。但是文化并不是在道德上不可错的,它们曾经赞同过各种各样不道德的实践。所以文化相对主义不可能是正确的。

神命论是这样一种学说:使得一个行为是对的的原因在于它是上帝命令的。因为上帝可以自由命令任何他想做的事,因此他可能命令我们去杀人、强奸、折磨和偷盗。但是他所命令的这些行为并没有因此成为对的。预设这种观点会取消任何让我们崇拜上帝的理由。而且,如果善是上帝的属性,上帝就不能被用来定义善了,否则就是循环定义。因此,道德不能依赖于上帝。

某些道德原则似乎是普遍的,因为它们是自明的。这些道德原则包括正义的原则(平等的人应得平等对待)和仁慈的原则(制造不必要的痛苦是错的)。任何充足的道德理论都应当与这些原则一致。

学习问题

1. 什么是主观绝对主义？
2. 假如主观绝对主义是对的，会怎么样？接受主观绝对主义的后果是什么？
3. 什么是主观相对主义？
4. 假如主观相对主义是对的，会怎么样？接受主观相对主义的后果是什么？
5. 什么是情感主义？
6. 假如情感主义是对的，会怎么样？接受情感主义的后果是什么？
7. 什么是文化相对主义？
8. 假如文化相对主义是对的，会怎么样？接受文化相对主义的后果是什么？
9. 对文化相对主义的人类学论证是怎样的？
10. 一个道德判断的逻辑结构是怎样的？
11. 什么是神命论？
12. 假如神命论是对的，会怎么样？接受神命论的后果是什么？

讨论问题

1. 有些文化践行一妻多夫制，一个女人可以有好几个丈夫。一妻多夫是不道德的吗？为什么？
2. 很多文化践行一夫多妻制。西非阿散蒂的国王根据法律规定最多可以娶3333位妻子。一夫多妻并不等同于通奸。这些文化都不制裁婚外性行为。一夫多妻是不道德的吗？为什么？
3. 假如我们死后有来世，而且在来世中我们以临死的状态继续生活，那么现在的医疗让严重丧失行为能力的人继续活下去在道德上可以被辩护吗？为什么？
4. 假如我们相信唯一可以阻止我们敌人的鬼魂伤害我们的朋友和家人的办法就是吃掉他们的身体（有些食人族显然相信这一点），那么这能使食人行为变得正当吗？为什么？
5. 是否存在这样一种可靠的测试，它可以让我们确定任何宗教经典上的语句是否真的就是神说的话？如果存在，这种测试会是怎样的？有任何一本宗教经典通过了这种测试吗？其他宗教的成员同意吗？
6. 我们是否应当宽容不宽容者？你的回答暗含了什么关于道德本质的看法？

网络探究

1. 你的道德观有多一致？通过在"哲学家杂志"（*The Philosophers' Magazine*）网站上玩道德游戏来得到答案：http://www.philosophersnet.com/games/morality_play.htm

2. 通过在网络搜索引擎上输入"人权"和"文化相对主义"来探索人权和文化相对主义之间的冲突：对普遍人权的信念与文化相对主义兼容吗？

3. 很多人声称他们是受上帝的指引去做事情的。在网络搜索引擎上输入"是上帝让我这样做的"，来找出一些案例，这些事情真的是来自上帝的命令吗？我们怎样分辨？这种现象对神命论有什么影响？

5.3 目的证成手段：善决定正当

让我们再来考虑一下乔治·齐格玛尼克那个例子。支持莱斯特杀死这个遭受痛苦、四肢瘫痪的兄弟的人这样辩解道：这是一种仁慈的行为，因为它让乔治从痛苦中解脱了出来。而另一些则认为莱斯特杀死其兄弟的行为是错误的，这个行为属于谋杀，因为这是蓄意杀害一个无辜的人。这两种态度代表了两种主要类型的伦理理论：**后果主义**（consequentialist）与**形式主义**（formalist）。**后果主义**，又名**目的论**（teleological）主张，一个行为的正当性是由其后果所决定的。（"teleology"一词来源于希腊词"telos"，意思是"目标"或"目的"。）**形式主义**，又名**义务论**（deontological）主张，一个行为的正当性取决于其形式，也就是说，是由行为的

> 幸福是存在的至高目标。
> ——J. 吉尔克利斯特·劳森
> （J. Gilchrist Lawson）

生命有内在价值吗？

那些反对安乐死的人常常是基于生命有内在价值这个观点来反对的。在他们看来，活着总比死了好，不管过的是什么样的生活。把这种观点与犹太–基督教传统联系起来其实是错误的——尽管有人会这样做。按照神学家理查德·麦考米克（Richard McCormick）的观点，犹太–基督教传统认为生命只有工具性的价值，而没有内在价值。他写道：

> 过去，犹太–基督教传统曾试图在医学活力论（medical vitalism）（不惜一切代价保存生命）和医学悲观主义（medical pessimism）（当人的生命看上去令人沮丧、累赘和无用的时候杀死他们）之间实施一条平衡的中间道路……这条塑造了犹太–基督教态度的中间道路把生命确实地视为一种基本的和珍贵的善，但这种善正是被当作其他价值的条件而需要被保存的……[20]

这里的"其他价值"指什么？麦考米克引用约翰的福音①解释道：

> "人若说，我爱神，却恨他的弟兄，就是说谎话的。不爱他所看见的弟兄，怎能爱没有看见的神呢？"（约翰一书4:20-21）。这意味着爱我们的邻人，在某种真正的意义上就是爱我们的上帝……如果这是对的，这就意味着，从犹太–基督教的视角来看，生活的意义、实质和圆满可以在人类的关系中找到，并且，在这里我们还可以找到正义、尊重、关心、同情等品质，以及对它们的支持……由于这些其他的价值围绕并根植于人类的关系，我们似乎可以得出结论，生命之所以是值得保护的仅仅只是因为它包含了人类关系的某种潜在性（potentiality）。当在人类的判断中这种潜在性已经没有了或者将要没有了——因为此时个人的身体条件只供维持存活而已，那么就可以说生命就已经实现过其潜在性了。[21]

思想探究

道德辩护

依据麦考米克神父所解释的犹太–基督教传统，莱斯特·齐格玛尼克杀死他的兄弟在道德上是可证成的吗？为什么？特丽·夏沃的丈夫移除她的生命支持系统在道德上是可证成的吗②？为什么？

---

① 这里原文作 The Gospel of John，但根据下文，麦考米克引用的实际上是《约翰一书》而非四福音中的《约翰福音》。可能是作者的笔误。因为一般不将约翰一书称为"福音"，而且学界倾向于认为这两个约翰并非同一人。——编者注
② 该案例详情可见第一章第三节的"网络探究"栏目。

> **后果主义（目的论）伦理理论**
> 基于一个行为的结果来判断它的对错的伦理理论。
>
> **形式主义（义务论）伦理理论**
> 基于一个行为的形式来判断它的对错的伦理理论。

种类所决定。（"deontology"一词来源于希腊词"deon"，意思是"义务"或"要求"。）那些认为由于莱斯特结束了其兄弟的痛苦所以他的行为正当的人，就是后果主义者。而另一些认为由于莱斯特杀死了一个无辜者所以他的行为错误的人，就是形式主义者。

当我们判断一个人、一个人的品质或一个人的动机是好的时，我们就是在做道德判断。当我们判断一个物理对象（如一辆汽车）或一种体验（如幸福）是好的时，我们则不是在做道德判断。因此，善可以分为两种：道德的与非道德的。后果主义伦理理论通常根据善来定义正当。它们主张，正当的行为就是那些能产生最多的非道德的善的行为。

有些东西，如金钱，它之所以是善的在于你可以用它做的事情。而另一些东西，如幸福，无论你用它做什么，它都是善的。如果有人这样问，"幸福能用来做什么呢？"我们就不知道可以说什么了。幸福的价值并不源于它的有用性，而是因为幸福本身就是件好事。像幸福这种因其自身而为善的东西是**内在地有价值**（intrinsically valuable）的，而那些由于其他的东西而成为善的东西是**外在地**（extrinsically）或**工具性地有价值**（instrumentally valuable）的。

后果主义伦理理论追求内在价值的最大化。于是，任何一种后果主义的伦理理论都必须回答两个问题：（1）什么东西是有内在价值的？（2）谁应该获得这种价值？最为著名的两种后果主义伦理理论就是伦理学的利己主义和效益主义。

伦理学的利己主义

> 这个世界只受自我利益控制。
> ——约翰·席勒
> （Johann Schiller）

伦理学的利己主义声称我们唯一的义务就是去做对我们自己好的事情。只要我们所做的事情符合我们自身的最大利益，那么这就是对的，即使在这个过程中我们的所做所为给其他很多人带来了痛苦。因此，**伦理学的利己主义**（ethical egoism）认为使得一个行为是对的的原因在于该行为促进了行为者自身的最大利益。

> **内在价值**
> 因其自身就具有的价值。
>
> **工具（外在）价值**
> 因其他的事物而具有的价值。
>
> **伦理学的利己主义**
> 认为使得一个行为是对的的原因在于它促进了行为者自身的最大利益的学说。

对于什么是他们的最大利益这个问题，不同的利己主义者有着不同的看法。许多**快乐主义者**（hedonists）认为他们得到的快乐越多，他们就生活得越好。（"Hedonism"一词来源于希腊词"hedone"，意思是"快乐"。）而其他人则根据所获得的知识、权力或自我实现来衡量生活的质量。然而，每种利己主义者都同意，他们唯一的义务就是把自己的需求放在第一位。

伦理学的利己主义并不要求你只做你想做的事情，因为你想做的事情也许不能促进你的最大利益。例如，你可能想整天赖床、嗑药、听音乐，但是那也许不能促进你的最大利益，特别是如果你想要保持健康、得到一份工作并养活一家人的话。伦理学的利己主义也不要求你只做自私的事情——损人利己的事情。如果你不断地使他人感到痛苦，那么你也许就无法得到实现你的目标所需要的合作。因此，自私的行为也许不能促进利己主义者的最大利益。聪明的利己主义者都懂得做出一些慷慨的短期行为以便长远地促进他们的最大利益。

即使一个伦理学的利己主义者的行为与一个非利己主义者的行为可能没有太大的不同，也很少有人会把伦理学的利己主义看作一种合理的道德理论，因为它容忍可想象到的最恶劣的恶行。假定有一天你穿越森林时偶遇你的竞争对手，而他刚遭到野生动物的袭击。如果消灭你的竞争对手就能促进你的最大利益，并且如果你能够那样做而不陷入麻烦的话，那么伦理学的利己主义就会说，你在道德上有义务铲除他。然而，任何认可这类行为的伦理理论都至少是有问题的。

那些接受快乐主义版本的伦理学的利己主义（称为"伦理学的快乐主义"）的人声称伦理学的快乐主义是唯一符合我们所知的人类动机的伦理理论。快乐主义持这样一种观点：唯一驱动我们行动的就是增加我们自己幸福（happiness）①的欲望。换句话说，我们做每一件事情都是因为我们认为它能够使我们快乐。这种关于人类动机的心理理论就是著名的**心理学的快乐主义**（psychological hedonism）。

如果心理学的快乐主义为真——如果我们只做那些我们认为让我们快乐的事情——那么伦理学的利己主义就不可避免，由于"应该"（ought）蕴涵着"能够"（can）。我们可以合理地声称某人应该做某事仅当他能够做它。例如，当你开会迟到时，如果有人说你应当长出翅膀飞过来，这就是可笑的，因为这是不可能的事情。同样，对于伦理学的快乐主义者来说，如果有人说你应当欲求除你自己的幸福之外的东西，这也同样可笑，因为这同样是不可能的。

一些人认为作为科学理论的心理学的快乐主义能够被用来证明作为哲学理论的伦理学的利己主义。从心理学的快乐主义出发为伦理学的利己主义所做的论证如下：

1. 我们在道德上有义务做某种行为，仅当我们能够做它。
2. 我们能够做某种行为，仅当我们认为它将最大化我们的幸福。
3. 因此，我们在道德上有义务做某种行为，仅当我们认为它将最大化我们的幸福。

然而，这种论证的结论并没有使伦理学的快乐主义成立，因为它只是为正确的行为提供了一个必要条件，而伦理学的快乐主义则既包括一个必要条件也包括一个充分条件。心理学的快乐主义的这个论证认为我们应该做某种行为，**仅当**（only if）它将最大化我们的幸福，而伦理学的利己主义同时还认为我们应该做某种行为，**如果**（if）它将最大化我们的幸福。然而，如果心理学的快乐主义的这个论证是合理的，那么它确实表明了任何一种伦理理论，如果它要求我们做一些最大化我们的幸福以外的其他事情，那它就是错误的。

> 那些活着只为追求一己私利的人唯一对这个世界有益的时候，就是他们死的那天。
> ——德尔图良（Tertullian）

---

① "happy"（快乐）的名词形式即"happiness"（幸福），不过值得注意的是，在日常语言中"幸福"或"happiness"有时并不被仅仅理解为快乐的状态。

安·兰德论自私的德性

在一系列的小说和文章中，包括《源泉》(Fountainhead)和《阿特拉斯耸耸肩》(Atlas Shrugged)，安·兰德（Ayn Rand）论证了一种被称为**客观主义**（objectivism）**的**伦理学的利己主义，她这样写道：

> 客观主义伦理学的基本社会原则是，因为生命本身就是其目的，每个活着的人都是目的本身，而不是其他人的目的或财富的手段——因此，人必为了自身而活，既不为了他人牺牲自己，也不为了自己牺牲他人。为自己而活的意思是**实现自身幸福是他最高的道德目的**。[22]

然而，为了实现幸福，人们所必须做的不仅仅是满足自身的欲望，因为欲望之间会产生冲突。他们应当努力满足自身的**理性的**欲望，因为"人们理性的利益之间不会发生冲突——不欲求不劳而获的人，既不愿做出牺牲也不愿接受他人的牺牲的人，对待他人就像商人那样等价交换的人等，这样的人之间是不会有利益冲突的"[23]。因此，兰德的客观主义并不是真正的利己主义，因为它奠基于正义和公平的原则之上。她认为我们不应该满足除理性欲望之外的其他任何欲望。并且，我们的理性欲望只指向我们分内应得之物。所以，安·兰德的利己主义更适合被当作某种形式的自由至上主义（libertarianism），这种学说认为人应当自由地做任何他想做的事情——只要不侵害他人的权利。

> 自私自利是所有自然的恶和伦理的恶的根源。
> ——纳撒尼尔·艾门斯（Nathaniel Emmons）

心理学的快乐主义认为人唯一可以欲求的就是他们自身幸福的学说。

认为我们只能做那些我们相信会使我们快乐的事情这个论断是个经验论断，它并不必然正确，它要成立就必须基于科学的调查研究。然而，从科学的角度来说，这种主张似乎是错误的，因为我们并不总是做那些我们认为能最大化我们幸福的事情。让我们考虑一下跳进湍急的河流去救落水儿童的路人，或是为了拯救战友而扑向手榴弹的爱国军人，他们的行为似乎都不是为了最大化自己的幸福。

心理学的快乐主义可能这样回应这些反例：尽管这些行为似乎是受其他东西，而非受自身的幸福的驱使，但是这并不是事实。例如这个跳进河里拯救落水儿童的人，她之所以这样做可能是因为她认为这一行为将会让她出名，而出名会使她快乐；而那个扑向手榴弹的军人之所以这样做可能是因为救他的朋友们会使他快乐。然而，这些试图拯救这个理论的做法，使心理学的快乐主义成为了一种不可证伪的——也因此是不科学的——假说。如果没有证据可以证伪它，那么这种理论也就没有告诉我们关于这个世界的任何事情。

考虑一下这样一个陈述：要么正在下雨，要么没有。没有证据能反驳这个陈述，因为它符合事情所有可能的情况，这相当于什么也没说。通过告诉我们要么正在下雨要么没有，我们并不能了解到关于现在的天气的任何事情。同样地，如果心理学的快乐主义符合所有可能的行为，那么它就没有告诉我们关于人类动机的任何事情。因此，心理学的快乐主义并没有为伦理学的利己主义提供任何支持。

假设有人说，我们做任何事情的动机都是为了使我们感到累，这样我们就会去睡觉。这种假说似乎解释了我们所做的每件事情，因为无论我们做了什么，之后最终都是要去睡觉的。然而，没有人严肃地把这种假说当作一个关于人类动机的理论，因为我们没有办法去检验它，也没有任何东西能对它提出反驳，任何可能的行为都可以被它解释。因此，它相当于什么也没说。这一结论同样适用于心理学的快乐主义。

我们不仅有理由相信心理学的快乐主义什么也没说，而且有理由相信它是错误的。因为对于任何人来说，只关心自己的幸福都是件可悲的事情。针对上述想法，乔尔·费因伯格（Joel Feinberg）提出了下面的思想实验。

> 为了幸福而去寻找幸福，你将毫无收获；寻找义务，幸福将会随之而来，正如阴影总是跟随阳光。
> ——泰伦·爱德华兹（Tryon Edwards）

思想实验

> **费因伯格的专一的快乐主义者**
>
> 为了感受到快乐主义的自相矛盾之处，读者应当在他们的脑海中做一个思想实验。想象一个这样的人（让我们叫他"琼斯"），首先，他在智识方面没有任何好奇心，他对知识本身毫无欲求，并因此对科学问题、数学问题、哲学问题都毫不关心。进一步想象他对自然的美也很淡漠：秋天的落叶、白雪皑皑的山峰、波涛汹涌的海洋都触动不了他。在乡村春天的清晨漫步和在冬天出去滑雪对他而言都是很令人厌烦的事情。让我们再假定，艺术完全吸引不了他，小说是枯燥的，诗歌是恼人的，绘画是无意义的，就连音乐也是嘈杂的。进一步假定，琼斯无论是作为参加者还是作为观众，他对棒球、足球、网球和任何其他的运动都毫无热情。游泳对他而言就是一种折磨人的水上健美体操，太阳只会晒伤他的皮肤。舞蹈就是幼稚的大学生才会做的愚蠢行为，谈话就是浪费时间，异性完全是个谜而且没有任何吸引力，政治就是诡计，宗教就是迷信，他也毫不关心或关注众多贫困者的不幸。最后，假定他没有任何手工技艺和从事工业或商业工作所需要的才能，对此他也并不感到有什么遗憾。
>
> 那么他对什么感兴趣呢？他肯定欲求某种东西。没错，的确如此。琼斯对自身的幸福拥有极大的热情，他的唯一欲求就是快乐。在这一点上，不难想象琼斯的欲求注定是无法满足的。[24]

费因伯格的"专一的快乐主义者"这一思想实验表明只有欲求除了自身的快乐以外的其他东西，我们才能快乐。但是如果我们可以欲求除快乐之外的其他东西，那么心理学的快乐主义就是错误的。

心理学的快乐主义作为一种关于人类动机的理论是失败的，因为它混淆了我们欲望的对象与欲望得到满足的结果之间的区别。当我们满足了我们的欲求的时候，我们会感到很快乐，但是这并不意味着快乐就是我们欲求的对象。正如英国国教牧师约瑟夫·巴特勒（Joseph Butler）所说的那样，"不是因为我们爱自身，所以我们才会因这样或那样的对象而快乐，而是因为我们对这些对象有具体的感情"[25]。换句话说，我们不是因为它们能使我们快乐而欲求它们，而是因为我们欲求它们，它们才能使我们快乐。幸福并不是我们欲望的原因，而是欲望得到满足的结果。心理学的快乐主义错把结果当作原因，或者说它前后颠倒了，所以作为一种关于人类动机的理论，心理学的快乐主义是失败的。

即使伦理学的利己主义确实为一个行为的正确性提供了必要的和充分的条件，它也是一种很奇怪的伦理理论，因为它的支持者们并不能一贯地提倡它。假设有一个人向一名伦理学的利己主义者寻求道德方面的建议。如果伦理学的利己主义者想做最大化自身利益的事，那么他就不能告诉他的委托人去做最大化她的利益的事了，因为他的利益可能与她的利益相冲突。相反，他应该告诉她去做能最大程度地促进他自己的利益的事情。

参议员艾尔·弗兰肯（Al Franken）曾在国家电视台上嘲讽过这样的建议。艾尔·弗兰肯是《周六夜现场》（*Saturday Night Live*）的前任撰稿人，也是《拉什·林博是个大肥呆》（*Rush Limbaugh Is A Big Fat Idiot And Other Observations*）一书的作者，他在20世纪80年代初的某几集《周六夜现场》上声称20世纪70年代被称为"我"的十年，而80年代则被称为"艾尔·弗兰肯"的十年。所以，每当一个人面临困难的决定不知如何选择的时候，他都应当问："我该怎样最大化艾尔·弗兰肯的利益呢？"

> 人们只有不把幸福当作生活的目标，才会快乐。
> ——乔治·奥威尔
> （George Orwell）

一种伦理理论不能被它的支持者所提倡多少有些奇怪。事实上，这表明了伦理学的利己主义可能存在的最大缺陷：没有给予平等的人平等的对待。如果人与人之间不存在与道德相关的差异，那么我们就没有理由不同等地对待他们。任何不平等地对待他人的人都犯了不公平地歧视他人的错误。他人属于特定的种族或性别这个事实从道德的角度来看无关紧要，因此，仅仅因为他人属于一个不同的种族或性别而歧视他们都是犯了种族主义或性别主义的错误。同样，他人与你不是同一的，这个事实从道德的观点看同样无关紧要。因此，如果你仅仅因为他人与你不是同一个人而歧视他们——如果你不像尊重自己一样地尊重他人——那么你就违反了黄金法则（golden rule），即你想要别人怎么对待你，你就要怎么对待别人。正义要求平等地对待他人，而伦理学的利己主义违反了这个原则，因此，它不是一个充足的道德理论。

行为效益主义

看似最可信和最广泛地被讨论的后果主义伦理理论就是效益主义（utilitarianism）了。传统的效益主义把幸福看作唯一具有内在价值（因其本身具有价值）的东西。然而，与伦理学的快乐主义不同，它并不强调我们应当只寻求自身幸福的最大化，而是认为我们应当寻求这个世界上的幸福总量的最大化。因此，它也就避免了伦理学的利己主义所面临的许多问题。特别是，传统的效益主义（也被称为"行为效益主义"）并不允许人们只因为自身的幸福而做某些事情，因为其中牵涉到的他人的幸福也应当被考虑在内。

效益主义理论的缔造者是杰里米·边沁（Jeremy Bentham, 1748—1832）。他通过对人类行为之源头的考虑推导出了这个道德概念，他这样写道：

> 自然把人类置于两位君主的统治之下：痛苦和快乐。只有它们能够向我们指出我们应当做什么，以及去决定我们将会怎么做。对错的标准和因果的链条都被牢牢地系于它们的王座之上。[26]

根据边沁的观点，做任何事情的最终根据就是获得快乐或避免痛苦。因此，任何情况下能最大化快乐的行为就是正确的行为。

由于效益主义认为幸福本身且因其本身为善（good in and of itself），所以没有哪个人的幸福比另一个人的幸福更有价值。因此，在决定哪种行动能产生幸福的时候，每个人的幸福都必须被平等的计算在内。**行为效益主义**（act-utilitarianism）认为在每个人都被考虑在内的情况下，能使得幸福最大化的行动就是正确的行动。

行为效益主义提出了一种在任何情况下，都能简单明了地确定我们应该作出什么行动的方法：

1. 确定在这种情况下可采取的行动有哪些；
2. 确定其中每种行动会影响到的个体；
3. 计算每个个体在这些行动下可得到的幸福量；
4. 把每个个体的幸福量加起来，决定哪种行动会产生最大的幸福。

假设有这样一种情况，在该情况下有三种可行的行动方案，并涉及到三个个体，我们把效益主义的计算结果列在下表中（一个"util"代表一个单位的幸福）：

	行动1	行动2	行动3
约翰	3utils	4utils	4utils
苏	3utils	2utils	5utils
玛丽	3utils	2utils	5utils
总计	9utils	8utils	14utils

在这种情况下，唯有行动3才是正确的行动，因为它在考虑到每个人的情况下，产生了最多的幸福。

边沁假定不同行动产生的幸福之间只有程度上的区别，并因此可以以一种单一的方式来衡量。他认为通过使用他的"道德微积分"，我们就能量化一个行为所产生的幸福量了。他的计算方法考虑的因素包括幸福的**强度**、幸福的**持续时间**、幸

> 所有快乐中最美妙、最明智的快乐在于使他人快乐。
> ——让·德·拉布吕耶尔（Jean De La Bruyère）

福出现的**概率**、幸福和行动的**紧密性**（时间上的远近）、行动的**多产性**（行为在未来产生更多幸福的可能性）和行动的**不纯度**（行动在未来产生更少幸福的可能性）。

约翰·斯图亚特·密尔（John Stuart Mill，1806—1873）是19世纪最有影响的哲学家之一，也是边沁的追随者。他认为不同的行动产生的快乐不仅有程度上的区别，还有种类上的不同。因此，快乐不能以一种单一的尺度来衡量。他这样写道：

> 承认某些种类的快乐比其他种类的快乐更值得欲求，并且更有价值，这与效益原则是完全相容的。荒谬的是，当我们在评估其他事物的时候，质量和数量都是我们考虑的因素，但在评估各种快乐的时候，却认为只需要考虑数量。[27]

密尔认为快乐不仅在数量上不同，而且在质量上也有不同。因此，在决定该如何行动的时候，我们必须把行动产生的快乐的质量和数量都考虑在内。

为了弄清楚密尔的意思，让我们将从下象棋中得到的快乐和从喝醉酒中得到的快乐做一个对比。尽管从下棋中得到的快乐没有从喝醉酒中得到的快乐多，但是

杰里米·边沁：使哲学有用

在英语世界里，除了约翰·洛克，可能就没有哪位哲学家能比杰里米·边沁在社会政策方面更有影响力的了。哲学家边沁曾就读于牛津大学，主修法律，并致力于伦理学和政治—法律理论研究。在他职业生涯的早期，他目睹了英国法律和道德中的不公正，并对此深感痛心。作为回应，他不仅提出了他的效益主义的伦理理论，还花费了大量精力试着使他的想法得以实施。

边沁的效益主义与公共政策和道德方面的传统思维方式存在直接冲突。他的伦理理论——或这个理论的某些方面——如今在许多地方都被看作理所当然，但是在他刚提出的时候则被看作是十分激进的。从效益主义的视角出发，传统道德中的很多成分都变得很扭曲：它谴责不产生伤害的行动，却鼓励产生巨大伤害的行动。例如，它可能禁止某些性行为，即使这些行为并没有伤害任何人，同时鼓励对性活动的各种限制，而这些限制却能造成心理上或社会上的伤害。边沁认为如果世界不是根据传统，而是根据它们最大化快乐和最小化痛苦的能力来判断行为和政策的话，那么这个世界将会更好。

边沁和他的追随者们提倡废除对欠债者的囚禁、给予妇女平等的权利、用公务员考试的办法来选拔政府雇员、放宽有关性活动的法律和提倡监狱改革。边沁自己根据效益主义原则提出了一套对模范监狱的设计。他认为监狱的目的是防止犯罪，而不是惩罚犯人。

边沁和他的追随者们留下的众多遗产之一就是伦敦大学学院。它建成于1826年，是英格兰在中世纪后建立的第一所大学。信不信由你，边沁至今仍然在那儿。他经过防腐处理的身体顶着蜡制的头[①]至今仍陈列在这所大学里。不久前，边沁还作为正式的参与者参加了董事会议，尽管他是一位无投票权的成员。

---

① 边沁在他的遗嘱中指明希望将自己的遗体保存以作为永久的纪念，但在对他的头部进行处理时，出现了悲剧性的失误，导致面部被毁容。人们只得用一尊蜡制头像作为替代物放在他经过处理的身体上，而真正的头部则被藏在他遗体的脚下。

从下棋中得到的快乐比从喝醉酒中得到的快乐要好。如果是这样的话，下棋就是一种比喝醉酒更有价值的活动。这就是密尔的著名的格言："做一个不满足的人胜于做一只满足的猪，做不满足的苏格拉底胜于做满足的傻瓜"。

然而，必须根据质量来为不同种类的快乐排序使效益计算变得更加困难，因为我们似乎找不到一种客观的方法来做到这一点。密尔认为我们可以对那些经验过不同种类快乐的人的意见进行调查，并采纳其中大多数人的判断。他说，"就两种快乐来说，如果所有或几乎所有对这两种快乐都有过体验的人，在不考虑道德义务和感情上的偏好的情况下，都断然偏好其中一种快乐，那么这种快乐就是更加值得欲求的快乐"[28]。尽管这似乎是一个非常民主的过程，但并不能保证一定会产生密尔所想要的结果，因为大众可能更偏爱低级快乐胜于高级快乐，甚至是受过高等教育的人也可能这么做。在强调高级快乐和低级快乐的区别这一点上，密尔好像采用了不同于效益的另一种价值标准。但如果真是这样的话，密尔的理论就不再是效益主义了。

就算我们能计算出一个行动能产生多少快乐，效益主义还会面临另一个问题：什么时候进行计算呢？我们做出的每种行动都会产生无限向未来延伸的因果链，那么我们该如何衡量我们产生了多少快乐呢？对这个问题的回答将对我们允许什么样的行动这个问题有着深远的影响。短期内产生很少快乐的行动，从长期来看，可能会产生巨大的快乐。试考虑下面的曲线图，它代表了两种不同行动（行动A和行动B）产生的快乐的量。短期来看，行动A产生的快乐比行动B产生的快乐要多得多。但是从长期来看的话，行动B产生的快乐比行动A产生的快乐要多得多。这张插图代表了建设核电站和投资可替换可再生能源（如太阳能和风能）这两种选择。建设核电站的好处在于它提供快速的投资收益，不利的地方在于我们必须要去处理随后产生的大量的放射性废弃物，而核电站在废弃后也必须要密封起来，并且在至少一万年内禁止入内；而选择投资可再生能源虽然短期内收益不大，但是从长期来看，它能产生更多的快乐，因为这些能源不会污染环境，也不会被耗尽。那么我们在做效益计算的时候应当考虑到未来几代人的利益吗？行为效益主义没有给出这个问题的答案。

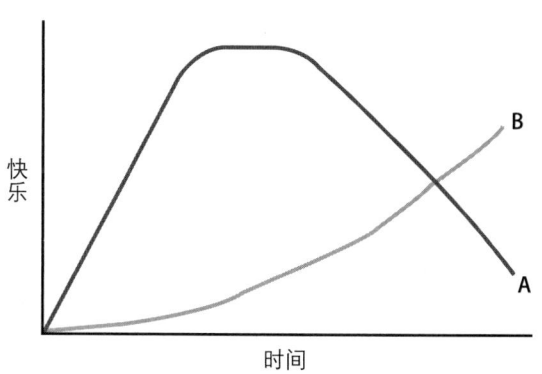

两个行为在一段时间里产生的幸福。在图示时间跨度内，A所产生的短期幸福多于B。这就意味着A是更好的那个行为么？

杰里米·边沁
（1748—1832）

思想探究

动物权利

杰里米·边沁相信一个存在物是否应得道德的考量不是看它是否有理性思考的能力，而是看它是否有感受痛苦的能力。因此，他认为我们在进行效益计算时，行为对动物的影响也要被考虑在内。你同意吗？衡量动物的痛苦是可能的吗？如果可以衡量的话，动物的痛苦应当在效益计算中占多大比重？和人类的痛苦一样吗？

行为效益主义
也称"传统的效益主义"，这种学说认为在将所有人都纳入考虑的情况下，能使幸福最大化的行动就是正确的行动。

要说所有人的快乐都是一样的，这是不对的。一个农民和一个哲学家可能获得同样的满足，但是不会获得同样的快乐。
——塞缪尔·约翰逊
（Samuel Johnson）

一个人的权利和一百万人的权利一样神圣。
——尤金·V. 德布斯
（Eugene V. Debbs）

权利的问题

依据效益主义理论，目的可以使手段正当化。只要一个行动实现了最大化幸福的目标，不管它是用什么手段实现的，它在道德上都是正确的。然而，这与我们对权利的观念并不一致。我们认为有些事情是不能对他人做的——即使做了能带来好的结果。H. J. 麦克洛斯基（H. J. McCloskey）通过下面的思想实验来阐释这一点。

思想实验

麦克洛斯基的效益主义告密者

假设一个效益主义者正访问一个有种族冲突的地方，在他访问期间，一个黑人强奸了一位白人妇女，这一罪行引发了种族暴乱，警察纵容白人暴民对这一区的黑人进行殴打、杀害等诸如此类的事情。假设我们的效益主义者当时就在暴乱现场，且他的证词能使得某一个黑人被定罪。如果他知道立刻逮捕一名"罪犯"就能阻止这场大规模的暴乱和私刑，那么作为一名效益主义者，他必然可以推断出，他有义务作伪证，让一个无辜的人去顶罪。²⁹

根据效益主义理论，如果作伪证并让一个无辜的人顶罪能使幸福最大化，那么在道德上我们就有义务去这样做。但是这与我们的道德生活经验并不一致。就算作伪证比不作伪证能产生更多的幸福，我们还是认为作伪证是错误的。

行为效益主义不仅可以命令人去撒谎，如理查德·勃兰特（Richard Brandt）所证明的那样，它还可能命令人去杀人。

思想实验

勃兰特的效益主义继承人

让我们设想X先生正考虑他是否有义务加速他父亲的死亡。X先生的父亲很有钱，而他本人却很穷，因为这位父亲没有给儿子一分钱。由于付不起账单，X先生和他的家人无法享受任何生活中的乐趣。这时，他的父亲生病了，并且需要护理，而护理的费用正在飞快地消耗他的财产。而且，这个父亲的生活中也没有什么乐趣。他必须靠吃止痛药来让日子不那么难熬，并且据医生说，他的情况将渐渐恶化，尽管他还有几年的时间可以活。

根据效益主义理论，（当然，根据快乐主义也是这样）这个儿子有义务终结父亲的生命，如果他能这样做并且不让人发现的话（避免为他自己和他的家人带来法律麻烦，并且也没有削弱其他父亲对其儿子的普遍信任）。但是这真是他的义务吗？似乎并不是这样。[30]

如果杀了某人——即使是你的父亲——会比让他活着产生更多的幸福，行为效益主义会认为我们应该杀了他。但是这与我们的权利概念不一致，我们并没有道德义务为了人们的快乐而杀人。

关于义务的问题

效益主义不仅与我们的权利概念不一致，也与我们的义务概念不一致。我们对他人有许多的义务，其中包括不违背诺言的义务。相反，行为效益主义主张我们唯一的义务就是使幸福最大化。如果履行这种义务要求我们违背诺言，那么就应该违背诺言。英国哲学家罗斯（W. D. Ross）是这样阐释这个问题的：

> 幸福是猪的哲学。
> ——弗里德里希·尼采

思想实验

罗斯的不快乐的承诺

让我们用抽象的方法将案例简化如下：假设履行对A的承诺会对A产生1000个单位的善，但通过做其他的事，我能对B（我对B没有做过承诺）产生1001个单位的善并且这两种行为在其他方面的后果是相同的。难道我们有义务做第二种行为而不是第一种行为这件事真的是自明的吗？我不这么认为。我想我们应该主张，只有在两种行为的总后果之间存在一种比这大得多的价值差距时才能为我们不履行对A的**显见义务**（prima facie duty）辩护。毕竟，承诺就是承诺，它并不像我们正在考察的理论所暗示的那样可以被如此轻率地对待。[31]

> 义务与他人持有的关于怎样促进普遍善的看法无关。
> ——罗伯特·密立根（Robert Millikan）

行为效益主义认为，如果违背诺言可以比遵守诺言产生更多的幸福，我们就应该违背诺言。然而诺言并不是如此无足轻重的东西，遵守诺言的义务对我们的约束力并不亚于最大化人类幸福的义务。

有些义务源自我们是一个群体的成员，而有些义务则源自在这个群体中我们所扮演的特殊角色。父母对孩子有特殊的义务，医生对病人有特殊的义务，律师对其委托人有特殊的义务等等。但是行为效益主义既没有充分解释我们的普通义务，也没有充分解释我们的特殊义务。效益主义的早期拥护者，英国政治理论家威廉·戈德温（William Godwin）提出了下面的思想实验，这个思想实验显示出了效益主义在这方面的不足。

新闻报道：杀掉残障婴儿

效益主义哲学家彼得·辛格（Peter Singer）认为父母有权利杀死他们有严重残疾的婴儿，这一富有争议的观点使他又一次登上了全球新闻的头条。请看下面的报道：

> 在他的家乡澳大利亚的墨尔本，他被称为"臭名昭著的死亡信使"；英国媒体谴责他是"要杀死残障婴儿的人"；在德国人们把他和希特勒的党羽马丁·鲍曼相提并论。坐在轮椅上的反对者在他露面时举行抗议，用轮椅组成街垒不让他通过，还砸烂了他的眼镜。
>
> 他也被称为活着的最有影响力的哲学家……
>
> 1975年，他最著名的著作《动物解放》（Animal Liberation）出版后，引发了动物权利运动，使得很多读者成为终生的素食主义者，并激发了一系列旨在更为人道地对待实验动物和家畜的改革。然而动物解放只是辛格伦理学的一个小方面，他真正的目标是重构我们的整个道德图景。
>
> 在他看来，在1993年，当英国法庭判决，一个名叫安东尼·布兰德（Anthony Bland）的植物人可以由医生执行安乐死的时候，两千年来宗教对道德的支配就此画上句点。他认为这个判决是对人类生命的神圣性这一在过去不被质疑的观念的致命一击。
>
> 辛格认为如今的伦理学应当由某种效益主义来引导：他认为自己是一个"偏好效益主义者"（preference utilitarian）。古典的效益主义用幸福来定义善，然而幸福是很难测量的。辛格提用"偏好"来定义善，在这种理念下，道德决定是奠基于一个特定的个体或群体最强烈的偏好之上的。
>
> 因此，辛格认为在很多时候动物比某些人类（包括残障的婴儿和大脑严重受创或深度昏迷的成人）更应该获得生命。一只健康的黑猩猩对生命的偏好可能比一个残障婴儿的更强烈。这种哲学反对大部分出于医学目的而做的动物实验，反对为人类器官移植提供器官而饲养动物。
>
> 更有甚者，辛格认为既然偏好是受自我意识的影响的，那么婴儿只有到一个月大的时候才能被视为"人"①。在此之前，如果它患有唐氏综合症②，而它的父母不想抚养它的话，则其父母和医生都应当可以自由地杀死它。32

思想探究

辛格的"偏好效益主义"

辛格的"偏好效益主义"比传统的行为效益主义或规则效益主义更可信吗？你赞同辛格允许杀死残障婴儿的观点吗？为什么？

思想实验

戈德温的火灾救援

人比兽更有价值，他拥有更高级别的官能，能获得一种更精致、更纯正的幸福。同样地，杰出的康布雷大主教费内隆比他的男仆更有价值。如果他的宅邸着火了，而且只能救他们中的一人，对于应该优先选择救哪个，这一问题我们应该可以毫不犹豫地给出答案。

假设我就是那个男仆，我应当选择去死，而不是让费内隆去死。费内隆的生命确实要优先于男仆的生命。假设那个男仆是我的兄弟，或是我的父亲，或

---

① 心理学上认为人类（human beings）的自我意识是出生后才逐渐形成的，有些学说认为在婴儿一周岁前后才萌发主体自我意识，有些则认为更早。辛格在这里采用的是出生后一个月才萌发自我意识的学说，因此萌发自我意识前的婴儿都在严格意义上不算是人（person），所以下文的人称改为它（it）。

② Down syndrome，患有此症的婴儿智力发育迟缓、有兔唇等特殊面容、身体发育障碍且多发畸形。

是我的恩人，这还是改变不了该命题的正确性。费内隆的生命还是比这个男仆的生命更有价值，并且，纯粹的公正仍然会偏爱那个最有价值的。[33]

戈德温声称，如果他的兄弟，或他的父亲，或他的恩人和这位大主教一起受困于一座建筑中，并且他只能救助其中一人的话，他应该救这位大主教，因为这将产生最多的幸福。在他著作的第一版中，他声称即使和大主教一起受困的是他的母亲，他也应该救大主教。这种说法遭到了强烈的抗议以至于他不得不修改这个例子。但是即使这个新情境对行为效益主义来说也是个反例，我们对家人和朋友的义务通常远比我们创造幸福的义务来得重要。

正义问题

尽管行为效益主义要求每个人的幸福必须被平等地计算，但是它并不要求一种行为所产生的幸福必须被平等地分配。在效益主义者看来，重要的是产生最大数量的幸福。如果我们可以通过不平等地分配来产生更多的幸福，那正是我们应该做的。英国哲学家A. C. 艾文（A. C. Ewing）提供了这样一个例子：

> 正义就是给予每个人所应得的。
> ——亚里士多德

思想实验

艾文的效益主义酷刑

假定我们能通过剥夺掉十个人中的一个人的全部幸福从而轻微地增加所有十个人的总体幸福，这样做是对的吗？如果这样做能使其余九人的幸福获得极大的提升，这也许还说得过去，但是如果这种提升微乎其微的话，那就不行了。此外，如果九个人的幸福是通过对另一个人的残酷折磨而获得的，且他们能麻木残忍到去享受这样的幸福，那么这一行为中的不正义将会败坏这样的幸福，并使它比毫无价值更加糟糕。然而，按照效益主义的观点——只要能比其他方案多产生哪怕一丁点幸福，那么任何一种对善的分配（无论这种分配是多么不公正）也比任何其他分配方案更好（无论其他的分配方案是多么公正）。[34]

行为效益主义使我们相信，正义是由最大化幸福来支持的。所以，通过那种论证，如果萨德侯爵（Marquis de Sade）①通过折磨一些无辜的少女而体验到的幸福量超过了这些被折磨的少女所感受到的不幸福量，那么折磨这些少女在道德上就是可证成的。

效益主义不仅在善的分配方面存在着正义问题，在惩罚犯罪方面也同样存在。应报正义（retributive justice）的基本原则体现在下面这句话中："以眼还眼，以牙还牙，以命偿命。"这种正义概念要求给予每个人他或她所应得之物。正义女神便

---

① 萨德侯爵是法国18世纪的著名情色作家，其作品中充满性虐待情节，而他本人也曾被控告性虐待他人。

是这种正义的象征，她蒙住眼睛，手持天平，象征着确保无人获得比其应得的更多或更少，而行为效益主义的体系中没有这种原则的位置。根据效益主义原则，当且仅当惩罚能够促进幸福的最大化时，惩罚才是正当的。

传统上认为惩罚能够带来幸福最大化的方式有两种：一是通过惩罚使罪犯变成一个好人，一是通过惩罚降低总体的犯罪率。但是为了实现这些目标，惩罚与罪行并不必相符，甚至我们都不必只去惩罚犯了罪的人。艾文通过下面的思想实验来考察这一推论所带来的后果：

思想实验

艾文的无辜的罪犯

假定在某个特定案件中我们不可能找到真正的罪犯，但是我们抓住了一个人，人们普遍认为他就是罪犯，所以惩罚他带来的威慑效果和他真的有罪而惩罚他所带来的威慑效果是一样的。我们进一步假定心理专家能够向我们保证，他的品格将会通过一段时间的监禁而受益。（即使是好人也会在苦难中受益，坏人则更甚。）当然，这并不会使惩罚变得正当，但是根据效益主义的理论，这样的惩罚就应当是正当的。[35]

> 当正义女神握住手中的天平之时，她心无旁骛，残忍与仁慈都无法使她动摇。
> ——约翰·德纳姆爵士（Sir John Denham）

如果惩罚一个无辜的人能使幸福最大化，那么行为效益主义就会认为我们应该这样去做——不管这个人是不是应得这样的惩罚——但是这样就违反了每个平等的人都应当被平等地加以对待这个正义原则。

思想探究

效益机器

假设一个发明者找到美国总统，说现在有一种设备只要人们使用它就会增加百分之一千的幸福。发明者想把这种设备投入生产，只要总统同意他提出的条件。当然，总统对促进普遍的善和大众福利很感兴趣，因此，他问发明者有什么要求。发明者告诉总统，他希望每年能够随机杀死五万个使用这种设备的人。（设备上会贴有警告标签来提醒使用者这台设备的潜在危险。）总统关心这五万人的死亡将会导致的所有痛苦和伤害。发明者向总统保证，就算把五万人死亡所带来的伤害都考虑在内，美国人民使用这种设备比不使用这种设备所带来的幸福总量仍会增加百分之一千。那么总统应该允许这种设备投入生产吗？为什么？（这种设备市场上早已有之，你能猜出它是什么吗？）[36]

正义女神
效益主义的正义和正义女神所代表的正义是一致的吗？

规则效益主义

行为效益主义与我们道德生活的经验并不一致，因为它不符合我们关于权利、义务和正义的观念。为了拯救行为效益主义的基本洞见——我们应当关注对普遍善（common good）的促进——一些人提出了规则效益主义。规则效益主义强调一种行为的正当性并不是由其结果决定的，而是由该行为所遵守的规则的结果决定的。如果一种行为遵守了一种能使幸福最大化的规则，那么这个行为就是正当的。也就是说，**规则效益主义**（rule-utilitarianism）就是这样一种学说：使得一个行为正确的原因在于它遵守了某种规则，并且，在每个相关的人都被考虑在内的情况下，遵守这种规则将使幸福最大化。

根据行为效益主义，确定一种行为的正当性包括两个步骤：一是确定可选择的行动方案，二是确定这些可选择的行动方案中哪种方案能产生最多的幸福。对于规则效益主义来说，这个程序就有些许差异了。它包括，一是确定每种可选择的行动遵守的规则，二是确定这种规则被普遍遵守后能否使幸福最大化。如果可以的话，那么这种行动就是道德上可允许的。规则效益主义相比行为效益主义的优越之处就在于它能更好地符合我们关于权利、义务和正义的概念。

如果人们遵守"绝不撒谎""绝不作弊""绝不偷窃"一类的规则，能比遵守"做能使幸福最大化的行动"这个规则带来更多的幸福的话，那么规则效益主义就是一种更好的理论。然而，我们有理由相信遵守这些不容例外的规则并不能使我们的幸福最大化。让我们来考虑一下"绝不撒谎"这个原则。假设一个疯子拿着一把血淋淋的刀子来到你家，向你询问你的邻居在哪里。在这种情况下，似乎撒谎才是正确的，因为这很可能会挽救你邻居的生命，也因此可以比说实话产生更多的幸福。因此，"绝不撒谎，除非为了挽救无辜的人的生命"这个规则比"绝不撒谎"这个规则更好。

根据规则效益主义，一个道德上正确的行为是遵守一个道德上正确的规则的行为。而一个道德上正确的规则是这样一种规则：如果人们普遍遵守它，就会使我们的幸福最大化。既然有最多例外的规则似乎能产生最多的幸福，那么它们就应该是在道德上最正确的规则。

但是一旦我们开始允许规则有例外，规则效益主义和行为效益主义所认可的行动就别无二致了。试考虑勃兰特的效益主义继承人案例吧："绝不杀死无辜的人"这个规则将不允许这个儿子杀死他的父亲，但是"绝不杀死无辜的人，除非能使幸福最大化"这个规则将允许这个儿子杀死自己的父亲。因为后一规则如果能被普遍遵守的话将产生更多的幸福，因此它才是道德上正确的。但是遵守这个规则和遵守"做能使幸福最大化的行动"这个规则就没有什么不同了。因此，较之于行为效益主义，规则效益主义可能就没有什么显著的优势了。

你也许会认为有例外的规则并不能使幸福最大化，尽管表面上看来是如此。例如，我们可以论证说，像"绝不杀死无辜的人，除非能使幸福最大化"这样的规则并不会比像"绝不杀死无辜的人"这样的规则产生更多的幸福，因为前者将产生

人类的幸福和道德义务之间是密不可分的，正是这一理念促使我去实践后者以促进前者。

——乔治·华盛顿

规则效益主义

这项学说认为使得一个行为是对的的原因在于它遵守这样的规则——在每个相关的人都被考虑在内的情况下，如果这种规则被普遍遵守的话将会使幸福最大化。

一种其程度让人难以接受的焦虑、不信任和不确定性。如果人们知道，任何时候只要杀死他们所能产生的幸福比不幸福多，他们就可以被正当地杀死，他们便不免要为自己的生命感到担忧了。

根据规则效益主义，如果一种规则允许，只要你杀一个人产生的幸福比不幸福多时，就可以杀死他，那这种规则可能是不正确的；但是如果一种规则允许，当你杀一个人产生的幸福比不幸福要**多很多**时，就可以杀死他，那这种规则可能在道德上是正确的。遵守这种规则的社会将比不遵守它的社会更幸福。如果必须杀死无辜的人才能产生一个巨大的善，那么这种规则就会允许杀死无辜的人。在适当的情形下，它甚至会认可种族灭绝。如果杀死某个群体中的所有成员会使整个世界更幸福，那么规则效益主义（和行为效益主义）就会认为我们应当杀死他们。但是这似乎是不对的。不管幸福多到什么程度，人的生命似乎都比幸福更有价值。

行为效益主义和规则效益主义的失败表明效益主义的伦理学理论是错误的。这两种伦理理论都设想幸福是唯一有内在价值的东西。正如密尔所说的：

> 根据最大幸福原则……（不管我们考虑的是自己的利益，还是他人的利益）人生的终极目的，就是尽可能地远离痛苦，并尽可能充分地享有快乐，而其他一切值得欲求的事物，则都与这个终极目的有关，并且是为了这个终极目的的。[37]

尽管幸福可能是一种内在善，但是很多人还是会质疑它是否是唯一的内在善。罗伯特·诺齐克在下面的思想实验中检验了这个设想。

思想实验

诺齐克的体验机

假设世上存在这样一种机器，它可以给你任何你想要的体验。最出色的神经心理学家通过刺激你的大脑让你觉得你正在撰写一部巨著，或者正在交朋友，或正在读一本有趣的书。在此期间，你实际上一直是漂浮在一个容器内的，头上插满了电极。你该不该一辈子待在这个预先为你设定好所有生活体验的机器里呢？如果你担心错过某些可欲的体验，我们可以假定商业组织已经彻底研究过许多其他人的生活，你可以从他们收集这类经验的超大程序库或目录中挑选你想要的，比如说你随后两年的生活体验。等到两年后，你可以从这个容器中出来，再花上十分钟或十小时来为自己选择接下来的两年的体验。当然，当你在容器里的时候，你并不会意识到自己是在体验机里，你会以为一切都是真的在发生。其他人也能进入他们想要的体验中，所以没有必要留在机器外面为他们服务（暂不考虑像如果所有人都进入机器生活，谁来维护这些机器这样的问

题）。那么你愿进入这样一台体验机吗？除了内在的体验之外，还有别的什么对我们来说十分重要的东西吗？[38]

如果效益主义是正确的，诺齐克所设想的社会——在那个社会里，每个人一生中的大部分时间都在体验机里度过——就是一个乌托邦，因为它的居民可以拥有最愉悦的体验。然而，一些人却认为诺齐克的社会是个终极的反乌托邦，因为那里的人过着毫无价值的生活。他们声称生命的价值在于你做出什么样的选择，而不在于你拥有什么样的体验，而在诺齐克的社会里，人们并没有做出任何真正的选择。他们可以选择播放哪种磁带，但是他们并没有做出过任何可以塑造品格或提升自我的选择。因此，他们并不能被当作是好人。正如诺齐克所说的：

> 漂浮在一个容器里的人只是不确定的一团事物。对"一个在体验机容器里长期生活的人是什么样的"这个问题，我们没有任何答案。他是勇敢的？和蔼的？聪明的？诙谐的？慈爱的？这个问题难以回答不仅在于我们很难知道他是什么样子，而且还在于他根本就不可能成为任何一种样子。[39]

生活在诺齐克社会里的人们既不可敬也不高尚。实际上，他们并不比那些人为地刺激大脑以逃避现实的瘾君子好到哪里去。如果这不是乌托邦，如果过好的生活不仅在于拥有好的体验，那么我们就有理由相信效益主义是有缺陷的。

> 假使身体能拥有这个世界上所有的快乐会怎么样？接受所有的快乐，抛弃自己的灵魂，永远成为感官的奴隶，谁会这么懦弱呢？
>
> ——塞内卡

思想探究

有益的药品

假设有一种合法的药品，它能减轻烦躁的情绪，提高生产率，让人在工作中感到快乐的同时，不会对人产生任何诸如药物上瘾或药物依赖等副作用。那么雇主要求雇员吃这种药在道德上是允许的吗？雇主在公司的饮用水中加入这种药在道德上是允许的吗？你的回答是支持了还是动摇了效益主义？

总 结

后果主义伦理理论声称行为的正当性是由行为的结果决定的，而伦理学的利己主义就是这样的一种理论，它认为行为的正当性在于它促进了行为者自身的利益。然而，这并不是一个可信的道德理论，因为它纵容我们可想象的最恶劣的行为。为了捍卫伦理学的利己主义，一些人提出了心理学的快乐主义，它主张每个人所能欲求的只能是自己的幸福。不过从表面上看，这种主张似乎是错的，因为我们的行动确实并非总是出于自身的利益，而经常会出于真实的利他主义。此外，仔细考虑就会发现在此学说下存在一个悖论：显然，只有我们欲求其他的东西而不是我们自身的幸福时，我们才会快乐。但是如果我们欲求其他东西而不是我们自身的幸福，那心理学的快乐主义就是错误的。伦理学的利己主义也面临一个问题，即它的赞同者并不能一致地提倡它。这个奇怪的困境又进一步指向了一个更大的缺陷：在这种理论之下，人无法给予平等者平等的对待。

传统的效益主义或者行为效益主义是一种更有说服力的理论。它是这样一种学说：一个行为的正当性在于在每个相关的人都被考虑在内的情况下，它可以将幸福最大化。当在考虑到了所有相关的人的情况下，我们产生了尽可能多的幸福的时候，我们就是做了正确的事情。然而，这个理论和我们关于权利、义务和正义的基本直觉相悖。我们认为人们拥有权利——有些事是我们不应该对他人做的，即使这么做能产生好的结果。我们也认为我们对他人有一些义务（如不违背诺言等），包括对有特殊关系的人的特殊义务。我们还认为正义要求奖赏和惩罚应当得到公平的分配。但是对于行为效益主义来说，以上所有的考虑都是不重要的，重要的是产生的幸福有多少。

为了改进行为效益主义，拯救它的基本洞见——我们应当促进普遍善——一些人提出了规则效益主义。它是这样一种学说：如果一种规则被普遍遵守的话，在每个相关的人都被考虑在内的情况下，这个规则能使幸福最大化，那么这个规则下的行为就是正确的。最好的规则就是包含着例外的规则，如果打破这个规则能产生大量的幸福，它就允许人们打破这个规则。但是这样的规则是不能充分保障我们的权利的。

学习问题

1. 后果主义（目的论的）伦理理论和形式主义（义务论的）伦理理论之间有什么不同？
2. 道德善和非道德善之间有什么不同？
3. 内在价值和工具（外在）价值之间有什么不同？
4. 什么是伦理学的利己主义？
5. 什么是心理学的快乐主义？
6. 心理学的快乐主义是怎么为伦理学的利己主义辩护的？
7. 费因伯格的"专一的快乐主义者"的思想实验是怎样的？它是如何动摇心理学的快乐主义的？
8. 什么是传统的效益主义或行为效益主义？
9. 麦克洛斯基的"效益主义告密者"和勃兰特的"效益主义继承人"思想实验是怎样的？它们是如何动摇效益主义的？
10. 罗斯的"不愉快的承诺"和戈德温的"火灾救援"的思想实验是怎样的？它们是如何动摇效益主义的？
11. 艾文的"效益主义酷刑"和"无辜的罪犯"的思想实验是怎样的？它们是如何动摇效益主义的？
12. 什么是规则效益主义？
13. 诺齐克的"体验机"的思想实验是怎样的？它是如何动摇效益主义的？

讨论问题

1. 试考虑英国哲学家伯纳德·威廉斯提出的这个情境，吉姆应当杀死其中一个印第安人吗？为什么？

思想实验

威廉斯的南美抉择

吉姆发现自己身在南美洲一个小镇的中心广场上。20个被捆绑起来的印第安人背靠着墙壁站成一排，大部分面露惧色，只有少数几个做出轻蔑的仪态。在他们面前的是几名武装分子，其中一个穿着被汗水浸湿了的褪色的卡其布衬衫的壮汉是他们的首领。经过反复盘问，他确定吉姆只是在考察植物时偶然路过这个地方而已。他向吉姆解释道，这些印第安人是当地反政府组织的成员，现在，他们正准备杀了这些人以儆效尤。然而，因为吉姆是远道而来的贵客，这个首领很乐意给客人吉姆一项特权，就是让吉姆亲手杀死其中一个印第安人。如果吉姆接受这项特权，那么为了庆祝他的到来，其他的印第安人就都会被释放；如果吉姆拒绝接受这项特权，那么这些印第安人都将被杀死。吉姆幻想着自己能像学生时代读过的那些小说里那样拿到一把枪,然后挟持这个首领以威胁其他士兵放了那些印第安人。但这显然是不可能的:任何这类企图都只会使自己和所有印第安人难逃被杀的命运。此时背靠着墙的印第安人和行刑现场的其他村民都清楚这一局面,并且显然都在恳请他接受这个特权。他该怎么做?[40]

2. 在道德上,你有义务遵守你生活的城市、州和国家的全部法律吗?会不会有时遵守法律才是不道德的?如果有,是什么时候?

3. 试考虑一下下面这个由朱迪斯·贾维斯·汤姆森(Judith Jarvis Thomson)提出的案例。

思想实验

汤姆森的电车难题

假设你是一辆电车的司机。电车拐过一道弯后,突然有五个铁路工人出现在你的视线内,他们正在对这段铁轨进行维修。这段铁轨正好穿过一个小山谷,两侧的山坡都很陡峭,如果你想避免撞向那五个工人的话,你就必须停下这辆电车。但是在你拉下刹车的时候,你发现刹车坏了。现在,你突然发现铁轨在这里有一个向右的分岔,你可以把电车开向那边,这样就可以救那五个工人了。但不幸的是,那条铁轨上刚好也有一个铁路工人,他无法及时避开电车,所以,如果你把电车开向那边的话,你就会杀了他。你让电车转向另一边是在道德上可允许的吗?[41]

你应该改变电车的方向吗?为什么?再考虑一下下面这个思想实验。

思想实验

汤姆森的移植问题

这次你设想你是一名外科医生,一名医术高明的外科医生。你的工作范围包括器官移植手术,并且你的高明之处就在于你做的移植手术总是很成功。此刻,你刚好有五位患者需要器官,其中的两人各要一个肺,另外两人各要一个肾,第五个人需要一颗心脏。如果今天他们得不到这些器官,他们就都会死。如果你能替他们找到器官并移植,他们就都能活下去。但是去哪里找那些肺、肾和心脏呢?这性命攸关的一天眼看就要过去,就在这个时候,你得到消息说有个年轻人刚好来到你的诊所做年度体检,他的血型正合适,并且他还非常健康。看,你现在就有一个可能的捐赠者啦。你只需要把他的器官取下来,然后分别移植给那几个需要的人就行了。但你问他愿不愿意捐献的时候,他却说,"对不起,我很同情他们,但是我不愿意捐献我的器官。"在这种情况下,如果你还要摘掉他的器官去挽救那五个人的生命,这样做是道德上允许的吗?[42]

假设你认为改变电车的方向在道德上是允许的,但是进行这样的手术是道德上不允许的,那么这两种情况在道德相关的方面有什么不同?

4. 试考虑这样的伦理理论：自然的就是好的。这是一个可信的伦理理论吗？用思想实验的方式检验一下吧。

5. 我们对未来的世代有什么样的义务？我们必须考虑我们的行为将会对他们产生什么样的影响吗？为什么？

6. 假设你可以选择通过使已经存在的人的幸福翻倍，或通过使这个世界上的人数翻倍来使这个世界的幸福总量翻倍。你有理由选择一个而不选另一个吗？这些理由是效益主义的吗？

网络探究

1. 最近有科学家使用功能性磁共振成像（Functional Magnetic Resonance Imaging）在人们思考电车难题时扫描他们的大脑。在网络搜索引擎里输入"trolley problem"（电车难题）和"FMRI"，找到结果。其结果告诉我们什么？它们暗示了哪种答案是正确的吗？为什么？

2. 我们对未来的世代有什么义务？那些尚不存在的人能对我们有主张吗？在搜索引擎中输入"后世的权利（rights of future generations）"去探究这个问题。

3. 根据效益主义理论，我们有义务让那些严重残障人士继续生活下去吗？在搜索引擎中输入"效益主义"和"残疾人"去探究这个问题。

5.4 责任重大：义务决定正当

> 只有意志是无可指责的，行为才是无可指责的，因为行为听命于意志。
> ——塞内卡

伊曼努尔·康德拒绝接受效益主义的假设：幸福是最高的善，是唯一有内在价值的东西。根据康德的观点，唯一具有内在价值的东西是善的意志。他说："在这个世界之内，甚至在这个世界之外，除了**善的意志**（good will），不可能设想任何东西能够被不加限定地视为善的。"[43] 具有善的意志，意味着会因为做某事是正确的而去欲求做某事，而不是因为它能给你或他人带来好处。因此，康德是一个形式主义者。他认为行为的正当性是由行为的种类决定的，而不是由行为的结果决定的。即使一个行为的结果可能并未如你所愿，但它仍然可以是道德上正确的。正如康德所说：

> 一个善的意志之所以是善的，不是因为它促成了什么或产生了什么样的影响……即使它竭尽所能也毫无收获……它仍像宝石一样闪耀着自己的光芒，因其本身而具有全部价值。[44]

> 不偏不倚是正义的生命，正如正义是所有好政府的生命一样。
> ——查士丁尼（Justinian）

依据康德所说，好人做善事是为了善自身，而不是因为他们期望什么回报。

康德认为幸福不可能是最高的善，因为最高的善是无条件的善。如果什么东西是无条件善的，那么在一种境况中添加这种东西就总是会使这个境况更好，而在一种境况中添加幸福并不总是使境况变得更好。试考虑杀人的案例。杀人这个行为的道德性并不会因为杀手在杀戮中获得快感而提升，事实上，这种境况的道德性只可能因此变得更坏。因此，幸福并不满足康德的最高善的标准，而一个行为来自善的意志这一事实绝不会使这种行为变得更坏。因此，康德强调，善的意志是唯一具有内在价值的事物。

康德的定言命令

对于康德来说，道德地行动，就是出于对道德律的遵守来做出行动——而不仅仅是做出与道德律相一致的行动，因为做和道德律相一致的行动可能是偶然的[①]。所以，道德地行动就需要我们必须知道道德律是什么，并在此基础上做出选择。道德律可以被视为命令，因为它们命令我们去做某事（或不做某事）。例如，"不准偷窃"是一个命令。而一个**假言命令**（hypothetical imperative）就是在满足某些条件的情况下，你需要去听从的命令。例如，"如果你想要成为一名出色的钢琴家，你就应该定期练习。"这就是一个假言命令。而一个**定言命令**[②]（categorical imperative）是在任何情况下我们都必须服从的命令。康德认为道德原则都是定言

---

① 因为人们可能只是因为在某些时候服从道德律对他有利而去服从道德律，这种情况下他对道德的服从就只是偶然的而非必然的。

② "categorical imperative" 也被译为"直言命令"或"绝对命令"。

的，也因此他的道德理论被称作"定言命令"。

（一）第一种表述

康德提出了定言命令的两种表述：第一种表述就是，"要只按照你同时能够愿意它成为普遍法则的那个准则（maxim）去行动"。[45]换句话说，就是只依照那些你也愿意每个人都这样行动的准则而行动。所以，**定言命令**的第一种表述认为行动的正当性就在于每个人都能够按此行动，而且你也愿意每个人都按此行动。

根据康德的观点，一种恰当的道德理论是不能有所偏好的。每个人都必须被平等地对待。所以，如果某人在某个特定的情况下做某个特定的行为是道德上允许的，那么每个人在相似的情况下做那样的行为也是道德上允许的——只要这两种情况在所有道德相关方面都一模一样（一个道德相关方面就是一个与行为的道德性有关系的方面）。如果两种行为没有什么相关的不同，那就没有理由给它们不同的判断。

康德认为无论什么时候，你的行为都是按照一个准则或原则而做出的。为了决定一个特定的行为是否道德，你就必须做一个思想实验：你得想着，如果每个人都依照这个原则而行动的话这个世界将会是什么样子。如果这样的世界是可设想的，并且你也愿意生活在这样的世界里面，那么依照这个原则而行动就是道德上允许的。

康德的定言命令的第一种表述确立了道德可接受性的两个标准：可普遍化性与可逆性。如果每个人都能够依据此原则行动，那么这个原则就是**可普遍化的**（universalizable）。假如你也愿意每个人都依据此原则行动，那么这个原则就是**可逆的**（reversible）。

有些原则是不可普遍化的，试考虑下面的情况。假设你现在破产了，而且需要钱。你知道如果你承诺会还钱的话，有人就会借给你，但是你也知道你并没有能力去还这个钱。所以你想知道用一个虚假的承诺来借钱在道德上是不是允许的。康德认为要判定这样的行为是不是道德上允许的，你就得判定是不是每个人都可以依据这样的原则，即"只要你需要，你就可以用虚假的承诺来借钱"的原则来行动。然而，稍微反思一下你就会知道并不能让每个人都依据这样的原则行动，因为它包含了一个逻辑矛盾。一方面，它假设了人们会把承诺作为借钱的依据，另一方面，它假设了无论何时，只要人们想就可以打破他们的承诺。所以，如果每个人都依照这个原则行动，那么我们就无法相信任何人可以偿还贷款了，但是如果我们无法相信任何人能偿还贷款，那么一开始就不会有人借给其他人钱了。因此，"只要有需要你就可以用虚假的承诺来借钱"这一原则就是不可普遍化的。你并不能一致地意愿每个人都依据这个原则去行动。因此，康德认为你并不能依据这个原则来行动。

> 我们的原则是我们行为的源泉，而我们的行为是我们快乐或悲伤的源泉，因此，在形成我们的原则这方面，我们再怎么小心也不为过。
> ——菲利普·斯凯尔顿（Philip Skelton）

可逆性这个标准类似于"黄金法则":"你想要别人怎么对待你,你就怎么对待别人。"这个黄金法则是基于另一种思想实验的。要想知道一个行为在道德上是否是允许的,你就得设身处地地想一想,你是否愿意别人对你做你想对他们做的。如果不行,那么你就应该克制自己这样做的愿望。可逆性标准与"黄金法则"的区别在于,可逆性标准关注的是行为所涉及的原则,而不是他人。可逆性标准还考虑到了原则的可接受性,而不只是情境的具体方面。如果你愿意每个人都依照该原则来行动,那么它就是可逆的。

康德认为定言命令确立了对己和对他人的诸多完全义务。**完全义务**(perfect duty)就是没有例外的义务,包括"不杀害无辜的人"、"不撒谎"、"不违背诺言"。无论在什么情况下,这些义务都不能被违反。

除了完全义务,对己和对他人还有不完全义务。**不完全义务**(imperfect duty)就是有例外的义务,包括"发展才能"和"帮助需要帮助的人"。我们并不需要总是遵守这类义务——只要有些时候我们遵守它们就够了。

通过严格禁止谋杀、撒谎、不守承诺等行为,康德的理论避免了困扰效益主义的诸多问题。效益主义支持这样的行为——只要它们产生了足够多的幸福,而康

伊曼努尔·康德:小镇里的天才

在某种意义上,我们可以说伟大的德国哲学家伊曼努尔·康德(1724—1804)何以拥有这般天赋是一个谜——至少可以说这是反直觉的。如果说曾经有哪位哲学家可以"跳出常规进行思考",能超越传统的思维定势,将人们领向全新的思想视野,这个荣誉一定非康德莫属。然而,他的生活是如此地有规律,生活的范围也很狭窄,以至于不了解他的人只会怀疑他可能是个非常乏味无趣的家伙。

他出生在一个名叫柯尼斯堡的小镇上,隶属于东普鲁士。镇上的其他居民会根据他每天散步的时间来校准他们的钟表。终其一生,他从未离开过哥尼斯堡,没有像其他思想家那样出国游历,最终他也逝世于他出生的那个小镇。他从来没有结过婚,也从没有做出任何不合小镇习俗的事情。

然而,康德并不是个无趣的人。他喜欢朋友的陪伴,他的朋友们也觉得他很招人喜爱、风趣幽默。他是物理学、数学、地理学,以及哲学所有主要领域的著名讲师。在他学术生涯的早期,他还写过天文学和物理学方面的文章,而且,他并不是一个半吊子的科学家,早在1755年,他就预测到了天王星的存在,而这颗行星在1881年才被发现。

当然,除了这些,他还在认识论、形而上学和伦理学领域里都做出了贡献,他在这些方面最重要的作品都是在五十多岁之后才完成的。他的杰作《纯粹理性批判》于1781年付梓,1783年又出版了该书的简本(《任何一种能够作为科学出现的未来形而上学导论》)。随后其他的主要著作也相继问世,包括《道德形而上学的奠基》(1785年)、《实践理性批判》(1788年)和《判断力批判》(1790年)。

德的理论绝不会准许这些行为。

不仅如此，相比效益主义来说，康德的理论也为分配正义和应报正义提供了看起来更合理的解释。根据效益主义理论，相比于最大化幸福原则而言公平是次要的。如果存在一种特殊的分配资源的方式能使幸福最大化，不管它是否应得，那种分配在道德上都是正确的。然而，根据康德的理论，除非分配所立足的原则可以被普遍化，否则它就不能被允许。由于没有人想得到不公平的对待，所以不公正的分配原则是不能被普遍化的。

效益主义并不要求只有犯了罪的人才能被惩罚，或者罪与罚相一致。然而，定言命令则对此都有要求，正如康德所说的：

> 但是公共正义会把惩罚的何种方式与尺度当作自己的原则和标准呢？这只能是平等的原则。通过这个原则，公正的天秤上的指针才不会偏向一边……因此，也可以这样说："如果你诽谤别人，你就是诽谤了自己；如果你偷了别人的东西，你就是偷了你自己的东西；如果你打了别人，你就是打了你自己；如果你杀了别人，你就杀了你自己。"它是唯一的原则……根据此原则可以明确地决定在质和量两方面都公正的刑罚。⁴⁶

换句话说，公平的做法是换位——无论你对他人做什么，你都应当愿意他人也这样对你。在做一个行动的同时，你也是在肯定这个行动所基于的原则。如果这个原则认同诽谤、偷窃、殴打或杀害，那你也应当愿意被别人诽谤、偷窃、殴打或杀害。

康德是死刑的坚定维护者，他说：

> 甚至假定有一个公民社会，在经过它所有成员的同意之后，决定自我解散——并假定这些人本来是住在一个海岛上，他们决定彼此分开散居到世界各地——那么他们应该在处死监狱里最后一名谋杀犯之后，再执行他们解散的决定。应该这样做的原因是为了让每一个人都可以认识到自己言行应有的代价，也是为了不把血债留在整个群体身上。因为如果不这样做的话，他们将全部被认为参与了这次谋杀，公开违背了正义。⁴⁷

康德认为处死谋杀犯是我们的义务，因为如果我们不这样做的话，我们其实就是潜在地纵容了这样的行为。如果我们纵容这样的行为，那么我们就认同了"杀死无辜的人是正当的"原则，这是对定言命令的破坏。

有些人反对康德的理论，认为康德的理论太主观了——某些人可能很愿意每个人都按照显然不道德的原则做事。试考虑R. M. 黑尔（R. M. Hare）所举的纳粹狂热分子这个例子吧。

定言命令 I
认为行为的正当性在于每个人都可以依据这个原则行动，并且你愿意每个人都依据这样的原则行动的学说。

可普遍化
如果每个人都可以依据这个原则行动，那么这个原则就是可普遍化的。

可逆性
如果一个人愿意其他人也能像他那样依据这个原则行动，那么这个原则就是可逆的。

完全义务
无论发生什么，一定要遵守的义务。

不完全义务
并不总是必须要遵守的义务。

伊曼努尔·康德
（1724—1804）

人是自己的主人，没人有权奴役他人。
——约翰·洛克

思想实验

> **黑尔的纳粹狂热分子**
>
> 让我们尽可能简单地设想一下,一个自由主义者和一个纳粹分子之间会有怎样的争论。首先,自由主义者可能让纳粹分子注意其行为对很多人(例如犹太人)造成的诸多后果,这些人并不分享他的理念,并且,这个自由主义者还问他是否打算同意一个普遍原则,即人们(即使是具有犹太人特征的人们)应该遭受这样的痛苦。如果双方现在仅考虑利益因素,这个自由主义者就有一个有力的论证。因为,纳粹分子不会同意这样一个观点:假如他自己就是一个犹太人,或只是具有犹太人的特征,他也应当被这样对待……但是这个纳粹分子有自己的一个普遍原则,这个原则给自由主义者的论证造成了困扰。他认同"犹太人的特征与一个理想的或优秀的好人(甚至只是一个差强人意的好人)是不一致的"这个原则,并且,他还认为一个理想的社会,甚至只是一个差强人意的社会是不能被实现的,除非具有犹太特征的人被铲除才行。那么,让这个纳粹分子设想自己拥有犹太人的特征似乎是没用的,并让他因此设想自己的利益所在也似乎是没用的。因为他认为,即使人们的其他利益(包括他自己的利益)被牺牲了,我们也应该通过创造理想的人和铲除那些达不到理想标准的人来实现理想社会。[48]

> 正义是一种持续的愿望和努力,它驱使我们给每个人以其应得。
> ——查士丁尼

> 每个人都应耐心地承担自己行为的后果。
> ——斐德罗
> (Phaedrus)

> 生活中并不存在什么东西好到足以让我们以忽略某个义务为代价去获得它。
> ——斯维德琴夫人
> (Madame Swetchine)

与"只要你需要就可以用虚假的承诺来借钱"这个原则不同,这个纳粹分子"杀光犹太人"的指令并没有自相矛盾,想要所有的犹太人死也不同于想要两边的便宜都占,既吃掉蛋糕又同时保留它。因此,这个原则是可普遍化的——每个人都可以依据这样的原则行动。并且,如果这个纳粹狂热分子是个犹太人的话,他也愿意自己被杀死,他的原则也是可逆的,因为这个狂热分子也愿意所有的人都依照这个原则行动。因此,康德的理论(以及"黄金法则")似乎会赞同种族灭绝——这个思想实验强有力地暗示了,康德的理论并不是一个充分的伦理理论。

另一种对康德定言命令的反驳源自这样一个事实:每种行为都可以用很多种方式来描述,而且我们无法判断哪种描述才是正确的。让我们再考虑一下那个用虚假的承诺来借钱的例子吧。如果我们不将"只要有需要你就可以用虚假的承诺来借钱"作为我们行动的相关原则,而采用"只要有需要并且具有某种基因编码你就可以用虚假的承诺来借钱"作为相关原则,而这种基因编码指的就是你自己的基因编码。那么,因为只有你具有你自己的基因编码,你就不会通过意愿每个人都依据这个原则去行动而陷入自相矛盾,通过把这个原则表述得具有足够多的细节,你可以证成任何行为。但这样做显然是不行的。

然而,康德的理论面临的最严重的问题在于:根本不存在完全义务,每种义务都有例外。罗斯为此提供了下面的思想实验。

思想实验

罗斯的善良的撒玛利亚人①

因此，使得我们所考察的理论看起来没有问题的原因并不在于一般的行动（它们很可能构成我们的绝大多数行动）：在这些行动中那种诸如"我承诺过这么做"这样的反思就是我们认定某行动为正确的唯一理由，而在于那些特殊的情况：（比如说）在某种情况下，遵守承诺可能会对他人造成巨大的伤害，以至于我们会认为不遵守承诺才是正确的。显然，我们必须承认这样的情况是存在的。假设我已经承诺要在某个时间为了某件微不足道的事情见一个朋友，但如果打破这个约定就能阻止一桩严重的事故或能为事故的受害者减轻伤痛，则我打破这个约定就是可以得到辩护的。49

遵守承诺的义务并不是一个完全义务，会存在一些情况，使得你在其中遵守承诺才是错误的。例如，如果在某个时间遵守承诺去见某个人会使得许多人因此丧命的话，那么遵守承诺就是错误的。因此，即使是康德的理论，也有些不尽如人意的地方。

（二）第二种表述

康德也提出了定言命令的第二种表述，他认为这种表述和之前的第一种表述是等价的。它是这样的："你要如此行动，在任何时候都要绝不将人仅仅当作手段，而同时总是要也将其当作目的的。"50定言命令的第二种表述说的是，行为的正当性在于在它把人当作目的自身，而不仅仅当作实现目的的手段。

把人当作"目的自身"也就是认为人有其内在价值——因其自身就具有的价值。把人当作"实现目的的工具"也就是认为人只有工具性的价值——因其他事物而具有的价值。工具或设备就只具有工具性的价值，它们之所以有价值是因为它们可以帮助人们实现某个目标。例如，我们认为锤子有价值，是因为它能帮我们敲打东西，并且只要这个锤子能帮助我们完成工作，我们不会关心这个锤子身上究竟发生了哪些事情。定言命令的第二种表述是说，把人仅仅当作实现目的的手段是不对的。要想道德地对待他们，我们就得尊重在他们自身中的价值。

人们具有内在价值是因为他们有自我意识，有理性，而且是自由的。拥有自我意识使得他们可以意识到支配自己行为的那些原则，拥有理性使得他们可以确定这些原则是否与定言命令一致，拥有自由使得他们可以决定自己将依照什么原则行动。因此，他们可以为他们的所作所为负道德责任。

大部分生物都是自身欲望的奴隶。它们所具有的欲望是外界通过先天的本性

> 不要让一个人以为他能用恶的手段来寻求善，而不对自己的灵魂犯下罪孽。
> ——罗伯特·骚塞
> （Robert Southey）

---

① "good Samaritan"是来自《圣经》的一个典故，原指一个来自撒玛利亚的好心人，后来泛指乐于助人者或见义勇为者。

或后天的培养强加于其上的,它们自身无法控制这些。而另一方面,由于人是理性的,所以他们不仅可以创造自己的欲望,还能决定他们要依照哪一种欲望行动。他们并不只是服从自然法则,他们还能服从他们给自己制定的法则。服从自己制定的法则的人是自由或自主的(autonomous)。("autonomous"来自希腊语"auto",意思是自己,"nomos"意思是法则。)在康德看来,我们的理性能力让我们自由。

康德所讲的理性能力和效益主义者讲的理性能力有着明显的不同。效益主义者认为理性只是用来决定哪种手段对于实现目的来说最为有效的,而这些目的本身则是被欲望决定的,它们不受理性控制。相反,康德认为理性的作用就是决定哪些目的值得追求。理性并非像休谟所认为的那样只是"激情的奴隶(slave of the passions)",相反,理性可以是激情的主人和向导。通过使用理性来形塑自己的命运的能力使得我们具有内在价值。尊重个人自身的价值包括尊重他们选择的权利。通过允许他们自己决定过什么样的生活,我们把他们自身当作目的,而不仅仅当作实现目的的手段。

当我们操纵他人的时候——当我们违背他人的意志来利用他们的时候——我们就只是把他们当作实现目的的手段。例如,当我们奴役他们的时候,我们就阻止了他们实现自己的欲望和计划,而是迫使他们为实现我们的欲望和计划服务。这就是把他们当作工具,而不是道德主体,因此我们就没有尊重他们的自主(autonomy)——过他们想要的生活的权利。

然而,利用他人来实现某种目的并非都是不道德的行为。我们经常把他人当作(实现目的的)手段,不过并不是**仅仅**把他们当作手段。例如,我们利用商店售货员来帮我们购物,售货员利用我们来赚钱。但是在这种情况下,人们并不是**仅仅**被当作手段,因为没有人是违背自己的意志被迫做这些事情的。我们的行为和售货员的行为都是自由的,因为在这种情况下,没有人是被迫的,也没有谁的权利被侵犯。

> 让人成为奴隶就是夺走了他一半的价值。
> ——亚历山大·蒲伯
> (Alexander Pope)

定言命令的第二种表述避免了第一种表述的某些违反直觉的后果。它是不允许那个纳粹狂热分子杀死犹太人的,因为这包含了把犹太人仅仅当作手段,同时,它也不允许有着特定基因编码的人用虚假的承诺借钱,因为即使这样的原则可以被普遍化,它也仍然涉及了把他人当作工具来对待。

康德认为定言命令的两种表述是等价的,因为他认为它们都允许同样的行为。然而,很少有人赞同这点,因为第一种表述允许的某些行为(如纳粹狂热分子杀死所有的犹太人)并不被第二种表述允许。于是,我们最好说,第二种表述是第一种表述的补充。这样看来,决定一个行为是否正确就包含两个步骤:(1)确定行为所依据的原则是否是可普遍化的和可逆的,(2)确定行为是否把每个人本身当作目的,而不仅仅将其当作实现目的的手段。如果这个行为通过了这两项测试,那么它在道德上就是可允许的。

> **定言命令 II**
> 行为的正当性在于它把人本身当作目的,而不仅仅当作实现目的的手段。

> ## 新闻报道：康德，密尔和伊拉克战争
>
> 有些人认为美国发动战争的理由已经随时间变化了。例如，有个评论员认为在布什的第二个任期，美国发动战争的理由已经从康德主义的变为效益主义的了：
>
> > 第二次世界大战后——在纽伦堡审判和组建联合国的过程中——这个世界上的国家都拥抱了一种康德主义的处理国际关系的方式，这种方式是基于对每个国家作为平等的拥有主权的个体（不管它们经济发展的规模或阶段如何）身份的认可之上，赋予它们同样不可剥夺的权利。联合国宪章禁止"威胁或利用武力去危害任何国家的领土完整性或政治独立性"，除非"发生了武装袭击"。同样，纽伦堡审判也这样申明，"发动侵略战争……是最严重的国际罪行"。当时效益主义的考量也同时存在，但只是扮演了支持性的角色：联合国宪章假定，赋予世界上的各个国家不可剥夺的权利将会帮助我们消除战争的一个主要根源……
> >
> > 在1989年柏林墙倒塌之后，这个世界似乎已经完全可以成熟地运用康德主义的原则来处理国际关系了。联合国对海湾战争的支持就是一个教科书般的例子：这个世界上的国家共同前来保卫一个被更大更强的邻国侵入和统治的小国……并且，"9·11"事件后美国对阿富汗的攻击也是一种国家自卫行为。
> >
> > 然而，可能是因为在阿富汗的胜利为布什政府壮了胆子，它开始蔑视起"二战"后国际法的诸多原则来了。2002年六月，布什宣布了一项针对仅仅是潜在的敌人的新原则，一项关于先发制人（真正预防性）的战争的理论，它旨在合理化对伊拉克的入侵。然而，即使这项理论被认为是在这个核战争时期对自卫范围的合法延伸，这一入侵似乎仍然是不可辩护的。美国将必须证明，伊拉克不仅拥有一些化学武器（在20世纪80年代的战争中，这些化学武器并不足以遏制和震慑伊朗的进攻），而且还拥有一项进行中的核计划。但是无论是在事先调查还是在后来的战争中，人们并没有发现这样一项核计划的蛛丝马迹。以康德主义的标准来说，这次战争就是毫无正当原因的侵略。
> >
> > 事后，政府官员们试图完全从效益主义的原则出发为战争做出辩护——即这场战争将使阿拉伯地区走向了民主化和现代化。这样的论证可以追溯到19世纪和20世纪早期的帝国主义者和一些新保守主义者——包括马克斯·布特（Max Boot）和斯坦利·库兹（Stanley Kurtz），他们都直言不讳地为帝国主义的回归做辩护。[51]
>
> **思想探究**
>
> 战争
>
> 哪一种发动伊拉克战争的理由——康德主义的或是效益主义的——在你看来更合理？为什么？或者说，有**任何一个**发动战争的理由可以是合理的吗？为什么？

尽管定言命令的第二种表述不允许把人只当作（实现目的的）手段，它却允许把动物只当作手段。根据康德的理论，动物就是工具。在他的《伦理学讲义》（*Lectures on Ethics*）里，康德写道："但是对于动物，我们没有直接的义务。动物……只是作为实现目的的手段而存在。这个目的就是人类。"[52]康德认为动物只具有工具价值，它们唯一的价值就是对于我们人类的价值。

很多人都觉得康德主义的这个理论后果令人不安，因为动物是有感知的生物，它们似乎有一种不依赖于我们的价值。在此，效益主义似乎更符合我们的道德敏感，因为效益主义声称从道德的角度来说，使得事物具有价值的原因不在于它是否有理性，而在于它能否能感知到痛苦。杰里米·边沁写道：

可能有一天，其余的动物都会获得这些绝不会被人夺走的权利，不尊重这些权利将被认为是暴政。法国人早已发现，黑色的皮肤并不是放任一个人被任意折磨而不得拯救的理由。或许会有这么一天，届时人们将认可腿的数目、皮肤上是否有毛或骶骨后是否有尾巴都不是使一种有感觉的存在物遭受同样命运的理由。还有什么别的能构成那不可逾越的界限呢？是推理能力吗？或者是交流的能力？但是成年的马和狗绝对要比出生才一天、一周甚至是一个月的婴儿更加理性，更擅交流。但即使它们并不比婴儿更加理性、更擅交流，那又怎么样呢？问题并不在于它们能否**推理**，也不在于它们能否**交流**，而是它们能否感受**痛苦**。[53]

根据边沁的观点，幸福就是幸福，不论这幸福属于人类还是动物。并且，如果我们的义务是使幸福最大化，那么我们就应当把所有能体验幸福的东西全考虑在内。

定言命令的第二条表述禁止我们把人只当作手段。尽管这是极好的愿景，但却并不能完全实现。正如英国哲学家C. D. 布罗德所说的，有些时候我们不得不把人只当作工具。

思想实验

> **布罗德的伤寒病人**
>
> 而且，似乎存在这样一些情境，在其中我们必须把A或者B中的一方不当作目的而当作手段。如果我们隔离一个携带伤寒病毒的人，我们就只是在把他当作可能向他人传播疾病的一个原因。但是如果我们拒绝这样做的话，我们就是把其他人仅仅当作这个人舒适和正常发展的手段。[54]

如果有一个人患有伤寒或者其他的传染性疾病，隔离他就等于把他只当作手段——即当作实现其他人健康的手段。而不隔离他也就等于把其他人只当作手段——即作为实现他的福祉的手段。因此，有些时候，把人只当作手段是不可避免的。

让我们再来考虑一下人体盾牌的问题。在海湾战争期间，伊拉克政府将美国的俘虏铐在他们的战略目标上——比如导弹发射井。如果打败这些伊拉克人的唯一方法就是炸毁这些发射井，我们很可能就会去轰炸它们，因为如果要阻止更多的人被仅仅当作手段的话，这就是必要的。

如果要避免的恶足够大的话，那么我们似乎就可以违反康德所认定的任何义务。试考虑艾文的思想实验。

思想实验

艾文的谨慎的外交官

不管讲真话是多么的重要，也不管撒谎是多么的罪恶，这样的情况始终是存在的，即更大的恶只能通过撒谎得以避免，那么这个时候撒谎是错误的吗？假如一个外交官只有通过撒谎这一违背最普遍道德法则的行为，才能避免第三次世界大战的爆发，那么，他撒谎这个行为是无法得到辩护的吗？……也许撒谎总是恶的是不证自明的，但撒谎总是错误的却不是不证自明的。为免大恶而行小恶很可能是正确的，由此观之，撒谎也可能只是恶的但不是错误的。[55]

艾文在此点出了一个重要的区别：杀死无辜的人、撒谎、偷窃、不守承诺，或其他像这样的事情可能总是恶的，但是这并不意味着它们总是错误的。在很多情况下，选择两种恶之间更小的恶才是正确的事情。当我们面临诸多义务产生的冲突时，我们就需要确定哪个具有优先性。但是由于康德并不承认会发生这种冲突，他并没有提供任何解决这类冲突的机制。

> 大多数人的生活都是在诸多恶之间做出选择中度过的。
> ——朱尼厄斯
> （Junius）

思想探究

轻易的救助

假设有天晚上，你正走在一条荒废的小巷中，这时，有个小男孩向着你的方向跑来，他不小心滑倒并脸朝下掉进了路边的水坑里。根据康德的思想，你有义务至少屈下膝盖、转一下他的头以免他被溺死吗？为什么？

> 在这个世界上每个人都必须要做的只是他的基本义务而已。
> ——H. C. 特兰伯尔
> （H. C. Trumbull）

罗斯的显见义务

如果道德义务可以被排出等级次序的话，我们就能通过参考这个排序来解决义务之间的冲突问题了。或者说，如果每种义务的所有例外都能被清楚地说明，我们就能得到一组相互之间不发生冲突的义务了。然而，至今还没有人发现一种无法对其提出反例的排序，并且对于每种义务而言，似乎都存在大量的例外。因此，这种解决义务间冲突的方式似乎是没有指望的。

W. D. 罗斯试图通过区分实际义务与显见义务来处理义务之间的冲突问题。**实际义务**（actual duty）就是在特定特况下，我们道德上应该履行的义务，而**显见义务**（prima facie duty）就是在每种情境中，除非存在足以减轻责任的情况（extenuating circumstances），我们都有道德责任去履行的义务（"prima facie"一词字面义即"初看起来"）。换句话说，一个显见义务是一种有条件的义务——如果这个显见义务和其他的显见义务没有冲突的话，我们就应当完成这个义务。"不要撒谎"是一个显见义务，因为在其他条件都相同的情况下，我们就应当说真话。但

> 在这个世界上，只是构造并遵守指引你自己的最卓越的规则是不够的，你还必须要知道什么时候该脱离它们，什么地方会存在例外。
> ——格莱威勋爵
> （Lord Greville）

是在特殊的情境中，如果说真话会导致很多无辜的人死去，那么我们的实际义务可能就是撒谎。

根据罗斯的看法，我们的义务并不来源于任何一种道德原则，而是从我们与他人的关系中生长出来的：配偶对配偶，孩子对父母，朋友对朋友，公民对国家，等等。罗斯说，"每一种这样的关系都是一种显见义务的基础，显见义务视具体情境的不同而赋予我或轻或重的义务。"[56]

罗斯列举了七种显见义务：

1. **忠实的义务**（duties of fidelity），要求我们遵守承诺，兑现契约和说真话。
2. **补偿的义务**（duties of reparation），要求我们补偿那些被我们伤害和忽视的人。
3. **正义的义务**（duties of justice），要求我们公正地对待他人。
4. **慈善的义务**（duties of beneficence），要求我们做有利于他人的行为。
5. **不作恶的义务**（duties of nonmaleficence），要求我们不要伤害他人。
6. **感激的义务**（duties of gratitude），要求我们回报那些善意对待我们的人。
7. **自我发展的义务**（duties of self-improvement），要求我们尽力使自己成为更好的人。

罗斯并没有说这些义务就是全部的显见义务，相反，他认为依据这些义务的行为倾向于是正确的行为（tend to be right）：

> 我们必须将"倾向于成为我们的义务"这种特征从"是我们的义务"这种特征那里区分开来。我们任何行为都包含着各种各样的因素，借助这些因素，它归入了各种不同的范畴之下。例如，因为违背诺言，我们的某个行为倾向于是错的，但因为减轻痛苦，它就倾向于是对的。[57]

为了在特定条件下确定我们的实际义务，我们就不得不决定哪种义务具有优先性。根据罗斯的**多元形式主义**（pluralistic formalism），一个行为的正当性在于它在既定的情况下遵守了处于最高等级的显见义务。

例如，假设你正处于这样的情况下：你只有不遵守承诺才能帮助一个陷入困境的孩子。就帮助这个孩子履行了慈善的显见义务而言，这个行为是正确的；就它违背了忠实的显见义务而言，它又是错误的。为了确定它究竟是对的还是错的，你就不得不决定在这种情况下哪种义务才是更重要的。

遗憾的是，罗斯并没有告诉我们怎么来做这个决定。他说，给显见义务排序就像给一件艺术品的品质进行评价一样，他这样写道：

> 例如，就某些方面来说，一首诗是美的，但就其他某些方面来说，它又是不美的；我们永远无法从对其特定的美或特定的缺陷的领会中经过逻辑推

理得到它在整体上的美的程度的判断。在这个例子和在道德的例子里，我们都具有一些或多或少可信的看法，这些看法并不能从被认为自明的一般原则中获得逻辑上的合理性。[58]

不存在给这些显见义务排序的公式，正如不存在给艺术品的特质排序的公式一样。在两种情况下，我们都只能依靠我们的直觉。因此，当涉及做道德决定的时候，罗斯就是一位直觉主义者。

实际义务
在特定情况下应当履行的义务。

显见义务
除非它和其他的显见义务有冲突，否则就应当履行的义务。

多元形式主义
认为一个行为的正当性在于在既定的情况下它遵守了最高级别的义务的学说。

思想探究

荒岛遗赠

假设你和一位垂死的百万富翁一起遇到了海难，最后漂流到一个荒岛上。在这次悲剧的航程之前，他把五百万美元放在了一个公共储物柜里。如果你承诺依照他的愿望花这笔钱，他就愿意给你这个公共储物柜的钥匙（你被允许留下其中的五十万作为报酬）。这个百万富翁希望你用这笔钱去西伯利亚种花，因为他是在西伯利亚出生的，并且总是因为那儿的花少得可怜而感到惋惜。在西伯利亚种花是他一生的梦想。你答应了他的要求，然后他将钥匙交给了你。之后你获救了，你找到那个公共储物箱，得到了那五百万。然而，你并没有把钱花在种花上，而是把它们全部捐给了医疗机构用以进行癌症研究。根据罗斯的观点，你做了正确的事情吗？为什么？

罗尔斯的契约论

效益主义关注的是促进普遍善，但它不尊重个体权利；定言命令尊重个体权利但不关注促进普遍善；罗斯的多元形式主义既关注普遍善又关注个体权利，但对于在特定的情形下判定何者具有优先性没有提供任何有效的方法。曾在哈佛大学任哲学教授的约翰·罗尔斯（John Rawls）想出了一种伦理学方法，试图把这些方法的优势结合起来，同时又避免它们的缺陷。他称自己的方法为"作为公平的正义"（justice as fairness）。

罗尔斯首要关注的是分配正义（distributive justice）问题，即应该怎样分配社会的利益与责任。问题在于我们缺乏足够的各种益品（goods）——如工作、食物、住所、医疗服务，等等。鉴于各种益品的稀缺性，我们该如何安排它们使得每个人得到公平的份额？

在一个社会里，各种益品的分配主要地由罗尔斯所说的社会的"基本结构"所决定，其中包括政治结构、法律体系、经济结构、社会制度。为了确定一个正义的社会是什么样子的，我们就不得不界定蕴涵在社会基本结构中的原则。

罗尔斯试图通过指定一套用以形成这些原则的程序来确定这些原则。其背后

> 我们不能因为害怕言论自由和集会自由可能会给人们造成巨大的伤害就压制言论和集会，正如男人不能因为害怕女巫就烧死所有的女人。
> ——布兰代斯大法官（Justice Brandeis）

的假定是：只要这套程序是公平的，那么由这套程序形成的原则也将是公平的。试考虑下面这个程序正义的例子。假设有六个人都平等地享有一整块馅饼。如果我们把刀交给最饿的那个人，并告诉他，这块馅饼由他来切，但条件是他只能拿最后剩下的那一块，这样我们就应该能得到一次平等的分配。为了保证他能得到尽可能大的一块，他将不得不尽可能平均地切这块馅饼。

罗尔斯认为，一定存在着这样一套程序，可以保证人们形成一套尽可能公平的伦理原则。这套程序是人们在制定理想的社会契约时所必须遵守的。他写道："构筑社会基本结构的正义原则就是那些自由而理性的人们……在平等的原初状态之中会接受，并以此来确定他们联合的基本条件的原则。"[59]为了确定指导一个正义社会的诸原则，我们必须做一个思想实验：我们不得不设想我们社会的每个成员都是自由而有理性的个体，他们平等地围坐在一张谈判桌边，商讨我们共同遵循的一套社会契约。

在一个理想化的制定契约的场合中，契约的各方都是平等的——每方拥有的信息都是相同的。如果有人拥有内幕信息，那么他就可以借此让这个契约有利于他自己。为了确保没有哪一方能不公平地利用其他人，罗尔斯设想处在"原初状态（original position）"中的各方都处在"无知之幕（veil of ignorance）"之后进行谈判。也就是说，当他们围坐在一张谈判桌边的时候，他们并不知道自己的某些特定信息。确切地说，他们不知道他们的种族、性别、天赋、宗教信仰、兴趣爱好、社会地位和收入。这种平等保证了契约的不偏不倚，因为各方都并不清楚自己属于什么样的群体，所以他们也不会同意任何一种歧视某个特定群体的原则。并且，由于他们并不知道自己的特殊喜好和需要，所以他们制定的原则也应当只关注基本的善——这些善是所有各方不管他们的特定情况如何都应当需要的。这些善包括基本的自由、权力、威望、机会和财富，等等。

尽管人们在原初状态中对自己所知甚少，但他们都是有理性且自利的。他们的目的都是达成一份让自己获益最多的契约。那么他们会选择什么样的原则呢？罗尔斯认为他们将选择三个原则：

1. **平等自由原则**（the principle of equal liberty）：每个人对最广泛的、平等的基本自由体系都拥有平等的权利，而这种最广泛的、平等的基本自由体系同所有人的相似自由体系是相容的。

2. **机会的公正平等原则**（the principle of fair equality of opportunity）：职位与地位应该在机会均等的条件下向所有人开放。

3. **差别原则**（the difference principle）：社会和经济的不平等应该这样加以安排，以使他们适合于最不利者的最大利益。

平等自由原则指的是，社会应当授予每个人尽可能多的自由——只要没有人享有的自由比其他人的更多。处于原初状态中的人将会选择这个原则，因为他们想要最大限度的自由来追求他们的兴趣和利益，无论这些兴趣和利益具体是什么。机会公正平等原则指的是，每个人在社会中都有平等的发展的机会。这个原则也会被采纳，因为在原初状态中，人们将想要保证在他们成功的道路上没有人为的障碍。差别原则指的是，一切不平等，只有被设计为对整个社会中最需要帮助者最有利才可以存在。因为对所有处于原初状态的人来说，他们都有可能会属于这个最需要帮助的群体，所以这个原则将被采纳。在博弈论中，这种做法被称为"最大最小策略"（maximin strategy）：在不确定的条件下进行选择时，要选择那种具有最好的最差境况的方案。

差别原则并没有要求每个人都被平等地对待。存在对益品的不平等分配——只要这种不平等最有利于最不利的群体。有意思的是，这个原则通常被用来为各种社会政策和经济政策提供支持。例如，总统里根就曾用它来合理化大幅减税的政策。里根和他的顾问们声称，减少富人的税务负担可以很大程度上提高穷人的生活水平。这种说法被称为"涓滴理论"（trickle-down theory）：相比减税前而言减税后富人会拥有更多的钱，这样他们就会向下层的穷人"滴下"更多的钱。然而，事实却并非如此，减税只会扩大富人和穷人之间的收入差距。

形式主义伦理学理论面临的主要问题是如何解决义务间的冲突。为了解决这个问题，罗尔斯根据每个原则的重要性对正义的三个原则进行了排序。他认为平等自由原则"以一种词典式次序先于"（lexically prior）机会均等原则，而机会均等原则又"以一种词典式次序先于"差别原则。说一项原则"以一种词典式次序先于"另一项的意思是说，在后一项原则的要求被满足之前必须先满足前一项原则的要求。以词典式次序优先的原则总是具有优先性，不允许有折中。所以在确保每个人都有平等的机会之前，我们必须确保每个人都有平等的自由；在确保社会的基本结构能最利于最不富裕的群体之前，我们必须确保每个人都拥有平等的机会。[60]

尽管罗尔斯的**契约论**（contractarianism）——认为一个行为的正当性在于它是否和一种理想的社会契约所建立起来的诸原则相一致的学说——关注普遍善，它却不是一种效益主义理论。只有当自由能使幸福最大化的时候，效益主义才认为它有价值。因此，如果实行奴隶制能使幸福最大化，那么效益主义就会认为我们应当实行奴隶制。罗尔斯反对只有在权利可以产生幸福的时候权利才有价值的观点。像康德一样，罗尔斯认为自由本身就具有价值，他写道："每个人都拥有一种基于正义的不可侵犯性，即使是社会整体利益也不能凌驾于其上……因此……由正义所保障的权利决不受制于政治的讨价还价或社会利益的权衡。"[61]因此，对罗尔斯来说，自由不仅具有内在价值，而且比幸福更有价值。

没有人曾经真的处在原初状态中，并且人们将来也不太可能会进入这种状态中。然而，原初状态是可设想的（它并没有包含一个逻辑上的矛盾），并且它是非常公平的（没有人能利用其他人）。因此，我们有理由相信人们在原初状态中所选择的诸原则是正义的。

针对那些并没有被这个论证说服的人，罗尔斯为自己的理论提供了一种康德式的辩护。康德认为道德上正确的原则是可普遍化的和可逆的——它们可以运用到每个人的身上，包括自己。为了确定一个原则是否是道德的，我们就需要进行一个思想实验，并确定是否每个人都可以依照这个原则而行动，你是否意愿每个人都依照这个原则行动。正如我们之前所说的，这种方式的问题就在于狂热分子也可以一致地意愿人们依据一个显然不道德的原则行动。通过要求伦理决定必须在无知之幕背后进行，罗尔斯解决了这个问题：在无知之幕的背后是不存在狂热分子的。因此，原初状态为从自由、理性和不偏不倚的人的视角做出的选择提供了一种"程序性解释"（procedural interpretation）。[62]确定一种原则是道德的方式就是，进行一个思想实验，并判断处于无知之幕背后的原初状态中的人们是否会赞同这个原则。

什么样的基本结构是与正义诸原则相一致的呢？有趣的是，一个类似我们国家这样的自由民主社会中的那些基本结构似乎非常符合这些原则。罗尔斯视此为他的理论的进一步证明，因为任何充分的伦理理论都应当与我们深思熟虑的道德判断相一致。

《独立宣言》明确认可平等自由原则，并且《人权法案》（the Bill of Rights）认为限制某些自由是非法的；《1964年民权法案》（The Civil Rights Act of 1964）也显然认可机会均等原则，其中第七章规定任何雇佣者基于种族、肤色、宗教信仰、性别、或民族血统而歧视被雇佣者都是非法的。尽管我们的税收是累进制的（富人的税率比穷人更高），但法律并没有明确地认可差别原则。实际上，有些人认为我们社会的基本结构并没有遵守差别原则。人口普查局2011年9月的报告显示，我们社会中最贫穷的群体的状况正在变的更糟糕。美国有超过15%（4620万）的人口生活在贫困中（2009年的比例是14.3%），这是自1993年以来的最高纪录。[63]

尽管罗尔斯的理论得到了很多人的认可，但是它也有很多批评者。有些人认为无知之幕太厚了——人们知道得太少以至于无法做出真正的理性抉择。由于人们不了解他们自己的利益或能力，他们就不能同意任何原则，更有甚者，有些人还声称如果无知之幕变薄的话——如果人们对自身了解得更多的话——他们就会采纳效益主义原则了。

思想探究

正义的政策

用罗尔斯的契约论来判断下列哪些社会政策是正义的，即哪些社会政策是人们处在无知之幕背后的原初状态中会一致同意的？为什么？

1. 福利、医疗保险、医疗补助方面的"资格项目"①（entitlement program）
2. 超过75%的遗产税
3. 同性恋婚姻
4. 安乐死合法化

诺齐克的自由至上主义

对罗尔斯的最尖锐的批评可能来自于他在哈佛的老同事罗伯特·诺齐克。诺齐克认为罗尔斯所讲的诸原则并没有充分保护个体的权利。实际上，建立于罗尔斯的诸原则上的社会将不得不经常侵犯人们的权利。为了证明这一点，诺齐克提供了下面的思想实验，其中的主角是著名的篮球运动员威尔特·张伯伦（Wilt Chamberlain），他曾经是国内收入最高的运动员。

思想实验

> **诺齐克的篮球运动员**
>
> ……假设某种非资格理论②所赞成的一种分配方式得到了实现，并且假设这是你心仪的一种分配方式，我们称它为D1……现在，假设在篮球队中威尔特·张伯伦很抢手，他能吸引更多的观众。（同时设想合约只有一年的期限，队员们每年都可自由签约。）他和一个球队签订了这样一个合约：在每次主场比赛中从每张门票的票价里抽出25美分给他。（我们不管他是否存在"敲诈"球队老板这个问题，让那些球队老板自己操心这个问题吧！）赛季开始了，人们兴奋地观看他所在的球队的比赛。他们买票时，每次都单独把25美分投入一个写有张伯伦名字的专门的箱子里。他们为看到他的表现而欢欣鼓舞，对他们来说，花这笔钱是值得的。假设一个赛季中，有一百万人观看了他参加的比赛，张伯伦也因此得到了25万美元，这是一个比平均水平高得多的收入，甚至可能高于所有人的收入。他有资格获得这笔收入吗？这是新的分配方式D2吗？如果是，为什么？在D1的分配方式中，毫无疑问每一个人都有支配他们拥有的资源的资格，因为（为了论证的目的）我们已经预设它是可接受的（这是你心仪的）分配方式。这些人中的每一个都选择从他们的钱里拿出25美分给张伯伦。⁶⁴

为了看张伯伦的比赛人们另付了25美分，这是他们出于自由意志使用自己的钱的结果。然而，这种分配方式可能违反了分配正义的原则——如差别原则。即使如此，诺齐克仍声称它不可能是不正义的，因为没有谁的权利被侵犯了。这表明了

契约论
认为一个行为的正当性在于它是否与一个基于理想社会契约的诸原则相一致的学说。

正如政府的唯一目的就是公民的幸福，它的唯一基础就是公民的认可。
——约翰·亚当斯

---

① "entitlement program"是指任何符合特定条件的个人都有资格或有权利获得政府所提供的某种经济补助或社会保障。
② 由于诺齐克的正义理论被称作"资格理论（entitlement theory）"，因此这里说的非资格理论就是指其他的正义理论。

任何基于某种模式的（pattern-based）分配正义体系（如罗尔斯的）都不得不干涉人们的生活以维持这种模式。特别是，它将不得不阻碍成人之间自愿的资本主义式的交易行为，由于诺齐克认为不被干涉的权利是我们拥有的最基本的权利。因此，他认为任何基于某种模式的分配正义原则都是不可接受的。

这一点对于社会主义来说尤其如此。社会主义正义的基本原则通常被表述如下："各尽所能，各取所需。"[65]为了维护这个原则，它声称当人们做他们最擅长的事情时，他们就是最幸福的；当社会成员的需要得到满足时，这个社会就是最幸福的。不幸的是，确保人们做自己最擅长的事情的唯一方式是使用暴力。假设你想成为一名艺术家，但是你更擅长数学，为了满足社会主义正义的要求，政府将不得不强迫你成为一名数学家。即使这样一个系统会使幸福最大化，很多人还是相信自由的丧失是如此之多使得它无法成为道德上可接受的原则。

诺齐克提倡一种关于正义的自由至上主义（libertarian）理论，它的基本原则可以简述如下："各自付出自己所选择付出的，并获得自己所选择去获得的。"[66]人们有资格享有一切他们通过公平正当的手段获得的东西。如果他们在获得某事物的过程中没有侵犯任何人的权利，他们就可以按照自己的意愿保留和处理它们，任何试图从他们那里夺走它们的做法都是侵犯他们的权利。

我们有拥有和以自己觉得合适的方式处置财产的自然权利，这个理念在约翰·洛克的著作中得到了最清楚的阐释，洛克对国父们的建国理念有着巨大的影响。但是是什么给予我们那个权利的？那个权利是从何而来的呢？在自由至上主义者看来它是从我们拥有自身这一事实中而来的。洛克这样解释："每个人对他自己的人身拥有所有权。除了他自己，谁都没有权利拥有它。"[67]尽管我们拥有自身并因此有权利决定我们应当怎样生活是一个有吸引力的想法，但是这一想法并不被法律认可。

每个司法机关的预算中很大一部分都用在被称为"无受害者"（no-victim or victimless）犯罪的诉讼方面。这些犯罪之所以是无受害者的是因为在犯罪过程中没有谁的权利被侵犯了，没有谁被强迫违背其意志做了任何事。赌博、卖淫和吸毒都是这种犯罪，买卖双方都不是被迫参与到这些活动中的。因此，自由至上主义者认为它们都应当被合法化，他们还声称目前把这些活动视为不合法的法律实践侵犯了我们按照自己想要的方式处理自己生活和身体的权利。

为了你好而限制你的自由，这样的法律被称为"家长主义的"（paternalistic）法律，其中不仅包括禁止赌博、卖淫和吸毒的道德立法，还包括如强制系汽车安全带和戴摩托头盔这种有关安全和健康的法律。"paternalistic"一词来源于拉丁语的"pater"，意思是父亲。在奉行家长式法律体系的地方，政府就像一位父亲一样，告诉你能做什么和不能做什么。自由至上主义者并不买"父亲知道怎么做对你最好"（father knows best）这个原则的账——特别是当政府扮演父亲这个角色的时候。对他们来说，对自己做自己想做的事的权利是绝对的，在任何情况下他人都不应该强迫你违背自己的意愿而去做某事。

自我决定的权利真的是绝对的吗？我们真的以自由至上主义者所声言的那种方式拥有自身吗？要判定这一点，我们将不得不判定这是否符合我们对道德生活的经验。要接受它是否需要我们拒绝其他被认定是正确的信念呢？如果是这样的话，我们就有理由去怀疑这个权利是绝对的。

诺齐克告诉我们，"对X的财产权这一理念的核心就是去决定应当怎样处理X的权利"[68]。因此，结论就是如果你拥有自身（正如自由至上主义者所声称的那样），你就有权利去决定你的身体上发生的事情。因为你的器官是你身体的一部分，所以你的自我拥有权就应当赋予你出卖你的器官的权利。你不仅应当可以出卖你的器官，还应当可以在即使这样会导致死亡的情况下出卖它们。如果你想出卖你的肝脏或心脏或者双肾与双肺，你都有自由这样做。自由至上主义者认为没有人——即使是政府——有权阻止你。

2001年，德国就发生过这样的交易。阿明·迈韦斯（Armin Meiwes）是一位43岁的软件工程师，他在网上发表了一则广告寻找一位自愿被杀死并被吃掉的人。贝恩德·于尔根·布兰迪斯（Bernd Jürgen Brandes）是一位42岁的计算机技术人员，他回复了这则广告，他想被同类吃掉的欲望是真实的，迈韦斯用录像机录下了他自愿参与的声明。之后迈韦斯杀了他，肢解了他的身体，并把它们装在塑料袋中放入冰箱。等到警察抓住他的时候，他已经吃了大约40磅布兰迪斯的身体。由于布兰迪斯是自愿参与到迈韦斯的计划中的，德国法庭起初以过失杀人罪判处他八年半有期徒刑。然而在经过上诉后法庭认为原来的判决太轻了，最后改判终身监禁。

思想探究

两厢情愿的同类相食

布兰迪斯或迈韦斯做的事情是道德上错误的吗？你的判断是基于什么原则？你的观点是加强还是削弱了自由至上主义的立场？为什么？

针对自由至上主义（libertarianism）的最常见的反对意见是它会允许财富上巨大的不平等。从威尔特·张伯伦的例子可以看出，自由至上主义显然会导致这个后果；从占领华尔街运动中可以看出，许多人认为这样的不平等是不正义的。

占领华尔街运动肇始于2011年9月17日，运动从纽约的金融区祖科蒂公园（Zuccotti Park）开始，旨在抗议经济不平等、失业以及企业和游说集团对政府的不正当影响。它迅速蔓延到全国其他的城市乃至全球，它的标语"我们是99%"指出了美国当下的且正在日益增长的经济差距。

截至2011年，美国1%最富有的人占有的财富总和超过美国整体财富的三分之一。10%最富有的人占有的财富超过整体财富的三分之二。这就意味着,处于社会顶端的10%的美国家庭占有的财富比下面90%的家庭加在一起还多。[69]经济大衰退和2008年紧急经济稳定法案的出台使得美国公众充分了解到了这些不平等。很多高工资的银行家被认为应当为这次衰退负责,但在这个法案生效后他们却收到了大笔的奖金,而与此同时许多中产阶层的美国人却失去了工作和住所。许多人认为这是不公平的。

自由至上主义者不会赞同政府的紧急财政救助,但是他们会觉得巨大的不平等也没什么问题——只要产生这些不平等的过程中没有任何人的权利被侵犯。这种不平等的问题在于它们将大众手中的权力有效地集中到精英阶层的手中。相比拥有较多经济权力的人来说,拥有较少经济权力的人就只有更少的生活选择——关于在哪生活、去哪工作、去哪上学、买什么东西等等的选择更少。因此,相比更富有的人来说,他们也就只有更少的自由去做自己想做的事情了。

你可能认为自由的丧失是自由至上主义者该关注的事,但你错了。自由至上主义者只关注保护消极自由——不受强制的自由,而不关注促进积极自由——满足个人欲望的自由。哲学家G. A. 科恩(G. A. Cohen)认为这种观点令人费解,同时也自相矛盾。他写道:"如果自由至上主义的资本主义侵蚀了一个巨大阶层的人的自由,那么它如何还算是自由至上主义?"[70]自由至上主义者认为自由是最基本的价值,如果真是这样的话,为什么侵犯消极自由比削弱积极自由更坏呢?

由于自由至上主义者认为个人不被干涉的权利是绝对的,那么他们就并不认为在任何情况下这个权利会是可以被侵犯的(除非是为了阻止他人被干涉)。但是正如康德的定言命令有时必须被违背一样,自由至上主义的不被干涉的权利有时也必须被侵犯。哲学家马特·茨沃林斯基(Matt Zwolinski)就同意这一点:"自我拥有的绝对权利似乎甚至会阻止我们通过擦破另一个人的手指来防止整个世界的毁灭。"[7]这类对权利的侵犯在道德上当然是合理的。这表明了消极自由并非是唯一让我们不得不尊重的价值。

正义、国家和社会契约

罗尔斯和诺齐克都是社会契约论者,因为他们都认为国家存在的正当性(legitimacy)源自被统治者的同意(consent)。但是在关于如何理解这个契约的问题上,两个人又有着不同的看法。将他们的观点置于历史背景之中,并看看其他的思想家是怎么看待社会契约的,会对我们的理解有所帮助。

政治哲学的一个核心问题就是,是什么使得政府的权力成为正当的(legitimate)?直到最近,很多政府都声称它们的统治权来自上帝。(君权神授是我们的国父明确拒斥的原则之一。)今天,大部分西方人都认为被统治者的同意是政府权力的唯一正当来源。政府是为了服务和保护人民而存在的。这些社会契约理论尝试解释政府是如何正当地获得它们的权力的。这些理论不应当被看作在试图为任何具体国家的起源提供历史性的准确解释，而应当被看作通过解释国家如何能在不违背任何道德原则的前提下形成，从而合理化国家的存在的一种尝试。

霍布斯

托马斯·霍布斯是第一个用社会契约的理念为某种形式的政府提供合理性辩护的人。他声称所有有理性的人都自然地欲求两样东西：和平与正义。没有人想要和其他人处在战争中，也没有人想要被不公平地对待。然而，如果没有一个中央权威提供保护和裁决纠纷，这些善是很难实现的。在自然状态（state of nature）下，不存在中央权威或政府，所有人和所有人都处于战争状态中，人们每时每刻都要为求生努力挣扎，没有时间从事艺术、科学或文化活动。在霍布斯看来，这样的生活是"孤独、贫困、卑污、残忍而短寿的"。

为建立和平和正义，霍布斯认为理性的人将同意牺牲他们的某些自由以生活在一个最高统治者的支配下。这个统治者——被称为利维坦（Leviathan）——将有权力迫使人们生活在和平之下，并尊重他们的契约。（在《旧约全书》中，利维坦是一只邪恶的海怪，只有上帝能战胜它。）霍布斯认为只有当一个拥有足够的权力来保持和平和执行法律的利维坦存在时，市民社会才有可能实现。

服从利维坦这一决定并不是利维坦和它的臣民之间订立的契约，而是人民自己之间订立的契约，因为利维坦是最高统治者，它不用听命于任何更高的权威。因此，与利维坦做的任何契约都是不能被强制履行的，并且霍布斯认为不能被强制履行的契约是无意义的。

因此，利维坦可以自由而随心所欲地去做任何事。它的权力是绝对的，它可以强迫它的人民做任何它想要的事情，除了不能剥夺他们的生命之外。这样的情况可能显得不太吸引人，但是霍布斯认为，相对于自然状态而言这是更可取的。这种利维坦有可能会是一个无情的暴君，不过霍布斯愿意冒这个风险。

洛 克

洛克并不愿意冒这个风险。洛克认为被一千个人围攻和被一个可以命令一千个人的人围攻没有什么区别。和霍布斯一样，洛克视社会契约为建立和平和正义的手段，但是霍布斯认为社会契约是人民将他们的权利让渡给利维坦，而洛克则认为社会契约是人民把他们的权利委托给国家，让它妥善保管。

洛克认为每个人都有对其生命和财产的自然权利，人们不应当被迫违背自己的意愿放弃他们的生命或财产。为了保护他们的权利，洛克认为人们同意授予国家权力以制定和执行法律并提供共同防御。为了防止国家的权力过大，这些职能应当由不同的政府部门履行。立法部门制定法律，行政部门执行法律，联邦部门指挥武装部队。尽管洛克意识到需要一个司法部门来解决法律纠纷，但是他并没有将司法部门设想为政府的一个单独分支机构。这个想法是来自于法国的法学家孟德斯鸠的。

很显然，美国政治制度背后的哲学理念很大一部分来自洛克。所有人都拥有某些独立于国家的权利，国家的功能就是保护他们的这些权利，国家的正当性来自于被统治者的同意，并且政府不同机构之间的权力应当相互制衡，这些思想都源于洛克。

诺齐克

对于洛克的社会契约的观点，诺齐克作出了一个详尽的辩护。和洛克一样，诺齐克认为我们对生命和财产都拥有一种自然权利，我们都应当能够用我们所拥有的东西做任何我们想做的事情。然而，在自然状态下，即使是认可这种权利的人之间也会发生争执。一个人认为是公平的事情，另一个人却觉得是不公平的。因为人们会倾向于以偏向自己的方式看待事情，"他们将高估他们所遭受的伤害或危险的程度，冲动的情绪将导致他们试图对他人施以超乎比例的惩罚，并且要求过度的补偿"[72]。为了保护自己免受那些要求不公平分配的人的伤害，并且要求拒绝赔偿的人赔偿，诺齐克认为人们将自愿加入私人的保护性机构。如果争执的各方属于不同的保护机构，那些机构之间可能就会发生战争。在数次这样的战争之后，有三种可能的结果会出现：（1）大多数时候，其中一个机构赢得每场较量，（2）每个机构都能在接近其势力中心的地方赢得战斗，而随着远离势力中心，其胜利的可能性递减，以至于其成员也随之移居到离他们自己机构的大本营更近的地方，或（3）机构之间势均力敌，他们一致同意建立一种法庭体系来解决纠纷。在每种情况下，作为理性的自利和自愿的合作的结果，大部分人最终会生活在一个存在着一个几乎垄断了暴力使用权的社团或机构的区域。国家通常被认为是一个地理区域中垄断了暴力使用权的组织，因此，私人保护性机构就执行了类似于国家的职能。

然而，起初这些机构并不真的是国家，因为一个区域中并非每一个人都属于某个机构中。如果一个机构强迫独立的个体从它那儿购买保护服务，它将侵犯他们的权利。但是无政府主义者认为如果国家打算垄断对暴力的使用的话，那么就必须侵犯他们的权利。因此，无政府主义者认为所有的政府都是不道德的，因为政府只能通过侵犯人民的权利来垄断暴力的使用权。

然而，诺齐克主张，一个处于支配地位的保护性机构可以不侵犯任何人的权利而成为一个真正的国家。补偿原则是说那些从一个实践中获益的人必须补偿那些由此受到伤害的人。因此，如果那些独立的个体因为不属于该支配地位的保护性机构而受到伤害，那么这个支配地位的保护性机构就必须补偿他们。并且，最便宜的补偿方式就是给他们提供免费的保护。[73]因此，一个处于支配地位的保护性机构可以垄断一个地区的暴力使用权而不需要侵犯任何人的权利。

像这样一个最低限度的国家（a minimal state）的功能就是保护其成员的生命和财产权。它将阻止或惩罚身体上的伤害、偷窃或欺骗的行为，并且强制执行契约。然而，如果它做超出这个范围的事情的话，它就侵犯了人们的权利了。这个国家可以正当地要求人们为军事服务、警察力量和司法体系纳税，因为人们需要这些公共机构来保护他们的权利。但是如果一个国家要求人们为其他目的纳税的话——如福利、医疗保险或医疗补助——它就是做了不道德的事情，因为它侵犯了其公民的财产权。它迫使他们违背自己的意愿舍弃他们的财产。根据诺齐克的想法，我们不是我们兄弟的看守者①。我们有义务不去干涉他人的生活，但是我们并没有义务为他人的生存需要提供帮助。

诺齐克认为任何以这种方式建立的国家都是道德上合理的。但是这是正确的吗？试考虑下面由政治学家卡尔·韦德奎斯特（Karl Widerquist）所提出的情景。

思想实验

> **韦德奎斯特的自由至上主义君主政体**
>
> 设想有一个叫不列颠的岛。在自然状态下，全岛依据一个自由至上主义者所偏爱的那种占有原则被不同的个体占有了，规模经济或精明的企业家精神导致相对少数的人控制了大部分财产……
>
> 从一个类似的起点出发，诺齐克认为政府的发展是从诸多营利性质的保护性团体的自愿联合开始的。他认为这样建立的一个政府一定是最小限度的政府。诺齐克的论证只适用于一个如此建立的政府，但一个保护性团体之间的联盟并不是唯一具有正当性的国家。假设有产者们并不想创造任何的保护性团体，而是只想单纯地保护他们自身的财产。无产者们就得去有产者那里，用自己的劳动换取保护和资源。每个业主都坚持让租户将她视为纠纷的仲裁者……
>
> 通过自愿转让和调整，有产者们扩大了他们的资产规模。通过战略性的联姻和长子继承制，他们对抗侵略者，保护了自己。经过几代，有产者们的资产范围越来越大，直到有一个有产者拥有了不列颠岛的全部。这个时候，她决定叫自己"女王"，而不是"有产者"。她称她的"资产"为"王国"，称自己的"租户"为"人民"，称"使用费"为"税"。但是女王的收入性质并没有发生变化。[74]

---

① 这里原书作者化用了《圣经·创世记》中的句子"我岂是看守我兄弟的吗？"（Am I my brother's keeper?），其大意为"我没有义务为别人的福祉和安危负责任"。

正如自由主义的原则不能阻止企业垄断的产生（因为你不能阻止一个人把自己的公司卖给别人），他们也不能阻止君主制的产生。所以在自由至上主义者自己看来，君主制和民主制一样都是正当的政府形式。但这是荒谬的，正如韦德奎斯特所说的那样，"君主制——特别是拥有强大、专制的权力的那种——是大部分的现代正义观所厌恶的。自由主义者、共产主义者、平等主义者、左派自由至上主义者、民主社会主义者以及普罗大众都将反对这样的君主财产所有制。"[75]

到底是什么地方出错了？很多人认为问题在于自由主义者坚持主张消极自由——免受强迫的自由——是最高的价值，它优先于所有其他的价值。甚至诺齐克本人到了晚年，也开始意识到这是个错误。他在《经过省察的人生》（The Examined Life）一书中写道："我曾经主张的自由至上主义立场在我现在看来是有着严重不足的，其部分原因在于它未能充分地将人道考量和团体合作行为包含在内。"[76]政府的功能不应该只是局限于保护消极自由。他说，政府可以正当地寻求实现其他的诸多目标，包括"给予之前不平等的群体以平等、社群团结、发展个性、自立、同情心、文化繁荣、国家实力、救助极度受困群体、纠正过去的错误、制定大胆的新目标（太空探索、战胜疾病）、减轻经济上的不平等、给予全体公民最完整的教育、消除歧视和种族主义、保护弱者、保护公民的隐私权和自主权、向其他国家伸出援手等等"[77]。哪些目标具有优先性和给予每种目标多大的权重都由它的人民决定。我们试着在政治领域处理这样的目标，这个事实表明了我们通过相互关心和团结的纽带彼此联系在一起。有些人认为相比在传统的伦理理论中所给予它们的关注而言，这些纽带值得更多的关注。

思想探究

自由至上主义政府

自由至上主义政党寻求制定与自由至上主义哲学相一致的法律。于是，它赞成废除所有的资格项目，包括福利、医疗保险和医疗救助，以及收入所得税。如果自由至上主义政党掌控了美国政府，你认为美国将会变得更好吗？为什么？

关怀伦理

自由至上主义者认为除了互不干涉的义务，我们对他人并不负有其他的义务。如果我们想要的话我们也可以帮助他人，但是我们没有义务去那样做。很多人认为这是一种关于我们道德义务的贫瘠的看法。特别是，他们认为这种观点没有认识到我们对关怀我们的人负有一种特殊的关怀义务。

效益主义伦理学与康德主义的伦理学都强调不偏不倚，而对人际关系却视而不见。正如我们已经看到的，当戈德温认为一个好的效益主义者将从一个着火的建

> ## 新闻报道：吉莉安的选择
>
> 在威廉·斯泰伦（William Styron）的小说《苏菲的选择》（Sophie's Choice）一书中，主人公苏菲被送到一个集中营里，一个纳粹守卫强制她作出一个可怕的选择："你可以留下两个孩子中的一个，而另一个必须死去，你要留哪一个？"[78] 2004年12月26日的印度洋海啸中，一个澳大利亚妈妈就被迫做出过类似的选择：
>
> > 在泰国度假岛屿普吉岛上，当高墙一般的海浪扑向一位澳大利亚母亲吉莉安·塞尔（Jillian Searle）时，她就面临了这样一个痛苦的选择。
> >
> > 她的身边有两个年幼的孩子，但是她认识到只有放开其中一个孩子她才能活下来。
>
> 她告诉记者们，"我知道，如果我抓住两个孩子，我们就都会死，我就想我最好放开那个较为年长的孩子。"
>
> 幸运的是，他们三个人都得救了。目前，他们都回到了家乡珀斯市。[79]
>
> **思想探究**
>
> 吉莉安的选择
>
> 根据效益主义理论，吉莉安做了正确的事情吗？为什么？根据康德主义理论，她做了正确的事情吗？为什么？根据关怀伦理学，她做了正确的事情吗？为什么？

筑里抢救大主教而非他的母亲时，他引发了某种丑闻。因为这样的一种观念冒犯了我们的伦理敏感。当我们和他人有着某种特殊的关系时——尤其当这种关系是建立在爱、友谊或信任之上时——我们可能会对这个人给予特别的考虑。

关怀伦理学起源于心理学家卡罗尔·吉利根（Carol Gilligan）关于男性和女性处理伦理问题路径的研究。吉利根是劳伦斯·科尔伯格（Laurence Kohlberg）的同事，科尔伯格是一位发展心理学家，他确定了道德发展的六个阶段：

1. **惩罚和服从**（punishment and obedience）：听从权威来避免惩罚
2. **自利**（self-interest）：达成协议以使自己受益
3. **人际间的协调一致**（interpersonal accord and conformity）：合群
4. **权威和社会秩序**（authority and social order）：出于义务感遵守法律
5. **社会契约**（social contract）：遵守有益于社会的原则
6. **普遍的伦理原则**（universal ethical principles）：遵守适用于每个人的抽象原则

科尔伯格认为这几个阶段是普世的——所有人类的道德思维都以这种方式发展——而且它们是递进的。也就是说，到达更高阶段的人比处于更低阶段的人能做出更好的道德判断。

通过询问不同年龄的人他们会怎样解决某些道德困境，科尔伯格发展了他的体系。其中一个典型的困境就是海因茨困境（Heinz dilemma）：

> 在欧洲有位妇女得了一种特殊的癌症，快要病死了，医生认为有一种药可能会挽救她的生命。它是同城的一位药剂师最近刚刚发现的一种镭。这种

> 我总是想要成为大人物。如果我真的成功了，一半的原因是在这条路上我敢于承担自己的诸多错误，另一半的原因是有许多关心我的人在帮助我。
> ——埃尔西亚·吉布森（Althea Gibson）

药需要花费高价制作，但是这位药剂师所要的价格是成本的十倍。他为这种镭花费了200美元，于是他为很小剂量的一份定价2000美元。这位生病的妇女的丈夫海因茨求遍了所有他认识的人，但他一共只借到了1000美元。他告诉那个药剂师，他的妻子快要死了，能不能卖便宜点，或者允许他以后再支付剩下的一半钱。但是这个药剂师说："不行，是我发现这种药的，我要用它来挣钱呢。"海因茨绝望之下闯入药剂师的商店，偷走了这种药。这个丈夫这样做应该吗？[80]

科尔伯格所感兴趣的不是受试者对这个困境给出的具体的解决办法是什么，而是他们给出这些解决办法的理由。他发现，这些理由可以被分成六大类并且对应于他的道德发展的六个阶段。

当吉利根开始研究女性的道德发展的时候，她发现，女性很少能到达第六阶段，而是通常停留在第三或第四阶段。在她为这个发现寻求一个解释时，她发现科尔伯格的体系完全立足于对男孩和男人的采访，原始的资料里并没有女性的声音。1977年，她出版了《不同的声音》(*In a Different Voice*) 一书，该书批判了科尔伯格的体系，并且描述了女性视角可以为伦理问题带来的新考虑。

吉利根认为即使事实上人们的确会经历科尔伯格说的道德发展的几个阶段，这也并不能得出后面的阶段在某种意义上比前面的阶段更好的结论。并且，正如我们所了解的，从某事就是这样的这个事实并不能得出它就应当是这样的结论。年纪的增长并不一定伴以智慧。

不仅如此，吉利根还发现，男人倾向于依据权利和责任来看待伦理困境，而女人则倾向于依据同情心和关怀来看待伦理困境；男人倾向于更关心正义要求是否被满足，而女人则倾向于更关心关系是否得到了维护。之后的研究发现，男人和女人之间的区别并不像吉利根所讲的那样明显。一个针对有关男女在道德推理方面的差别的七十九项研究的元分析①发现，当把教育和年龄的差别考虑在内的时候，男人和女人之间在道德推理方面并没有什么差别。[81]然而，一般来说，人们都认同关怀是道德生活的一个很重要的维度。我们对关怀我们的人有着一种关怀的义务，并且这种义务有时候可以优先于对正义或权利的考虑。

罗斯认识到我们所有的道德义务都来自我们与他人的关系。他所说的感恩义务就类似于关怀义务。但很多提倡关怀伦理的人认为我们对他人的关心不应该限制在那些与我们有密切的个人关系的人身上。个人关系是一个更大的关系系统的一部分，是这个系统构成了我们生活于其中的社群。没有这些社群，我们的个人关系将不可能存在。因此，关怀伦理学经常同社群主义伦理学相关联，社群主义把社群看作是具有内在价值的，因而值得我们的关心和关怀。[82]

---

① 元分析（meta-analysis）指将多个研究结果整合在一起的统计方法。

并不是所有的个人关系都会产生关怀义务。那些基于暴力、厌恶或不尊重的关系是不需要被悉心维护的，而那些以不公、剥削或压迫为标志的关系也一定不能去维护。然而，如果同情、关心和共情感存在，关怀义务就存在。

我们对关怀我们的人的关怀义务会与我们其他的义务相冲突。例如，一个被指控有某项罪名的人是与你有关怀关系的人（如你的配偶），你试图保护她免受法律惩罚可能是正当的。然而，保护你关怀的人的义务随着你们之间的关系和环境的性质而变化。例如，如果被控诉的人不是你的配偶，而是你的一个失去联系很久的朋友，并且假如你有理由相信你的朋友是有罪的，那么任何试图保护她免受法律惩罚的努力就都没有根据。

关怀伦理学并不是一种全面的伦理学理论，因为它并没有声称要解决所有的伦理问题。它只是希望强调道德生活中常常被更传统的那些理论所忽视的一个方面。通过这种方式它可以在关于何为道德的行为方面向我们提供一种更丰富的理解。

> 家人并不等于与你有着共同血脉的人，而意味着你关心的人。
> ——特雷·帕克和马特·斯通（Trey Parker and Matt Stone）

思想探究

出于关怀的谎言

假定你最好的朋友从你工作的公司偷了一些药品，他很需要这些药品，但又付不起钱。你应该撒谎保护他免于法律的惩罚吗？如果他所偷的不是他所急需的某种东西，例如一个CD机呢？在这种情况下你会撒谎保护他吗？

做伦理决定

我们所细究过的主要理论——效益主义、康德主义、契约论、关怀伦理学——中没有任何一种给道德提供了完满的解释。但是它们中的每一种都强调了道德的一个重要的方面。在其他因素都等同的情况下，我们应当促进普遍善、尊重个人权利、公平地对待他人并关怀那些关怀我们的人。然而，我们不应该将这些原则中的任何一条看作所有道德的基础，而应该把它们都看作道德上正确的行为所应当试图满足的充足性标准。当我们试图判断如何做出正确的行动时，这些因素都应该被考虑在内。

如果一个行为促进了普遍善而没有侵犯任何人的权利，也公平地对待了他人并且还展示了恰当的关怀，那么它在道德上就是可允许的。然而当这些原则之间相互冲突时，问题就出现了。例如，如果促进普遍善的唯一方法就是侵犯某个人的权利，那么我们就不得不决定这种侵犯是否值得了。

罗斯认为判断一个行为的正当性就像判断一件艺术品的美一样。不过对它的更合适的类比似乎是，它就像是判断一个理论的真值一样，因为这种判断也受客观

> 除非有人能像你那样关心这么多，否则任何事都不会有所好转，绝不会。
> ——苏斯博士（Dr. Seuss）

的充足性标准支配。正如我们所了解的,在判定哪个理论最可能为真的时候,我们诉诸简单性、广泛性、保守性、成果性等标准,因为它们显示了该理论在多大程度上对我们的知识进行了系统化和统一化的诠释。类似地,在决定哪种行为最可能正确的时候,我们诉诸效益、权利、正义、关怀等标准,因为它们也显示了一个行为在多大程度上履行了我们的责任。

我们并不能根据任何一个具体的充足性标准来衡量一个理论或一个行为有多好,我们也不能根据重要性为这些标准排序。但是在不同理论或不同行为之间的选择仍是一个客观的问题,因为选择的标准是可以在不诉诸任何人的心理状态的情况下被阐明的。因此,决定怎么做与决定相信什么一样具有客观性。

这样的话,做出一个道德判断的步骤是什么呢?它包含四个主要步骤,这四个步骤可以用字母**I CARE**来表示:

1. 识别(**I**dentify)相关事实
2. 考虑(**C**onsider)可选择(**A**lternative)的各种行为
3. 根据道德的充足性标准来评估(**R**ate)不同的选择
4. 基于评估实施(**E**ffect)一个决定

让我们依次来考虑每个步骤。

1. 识别相关事实。正如我们所了解的,道德判断是从各道德原则与事实论断中一起推出的。很多的道德分歧都与案例的事实相关而非与其所涉及的原则相关。因此,为了使分歧最小化,在做出一个道德判断时的第一步就是识别相关的事实。

2. 考虑可选择的各种行动。当面临一个道德困境时,通常会有几种不同的行动可供选择。问题在于要决定其中的哪一种行动从道德的角度来说才是最好的。为了确保你没有忽略某种可能的行动方案,你应当花些时间来考虑一下所有可供选择的选项。这不仅包括鉴别出各种不同的行动,也包括考虑不同行动的结果。谁将受到这个决定的影响呢?他们将受到怎样的影响?所有受到某个决定影响的人都被称为"利益相关者"(stakeholders)。因此,一个好的伦理决策包括鉴别可能的行动,识别出利益相关者,以及考虑不同的行动对他们产生的影响。

3. 根据道德的充足性标准来评估不同的选择。一旦了解了相关事实,并识别出了可能的行动方案,接下来就是根据伦理的充足性标准——效益、权利、正义和关怀——来评估不同的行动了。各种行动都在多大程度上遵循了使幸福最大化、尊重权利、对同等身份者进行同等对待和展现关怀的标准?根据这些标准,如果有一种行动在各方面的评估都比其他行动要高的话,那么它显然就是道德上正确的事情。如果有一种行动最有利于相关的每个人,如果它没有不公平地对待任何一个人,并且如果它关怀了那些值得关怀的人,那么它就是道德上允许的行动。然而,事实上可能没有一个行动在所有方面都能做到最好。产生最大幸福的行动可能侵犯了最多的权利,或者最公正的行动可能是最无情的。在此,你得运用你的判断力。

你得衡量不同的因素，并判定哪种行动在总体上最好。没有一个公式能帮你做这样的决定，但这并不意味着伦理决策比科学决策更主观，因为科学家也得运用他们的判断力去判定哪种理论能最好地满足认知方面的充足性标准，如简单性、广泛性、保守性和成果性等。最简单的科学理论可能是最不保守的，或者最富有成果的理论可能拥有最小的适用范围。为了判定哪个理论最好，科学家们也必须依赖他们的判断力。

通常大家都忽视了一点，即被用来在各种互相竞争的科学理论之间做出裁定的那些充足性标准本身就是某种价值。因此，判定哪个科学理论最好的过程就是在做出一个价值判断。正如希拉里·普特南所注意到的：

> 融贯性和简单性等自身就是某种价值，假设"融贯的"和"简单的"本身只是感情词——它们只是对一种理论表达了一种"赞同态度"而没有将任何确切的属性归属于这个理论——就是将**证成**（justification）看作纯粹主观的事情。而如果我们假设"融贯的"和"简单的"是指某种中立的属性——对于这些属性，人们可能有一种"赞同态度"，但是持有这种态度并没有客观的正当性——就会马上遭遇困难。像那些典型的价值术语（如"勇敢的""友善的""诚实的"或"善良的"）一样，"融贯的"和"简单的"也被当作赞同性的概念来使用。事实上，它们是具有**行动指导性**的概念（action guiding terms）：把一个理论描述为"融贯的、简单的、具有解释力的"（在正确的场合中）也就是说接受这个理论是合理的，并且说接受一种说法是（完全）合理的，也就是说一个人应该接受这个论断或理论。[83]

科学家们所做的事就是试图判定我们应当相信什么——如果我们想要避免错误和虚假的话；伦理学家所做的事就是试图判定我们应当做什么——如果我们想要避免不正义和错误的话。他们做出的都是价值判断，而且都要以同样的方式做这些价值判断——根据充足性标准来衡量相关的不同选择。

4. **基于评估实施一个决定**。一旦你鉴定出了在当下情况下最好的行动，那么最后的步骤就是实施这个行动了。然而，在你实施这个行动之后，你应当继续监测后续的情况，看看事情是不是朝你预期的那样发展。如果不是的话，你就得分析这个情况看看什么地方不对。这样你就可以运用那个分析的结果以期未来不会再犯同样的错误。

思想探究

齐格玛尼克兄弟

用"I CARE"步骤来判断莱斯特杀死其兄弟乔治的行为是否正确。在当时的情形下，他选择的行为是最好的行为吗？为什么？

总 结

形式主义（义务论的）伦理理论声称一个行为的正当性不是由它的后果决定的，而是由它的形式决定的。这些理论中最重要的就是康德的定言命令理论。康德学说的第一种表述是，使得一个行为正确的原因在于它基于一个每个人都能依此而行动的原则，并且你还意愿每个人依据这个原则而行动。但是定言命令的这个公式并没有给道德提供充分条件，因为它允许一些明显不道德的行为。有些人愿意生活在这样一个世界里：这个世界受一些虽然可普遍化和可逆但是不道德的原则（如"杀了所有的犹太人"）支配。

康德声称定言命令为他人和自己建立了诸多完全义务。完全义务不允许有例外，它包括不杀无辜的人的义务，以及遵守承诺的义务。但是康德的完全义务并不适用于每种情况，因为它们会与其他的义务相冲突。例如，如果遵守要去见某个人的承诺意味着有人将会因此死去的话，那么遵守承诺就将是不道德的了。

康德定言命令的第二种表述说的是，使得一个行为正确的原因在于它把他人本身就当作目的，而不是仅仅当作手段。在此，康德认为所有的人都有内在价值，但是有些时候为了避免更多的人被仅仅当作手段来对待，把人仅仅当作手段对待是不可避免的或者是必要的。很多情况下，在两个恶中选择做更小的那个就是正确的。

W. D. 罗斯试图通过假定显见义务（即那些在任何情况下除非与其他显见义务相冲突，否则我们就有责任履行的义务）来解决义务之间的冲突问题。但问题是在这种理论框架下同一行为可以被归入两种相冲突的义务概念之下。罗斯认为当这种情况出现的时候，我们应当"深思熟虑"以决定哪个义务具有优先性。因此，根据多元形式主义理论，使得一个行为正确的原因在于在特定的情况下它遵守了最高等级的显见义务。不幸的是，罗斯并没有告诉我们在为这些义务排序方面，有哪些相关的考虑。

罗尔斯试图通过详细说明达成一个理想的社会契约的程序来克服传统形式主义伦理学的缺陷。在"原初状态"中，契约各方将位于"无知之幕"的背后：他们不知道他们的种族、性别、自然能力、宗教信仰、兴趣爱好、社会地位或收入。缺失这些信息保证了他们的不偏不倚。处于原初状态中的人将同意三个原则：平等自由原则、机会均等原则和差别原则。

为了通过差别原则实现善的分配，政府将不得不干涉公民的生活。诺齐克认为这种干涉侵犯了个体的权利，他还提出了一个自由至上主义的正义理论：各自付出自己所选择付出的，并获得自己所选择获得的。但是对正义的这种解释忽视了我们对关怀我们的人有一种关怀义务。

效益、权利、正义和关怀都可以被视为正确行为的充足性标准。在任何情况下，正确的行为都是在这些标准方面表现得最好的行为。

学习问题

1. 什么是定言命令的第一种表述?
2. 什么是完全义务?
3. 什么是不完全义务?
4. 黑尔的"纳粹狂热分子"的思想实验是怎样的? 它是如何试图动摇定言命令的?
5. 罗斯的"善良的撒玛利亚人"思想实验是怎样的? 它是如何试图动摇定言命令的?
6. 什么是定言命令的第二种表述?
7. 布罗德的"伤寒病人"的思想实验是怎样的? 它是如何试图动摇定言命令的?
8. 艾文的"谨慎的外交官"的思想实验是怎样的? 它是如何试图动摇定言命令的?
9. 什么是多元形式主义?
10. 罗尔斯认为形成理想的正义原则的程序是怎样的?
11. 罗尔斯的程序支持什么样的正义原则?
12. 什么是关怀伦理?

讨论问题

1. 如果杀死一个无辜的人就能消除全世界的饥饿, 你会愿意这样做吗? 为什么?
2. 假设你是一名士兵, 正隐蔽在草丛中用火箭筒瞄准敌军的坦克, 此时你发现有六个无辜的市民被绑在敌人的坦克之上。如果你知道发射火箭筒很可能会杀死这六名市民, 而并不一定能阻止坦克前进, 你还会开火吗? 为什么?
3. 我们应当用酷刑来折磨战争俘虏以得到军事机密吗? 为什么?
4. 康德声称处决杀人犯是我们的义务, 这是对的吗? 为什么?
5. 假设我们发现当海豚被折磨致死的时候, 它们会分泌出一种强力的致幻剂, 人们服用了它就会获得一种前所未有的美好体验。那么把海豚折磨致死以得到这种致幻剂是正确的吗? 为什么?
6. 成年人之间建立在自愿基础上的同性恋是不道德的吗? 如果是的话, 它违背的是什么样的道德原则?
7. 我们这个社会里最穷的人越来越穷, 那么美国社会是否因此就是不正义的社会? 我们应当改变福利体系以使得贫困群体获益最大吗?
8. 为福利、医疗保险、医疗补助等资格项目征税是不道德的吗? 为什么?
9. 试考虑这个道德理论: "一个行为是正确的, 仅当(1)它没有侵犯任何人的自主权(自由选择), 除非必须以此去阻止更大的自主权损失, 和(2)在不违背(1)的情况下达到幸福的最大化。"这是一个充分的道德理论吗? 为什么? 你能想出任何可以反驳它的思想实验吗?

网络探究

1. 康德不认可动物权利，但一个康德主义者必须要赞同这一立场吗？可能存在一种基于义务论的动物权利理论吗？为了探究这个问题，在一个网络搜索引擎中输入"康德"和"动物权利"。

2. 无受害者的犯罪是不道德的吗？应当使其合法化吗？要探究这个问题，请在一个网络搜索引擎中输入"无受害者的犯罪"。

3. 帮助国外需要帮助的人是我们的道德义务吗？在一个网络搜索引擎中输入"罗尔斯"和"贫困"来找到罗尔斯的理论对这个问题的看法。

5.5 性格即命运——德性决定正当

除了要判断行为在道德上是正确的还是错误的，我们还要判断一个人在道德上是好的还是坏的。道德上好的人就是具有德性的人，他们总是会努力做其本分之内的事情。他们可能并不总是成功，但是至少他们的心总会安放在正确的位置上。

效益主义和康德主义对有德之人的概念有着不同的看法。根据行为效益主义理论，一个有德之人就是总是试图使幸福最大化的人；根据康德主义理论，一个有德之人就是总是试图服从定言命令的人。人们对效益主义关于有德之人的概念的抨击是基于它难以做到；对康德主义关于有德之人的概念的抨击是基于它不可取；这两者都因不能有助于一种好的生活而受到抨击。

> 如果你能不健康却拥有好身体，那么你或许也可以无德性却快乐。
> ——埃德蒙·伯克（Edmund Burke）

有德性的效益主义者

一个坚定的行为效益主义者认为幸福是最高的价值——这个幸福不是她自己的幸福，而是普遍的幸福。因此，无论做什么事情，她都致力于产生尽可能多的幸福。如果她在做某事时未能产生可能产生的最多幸福的话，那么她所做的就是错的。但这就使得人们几乎不可能做出正确的事了。

假设你想买一瓶一美元的汽水。除非你无法用这一美元做出任何能产生更多幸福的事，否则你这样做就是道德上不允许的。但是，当然存在能产生更多幸福的事。例如，你可以将它捐给联合国儿童基金会，从而喂饱一些挨饿的孩子。孩子们从中得到的幸福毫无疑问要比你从喝一瓶汽水中得到的幸福大，因此，你买汽水喝就是错误的。只要这个世界上还有挨饿或受难的人，那么你把钱花在你自己身上就都是错误的——除非你花的钱只是为了避免自己挨饿或受难。购买一辆豪车或一套很贵的音响设备肯定是不道德的。

> 相比应该做的，人们确实做得太少，除非人们做了他们所能做的一切。
> ——托马斯·卡莱尔（Thomas Carlyle）

由于大多数人并不认为为自己花钱是不道德的，因此效益主义与我们日常对道德的观念并不一致。我们通常很容易区别义务之内的行为和超出义务范围之外的行为。例如，帮助某人过马路并不是我们的义务，但这样做通常是好的。那些比所要求的做得更多的行为——超出义务的要求或在义务之上的行为——就是**超义务的行为**（supererogatory actions）。在效益主义理论中没有超义务行为的位置。如果做某件事情比不做它更好的话，我们在道德上就有义务做那件事。由于这样的自我牺牲超出了我们大部分人的能力，因此效益主义似乎是在提倡一种不可能达到的理想。

> **超义务的行为**
> 一种超出义务的要求的行为。

有德性的康德主义者

一个忠实的康德主义者总是依据定言命令来生活，因为定言命令认可我们对自身有某些义务，如发展我们自身才能的义务，它不要求效益主义所要求的那种自

> 逃避义务的人也丢了一份收益。
> ——西奥多·帕克（Theodore Parker）

我牺牲。然而，康德主义要求我们始终要出于义务感而行动，不过有人声称这并不总是一件好的事情。迈克尔·斯托克（Michael Stocker）在下面一个被朋友探访的住院病人的思想实验中展示了这点。

思想实验

斯托克的住院病人

当史密斯再次进来的时候，你正极其厌烦，焦躁不安，无所适从。你现在比任何时候都更确信，他是一个好伙伴，一个真正的朋友——他穿过了整个城镇过来，肯花这么多时间来鼓舞你。你的赞扬与感激之情溢于言表，不过他却说他只是在做自己认为是最好的事情——履行自己的义务而已。起初你认为他这是以一种自我贬低的方式跟你客气并以此减轻道德负担。但你们两个谈得越多，他之前说的也就越明显是大实话：事实上，他来看望你并不是因为你，也不是因为你们是朋友，而是因为他认为这是他的义务，或许是作为同道的基督徒或共产主义者或其他身份的义务所系，或许仅仅是因为他知道没有人比你更需要振奋精神，也没有人比你更容易被他鼓舞。[84]

尽管史密斯的行为是出于义务的，但是他的行为中似乎缺乏了某种东西。斯托克认为这缺失的东西就是对住院病人自身的关心。

对人的尊重是康德伦理学的中心。但是这是一种对抽象的人——作为理性存在者的人——的尊重而非对个体的人的尊重。斯托克声称，若没有对个体的关心，我们就无法理解爱、友谊、喜爱、同感（fellow-feeling）和共同体等这些善好。[85]

斯托克想要我们相信出于义务的行为排除了出于对个体的关心的行为。但是反过来，我们也可以论证说出于义务的行为正要求我们关心个体。因为除非你把人们当作个体来关心，否则你就不能理解你的义务。

有些人并不关心他人。由于受到了忽视、虐待或者有着基因方面或先天的缺陷，他们没有同情心、没有内疚的能力、没有良知（conscience）。他们是精神变态者（psychopath）。这些精神变态者经常可以是智力上优秀的个体，他们可以很聪明地谈论道德。但是他们是否有道德地行事的能力则是可疑的，因为我们有理由怀疑他们是否能完全理解什么是义务。

我们是在与他人的交往中学会如何道德地行事的。对孩子们表现出同情、怜悯和爱的时候，他们就会在他们自身中发展这些品质。这些道德情感对理解道德义务而言非常重要，因为它们使我们能与他人共情（empathize with others）——即所谓的"进入到他们的内心"（get inside their skins）——并因此而完整地理解我们的行为产生的影响。只有那些能与他人共情的人才能通过温情、友谊和爱与他们联系在一起。并且，只有以这些方式与他人联系在一起的人才能理解与这些联系相关的义务。

下面的类比可以帮助我们更好地理解这个问题。某个人是红绿色盲，他或许能就红色的东西侃侃而谈，但是由于他从来就没有体验过红色的感觉，他就不能完全理解某个东西是红色的是什么意思；类似的，没有同感的人也能就正确的行为侃侃而谈，但是他并不能完全理解说一个行为是正确的是什么意思。阿瑟·墨菲（Arthur Murphy）认为这样的人……能"认为某种行为是一种义务"，不过是在这种意义上：他能认识到这种行为具有一般意义上人们会称之为"正确"的特征，但这种认知对他来说不具备实践上的指导意义……他从来都"看"不出的是这种正当性可以如何约束着作为一个道德主体的他去做出那个应该做出的行为……他不能理解为什么他应该这样做。[86]

因此，关心作为个体的人并非与我们的义务无关，而是它的重要组成部分。

斯托克在这方面的观点是对的：他的思想实验中描述的那个人的确缺乏一种对个体的关心。但是这并不是义务伦理学的错，而是史密斯的错。史密斯对他住院的朋友没有共情感。因此，他不能完全理解作为一个朋友的义务。但是如果他不能完全理解作为朋友的义务，他就不能出于义务而行事。所以史密斯的问题并不在于他仅仅是出于义务感而行动，而在于他是出于一种匮乏的义务感而行动的。

> 义务无时无刻不存在。
> ——西塞罗（Cicero）

没有良知的孩子

在婴儿期被严重忽视的儿童长大后常常会成为精神变态者。他们对他人漠不关心，没有内疚感或罪恶感，没有良知。有些人认为他们是对文明社会的严重威胁，汤姆·基奥（Tom Keogh）研究了这个问题。

安吉拉令人不安的行为问题几乎是从1989年，也就是她六岁时被珍和迈克·沃什收养时就很显著了……珍回忆说："她每天有三到四小时都在发脾气，撞墙，把墙纸撕下来，不好好上学，和同学相处得也不好。她差一点勒死我们的猫，用脚踢我们的狗，折磨它。她没有朋友，对她的兄弟很残忍，偶尔还威胁要杀了我。"

……治疗师和职业社工现在也看到越来越多在童年早期被虐待或被忽视的孩子都表现出同样严重的反社会倾向——治疗师称其为"依附障碍"（attachment disorder）的症状。这个新兴领域内的专家称，当婴儿和其主要照顾者之间正常的联系过程没有恰当地发生时就会产生这种情况。这些"无依附的"婴儿最初所体验到的并不是那种教你如何去爱和信任他人的人类经验，而是学会了只信任自己，他们渐渐变得内心孤立而情感上难以接近。当他们还在婴儿期的时候，就不想被人触摸；到了童年晚期，他们可能会产生一系列冷酷的暴力行为。在与他人建立健康的关系方面缺乏同理心，他们被称为"没有良知的孩子"。[87]

思想探究

共情心和主体性

一个缺乏良知——即缺乏对他人的共情能力——的人能道德地行事吗？他或她能成为一个道德主体吗？如果不能，我们该怎么对待这些人？

道德的目的

如果履行义务要求我们忽视我们自己,那么义务伦理学就一定存在某种严重的错误:成为一个好人不应该阻碍我们过上好的生活。相反,道德行为应该既促进个人的善,也促进集体的善。

我们需要道德,是因为如果每个人的行为都不受限制,那大部分人就不大可能实现自己的目标了。科特·拜尔(Kurt Baier)解释道:

> ……人们的利益会发生冲突。在这种情况下,他们就不得不使用诡计去达到自己的目标。不过这一旦被人知晓,人们就会变得多疑,因为他们将把其他人视作诡计多端的抢夺生活中好事物的竞争者。当自利的规则成为普遍的最高原则,就必然会导致霍布斯所讲的自然状态。同时,每个人都很清楚,普遍遵守某些压制自利的规则将产生一种新的状态——相比原来那种每个人都跟其他人一样孤立无援地追求自己利益的状态而言,现在这种状态会让每个人的利益更好地得到满足。道德规则就是一种被设计用来压倒那些对他人有害的自利规则的普遍规则。[88]

为了确保每个人都有平等的机会得到一种好的生活,道德要求我们克制自己不去做某些我们可能想要去做的事情。

只有大部分的人都遵循它来生活,一种道德规则的体系才能有助于每个人的利益。一种让人们遵守道德律的方法就是如果他们不遵守的话,就用惩罚来威胁他们。但是仅仅靠这个方法就想取得成功是值得怀疑的,因为惩罚会滋生憎恨,而如果这些被惩罚的人仅仅被一种对惩罚的恐惧所驱动,那么这个体系就不可能持久存在。

另一种使人们以道德方式行动的办法就是培养他们的道德情感。人们有同情、怜悯与信任等情感就会想去做好事,而如果他们不那样做,他们就会感觉有罪、羞愧或内疚。这些人是不需要惩罚这个外在威胁来驱动自己道德地行动的,他们的动机来自内部。通过合适的训练,他们不仅获得了道德情感,而且还获得了某些行为的习惯或倾向,这些习惯或倾向就是我们所说的德性。

亚里士多德论德性

一种德性(virtue)就是一种值得赞扬的人的品质——要么是因为它对拥有它的人有好处,要么是因为它对其他人有好处。一个有德性的人获得了一种习惯——在特定情况下以特定的方式行动的倾向。亚里士多德认为不仅习惯以一种有德性的方式行动的人是好人,他们所过的生活也是好的生活。

> 如果你想要创造什么东西,你就先要成为它。
> ——歌德

亚里士多德是最早提出关于德性的系统解释的人之一。他发现人的行为都是为着某个目的而进行的——他们致力于达到某个目标,因为这个目的被认为是有价值的。但是如果每个目的都只有作为实现某个进一步目的的手段的工具价值,我们

亚里士多德：西方思想的支柱

除了柏拉图，在哲学史上就没有人能比亚里士多德更伟大了。他七岁时进入了柏拉图的阿卡德米学园（Academy）①学习，从他的老师那里学到了很多东西，并且在柏拉图去世时离开。柏拉图去世之后他在这个地区到处游历并进行生物学研究，最终去了马其顿，成为了亚历山大大帝的老师。公元前335年，亚里士多德回到了雅典并创建了自己的学园——吕克昂学园（Lyceum），该学园建在城市外的一片树林里，那里被认为是阿波罗·卢修斯（Apollo Lyceius）的圣地。

初看起来，他可能并不像一个能改变世界的人：据说他秃顶，削瘦，而且讲话严重口齿不清。但是他为整个西方文明直至今日的发展都指引了方向。他创建了第一个古代图书馆，建立了我们今天所知的哲学和科学研究的分类：物理学、逻辑学、伦理学、心理学、形而上学、政治学，等等。他对几乎所有的东西都感兴趣，并且也研究了几乎所有的东西。他是第一个将逻辑学组织化和系统化的人，他厘清了有效推理和无效推理之间的区别，创造了这个领域的专业术语。在之后的两千年里，当学生和哲学家研究逻辑的时候，他们本质上还是在学习亚里士多德所设计的那套课程。

亚里士多德对哲学的每个重要分支都有贡献。在很多领域——特别是伦理学、形而上学和政治学中——亚里士多德的思想至今仍然很有影响力。

在哲学里，尽管他很尊敬他的老师柏拉图，他却采取了与柏拉图不同的道路。柏拉图坚持认为正确的知识并不能通过从物质世界获取数据资料而得到。他认为知识只能通过使用理性到达非物质的、彼岸世界的超验观念（transcendental ideas）领域来获得。而亚里士多德认为经验世界——我们的感觉材料——确实是知识的一个来源。几个世纪之后，科学取得了难以置信的成绩，正是因为它倾向于跟随亚里士多德的路线而不是柏拉图的路线。

就会陷入无限后退之中，并且我们的欲望也将永远得不到满足。因此，必须有某种目的，它是具有内在价值的——因其自身而有价值的，它可以充当所有人类活动的目的。亚里士多德声称这个目的就是幸福。

然而，不同的人对幸福的概念有着不同的理解。为了鉴别出正确的概念，亚里士多德认为我们需要发现人类的恰当功能（proper function）。不同的个体的人有着不同的功能，如木匠和管道工，并且使得他们成为好的木匠或好的管道工的就在于他们很好地发挥了他们的功能。类似地，亚里士多德认为好的人类就是把自己作为人类的功能发挥得好的人。

我们怎样才能发现人类的功能呢？通过鉴别出他们的独特之处。一把刀和其他工具之间的区别在于它切割得好，切割就是它的功能。因此，根据亚里士多德的观点，如果我们能发现人类区别于所有其他生物的独特之处，我们就能知道人类的功能了。

亚里士多德
（公元前384—前322）

德性
在特定的环境下以特定方式行动的倾向，它是一种值得赞扬的人类品质。

①

活着不是我们的功能，因为植物和动物也分有这个特征。感知事物也不是我们的功能，因为高级动物也可以这样做。然而，我们的理性能力似乎是我们所特有的。因此，亚里士多德认为我们的功能就是理性思考，幸福就需要通过对理性的运用来获得。如果你不运用你的理性能力的话，你就没有实现你的全部潜能，并且会错失人类所能获得的最大的善。即使是效益主义者约翰·斯图亚特·密尔也认为由理性产生的快乐比由感官产生的快乐要好，别忘了他说过，"成为一个不满足的人比成为一只满足的猪要好"。

然而，亚里士多德伦理学理论中的这一部分并没有被广泛接受，很多人指出从每个行为都是向着某个目的这个事实并不能推出一定有某一个目的是所有行为的目的，正如从每个人都有一个妈妈这一事实并不能推出有一个妈妈是所有人的妈妈。人类的活动致力于很多不同的目的。幸福可能是达到这些目的后的结果，而不是我们欲望的唯一对象。（试回忆费因伯格的"专一的快乐主义者"思想实验）

另外，下面的这种观念也受到了批评：人类有一种功能，并且这个功能可以被等同于人类独有的东西。人类拥有很多独有的特征。神学家保罗·蒂利希（Paul Tillich）声称人类是唯一一种能体验存在之焦虑（anguish）的生物，哲学家亨利·柏格森（Henri Bergson）声称人类是唯一会笑的生物，而神学家雷茵霍尔德·尼布尔（Reinhold Niebuhr）则声称人类是唯一一种持续发情的生物。这些特征都不能构成我们的功能，并且具有这些特征也并不必然是好事。

亚里士多德的伦理学至今仍有追随者是因为他的伦理学含有这种观念：德性对过一种好的生活来说是必要的。好的生活需要很多东西：健康的身体，好的工作，好的朋友，好的家庭等等。为了得到这些好东西，我们应当培养那些最有可能帮助我们获得它们的行为方式——即习惯。这些习惯就是德性。

亚里士多德理论的一些德性和恶

不及（恶）	德性	过度（恶）
怯懦	勇敢	鲁莽
麻木	温和	易怒
吝啬	慷慨	挥霍
谦卑	高贵	虚荣
乖戾	友善	谄媚
粗鲁	机智	滑稽
自贬	诚实	自夸
无耻	端庄	羞怯
恶意	义愤	嫉妒
麻木	自制	放纵

亚里士多德区分了两种德性：理智的与道德的。理智的德性，例如智慧和理解力等特质，可以帮助我们发现真理；道德的德性包括勇敢、温和、友善、正义、慷慨等特质，它们可以帮助我们避免因过度或不及带来的问题。对亚里士多德来说，一种好生活就是一种平衡的生活。与那些越过船舷的人相比，那些站在船中间的人更有可能实现幸福这个终极目的。德性可以防止我们失去平衡。

亚里士多德认为坏人就是具有过多或过少某事物的人。例如，如果我们拥有的恐惧太多，我们就会具有怯懦的恶；如果我们拥有的恐惧太少，我们就会具有鲁莽的恶。但是如果我们能够在怯懦与鲁莽之间保持恰当的平衡，我们就享有勇敢的德性。亚里士多德的德性理论通常被称作是"黄金中庸"（golden mean）之说，因为它的目的就是帮助我们在过度（太多）与不及（太少）两个极端之间找到中道（中间点）。

亚里士多德声称理智德性与道德德性的不同之处在于，理智德性是能够在学校中被教授的，而道德德性是技能——只能通过行动才能习得它们。正如亚里士多德所说：

> 对于要知道如何做（know-how）才会做的事情，我们是通过实际做那些事之后才知道怎么做的。比如，人们通过建造房子而成为建筑师，通过弹奏竖琴而成为竖琴手。同样地，我们通过做公正的事成为公正的人，也通过类似的方式具有了节制和勇敢等德性。[89]

这种洞见对道德教育来说有着重要的启示意义。如果我们期望孩子获得一个公正社会所必需的德性，我们就必须鼓励他们参加那些可以培养公正感的活动。

亚里士多德认为每一种可以有助于获得好生活的社会技能都是一种道德德性。然而，这不是一个特别合适的分类，因为，拥有这些德性并不必然地使你成为一个好人。例如，德拉库拉①（Dracula/Vlad Tepes）是勇敢、自律性强、节制的，但他同时也是历史上最邪恶的人之一。勇敢、自律和节制都是值得称赞的品质——它们甚至可能对成为一个好人来说都是必要的——但不是充分的。

使你成为一个道德上的好人的德性是会让你的行为符合义务的那些德性。例如，公正是使人成为好人的德性，因为只有当你的行为符合公正义务时，你才是公正的。类似地，仁慈是使人成为好人的德性，因为只有当你的行为符合仁慈的义务时，你才是仁慈的。因为道德的目的就是限制某些自利的行为，所以真正的道德德性就是那些包含着为他人着想的行为的德性，如公正和仁慈。

---

① Dracula（Vlad Tepes）是古罗马尼亚君王，作战勇猛，不过很喜欢用穿刺之刑处死百姓。

> ## 佛陀论德性
>
> 并不只有亚里士多德一个人认为最好的生活就是一种平衡的生活。佛陀也教导说一个好人应当在太多和太少之间秉持中道。下面的内容摘录自佛祖的第一次布道:
>
> > 诸比丘(乞丐或和尚),出家人不能做两个极端的事情,这两个极端是什么呢?一种是沉溺于感官快乐,这是低级的、平庸的,是凡人的生活方式,它无价值,也无好处;还有一种是热衷于自我禁欲,这是痛苦的,也是无价值,没有好处的。
> >
> > 为了避免这两个极端,如来(领悟了的人)实现了中道:它给人远见、知识,让人平静、洞察、领悟、涅槃。但是这个中道是什么呢……? 它就是八正道,即正见、正思、正语、正业、正命、正精进、正念、正定。这就是如来领悟到的中道,它给人远见、智慧,让人平静、洞察、领悟、涅槃。[90]

> 通过做符合义务的事情,我们学会了尽义务。
> ——E. B. 蒲赛
> (E. B. Pusey)

麦金泰尔论德性

麦金泰尔(MacIntyre)对我们在道德问题上似乎无法达成共识一事感到很沮丧,他认为如果我们将注意力放在什么是好的生活上,而不是放在什么是正确的事情上,那么就会更容易在道德问题上达成共识。由于道德的功能就是使我们每个人都可以过上一种好的生活,所以我们首先要关心的是人类繁荣的条件,而不是正确的行为的条件。

跟亚里士多德一样,麦金泰尔认为要过好的生活,你必须擅长某些东西。而要擅长某些东西,你就不得不掌握某些技能。例如,成为一个好的外科医生,你就不得不知道如何使用手术刀。为了完全实现来自于行医这一实践的善(或来自于进行任何实践的善),你就必须有一个恰当的动机。具体来说,你不能只是为了钱或名誉。成为有钱人或有名的人是一种善,但是这是一种**外在于**行医这一实践的善。根据麦金泰尔的观点,那些促进人类繁荣(human flourishing)的善是**内在于**实践的善,如治愈之善,因为获得这些善需要发展某些特定的德性。麦金泰尔说:

> 通过习惯而履行义务,义务就变成了一种愉悦。
> ——塞缪尔·布里奇斯(Samuel Brydges)

> 德性要被理解为这样的一些倾向:它将不仅支持实践,使我们获得内在于实践的善,而且也将使我们能够克服我们所遭遇的伤害、危险、诱惑和分心,从而支撑我们对相关种类的善的追求,并且还将通过不断增长的自我知识和有关善的知识使我们变得充实。[91]

德性是实现好生活这个目的的手段。

要想过上好生活——获得内在于实践的善——你必须谨慎地选择你的实践。你不可能擅长每件事情。例如,成为一名好的足球选手就让你不能成为一名好的骑手。为了实现可能的最多的善,你的职业选择就应当是一个融贯的计划的一部分。这样的计划不仅让你的生活获得条理,而且它也让你的自我获得统一。你会做怎样的选择决定了你是什么样的人。根据麦金泰尔的观点，自我的统一"存在于叙事的统一性之中，这种叙事性将人的出生、生活和死亡统一为一体，正如我们将一个故事的开头、中段和结局统一起来一样"[92]。正如德性可以帮助你实现内在于实践的善，它们也帮助你在生活中获得叙事的统一性。

然而，不论你的生活所拥有的是何种统一，它都不是你独自一人所创造的。只有当你的选择被置于一个传统之背景之上时它才是有意义的。你所在的传统让你对这个世界获得最初的了解。它告诉你什么样的实践值得你去追求，什么样的关系值得你去培养。你可能会拒绝那个传统，但是你的生活轨迹总是相对于它而被制定出的。

然而，传统可以被腐蚀和摧毁。如果它们要幸存下来，就必须被具有德性的行为所支持和充实。麦金泰尔告诉我们：

> 各种德性的意义和目标不仅在于维持那些实现内在于实践的各种善所必需的诸类关系，也不仅在于维持个体生活的形式（在这种形式中，个体可以寻求到那种属于他或她自己的善，并将其作为他或她整个生活的善来追求），还在于维持那些给实践与个体生活提供其必要的历史语境的传统。[93]

因此，要实现内在于实践、生活和传统的善都需要有德性。

由于生活和实践的价值是源自传统的，麦金泰尔的伦理理论就是某种形式的传统相对主义（tradition relativism）。因此它也同样面临文化相对主义所面临的诸多问题。是不是所有的传统在道德上都是平等的？如果不是，我们该如何选择？试考虑种族中心主义（ethnocentrism）这种传统，它有时候会推崇"种族清洗（种族灭绝）"的做法。存在一种种族灭绝的传统这个事实能使它成为道德上可接受的吗？为了有效地灭绝一个种族，你需要某些特定的德性，如勇敢、守纪、自制等等。那些通过种族灭绝实践而获得这些德性的人是好人吗？他们过的是好的生活吗？如果不是，传统就不能是所有价值的来源和基础了。

如何确定你属于哪个传统也是一个问题。假设你是一个信仰基督教的白人资本家，生活在朝鲜，假设你想通过做出与你的传统相符合的选择来给你的生活带来统一和意义。你要怎么做？你要如何确定你的传统？麦金泰尔并没有告诉我们答案。但是鉴于你无法确定你的传统到底是什么，你就无法基于你的传统来做出决定。

努斯鲍姆论德性

如果成为有德性的人仅仅意味着行为与传统一致的话，那么我们就无法基于与某个传统相一致的行为是不道德的这一点来批判传统。于是，任何试图通过对传统做法进行理性批判来改善人类生存状态的希望都必须诉诸德性之外的某些东西。

> 思想显示为语言，语言显示为行为，行为发展为习惯，习惯塑造成人格，所以要仔细地观察思想和思路，并且让它由爱中产生，生出对万物的关心……正如影子总是跟随着身体，我们会成为什么人也跟随着我们的思想。
> ——佛陀

> 人都是同等的，他们之间的差异来自于德性而非天生。
> ——伏尔泰

> 如果你考虑人类中我们称之为德性的东西是什么这个问题，你就会发现它们是在教育和教化的帮助下发展出来的。
> ——色诺芬（Xenophon）

玛莎·努斯鲍姆（Martha Nussbaum）这样解释这点：

> ……那些有志于支持对某些地方上的传统进行理性批评，并支持构造一种进步的伦理观念的人很容易会感觉到德性伦理学没什么用处。如果妇女的地位（在世界上很多地方这种地位是由地方上的传统造就的）要得到改善，如果我们需要以实践理性的名义批评奴隶制的传统和种族不平等、宗教压迫、攻击的和好战的男子气概观、不平等的财富分配规范，这种批评就必须（人们很容易会觉得）通过一种康德主义的或者效益主义的观点而非亚里士多德式的观点来进行。[94]

因此，传统上人们认为德性伦理学似乎不能提供任何一种可行的社会批判。如果我们想论证说某些特定的社会实践是不道德的，那么我们似乎就只能诉诸基于规则的伦理理论，如效益主义或康德主义。

然而，努斯鲍姆认为传统上对德性伦理学的理解是错误的。亚里士多德就用他的德性伦理学来批判过很多当时的社会实践。努斯鲍姆声称，如果我们能恰当地理解亚里士多德的德性伦理学的话，我们会发现它如今也可以实现同样的功能。

亚里士多德在撰写他的德性列表的时候鉴别出了很多"生活领域"（spheres of life），在这些领域中我们所有人都得做出选择。并不是只有古希腊社会才具有这些领域，我们可以在每个社会中发现它们。正如努斯鲍姆所指出的："每个人都对她自己的死亡、对她的身体欲望以及这些欲望的管理、对她的财产以及财产的使用、对社会的各种善的分配、对是否说实话、对是否要对他人友好、是否培养一种兴致和快乐等等具有某种态度和行为。"[95]过好的生活包括在每个相关领域都能做出恰当的选择，而恰当的选择就是导向人的繁荣（human flourishing）的选择。

为了能够繁荣，人类必须得拥有某些特定的能力（capabilities）。拥有这些能力可以让一个人成为某种人或做到某种事。努斯鲍姆列出了这些能力：

1. **生命**（life）：能够活到一个人正常的寿命长度。

2. **身体健康**（bodily health）：能够拥有健康的身体，包括健康的生育后代的能力。

3. **身体完整**（bodily integrity）：能够自由地从一处移动到另一处，能够免受暴力袭击，包括性侵犯。

4. **感觉、想象、思考**（senses, imagination, thought）：能够使用感官，能够想象、思考和推理。

5. **情感**（emotions）：能够与我们自身之外的事物和人产生情感联系。

6. **实践理性**（practical reason）：能够形成一种关于善的观念，能够对自己生活的计划进行批判性的反思。

7. **归属**（affiliation）：能够生活在与他人的关系中并为此而活着，能够认识到并表现出对他人的关心。

8. **其他物种**（other species）：能够生活在与动物、植物和自然界的关系中并关心它们。

9. **玩**（play）：能够大笑、玩耍、享受娱乐活动。

10. **控制周遭的环境**（control over one's environment）：（A）政治方面：能够在支配个人生活的政治抉择方面做出有效参与，有政治参与权、言论自由、结社自由……（B）物质方面：能够持有财产（土地和可移动的物品）；有平等的工作权。[96]

努斯鲍姆认为这些能力既有内在价值，又有工具价值。人们因其自身、也因实现与个人抱负相关的目标（不管这些目标具体是什么）而成为善的。

努斯鲍姆同意康德所讲的："每个人都有着平等的尊严和价值，不管他们在社会中处在什么位置，这种价值的基本来源是他们所具备的一种做道德选择的能力，这种能力被包含于规划一种与他对目的的评价相一致的生活的能力之中。"[97]任何尊重人的内在价值的社会——任何道德的社会——都应当确保所有的人类都有一系列基本能力。应当制定法律以确保没有谁的能力降到一个特定的水平之下，而制定这样的法律是我们所有人的义务。

努斯鲍姆声称我们对我们的同类不仅有着不去伤害他们的义务，我们还有义务确保每个人类都有最低水平的基本能力。因此，在她看来，人类既有积极权利，也有消极权利。

权利就是资格。消极权利使你有不被干涉的资格。权利也蕴涵着义务。说你对某个东西有**消极权利**（negative right）；也就是说其他人有义务不干涉你对那个东西的追求。例如，说你对生存有一种消极权利；也就是说其他人有一种不干涉你谋生的义务。

另一方面，积极权利使你有资格获得某东西。说你对某个东西有**积极权利**（positive right），也就是说其他人有义务为你提供那个东西。例如，说你有生存的积极权利，也就是说其他人有给你提供你生存所必需之物的义务。

努斯鲍姆认为我们不仅对生存有积极权利，我们还对她列举的各种能力都有积极权利。如果我们真的尊重内在于人类的这种价值，我们就应当确保他们能过一种完全意义上的人类生活，而我们实现这一点的方式就是确保他们拥有基本水平的人类能力。

关于拥有权利意味着什么的不同看法就构成了自由主义者（liberals）和保守主义者（conservatives）之间的主要思想分歧。保守主义者倾向于把所有的权利都看成消极权利，因此，他们不赞同福利计划，因为他们认为福利计划侵犯了我们按照自己想要的方式处理自己的钱的权利；另一方面，自由主义者倾向于把所有的权利都看成积极权利，因此他们赞成福利计划，因为他们认为当我们的同胞无助的时候帮助他们是我们的义务。

思想探究

医疗

假设一位贫穷的青年女子需要心脏手术，但她付不起手术费，也没有任何的亲戚能帮助她。她有权使用纳税人的钱得到手术治疗吗？如果有，其背后的理论依据是什么？

德性伦理学

道德的目的就是让我们能过上好的生活。为了完全地实现道德生活中的善，获得某些特定的德性是必要的。这使得一些人声称德性——而非义务——才应当是最基本的伦理概念。在他们看来，最核心的伦理学问题应当是"我应当成为什么样的人"，而非"我应当做些什么"。在德性伦理学中，对行为的道德性的判断将从属并依赖于对人的道德品行的判断。这种伦理学体系——**德性伦理学**——立足于有关好人的概念上，而非有关好行为的概念上。

这种伦理学研究进路的优势在于关于好生活的本质的问题将再次成为焦点。由于人将是道德评价的首要对象，自我就不会再像在传统的效益主义或康德主义理论里那样被轻视了。[98]但是在解决伦理困境方面，德性伦理学是否比义务伦理学更有效呢？

假设你处于跟莱斯特·齐格玛尼克同样的境况下，你的兄弟刚刚四肢瘫痪了，正遭受无尽的疼痛的折磨，他请求你杀了他。你该怎么做？根据德性伦理学，你应当做一个有德性的人会做的事。但是一个有德性的人将怎么做呢？为了回答这个问题，你可以试着想象你自己就是某个有德性的人，如甘地、苏格拉底或佛陀，但是我们仍怀疑这样一个思想实验是否能帮你解决你的问题。这种解决道德困境的方式似乎没有比基于义务的方式更有效。实际上，它可能更无效，因为它排除了对于可选择的行为的基于原则的评价。我们很难看出一个人在这些情况下能如何达到任何一种反思的平衡。

此外，由于德性就是一种行为倾向，确定某个人是否有某种德性的唯一方式就是检验那个人的行为。例如，要确定某个人是否公正，唯一的办法就是确定这个人的行为是否符合公正的义务。但是如果对德性的所有判断都依赖对行为的判断，那么我们就不能使用德性来判断行为了——否则就是循环论证了。

没有德性的道德是不可能存在的，而没有义务的德性也是不可能存在的。因此，与其将德性和义务看成是理解道德的两种相互竞争的进路，不如把它们看成是两种互补的理解道德的进路。比如说，它们就像是同一个硬币的两个面，你不能只拥有其中一面而不要另一面，也不可能拥有一个只有一个面的硬币。

思想探究

古格斯的戒指

在柏拉图《理想国》的第二卷中，格劳孔（Glaucon）讲述了古格斯（Gyges）的传说，古格斯是一个牧羊人，他在一个地震形成的峡谷里的一具尸体身上发现了一个魔法戒指。这个戒指可以让戴上它的人隐形，古格斯用这个戒指进入了王宫，引诱了王后，谋害了国王，夺得了王位。格劳孔提出了下面的思想实验：假设现在有两个这样的戒指，一个给了一个有德性的人，另一个给了一个不法之徒。毫无疑问这个不法之徒将会用这个戒指作恶，但是那个有德性的人会怎么做呢？格劳孔认为这个有德性的人也会用这个戒指干违法的事情。"通常我们认为没人能有这样钢铁般的意志，坚定不移地做正确的事情，或坚决不拿其他人的东西。当他可以进入市场并毫无畏惧地拿任何想要的东西，进入任何一间房子并和他选择的任何女人睡觉，释放罪犯，任意杀人，总之就是一个拥有上帝的力量的凡人。他的行为并不会比另一个人的行为更好；他们两个会做出同样的行为的。"[99] 格劳孔的观点是对的吗？如果有隐形的力量的话，一个有德性的人的行为和一个不法分子的行为会是一样的吗？

> 民之於仁也，甚於水火。水火，吾见蹈而死者矣，未见蹈仁而死者也。
> ——孔子

> 简而言之，德性就是正义地行动。
> ——亚里士多德

总　结

有德性的人总是试着做正确的事。例如，有德性的行为效益主义者会力求使幸福最大化，而有德性的康德主义者会力求遵守定言命令。这两个德性概念都因为不能为好的生活提供指导而备受批评。

道德的目的是令每个人通过限制某些特定形式的自利行为而使每个人都过上好生活成为可能。只有人们愿意遵守一个道德规则体系，才可以实现这个目标。而使得人们遵守一个道德规则体系的最有效的方式就是逐渐使他们形成某些特定的行为倾向，即德性。

亚里士多德强调德性能通过更好地避免过度（太多）之恶和不及（太少）之恶来帮助人们都过好的生活；麦金泰尔声称德性能通过允许人们获得内在于实践的各种善来帮助人们过好的生活。德性也能给人们的生活带来统一性，帮助维持赋予生活以意义的传统。然而，不是每个传统都是值得维持的。因此，道德价值并不能根植于传统之中。

然而，德性并不必然根植于传统之中，它们也可以根植于人类的能力之中。为了实现最完满的生活，每个人都必须能做某些特定的事情，如能够拥有健康的身体、能与他人之间拥有有意义的关系、能自由旅行、思考、玩、能掌控周遭的环境，等等。这些能力不仅本身且因其本身就是好的，而且它们还能为实现其他的生活目标提供途径。玛莎·努斯鲍姆认为一个公正的社会应当保证这个社会中的每个人都有这些基本的能力。

有些人认为一种立足于德性的伦理学将优于一种立足于义务的伦理学，因为它不会像效益主义和康德主义那样轻视自我。然而，在解决道德困境时，德性伦理学并不比义务伦理学更有效。另外，德性伦理学也需要义务伦理学，因为确定一个行为是否在道德上具有德性的唯一办法就是要确定它是否符合一个道德义务。因此，德性和义务最好被视为道德的相互补充的两个方面。

学习问题

1. 根据效益主义，什么样的人才是一个有德性的（道德上好的）人？
2. 根据康德主义，什么样的人才是一个有德性的（道德上好的）人？
3. 根据亚里士多德的观点，德性的目的或功能是什么？
4. 根据麦金泰尔的观点，德性的目的或功能是什么？
5. 德性伦理学和义务伦理学有何不同？

讨论问题

1. 一个成功地以最大幸福原则支配其行为的人能过上好的生活吗？
2. 一个从不违背定言命令的人能过上好的生活吗？
3. 一个精神变态者——没有良知的人——能道德地行事吗？
4. 走过多或过少之间的中间道路总是最好的吗？你能想出一个相反的例子吗？
5. 跟只想成为其领域的专家并成功做到的人相比，那些寻求并得到名誉和财富的人过的生活不那么好吗？
6. 既然德性只能通过行动来习得，那么我们是否应当要求学生从事社区服务工作呢？

网络探究

1. 我们是否既拥有消极权利也拥有积极权利？为了探究这个问题，试着在一个网络搜索引擎中输入"积极权利"和"消极权利"。
2. 社群主义者倾向于支持积极权利，而自由至上主义者倾向于支持消极权利，为了探究这些观点的优势与不足，请在一个网络搜索引擎中输入"自由至上主义者"和"社群主义者"。
3. 什么是好的生活？遵循基于规则的伦理学和遵循基于德性的伦理学相比哪一个更可能实现好生活？为了探究这个问题，请在一个网络搜索引擎中输入"什么是好的生活"。

W. T. 史泰斯

道德价值是相对的吗？[①]

在第226页可见对史泰斯生平的描述。在这篇文章中，他批判了道德相对主义。

任何一种道德立场——只要它否认存在着某一个能同等适用于所有时代的所有人身上的道德标准，那么它就可以被称为一种道德相对主义。相对主义者声称并不是只有一种道德律令、原则和标准，而是可以有很多种道德律令、原则和标准。一个地方或一个时代的道德要求与另一个地方或另一个年代的道德要求是极其不同的。中国人的道德原则和欧洲人的道德原则是非常不同的，而非洲人的道德原则与这两者又是不同的。因此，任何道德都是相对于年代、地点、环境而言的，决不存在绝对的道德。

这不仅意味着——就像一个人起初可能会倾向于认为的那样——同一类型的行为在一个国家被**认为**是对的，而同一时间在另一个国家就被**认为**是错的。这不过是陈词滥调，每个人都必须承认的事实。甚至一个绝对主义者也会承认这点——甚至是希望强调这点——因为他完全意识到不同的人有着不同的道德观念，但这些道德观念中有一些是错误的，这才是他所表达的主要意思。而相对主义者想要强调的不仅是这些陈词滥调，而是认为同一类型的行为在一个国家是对的而在另一个国家却可能是错的。这并非陈词滥调，而是一个非常令人吃惊的主张。

完全掌握这两种观念之间的差异是很重要的。因为我们有理由认为很多人倾向于觉得道德相对主义有吸引力，正是由于他们并没有很清楚地区分这两种观念。不同国家和不同年代的道德观念不尽相同，这是很显然的。并且如果你是一个心智上懒惰的人，就很容易认为这就意味着不存在普遍的道德标准——或换句话说，这一事实就暗含着道德相对主义。我们并没有意识到，我们是在两种不同的含义上来使用"标准"一词的。在其中一种含义看来，世界上存在很多不同的道德标准，这的确是真的。我们会谈到通过一个人所处时代的标准来评判他的行为，这也暗含着不同时代有不同的标准，这也是真的。但是当我们在这层含义上使用"标准"这个词的时候，它仅仅指我们所谈论的那个时代流行的一套道德观念。它仅仅指人们认为什么是对的，而不管事实上它是否是对的。另一方面，当绝对主义者声称存在一个单一的普遍道德"标准"时，他则完全不是在这个含义上使用这个词的。他所说的标准是事实上对的而非仅仅被人们认为是对的。也就是说，尽管不同国家和不同时代的人关于什么是对的有不同的看法，但是在事实上什么才是对的在每个地方都是相同的。因此，当道德相对主义者与绝对主义者争论，并否定存在普遍的道德标准的时候，他同样也只是在关于事实上什么是对的这个含义上使用"标准"这个词。如果我们不谨慎的话，我们就极易从这个词语在第一层含义上的使用滑向它在第二层含义上的使用，并且我们也极易认为道德信念的可变性与什么才是真正的道德的可变性是同一种东西。除非我们区分了"标准"的两种含义，否则我们可能认为道德相对主义的信条

[①] 节选自：W. T. Stace, *The Concept of Morals* (New York: Macmillan, 1937) 8-58.

比它实际上所是的样子看上去更可信。

因此，一个真正的相对主义者不只是在说，中国人认为是对的在法国人看来可能就是错的，他还意味着对法国人来说**是**错误的东西在中国人这里可能就**是**对的。并且如果一个人追问道，一个人怎么知道在中国或在法国什么才是事实上正确的呢？接下来顺理成章的回答似乎就是，在中国什么是对的和中国人认为什么是对的是一样的，在法国什么是对的和法国人认为什么是对的是一样的。因此，如果你想要知道在任何特定的国家或时代什么是道德的，你就只需要确定在那个年代或国家流行的是什么样的道德观念就行了。**对于那个年代或国家来说**，这些观念是对的。因此，什么是道德上对的和什么被认为是道德上相对一致。我们上面所讲的这个两者之间的区别就这样简单地被否定了。换种方式来说，它否定了"标准"的两层意思之间可以有或应当有的区别。只有一种对错标准，即，在任何特定的年代或国家通行的道德观念。

道德上对的**意味着被**人们认为道德上对的，除此之外就没有别的意思了。因此，法国人认为是对的就**对法国人来说**是对的。那么很明显，一个人必须认为——虽然我不知道相对主义者是否担心人们会注意到从他们的信条里能推出这样声名狼藉的但却是绝对必然的结论——对于相信食人行为的人来说，食人就是对的行为；对于人祭的种族来说，人祭就是对的行为；对于印度人来说，在英国人踏入印度并迫使印度人做出允许他们的寡妇活着这种不道德的行为之前，把寡妇活活烧死都是对的。

当有人说，根据道德相对主义理论，在任何一个社会群体中，什么被认为是对的指的就是对这个群体来说是对的，我们必须小心不要误解他的意思。当然，相对主义者的意思并不是说在法国事实上真的有一个客观的道德标准，而在英国存在另一个不同的客观标准，并且法国人和英国人各自的看法给了我们关于这些不同的标准的正确信息。他的意思是，并不存在真正客观的道德标准。不存在单一的普遍的客观标准，也不存在各种各样的地方性的客观标准。所有的标准都是主观的。人们对道德的主观感觉是唯一存在的标准。

总之，道德相对主义者坚持否定道德绝对主义者所声称的一切。对于绝对主义者来说，只有一个单一的普遍道德标准，对于相对主义者来说则不存在这样的标准，只存在地方性的、短暂的和多样的标准。绝对主义者认为"标准"一词有两层意思，在各种当下的道德观念的意义上使用"标准"一词时，其意义是相对而可变化的，而在什么是事实上对的这个意义上使用的"标准"表示的则是绝对的、不变的意思。对相对主义者来说，不存在这样的区分。"标准"一词只有一个意思，即地方性的、可变的道德观念，或者如果真的要坚持认为这个词必须有两层意思的话，那么相对主义者将会说，无论如何也不存在绝对意义上的标准的实际例子，因此也就是说，在这个意义上使用的这个词是一个空洞的名称，现实中根本就没有东西是与之相对应的，所以，对这两层意思的区别是空洞无用的。总而言之，尽管我们只是用另一种方式在说同样的东西——绝对主义者区分了什么是事实上对的和什么是被认为是对的。但相对主义者则拒绝这样的区分，并且他们认为什么是道德的和什么被特定的人类或人类群体认为是道德的是一样的……

现在，第一步我将考虑支持道德相对主义的主要论证有哪些，接下来第二步我将考虑反对它的论证有哪些……支持道德相对主义的第一个论证依赖于这个世界上实际存在的各种各样的道德"标准"。在更早的年代，当时还没有人类学，所有的人都被简单地划分成两类：基督徒和"异教徒"。因此，那时的人们很容易就会相信一个单一的绝对的道德。基督徒知道并拥有这唯一的真正的道德，而剩下的人就是野蛮人，其道德观念可以忽略不计。但是现在所有的这一切都改变了。更多的知识带来了更多的宽容。我们不再能够只推崇自己的道德为唯一真正的道德，而把其他所有的道德都当作是错误的或低等的道德。人类学家的调查研究表明世界上并存着各种各样让人眼花缭乱的道德原则。关于这个主题的书籍层出不穷，大量的证据堆积如山。人类学家寻遍了美拉尼西亚群岛、新几内亚丛林、西伯利亚草原和中非的森林，带回了数不尽的案例，这些不可思议的、过分的和奇异的"道德"习俗使我们更加困惑。我们认识到，在这个、那个或其他的地方存在各种各样的可怕的实践，而它们却被看作对德性至关重要之物。我们发现，在任何地方对任何人来说都总是被当作道德上好的东西是不存在的，或者说是近似于不存在的。那么我们的普遍道德在哪里呢？在面对所有这些证据的时候，我们难道不能否认普遍道德的存在，认为它只是一个空洞的梦罢了？

就这个论证本身来说，它是非常弱的。它仅仅依赖于一个单一的事实集合——这个世界上的各种各样的道德习俗。但是争论的双方本来就都承认道德观念的多样性，并且这一点基于双方的假设都能得到很好的解释。相对主义者认为通过不存在任何绝对的道德标准这点能解释这些事实，而绝对主义者认为通过人类对绝对的道德标准的无知这点也能解释这些事实。并且他能真诚地指出，人们对于许多话题都有着非常不同的看法，包括自然科学的内容，他们在这些话题方面的分歧并不比他们在道德方面的分歧少。并且，如果人类关于地球的形状持有过各种不同的看法这一点并不能证明地球就没有一个真实的形状，同样地，人们关于道德持有各种不同的看法这点也不能证明就没有一种真正的道德。

因此，两种假设都可以对这些事实做出同等合理的解释。而这些事实中并没有哪些东西迫使我们选择相对主义的假设而非绝对主义的假设，因此，这个论证并没有证明相对主义的结论。如果那个结论成立的话，那也一定是因为其他的原因。

以上是我对这个论证所主要想说的点。但是我将额外加上一些补充性的说明。这些道德相对主义者似乎非常依赖人类学家的工作，而事实上，人类学家的工作原则上完全没有为一向被人所熟知的道德观念的多样性增添任何东西。受过教育的人们一直知道希腊人宽容同性性行为，然而在很多近代国家里，人们视这种行为为令人憎恶的犯罪；人们还知道印度人把烧死寡妇当作一种神圣的义务；诡诈曾经被认为是一种德性，而现在看来是可鄙的；几个世纪以前，我们的祖先还认为酷刑是合理的维护正义的武器；西方人开始相信奴隶制度是不道德的仿佛只是昨天才发生的事情。甚至是古代人也知道道德习俗和道德观念是各自相异的——参见希罗多德的著作。因此，在现代人类学诞生之前，道德观念的多样性原则就已经被大家熟知了。人类学并没有给这个原则添加任何东西，除了从遥远的地方收集了大量新的和极端的案例。但是为一个大家早已知道并普遍得到认可的原则增加案例并没有给建立于这个原则之上的论证添加任何的东西。人类学家的发现无疑对他们自己的领域来说是很重要的。但是在我看来，他们并不能为道德哲学家们的这些特殊问题提供任何启示。尽管案例数量的增加对这个论证并没有起到任何逻辑上的作用，但是它对人们产生了巨大的**心理上**的影响。大量的人类学研究给人们以深刻的印象，它们是以神圣的"科学"之名被提出的。如果它们被引用以支持道德相对性的话——它们通常也是被如此使用的——人们认为它们一定证明了某些重要的东西。它们迷惑和震慑住了那些头脑简单的人，粉碎了他们的抵抗，让他们很容易谦卑地从那些因大量的研究和"科学的"主张而名声大作者那里去接受道德相对主义学说。也许这就是道德相对主义者通过人类学证据制造出这么多麻烦的原因。但是我们必须拒绝受到这样的影响，我们得去除所有这些关于遥远地区的独特的道德习俗的大量证据的影响。一旦我们承认——正如两千年前还没有任何人类学的时候，受过教育的人就会承认的那样——道德观念是各异的这个原则，那么所有这些新的证据就不能为这个论证增加任何东西了。而出于我之前已经给出的理由，这个论证本身也证明不了什么……

支持道德相对主义的（第二个）论证也是很强的，并且不具备这样的缺点：即依赖于对任何一种特殊的哲学，如激进的经验主义的接受。它诉诸一种非常平常的考虑。它声称从没有人发现过一个绝对的道德依赖的是什么样的基础，或者一个普遍的有约束力的道德原则的权威是从何而来的。

比方说，如果它是一个绝对的、不可改变的道德规则，如"所有人都应该是不自私的"，那么这个**命令**是从何而来的呢？无论你如何表述这句话，它都显然是一个命令。"你应该是不自私的"和"要不自私"这两个句子的意思其实没什么不同。于是，一个命令意味着有一个命令者，一个义务意味着有某个责成的权威，那么谁是这个命令者，谁又是这个权威呢？因此，目前我们面临一个关于**道德义务的基础**的问题。现在，相对主义者的论证就是这个：找到一个普遍的有约束力的道德定律的基础是不可能的。但是如果道德原则是变化的、短暂的，并且是相对于时间、地点和环境而各异的，那么就很容易为道德找到基础。

在这本书中，我假定想要天真地通过将上帝对所有人的统一命令当作普遍道德定律的基础来解决这个困难不再是可能的了。毫无疑问，有很多人反对这一观点。但是我这本书并不是为他们而写的，我是为那些觉得必须要找到一个独立于特定宗教教条的道德基础的人而写的。因此，我将不会尝试去做那一方面的论证。

那么绝对主义者将不得不面临的问题就是这个。绝对道德的宗教基础消失了，他们还能为它找到其他任何世俗的基础吗？如果不能，那么似乎我们就可以不再相信绝对主义了，我们将不得不退回到相信各种各样的也许不相一致的道德原则，这些道德原则只能适用于某些限定的区域和时期。它们中谁也不比谁更好或更真，它们对每一个生活在这些地方和这些时期的人来说都是好的。总之，我们就退回到道德相对主义了。

因为如果我们采用相对主义的假设，那么找到道德的基础，或者说诸道德各自的基础就不再是大难题了。即使我们不能非常**精确地**确定它们的基础是什么——并且相对主义者们本身对此也有分歧——一般来说，我们至少能知道它们必须要有**哪一种**基础。我们知道，原则上关于这个基础的问题不是不可能回答的——尽管细节可能是模糊的。但根据这个论证，如果我们采用绝对主义的假设，我们将无法想象到任何一种回答……

这个论证无疑是很强的。如果我们要相信那些习俗或非理性的情感所提供的道德标准之外的，任何一种其他种类的道德标准，那么解决道德义务的基础这一问题就是绝对必要的了。除非我们可以指出普遍道德权威性的来源，否则谈论普遍道德就是毫无意义的——或者说，至少是沉溺于一个没有理性基础的信仰之中。对于一般人来说，他们的首要事务是去正确地生活而非去做理论思考，他们对道德抱有一种盲目的信仰可能就足够了，也许这是他最明智的做法。但是这对哲学家来说是行不通的。哲学家的功能，或至少是他的众多功能之一，是准确地找到我们日常信念的理性基础——如果它们有的话。因此，在哲学上和智力上，我们不能接受相信一个有普遍约束力的道德，除非我们可以找到它的强制性所依赖的基础。

但是尽管这个支持道德相对性的论证比较强，它也并不是无懈可击的。因为它存在一个漏洞。某个我们尚未考察过的理论可能为普遍的道德义务提供一个基础，这一直都是可能的。这个论证依赖于这个否定命题：**没有理论能为普遍的道德提供一个基础**。但是众所周知，证明一个否定命题是非常困难的。你怎么证明世界上不存在绿天鹅呢？你最多只能证明到目前为止它们还尚未被发现过，但是下面这种情况总是可能的：明天就会有一只绿天鹅被发现……

是我们把注意力从支持道德相对主义的论证转向反对它的论证的时候了。现在，在很大程度上，反对它的论证在于这一点：如果我们严肃地对待它，并将它推至其逻辑结论，那么道德相对性就只能以同时摧毁道德的概念而告终、以动摇它的实践效力而告终、以让许多有关人类事务的几乎被普遍接受的真理变得无意义而告终、以夺去人类争取一个更好的世界的动机而告终、以带走每个理想和志向（是它们使得人的生活变得高贵）的生命之源而告终……

首先，在主张具体社会群体的道德标准就是唯一存在的标准的同时，道德相对性使得所有在道德价值方面对这些标准进行的相互比较都变得毫无意义。而这确实是一个严重的问题。我们习惯于认为一个国家或社会群体的道德观念可能比其他国家或社会的道德观念"更高"或"更低"。例如，我们认为基督徒的道德理想就比中非野蛮种族的道德理想更高尚。可能我们大部分人都认为中国的道德标准比新几内亚居民的道德标准更高。简而言之，我们习惯于把一个文明和另一个文明相比较，并判定在它们中找到的道德观念是更好或更坏的。在做这类判断时很难做到公正，它们通常基于肤浅的、怀有偏见的基础，不过这一事实与我们现在讨论的问题无关。问题在于这样的判断是否有任何意义，我们习惯于假设它们是有的。

但是基于道德相对性，它们却是无法具有任何意义的，因为相对主义者必须主张不存在能用来判断各种文明的**普遍**标准。任何类似的道德标准之间的比较都意味着存在某个它们都适用的更高的标准。并且，任何这样的标准的存在都是相对主义者要否定的。对一个基督徒来说，他的标准只能运用于基督徒的身上，中国人的标准只能运用于中国人的身上，新几内亚人的标准只能运用于新几内亚的居民身上。

不同种族的道德标准间的比较如此，不同年代的道德标准间的比较也是如此。我们通常会问这样一个问题：我们现在的标准是否比我们五百年前的祖先的标准更好呢？当我们回忆起我们的祖先曾雇佣奴隶、施用野蛮的肉体折磨、烧死活人的时候，我们可能就倾向于这样认为。

无论如何，我们都假定这个问题是一个有意义的问题，是一个可以理性讨论的问题。但是如果道德相对主义者是正确的，那么无论我们在这个主题上有何主张都是完全没有意义的。这样的话，则（我再次强调）不存在任何普遍标准能构成这种判断的基础。

而这又进一步暗示了道德**进步**这整个理念都是纯粹的错觉。进步的意思是从更低到更高、从更坏到更好的前进。但是根据道德相对性理论，说这个年代的标准比之前的年代的标准更好（或更坏）是没有意义的。因为根本就不存在衡量这两者的普遍标准，所以，说《新约》的道德比《旧约》的道德更高是无意义的。并且，如果耶稣基督设想他给这个世界引进的道德标准比他还没出现的那个时候的道德标准更高，那么他一定是出现了幻觉……

现在就说到我的第二个观点了。到现在为止我都默认这是理所当然的：尽管对于道德相对主义者来说，做出这样的判断——比较不同种族和年代之间的道德原则的价值——是不可能的，但是比较同一个社会群体中的不同个体却是很有可能的。因为同一个社会群体中的个体都服从大致相同的道德原则，即他们这个群体的道德规范，我们也就能用这个普遍的标准衡量这些个体了。与之前不同的是，在此，我们并不缺乏普遍的比较标准。因此，对于道德相对主义者来说，我们完全可以有意义地说林肯总统比那些在他那个年代和国家的罪犯或道德卑劣的人更好，或者说耶稣比犹大更好。

但是，基于相对主义，真的有可能建立起这个最低限度的道德判断吗？在我看来并非如此，因为一旦整个人类不再被当作单一道德标准的适用领域，那么什么样的小一级的领域能被当作不同标准的适用领域呢？我们该在什么地方划这个界限呢？或许我们可以将人类划分为不同的种族——虽然这个过程是非常任意的——再将种族划分为不同的国家、将国家划分为不同的部落、将部落划分为不同的家庭、将家庭划分为不同的个人。我们将在哪里划分道德的界限呢？适用一个具体的道德标准的单位范围是一个种族还是国家、部落、家庭或个体呢？或许把"社会群体"一词拉入我们的讨论中能解决这个问题。我们将被告之：每一个这样的群体都有自己的道德原则，对这个群体来说，它就是对的，那么什么是一个群体呢？有人能定义它或给出它的界限吗？这就是我们之前所谈到的道德相对性理论中的含糊之处。

这个困难并非像某些人所认为的那样仅仅是一个学术性质的，关于逻辑定义的困难。如果这就是全部的话，我也就不会追根究底了。但是这个含糊的地方对道德有着灾难性的实际后果。没有人会认为道德原则是被国境这一随意生成的地理界限而限定的，而种族、民族或国家这些概念也对我们无所帮助。为了显示出这个困难本质上的实际属性，我们就以具体的实际问题这一形式来表述它吧。美利坚国家构成一个拥有单一的道德标准的"群体"吗？还是说当我乘坐火车穿越这片土地的时候，我该怎么做的标准就一直在变化呢？不同州有不同的道德原则吗？或许每个镇和村都有自己独特的标准。乍一看，这似乎是非常合理的。"入乡随俗"看起来在道德领域内跟在礼仪领域内一样都是一个好规则，但是我们就可以止步于此吗？在一个村里，存在着众多的小圈子，它们每个都有自己的一套观念。为什么它们每个都不能只受其特殊的、专门的道德标准的约束？如果是那样的话，为什么芝加哥的犯罪团伙们不能建立一个拥有自己道德的群体，使得这个群体的谋杀和奸污等行为就都只能合法地运用这个唯一的标准来进行判断，这样这些行为必须就被看做"对的"了呢？如果回答是：这个国家不会容忍这样做，当然是可能的，但是这就把是非的基础简单地置于大多数人更强大的势力里了。在那种情况下，谁更强大谁就是对的，而不管他的观念和行为有多么的残暴。如果我们不否认任何群体都有权利拥有自己的道德，那么到最后我们也就不能否认任何个人也有这种权利了，难道这不是很清楚的吗？以此看来，每个人都可以提出一个无可辩驳的主张，而这个主张除了只能被自己的标准判断对错外，是不能被其他的标准判断其对错的。

如果这些论证是有效的，那么道德相对主义者就不可能真的坚持这一观点：我们可以找到一个可以违背个人的意愿而对他具有约束力的道德标准。并且即使是在一个社会群体内部，他也不能声称个体之间存在着一个普遍标准。如果是这样的话，那么判断一个人在道德上比另一个人更好就是无意义的。也因此，所有的道德评价都将消失。没有什么能阻止一个人自己给自己制定规则。结果就是道德混乱，所有有效的标准都将瓦解……

但是即使假设我们已经克服了定义道德群体的困难，还是会出现另一个困难。假设现在我们已经清楚地确定了一个社会群体的准确的界限是什么，并且这个群体具有一个实际有效的道德标准。我们假设——相对主义者自己也总是这样假设——这个群体是某个实际存在的社会共同体，如一个部落或国家。即使是那样，我们又如何能够知道那个群体的实际的道德标准呢？任何人又如何可能知道呢？甚至，这个群体中的成员自己又要如何知道呢？因为在这个群体内部——至少在这些较为发达的社会中是这样——对什么是对的、什么是错的的看法有着巨大的分歧。那么谁的看法能代表这个群体的道德标准呢？要么我们就采用大多数人的看法，要么我们就采用少数人的看法。如果我们依赖大多数人的观念，那结果就是灾难性的。只要在该民族中有少数一些智者，或可能只有一个智者，想要建立比被这个群体普遍接受的理想更高，更高尚的理想，则我们将被迫接受这样一个观点：对于那个时候的人来说，绝大多数人是对的，而改革家是错的，改革家们宣扬的也是不道德的。比如说，我们将不得不认为耶稣向犹太人宣扬的是不道德的学说。道德的善将不得不总是与平庸者的道德等同，并且有时候还不得不与那些明显卑鄙、不光彩的道德等同。另一方面，如果我们说这个群体的道德标准是和少数一些人的道德观点相一致，那么这里的少数人指的又是什么呢？我们不能这样回答：少数人指的是那些最好的、最文明的个体组成的那群人。这样我们就会陷入一种明显恶性的循环之中，因为判断这些人是最好的、最文明的标准又是什么呢？不存在这样一个原则，以至于我们可以通过它来选择这个正确的少数派。并因此，我们就不得不认为每一个少数派都和其他的人一样好了。这就意味着我们在逻辑上没有任何正确的观点去否认芝加哥的匪徒们的主张了（假设他们做出了这个主张的话）：他们的行为代表了美国人的道德的最高标准。最终，它意味着每个个人都将不受任何标准的约束，除了他自己的标准。

道德相对主义者是彻头彻尾的经验主义者。他们告诉我们，任何群体的实际道德标准只能通过检验这个群体的道德观点和习俗而被发现。但是他们能否告诉我们，在他们对此有了了解之后，他们如何判断在这个群体中的众多道德观点里哪个才是该群体中正确的观点呢？某种程度上来说，他们可以对美拉尼西亚岛的岛民们做这样的调查——似乎将来我们所有关于道德本质的知识，都只能从他们那里学到了。但是对于那些更文明的民族而言这种做法是行不通的，因为他们的成员都已学会了独立思考，并且已经学会包容他们中的各种各样的观点。他们不能这样做，除非他们接受了这样一个灾难性的观点：大多数人的道德观点总是对的。因此，我们只能再一次得出这个结论：即使是在一个具体的社会群体中，任何人的道德观点都和其他人的道德观点一样好，并且每个人都有资格使用自己的标准做判断。

最后，道德相对主义不仅在其道德理论的后果方面是灾难性的。毫无疑问，在它对实际行为的影响中，它也同样是灾难性的。如果人们真的开始相信所有的道德标准都一样好，那么他们将推断出他们自己的道德标准没有什么特别值得遵守的地方。因此，他们可能会滑向某个更低、更简单的标准。的确，在一段时间内可能会出现这样的情况：人们理论上接受一套观点，实际上却做另一套。但是观念，即使是哲学观念，并非如此没有效力以至于它们永远只是人畜无害地停留在上层的学者圈子之中，它们最终会进入到实践层面并发生作用。

阅读问题

1. 这两种观念之间有什么区别：（1）同一类型的行为在一个社会中被认为是正确的，在另一个社会中被认为是错误的；（2）同一类型的行为在一个社会中是正确的，而在另一个社会中是错误的？为什么史泰斯认为这两者之间的区别是非常重要的？哪种观点在你看来更合理？为什么？

2. 支持道德相对主义的主要论证是什么？根据史泰斯的观点，它的根本弱点是什么？你认同这个论证是有缺陷的吗？为什么？

3. 为什么史泰斯认为人类学家的发现对相对主义的基础论证来说，并没有起到任何的作用？他是正确的吗？

4. 史泰斯反对道德相对主义的论证有哪些？你觉得它们是有说服力的吗？请解释。

杰里米·边沁

效益原则[①]

杰里米·边沁（1748—1832）是第一个为效益主义提供系统性辩护的人。他是一个称作"哲学激进派"的团体的领导人，该组织还包括了詹姆斯·密尔和他的儿子约翰·斯图亚特·密尔。他们共同致力于改革英国的政治和法律体系。下文摘自边沁的《道德与立法原理导论》，该书清晰地表达了他关于正确的行为会增加幸福和减少痛苦的看法。

1. 自然把人类置于两位最高的统治者之下：痛苦和快乐。只有它们才能向我们指出我们应当做什么，并且决定了我们会怎么做。它们一方面决定对错的标准，另一方面决定因果联系。它们支配我们所行、所说、所想：我们所做的力图摆脱被支配的地位的所有努力，都只会反过来证明和确定这一支配关系。一个人可能在口头上声言他要摆脱它们的约束，但是实际上他始终受其管制。**效益原则**承认这一被支配地位，也假定它是旨在用理性和法律之手建造幸福大厦之体系的基础。凡是试图质疑它的体系都是肤浅而无内涵的，任性而不理性的，弃明而投暗的。

但是隐喻和修辞我们已经用得足够多了：道德科学不能通过此类手段得到改进。

2. 效益原则是本书的基础，因此在一开始就明确地解释清楚它是比较合适的。效益原则指的是这样一种原则：依照每个行为增大或减小相关者的幸福的倾向，或者换句话说，促进或妨碍这种幸福的都是什么来赞同或反对这些行为。我的讨论对象是所有种类的行动，因此不仅包括私人个体的每个行动，而且包括政府的每项措施。

3. 效益指的是任何客体都有的那种性质：通过它，倾向于产生利益、好处、快乐、好或幸福（所有这些在此含义相同），或者防止利益相关者遭受伤害、痛苦、恶或不幸福（这些也是同样的东西）。如果这个利益相关者是一般的共同体，那就是这个共同体的幸福；如果是一个具体的个人，那就是那个个人的幸福。

4. 共同体的利益是道德术语中最笼统的表达之一，因此它的意思往往显得晦暗不明。然而如果它有一种意思的话，那么它就是这个：这个共同体就是一个虚构体，它是由构成其成员的个体组成的。那么这个共同体的利益是什么呢？即组成这个共同体的那些成员的利益的总和。

5. 光是谈论这个共同体的利益而不理解个体的利益是什么，这是毫无意义的。当一个东西倾向于增加一个人的快乐总和时，或能减少他的痛苦总和时，它就可以说是促进了他的利益，或为了他的利益。

6. 因此，（就整个共同体而言）当一个行为倾向于增大这个共同体的幸福多于它减少这个共同体的幸福时，它就可能被说成符合这个效益原则，或简单来说，它符合效益。

7. 当政府的一项措施（只是一种由特殊的人或特殊的群体做的一个特殊类型的行为）倾向于增大这个共同体的幸福多于它减少这个共同体的幸福时，它就可能被认为是符合或听命于这

[①] 节选自：Jeremy Bentham, "Of the Principle of Utility," *An Introduction to the Principles of Morals and Legislation* (Oxford: Clarendon Press, 1879) 1-7. 一些原文注释被省略了。

个效益原则。

8. 当一个行为，特别是政府的一项措施，被一个人设想为符合效益原则的时候，那么为论述方便起见，我们可以设想出一种被称为效益法律或效益命令的法律或命令，并且去讨论一个行为是否符合这样的法律或命令。

9. 当一个人根据任何行为或措施增加或减少这个共同体的幸福的倾向以及倾向的比例来赞同或反对它们的时候，或换句话说，一个人根据它们符合或不符合效益法律或效益命令以及其符合的比例来论断行为或措施的时候，这个人就可以被称为效益原则的信徒。

10. 对于一个符合效益原则的行为，一个人总是可以说它是应当做的，或至少说它不是不应当做的。也可以说这么做是正确的，或者说至少这么做不是错误的。这是一个正确的行为，或至少这不是错误的行为。当我们这样解释"应当""正确""错误"和其他同类用语的时候，它们便是有意义的，否则就是没有意义的。

11. 这个原则的正确性有没有遭受过正式的反对呢？似乎应当说，它曾被那些并不清楚自己在说什么的人反对过。它是否能由什么直接的证据来证明？似乎不能，因为它是用来证明其他一切事物的，所以其本身不能得到证明。证据链必然在某个地方有其开端。给出这样的证明既无可能也无必要。

12. 并没有，也未曾有过任何活生生的人在很多时候或大部分时候不遵从这个原则，不管他们是多么的愚蠢或堕落。由于人类身躯的自然本性，在他们生活中的大多数时候，人类一般都不加思考地拥护这个原则。即便不是为了规范他们自身与他人的行为，也是为了评判他们自身与他人的行为。但与此同时，或许很多人，即使是最智慧的人也不会毫无保留地、纯粹地拥护它，而且不曾在某个场合与它争辩的人就更少了，因为他们并不知道如何应用它，或是因为某些偏见，或是因为某些他们害怕对其加以检验的或不敢丢弃的观点。因为人类就是这样：无论是在原则上，还是在实践中，无论其思想和行为的路径是对是错，所有人类最缺乏的品质就是一致性（consistency）。

13. 当一个人试图反驳效益原则的时候，他的理由也是来自于这个原则的，只不过他自己没有意识到罢了。不论他的论证证明了什么观点，他都并没有证明这个原则是**错误的**。而只是证明了，根据他设想的应用，**他错误地应用**了这个理论。一个人可能移动地球吗？可能，但是他得首先找到另一个地球以便他站在上面。

14. 依靠论证来反驳它的恰当性是不可能的，但是由于上面已提到的原因或由于某些对它的困惑的或片面的理解，一个人可能倾向于不喜欢它。在这种情况下，如果他认为值得费心去澄清他在这个问题上的看法，那么就让他按下面的步骤来，最后他可能就会接受这个原则。

（1）让他自己弄清楚这个问题：他是否希望完全摒弃这个原则；如果是的话，让他试着考虑他所有的推理可以是怎样的（特别是在政治问题上）。

（2）如果他希望摒弃这个原则，那就让他自己处理这问题：他能否不依据任何原则做判断，能否不依据任何原则行动，或者他是否有其他的原则作为行为的依据？

（3）如果是的话，让他自己检查，并让他自己体会：他发现的原则是否真的是独立的、可理解的原则，或者这个原则是否不仅仅是口头上的一种说法。说到底或多或少只是对他自己那没有根据的看法的一种表达，即那种倘若发生在别人身上他就可以恰当地称作是任性的东西？

（4）如果他倾向于认为，他在不考虑一个行为后果的情况下就可以对它表示赞许或反对，而且这种赞许和反对对他的判断和行动来说构成充分的根据，那就让他扪心自问：他的看法是否要成为评判他人对错的标准，或者是否每个人都可以有以自己的看法为标准这一特权？

（5）在第一种情况下，让他自问，难道他的原则不是独裁的，而且对所有其他的人类都怀有敌意吗？

（6）在第二种情况下，它是否是无政府主义的？这样的话，是否有多少个人，就有多少不同的对错标准呢？是否甚至是对同一个人来说，同一件事（它的性质没有变化）今天是对的，明天就可能是错的呢？是否同一件事在同一个地方同一时间可以既是对的也是错的呢？在任何一种情况下，是否所有的争论都必然是无休止的呢？当两个人说"我喜欢这个"和"我不喜欢它"的时候，他们是否有更多的话要说？

（7）如果他竟然对自己说，不，因为他提出的作为标准的看法必然是以思考为依据的，那就让他说说这种思考取决于什么样的细节？如果所依赖的细节同行为的效益有关，那么就让他说说这是否是抛弃了自己的原则，并借助于与之对立的原则？如果不是取决于这些细节，那么取决于哪些别的细节呢？

（8）如果他赞成调和这个问题，一半采用他自己的原则，一半采用效益原则，那就让他说说他将在多大程度上采用效益原则？

（9）一旦他自己确定了采用的程度，那就让他问问自己他将如何解释他采用的程度？为什么他不采用得更多一些？

（10）如果他承认除效益原则之外的任何一种其他原则是正确的原则，也就是说一个人追求这个原则是正确的；如果他承认（事实上并非如此）"**正确的**"这个词有着与效益无关的含义，那就让他说说是否存在这样一个**动机**，一个人可以拥有它并听从它的命令。如果确实存在，那就让他说说这个动机是什么，怎样把它与执行效益命令的动机区分开来？如果不存在，那最后就让他说说这个另外的原则能有什么用处？

阅读问题

1. 效益原则是什么？边沁是如何阐释一个行为的对错的？你会如何阐释这个问题？

2. 你认为"我们应该做什么"和"我们总是在努力做什么"能完全通过诉诸痛苦和快乐得到解释吗？为什么？

3. 你想要住在一个其中的道德和法律都完全是效益主义的的社会里吗？你喜欢一个只建立在效益考虑基础上的正义体系吗？为什么？

4. 边沁是怎样为效益原则辩护的？

伊曼努尔·康德

善的意志、义务和定言命令[①]

尽管伊曼努尔·康德（1724—1804）从来就没有走出过他的家乡柯尼斯堡（现为俄罗斯的加里宁格勒）40英里之外，但他的著作为哲学开拓了许多新的视野。在他最著名的著作《纯粹理性批判》中，他论证说心灵并不是感受的被动接受者，而是观念的积极塑造者，因此我们关于实在的看法是由人类心灵所构造出来的，这种看法对后继的哲学产生了革命性的影响。他在伦理学领域的观点也具有同样的革命性影响。本文摘自他的《道德形而上学奠基》，在本文中他论证了这样一种见解：一个行为的正当性是可以仅仅由理性所决定的。

在这个世界上，甚至在这个世界之外，没有什么东西是可以无条件地被称为善的，除了善的意志。聪明、机智、判断力和其他的心灵的**才能**，无论它们被赋予什么样的名称，或者勇气、决心、毅力这些气质的品质，在很多方面都毫无疑问是善的，并且是值得欲求的。但是如果利用它们的意志，以及因此构成的被称为**性格**的东西不是善的，那么这些自然的禀赋也可能变成极坏的和有害的东西。**运气**（gifts of fortune）也是如此。如果没有一个善的意志帮助矫正权力、财富、荣誉甚至健康，一般的福祉以及对一个人的条件的满意（被称为**幸福**）对心灵产生的影响，并且没有它帮助我们矫正整个行为原则，使之适应它的目的，就会激发人们的骄傲，往往还会使人傲慢。看到一个毫无纯粹的善的意志者享受繁荣和成功，是不能让一个公正理性的旁观者感到高兴的。因此，善的意志似乎构成了配享幸福的不可缺少的条件。

甚至有这样一些品质：它们有助于这个善的意志自身，能够促进它更好地发挥作用，然而并不因此具有内在的无条件的价值，而是必须以一个善的意志为前提。这限制了我们对这些品质往往合理的赞颂，并且不允许我们把它们当作绝对的善。在喜爱和激情方面的节制、自制和冷静的考虑在很多方面不仅是好的，而且甚至似乎是部分地构成了一个人的内在价值。但是它们还远不能被称为是无条件善的，尽管古代的人无条件地赞扬它们。因为如果没有关于一个善的意志的诸原则，它们可能就变的极坏，并且一个坏人的沉着冷静不仅使他变得更危险，而且直接使得他比毫不沉着冷静更让我们厌恶。

一个善的意志之所以是善的，不是因为它促成了什么或产生了什么样的影响，也不是因为它适宜于实现某个既定的目标，而仅仅是因为这个意志本身，即，它本身就是善的，并且就其自身而言，它要比一切可借由它实现的，满足任何偏好（甚至是满足所有偏好的总和）之物都值得远远更高的称许。即使是由于特别不好的运气或是无情自然的苛待，这样的意志完全不具备实现它的目的的力量，即使它竭尽所能仍毫无收获，所剩下的只有善的意志本身（当然，这指的不仅是单纯的愿望，而是用尽了一切力所能及的方法），它还是能够像宝石一样，仍然闪耀

[①] 节选自：Immanuel Kant, *Fundamental Principles of the Metaphysics of Morals* (London: Longmans, Green, 1909) 10-62. 一些原文注释被省略了。

着自己的光芒，自身之内已经具备了它的所有价值。它的有用或无用既不会增加也不会减少它的价值。它的有用或无用只是使我们能够在日常的交往中更方便地运用它，或吸引那些对此尚属外行者的注意，但这不是向真正的行家推荐它，或确定它的价值的方式……

因此，一个行为的道德价值并不在于这个行为所产生的预期效果，也不依赖于要求从这个预期效果中借得其动机的任何行动原则。因为所有这些效果——对自己的状况感到满意，甚至对他人幸福的促进——都可能也会通过别的因素产生，因此也就不需要理性存在者的意志；而只有在理性存在者的意志中，我们才能发现最高的、无条件的善。因此，这个卓越的善，我们称之为道德的善，就只能存在于**法则的观念**（conception of law）本身之中（当然，只有理性存在者才能够形成法则的观念），只要实际上决定这个意志的并不是其预期效果，而是这个观念。这种善早已体现在据此行为的人身上了，因而我们也不必等待它在结果中出现。

但是为了这个意志可以被称为是绝对的、无条件的善，这个法则的概念必须规定这个意志，即使不去关注它的预期效果，什么样的法则才可以呢？当我已经从意志中剔除了从遵循每种个别法则而来的冲动，那就只剩下一般行为的普遍合法则性了，只有这样才能充当这个意志的原则。我从来不这样行动，除非**我也能够意愿我的格律应当成为普遍法则**。在此，如果义务不至于成为一个徒劳的幻想和荒诞的概念，它就只能去合于普遍的法则，并且不去假定任何可应用于某些特定的行为的特殊法则，只有这样才能充当这个意志的原则。在实践判断中，人类的普遍理性完全与此契合，并且总是牢记这个原则。比如有一个这样的问题：如果我身处困境之中，就能许下一个原本就不打算遵守的承诺吗？在此，我很容易就分辨出这个问题可能具有的两种含义：这是在问，做出一个虚假的承诺是**明智**（prudent）的呢，还是**正确**（right）的呢？毫无疑问，前者很多情况下都符合事实。我很清楚地知道，通过这个借口来逃脱当前的困境是不足的，但是我还需要认真地考虑，日后这个谎言引起的不便会不会比我现在所摆脱的不便更大呢？而且，就算是用上我可能具备的所有**精明**（cunning），我也不能轻易地预见这样做的结果，并且一旦我的信誉丢失了，这对我的伤害可能要比我设法避免的任何伤害都大得多。在此，我应当考虑一下，依据一个普遍的格律去行事，并且养成不做承诺除非打算遵守它的习惯，这样是不是更**明智**呢？但是我很快就意识到，这样一个格律将仍然只是建立在对后果的惧怕上。现在，出于义务而诚实和出于对不利后果的恐惧而诚实是完全不同的。在第一种情况下，这个行为的概念本身早已经包含了一种法则；在第二种情况下，我得先去探询一下与这个行为相关的对我自身有影响的结果。因为背离义务原则就毫无疑问地是恶的，但是背弃明智原则可能常常对我很有利，虽然遵守这个格律会更安全。然而，就解决一个虚假的承诺是否符合义务这个问题而言，最简单的、正确的方法是扪心自问。我应当满意我的格律（通过一个虚假的承诺来挽救困境中的自己）被当作自己和他人都要遵守的一个普遍法则吗？我能对自己说，"当每个人身处困境且没别的办法自救的时候，他们都可以用虚假的承诺来挽救自己"吗？因此，现在我开始意识到，尽管我会意愿撒谎，但我决不意愿撒谎成为一条普遍法则。因为如果有这样一条法则，那就没有什么承诺可言了。向那些不相信我的声称的人声称关于我的未来行动的打算是徒劳的，或者如果他们真的轻率地相信了我，也会用同样虚假的承诺来回报我。因此，一旦我的格律被当成了一条普遍法则，那将必然会摧毁它本身……

一个客观原则的概念，就其对意志来说是强制的而言，被称为一个（理性的）命令，这个命令的形式被称为一个命令式的（imperative）……

如果行为只是作为达到**其他目的**的手段而成为善的，那么这个命令式就是**假言的**；如果这个行为被认为**本身**就是善的，并因此必然被当作合乎理性的意志的原则，那么这个命令式就是**定言的**……

当我设想一个假言命令的时候，一般来说，我在知道它的条件之前并不知道它包含了什么，但是当我设想一个定言命令的时候，我立刻就知道它包含了什么。因为，除了法则本身外，命令式只包含格律应当符合这个法则的必然性，而法则并不包含限制自身的任何条件，因此，剩下的就只是行为的格律应当符合一个普遍法则的普遍性，唯有这个符合才是命令式认为必然的。

因此，只有一个定言命令，即，**只按照你同时意愿它应当成为一个普遍法则的格律而行动**。

现在，如果义务的所有命令都可以从这一个命令式推导出它们的原则来，那么尽管我们还未确定那被称为是义务的东西是否只是一个空洞的概念，但是至少我们应当能够表明我们由此理解了什么，以及这个概念意味着什么。

由于结果的发生所遵循的法则的普遍性在最一般的意义上构成了被称为自然的东西，就事物的存在被普遍法则决定而言，这也就是事物的存在，义务的命令就可以表达为：**你应该如此行动，就好像你的行为格律通过你的意志成为一个自然的普遍法则一样**。

现在我们将举出一些义务，并采用通常的划分方式把它们划分成对我们自己的义务和对他人的义务，以及完全义务和不完全义务。

1. 有一个人，由于一系列的厄运而感到绝望，对生活感到厌倦，但是他仍然拥有自己的理性，因此他问自己：结束自己的生命是否会和对自己的义务相违背？现在他问自己，他行为所遵从的格律是否能成为一个自然的普遍的法则。他的格律是：当继续生活可能会带来的恶多于满足的时候，我就出于自爱的考虑，把缩短我的生命当作一个原则。那么我们只需要问一个问题：立足于自爱的这个原则是否能成为一个自然的普遍法则。现在，我们立刻就能看到，如果一个自然体系会凭借以促使人增益生命为目的的同一种感情来促使人毁灭生命，这就是自相矛盾的，因此也就不能作为一个自然体系而存在。所以，这样的格律不可能被当作一个自然的普遍的法则，也因此与一切义务的最高原则不一致。

2. 另一个人迫于需要而借钱，但他知道他未来不会有能力还这笔钱，同时他也知道，除非他承诺在某个时间还钱，否则他就借不到这笔钱。他想要做出这样的承诺，但是他的良心问自己：以这样的方式摆脱困境是否是允许的，而且与义务相符合的呢？然而，假设他决定这样做，那么他的行为所遵从的格律就是这样：当我认为自己需要钱的时候，我就借钱，并承诺还钱，尽管我知道我并不会还这笔钱。现在这个自爱原则或对自己有利的原则可能与我的整个未来的福祉相一致，但是问题就在于，这是正确的吗？我现在把这个出于自爱的选择视为了一条普遍法则，并这样提出问题：如果我的格律成为一条普遍法则将会怎样？我立刻就可以发现，这个格律绝不会被当作一个自然的普遍法则，否则就必然是自相矛盾的。因为设想一下，当每个人只要认为自己处在困境之中，他就可以随心所欲地许下一个他根本就不会遵守的承诺，那么这个承诺本身就变得不可能，并且通过承诺想要实现的目标也就变得不可能。因为那样的话，就没有人会相信任何人的承诺，而只是把这些承诺当作徒劳的借口来嘲笑一番而已。

3. 第三个人发现自己有一种才能，如果这种才能可以得到一些培养和训练，就可以使他在各方面成为一个有用的人。但是他发现自己身处舒适的环境之中，他宁愿沉溺于享乐，也不愿辛苦地拓展和提高自己有幸拥有的自然禀赋。然而，他也会问：他这一荒废自己自然禀赋的格律，除了与他自我沉溺放纵的倾向相一致外，是否也同那个被称为义务的东西一致。那么他将发现，尽管人们（像南海岛民一样）可以不发挥自己的才能，并且只想过一种闲暇、消遣、繁衍生息的生活——一句话，只想享乐，一个自然体系也确实能按照这样一个普遍规律而存在。但是他不可能**意愿**它成为一条自然的普遍法则，或把它当作那种通过自然本能而置于我们自身中的东西。因为，作为一个理性的存在，他必然意愿他的能力得到发展，因为这些才能是因为各种可能的目的而被给予他、服务他的。

4. 第四个人很富有，当他看见其他人不得不与极大的不幸做斗争，并且他可以帮助他们的时候，他会想：这跟我有什么关系呢？让每个人都如上天所安排的或者如他自己能让自己所成为的程度那么幸福，我既不会从他那儿拿走什么，也不会嫉妒他，我只是不希望对他的福祉或对处在困境中的他有任何的帮助！现在，毫无疑问，如果这样一种思维方式成为一条普遍法则，那么人类仍然可以很好地存在，并且不用怀疑这将比以下情况要好：每个人都高谈阔论同情和善的意志，或者甚至是偶尔把它付诸实践，但是另一方面——只要可以也会欺骗他人、出卖人的权利或者侵犯它们。但是尽管可能存在一个可能符合那条格律的自然普遍法则，但人们也不可能**意愿**这样一条原则拥有自然法则的普遍有效性。因为一个决意如此的意志将会自相矛盾，因为可能会出现很多种情况，其中每个人都可能需要他人的关爱和同情，并且在这些情况下，通过源自于他自己的意志的这样一条自然法则，他将剥夺他自己想要得到帮助的一切希望……

因此，我们至少确立了这一点：如果义务是一个应当对我们的行为有意义的、实际的立法权威的概念，那么义务就只能以定言命令式，而不是以假言命令式来表示。极其重要的是，我们也很清楚明白地表明了每种实践运用中的定言命令的内容，它包含了一切义务的原则，如果确实存在这样一个原则的话……

现在，我说：人和一般来说任何理性的存在者都是作为自身的目的而**存在**的，而**不是仅仅**作为被这个意志或那个意志任意使用的**手段**。而且在他的所有行为中，不管这些行为是否涉及他自己或其他的理性存在者，都必须总是同时被当作一个目的……

这个原则的基础就是：**理性的本性就是作为目的本身而存在**。人必然把自己当作这样的存在，因此这也是人类行为的一个**主观**原则。但是每个其他的理性存在者也是基于和我所持的原则同样的原则看待它的存在的，因此它同时也是一个客观原则，从这个最高的实践规律中，意志的所有规律都必须能被推导出来。因此，这个实践命令就是这样的——要这样行动：把人性，不管是你的还是他人的，在任何时候都当作目的而不是仅仅当作手段……

每一个理性存在者都必须把自身看作在意志的所有格律中的普遍立法者，并且因而从这个观点出发来判断自己和自身的行为——从这个概念就导向了另外一个依赖于它的、富有成果性的概念，即**一个目的王国**的概念。

我所说的一个王国，指的是不同的理性存在者通过共同的法则形成的系统结合。由于规律决定了目的的普遍有效性，因此，如果我们抽掉理性存在者的个体差异，并且同时抽掉他们的私人目的的所有内容，那么我们就能够设想结合在一个系统整体中的所有目的（既包括作为目的本身的理性存在者，也包括每个个体为自己设定的特殊目的），即，我们可以设想一个目的王国，依据上述几条原则，这是可能的。

由于所有的理性存在者都服从这个**法则**，即每个人都必须把自己和他人都**不仅仅当作手段**，而是在所有的情况下**同时把他们自身都当作目的**。因此，通过共同的客观规律，产生了理性存在者的一个系统联合，即，一个被称为目的王国的王国。由于这些规律考虑的只是这些存在者之间作为目的和手段的关系，所以它当然只是一个理想中的存在。

阅读问题

1. 根据康德的观点，一个行为的道德价值在于什么？这个概念与效益主义对道德价值的看法有何不同？

2. 康德说，"我从不这样行动，除非我同时也能意愿我的原则成为一个普遍规律"，是什么意思？康德是如何把这个原则运用于做虚假承诺的例子中的？对你来说，把这个原则一致地运用到你自己的行为中有多容易或多难？

3. 康德定言命令的第二表述禁止我们把某人只当作手段来对待，这是否暗含着不管怎样我们都不能以任何方式把某人当作手段呢？请解释。

4. 康德认为人本身应当被当作目的的理由是什么？你认为康德提出的人具有绝对价值是正确的吗？或者你认为他们的价值是立足于其他东西之上的——如他们对社会的价值？

玛莎·努斯鲍姆

非相对的德性[①]

玛莎·努斯鲍姆（Martha Nussbaum, 1947— ）是芝加哥大学的恩斯特·弗伦德法律与伦理学杰出服务教授（Ernst Freund Distinguished Service Professor），她最初的研究领域是古典学，而现在她在伦理和政治话题方面也有广泛著述。她的著作包括《善的脆弱性》(*The Fragility of Goodness*)、《性与社会公正》(*Sex and Social Justice*) 和《思想的剧变：情感的智慧》(*Upheavals of Thought:The Intelligence of Emotions*)。

在当代的哲学论争中，德性正在引起人们越来越多的兴趣。我们能听到来自各个不同立场的，对那些远离人类生活经验的当代伦理学理论表示不满的声音。不论这种疏远是源自效益主义只对欲望之满足的普遍计量感兴趣，还是源自康德主义只关心广义的一般性的普遍法则（在两者中都不会出现具体的语境、历史和个人），越来越多的道德哲学家开始认为，这种疏远对于伦理学问题的研究来说是一种缺陷。在人们试图寻找替代方案的努力中，德性的概念正在发挥着重要作用。同样发挥着重要作用的还有亚里士多德（他是一种立足于德性概念之上的伦理学理论最伟大的辩护者）的作品。因为亚里士多德的理论看上去深具吸引力，集严谨性与具体性于一身，既富有理论说服力又不失对人类生活中具体情境下的道德选择之多重性、多样性和可变性的敏感。

但是，当代的德性理论与亚里士多德的理论之间在一个核心特点上有着巨大的不同。对于当代许多为基于德性的伦理学理论辩护的人而言，向德性的回归总是与某种相对主义转向联系在一起，相对主义认为伦理学上的善的唯一合理的标准就是地方性标准。这种标准是内在于各种传统和每个地方的社会或团体的，这些社会或团体各自在其内部探讨了有关善的问题。阿拉斯代尔·麦金泰尔、伯纳德·威廉斯和菲利帕·福特等作者在其他方面都有着很大差异，但他们都同意以下看法：拒绝一般的运算和抽象的规则而倾向于一种由各种具有具体模式的德性行为所构成的美好生活，即意味着放弃对一个可适用于所有人类的繁荣生活的规范进行理性论证，而认为繁荣生活只依赖于一些在起源上和在运用上都只属于地方性质的规范。

这些作者在相对主义问题上的立场都是复杂的；他们都没有毫不含糊地赞成一种相对主义的观点。但是他们都将德性伦理学与某种相对主义立场联系在一起，即否认真正的伦理学可以提供一个跨文化的规范，一个可以通过诉诸对人类来说具有普遍有效性的理由而得到证成的规范，一个可被我们用来对各种地方性的善观念进行合理批评的规范。他们也都表示我们通过在亚里士多德式的基于德性的理论中探索伦理学问题所获得的洞见会为相对主义提供佐证。

因此，那些有志于支持对某些地方性传统进行理性批评并阐述一种伦理进步观念的人会很容易感觉德性伦理学对他们没什么帮助。如果妇女的地位（在世界上很多地方这种地位是

[①] 选自：Martha Nussbaum, "Non-Relative Virtues: An Aristotelian Approach," Midwest Studies in Philosophy 13 (1988) 32-39.

由地方性的传统造就的）要得到改善，如果我们需要以实践理性的名义批评奴隶制的传统和种族不平等、宗教压迫、攻击的和好战的男子气概观、不平等的财富分配规范，这种批评就不得不（人们很容易会觉得）通过一种康德主义的或者效益主义的观点而非亚里士多德式的进路来进行。

考虑到亚里士多德本人的立场，出现这种结果是很奇怪的。因为很显然他在为一个基于德性的伦理学理论的辩护的同时，也为对人类的善或繁荣做出客观说明这一活动辩护。说这种说明是客观的，意思是说它之所以合理的理由，并非仅仅来自于局部的传统或实践，而是来自显现于所有地方性传统中的人性特征——不论这种特征实际上是否被那些地方性传统所承认。而显然亚里士多德最关注的一点就是对已有的道德传统（无论是他自己城邦里的还是其他城邦里的）进行批评——批评它们不公正或者有压迫或者以其他的方式与人类的繁荣相冲突。他以他自己有关德性的说法为基础来批评当地的传统，《政治学》的第二卷尤其能体现这一点，他在这一部分频繁地通过指出已有的社会规范忽视或阻碍了某些重要德性的发展来批评它们。显然亚里士多德相信在基于德性的伦理学理论与对人类善的客观性和唯一性做出辩护之间是没有冲突的。事实上，他似乎还相信这两者是相互支持的。

当然，亚里士多德怀有某种信念这一事实，并不能使得这一信念为真（尽管有些人认为我持这种观点，并因此指责过我）。但是这的确在整体上使得他的理论成为真理的一个貌似可信的候选、一个值得我们特别认真考察的对象。在当前的问题上，如果伦理学思想中这两种元素之间的冲突真的不言自明，或者关于它们之间可能存在的联系和兼容性，我们无法做出任何值得一提的论证，那么亚里士多德本人却相信它们可以相容就是很奇怪的了。本文的目标是证明亚里士多德确实以一种有趣的方式将德性与对伦理客观性的追求以及对已有的地方性规范的批评结合在一起，而且这种结合的方式值得我们在研究这些问题时对其进行严肃的考虑。首先我将描述亚里士多德式的理论的大概形态，然后我们会考察某些对这样一种非相对的德性观的可能的反对意见，进而去想象亚里士多德主义者可以如何回应这些反对意见。

II

在看到过不同的社会之后，相对主义者会惊异于她所见到的各种德性列表的多样性和表面上的不具可比性。在审查过这些不同的列表并观察到每个列表与其对应的那种形式的生活和其对应的具体社会历史之间的复杂联系后她很可能会感觉到任何一种德性列表都只是地方性传统和价值的反映，德性（不同于康德主义的原则或效益主义的计算）是具体的、与各种形式的生活紧密联系在一起的，不可能存在一种德性列表可以充当所有这些不同社会的规范。不仅不同德性列表所推荐的行为的具体形式因时因地而变化，而且被划定为属于德性领域的范围（spheres of virtue）和这些范围从其他范围中独立出来的方式也会发生巨大的变化。认同这种观点的人很容易觉得虽然亚里士多德自称要追求普遍性和客观性，但是他自己提出的列表也一定是同样有局限的，它只是对一个特定社会关于卓越和突出的认知的反映。相对主义的作者们可能会在这一点上援引亚里士多德对"大度"者（the megalopsuchos）的描述——这个描述当然包含了许多具体的地方性特征，而且听起来很像是对某一种希腊绅士的刻画——来表明亚里士多德的列表跟其他列表一样，都只不过是相对于一种文化而言的。

但是如果我们对亚里士多德事实上列举和定义这些德性的方式进行进一步探究的话，就会注意到他只是描述了他自己的社会中被推崇的品质这种说法是可疑的。首先，我们会注意到很多德性和恶习（尤其是恶习）都是没有名字的，而据亚里士多德自己的描述，那些有名字的德性或恶习中，有很多也是他多少有些任意地命名的，这些名称并不完全贴合他所试图描述的行为。对于这种做法他是这么说的："它们中大多数都是没有名称的，但是我们必须试图……命名它们以使得我们的说明更清楚以及更容易被理解"（《尼各马可伦理学》1108a16–19）。这看起来并不像是一个只研究过了当地的传统之后就列出那些在这些传统中最重要的德性的名称的人。

如果我们考察一下他事实上是如何引入他的列表的，这件事就会更清楚了。因为在《尼各马可伦理学》中他是通过一种非常直接和简单的方式来将其引入的，而这种直接性和简单性使得大多数研究此主题的作者都未能注意到它。在引入每个德性时他都会先独立出一个存在于几乎所有人类的生活中的经验领域，而在这个领域中几乎所有人类都必须做出某些选择而非其他选择、做出某些行为而非其他行为。在导论那一章他通过列举这些领域来列举出各种德性与恶习（《尼》2.7），而在每一章要详细说明一种德性之前他都会以"关于X……"或者类似的话开头，这里的"X"代表所有人类都经常并几乎一定要在其中行事的一个生活的领域。然后亚里士多德会问道：在这个领域中要怎样选择和反应才是好的？反过来说，怎样的选择是有问题的？对每种德性的"薄的说明"（"thin account"）即何谓在那个领域中稳定地倾向于做出适宜的行为。在每种德性方面，好的行为具体是怎样的都可能有而且通常也有各种竞争性的描述。亚里士多德接下来就为关于每种德性的某种具体的说明进行辩护，最后产生出一个关于该德性的全面的（full）或"厚的"（"thick"）定义。

下面是亚里士多德所认可的最重要的一些经验领域，而旁边给出了它们相对应的德性的名称。

领域	德性
1. 对重大伤害的恐惧（例如死亡）	勇敢
2. 身体的欲望与快乐	节制
3. 对有限资源的分配	公正
4. 考虑到他人时对个人财产的处理	慷慨
5. 考虑到款待时对个人财产的处理	好客
6. 关于个人价值的态度和行为	大度（greatness of soul）
7. 对轻蔑和伤害的态度	脾气的温和
8. "交往、共同生活和言行上的交情"	
a. 语言上的诚实	诚实

b. 游戏方面的社会交往	从容优雅（与粗鲁、无礼、迟钝相对）
c. 更为一般意义上的社会交往	没有名称，是友善的一种（与暴躁和易怒相对）
9. 对他人好运厄运的态度	恰当的判断（与嫉妒、忌恨相对）
10. 智性的生活	各种智性的德性（例如洞察、知识）
11. 对个人生活和行为的计划	实践智慧

关于这个列表当然还有许多可说：比如它的内容、亚里士多德为每种德性所选择的名称中有一些的确是与他的文化相关的。不过我在此想要坚持的一点是，亚里士多德表达他的一般研究进路时一向是很谨慎和细心的，他总是首先对一个普遍的经验和选择的领域做出描述，然后引入一种（尚未得到定义的）德性的名称，说明它代表着在那个经验领域中所做出的任何恰当的选择。在这种研究进路中，我们似乎并不可能（像相对主义者所希望的那样）去说某个特定的社会并不包含可对应于某个特定德性的领域。对于一个具体的个人而言，这似乎也不是一个开放的问题：她的生活中是否应该包含某种德性？——除了在这种意义上，即她可以总是选择追求与德性相反的缺陷。重点在于每个人都会在这些领域中以某种方式做出选择和行为：不是做得恰当，就是做得不恰当。每个人都对她自己的死亡、对她身体欲望的管理、对她财产的使用、对社会的各种益品的分配、对是否说实话、对是否要对他人友好、是否培养一种兴致和愉悦感等等具有某种态度和行为。只要一个人要过一种人类的生活，那么不论生活在哪里她都无法逃避这些问题。那么这就意味着不论一个人愿不愿意，她的行为在每种情况下都会被归到亚里士多德的这些德性的领域之下。如果其行为不是恰当的，那么它就是不恰当的；它不可能完全摆脱这套系统。人们当然会对事实上什么样的行为和反应才是恰当的有不同看法。但是在这种情况下，即在亚里士多德的体系里，他们其实只是在对同样的东西进行争论，对同一种德性提出不同的竞争性描述。在每种情况下德性概念所指称的对象都被经验的领域所确定，接下来我们将这些领域的经验称作"奠基性经验"。对德性的浅的或名义上的定义即它是在那个领域中的每个情况下做出好的选择和好的回应的倾向所包含的东西。伦理学理论的任务就是要寻找出对应于每个名义上的定义的最好的深入描述并产生出一个全面的定义。

III

我们已经引入了语言哲学方面的一些考虑。现在我们可以通过考虑亚里士多德自己关于语言的指示（指称）和定义的说明（这种说明既是他处理科学和伦理的概念时的指导，也是他处理这两个领域的进步时的指导）来使得亚里士多德的说法看上去更清楚一些。

亚里士多德的一般做法是这样的。我们先是从一些经验开始——不一定需要是我们自己的经验，也包括广义的作为我们的语言共同体成员的经验。在这些经验的基础上，会有一个词语从这个群体的语言中产生，它指示着（指称）任何属于那些经验内容的东西。亚里士多德举了雷声的例子。人们会听到云端发出了一个声音，然后他们就用"雷声"这个词语来指称它。当他们这样做时可能没有人可以对这个声音提出任何正确的解释，或者知道它到底是什么。但是经验已经确立了一个可供进一步深入探究的主题。从此我们就可以指称雷声并询问"雷声是什么"，并且可以提出和评估各种竞争性的理论。我们可以说"雷声"的浅的或名义上的定义是："云层里的声音——管它到底是什么。"而那些竞争性的解释理论就是"雷声"的完整的或厚的定义的相竞争的候选项。那么用宙斯在云里的活动来解释雷声就是对它的错误的解释，而最好的科学的解释就是对它的真实的解释。这只是关于同一个主题的同一个争论。

　　亚里士多德提议，这种做法也可以应用于我们的伦理学概念。在他之前很久，赫拉克利特就已经提出了其核心理念，"如果这些事情没有发生，他们就不会知道公正之名"。资料显示，该残篇中的"这些事情"指的是有关不公正的伤害的经验、有关剥夺的经验、有关不平等对待的经验。《尼各马可伦理学》也告诉我们，勇气曾被简单地理解为在战场上挥舞刀剑，而现在人们就对在面临死亡的危险时什么是恰当的行为拥有了一个更深入的、更符合公民身份且更与共同体相一致的理解。妇女曾经被当作财产买卖，而现在这种做法被认为是残忍的。《政治学》中的段落声称，在有关公正的情况中我们也同样渐渐对何为公平和恰当有了更充分的理解。亚里士多德以当时的一条有关杀人的法律为例进行说明，这条法律允许基于原告的亲戚给出的证据（不论他们是否见证了任何事情）而直接判处被告有罪。亚里士多德说这显然是一条愚蠢的和不公正的法律，然而它曾经一度看上去是恰当的，而且在一个被传统所束缚的共同体中，它现在看上去一定也是恰当的。于是，要固守传统就会阻止伦理方面的进步。人们所想要和追求的并不是与过去的一致性，而是善（the good）。所以，当大家都同意做出改变是符合善的行为时，我们的法律系统就应该允许这种改变发生（不过不应该使得改变太容易实现，因为要知道哪一种做法才通向善是不容易的，而相比于当下的潮流而言，传统往往是一个更可靠的向导）。

　　在这些想法的指导下，《政治学》作为一个整体展示了来自许多不同社会的信念，这些信念并没有被看作许多互不相关的地方性规范，而是被看作对所有人类社会都会关心的公正、勇气等问题做出的各种竞争性的回答，所有这些社会都为了发现何为善而对这些问题做出了回应。亚里士多德对德性的分析给了他一种恰当的框架来对不同的回答进行比较，这种框架看起来非常适合对不同社会解决这些共同的人类问题所使用的方式进行探究。

　　很显然，在亚里士多德式的研究进路中最重要的是区分出探究的两个步骤：先要划定选择的区域和德性概念的指称所确定的"奠基性经验"；然后对在那个领域中何为恰当的选择进行更为具体的探究。亚里士多德做出这样的区分时并不总是小心谨慎的，而且他的研究所使用的语言也常常无助于这种区分。在处理类似"节制""公正"甚至"勇气"这样的概念时我们并不会遇到很大的困难，因为它们虽然有着某些规范性，但是却相对比较空，也就是说没有规定具体的道德内容。根据这种进路的要求，它们可以充当一种确定范围的标签，而在这些标签之下我们可以考查许多竞争性的描述。但是我们已经注意到了"脾气的温和"这类概念的问题，它看起来已经通过规定而排除了我们在选择恰当的倾向时的一个重要竞争选项，即愤怒。出于同样的原因，"大度"这个概念已经成了相对主义者最爱攻击的目标，它在其名称里就体现了一种对个人价值的更希腊式的而非普遍性的态度（比如说一个基督徒会感觉对个人价值的恰当态度是理解个人的低下、不完美、有罪。谦卑的德性要求个人将自己看作是渺小而非伟大的）。在当前的探究中，我们应该寻找的是一个用来描述关于面对愤怒和攻击时何为恰当的行为的概念的词，一个用来描述关于看待个人价值时何为恰当的行为的概念的词，这个词对于各种竞争性的描述应该是更加中立的，它仅仅指称某个在其中我们希望能够做出恰当的决定的经验领域。这样我们就可以将竞争性的概念当作是对同一个东西的不同的说明，比如说基督教式的谦卑与亚里士多德所说的希腊式的"伟大灵魂"都是对同一种德性的竞争性描述，这种德性即在有关个人价值问题上有恰当的做法。

事实上（这很奇特），如果我们去考察一下从亚里士多德到斯多葛学派再到基督教教父对同一个词语的用法的流变，就会发现情况差不多是这样的：在涉及到"大度"时斯多葛学派所强调的是德性的至高地位与外在事物（包括身体）的无价值，而由它传接下来的基督教弃绝身体和尘世生活的价值。所以即使在这个看起来不太有说服力的概念上，历史也表明亚里士多德的研究进路不仅仅为这一争论提供了材料，同时实际上也可以成功地组织起这个贯穿于不同时空的争论。

以上就是对一种客观的人类道德的概述，它立足于一种关于有德性的行为的观念，即在每个人类的领域的恰当活动。在我们对其进行进一步的发展之后，这种亚里士多德式的理论可以保留德性伦理学对人类实际经验的浸入，同时也能获得一种基于一个更具囊括性的对人类生活中各种境况的表述，以及这些境况所需要的人类活动的角度，对本地性与传统的道德进行批判的能力。

阅读问题

1. 为什么努斯鲍姆认为传统的德性理论被误解了？
2. 为什么她认为亚里士多德的德性理论是一种客观的理论？
3. 什么是"生活的领域"？
4. 努斯鲍姆是如何运用语言哲学来阐释她的观点的？

厄休拉·K. 勒古恩

那些从欧迈拉斯出走的人①

厄休拉·K. 勒古恩（Ursula K. Le Guin, 1929—2018）是当代最受推崇的科幻小说作家之一。她的著作《黑暗的左手》（*The Left Hand of Darkness*）和《被剥夺者》（*The Dispossessed*）获得了美国科幻小说作家协会的星云奖和世界科幻大会的雨果奖，另一本著作《世界的名字是森林》（*The Word for World Is Forest*）也获得了雨果奖。在下面的小故事中，勒吉恩以一种深刻而尖锐的方式探讨了效益主义与传统主义的意涵。

喧闹的钟声惊飞了燕子，明亮地屹立在海滨的城市欧迈拉斯又要迎来夏日节庆了。海湾里的船只绳索上旗帜闪闪发光。游行队列缓缓前行，路过了有着红色屋顶与多彩墙壁的房屋，穿过了古色古香的花园和林荫路，经过了一座座壮美的公园和公共建筑。其中有些人显得端庄得体：老人们穿着淡紫色和灰色的厚重长袍，技艺娴熟的工匠们表情肃穆，恬静而愉快的妇女抱着婴儿一边走一边低声谈天。在其他的街道上音乐的节奏更快，锣声和铃鼓声响成一片，人们边走边跳，队列本身就是一个舞蹈。小孩子们钻来钻去，他们嘹亮的呼唤声像飞翔的燕子般穿过了音乐声和歌唱声。所有队列的目的地都是城北，那里有一大片名叫"绿野"的水草地。四肢修长的男孩和女孩们在明媚的阳光里光着身子，脚上都是泥巴，在马赛开始前遛着自己焦躁不安的马，这些马身上除了一根没有嚼口的缰绳外没有佩戴任何东西。它们的鬃毛被编上了银色、金色或绿色的饰带。这些马鼻子里呼着气，雀跃着，嘶鸣着，它们十分兴奋，因为马是唯一将我们人类的庆典当作它自己庆典的动物。欧迈拉斯的西方和北方被群山环绕着。早晨的空气如此清新，以至于十八顶峰上的积雪在深蓝的天空下像是一片穿透天空的金白色的火焰。微风吹过，赛场上的旗帜不时地翻卷摇摆。在宽广寂静的绿野上人们可以听到风中忽远忽近的音乐声从城市的街道传来，空气中带着点令人愉悦的甜蜜，时而飘扬时而聚合，最后爆发成一片铿锵而欢快的钟声。

欢乐！该怎么描述如此欢乐？该怎么形容欧迈拉斯人？

要知道，他们并非一群头脑简单的家伙，虽然他们的确快乐。但是我们现在已经不怎么会说出欢快的言语了。似乎所有的微笑都是远古之事。任何类似这样的描述都难免让人产生某些预设：比如说，这样的描述会让人想到一个国王，跨在雄壮的骏马之上，身边环绕着英武的骑士，或者坐在由肌肉发达的奴隶所抬的金色轿子上。但是这里没有国王。他们既不舞刀弄剑，也不蓄奴。他们也不是野蛮人，我不知道他们的社会中有什么法规，但我猜一定很少。正如他们既无君主也无奴隶一样，他们也没有股票交易所，没有广告，没有秘密警察或是炸弹。我要再次重复，他们不是头脑简单之辈，不是温顺的牧人，不是高贵的野蛮人，也不是无趣的乌托邦主义者。他们绝不比我们单纯。问题在于我们有一种被学究和诡辩家所教唆出来的坏习惯，

---

① 选自：Ursula K. LeGuin, "The Ones Who Walk Away from Omelas," *New Dimensions III*, ed. Robert Silverberg (New York: New merican Library, 1974) 1-7.

认为快乐很愚蠢，只有痛苦才是智慧的，只有邪恶才能引人入胜。而这些都是艺术家们的诡计：拒绝承认恶很乏味，而痛苦非常无聊；如果你不能打败它们就加入它们；如果你感到了伤痛，那就再重复一次。但是称赞绝望就是在谴责愉悦，拥抱暴力就要失去任何其他的一切。我们几乎就要失去一切了；我们不再能描述一个快乐的人，也不再能去庆祝欢乐。我该如何告诉你欧迈拉斯的人是什么样呢？他们不是幼稚而开心的孩子——尽管他们的孩子事实上的确是开心的。他们是成熟、聪明、热情的成年人，只是他们的生活毫无悲惨可言。哦，奇迹！但是我希望能将它描述得更清楚些，我希望我可以让你信服。我口中的欧迈拉斯听上去的确像是一个童话中的城市，一个只存在于很久以前或很远的地方的城市。或许你最好还是按着自己喜欢的方式来想象一下，因为显然我的描述不能满足你们所有人。例如，这里有什么样的技术？我认为这里应该不会有汽车或直升飞机出现在街头或天空；这是因为欧迈拉斯的人们都是快乐的。而快乐都立足于对必要的事物、不必要但无害的事物以及有害的事物这三者的公正的区分。不过在第二类事物中，即那些不必要但也无害的，那些代表舒适、奢华、繁荣等的事物中，他们完全可以拥有中央供暖系统、地铁、洗衣机以及所有现在尚未发明的各种新奇设备（例如悬浮光源、无燃料能源、感冒的治疗方法）。或者他们也可以没有这些：这没关系，随你的喜好尽情想象即可。我倾向于认为住在海边的人们是乘坐非常小而快的火车和双层电车在节庆前的几天涌入欧迈拉斯的，欧迈拉斯的火车站是镇上最漂亮的建筑，虽然它的宏伟程度比起农贸市场稍逊一筹。不过即使允许火车的存在，我恐怕你们还是会惊异于欧迈拉斯的老派和守旧——微笑、钟声、游行、赛马、啧啧！既然这样，那就再加上一个纵欲狂欢吧！如果狂欢有用的话就不要犹豫。不过，让我们不要设想这样的庙宇吧（虽然这是我的第一个念头）：里面许多美丽而赤裸的男女祭司已然接近狂喜的高潮状态并准备跟任何人——男人或女人、爱人或陌生人——交媾，这些人都渴望着通过血肉之躯与神结合在一起。但是实际上在欧迈拉斯最好不要有任何庙宇——至少不要那种被神职人员把控的庙宇。宗教可以有，祭司就算了。当然那些美丽的裸体男女可以直接四处游荡，就像是神圣的奶酥填饱了那些饥饿的人们那样通过主动提供肉体来让他人和自己一起陷入狂欢。让他们加入到队列中去，让他们在铃鼓的乐声中交媾，让锣声宣布他们荣耀的欲望，也让（这点也很重要）那些在这个欢愉的仪式中产生的后代得到所有人的爱护和照料。有一点我能肯定的是，在欧迈拉斯没有罪恶。但是这里还应该有什么？我一开始觉得这里不应该有致幻剂，但是那也太禁欲主义了。对于那些好这一口的人，"竺子"淡而持久的香味在城市的每条道路上萦绕，它先是给头脑和四肢带来一种巨大的轻松和灵动的感觉，几个小时后会有一种梦幻的沉醉，而在最后你会看到奇妙的幻象，其中包括了宇宙的最为神秘而深奥的秘密——就像是感受着超越一切想象的性爱的欢愉一样，而且它还不会让人上瘾。至于口味更轻一些的人们，我想应该要有啤酒。除此之外这个欢乐的城市里还有什么？还有胜利的感觉——当然，还要有对勇气的庆祝。但是正如我们可以不要神职人员一样，我们也不要有士兵。基于成功的屠杀之上的愉悦不是正当的愉悦；它是不可以加进来的，它太可怕也太不重要了。这里的人们自有一种无限而丰盛的满足感，一种伟大的胜利，并不是因为击败了什么外部的敌人，而是一种与所有地方的所有人的灵魂中最美好精妙的东西联系在一起的成功感，带着整个世界夏日的光辉：这种感觉充盈着欧迈拉斯市民的心灵，而他们所庆祝的胜利是生命的胜利。我真的不觉得他们中会有许多人需要去服用竺子。

大多数游行队伍现在已经到达了绿野。准备食物的红色和蓝色帐篷中飘出一阵阵诱人的烹饪香气。小孩子的脸上吃得黏乎乎的；一个男人灰白色的胡子里也粘着油酥点心的碎屑。小伙子和姑娘们都骑上了马背并开始聚集到起跑线周围。一个上了年纪的小个子胖女人笑着从篮子中取出花朵发给他们，高高的年轻男子将她给的花戴在自己闪亮的发间。一个九岁或十岁的男孩坐在人群的边缘处独自吹奏一支木笛。人们停下来开始倾听，他们微笑着，但是并没有开口和他讲话，因为他从不停止吹奏也从来不看他们，黑色的眼睛完全沉浸在甜蜜而充满魔力的音调中。

他结束了吹奏，慢慢放下拿着木笛的手。

就好像这短暂的寂静是一个信号一样，赛场起点附近亭子里的号角突然吹响，听起来高亢、悠扬、直冲云霄。马匹们双蹄腾空，有一些还嘶鸣着做出回应。年轻的骑手们冷静地抚摸着马的脖颈安抚着它们，并轻语："安静、安静，我的美人儿，我的希望……"他们开始在起跑线上一字排开。赛场上的人群好似风中的原野和花朵一般。夏庆节要开始了！

你相信这些吗？你相信有这个节日、这个城市、这些欢乐吗？不信？那么让我再跟你说一件事。

在欧迈拉斯那些漂亮的公共建筑中某座的一个地下室里，或是在一栋宽阔的私宅的某个地窖里，有一个房间。它唯一的门被锁住了，没有窗户。一点点朦胧的光亮从木板上堆满灰尘的裂缝中透过，而这些光来自某个通往地窖的挂着蜘蛛网的窗户。在这个小房间的角落里放着一对拖把，旁边是一个生锈的铁桶，而拖把头已经僵硬打结，散发出臭味。地面是泥地，而且正如通常的地窖里的泥土一样，摸起来有点潮湿。这个房间大概两步宽三步长：它只是一个扫把间或者废弃的工具房。在这个房间里坐着一个小孩子。它可能是男孩也可能是女孩。看起来大概六岁，不过实际上已经接近十岁了。它的智力很弱，或许是因为生来如此，或许是由于恐惧、营养不良和无人照料才变成了这样。它蜷缩在距离水桶和拖把最远的角落里挖着鼻孔，偶尔无意识地摸弄着自己的脚趾和生殖器。它怕拖把，它觉得它们很恐怖。它闭上了眼睛，但是它知道拖把还立在那里；而门是锁着的；没有人会来。门总是锁着的，除了有时候（这个小孩对时间的流逝并无概念）门会被咯吱咯吱地推开，然后一个或几个人会出现在门口。他们中可能会有一个人进来踢它一下让它站起来。其他人则从来不会靠近，而只是以惊恐而厌恶的眼神仔细看着它。饭碗和水罐很快被填满，然后门又被锁上，而那些眼睛又消失了。门口的人从来不会说任何话，而这个小孩，这个并非一开始就住在这个工具房里的小孩，它还可以记起阳光和妈妈的声音，有时会说话。"我会很乖的，"它说。"请让我出去。我会很乖的！"门外的人从来不作答。这个小孩曾经在夜晚尖叫着求救，而且经常哭泣，但是现在它只是发出一种哀鸣声，"嗯啊，嗯啊"，说话也越来越少。它如此瘦弱以至于腿上一点腿肚都没有；它的腹部鼓胀；它靠每天半碗的玉米片和动物油脂过活。它浑身赤裸，屁股和大腿上长满了脓疮，因为它总是坐在自己的粪便里的缘故。

他们都知道这个孩子在这里，全欧迈拉斯的人都知道。其中的一些人过来看过它，而另一些人则觉得知道它在那里就行了。他们都知道它不得不住在那里。有些人理解为什么，有些人则不理解，但是他们都理解他们的幸福，他们城市的美丽，他们友谊的温馨，他们孩童的健康，他们学者的智慧，他们工人的技艺，还有甚至于他们的丰收和风和日丽都完全地唯一地依赖于这个小孩的悲惨处境。

在他们的孩子到了大概八到十二岁时，也就是他们似乎开始有能力理解这件事的时候，人们就会向他们的孩子做出解释；大多数来看这个小孩的人都是年轻人，不过也经常有成年人过来或者一再回来看这个小孩。不论人们解释得多好，这些年轻人看到它的时候也总是感到震惊和难受。他们感到厌恶——虽然他们本以为自己不会。尽管他们知道所有那些理由和解释，不过他们还是感到生气、愤慨、无能为力。他们想为它做点什么。但是他们什么都做不了。如果这个小孩能被带离那个恶劣的地方，出来晒晒太阳，如果它被清理干净并获得了充足的食物和抚慰，那当然是件好事；但是一旦做了这些，那么就在那一天那一刻整个欧迈拉斯的繁荣、美丽、欢乐就会立即缩减消失。这就是协议的条件。用欧迈拉斯所有人的美好和舒适换取那一个人的小小的改善，即为了一个人的幸福而抛弃成千上万人的幸福：那简直是将罪恶引入城内。

协议是严格而绝对的，即使向这个小孩说一句安慰的话都是被禁止的。

通常这些年轻人在看过这个孩子并意识到这个可怕的困局后总是流着泪或者满怀着无泪的怒气回到家里的。他们可能会连续几周甚至几年都对此耿耿于怀。但是随着时间的流逝他们开始意识到即使把这个小孩解放出来，自由也不会给它带来多少好处：温饱的满足当然会让它得到一些模糊的愉悦，不过也不会很多。它是如此低能和弱智以至于它不会知道何为真正的快乐。它已经处于恐惧之中太久以至于就算被解救出来也不会让它的恐惧消失。它的习惯是如此粗俗以至于就算得到了人道的对待它也不会有什么反应。而且在这么久之后把它放出来，它倒可能反而因为失去墙的保护、不适应光亮、没有自己的粪便可坐而感到无措。当他们开始感知到现实的可怕的公正并开始接受这一点后，他们因残酷的不公正而流的泪水就干了。不过可能正是因为他们的愤怒和泪水，正是因为这种对他们的慷慨之心的磨砺和对其无助状态的接受，他们的生命才有了光辉。他们知道，和这个小孩一样，他们也是不自由的。他们知道什么是同情心。正是这个孩子的存在，以及他们对这一情况的知晓才使得他们的建筑如此高贵，他们的音乐如此动人，他们的科学如此深奥。正是由于这个小孩他们才对所有的孩子如此温柔。他们知道，如果没有一个可怜的小孩在黑暗中哭泣，那么就不会有另一个小孩（那个吹笛的孩子）在年轻而美丽的骑手们沐浴着夏日的第一缕晨光来到起跑线时吹奏出欢乐的音符。

现在你相信他们的存在了吧？他们难道没有显得更可信吗？但是我还要告诉你另外一件事，而这件事是非常令人难以置信的。

有时候，某个去看这个小孩的少男或少女并没有哭泣着或愤怒地回家，实际上，他们根本没有回家。有时候也有一些年纪大得多的男人或女人会沉默一两天，然后就离开了家。这些人走出家门，走到街道上，然后独自沿着街道走了下去。他们一直走，一直走，走出了欧迈拉斯城华美的城门，离开了这座城市。他们接着穿过欧迈拉斯郊野的田地，继续往前走。每个人都是单独离开的，不论男人还是女人、小伙子还是姑娘。夜幕降临；这些旅行者必须要沿着乡村的街道，穿过两旁窗子里透出黄色光亮的房屋，而村子的外面是无边无际的黑暗。每个人都单独地，向西或向北，走入群山之中。他们不停地走，离开欧迈拉斯，步入黑暗中，再也不会回来。他们所去的地方是一个比我们的幸福之城更加难以想象的地方。我完全无法描述这个地方。或许它根本不存在。但是他们——那些从欧迈拉斯出走的人——似乎知道他们要去哪里。

阅读问题

1. 这个故事是如何探究效益主义的意涵的？

2. 一个效益主义者会如何试图为欧迈拉斯系统做出辩护？一个人可能会基于什么根据来谴责这个系统？

3. 有人论证说我们现在就生活在一个非常类似于欧迈拉斯城的世界中，在这个世界中那些处境好的人的幸福依赖于许多发展中国家的人的不幸，是他们只能获得微薄收入的辛苦工作支撑了我们的奢侈生活。你是否同意？为什么？

4. 你是否会离开欧迈拉斯？

第6章
恶的问题与上帝的存在

6.1 导言

> 人类理智对于始因的要求只能通过一个古老而唯一的回答来满足，那就是：上帝。
> ——亨利·马丁·德克斯特（Henry Martyn Dexter）

宇宙从何而来？我们为什么会在这里？我们最终又将会怎样？一直以来人们都诉诸超自然的存在（the supernatural）来回答这些问题。自古以来，自然界的各种现象就一直被归因于超自然存在（神灵）。例如，古希腊人相信雷雨是由宙斯发动的，地震是由波塞冬（Poseidon）发动的，而火山爆发是由赫淮斯托斯（Hephaestus）发动的。现在很少有人会将雷雨、地震或者火山爆发当作是超自然存在的行为了。但是还有一些现象，例如宇宙的创造、奇迹的存在、神圣体验，却仍然被认为需要一个超自然的解释。接下来我们会通过审查上述以及其他的现象来判断，诉诸超自然存在是否是对它们的最佳解释。

人们借以解释自然现象的超自然存在是多种多样的。它们既包括了自然精神体，如矮精灵（leprechauns）、仙子和地精（gnomes），也包括了至高的存在，如耶和华、安拉和梵。那些相信有很多超自然存在或很多神①的宗教被叫做"多神论"（polytheistic），那些只信仰一个超自然存在的宗教被叫做"一神论"（monotheistic）。但是即使是在一神论中，关于超自然存在也有很多不同的观念，例如耶和华（基督教中的至高存在）、安拉（伊斯兰教中的至高存在）和阿胡拉·马兹达（Ahura Mazda，琐罗亚斯德教中的至高存在）都是人（persons），像我们一样，他们也有思想、感情和欲望，但不同于我们的是，他们是全知全能全善的。而梵（印度教中的至高存在）却不是一个人，而是一种被描述为纯粹的存在、纯粹的意识、纯粹的极乐的非人格实体。但是超自然存在不能同时既是一个人又不是一个人，因为这在逻辑上是不可能的。所以如果印度教的观点为真，则基督教的观点则必然为假，或者相反。所以对于那些想要理解实在之本质的人来说，他们不仅仅需要判断是否存在一个超自然存在，而且还需要判断这是一种什么样的超自然存在。

我们无法在短短一章的篇幅中考察所有关于上帝的观念，所以我们就只集中讨论基督教、犹太教和伊斯兰教共有的那种的上帝的观念——一个全知全能全善的存在，他创造了并掌管着宇宙。本章的目标是去判断我们是否有理由相信有这样一个存在。如果上帝不存在，那么以上帝的名义杀人就不仅仅是不道德的，而且也是不理性的。

宗教曾经被用来合理化对上百万人的大屠杀，在美国已经有几千人死于伊斯兰原教旨主义者之手。然而敬畏上帝的基督徒也曾经在十字军东征和宗教裁判所中杀害过成千上万的人。所有这些行为背后的理由都是一样的：上帝说不信者应该死。正如圣经中的上帝所言："祭祀别神，不单单祭祀耶和华的，那人必要灭绝"（《出埃及记》22：20）。要如何阐释这样的论断是我们所能研究的最重要的问题之一。

---
① "god"可译作"神"或"上帝"，本书在特指一神论中的"the God"时会将其译为"上帝"，其他情况下译作"神"。

基督徒会认为，自杀式炸弹袭击者的信念是荒谬的，因为他们竟然相信他们每个人都可以在天堂中获得72个处女的服侍。但是基督徒可能没有想到，穆斯林、印度教徒和犹太教徒会觉得基督徒的关于只有信仰耶稣基督的人才能进入天堂的说法也是同样荒谬的。要判断这些信念中哪个才是正确的——如果有一个是正确的话，唯一的办法就是审查这些信念背后的理由。

如果你问一个人为什么他或她会信仰上帝，你可能会得到这样一个回答："因为我的父母教导我上帝是存在的。"但是单凭你的父母这样教导你并不能就使得他们所教导的东西为真。你的父母可能也还教导你说圣诞老人、复活节兔子和牙仙女都是存在的，但是这并不意味着它们就真的存在。你成长于一个信奉宗教的家庭可能会导致你拥有某些特定的信念，但是这并不能为这些信念提供证成。

当我们询问某人为什么你会相信某事物时，我们可能是在寻找两种非常不同的回答。其中一种回答关于导致某人产生该信念的原因，这种回答是心理学家、社会学家和人类学家所寻求的。另一种回答则关于一个人认为某信念为真的理由，这种回答是哲学家所寻求的。哲学家并不单单会对你如何形成对上帝的信仰感兴趣，他们还会对声称上帝是存在的这种论断是否为真感兴趣。

由于很多人都是在很小的时候就被教导说有一个上帝是唯一真实的上帝，所以对于他们来说要客观地看待有关上帝的议题是很困难的。但是如果我们想要获得这方面的真相，我们就必须做到客观。当我们反思上帝是否存在时，我们需要将自己的各种偏见放到一边，然后自问：如果我从来没有信仰过上帝，也不希望或害怕存在一个上帝，那么我会如何评价各种对上帝存在的论证？

在评估完各种论证之后如果你认为自己是有理由相信上帝的存在的，那么你就是一个**有神论者**（theist）——一个信仰上帝的人。如果你发现自己既没有理由相信上帝的存在也没有理由相信上帝不存在，那么你就是一个**不可知论者**（agnostic），即一个既不信仰上帝也不否认上帝存在的人。如果你认为自己有理由相信上帝是不存在的，那么你就是一个**无神论者**（atheist），即一个相信上帝不存在的人。

有神论者关于上帝的传统看法是，他不仅仅是宇宙的创造者，而且还亲自参与到宇宙的活动中。上帝不只看顾着我们，而且也会在我们需要的时候帮助我们。他会倾听我们的祈祷并会在某些时候回应这些祈祷。但是，并非所有信仰单个上帝的人都对上帝怀有共同的观念。我们国家缔造者中的很多人，如托马斯·杰斐逊、本杰明·富兰克林还有乔治·华盛顿都是**自然神论者**（deists）。他们相信宇宙是由上帝创造的，但是他们不相信上帝还看顾着宇宙。自然神论者将上帝看作是一个高超的钟表匠，他一旦创造了一个机械，就再也不需要回来调试它。在他们看来，上帝不会干预世界的活动或者人类的事务，上帝也不会创造奇迹或者回应祈祷。

泛神论（pantheism）是与传统意义上的有神论不同的一种一神论。泛神论者

无需神的启示，理性本身就能证明上帝的存在。
——罗马天主教会巴尔的摩教义问答（Roman Catholic Baltimore Catechism）

有神论者
一个信仰上帝（尤其是一个掌管着世界的有人格的上帝）的人。

不可知论者
一个既不信仰上帝也不否认上帝存在的人。

无神论者
一个相信上帝不存在的人。

自然神论者
一个相信上帝创造了宇宙然后就放手不管了的人。

> 上帝啊……我可以将路上的杂草推开，并将我的手指放到你的心上。
> ——埃德娜·圣文森特·默蕾（Edna St. Vincent Millay）

相信宇宙本身就是上帝。这并不是说宇宙是一个人，而是说宇宙本身就是神圣的和崇敬的终极对象。很多印度教徒就是泛神论者，很多佛教徒、道教徒和一神普救派信徒（Unitarian Universalists）也是如此。他们认为自然是神圣的，而且那种敬畏的宗教感和神秘感并不一定需要面向某个超自然主体。这些感觉仅仅是一种对宇宙之伟大的认识和我们与宇宙间的亲密联系。

在本章中，我们会审查若干对上帝之存在的传统的论证，还有一些其他的论证我们并没有给予考虑，因为它们显然是谬误的。但是这些论证却具有一定程度的流行性，所以我们有必要来看看它们哪里出了错。

一个很流行的对上帝之存在的论证就是诉诸神圣经典。当被问到为什么信仰上帝时，很多人都会通过引用神圣经典来回答，例如一个基督徒可能会宣称："我之所以信仰上帝是因为圣经说上帝是存在的。"而当被问道他们为什么会相信圣经的时候，他们可能会回答："因为圣经是上帝写的。"你看到哪里出问题了吗？他们试图通过预设上帝的存在来证明他的存在。可是任何一个已经预设了其所要证明的结论的论证都不能证明任何东西，一个好的论证可以通过引用一些相比其结论而言更被认可的证据来增加其结论成真的可能性。但是如果结论出现在论证的前提之中，那么它就不可能增加其结论的可能性。

当然，《圣经》并非是唯一的神圣经典。不同的宗教将不同的文本当作是被神明所启示的。对于穆斯林来说就是《古兰经》；对于印度教徒来说就是《吠陀经》；对于琐罗亚斯德教徒而言就是《阿维斯塔》（Avesta）。这些文本在各种各样的方面都是相互矛盾的，所以它们所讲的不可能同时全部为真。例如圣经中说上帝以耶稣基督的形态化为肉身，而其他三部经典都否认这一点。所以要判断哪一部经典对上帝的描述是真实的——如果有任何一部是真实的话，我们就必须通过诉诸这些经典之外的东西来证明。

> 没有哪一本书能像圣经一样具有非凡的智慧和巨大的用处。
> ——马修·黑尔（Matthew Hale）

有些人根据《圣经》中包含了一些真实的历史信息来为圣经辩护。但是只从《圣经》所讲的某些有关自然世界的事情是真的并不能推出它所讲的关于超自然世界的事情也是真的。赫尔曼·梅尔维尔（Herman Melville）的《白鲸》一书中也包含了很多有关捕鲸的事实，但是由此我们并不能推出世界上真的存在一头巨大的白鲸。另外，据圣经考古学家发现，我们有很强的理由认为《圣经》中所描述的很多重要历史事件都是假的（参见"圣经考古学"板块）。所以，为了证明超自然之物的存在，我们需要一些除了一本声称他存在的书之外的证据。

另一种对上帝之存在的证明是基于历史上的每个社会都有过关于上帝的信仰，这种论证被叫做基于共同认可的论证。即使该说法是真的，它也不能确立上帝的存在，因为仅仅从很多人都相信某事物的存在这一事实并不能推出该事物就存在。曾经世界上还有很多人相信地球是平的，但是这并不能使得地球成为平的。相信一件事并不能使其成为事实。另外，每个社会都有过关于上帝的信仰这种说法也是错的。我们已经知道"上帝"这个词的所指非常含糊，其实并不存在一个被所有社会都认可的单独的上帝的概念。当然不是所有的社会都信仰那种传统的有神论的上帝，也并非所有社会都信仰一个人格化的神。许多社会，例如在那些佛教主导的区域中的社会，并没有那种对传统概念中的上帝的信仰。佛教的两个最基本的原则就是没有持存的事物（无常）以及没有持续的自我（无我）。但是，如果没有持存的事物，那么就没有永恒的存在和不朽的灵魂。所以这种基于共同认可的论证是错误的。

圣经考古学

考古学的研究并未证实《圣经》中所记述的许多最重大的事件。许多考古学家基于关于这些事件的证据的缺乏而认为《圣经》中叙述历史的部分不可以按照字面意思来理解，正如哈伊姆·瓦茨曼（Haim Watzman）在《高等教育纪事》(The Chronicle of Higher Education) 中所报道的那样：

"如果亚伯拉罕、以撒、雅各、摩西和大卫这些人的存在都无法被证实，这叫我如何受得了？"这个痛苦的问题来自于在本-古里安大学举办的一个叫做"圣经时代消失了吗？"的会议上拥挤的听众席后排。它表达了困惑的学者们看着以色列的普通民众突然认识到过去二十年来的圣经考古学研究与历史研究所得出的结论时，整个以色列民族背脊上集体感觉到的一阵寒颤……

这个来自本-古里安大学的问题所带来的一股凉意是由以色列考古学界一位主要的圣经最低限度主义者（该称呼是由他的同事加给他的，原因是他认为《圣经》的历史部分只有很少内容是真的）引发的。特拉维夫大学的考古学家则夫·赫尔佐格（Ze'ev Herzog）通过1999年10月29日刊登于以色列的国家日报《国土报》上的封面故事引发了这一阵激动的反应。

他写道："下面是考古学家通过在以色列地区的挖掘发现的结果：以色列人从来没有去过埃及，没有在沙漠中行走过，没有在一次军事行动中征服过这块土地，没有将这块土地传给以色列十二支派。或许更令人难以接受的是，《圣经》所描述的作为一个地区武装的大卫和所罗门的联合王国其实最多只能算是一个小小的部落王国。"

在该会议上发言的所有学者都相信，《圣经》中的历史部分不能被视为对历史事件的字面的和精确的描述。他们也都一致同意圣经中记载的事件，发生得越早的那些，越难以找到圣经之外的证据对其加以佐证。以色列的亚哈王的存在已被来自中东的其他碑铭充分地证实，但是大卫和所罗门的联合王国却仍然没有。存在一些证据与青铜时代的位于巴勒斯坦高地的新以色列国的崛起相关，但是这些证据可以有多种方式的解释。没有任何关于《旧约》诸族长存在的外部证据，而且事实上《圣经》中的相关描述包含了矛盾和时代错乱，学者们一致认为，根据圣经中的描述，族长们似乎应该生活在《士师记》的时代，而非几代人之前。

赫尔佐格先生从这些发现中总结说，圣经不能被用作可信的史料来源。圣经考古学这一学科是在20世纪初由威廉·福克斯威尔·奥尔布赖特所创立的，它假定这个领域中做出的考古学发现都应借助《圣经》文本得到解释。而赫尔佐格先生的新的研究范式认为，应该将圣经丢到一边并对这些考古发现进行独立的解释。[1]

思想探究

《圣经》中的事实

《圣经》中的很多历史记述无法被证据所证实，是否削弱了它的非历史方面的记述的可信度？为什么？

> **泛神论者**
> 一个相信宇宙即上帝的人。

> 我并不觉得自己有义务相信,上帝赋予了我们见识、理性和智力,却会打算让我们将其弃而不用。
> ——伽利略·伽利雷

有些人基于没有人能证明上帝不存在来为自己的信仰做辩护,这种类型的论证是诉诸无知的论证,因此也是谬误的。没有人能证明某物不存在,并不能由此推出该物就是存在的。一个人也没办法证明圣诞老人不存在,可是这并不意味着他就存在。

虽然通常来说,一个人无法证明一个全称否定命题为真(一个全称否定命题就是一个说某物不存在的论断),但这并非是必然的。如果一个人能证明某事物的概念是自相矛盾的,那么他就能证明该事物不存在。例如我们知道不存在圆的方,因为圆的方这个概念本身就是自相矛盾的。类似地,也有人声称有神论的上帝概念是自相矛盾的。随便举个例子:有神论中的上帝通常被认为是完全仁慈的和完全公正的,如果他是完全公正的,那么他就应该让每个人都得到其应得的惩罚,而如果他是完全仁慈的,那么他就应该让每个人都摆脱不幸。但是没有人——即使是上帝——能同时做到这两点。所以有神论中的上帝概念可能是自相矛盾的。如果是这样,那么这样的上帝就不可能存在。

传统的有神论的上帝被认为是非物质的。但是因为上帝并没有身体,所以我们是不可能感觉到他的。某些无神论者就基于这一点来反驳上帝的存在。他们断言既然没有人能证明上帝的存在,所以他一定是不存在的。不过这也是一种诉诸无知的论证,它与之前的那个有神论者的论证一样是谬误的。因为即使我们不能感觉到某物,某物也可能存在。

科学家们相信很多无法感觉到的事物都存在,例如亚原子粒子。他们关于这些粒子的信念是合理的,因为假设它们的存在可以为很多现象提供最佳解释,而且它也没有跟任何已知的事实相矛盾。有神论者提出的许多论证也可以被看作是一种最佳解释推理。有神论者会援引某些现象来作证(例如宇宙的起源和构造方式),并且声称这些现象的最佳解释就是假设上帝存在。我们会通过审查这些论断来判断上帝假说是否为这些现象提供了最佳解释。

如果对上帝之存在的论证与对亚原子粒子的存在的论证一样好,那么我们就有理由相信上帝的存在是一个事实。而如果我们有理由相信上帝的存在是一个事实,那么我们就应该有理由在公立学校中教授这个事实。在政治与科学之间并没有隔离,如果宗教的论证和科学的论证同样好,那么或许在政治与宗教之间也不应该存在隔离。

但在另一方面,如果宗教的论证和科学的同样好,那么宗教信仰就没有存在的必要了。我们关于亚原子粒子之存在的信念不是基于信仰(faith),而是基于事实。如果我们关于上帝之存在的信念也是相似地基于事实,那么宗教信仰就成为多余的了。很多神学家都认识到有关上帝之存在的强有力的论证会削弱信仰,所以他们断言试图通过理性来证成对上帝的信仰是偏执的做法。例如荷兰神学家赫尔曼·巴文克(Herman Bavinck)就曾宣称:

宗教的追随者们

正如古希腊历史学家希罗多德（Herodotus）在两千五百多年前就认识到的：

> 所有人都毫无例外地相信他自己本地的风俗和他所成长于其中的宗教是最好的……²

大多数人都直接采纳了他们父母的宗教信仰并顽固地坚称他们所崇拜的是唯一的真神。但是，从来没有一种宗教能使得人类中超过半数的人都效忠它。下面是一些主要宗教（以及非宗教思想）的追随者的数目列表：³

基督教：19亿人
伊斯兰教：15亿人
世俗/无宗教/无神论者：11亿人
印度教：9亿人
中国传统宗教：3.94亿人
佛教：3.76亿人
原始土著信仰（Primal-Indigenous）：3亿人
非洲传统信仰（African traditional & diasporic）：1亿人
锡克教（Sikhism）：2300万人
金日成主体思想（Juche）：1900万人
唯灵论（Spiritism）：1500万人
犹太教（Judaism）：1400万人
巴哈伊教（Baha'i）：700万人
耆那教（Jainism）：420万人
神道教（Shinto）：400万人
越南高带教（Cao Dai）：400万人
琐罗亚斯德教（Zoroastrianism）：260万人
天理教（Tenrikyo）：200万人
新异教（Neo-paganism）：100万人

这些宗教对于上帝和实在的本质有着非常不同的信念，由于没有任何一种宗教能成为大多数人的观念，所以地球上必然有大多数人在上帝和实在的本质方面，怀有错误的看法。漫画《迪尔伯特》（Dilbert）的作者斯科特·亚当斯（Scott Adams）这样解释道：

> 没有哪一种主要的宗教能影响到地球上超过25%的人，而且各个主要宗教在一些非常基本的事情上意见不一。例如，如果佛教和印度教关于轮回的说法是正确的，那么天堂就不存在（上帝和耶稣就更不可能存在）。如果穆斯林和犹太教徒是正确的，那么耶稣就不是上帝的儿子。所以我们可以同意说如果任何一个主流宗教或者少数派宗教是正确的，那么所有其他的宗教都是错误的，而且这些错误宗教的信仰者都怀有虚假的信念。
>
> 因此，根据估计，在最好的情况下，地球上也有75%以上的人在有关上帝和实在的本质方面怀有虚假信念（在最坏的情况下，100%的人都如此）。⁴

思想探究

被蒙骗的信仰者

你怎么知道你自己不是人类中75%的那部分人（这部分人关于上帝和实在的本质有着错误的看法）呢？你怎么知道你所信仰的上帝是真神而其他宗教的追随者所崇拜的就是假神呢？你有何证据呢？

我们获得了这样一种印象：对上帝之存在的信念是完全基于这些证据的。但是其实那会是一个"扭曲了的信仰，在祈求上帝之前还得先去证明祂的存在……"所谓的证据根本就不是我们最终确信上帝存在的原因，这种确定性只有通过信仰才能被建立起来……⁵

评判通过理性和信仰这两种方式来确立上帝的存在是否有效就是本章的目标之一。

科学不能决定起源，因此它也不能决定命运的走向。
——西奥多·芒格（Theodore Munger）

无神论者声称，上帝假说不仅不能为任何事物提供最佳解释，而且它还跟已知的事实相矛盾。他们称，有一个不可否认的事实是：恶是存在的。但是如果世界是由一个全知全能全善的存在所创造的，这个世界中就不应该有恶。如果上帝是全善的，那么他就应该不想让世界中存在恶；如果他是全知的，那么他就应该知道如何创造一个无恶的世界；如果他是全能的，他就应该有能力创造一个无恶的世界。那么为什么世界中还会有这么多恶呢？这就是著名的恶的存在问题（The Problem of Evil）。有神论者承认这对于上帝假说来说是一个严重的挑战，而且也因此设计了很多理论来为恶的存在辩护。我们会在本章的第二节中考查其中的某些理论。

思想探究

神圣经典

假设你是一个太空探索者并着陆在一个拥有很多种不同宗教的行星上面，其中每个宗教都立足于一个被认为是全知全能全善的上帝所写的圣书之上。为了判断到底有没有一本书真的是上帝的教诲，你需要查找什么证据？一个由这样的上帝所写的书会具备什么特征呢？在我们的世界中是否存在一本拥有这些特征的圣书呢？

本章目标

在读完本章后，你应该能够做到
- 陈述并评价各种关于上帝之存在的论证。
- 陈述基于恶的存在的论证并评价对该问题的各种解答。
- 定义有神论、自然神论、无神论、不可知论、泛神论、神正论、道德之恶和自然之恶。
- 通过一些理由来决定你是一个有神论者、无神论者还是不可知论者。

6.2 神秘的宇宙：作为创造者的上帝

科学在解释世界的现象方面是卓有成效的，它已经给予了我们从星云到亚原子粒子等几乎一切事物的解释。但是很多人相信还有一些事物是科学无法解释的，例如宇宙的起源。他们说要解释这一点，我们就必须诉诸宇宙之外的事物——某种超自然的事物——比如上帝。试图通过宇宙的存在来推出上帝的存在的论证，被叫作上帝之存在的**宇宙论论证**（cosmological arguments）。

> 不论第二因的因果链条有多长，链条的第一个环节永远都握在上帝手中。
> ——乔治·拉文顿
> （George Lavington）

传统的宇宙论论证

最基本的宇宙论论证被叫作第一因论证，它立足于一切事物都拥有一个原因这个假设。因为没有任何事物能导致它自己发生，而且原因的链条不可能无限长，所以必然存在一个第一因——上帝。该论证在伟大的罗马天主教哲学家圣托马斯·阿奎那那里得到了其最经典的表述，他这样写道：

> 在所有可感知的事物的世界中，我们发现存在着一个有效的原因序列。从来没有一个事物……被发现是它自己的有效原因；因为这样的话它就是在它自身之前了，而那是不可能的。这个有效的原因序列不可能是无限的，因为……第一因是中间的原因的原因，而中间的原因又是最终的原因的原因……如果去除了原因就是去除了结果。因此，如果不存在一个有效原因序列的第一因的话，那么就没有最终点，也没有任何中间的原因……因此我们有必要承认一个第一有效因的存在，而这个第一因被大家叫做上帝。[6]

宇宙论论证
一个试图通过宇宙的存在来推出上帝的存在的论证。

圣托马斯的论证大概是这样的：
1. 有些事物被导致发生了。
2. 没有东西能导致其自身发生。
3. 因此，任何被导致发生的事物都是由其他事物导致的。
4. 因果链条不可能在时间中无限回溯。
5. 如果因果链条不可能在时间中无限回溯，那么就必然有一个第一因。
6. 因此，所有被导致发生的事物都有一个第一因——上帝。

如果该论证有效的话，它也只证明了第一因的存在。不过圣托马斯却断言它也证明了上帝的存在。但是只有当我们有理由相信第一因是全知全能全善的时候才能说它就是上帝。而宇宙论论证本身是无法让我们相信这一点的。

一个全能的存在会有能力创造一切可能的宇宙。但是根据某个存在创造了现有的这个宇宙这一事实，并不能推出它就拥有那种能力。因为就我们所知，现有的宇宙是唯一被该存在所创造的宇宙。在没有其他证据的情况下我们没有理由相信第一因就是全能的。

圣托马斯·阿奎那
（1225—1274）

一个全知的存在会知道有关所有可能的宇宙的所能被知道的一切事情。但是根据一个存在创造了这个宇宙这一事实并不能得出它就拥有那种知识。因为就我们所知，现有的宇宙是该创造者唯一知道如何创造的宇宙。同样地，在没有其他证据的情况下我们没办法相信第一因是全知的。

一个全善的存在会只创造好的事物。但是我们的宇宙里似乎包含了许许多多的恶。对于该事实的最简单的解释就是宇宙的创造者并非全善，这也正是诺斯替主义（Gnostics）——一个早期基督教教派所青睐的关于恶的解释。他们相信我们的世界是由德穆革（demiurge）——一个有缺陷的、低级的神所创造的，他就是恶的来源。所以即使传统的宇宙论论证能成功证明第一因的存在，那么它也无法成功证明那种传统的有神论的上帝的存在。

有些人相信，对于一个神圣存在的创造物来说，宇宙真是有太多缺陷了。例如罗马诗人卢克莱修（Lucretius）早在耶稣诞生50年之前就曾在其诗歌中如此评价宇宙及其创造者：

> 我敢于确定这一点……
> 万物绝不是神力为我们而创造的
> 因为它充满着如此之多的缺点
> 首先，你看那恢弘美妙的天穹
> 它笼罩下的所有地区
> 差不多有三分之二热得受不了
> 另外的地方却是永远的严寒
> 让有死的生物受苦……
> 除了这些以外，为什么
> 自然中的陆地和大海养育了那么多
> 可怕而凶残的野兽？
> 制造了那么多人类的仇敌？
> 为什么季节变换会带来温热之病？
> 而死亡总是不期而至？[7]

> 如果真的存在上帝，我并不认为他是有报复心的，而只会认为他表现得很差劲。
> ——伍迪·艾伦

作为人类的住处，地球实在有太多不如意之处。似乎它不是为了人类的繁荣，而是怀着对人类的敌意而被创造出来的。卢克莱修断言：如果这个宇宙真的是被一个神圣存在所创造的话，那么它一定不是现在这个样子。

作为第一因的创造者不仅可能不够完美，而且它还可能不是人。休谟曾举过下面的例子：

> 印度教的祭司们认为，世界是从一个无限大的蜘蛛中来的，它从它的肠

中吐丝并编织了这个完整的错综复杂的物质世界，然后又通过吸收一部分蛛丝来销毁一部分或者整个世界，并将这些部分重新消化吸收到自己身上。[9]

传统的宇宙论论证并不能排除第一因是个非人者的可能性。宇宙有可能是被一个无限的蜘蛛或者其他的某种足够伟大的生物所创造，比如说一只宇宙鸡。因此它并不能确立传统有神论中的上帝的存在。

要注意，圣托马斯的论证并没有说一切事物都拥有一个原因。如果是这样的话，那么上帝也需要一个原因，这样它就无法用来解释宇宙的存在，而是会造成一个无限倒退，因为每当它提到某个原因时我们都可以问："这个原因的原因又是什么？"为了避免这种无限倒退，必须有一些永恒的无原因的事物存在，而圣托马斯认为那个东西就是上帝。然而，很多其他人却说那个东西就是宇宙本身。

即便在现代物理学出现之前，我们就已经有理由相信宇宙是永恒的，否则你就是假设可以从虚无中获得存有（get something from nothing）。但那是不可能的，因为正如卢克莱修所说："无物生于无（From nothing, nothing comes）。"创造总是意味着通过某种方式来塑造一种之前存在的材料，它从来都不会是从虚无中产生出存在来。

这个洞见也被奉为现代物理学中最根本的定律之一——质能守恒定律，该定律认为世界中的质能总量既不会增加也不会减少。1785年，安托万·拉瓦锡（Antoine Lavoisier）提出了质量守恒定律，该定律说物质既不能被创造也不能被毁灭。1842年，尤利乌斯·罗伯特·迈耶（Julius Robert Mayer）提出了能量守恒定律，该定律说能量既不能被创造也不能被毁灭。1907年，阿尔伯特·爱因斯坦通过他的著名公式$E=mc^2$表明物质是可以被转化为能量的，反过来能量也可以转化为物质。从那时起，这两个定律就被合并为质能守恒定律。如果质能总量既不会增加也不会减少，那么结论似乎就是宇宙是永恒的。

为了动摇这种观点，圣托马斯试图证明一个永恒的宇宙是与事实相矛盾的。他声称，如果没有第一因，那么现在就不会有任何事件发生。但是现在的确有事件发生，所以一定存在一个第一因。但是这个论证是基于一个错误的观念之上的，该观念是：一个无限的原因序列只是一个极其长的有限序列。

试考虑在桌子上以单柱形态叠放的一摞儿童积木，除了那个直接放在桌子上的积木外每个积木都立足于它下面的积木之上。如果将最底下的积木拿走，那么整摞积木就会跌落。在一个有限的积木摞中一定存在第一个积木。

但是，在一个无限长的积木摞中就不存在第一个积木了。类似地，在一个无限的因果链条中就没有第一因了。阿奎那以为，这样的话一个无限的因果链条就失去了一部分，但是认为一个无限的因果链条竟然可以失去一部分是一个错误。即使一个无限因果链条没有第一因，该链条中也不会有任何事件没有原因。类似地，即使实数的集合中没有第一个元素，我们也不会说会有哪个数之前没有另一个数。逻辑并不要求一定存在第一因，正如它也不要求一定存在第一个实数一样。设想宇宙会无限地延伸到未来是没有矛盾的，类似地，设想宇宙会无限地延伸到过去也是没有矛盾的。一个永恒的宇宙在物理上和逻辑上都是可能的。

卡拉姆宇宙论论证

虽然宇宙有可能是无限古老的，但是很多人相信宇宙其实是在近150亿年前通过一次剧烈的爆炸——我们称之为"大爆炸"——而被创造出来的。这个创造事件可以解释很多现象，包括宇宙的膨胀现象、宇宙背景射线的存在还有各种不同物质的相对比例。随着该理论的日渐完善，有更多的具体预测已经由之做出。虽然这是科学上的一个巨大进步，不过很多人相信它也同时蕴含着一些神学上的推论。具体而言，他们相信这为上帝的存在提供了科学依据。天文学家乔治·斯穆特（George Smoot）就曾在一个新闻发布会上报告卫星"宇宙背景探索者"的一些发现时喊道："如果你信教的话，那么这就像是面对着上帝。"为什么？因为必然有某物引发了大爆炸，而除了上帝外还有谁会做这样的事？天文学家休·罗斯（Hugh Ross）在他的著作《创造者与宇宙》（*The Creator and the Cosmos*）中是这样表述这个论证的："如果宇宙是由大爆炸产生的，那么它就一定具有一个开端，如果它具有一个开端，那么它就一定有一个开创者。"[8]而罗斯相信这个开创者就是上帝。

卡拉姆（Kalam）宇宙论论证就是沿着这一思路提出的，它的形式如下：

1. 任何开始存在的事物都有一个原因。
2. 宇宙曾经开始存在过。
3. 因此，宇宙有一个原因——上帝。

这个论证的名字来自阿拉伯词语"Kalam"，意思是"去论证或讨论"，它来自那些想要挑战古希腊人的永恒宇宙观的伊斯兰教神学家。

卡拉姆宇宙论论证并不要求任何事物都拥有一个原因，它只需要那些开始存在的事物拥有一个原因。由于上帝是永恒的，所以他不需要有一个原因。但是宇宙不是永恒的，所以它需要有一个原因。

但是正如传统的宇宙论论证一样，卡拉姆宇宙论论证也无法提供理由使人相信第一因就是那种传统的有神论中的上帝。这个论证的结论并没有告诉我们第一因的本质是什么，更没有告诉我们它是一个人。所以即使卡拉姆宇宙论论证真的证明了第一因的存在，它也无法证明有神论中的上帝的存在。

另外，我们甚至有理由相信它也没有证明第一因的存在，因为现代物理学已经明确的否认了前提1，并且也为拒绝前提2提供了很好的理由。

令人十分惊讶的是，现代物理学已经拒绝了任何开始存在的事物都拥有一个原因这个论断。相反，它认为，像亚原子粒子这样的事物是可以开始存在却没有原

> 在最广阔和最细微的地方我们都能清楚地看到上帝的足迹，他的荣光赋予昆虫的翅膀光彩，而他驾驶着宇座行走在整个不停旋转的世界上。
>
> ——威廉·考珀（William Cowper）

因的。正如物理学家爱德华·特赖恩（Edward Tryon）告诉我们的那样：

> ……量子电动力学揭示了一点：一个电子、正电子和光子常常会自发的出现在一个绝对真空中。当这种事情发生时这三种粒子都只会存在很短的时间，然后又会相互中和，不留下任何痕迹……这种来自真空的自发而短暂的粒子显现被叫做真空波动，这在量子场理论中是非常平常的。[10]

真空波动是一种随机事件，而随机事件是没有原因的，所以任何由真空波动产生的事物都是没有原因的。

更令人惊讶的是，现代物理学研究显示，宇宙本身可能就是一个真空波动的结果！特赖恩这样解释道：

> 如果我们生活的宇宙中所有的粒子的净值真的为零，那么它可能就只是一个真空波动，这个真空存在于一个更大的空间里，而我们的宇宙被置于其中。如果你要问为什么会发生这种事情，我会暂且提出这样一个谦逊的假说：我们的宇宙只不过是那些时不时就产生的宇宙之一。[11]

根据特赖恩的看法，宇宙经常产生，它们总是自发地，无原因地开始存在。

一个由真空波动所产生的宇宙难道不会违反质能守恒定律吗？答案是，如果宇宙的质能总量为零的话就不会。这是如何可能的呢？下面是物理学家保罗·戴维斯（Paul Davies）的解释：

> 存在这样一种很大的可能性，即物质的创造是来自一种零能量的状态。之所以会有这种可能性是因为能量可以是正的也可以是负的。运动的能量或者质量中的能量总是正的，但是引力中的能量（比如说因为某种重力或者电磁场而出现的能量）总是负的。如果新创造的物质粒子中所含的正的能量正好可以抵消重力或者电磁力中所带的负的能量……已经有人提出存在一种深层次的宇宙定律在发挥作用，它要求宇宙的能量值正好为零。如果真是如此，那么宇宙就可以沿着阻力最小的方向发展，不需要注入任何物质或能量就可以产生。[12]

如果我们的宇宙正如研究似乎所显示的那样总能量值为零，那么它就可能是一个真空波动的结果。但是如果它真的是一个真空波动的结果，那么它就不是由任何人或任何物产生的。

为什么世界上会有事物存在，而非一片虚无？这个问题已经让哲学家们头疼了几千年。哲学家比德·朗德尔（Bede Rundle）在他的著作《为何有物存在而非无物存在？》（*Why Is There Something Rather Than Nothing?*）中将该问题称作"哲学中最核心和最令人困惑的问题"[13]。一直以来大家的预设都是虚无比存有显

> 永恒的虚无对你来说也是没关系的，如果你在它到来之时恰好盛装打扮过了的话。
> ——伍迪·艾伦

得更自然。一些物理学家现在相信这个预设是错误的。例如维克·斯坦格（Vic Stenger）就声称"基于我们目前有关物理和宇宙的最好的知识，我们可以为为何存有比虚无更自然给出一个可信的科学的理由"[14]。根据斯坦格的看法，"实际上，有物存在而非无物存在的可能性是可以算出来的，这一概率大于60%"[15]。曾获诺贝尔奖的物理学家弗兰克·维尔切克（Frank Wilczek）是这样总结他们的研究的："'为何有物存在而非无物存在？'这一古老问题的回答就是'虚无是不稳定的'。"[16]

史蒂芬·霍金（Stephen Hawking，身患肌萎缩侧索硬化症的著名物理学家）在他的新书《大设计》(The Grand Design)中也同意这一点，他告诉我们："由于存在重力定律这样的规律，宇宙可以，也会继续从虚无中创造自身。自发的创造就是为何有物存在而非无物存在、为何宇宙存在、为何我们存在的原因。"[17]根据霍金的看法，宇宙的创造并不需要上帝，正如他所说："没有必要引入上帝来点着蓝色火硝纸以使得宇宙运行起来。"[18]这并不是说上帝不存在，而是说我们不需要通过上帝来解释宇宙的产生。

卡拉姆宇宙论论证的第二个前提说，宇宙在过去的某个时间点开始存在，而有关大爆炸的证据通常被当作是这个论断的证据。但是事实上，大爆炸的发生并不能证明宇宙在那时开始存在，因为大爆炸本身也可能是之前的一个大坍缩的结果。

很久以来就有一种观点认为，如果宇宙中含有的物质总量足够大，那么宇宙就会在未来的某天停止膨胀并开始收缩。最终，宇宙的所有物质都会被拉回到一个点上，这个过程就被叫作"大坍缩"。由于物质被认为无法被压缩到不存在，所以这个收缩过程不能无限进行下去。到了某个程度，这些被压缩的物质就会反弹并形成另一个大爆炸。如果真是如此，那么大爆炸就是之前的一个大坍缩的结果，而非是被某个超自然存在带来的。

> 如果上帝不存在，那么就有必要发明一个上帝出来。
> ——伏尔泰

那种认为宇宙无始无终地在膨胀时期和压缩时期之间摆动，并形成创造与毁灭的循环的观念是一种非常东方式的观念。例如印度教就相信，宇宙中的一切事物——连同宇宙本身——都处于一个持续的死亡和重生的过程中。对于他们来说，时间是循环的，开端和终点就是同一个东西。在这种观点看来，"第一因"的观念就是毫无意义的，因为只有对于那些持有线性时间观的人来说，宇宙的起源才是一个问题。

某些研究表明，宇宙中并没有足够的物质以阻止它的扩张，所以大爆炸可能并非是之前的一次大坍缩的结果。但是即使宇宙作为一个整体从来没有收缩过，我们知道至少它的一部分曾经收缩过。当一个星球的燃料用尽，它的重力就会使得它收缩。如果这个星球足够大，它的收缩就会导致一个黑洞的产生。黑洞里的物质被压缩到一个无限致密的点，也就是奇点（singularity）上。但是有的物理学家（其中最著名的是李·施莫林/Lee Smolin）相信，在它达到奇点之前，黑洞里的物质可能会又开始膨胀并产生出另一个宇宙。根据施莫林的看法，在某种意义上，我们的宇宙是在通过"出芽"的方式不断复制自己。他写道：

> 一个坍塌的星球形成了一个黑洞，在黑洞中它被压缩到一个非常致密的状态。宇宙也是从一个类似的非常致密的状态中开始膨胀的，那么这两种致密的状态是否可能其实是同一个状态呢？也就是说，是否可能黑洞的边界之外就是另一个宇宙的起点呢？
>
> 如果坍塌的星球在达到一个非常致密的状态时就会爆炸，那么这就是可能的。但是在黑洞的边界形成之后……
>
> 我们现在不将反弹假说应用于作为整体的宇宙，而是应用于宇宙中的每个黑洞。如果事实真的如此，那么我们就不是住在一个单独的、永恒地在坍塌和重生之间循环的宇宙里。而是住在一个持续增长的宇宙集体中，该集体中的每个宇宙都是从一个坍塌成黑洞的星球的爆炸中来的。[19]

施莫林说的自我复制的宇宙图景确实是挺吸引人的，它意味着宇宙更像一个生物体而非一个被创造物，因此它的存在就不需要一个外在的行为主体。

特赖恩和施莫林的理论并非仅有的两种无需诉诸超自然存在来解释大爆炸的理论。普林斯顿大学的保罗·斯泰恩哈特（Paul Steinhardt）和剑桥大学的尼尔·图罗克（Neil Turok）提出了一种新的关于宇宙的振荡理论。根据该理论，宇宙是由物质构成的巨膜之间的碰撞产生的。安德烈·林德（Andre Linde）也提出了一个关于宇宙如何自我复制的理论，不过在该理论中，宇宙的"出芽"过程不是由黑洞带来的，而是由标量场带来的。而史蒂芬·霍金提出虽然宇宙的年龄是有限的，但是它在时间中并没有开端，因为正如圣奥古斯丁所言，时间是跟宇宙同时产生的。

这些理论比上帝假说更加简单，因为它们并没有预设任何超自然实体的存在。它们也更加保守，因为它们并没有与任何科学规律相矛盾。另外，它们还潜在地更有成果性，因为基于它们可以做出可测试的预言。在其他条件等同的情况下，越简单、越保守、越具成果性的理论就越好。所以即使大爆炸是在150亿年前发生的，我们也不必假设它是由上帝导致的。

思想探究

为何创造宇宙？

上帝被认为是永恒存在的，但是我们的宇宙只存在了150亿年。所以如果在创造我们的宇宙之前上帝已经存在了很长的时间，那么是什么驱使他创造了宇宙？是因为他无聊吗？孤单吗？无人欣赏吗？是不是在经过了无限长的时间后他才终于意识到现实还不够好，然后就创造了宇宙？你认为呢？

目的论论证

> 所谓自然只是由上帝所产生的结果的另一个名称。
> ——威廉·考珀

对于很多人来说,关于上帝之存在的最有说服力的证据不在于宇宙的存在,而在于宇宙的结构。因为宇宙中的一切事物看起来都像是为了某种目的而设计的,而这种具有目的性的设计只能由一个有意识的智能体来产生,那么除了上帝还会有谁能设计一个宇宙呢?

"Telos"是表示"目的"或"结果"的古希腊词,所以这样的论证就被叫做**目的论论证**(teleological arguments),因为这些论证都试图通过宇宙表面上所具有的设计或目的来推出上帝的存在。

类比设计论证

最流行的一种目的论论证是基于宇宙与一台机器之间的类比。休谟在《自然宗教对话录》中,就曾借克利安西(Cleanthes)之口描述了这样一个类比设计论证:

> 环顾我们的世界,想一想它的整体和每个部分,你会发现它不过就是一台巨大的机器,这台机器由无限个更小的机器构成,而这些更小的机器又是由无限个更加小的机器构成,各个层级的机器多到了人类的感觉和官能无法认识和解释的程度。所有这些不同的机器,一直到它们的最细小的部件都是彼此精密地嵌合在一起的,这种组合的精密程度能让所有思考它们的人感到痴迷。存在于整个自然中的奇妙的工具——目的统一的现象与人类的设计非常相似,但是却极大地超越了人类的设计、思想、智慧和才智。由于结果之间的相似,通过类比的法则我们可以推断出原因之间的相似。即自然的作者与人类的头脑是有些类似的,但是与它所创造的的作品之伟大成比例地,它也拥有着大得多的能力。[20]

正如一台机器的各个部分一样,宇宙的各个部分也共同嵌合起来完成一些特定的功能。例如,亚原子粒子组合起来形成了原子,原子组合起来形成了分子,而分子组合起来形成了一切其他的事物。这种部分之间的精确适配与手段与目的之间不同寻常的连接与我们在机器中见到的情况是非常类似的。但是机器都有其设计者,所以宇宙很可能也有一个设计者——上帝。

通过表明两个事物在某些方面是相似的,类比论证试图证明它们在其他的方面也是相似的。例如我们可以考虑下面这个证明火星上存在生命的类比论证:

1. 地球上有空气、水和生命。
2. 火星上有空气和水。
3. 所以,火星上很可能也有生命。

因为火星与地球一样都拥有水和空气,我们可以有部分理由认为它与地球一样也拥有生命。但是这并不能证明火星上就一定有生命。因为火星与地球也有很多的不同之处，火星上的大气层非常稀薄并且含氧量很低，而火星上的水都集中在两极的冰盖中。一个类比论证的强度取决于它所比较的两个事物之间的相似度。相似度越低，则结论成立的可能性就越低。

最著名的一个类比设计论证的版本是由英国牧师威廉·帕利（William Paley）提出的。在下面这个思想实验中，帕利试图证明，正如我们有理由相信一只手表有一个设计者一样，我们也同样有理由相信宇宙也有一个设计者。

目的论论证
一个试图通过事物的设计或目的来推出上帝之存在的论证。

思想实验

> **帕利的手表**
>
> 假设我在穿过一片荒地时，脚被一块石头所绊到了，然后有人问我这块石头为什么会在那里，我可能会回答说，就我所知它应该本来就在那里，要证明这个答案是荒谬的是很困难的。但是假设我在地上发现了一只手表，然后有人问我这个手表怎么会在这里，我就不会想去给出上述回答了，我不能说这个手表本来就应该在那里。可是为什么关于石头的回答不能应用到关于手表的回答上呢？为什么在前一种情况下可以这样回答而在第二种情况下就不能这样回答呢？原因只能是：因为当我们观察这个手表时，我们会认识到（而在石头上是不能认识到这点的）它的各个部分是为了一个目的而被设计和组装起来的……
>
> 只要我们观察到了它的结构……那么，我们就会不可避免地推论出，这个手表是有一个制作者的，必然在某时某地有一个或多个技师为了我们所发现它实际能够实现的目的而制作了它，而这个/些技师理解它的结构并设计了它的用途……
>
> 这个手表中所体现的每种巧思和设计也都存在于自然的作品中，唯一的不同在于，在自然中体现的巧思和设计要伟大的多，其伟大的程度超过了所有人的估计。[21]

帕利声称，如果他在一片荒地上发现一只手表，并且观察到它的各个部件相互配合起来驱使指针走动，那么他就有理由相信该手表是由某人设计的。而宇宙似乎也显示出那种类似于手表中的各个部件的组合方式的，有目的性的安排，所以他总结说我们也有理由相信宇宙是被某人——上帝——所设计的。

帕利的论证是这样的：

1. 宇宙类似于一只手表。
2. 每只手表都有一个设计者。
3. 因此，宇宙很可能也有一个设计者——上帝。

如果一只手表与宇宙之间的类比是个好的类比，那么我们就有理由相信宇宙也有一个设计者。但是由此同样并不能推出上帝的存在，因为这个设计者未必就具有传统有神论的上帝所具有的那些特征。

一个全能的存在应该无需借助任何工具就能实现其目标。如果宇宙是为了某个目的而被设计出来的，那么该设计者就一定有一个试图达到的目标。但是如果该设计者需要通过宇宙来达到一个目标，那么该设计者就不是全能的。所以任何有关设计的证据都是对设计者之全能性的不利证据。约翰·斯图亚特·密尔是这样表达该种观点的：

> 这么说毫不为过：宇宙中任何设计的痕迹都是对设计者之全能性的不利证据。因为设计意味着什么呢？即一种装置：旨在利用手段来达到目的。但是发明的必要性——运用手段的需要是能力受限的结果，如果仅仅通过言说就能使其意愿成真，谁还需要求助于手段来达到他的目的呢？[22]

一个全能的存在应该无需通过任何设备就能实现其目标。如果上帝需要通过一个宇宙来实现他的目标，那么就有理由相信，他不能直接通过自身实现该目标。因此宇宙的存在就使得一个全能设计者的存在受到怀疑。

> 说宇宙是为我们这样一些生活在一个三流太阳系中的三流星球上的人而创造的，这简直无法想象。
> ——艾尔弗雷德·丁尼生勋爵（Alfred Lord Tennyson）

另一些人声称，宇宙的设计使得一个全知的设计者的存在受到怀疑，他们说宇宙的设计充满缺陷，所以即使宇宙有一个设计者，那么该设计者也不可能是全知的。1925年的斯科普斯"猴子审判案"（the Scopes Monkey Trial）中的著名律师克拉伦斯·达罗关于宇宙的设计有这样的说法：

> 即使一个智力十分有限的人也能想到无数种将地球改善得更适宜人类居住的方式，而且自有史以来人类就一直在使用各种资源和努力来使得地球更适合居住。如果我们承认地球是一个适合生命生存的地方，而且当然宇宙中每个有生命的地方都是适合生命生存的，那么这个星球是被设计来支持哪一种生命的呢？地球上有几百万个不同的动物物种，而这些物种中有一半都是昆虫。从数量上看，人类是一个极少数群体，而且或许从其他方面看也一样。如果地球是为了生命而制造出来的，那么它似乎是为了昆虫的生命而被制造的，因为昆虫几乎可以生活在地球的任何地方。如果找不到其他的地方来生存，它们甚至可以数以百万计地居住在人类身上甚至人类体内。它们一般可以成功地结束人类的生命，并且如果得到机会的话，最后还能吃掉他的身体。[23]

那些信仰上帝的人通常都假定上帝是为了我们的福祉而设计出宇宙的，而达罗宣称，如果是这样的话，他的设计真是不够完美。对于人类来说，地球可不是什么太宜居的地方。地球上的每个地方都可能遭受自然灾害，而且还有很多地方是人类无法生存的，而昆虫似乎却在任何地方都能繁衍生息。当有人问伟大的生物学家G. B. S. 霍尔丹（G. B. S. Haldane）他的生物学研究解释了哪些关于上帝的信息时，据说他是这样回答的："对甲虫有着超乎寻常的偏爱。"由于地球似乎更适合昆虫而非人类的繁荣，达罗得出结论说，说地球是由一个关心我们利益的神圣存在所设计的是可疑的。

即使世界是为我们而设计的，它也未必是由某一个人所设计的。假设你在河边散步时看到一个水电站，你没有理由认为它是只由一个人设计的，因为这么大的项目通常需要很多的设计者。在规模和复杂性方面，宇宙更类似于一个水电站而非一只手表，因此我们通过类比论证可以推出宇宙拥有很多个设计者。或许宇宙是由一个委员会设计的，这样的话就可以更有力地解释达罗所提到的那些设计缺陷了。

一个类比论证的强度只与它所基于的类比的强度成正比。虽然宇宙与机器在某些方面具有相似之处，但是它也跟一个生物体具有相似之处。生物体与机器的不同之处，在于生物体是通过自然的繁殖而非有意识的设计而出现的。所以如果宇宙与生物体之间的类比跟宇宙与机器之间的类比是同样好的，那么我们就没有理由相信宇宙是一个有意识设计的产物。休谟在《自然宗教对话录》中曾借菲罗（Philo）之口表达了这样的观点：

> 如果我们去观察宇宙，从我们所能获得的知识看，它跟一个动物或者一个有机体是非常相似的，而且似乎是以相似的方式被赋予了生命和运动的。它内部的物质有条不紊地持续循环，每个地方的损坏都被不断地修复，损坏的地方可以获得整个系统的紧密支持。而它的每个部分或每个成员都发挥着恰当的功能，它们的运行既维持着它们自身也维持着整体。因此我推测整个世界就是一个动物，而神就是世界的灵魂——既推动着世界又被世界所推动。[24]

虽然通常我们不会将宇宙看作一个生命体，不过这仍然是个好的类比。如果你通过缩时摄影（time-lapse photography）观察宇宙，在每一百万年时拍一张照片，你会看到什么呢？大爆炸可能就像是马勃菌将物质（即孢子）挤出去，这些物质凝结为星球（即细胞）并不断转化其内部的物质（即消化），然后通过太阳风或恒星爆炸喷出一些物质（即排泄）。这些星球被组合为一个星系（即器官），而这些星系组合为一个星系团（即身体）。由詹姆斯·洛夫洛克（James Lovelock）所提出的流行一时的盖亚假说认为地球是一个生物体。或许宇宙本身也是一个生物体。毕竟，正如施莫林所言，宇宙可能会生出新的婴儿宇宙。古希腊人曾认为宇宙是由一个宇宙蛋孵化出来的，这种观点至少与帕利认为它是由一个宇宙钟表匠设计出来的观点是同样可信的。

> 宇宙应该被看作是一个巨大的存在，一个持续活着的存在。
> ——阿尔伯特·派克
> （Albert Pike）

最佳解释设计论证

除了被看作一个类比论证外，设计论证还可以被看作一种最佳解释推理。它可以说上帝的存在为宇宙似乎是被设计出来的这一现象提供了最佳解释。该论证的形式如下：

    1. 宇宙看上去似乎是被设计出来的。

    2. 这种显见的设计的最佳解释就是它是被一个超自然存在所设计的。

    3. 所以，宇宙很可能是被一个超自然存在——上帝——所设计的。

正如类比论证能否成功取决于类比事物之间的相近性一样，一个最佳解释推理能否成功取决于它所提供的解释的充足性。如果其他的解释具有至少跟它一样的充足性，那么该论证就行不通。许多人相信，宇宙显见的设计无须诉诸上帝就能得到解释，他们说宇宙可以通过进化论得到最佳的解释。

虽然说到进化论时大家通常会想到的名字是查尔斯·达尔文（Charles Darwin），但是首先提出它的却是大约2500年前的古希腊人。通过对化石的研究，阿那克西曼德（Anaximander，公元前611—前547年）发现地球上以前的生命与现在的生命是完全不同的，由此他推断出早期地球的环境应该也与现在非常不同。随着环境的变化，环境所支持的生物也跟着变化。

阿那克西曼德并没有解释一种生命形式是如何进化到另一种生命形式的。但是另一个古希腊哲学家——恩培多克勒（Empedocles，公元前约495—约前435年）认为，在最开始的时候，自然力量随机地催生出拥有各种不同混合特征的生物，譬如在身体两边都长有脸和胸脯的动物、长着人头的牛、半雄半雌的动物。[25]但是这些生物中的大部分都死掉了，因为它们的特征使得它们难以生存和繁殖。而另一些则生存了下来，因为它们的特征与环境相适应。那些存活下来的生物似乎是针对它们的居住环境而有目的地被设计出来的——虽然它们只是随机组合和自然选择的产物。正如亚里士多德所认识到的："所以，任何看起来像是为了一个目的而产生的生物，其实只是些被偶然地以一种合适的方式被组合而成的生物；而在这种情况没有发生的地方，那些生物都灭绝了或正在灭绝，例如恩培多克勒所说的那种'人面的牛'。"[26]虽然今天的科学家们并不接受恩培多克勒学说的细节部分，但是他们依然承认自然选择是进化的推动力之一。

达尔文注意到，在所有出生的生物中只有一部分能活得足够长以留下后代，这些生物拥有各种不同的身体特征，而这些不同之处许多都是遗传得来的。他像恩培多克勒一样推断道，那些可以提高一个生物的"整体适应度"（即能够活到繁殖期的能力）的特征可以在未来的后代中变得更普遍。一个生物拥有越多这样的特征，它就能越好地适应它的环境。所以，那种使得克利安西和帕利印象深刻的各个部分之间的精确调节和手段与目的间的适配，可以以纯粹自然的方式得到解释，而不需要诉诸任何超自然的设计者。

进化论的反对者常常会反驳说，很多器官或者肢体是不可能逐渐进化出来的，因为一个只形成了一半的器官或肢体没有生存价值。"半个翅膀有什么用呢？"他们问。回答是哪怕半个翅膀也比无翅要好。理查德·道金斯（Richard Dawkins）是

我们是被编辑出来的而非直接创作出来的。
——乔治·瓦尔德（George Wald）

即使宇宙根本没有设计，没有目的，没有恶，没有善，只有盲目而无情的冷漠，我们仍然可以期望我们所观察到的宇宙与现在的宇宙拥有完全一样的属性。
——查尔斯·达尔文

在法庭上：进化论只是一个学说而已？

创造论者与进化论者之间最近的一次斗争发生在宾夕法尼亚州的多佛，那里的教育委员会投票通过了在生物学课程上发表下列声明的决议：

> 由于达尔文的学说也只是一种学说而已，它还需要经受新发现的证据的检测。学说并不是事实。该学说还存在一些未被证据所支持的缺口。按照定义，一个学说即一个能够统合大范围的观察和经受检测的解释。智能设计学说也是一种与达尔文的学说不同的关于生命起源的解释。

11位来自多佛学区的学生家长对该教育委员会提起诉讼，指控他们的声明是在科学教育的伪装下提倡一种特定的宗教信念。法官琼斯比较认可这些家长的看法。

但是此声明令人感兴趣的地方不仅仅在于它试图将宗教偷偷塞入科学的课堂之中，而且也误解了事实与学说的本质。它对学说的定义基本上是正确的，但是当它说进化论并非事实，因为它还有待接受检测时它就错了。区分学说与事实的标准并非是它是否还有待被检测，或者我们对它有多大的确定性，而是它是否为某些现象提供了最佳解释。

一个事实即一个真的陈述。一个学说是一个关于世界是怎样的陈述。如果世界就跟某学说所说的一样——如果该学说为真——那么该学说就是事实。例如，如果哥白尼关于太阳系的学说为真——如果行星的确是围着太阳转——那么哥白尼的学说就是事实。如果爱因斯坦的相对论为真——如果 $E=mc^2$——则爱因斯坦的相对论就是事实。类似地，如果进化论为真，那么它就是事实。

所以问题来了：在什么情况下我们才有理由相信一个学说为真呢？我们已经看到答案了：当它可以为某些现象提供最佳解释时。生物学家之所以将进化论看作事实是因为——用狄奥多西·杜布赞斯基（Theodosius Dobzhansky）的话来说——"除非通过进化论来解释，否则生物学中的一切现象都说不通"[27]。进化论之所以是事实是因为它是关于历史中的生物变化如何发生的最佳学说。

在这些讨论之中常常被人忽视的一点是，任何事实都是一个学说。例如，就你现在正在读一本书这个事实而言，你有理由相信它是事实，因为它为你的感觉经验提供了最佳解释。但是它并非唯一可以解释你的感觉经验的学说。毕竟你也可能是在做梦，也可能是在产生幻觉，也可能是一个缸中之脑，也可能是被接入到了《黑客帝国》中的母体中，也可能是从外星人那里接收了某些跨心灵的感应信息。所有这些学说都可以解释你的感觉经验，但是你不应该接受它们中的任何一个，因为它们都没有日常观念解释得好。

智能设计理论和外星人将想法植入你的头脑的学说的地位是大致等同的。它也是对经验证据的一种可能的解释，但是并非一个好的解释。因为正如外星人学说一样，它并不能确定该设计者是谁，也不能告诉我们它是如何进行设计的，所以它也不能满足充足性标准的要求。在法庭上，如果有人对一个犯罪行为给出了解释却没有说罪犯是谁，也没有说他或她是如何作案的，那就没有人会将这个解释当真。类似地，在科学课程中，如果有人对某现象给出了一个解释却没有确定它的原因是什么，以及该原因是如何产生其结果的，那么也没有人会将该解释当真。进化论做到了这两点，而且还比任何竞争性学说都做得更好，所以我们有理由相信它为真。

这样解释的：

> 半个翅膀有什么用呢？翅膀是如何开始产生的呢？许多动物会从一个树枝跳到另一个树枝，而且有时候会掉到地面上。特别是对于小动物来说，整个身体的表面积可以被粗略地视为一块翼板，动物通过它来抓住空气并助跳或者减缓掉落。任何能增加表面积与体重比率的发展趋势都是有益的，例如生长于关节拐角处的小片皮肤就有此功能。由此就会有一个到滑翔翼的逐渐的连续过渡，并最终发展为拍动翼。显然地，会有一些距离是早期的拥有未发展完全的翅膀的动物所跳不过去的，同样显然的是，对于那些拥有不论多么小或者多么粗糙的原始的空气抓取机制的动物而言，总有一些距离（不管有多小）是有这一小片皮肤就能跳过去而没有它就跳不过去的。[28]

另外，分布于进化谱系各个阶段上的动物，今天仍然存在。道金斯声称："跟创造论者的文献资料相反，不仅拥有半个翅膀的动物很常见，而且也存在拥有四分之一个翅膀的动物，拥有四分之三个翅膀的动物等。"[29]所以器官和肢体的中间发展阶段不仅是可能存在的，而且也是实际存在的。

智能设计　如果存在某些生理结构因过于复杂而不可能通过自然选择进化出来，那么我们就有理由相信进化论是错的。利哈伊大学的生物化学家迈克尔·比希（Michael Behe）声称，他已经发现了这样的不可简化地复杂的结构（irreducibly complex structures），他是这样描述这些结构的：

> 我所说的"不可简化地复杂的结构"指一个由若干相互配合彼此互动以发挥基本功能的部分所组成的一个系统，去除系统中的任何一个部分都会导致该系统停止发挥功能。一个不可简化地复杂的系统是不可能通过对初始系统的微小和连续的修正而被直接产生的（直接产生即通过同样的机制持续地改善初始功能来产生），因为按照定义，任何一个不可简化地复杂的系统的初始版本都因缺失了某个部分而无法发挥功能。[30]

这里的关键短语是"不能被直接产生"。比希声称，以自然的方式来产生某些生物系统是完全不可能的。为了反驳这个断言，一个人只需证明这些系统完全可以在不违反自然规律的情况下产生。

比希最喜欢用的一个不可简化地复杂的机制的例子就是捕鼠器。一个捕鼠器由五部分组成：（1）一块木制的平板，（2）一个金属的锤子，（3）一个弹簧，（4）一个抓手，（5）一个在设置陷阱时被用来卡住锤子的金属棒。使得该机制成为不可简化地复杂的是这一点：如果它其中的任何一个部分被去除掉，那么它就不起作用了。比希声称，许多生物系统（例如细胞纤毛、视力和血液凝结）也都是不可简化地复杂的，因为如果它们之中的任何部分被去除，这些系统就停止发挥功能了。

不可简化地复杂的生物学系统为进化论提出了一个难题，因为这些系统似乎不可能通过自然选择产生。例如视力这个特征只有在真正起作用时才能提高一个有机体的生存能力，而它只有在视力系统的所有部分都在的时候才能起作用。所以比希得出结论说，视力是不可能通过对初始系统进行细小修正来产生的，它一定是被某种智能设计者在某时刻一下子就创造出来的。

但是大多数生物学家都对比希的论证没什么兴趣，因为他们拒绝接受这种观念：不可简化地复杂的系统的部分是不可能独立于该系统而进化出来的。正如诺贝尔奖获得者、生物学家H. J. 穆勒（H. J. Muller）在1939年注意到的，一个起初对于一个系统来说并非必要的基因序列有可能会在后来成为该系统的必要部分。生物学家艾伦·奥尔（H. Allen Orr）是这样描述这个过程的："某个部分（A）在开始时是执行某个职能的（而且或许执行得还不够好），另一个部分（B）后来被加到A上面，因为它对A的职能有帮助。这个新的部分并不是必要的，它只是改善了状况而已。但是再后来A（或者其他的部分）会产生某种变化，这样就使得B成为不可缺少的了。"[24]例如气胆——原始的肺——可以使某些鱼获得新的食物来源，但它对于这些鱼的生存来说并非是必需的，然而当这些鱼获得了一些新的特征，例如腿和上肢的时候，那么肺就成为必需的了。所以，跟比希所试图证明的观点相反，一个不可简化地复杂的系统并不需要一下子就全部产生。

> 智能设计学说本身并不含有任何内容。
> ——乔治·吉尔德
> （George Gilder）

奇迹的发生——诉诸超自然存在可以增进我们对某个情境的理解吗？还是说它只是将我们还未理解的事实掩盖起来？图片来自Sciencecartoonsplus.com。

"我认为你在这里的第二步还需要说详细点。"

> 向未知的事物投降并将它称作上帝总是草率的行为，在今天这仍然是草率的。
> ——艾萨克·阿西莫夫（Isaac Asimov）

事实上，我们现已知道比希所说的那种系统的某些部分也出现在其他的系统中。例如凝血酶对于血液的凝结来说是必要的，但是它也会帮助细胞分裂，并且还跟消化系统中的胰蛋白酶的活动有关。由于同样的蛋白质可以在不同的系统中发挥不同的职能，仅仅从它是一个不可简化地复杂的系统的一部分这一事实并不能推出它就不能通过自然选择产生。生物学家并不知道每个不可简化地复杂的系统中的所有部分都是如何产生的，而且他们可能永远都不会知道了，因为并没有相关的化石记录能显示出这些系统是如何随时间进化的。然而，生物学家知道，原则上通过自然选择的方式产生不可简化地复杂的系统并非不可能。

达尔文自己也认识到某些系统是由一些本来为了其他目的而进化出来的部分所组成的。他这样写到：

> 当我们将这个或那个部分称作为了某个目的而进化出来的时候，我们必须不能假定它在一开始就总是为了这个单独的目的而产生的。事情发生的过

外星人的设计

当迈克尔·比希在讲授智能设计学说的课程时，他常常会让大家开放提问。在其中一次问答环节中，他被问到这样一个问题："设计者是否可能是一个来自外太空的外星人呢？"他回答说："有可能"。智能设计学说本身并没有告诉我们关于设计者之本质的任何事情，所以它完全有可能是一个外星人。

令人称奇的是，这恰恰是一个叫做雷尔运动的邪教得以建立的基础。雷尔运动是由法国记者克洛德·沃利翁始创的。他曾经在法国中部的布依德拉松死火山的边沿上独自散步时接触过一个外星人，然后他受到启发并创立了这个组织。该外星人告诉他，地球上的所有生命都是由来自外太空的外星人通过先进的基因工程技术所创造的。下面是他们网站上的雷尔故事的概要：

> 1973年12月13日，法国记者雷尔被一个来自外星的访问者接触到，这位外星访客要求建立一个大使馆以欢迎这些人返回地球。
>
> 这个外星人大约四英尺高，有着长长的暗色的头发、杏仁状的眼睛、橄榄色的皮肤，并且散发着和谐和幽默的气息。他告诉雷尔："我们创造了地球上所有的生命。你们误以为我们是神祇。我们是你们的主要宗教的源头。现在你们已经足够成熟来理解这件事了，我们想要通过一个大使馆来跟你们进行正式的接触。"

外星人口述给雷尔的信息解释了地球上的生命并非是随机进化或者一个超自然的"上帝"的产物，而是来自有意识的创造，它们是被一个具有先进科技的种族通过DNA创造的，这些人还直接"照着他们的样子"创造了人类。上述观点可以被叫作"科学的创造论（Scientific Creationism）"。在很多文化的古代文献中都可以发现对这些科学家以及他们的工作，还有他们关于无限的象征的描述。例如《圣经》中描述创造的《创世纪》篇中的"Elohim"一词被错误地翻译为单数的"God"，但是它其实是个复数词，意思是"那些来自天空的人"。

在任由人类自己发展的同时，Elohim也曾通过佛陀、摩西、耶稣和穆罕默德等先知与我们保持联系，这些人都是被他们特别选中并教育过的。先知的职能是通过他们被教给的信息不断地教育人类，而每次的教育都与当时人类的文化与理解力相适应的。他们也留下来一些Elohim的痕迹以使得我们可以在拥有足够先进的科学以理解他们时能将他们认作我们的创造者以及人类的朋友。[32]

程似乎总是这样：一个部分本来被用来服务某个目的，但是后来通过缓慢的变化也适应得可以服务很多不同的目的。"[33]

一个最初被用来服务于一个功能的结构后来被用来服务于另一个功能，这一过程被史蒂芬·古尔德（Stephen J. Gould）和伊丽莎白·弗尔巴（Elizabeth Vrba）称作"扩展适应"（exaptation），并且这种现象是非常普遍的。达尔文也同样认识到了这一点："因此，在自然界中，几乎每个生物的所有部分都曾经可能在某个略微不同的条件下服务于各种不同的目的，并且曾在许多远古而非常具体的形式的生物机制中起过作用。"[34]由于同样的结构可能在不同的环境中执行不同的功能，我们并不需要假设一个不可简化地复杂的结构的所有部分都是在同一时间产生的。因此与比希想要我们所相信的观念相反，不可简化地复杂的结构完全可能自然地产生。

此外，复杂性理论（Complexity Theory）已经表明，生物化学系统可以是自组织的（self-organizing）。也就是说，它们可以无需系统外部的输入就能获得其结构。贝洛索夫–扎博廷斯基反应（Belousov-Zhabotinsky reaction）就是这样的一个自组织系统，该反应是一个化学反应的循环序列。如果反应中任何一个序列被打断，则循环就会被破坏。因此该反应就是比希所说的不可简化地复杂的系统。然而，它是无需外界的干涉就自然地产生的。在详细解释了BZ反应的一些细节后，尼尔·尚克斯（Niall Shanks）与卡尔·乔普林（Karl Joplin）总结说，"复杂性理论预测到比希所说的不可简化地复杂的系统可以通过自组织的活跃现象产生，而且实验也证实了这一点。自组织现象就产生了考夫曼（Kauffman）所说的'自由的秩序'，它可以被进化中的生物系统所利用并形成一种优势"。[35]由于不可简化地复杂的系统可以通过多种方式自然地产生，所以引入超自然的设计者是不必要的。

创造论者有时会通过援引某些特定证据的缺乏，来试图削弱进化论的可信度。但是往往他们声称尚属缺乏的证据实际上已经很充足了。例如，他们声称现在还不存在过渡期的化石。他们说，如果一个物种进化到另一个物种，那么就应该存在一些中间的或者过渡期的有机体的化石。但是化石记录中过渡期的有机体应该存在的那一段却存在空缺，所以他们总结说，进化并没有发生过。但是，只要我们了解了化石形成的过程，那么存在空缺就是可以预期到的。那些曾经存在过的有机体中只有很少会形成化石。然而，生物学家还是发现了数以千计的过渡期化石。从原始鱼到脊椎鱼的过渡，从鱼类到两栖动物的过渡，从两栖动物到爬行动物的过渡，从爬行动物到鸟类的过渡，从爬行动物到哺乳动物的过渡，从陆地生物到早期的鲸类的过渡，从早期的猿猴到人类的过渡都已经有了很好的化石证据。[36]此外，关于哺乳动物如何分化为啮齿动物、蝙蝠类、兔类、食肉类、马类、象类、海牛类、鹿类、牛类以及其他动物都有很详细的化石记录。正如已故的哈佛大学生物学家史蒂芬·古尔德所报告的："古生物学家已经发现了一些极好的处于中间形式和序列中的例子，这些例子足以说服任何一个怀有开明态度的对生命的自然系谱存有怀疑的人。"[37]

> 到了今天，进化论就像地球绕着太阳转一样无可置疑。
> ——理查德·道金斯

> 科学家拥有证据却完全不敢确定，创造论者非常确定却完全没有证据。
> ——阿什利·蒙塔古（Ashley Montague）

创造宇宙说与道德

在由创造研究学会（Institute for Creation Research）所建立的创造与地球史博物馆的大厅墙壁上悬挂着两张画：一张的标题是"创造论者之树"，另一张的则是"进化之树"。"创造论者之树"描绘了一棵繁茂而翠绿的树，在该树的树枝上标着一些诸如"真基督论（true christology）""真福音书""真信仰""真道德""真美国精神""真政府""真家庭生活""真教育""真历史""真科学"这样的短语。而"进化之树"却描绘了一棵枯萎而凋零的树，在该树的树枝上标着一些诸如"共产主义""纳粹""无神论""非道德主义""物质享乐主义""淫秽""奴隶制""堕胎""安乐死""同性恋""虐童"和"兽交"这样的短语。这里所要传达的信息是很明显的：进化论是万恶之源。佐治亚州法官布拉斯韦尔·迪恩同意这一点，正如他用押韵①的方式所说的："达尔文的猴子神话是放纵、滥交、摇头丸、避孕药、性变态、早孕、堕胎、色情疗法、污染、毒化以及所有种类的罪恶扩增的原因。"38 这种观点位于创造论与进化论间争论的核心。它并非有关科学本质的观点，而是有关道德本质的观点。

创造论者相信，由于进化论与《创世记》篇的字面意思相矛盾，所以它动摇了《圣经》的权威性。另外，他们还相信，如果《圣经》中有任何一部分是不真实的，那么我们就无法相信它的所有部分了。但是如果没有《圣经》，我们就没有办法区分对和错。所以通过动摇《圣经》的权威，进化论也破坏了道德的基础。

这种观点背后的道德理论被称作神命论。在这种观点看来，一个行为之所以成为正确的是因为上帝意欲人去做这样的行为。但是正如我们在第五章已经看到的，如果上帝被定义为全善的，那么该理论就是循环论证，不仅如此，它还会动摇任何崇拜上帝的理由，正如莱布尼茨所认识到的：

> 因此，当有人说行为的善不是根据任何有关善的标准，而是仅仅根据上帝的意志时，在我看来他就毁灭了上帝的所有爱和荣耀——虽然他没有意识到；因为如果上帝做完全相反的事情也同样值得赞扬，那么为何还要去称赞他呢？如果他只是拥有着一种暴虐的力量，如果他的行为是出于任意而非出于合理性，如果正义就是服从最有力量者的意愿——这也是暴君的定义——那么他的正义和智慧何在？除此之外，任何一个被意欲的行为都预设了一个该意欲的理由，而这个理由必然是先于该行为的。39

莱布尼茨的观点是这样的：如果在上帝对行为产生意欲之前行为既不是正确的也不是错误的，那么上帝就不是基于某种行为比另一种行为更道德才选择那种行为。因此如果上帝的确选择了某行为而非其他行为，那么他的选择就是任意的。但是一个行为完全任意的上帝不是一个值得崇拜的上帝。

根据莱布尼茨的看法，上帝对某个行为的选择并不能使得该行为成为正确的，反而是因为某行为是正确的所以上帝才选择它，行为的正确性是独立于上帝的意愿的，并因此可以引导上帝的选择。道德并不比数学更依赖上帝的存在。上帝并不能使得数字3成为偶数，因为3在本质上就是奇数。类似地，上帝也不能使得正义或仁慈的行为变成坏的行为，因为这些行为在本质上就是好的。所以即使进化论的确动摇了《圣经》的权威性——大多数教派都认为它并没有——它也不会因此动摇道德的基础。

---

① 中文无法反映原文中的押韵方式，原文为"permissiveness, promiscuity, pills, prophylactics, perversions, pregnancies, abortions, pornotherapy, pollution, poisoning, and the proliferation of crimes of all types"，每个单词都以"p"开头。

创造论者也会错误地声称，没有人曾观察到过进化。广义上说，生物学上说的进化只是指一个有机体种群的基因组成分所发生的历时性变化。这种变化已经被观察到很多次了。对杀虫剂发展出了抗性的昆虫和对抗生素产生抗性的细菌就是我们所熟悉的两个生物学进化的例子。这种生物学进化的例子并不会打动创造论者，因为它们只是他们所称作的"微观进化（micro-evolution）"——一个特定物种内部的基因变化。而创造论者说，他们从来没有观察到过"宏观进化（macro-evolution）"——从一个物种到另一个物种的基因变化。但事实上，这种进化也已经被观察到了。已经有8种新的果蝇物种在实验室中被观察到了，同时被观察到的还有6个其他昆虫的新物种。在过去的250年间法罗群岛上已经出现了一种新的老鼠物种，科学家们最近也记录到了一种新的海洋蠕虫的物种。在过去的50年间已经有十余个新的植物物种被观察到。[40]所以声称不论是微观进化还是宏观进化从来没被观察到过都是不准确的。

恰到好处的调整（fine-tuning）：很多人相信宇宙的另一个特点会增加宇宙是被设计的这种观念的可信度，该特点即许多物理属性的令人吃惊的"恰到好处的调整"。如果重力或者电磁力这样的力比现在的强一点或者弱一点，或者如果亚原子粒子的一些属性（例如其质量和电荷）大一点或者小一点，那么就没办法形成原子和分子，而我们所知道的生命也不会存在了。主导宇宙的定律似乎是为我们量身订做的。正如物理学家保罗·戴维斯所言："似乎有人恰到好处地调整了自然的参数来形成一个宇宙……让人不禁产生一种它是来自设计的感觉。"[41]但是表象可能会骗人。

只有宇宙有可能被调整得与现在不同，宇宙的恰到好处的调整才是需要解释的。但是一些物理学家相信物理学定律不可能会与现有的不同。爱因斯坦曾经好奇上帝在构建宇宙时能有多大的选择空间。物理学家斯蒂芬·霍金相信上帝没有多少选择，在他的畅销书《时间简史》中，霍金这样写道："只存在一种或者很少几种完整的统一理论……是自我一致的，并可以产生一个像人类这样复杂到可以对宇宙定律进行研究并询问上帝之本质的结构。"[42]哲学家巴鲁赫·斯宾诺莎也持有类似的观点，他认为可能存在的宇宙只有一个。如果真是这样，那么宇宙对于我们来说是如此合适这一事实就不需要什么解释了。它不可能是其他的样子。

不过，自然定律有可能是自然选择的结果。我们已经知道黑洞可以产生其他的宇宙。所以任何可以形成黑洞的宇宙都可以自我复制。在生物学上，如果我们询问为什么某特定物种会具有某特定的特征，我们所能得到的答案就是拥有该特征可以使得该物种的成员更有可能活到能够繁殖的时候。为什么人类长出了对生拇指？因为拥有这样的拇指可以使得我们有可能制造工具，而一个会制造工具的物种更有可能活到能够繁殖的时候。李·施莫林提出这种推理方式也可以运用到宇宙上。为什么宇宙会拥有这些特定的自然定律？因为拥有这种自然定律可以使得黑洞的形成成为可能，而一个能存在到黑洞形成时的宇宙是更有可能自我复制的。

施莫林是这样说的：

> 这个集合里的任何宇宙（无论它本身的参数是什么）都可能会在一定时间之后生出一大堆家族后代，而在一段时间后那些最适合产生黑洞的宇宙的后代就占据了绝对优势地位了……在足够长的时间后，有可能会有一个从集合里随机选择的宇宙拥有那种能产生接近顶峰数量的黑洞的参数。
>
> 正是因为这一点，这个基于一个未被观察到的宇宙集合的理论才能拥有解释力。我们只需要再做出一个假设，即我们的宇宙是该集合中的一个典型成员。然后我们就能推出支配我们宇宙的参数就是那个最接近产生顶峰数量的黑洞的参数。[43]

正如一个有机体的特征可以通过自然选择来解释一样，宇宙的特征也可以如此来解释。所以我们并没有理由通过引入上帝来解释宇宙的"恰到好处的调整"。

另外，最近的研究表明，在一个拥有与我们的宇宙完全不同的物理属性的宇宙中，也是可能存在智能生命的。在"一个没有弱作用力的宇宙"一文中，物理学家罗尼·哈尼克（Roni Harnik），格雷厄姆·D. 克里布斯（Graham D. Kribs）和吉拉德·佩雷斯（Gilad Perez）描绘了一个缺乏弱力但是仍然能支持生命的宇宙。[44] 在《一个对宇宙常数之人择起源的观察性质的测试》一文中，哈佛大学天文学家亚伯拉罕·勒布（Abraham Loeb）论证说即使宇宙常数比现有的大一千倍，在矮星系中的行星上也仍然可能存在生命。[45]在《人择推理的麻烦在哪里？》一文中，牛津大学物理学家罗伯托·特洛塔（Roberto Trotta）和格伦·斯塔曼（Glenn D. Starkman）也声称，有感觉的生物也可以在一个拥有与我们的宇宙完全不同的物理常数的宇宙中进化出来。[46]认为智能生命只能存在于一个唯一的像我们这样的宇宙中是不符合事实的。所以，宇宙可能并不像初看起来的那样，"被调整得恰到好处"。

自然化的理论比超自然的理论（那种声称宇宙是被一个超自然的存在所设计和创造的理论）更简单，因为他们可以无需预设一个超自然的存在就能解释生物体表面看起来具有的那些设计特征。它们也比创造论者的理论更保守，因为它们可以更好地与各种科学的发现嵌合起来。正如艾萨克·阿西莫夫所言："如果不抛弃掉所有的现代生物学、生物化学、地理学、天文学——简单地说即所有科学——创造宇宙说就不可能被接受。"[47]

进化论也比创造论者的理论具有更大的解释范围，因为它们可以解释不同的物种是如何产生的。而像创造研究学会的杜安·吉什（Duane Gish）这样的创造论者承认他们做不到这一点：

我们不知道创造者是如何创造的，也不知道他运用了什么程式来进行创造，因为他所运用的程式已经不在现在的自然宇宙中运作了。这就是为什么我们将该创造当作一种特别的创造。我们无法通过科学研究发现任何有关创造者所使用的创造过程的东西。[48]

但是如果创造论者不能告诉我们创造者是如何进行创造的，他们就无法解释该创造。因为你不可能通过无法理解的方式来解释未知的事物。正如柏拉图所认识到的，说"这事是神干的"并不是在给出原因，而只是在为原因的缺乏给出借口。[49]

进化论也比创造论更具成果性，因为它们已经成功预测了一些新的事实；创造论者的理论却没有预测过任何事情。例如进化论已经预测到相近物种的染色体和蛋白质也是相似的，预测到基因突变的发生，还预测到有机体可以对变化的环境产生适应。所有这些预测都已经被证实，而创造论者的理论却没有作出过任何成功的预测。由于进化论比创造论者的理论更好地满足了充足性标准，所以它们是更好的理论。

既然创造宇宙说理论的不充足性是如此明显，为何它还一直存在着？答案不难找到。许多人相信进化论与宗教不相容，因为它不仅与《圣经》里的创世故事相矛盾，而且它暗示着我们的生命是无目的和缺乏意义的。不过这种观点并不被大多数的主流教会所支持，例如罗马天主教会、世界信义宗联会（Lutheran World Federation）、美国犹太教大会（The American Jewish Congress）、美国圣公会总会（General Convention of The Episcopal Church）、美国长老会（United Presbyterian Church）、爱荷华联合卫理公会大会（Iowa Congress of The United Methodist Church）、一神论信普救说者协会（Unitarian-Universalist Association）都否认由创造研究学会所支持的那种所谓科学的创造宇宙说，而赞同将进化论视为对物种起源的更可信的解释。

此外，我们还有理由相信进化论是唯一一个可以使得我们与上帝之间的有意义联系成为可能并使生命的意义成为可能的观点。生物学家肯尼思·R. 米勒（Kenneth R. Miller）是这样解释的：

> 人们经常说达尔文式的宇宙中的随机性是无法与意义相调和的。我不同意这种说法。一个真正没有任何意义的世界是一个这样的世界：一个神用线拉着所有的人类木偶，也操纵着所有的物质粒子。在这样一个世界中，物理的和生物的事件都是被仔细控制的，恶和痛苦也会被最小化，而历史进程的结果也被严格的管制着。所有的事物都朝向着创造者的清晰明确的预定目标前进，但是该控制和可预测性是以牺牲独立性为代价的。这样的一个创造者通过持续的控制使得他的创造物没有任何机会知道和崇拜他——因为真正的爱是以自由为前提而非以操纵为前提。而进化论中的开放的偶然性则最能提

上帝的意愿就是无知的避难处。
——巴鲁赫·斯宾诺莎

如果我们生命中的所有行为都是被上帝所决定的，那么这就不是一个有意义的生命。如果我们所做的事不是由我们自己决定的，我们就不比机器人好到哪里去。只有当我们的行为是自由的时，它们才是我们自己的行为，而米勒说只有在一个没有被外在力量所操纵的世界中我们的行为才可能是真正自由的。所以进化论并没有减弱我们与上帝的联系，它实际上反而增强了这种联系。

思想探究

人类的设计缺陷

伯特兰·罗素曾经说过："如果我被给予了全能的力量，并且有几百万年的时间来做实验，我不会觉得自己努力的最终结果就只是这个样子的人类，是多么值得夸耀的事。"[51]生物学家杰伊·奥利尚斯基（S. Jay Olshansky）、布鲁斯·卡恩斯（Bruce Carnes）和罗伯特·N. 巴特勒（Robert N. Butler）也同意罗素的观点，他们认为人类的设计上存在很多不如意之处。他们声称，对于我们的设计缺陷的最好解释就是人类是自然选择的产物。

> 腰椎间盘突出、骨质疏松、盆骨骨折、韧带拉伤、静脉曲张、白内障、听力丧失、疝气和痔疮：当人年纪大了后折磨我们身体的毛病不计其数。为什么我们刚刚到达盛年就开始散架了？
>
> 用进化论的术语来说，我们之所以拥有这些缺陷是因为塑造我们的那些被基因所决定的特征的力量——自然选择——并不追求完美或者身体的无限期的健康。如果一个身体计划能允许个体活到有能力繁殖的时候（在人类以及其他一些有机体那里还需要活到能将它们的后代养大的时候），那么该计划就会被选择……更重要的是，那些只在某人生育后才使其变得衰弱的解剖学和生理学上的特征也会传播开来。比如说，如果一个身体计划会让身体在50岁后完全崩溃，但是不会妨碍到之前的生育，那么这个安排也能获得通过，即使它会在身体的后半生产生有害的结果。[52]

下面的插图表现了一种改善我们的设计的方式。我们身体的设计缺陷是否为智能设计说提供了反面证据？

基于奇迹的论证

很多人认为，奇迹的存在是信仰上帝的一个强有力的理由。很多宗教的神圣经典都充斥着对一些神奇事件的描述，例如《圣经》里面就描述了一条棍子变成一条蛇，红海被分开，太阳静止不动。这些事件看起来似乎没有自然的解释，这就让

> 基督教不仅在一开始就依赖着奇迹的帮助，而且即使在今天，不出现一个奇迹也没办法让一个明理的人相信它。
>
> ——大卫·休谟

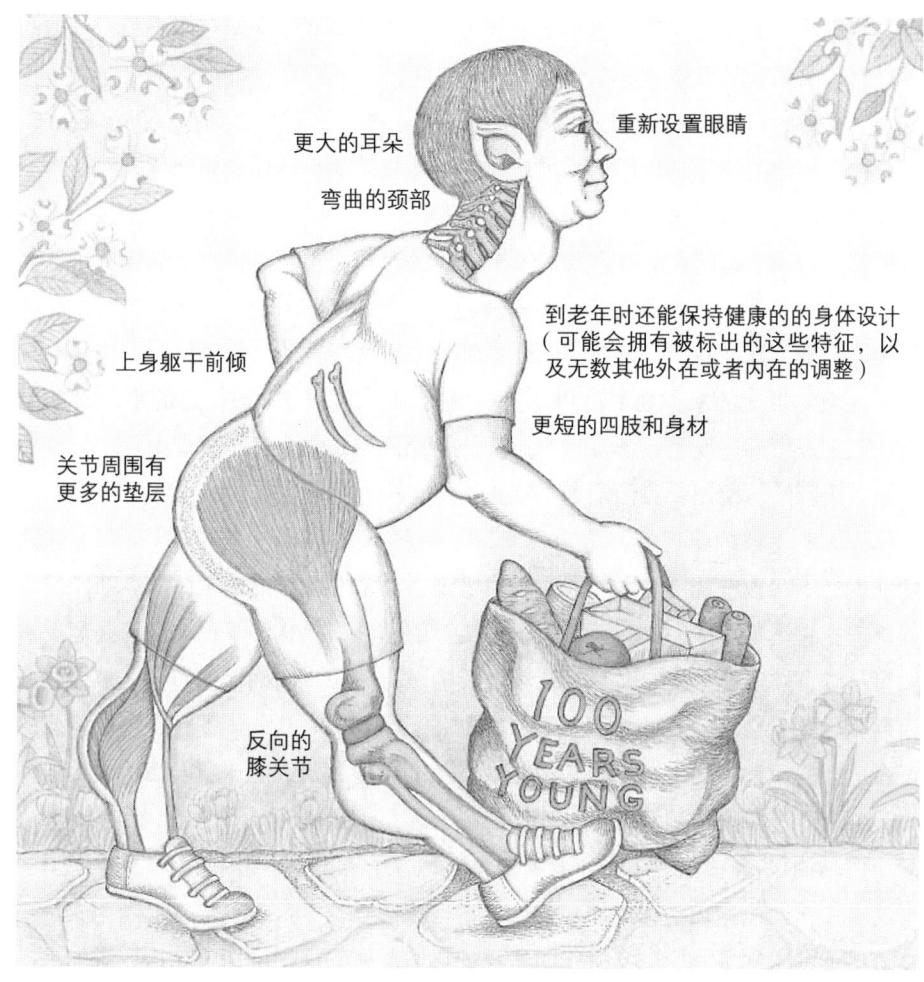

很多人接受了一种对它们的超自然解释。

一个奇迹不仅仅是一个不寻常或者令人惊奇的事件。太阳出现日蚀是不寻常的，但是这不是奇迹。中彩票大奖是令人惊奇的，但是它也不需要一个超自然的解释。只有一个违反了自然规律的事件才需要这样的解释。所以**奇迹**①可以被定义为一个由超自然存在所产生的对自然规律的违反。

基于奇迹的论证可以被表述如下：

1. 存在一些看起来是奇迹的事件。
2. 对于这些事件的最佳解释是它们是由一个奇迹的制造者所产生的。
3. 因此，很可能存在一个奇迹的制造者——上帝。

虽然奇迹的存在的确蕴涵着一个奇迹制造者的存在，但是它并不蕴涵着上帝的存在。因为一个奇迹的制造者和宇宙的创造者或设计者一样，未必就是全知全能全善的。比如说许多神学家就相信魔鬼（Devil）也可以制造奇迹，因为他也有打

---

① 当"miracle"特指由超自然存在引起的不寻常事件时也可被译为"神迹"，本文为了统一全部译为"奇迹"。

破自然规律的能力，但是魔鬼不是全知全能全善的，所以即使存在一个奇迹的制造者，它也未必就是上帝。

一些人论证说奇迹不仅不能证明上帝的存在，反而是对其存在的反驳。奇迹是对自然规律的违反，他们问：为什么上帝要打破他自己创造的规律呢？是为了修正一个他造成的错误吗？还是为了处理一个他未曾预见到的情况？不论接受哪一个解释都会否认上帝的全能或全知。一个完美的存在应该不必再对他的创造进行修修补补。他应该能在首次就把它搞好——这是自然神论（deism）背后的洞见。在这种观点看来，任何有关奇迹存在的证据都是上帝之存在的反面证据。

一个被报道的事件要能称得上是奇迹必须满足：（1）被报道的事件真的发生过，（2）该事件违反了一条自然规律。休谟论证说我们永远没有理由相信二者中的任何一个判断。所以，我们永远不能正当地声称有奇迹发生过。

许多对奇迹的报道，都来自古时候和一些不太可信的来源。这种野史轶闻类的证据是不足以充当奇迹的证据的。休谟说："寻遍整个历史你都找不到任何这样的奇迹：它被足够多的具有无可争议的良好的理性、教育和学识（以使我们确保他们自身没有被迷惑）同时又具有无可置疑的诚实品质（以确保他们不会被怀疑有任何欺骗他人的企图）的人所证实。"[53]那些报道奇迹的人一般都不是经过训练的观察者，他们通常要么有着强烈的想相信奇迹的愿望，要么能从别人相信他们这件事中受益。不论在哪一种情况下，他们的证言都是不足信的。

但是假设有一些具有无可争议的良好理性、教育和学识的人的确报道了一个奇迹事件。即使这样，我们还是无法合理地相信有一个奇迹发生了，因为支持一个奇迹的证据永远不能压倒支持它所违反的自然规律的证据。休谟是这样说的：

> 如果有某事件曾经在自然的寻常进程中发生过，那么它就不能被当作奇迹。因此必定存在着一个一贯的经验来反对每个奇迹性质的事件，否则那个事件就不配被称作是奇迹性质的。但因为一贯的经验就可以构成一个证明了，所以就有一个直接而完全的证明，因这一事实的本质而反对奇迹的存在。[55]

要在各个相竞争的论断中做出选择，这就需要我们衡量支持各个论断的证据，但是支持奇迹的证据永远不能压过支持自然规律的证据。所有过去的经验都在站在自然规律这一边，所以从规模上看奇迹是永远不能获得支持的。

对于休谟来说，衡量证据就是计算实验的数量。在他的《人类理解研究》一书中，他告诉我们要在两个相竞争的论断中做出选择，"当存在两组支持相反结论的实验时，我们必须平衡正反双方实验的数量，从大的数目中减去小的数目，这样就知道那个优胜方证据的准确力量是多少了"[30]。这种评估论断的方式预设了每个实验都具有相同的分量。但事实并非如此。相比其他的实验而言某些实验是在更严格的控制下进行的，因此这些实验应得更多的比重。对相竞争的各论断的任何评估

自然从来不会打破她自己的规律。
——列奥纳多·达·芬奇（Leonardo Da Vinci）

一个奇迹：即一个人在听了一些没看到某事件的人说了该事件后所描述出来的事件。
——艾尔伯特·哈伯德（Elbert Hubbard）

如果上帝制造了一个奇迹，那么他就是否认了他自己的本质，而宇宙就会直接爆炸、消失，成为虚无。
——乔伊斯·卡里（Joyce Cary）

> ## 分开红海
>
> 海洋学家多伦·诺夫（Doron Nof）和气象学家纳森·派德（Nathan Paldor）在《美国气象学会通报》上发表的一篇论文解释了像圣经里描述的那样的一阵强风如何可以导致红海分开，并产生一条路使得以色列人能够通过，之后又淹没追赶他们的埃及人：
>
> > （假设）有一场持续而强度稳定的风能连续一整天对着整个海湾吹……（然后）就类似我们所熟悉的那种风对着一个狭长的湖泊的情况吹一样，海湾边缘处的水会从其原有的位置缓慢后退……哪怕只是一个中等的风暴……也会使得海水后退的距离超过1千米且海平面上升超过2.5米。这种比较高的数值是由该海湾独特的地形（例如它的宽长比和深长比都很小）和支配此现象的自然方程的非线性特征所造成的。当风速突然变得缓和时，海水就会在几分钟之内随着一个流经整个后退区的速度很快，且呈非线性增长的重浪回到它之前的位置。这意味着以色列人是在海水后退时通过的，而埃及人被淹没是海浪迅速返回的结果。53
>
> **思想探究**
>
> 分开红海
>
> 红海可以被自然的力量所分开这一事实是否动摇了圣经里所说的是上帝将红海分离开的这种观念？为什么？

都必须同时将已有证据的质量和数量纳入考虑。

与休谟想要我们相信的相反，一个在恰当控制条件下进行的实验的结果的权重可以超过任何数量的其他实验的结果。比如说，长期以来人们一直相信质量守恒定律是一条自然规律。爱因斯坦却说这个原理是错误的，他提出的著名公式——$E = mc^2$——预测到物质可以被转化为能量，因此宇宙中的物质总量就可以发生改变。第一颗原子弹的爆炸为爱因斯坦的理论提供了充足的证据。所以一个事件就可以为拒绝长期以来被当作自然规律的观念提供充分的基础。

然而，没有任何事件能为相信有奇迹发生提供充分的基础，因为它表面上的不可能性或许只是由我们对相关自然规律的无知造成的。圣奥古斯丁也持相似看法："奇迹并非与自然相悖，而只与我们关于自然的知识相悖。"58或许有些事情在我们看起来是不可能的，这是因为我们不清楚主导它的规律。例如在18世纪时科学共同体否认关于陨石的报道，原因是它违反了自然规律。比如伟大的化学家拉瓦锡论证说石头是不可能从天空掉落的，因为天上并没有石头。即使是托马斯·杰斐逊在读完两个哈佛大学教授关于观察到陨石的报告后也评论道："我更愿意相信有两个美国教授在撒谎而不愿意相信石头会从天上掉下来。"32陨石在拉瓦锡和杰斐逊看来是不可能存在的，因为他们不知道主导天体运行的规律。现在我们已经知道了这些规律，就再也不会认为陨石是不可能存在的了。

只有当我们有理由相信不会有任何可被发现的自然规律能解释某事件时，我们才有理由相信某个对自然规律的表面上的违反就是一个奇迹。但是我们永远都不

奇迹
由超自然存在造成的对自然规律的违反。

耶稣是一个魔术师吗?

心理学家尼古拉斯·汉弗莱（Nicholas Humphrey）报告说耶稣制造的"奇迹"与他那个时代的魔术师表演的把戏很类似:

> 很多学者已经注意到（至于为此感到沮丧还是欣喜要取决于他们的立场），耶稣的"奇迹"事实上完全是在那个时代兴盛于地中海地区附近的传统魔术表演。公元2世纪时一个出生于叙利亚的罗马人卢西恩（Lucian）汇编过当时"江湖骗子"和"耍把戏者"可以制造的现象。这些现象包括:在水上行走、让东西消失和重现、透视眼、驱魔、预言。然后他继续解释了其中多少种壮举都是可以通过寻常的手段实现的。希波吕托斯（Hippolytus）同样也揭露了一些假冒的奇迹制造者，他们所行之事与耶稣相似到了不可思议的程度，其中包括一个能掌握以下技艺的马库斯人:他能趁观众的注意力被转移时通过将另一个杯子里的液体混入一个杯子中使得杯子里的水变红。
>
> 由于耶稣的作为与那些平常而低微的魔术师的作为如此相似，那个时代的一些犹太教和异教评论者理所当然地认为没有必要费力去将耶稣与其他人区分开。在他们看来，虽然耶稣可能是一个特别卓越的魔术师，但他肯定与其他魔术师没有什么本质的不同。
>
> 塞尔苏斯（Celsus）声称，耶稣年轻时在埃及学到了这门技艺，当时的埃及有着被公认为魔术大师的撒玛利亚魔术师。撒玛利亚魔术师会玩的把戏有:除病、召唤亡灵、凭空变出一桌宴席以及让无生命的东西活过来。根据基督教作家俄利根（Origen）的记述，塞尔苏斯接下来又说:"那么，由于这些人也都能做这些事，你会让我们相信他们都是上帝的儿子吗？难道不应该说这些都是骗子的作为吗？"
>
> 早期的基督教辩护者充分地认识到他们的救世主的这些行为在外人眼里会是怎样的。他们试图降低这些奇闻的重要性。甚至有理由认为福音书本身也被修订和审查过以删去耶稣的一些更明显的戏法，并删除了任何可能将其与埃及魔术师们联系在一起的部分……
>
> 俄利根等人采用的这种有些蹩脚的解决办法等于承认了，如果这些奇迹是由其他人制造的话就的确是在骗人，他们只是为了赚钱。但当耶稣为了激起宗教的敬畏而这样做的时候却不是在骗人。"如果塞尔苏斯能证明耶稣与魔术师所做的是一样的，即耶稣也只是为了炫耀才做这些事，他还是会说类似的话。但事实上，没有一个魔术师能通过他的表演来唤起旁观者的道德上的改过自新，或者教导那些被表演所震慑的人去敬畏上帝。"[57]

思想探究

耶稣的奇迹

俄利根的解决办法是一个好办法吗？当有人说，即使耶稣的壮举也被其他人表演过，其他人的表演也只是小把戏，而耶稣的表演却是奇迹——因为它是由耶稣所表演的，这种说法有说服力吗？为什么？

会有理由相信这一点，因为没有人能确定未来会发生什么事。我们不可能排除掉这种可能性:对于某事件会有一个自然的解释被发现——不论这种可能性有多小。最近对"分开红海"这一奇迹的自然解释的发现已经很好地说明了这一点（详见专栏"分开红海"）。当我们遇到一个令人不解的事件时，更合理的做法总是为此事件寻找一个自然的原因，而非将此事件诉诸某种超自然的东西。诉诸超自然存在并不能增长我们的理解。它只是将我们尚未理解的事情掩盖了起来。

另外，任何所谓的奇迹都更可能是一个超先进技术的产物而非一个超自然存在的产物。亚瑟·克拉克曾经说过，任何足够先进的技术和魔术看起来都没有差别。

所以被许多人诉诸上帝的看起来令人不解的事件可能只是一些先进外星人的作品。埃里希·冯·丹尼肯（Erich von Däniken）就曾在他的著作《诸神的战车》（*Chariots of the Gods*）中如此论证，他在书中声称，以西结（Ezekiel）在天空中看到的轮子其实是一个UFO。事实上，诉诸先进外星人的解释要比诉诸超自然存在的解释更好，因为它们更简单且更保守：它们并没有预设任何非物理的实在，也没有违反任何自然规律。（当然，它们没有那些不诉诸外星人的解释好。）因此表面上看起来像是奇迹的事物并没有为上帝的存在提供证据，因为它可以通过其他的假说得到更好的解释。

> 所有圣经中的奇迹都会随着科学的进步而最终消失。
> ——马修·阿诺德（Matthew Arnold）

思想探究

五重挑战

根据罗比·贝瑞（Robby Berry）的看法，"在圣经中，有五个重大的奇迹似的事件是完全不能被现代考古学所证实的，这些奇迹是（1）摩西将红海分开（《出埃及记》14:21-31）；（2）约书亚将太阳停止（《约书亚书》10:12-14）；（3）以赛亚将太阳的运动方向倒转（《以赛亚书》38:7-8）；（4）耶稣只用了五饼二鱼就喂饱了几千人（《马可福音》6:34-44）；（5）圣徒们的复活以及他们随后在多人面前的显现（《马太福音》27:52-53）。"[60]这些奇迹理应被数千人见证，但是没有任何考古学证据能证实它们。贝瑞相信，这让我们有充分理由相信这些奇迹从未发生过。你同意吗？为什么？（贝瑞将向任何能为以上事件的发生提供圣经以外的可靠证据者给予以下回报：他会阅读此人选择的三本书或者上此人指定的某教派的教堂三个月。）

基于宗教体验的论证

我们关于世界的很多知识都来自感觉经验。但是感觉经验并非我们所具有的唯一一种经验，一些人也会拥有宗教体验。正如感觉经验可以给予我们关于自然事物的知识一样，一些人也声称宗教体验可以给予我们关于超自然事物的知识。

宗教体验有多种形式，它既包括一种平和与幸福的感觉，也包括某种对上帝的直接的个人体验。由于我们现在关注的问题是上帝是否存在，所以我们只集中讨论那种被人们认为是对上帝的体验的经验。

圣约翰是这样描述这种体验的：

> 我所期待的结果是神圣的拥抱（the divine Embracing），是灵魂与神圣本质的结合。在这种爱中，我隐约地知道上帝将其自身与我的灵魂强烈而神圣地结合在一起。这种知识包括一种灵魂与神圣存在之间的联系，而且我知道自己所感觉和欣赏到的是上帝本人——虽然这种感觉不像感觉身处于天堂那

> 样清晰和明白。但是这种与知识和甜蜜的接触是如此深邃和强烈，以至于它渗透进了灵魂的最深处。61

毫无疑问，圣约翰将他自己的经验当作对上帝的体验。但是他将该经验当作对上帝的体验这个事实并不意味着他的经验就是对上帝的体验。因为正如笛卡尔所表明的那样，我们可能会对自己的经验产生错觉。一个东西看起来像是一只躺在院子里的猫，但其实可能是一只旧鞋子。只有当我们似乎所经验到的东西的存在能为我们的经验提供最佳解释，我们才有理由相信这些东西真的存在。所以只有当上帝的存在能为我们的经验提供最佳解释时，我们才有理由相信我们的确体验到了上帝。

基于宗教体验的论证可以被如此表述：

1. 人们具有一些关于似乎是上帝的东西的经验。
2. 对于这些经验的最佳解释是它们就是关于上帝的经验。
3. 因此，上帝很可能是存在的。

这里的关键论断是前提2。要判定上帝假说是否是最佳假说，我们必须将其与其他的竞争性假说做比较。

上帝假说的主要竞争者是幻觉假说，该假说认为宗教体验是由身体的异常状况所产生的。伯特兰·罗素就是幻觉假说的支持者之一，他这样写道：

> 从科学的角度来看，我们没办法区分一个因为吃的太少而眼前出现天堂的人与一个因为喝酒过多而眼前出现蛇的人。这两种人都处于一种身体的异常状态，并因此产生了异常的感知。62

罗素声称，宗教体验的原因是内在的而非外在的。所以这种经验并不能为上帝的存在提供任何证据。

虽然宗教体验可能会自发地产生，不过那些声称曾看见过上帝的人经常过着一种极其克己和自律的生活。他们抛弃了世俗的财产，压制了身体的欲望，并且拒绝正常的人类陪伴，他们的生活里充满了祈祷、敬礼和仪式。如今心理学家已认识到这种禁欲式的生活方式跟迷幻药物一样能对大脑产生相似的作用。63

此外，有研究表明，我们无法区分对宗教体验的描述与对迷幻药物体验的描述。在1962年的耶稣受难日，哈佛大学神学院学生沃尔特·庞克（Walter Pahnke）给波士顿学院马什礼拜堂中的三十个学生中的一半人服用了裸盖菇碱（一种具有类似于LSD效果的迷幻药），另一半的人则被给予了安慰剂。在听完受难日的布道后，这群学生聆听了管风琴音乐并记录下了他们的体验。实验组学生中有九个人报告称他们经历了一次真正的宗教体验。为了评估他们的断言，庞克请了三个曾受过识别宗教体验训练的女人来阅读他们的报告。这些女人发现这些受试者的报告具有真正宗教体验的全部特征。庞克总结道："那些服用了裸盖菇碱的受试者所经验到的现

我们所能体验到的最美丽的事物就是神秘之事。
——阿尔伯特·爱因斯坦

如果你向上帝讲话，你是在祈祷；如果上帝向你讲话，你是精神分裂了。
——托马斯·萨斯
（Thomas Szasz）

象与被定义为神秘体验的那类现象是不可区分的——如果不是完全相同的话"。[64]

仅仅依据宗教体验往往是由异常的生理状态所产生的这一事实,我们并不能得出结论它就是不真实的。我们所拥有的每个经验都是在身体的某种条件下形成的,或许会有某种生理状态有助于我们发现某些类型的真理。C. D. 布罗德是这样解释的:

> 假设(只是出于方便论证的考虑)世界的某个方面目前还处于一般人在日常生活中的认知范围之外,那么为了能够从我们日常的感觉认知中解脱出来,从而接触到实在的这个方面,似乎某种程度上的精神和身体的异常就很可能是一个必要的条件。或许一个人必须要稍许"精神错乱"才能窥见那个超感知的世界。[65]

我们能经验到什么取决于我们经验时的身体状态。为了经验到上帝,或许我们必须处于一个异常的状态。正如布罗德所说,或许我们必须在处于"精神错乱"状态时才能透过我们日常经验的裂缝看到一些东西。

我们不能仅仅因为宗教体验发生在异常的状态下就不重视它,也不能仅仅因为它们从表面上看似乎是如此真实就接受它。要被接纳为真实的,它们也必须通过那种日常经验也需要通过的测试。

对经验之真实性的一个测试就是看那些曾拥有这些经验的人是否能达成一致意见。如果存在一种广泛的一致,那么就有理由相信那些拥有这些经验的人的确经验到了他们自认为经验到的东西。但是在宗教体验这里,关于经验到的是什么东西却没有多少一致看法。根据神学家约翰·希克的说法,"当我们倾听世界范围内的那些曾说自己对神圣存在有着直接和个人的体验的人时,我们发现他们已经通过许多不同的,而且常常是矛盾的方式概念化了他们的经验,且每个人概念化其经验的方式都是与他自己所在的传统和文化相一致的。"[67]例如基督教的神秘主义者倾向于说他们经验到了一个人格化的神(耶和华),而印度教的神秘主义者倾向于说他们经验到了一个非人格化的神(梵)。但是至高存在不可能既是人格化的又是非人格化的,所以这两种经验都不可能都是真的。除非我们能找到一种解决这种不一致的办法,否则我们几乎没有理由相信它们中的任何一方是真实的。

关于经验到的是什么东西这方面的不一致通常可以通过收集更多的信息来解决,假设有人声称碗里的水果是真的水果,而另有人却说它是塑料做的。要判断谁是正确的,我们会去摸、闻或者还需要尝一下碗里的东西。如果它们感觉起来、闻起来、尝起来像是真的水果,我们就有理由相信它们是真的。但是关于宗教体验的不一致却不可能通过这种方式得到解决,因为上帝是无法被感觉到的。不存在一种办法来判断一个宗教体验是否是被上帝所引起的。但是如果没有办法来区分真实的宗教体验和假的宗教体验,它们就不可能被用来合理化上帝的存在。

> 幸福的人不相信奇迹。
> ——歌德

> 所谓的神学就是被化约为一个系统的对自然原因的无知。
> ——保罗·亨利·霍尔巴赫男爵

你的大脑是这样体验到上帝的

迈克尔·伯辛格（Michael Persinger）是位于安大略省萨德伯里市的劳伦森大学的一位神经生理学家，他相信宗教体验是大脑中一种特定类型的电子反应的结果。为了检测他的假说，他制作了一个被连上了很多磁极的头盔，这些磁极可以通过电磁射线来制造各种模式的脑电波。记者杰克·希特（Jack Hitt）报道了他在伯辛格实验室中的经历：

伯辛格的理论认为，被描述为"经历了宗教体验"的感觉只是我们具有两个脑半球的大脑所产生的兴奋活动的副作用。经过极度简化后他的观点可以被表述如下：当我们的大脑右半球（负责情感功能）中被认为负责控制自我概念的区域被刺激后，左半球（负责语言功能）就会被唤起以对这种不存在的实体进行解释，于是心灵就会产生一个"感觉到的（上帝）存在"……

将上帝归为一些粗糙的神经连接似乎是冒渎和放肆的，但是现代神经科学并不怯于将我们大多数的神圣概念——例如爱、快乐、利他、怜悯——定义为只是我们大的出奇的大脑的静力作用。伯辛格的观点还要更进一步，他的研究实际上建立了一个关于超凡体验的大一统理论：他相信大脑的故障可以为一个人可能描述的几乎所有的超自然现象负责，例如外星人、天堂幻象、前世的感知、濒死体验、灵魂出窍，还有你能说得出的所有现象……

通过使用一个固定波长模式的电磁场，伯辛格想要激发人感觉自己处于某个场景——他声称他也能让你的大脑体验到安乐、紧张、恐惧甚至性兴奋。相对应的每种电磁模式都以一列列数字来表示，范围从0到255不等——这些数字指示了电脑所输出的电磁脉冲的增值的大小……

伯辛格预想了一系列能够产生与迷幻药一样的效果的电磁模式。正如你可以在服用一种抗生素之后期待它产生一种可预测到的结果一样，你可能也会在暴露在精确的电磁模式下之后，期待在你的大脑中产生一种相应的效应。

还有一个可能的应用场合：好莱坞。伯辛格已经跟道格拉斯·特朗布尔（Douglas Trumbull）——负责从《2001年太空漫游》到《尖端大风暴》等电影中一切视觉效果的特效技师——聊过。他们讨论了将伯辛格的头盔与虚拟实在结合在一起的技术上的可能性。伯辛格说："如果你曾经历过虚拟实在，那么你知道的，一旦你戴上了头盔之后，你总是知道自己正在一个头盔里面。我的看法是需要创造一种更加真实的娱乐形式。"但是他也补充道："我们还没有达成协议。"[66]

思想探究

宗教体验

宗教体验可以通过电子的方式产生这一事实是否动摇了它是由一个超自然存在产生的这一论断？为什么？

本体论论证

到现在为止，我们所讨论的论证都试图诉诸关于世界的某些事实来证明上帝的存在。而**本体论论证**（ontological argument）却试图仅仅通过诉诸"上帝"概念本身来证明上帝的存在，它声称，只需对"上帝"概念做出恰当的理解，就能揭示出该概念背后必然包含着某些东西。

安瑟伦的本体论论证

首个提出这种论证的人是圣安瑟伦（St. Anselm，公元1033—1109），他将上帝设想为可能的最伟大（Greatest）的存在（一个"不可想象有什么比它更伟大"的存在）。安瑟伦声称，这样的一个存在是必然存在的，因为如果它不存在，那么就有可能存在一个比它更伟大的存在。他这样写到：

> 任何能被理解的都存在于理解之中，显然那个没有其他存在可被想象为比它更伟大的存在是不可能仅仅存在于理解中的。因为假设它仅仅存在于理解之中，那么它也就能被想象也存在于实在之中，而存在于实在之中是更伟大的。
>
> 因此，如果那个没有任何其他存在能被想象比它更伟大的存在仅仅存在于理解之中，那么这个没有任何其他存在能被想象比它更伟大的存在就成了一个有比它更伟大的存在可被想象到的存在。但是，这显然是不可能的。因此，无疑真的存在一个没有其他存在能被想象为比它更伟大的存在。[68]

一个"仅仅存在于理解中"的存在，是一个仅仅存在于我们心灵中的存在。但是一个存在于实在之中的存在，则是比一个仅仅存在于心灵之中的存在更伟大的存在，所以如果上帝仅仅存在于我们的心灵之中，就可能会有一个比上帝更伟大的存在——即一个类似上帝、但却存在于实在之中的存在。但是不可能会有一个存在比上帝更伟大，所以上帝一定是实际存在的。

该论证的更形式化的表述是这样的：

1. 根据定义，上帝是可能的最伟大的存在。
2. 如果上帝仅仅存在于我们的心灵之中，那么就有可能存在一个比上帝更伟大的存在，即一个跟上帝一样但却存在于实在之中的存在。
3. 但是不可能存在一个比上帝更伟大的存在。
4. 所以，上帝一定存在于实在之中。

虽然这个论证是有效的，大多数人却不觉得它具有说服力，因为他们并不相信你能通过定义使得某物变成存在的。

与安瑟伦同时代的高尼罗（Gaunilo）也是这样看的。他运用了一个思想实验来表明如果安瑟伦的推理方式是正确的话，那么你也可以证明可能的最好的（greatest）岛屿是存在的。

> 任何实际存在的事物在实际存在之前，必然首先是可能存在的。
> ——阿尔伯特·派克（Albert Pike）

思想实验

高尼罗的失落的岛屿

试考虑这个例子：一些人说在大海的某处存在着一个岛屿，他们将它称作"失落的岛屿"，因为要发现不存在的事物是非常困难的或者甚至是不可能的。

本体论论证
一个从上帝的本质来推出上帝之存在的论证。

他们说它充满了不可估量的财富和令人欢乐之物,比神佑之岛还要多。而且虽然它没有主人或居住者,它却比人类所居住的所有陆地的总和还要更富饶。

当有人告诉我有这样一个岛屿,我很容易理解他在说什么,因为理解它不存在任何困难。但是假设他基于此而接着说:你不可能怀疑这样一个比任何陆地都要卓越的岛屿是真实存在于实在中的某处的,因为它无疑是在你的理解之中存在的。由于不仅仅存在于理解之中,而且还存在于实在之中是更卓越的,所以这个岛屿一定是在实在之中的。否则任何其他的存在于实在之中的陆地就会比它更卓越了,而这个被你理解为在所有陆地之中最为卓越的岛屿就不是最为卓越的了。[69]

可能的最好的岛屿拥有理想的气候、最为丰富的自然资源,每亩地有最多的树木,诸如此类。高尼罗指出,从安瑟伦的角度看,如果该岛屿不存在,那么它就不是可能的最好的岛屿。所以通过相同的推理方式,似乎这个可能的最好的岛屿也一定存在。

安瑟伦知道高尼罗的这一反驳,并试图这样回应他:他声称他的论证只能适用于可能的最好的存在,而不适用于具体的某类事物。但是如果因为存在可以使得上帝更好,所以存在就是内在于上帝的,那么我们就很难明白为何存在不也是内在于其他事物的。例如我们也可以论证说可能的最邪恶的存在一定是存在的,因为如果它不存在,那么它就不是可能的最邪恶的存在。这显然是荒谬的。是哪里出了错呢?

问题在于,安瑟伦对"仅仅存在于理解之中"这个短语的理解。安瑟伦似乎相信,说上帝仅仅存在于理解之中就是说在我们的心灵之中存在一个除了不存在于实在之中,在所有其他方面都类似上帝的存在。这的确是不可能的。但是这并非对短语"仅仅存在于理解之中"的一个可信的解读。说某物X仅仅存在于理解(心灵)之中就是说概念X并不适用于实在之中的任何事物。例如,说半人马(centaurs)仅仅存在于心灵之中就是说概念"半人马"并不适用于实在之中的任何事物。类似地,说上帝仅仅存在于心灵之中也就是说概念"上帝"并不适用于实在之中的任何事物,而这并非自相矛盾。当我们说概念"可能的最伟大的存在"没有被例示(exemplified)时,这里并没有矛盾。所以本体论论证并没有成功地证明上帝根据其定义就是存在的。

笛卡尔的本体论论证

笛卡尔也提出了一种本体论论证,他将上帝定义为可能的最完美的存在而非可能的最伟大的存在。可能的最完美的存在拥有所有可能的完美。因为存在是一种完美(存在比不存在更好),所以上帝存在。笛卡尔是这样说的:

每当我选择去思考第一的和至高的存在，并且从我的心灵深处产生出对他的观念时，我就必然地会将所有的完美（perfections）归于他——虽然我暂时不能也不想将所有这些完美都列举出来。这种必然性清楚地保证了，当之后我注意到存在也是一种完美之时，就有理由总结说第一的和至高的存在是存在的。[70]

笛卡尔的论证可以这样表述：

1. 根据其定义，上帝拥有所有可能的完美。
2. 存在是一种完美。
3. 因此，上帝存在。

这个论证假设了可能会有一个至高完美的存在，而且存在可以成为一个定义属性（defining property）。这两个假设都是有问题的。

康德论证说存在不能成为一种定义属性，因为它并没有给我们对某物的概念增加任何信息。当我们被告诉说一个东西存在的时候，我们对其性质并没有知道更多的东西。保罗·爱德华兹（Paul Edwards）通过以下思想实验来阐释康德的观点。

思想实验

爱德华兹的"甘狗"

假设我是个探险家，我声称自己发现了一种新的动物物种，并称之为"甘狗（gangle）"。我被要求解释当我将一个动物叫作"甘狗"时，想表达什么意思，而我给出了下面的回答：

"当我说'甘狗'时，我的意思是说这样一种哺乳动物：它有十一个鼻子、七只蓝色的眼睛、竖立的毛发、尖利的牙齿，而且在足部长着轮子。"现在让我们对比两种我可能会做出的补充说明，第一次我补充说"另外，甘狗还有三条

长尾巴"。第二次我补充说"另外，我坚持甘狗是存在的"。显然这是两种极其不同的补充。在第一种情况下我对"甘狗"的定义进行了补充；我是在扩充这个概念的内涵；我是在提到另外一个能被我叫做"甘狗"的东西所必须具有的属性。第二次我却是在做一种非常不同的事情，我并非在扩充"甘狗"概念的内涵，我是在说这个概念可以适用于存在的某物，我是在说刚才提到的那些特征或品质之集合是属于某物的。[71]

当我们被告知某物存在的时候，我们并没有被给予任何有关它所属于的那类事物的信息。这只是被告知有一些事物是这类事物，所以，存在不能成为一个定义属性。

即使存在可以成为一个定义属性，它是否属于一种完美也是有疑问的。一种完美总是使得某物更好，但是说存在总是比不存在更好是可疑的。试考虑一个身患绝症的人遭受着剧烈而无法医治的痛苦，在这种情况下不存在可能是件幸事。

此外，不论存在是否是一种完美，我们还有理由怀疑是否可能有某物拥有所有可能的完美。试考虑完美的公正和完美的仁慈，上帝常常被认为是完全公正和完全仁慈的，但是正如我们已经看到的，他不能同时给予每个人他们刚刚好所应得的不幸**同时**却又免除他们的这些不幸。所以似乎他就不能**同时**既具有完美的公正又具有完美的仁慈。

类似的问题也会从许多其他种类的完美中产生，例如全知和全善。说上帝是全知的就是说没有什么东西是他不知道的，说他是全善的则是说他永远不会做任何错事。那么问题来了，上帝是否知道贪婪是怎样的感受？嫉妒呢？贪食呢？要知道贪婪、嫉妒和贪食是什么感受，一个人就必须是贪婪的、嫉妒的、贪食的。但是一个全善的人是永远不会犯下这些罪恶的，所以似乎我们可以知道上帝所不能知道的东西。但是如果情况如此，那么说他是全知的就是可疑的。

不过，对笛卡尔的本体论论证最有效的批评，或许在于它是不包含信息的（uninformative）。笛卡尔论证的第一个前提不能被看作断言了上帝的存在，因为不然的话该论证就是循环论证了：它已经预设了他所要证明的结论。所以第一个前提最好被看作为一个假言命题：

1′. 如果上帝存在，那么他就具有所有可能的完美。

但是，如果我们这样理解第一个前提的话，那么结论就会变成

3′. 如果上帝存在，那么他就存在。

这当然是真的，但是它不包含任何信息：它并没有告诉我们任何我们尚不知道的事情。而且它也当然没有证明上帝的存在，所以笛卡尔的本体论论证并不比安瑟伦的论证更成功。

思想探究

多信了一个神

据估算，整个历史上人类已经崇拜过了三千多个不同的神。所以一神论者（那些只信仰一个神，即上帝的人）不信仰数千个其他的神，那么无神论者与一神论者之间的区别就在于无神论者比一神论者少信仰一个神。如果一神论者在理性上有理由不信仰数千个其他的神，那么是否无神论者也同样有理由不信仰一神论者的那个上帝？为什么？

帕斯卡的赌博

17世纪最伟大的数学家之一布莱士·帕斯卡（Blaise Pascal）清楚地意识到，对上帝的信仰是不能通过传统的对上帝存在的论证来将其在理性上证成的。然而，他认为该信仰可以在实用上被合理化。当有着充分的理由相信一个信念为真时它就是**被理性地证成的**。当有着充分的理由相信拥有某信念会让你受益时该信念就是**被实用地证成的**。帕斯卡会这样想是因为信仰上帝可能会让我们上天堂，所以即使没有证据能确保上帝的存在，我们还是应该信仰上帝。

为了更好地理解被理性地证成与被实用地证成之间的区别，试考虑下面这个例子。假设你是一个流浪汉，经常吃了上顿没下顿，也没有希望获得稳定的收入或者有规律的三餐。但是你知道如果被送到精神病院，你就会有一张温暖的床可睡并能获得一日三餐，这正是你一直所渴望的。你也知道，如果你能让精神病院工作人员相信你认为自己就是耶稣基督，你就会被送进去。在这种情况下，你就有实用的理由相信自己是耶稣基督，因为拥有这种信念能使得你获得很大的好处。为了获得这种好处，你应该尽自己的一切努力来拥有这种信念。类似地，帕斯卡认为，我们应该尽一切努力来拥有对上帝的真诚而热烈的信仰。问题在于，这种信仰真的能被实用地证成吗？

帕斯卡承认，我们既不可能知道上帝是什么样的，也不可能知道他是否存在。然而他相信为了我们自己的利益我们最好去相信詹森主义（Jansenism是罗马天主教的一个异端教派，帕斯卡在经历一次神秘体验后转入了此教派）的上帝，因为如果你相信他存在，而且他真的存在，你就能上天堂。如果你信仰帕斯卡的上帝，而且他不存在，你也不会有什么损失。下面是帕斯卡对这种情况的分析：

> 上帝扔的骰子总是灌了铅的。
> ——拉尔夫·瓦尔多·爱默生

思想实验

帕斯卡的赌博

如果这是一场掷硬币赌局，让我们衡量一下把注押在硬币正面朝上——上帝存在这件事上的得与失。让我们评估两种情况：如果你赢了，你就赢得了一切，如果你输了，你没有输掉任何东西。所以不要犹豫了；让我们赌他是存在的。[72]

如果在硬币落下时哪一面朝上这件事上打赌，并且你可能赢得一切却不会输掉任何东西，那么不去打赌就是不理性的。类似地，帕斯卡声称不去赌上帝是存在的也是不理性的。

帕斯卡在此假设了有一个给予信仰自己的人永恒的救赎的上帝存在的几率是50%。但是帕斯卡也假设了我们对上帝的本质毫无了解。所以很难看出他如何能将一个几率赋予某种关于上帝本质的具体的观点上。

或许上帝会奖赏那些不信仰他的人。哲学家和文学评论家盖伦·斯特劳森就为这种可能性做过一个有趣的论证：

> 信仰上帝对上帝来说就是对他的侮辱。因为一方面我们都认为他做出过许多极其残忍的行为，另一方面我们也都认为他却偏偏要给予他所创造的人类一件工具——他们的智力，而智力不可避免地会引导人们否认他的存在——如果他们诚实和冷静的话。因此很容易推出如果上帝存在，那么他在任何声称自己受过教育的人中，最偏爱的一定是无神论者和不可知论者。因为这些人才是非常严肃认真地思考过他的。[73]

很多人认为，理性是上帝给予人类的最好的礼物，但是正如我们已经知道（而且帕斯卡也同意）的那样，上帝的存在似乎是不能仅仅通过理性来证明的。如果我们要尊重上帝的这一礼物，我们就应该跟随理性的引导——而它可能不会将我们引向有神论。

> 我总是认为"帕斯卡的赌博"有问题，因为任何一个值得信仰的上帝都会更喜欢一个真诚的不可知论者而非一个善于算计的伪善者。
> ——艾伦·德肖维茨
> 〔Alan Dershowitz〕

关于这件事，还存在很多种其他的可能性：或许上帝并不关心人们是否信仰他；或许他只是随机选中一些人让他们获得永生；或许他会惩罚那些纯粹因为自私的原因而去信仰他的人；或许他会惩罚任何赌博的人。由于帕斯卡所信的那种上帝存在的几率小于50%，所以帕斯卡的赌博或许并不那么划算。

该赌博中涉及的筹码或许也跟帕斯卡想要我们相信的不同。第一，上天堂可能不是一个太大的奖赏。如果上天堂就意味着坐在云上整天弹着竖琴的话，几乎没有人会觉得这有什么意思（弥尔顿笔下的撒旦就肯定不会想去天堂，他认为与其在天堂里做一个服侍者不如在地狱里做一个统治者）。另外，说信仰上帝的话你并不会失去任何东西也是不正确的。履行宗教仪式和遵循宗教诫命生活（正如帕斯卡所倡导的那样）会消耗时间、精力和金钱。如果不存在上帝，那么这些时间、精力和金钱就被浪费掉了。

在任何情况下，你都应该在接受帕斯卡的赌博前三思，因为赌博的风险和回报可能会与表面看起来的非常不同。

思想探究

外星人的宗教

假设有来自外太空的外星人来访问地球，我们发现他们没有任何宗教，也从来没有听说过人类所崇拜的任何神。这是否会削弱我们的宗教的可信度？试图向这些外星人传教并使得他们信仰我们的某个宗教是否恰当？为什么？

上帝与科学

罗伯特·科伯恩（Robert Coburn）报道说，虽然并非所有人都同意对上帝存在的论证是失败的，但是"在这件事上肯定存在着近乎一致的意见，至少在职业哲学家里面是这样"[75]。大多数（但不是全部）研究过这些论证的人都发现它们是不足的。它们既不能从理性上也不能从实用的方面为上帝的信念提供证成。

有些人争辩说，即使这些论证从单个来说是没有说服力的，但是将它们合在一起就会是强有力的。但是只有当这些论证都关于同一事物的时候这种观点才是正确的，可是似乎它并不适用于当前的情况。宇宙论论证是关于创造者的，设计论论证是关于设计者的，基于奇迹的论证是关于奇迹制造者的，等等。这些论证本身并没有理由能让我们相信它们所讨论的是同一个事物；还需要另外一个单独的论证来证明这一点，但是暂时看不到有这样的论证出现。

所有这些基于经验的论证的主要问题在于即使它们是令人信服的，它们也不能证明传统有神论的那种上帝的存在。即使宇宙拥有一个创造者、设计者、奇迹制造者或者宗教体验的来源，我们也没有理由相信这些存在就是全知全能全善的。但是这些论证也不是令人信服的，因为它们试图通过诉诸上帝来解释的一切事物都可以不诉诸上帝而得到更好的解释。所以它们并不能让人有理由相信上帝的存在。

一个解释有多好取决于它能提供多少理解，而它能提供多少理解又取决于它能多好地将我们的知识组织和结合起来，而一个解释能多好地将我们的知识组织和结合起来可以通过多个充足性标准来衡量，例如简单性（它提出的假设的数量）、广泛性（它能解释的现象的种类）、保守性（与已有的理论相嵌合的程度）和成果性（有能力做出成功的新预测）。

超自然的解释从本质上来说不如自然的解释，这是因为它们无法同样好地满足充足性标准。例如它们通常更不简单，因为它们预设了至少一种额外的实体的存在。它们通常具有更小的广泛性，因为它们不会解释问题中的现象是如何以及为什么产生的，因此它们产生的问题比它们回答的问题还要多。它们通常更不保守，因为它们蕴涵着某些自然规律被打破了。它们通常具有更少的成果，因为它们不能做出任何新的预测。这就是为什么科学家们都避免相信它们。

由于超自然的解释在本质上是更差的，只有当我们确定永远无法找到一个自

对于一个赌徒来说，没有什么东西是神圣的。
——伯纳德·约瑟夫·绍林（Bernard Joseph Saurin）

如果上帝存在，他一定会将宗教视为比无神论更大的侮辱。
——爱德蒙·德·龚古尔和儒勒·德·龚古尔（Edmond and Jules de Goncourt）

希尔弗曼的赌博

赫伯·希尔弗曼（Herb Silverman）是查尔斯顿学院的数学教授，也是理性共同体联合会（the Coalition for the Community of Reason）的创始主席，他针对帕斯卡的赌博提出了他自己的赌博：

> 布莱士·帕斯卡（1623—1662）和赫伯·希尔弗曼（1942—20??）拥有两个共同的爱好：数学（它使我们拥有共同的职业）和神学（它使得我们提出了各自的赌博）。虽然身为基督徒，帕斯卡也是一个怀疑论者。在《沉思录》第233个沉思中他说："如果存在上帝的话，他也是无限不可理解的，因为他既没有部分又没有界限，他跟我们没有相似性。因此我们既不能知道他是什么样也不能知道他是否存在。"帕斯卡稍后又接着说："理性在此无法做出任何判断。"接下来他就总结说，信仰上帝是唯一合理的选择："如果上帝不存在，信仰上帝不会让一个人损失任何东西；但是如果上帝存在，不信仰上帝却会让人损失一切。"这就是他提出的那个著名赌博。
>
> 在说出我自己的赌博之前，先让我对帕斯卡的赌博做两点评论。他的第一个条件句也同样可以适用于牙仙子，或者埋在彩虹尽头的那罐金子。如果我们倾尽一生来做这种无果的寻找，我们只会留下一个没有收获的和被浪费掉的人生——这当然是一种损失。
>
> 他的第二个条件句则更有问题。帕斯卡假设了唯一存在的上帝就会是他那个基督教版本的上帝——一个会以永恒的幸福来奖赏信仰者、以永恒的天谴来惩罚不信者的上帝。此外，这还是一个要么没办法区分真信仰和假信仰，要么也会奖励那些假装拥有信仰的伪善者的上帝。
>
> 我同意帕斯卡的说法：没有任何上帝对我们来说是可理解的。但是假设（为了论证方便的目的）我暂定真的存在一个关心人类的造物主，并且他会选择一些人给予他们永生。那么这个至高存在的选择标准是什么呢？我猜这个神圣的科学家会更希望与那些同样也是我自己所希望与之共处的那些人——聪明的、诚实的、理性的、在持有一个信念之前先要求一些证据的人——之间拥有"个人的联系"。帕斯卡无疑也会同意我这个看法：我们最有前途的学生会不停地问挑衅性质的问题直到他被理性的论证说服为止，而那些最笨的学生才会不经思考地接受他们认为我们想要他所相信的东西。难道一个至高的老师不会持相同的看法吗？我所说的至高存在也会更喜欢跟卡尔·萨根（Carl Sagan）这样的人而非帕特·罗伯逊（Pat Robertson）这样的人交谈。
>
> 这样一个非常智慧的存在大概会厌烦那些对他的无法证明的存在怀有毫无证据的自信结论的人类，并不会想要跟他们有多少联系。这个卓越的设计者会跟我一样对那些信奉和赞扬盲目的信仰的人感到震惊。心怀这样一种对神的看法，我审慎地提出我自己的赌博。它几乎是抄袭的。除了将该赌博中最后面那个"不"字放到前面外，我没有修改帕斯卡的任何用词。但是一个"不"字可以产生多大的影响啊！
>
> 在此我提出"希尔弗曼的赌博"：如果上帝不存在，不信仰上帝不会让一个人损失任何东西；但是如果上帝存在，信仰上帝却会让人损失掉一切。[74]

思想探究

最好的赌博

你觉得帕斯卡的赌博和希尔弗曼的赌博哪一个更好？为什么？

然的解释的时候，我们才应该接受一个超自然的解释。但是我们永远无法确定这一点，因为我们永远不知道未来会发生什么。

神学家们在很久以前就认识到宗教不应该被试图用来解释物理实在。例如，在5世纪早期写作的圣奥古斯丁就告诉我们：

> 这样的事情并不少见：通过推理或经验即使一个非基督徒也可以极其确

定的知道一些有关大地，有关天空，有关世界上的其他元素，有关星体的运动、旋转甚至其大小和距离，有关年度和季节的变换，有关动物、水果、石头和其他这类事物的本质的事情。然而，令人羞耻并具有恶劣影响的是（而这是应被极力避免的）：一些非基督徒竟然会听到一个基督徒以愚蠢的方式谈到这些事物，并且似乎要使得这些事物跟基督教文本相一致，而该非基督教徒可能会说当他看到这些人犯了多大的错误时他简直是不可抑制地想嘲笑这些人。考虑到这种现象，我在处理"创世记"一章时会时常在心里记着这种情况，并尽己所能来详细解释和深思熟虑地阐释那些意义不清楚的段落，小心地使自己不会轻率而偏狭地肯定某种对意义的解释，而不顾可能更为妥当的另一种阐释方式。[76]

> 宗教本应该最能让我们与野兽区分开，而且也应该特别能将作为理性生物的我们提升到动物之上，但是在宗教里人类却常常看起来是最不理性的，并且比野兽还更没有理智。
>
> ——约翰·洛克

奥古斯丁不相信《圣经》是一个科学文本，他也不相信《圣经》里说的一切都要从字面上来理解。对于他来说，《圣经》是我们获得救赎的向导，而为了获得救赎，我们并不必知道自然世界中的任何具体事实，唯一必要的是拥有信仰。

在20世纪晚期，哈佛大学的生物学家斯蒂芬·古尔德也在其著作中响应了奥古斯丁的观点，他也声称科学和宗教不应该被看作属于同一个领域的事物，事实上它们的目的非常不同：

> 科学试图记载自然界的事实特征，并且发展出理论来协调和解释这些事实。另一方面，宗教则在一个同等重要但却完全不同的领域运行，即人类的目的、意义和价值领域，这些是科学的事实领域可能会对其有启发，但却永远不能解决的主题。[77]

对于古尔德来说，科学和宗教是"互不重叠的管辖区"（non-overlapping magisteria），每一方都有一个与另一方截然分开的自己的权威领域。科学关心物理事实，而宗教关心价值。所以宗教没能在物理实在方面提供有说服力的解释并不会动摇宗教的价值。

思想探究

古尔德尔vs.奥古斯丁

前圣公会牧师、英国伯明翰大学的圣经研究教授迈克尔·唐纳德·古尔德尔（Michael Donald Goulder）在1981年辞去牧师一职并成为了一个"非激进的无神论者"，这是因为他说"上帝再也不会有什么真正的工作可做了"，意思是再也不需要用上帝来解释任何事情了。这是否是成为无神论者的一个好的理由？或者你是否同意奥古斯丁和古尔德尔的观点：宗教不应该被用来解释世界？你认为哪一种观点更可信？为什么？

总　结

　　那种试图基于宇宙的存在来推出上帝的存在的论证被叫作宇宙论论证。其中一种是所谓的第一因论证：某些事物是有原因的，而且因为没有东西能导致它自己发生，而原因的链条不可能无限长，所以一定有一个第一因，它被我们叫作上帝。但是如果这个论证是有效的，它也只能证明存在第一因，而非存在上帝，因为第一因未必是全知全能全善的。而且说宇宙有一个原因也未必正确，因为一个原因序列的无限倒退在逻辑上是可能的。

　　卡拉姆宇宙论论证认为任何开始存在的事物都有一个原因。因为宇宙从大爆炸时开始存在，所以它一定有一个原因，即上帝。但是那个导致大爆炸发生的未必就是上帝——它未必是全知全能全善的。另外，大爆炸并非一定需要有一个原因。它可能是科学家所说的大坍缩（一个无原因的事件）的结果。或者大爆炸可能只是一个无限"振荡"的宇宙（一个没有第一因的宇宙）中的另一个循环而已。

　　目的论论证试图通过宇宙表面上的设计或目的来推出上帝的存在。一种流行的目的论论证是基于宇宙与一个机器之间的类比：宇宙类似于一个手表，每个手表都有一个设计者，因此宇宙很可能也有一个设计者——上帝。但即使这是一个好的类比论证，它也并不能表明这个设计者就是上帝。另外，被设计用来达到某个目的的宇宙的存在使得一个全能设计者的概念令人起疑，因为全能者是不需要通过宇宙来达到目的的。设计论证也可以被如此解释：上帝的存在为宇宙的设计提供了最佳解释。但是另一个关于该设计的解释更好，那就是进化论。

　　一些人论证说奇迹的存在表明上帝一定是存在的。但是奇迹的存在只能蕴涵一个奇迹制造者的存在，而非上帝的存在。事实上，一些人论证说奇迹的存在反驳了一个全能或全知的上帝的存在。此外，没有事件能提供足够的根据让我们相信的确有奇迹发生过。

　　宗教体验也被认为是为上帝的存在提供了证明。但是我们并没有办法辨别一个宗教体验是否是被上帝制造的。没有一种能借以区分真正的宗教体验和假的宗教体验的方法，我们就没有理由相信任何所谓的宗教体验是真的。

　　似乎关于上帝（传统上设想的那种）的信念是无法被理性地证成的。但是布莱士·帕斯卡认为它可以被实用地证成。他声称，为了你自己的利益你最好去信仰上帝，因为如果你信仰上帝并且上帝存在，那么你就会上天堂；如果你信仰上帝而上帝不存在，你也不会有什么损失。但是这个简单的赌博忽视了很多其他的可能性。也许上帝会奖赏那些不信仰他的人；也许上帝并不关心谁信仰他；也许天堂并不算是真正的奖赏。另外，说你信仰上帝不会有任何损失也是不正确的。过一种宗教的生活会花费时间、精力和金钱，而遵守宗教诫命可能会导致不必要的痛苦。

学习问题

1. 根据传统的有神论，上帝是一种什么样的存在？
2. 什么是传统的宇宙论论证？
3. 什么是卡拉姆宇宙论论证？
4. 什么是类比设计论证？
5. 什么是最佳解释设计论证？
6. 什么是基于奇迹的论证？
7. 什么是基于宗教体验的论证？
8. 什么是安瑟伦的本体论论证？
9. 什么是笛卡尔的本体论论证？
10. 什么是帕斯卡的赌博？
11. 什么是基于意义的论证？

讨论问题

1. 有很多书都自称包含了天启的神的话语，例如《圣经》《古兰经》《吠陀经》等。我们如何能辨别其中哪一本书（如果存在这样一本的话）真的包含了上帝所说的话？
2. 说存在一个上帝（一神论）在本质上比说存在多个神（多神论）更可信吗？
3. 上帝能否制造一块他自己也抬不起来的石头？如果不能，这是否推翻了他的全能性？
4. 如果上帝知道你在一生中将会做的一切事情，那么你还有自由意志吗？
5. 有没有某种情况能使得在其中一个超自然的解释优于一个自然的解释？如果有，请说明。
6. 最近，一个拖车公园被龙卷风摧毁了。里面许多人都遇难了，但是一个埋在瓦砾下的孩子却被发现还活着。许多人认为这是个奇迹，你认为是吗？
7. 一些人说奇迹存在的目的在于让上帝的存在为我们所知。这是否是奇迹存在的一个好的理由？
8. 有没有某种事在上帝做了它以后就能让我们对其存在有了明确的证据？
9. 假设你在另一种不同的文化中长大，并且你的家庭所崇拜的神与你现在所崇拜的不同。那么你还会拥有你现在的这个宗教信仰吗？如果不会，你能确定你现在的宗教信仰就是那个真正的信仰吗？如果会，什么能够说服你改变现在的宗教信仰？
10. 假设你试图在各个宗教之间做出一个理性的选择。你会通过什么标准来判定哪个宗教最好呢？是不是也跟你在判断哪个宗教为真的时候所用的标准一样呢？如果不一样，它们哪里不同？

网络探究

1. 不论你关于上帝的信念是怎样的，它们是否是逻辑上一致的呢？还是它们之间会相互冲突？如果想测试你在宗教信念方面的融贯性，"哲学家杂志"邀请你来玩一下"上帝战场"这个谜题，地址是Http://www.philosophersnet.com/games/god.htm 你必须成功穿越一个智力战场才能过关，一旦产生不一致就会被当场爆头。祝好运！

2. 传统有神论的上帝观是不适用于自然神论者的，他们认为，上帝作为一个创造者并不会直接地参与到世界运行或者人类的生活中。自然神论的上帝观是否比传统的上帝观更可信呢？它是否是对世界运行方式的一个更简单的解释？在网络搜索引擎中输入"自然神论"与"有神论"来探索这个主题吧！

3. 一些人声称我们有可能通过一种自证的（Self-authenticating）与圣灵（Holy Spirit）的接触而知道基督教是真的。这种观点是否可信？一个人是否能通过这种方式知道任何事情？要研究这个主题的话可以在网络搜索引擎中输入"圣灵"、"克雷格（Craig）"和"马丁（Martin）"。

6.3 当坏事发生在好人身上：作为麻烦制造者的上帝

我们已经讨论过的各个论证都不能让我们有理由相信上帝的存在，因为它们无一可以超越合理怀疑地证明上帝的存在。但是这并不意味着上帝不存在，因为可能存在一些好的论证，但却被我们忽视了。但是许多人相信有一个论证可以证明上帝**不**存在——这就是基于恶的论证。

> 如果上帝生活在地球上，人们会砸烂他的窗户。
> ——犹太谚语

这个世界包含了许多的恶，想一想那些一出生就有着严重缺陷的婴儿，那些在自然灾害中遇难的人们，那些战争和犯罪的受害者。一个全知的存在会知道世界上有着许多的恶，一个全善的存在会想要阻止这些恶的发生，而一个全能的存在有能力阻止这些恶。所以，如果上帝全知全能全善的话，为什么世界上还有这么多的恶？早期基督教作家拉克坦修（Lactantius）是这样表述这个问题的：

> 上帝要么想要去除恶但却无能为力，要么他有能力但是又不愿意，要么他既不愿意也无能力，要么他又愿意又有能力。如果他愿意却无能力则他是衰弱的，而这与上帝的特征不符。如果他有能力却不愿意，则他是忌恨的，这也与上帝的身份不一致。如果他既不愿意也无能力，他就既是衰弱的也是忌恨的，这样他就不算是上帝了。如果他既愿意又有能力（只有这个才是适合于上帝的），那么哪来的这么多恶呢？或者他为什么不去去除它们呢？[78]

于是，恶的存在似乎就与上帝的存在不相容了。如果存在一个像传统有神论所描述的那样的上帝的话，那么世界上就不应该有任何恶。

恶即那些作为痛苦、伤害或毁灭的源头或原因的事物[79]。显然人类要为世界上的许多恶负责。几乎所有的犯罪都是恶，因为它们会产生痛苦、伤害或毁灭。那些人类所遭受的来自其同胞之手的恶被称作**道德之恶**（moral evil）。但是道德之恶只是世界上所有的恶中的一小部分。人类所遭受的来自自然之手的恶——**自然之恶**（natural evil）——要比道德之恶显著得多。约翰·斯图亚特·密尔是这样解释的：

> 事实上的确如此，几乎所有那些人类因为对彼此所做而被绞死或投入监狱的事情是自然每天都在干的事情。杀人在人类的法律中被认定为最严重的犯罪，而这却是自然对于每个活着的人都要做的事情，而且在大多数情况下人类还是在经历了长期的折磨后才被（自然）杀死，这种折磨就像是书里面说的那种最邪恶的人故意加之于他的同胞的那种折磨……自然钉死人类，它像车轮一样将人类粉碎，它让野兽将人吃掉，让人烧死，像首位基督教殉难者[63]所遭受的那样将人类用石头砸死，用饥饿让人饿死，用寒冷将人冻死、通过他们的呼吸将他们或快或慢地毒死，此外还有数百种其他致人死亡的方式——连纳比斯（Nabis）和图密善（Domitian）所施行的那些精巧的酷刑也永远不能超越的致死方式。自然带着最大的傲慢，抛弃了公正和仁慈做了所

有这些事情，将它的长矛毫不区分地投向最好和最高尚的那些人与最坏和最卑鄙的那些人，投向了那些参与到最高尚和最有价值的事业中的人——常常作为行为高尚的直接后果，而且几乎要被想象为是对高尚行为的惩罚。它剥夺了这些人的生命，即那些其存在对于所有人，甚至是对于人类未来各代人的前途和幸福具有关键作用的人，却不带有一点内疚，就好像它只不过是剥夺了那些死亡对于他们来说只是一种解脱或者那些因生存险恶而有幸死亡的人的生命一样。[80]

每年都有数百万人在自然灾害中遭受痛苦并死去。根据传统的有神论，这些事都是上帝亲手所为。因为他创造了自然界，所以他要为所有这些恶直接负责。但是一个全知全能全善的存在是不会让他的子民遭受这种可怕的折磨的。所以证据似乎显示这个世界不是一个全知全能全善的存在的产物。

> 天神掌握着我们的命运，正如顽童捉到飞虫一样，为了戏弄的缘故而把我们杀害。
> ——莎士比亚

恶
作为痛苦、伤害或毁灭的源头或原因的事物。

道德之恶
人类所遭受的来自其他人之手的恶。

自然之恶
人类所遭受的来自自然之手的恶。

但是，并非所有的恶都是不道德的，因为有时候为了防止一个更大的恶或者促进一个更大的善有必要做一点恶。例如化疗就是一种必要的恶，它是恶的，因为它会产生痛苦，但它也是必要的，因为我们需要用它来防止死亡和促进健康。

另一方面，不必要的恶则是不道德的，因为对于防止一个更大的恶或者促进一个更大的善而言它都不是必需的。例如折磨无辜的儿童就不仅仅是恶，而且是不道德之恶。它违反了伟大的仁慈原则，即制造不必要的痛苦是错的。任何不被需要用来防止一个更大的恶或者促进一个更大的善的恶都是不道德之恶。

如果世界上有任何不必要的恶，那么传统上所设想的那个上帝就不可能存在。根据对上帝的传统观念，上帝是全知全能全善的。如果他是全善的，那么他就不会想要世界上有任何不必要的恶；而如果他是全知的，那么他就知道世界上是否有不必要的恶；而如果他是全能的，他就能防止任何不必要的恶的存在。要证明传统上所设想的那种上帝不存在，一个人只需要表明在世界上存在一个不必要的恶的事例即可。

威廉·罗维（William Rowe）就提供了这样一个例子：

思想实验

罗维的幼鹿

假设在遥远的森林中一道闪电击中了一棵枯树并引发了一场森林大火。有一头幼鹿被大火困住，并被严重烧伤，在接下来的好几天里都遭受着极端的痛苦，直到死亡将其从中解脱出来。就我们所看到的而言，这头幼鹿所受的强烈痛苦是无意义的，因为对幼鹿之痛苦的防止并不会损失任何一种更大的善，也不会产生同等或者更多的恶。并没有任何同等或者更多的恶是与该幼鹿的痛苦相联系的以至于该幼鹿的痛苦不得不发生，所以不存在不防止幼鹿受苦的理由。

一个全知全能的存在是否本可以避免这只幼鹿的显然是无意义的痛苦呢？答案是显然的，即使是有神论者也不得不承认这一点。一个全知全能的存在可以轻易使得幼鹿不受严重的烧伤，或者即使它被烧伤了也能通过让它快速死去而减少它强烈的痛苦，而非让幼鹿在极端的痛苦持续多日后才死去。[81]

人类并非唯一一种能感受到强烈痛苦的生物。所有的哺乳动物当然都能感受痛苦，而大多数的脊椎动物很可能也能。有感觉的生物所经历的许多来自自然的痛苦都是不必要的，而这些痛苦都是一个全知全能的存在可以防止的。由于一个全善的存在会想要防止不必要的痛苦，所以我们似乎有好的理由相信传统上所理解的那种上帝并不存在。

> 由于可以肯定上帝是善的，所以也可以肯定并没有必要的恶这种东西。
> ——罗伯特·骚塞（Robert Southey）

则基于恶的存在的论证可以表述如下：
1. 世界上存在不必要的恶。
2. 如果有一个全知全能全善的存在，世界上就不会有不必要的恶。
3. 所以，不存在一个全知全能全善的存在。

该论证的第二个前提是没有争议的，因为无神论者和有神论者都同样相信阻止不必要的恶是善的。所以该论证的成败就系于第一个前提的真假之上。

必要的恶在道德上之所以是合理的是因为它们或者可以防止一个更大的恶，或者可以促进一个更大的善，而不必要的恶则在道德上无法被证成。所以，要打败这个基于恶的存在的论证，有神论者就需要表明我们有理由相信世界上的所有恶都是必要的。而为了对这个论证进行证成，非有神论者就需要表明我们有理由相信至少存在一些恶是不必要的。

一种在正视世界上存在的所有恶的情况下试图为上帝之存在辩护的理论被称作一种"神正论"（theodicy，来自古希腊词"theos"——意思是"神"和"dike"——意思是"判断"），历史上有许多不同的神正论被提出，所有这些神正论都试图捍卫世界上的恶都是必要的这一论断。

> 如果没有坏人就不会有好律师。
> ——查尔斯·狄更斯（Charles Dickens）

圣奥古斯丁与基于自由意志的辩护

圣奥古斯丁（公元396—430）是希波里吉诃（Hippo Regius，为现代城市阿尔及利亚的安纳巴的古名）的罗马天主教主教，但是在他皈依基督教前的九年中他却是一个摩尼教徒（Manichean）。虽然很少有人听说过摩尼教，但是许多人都曾在大屏幕上看到过对它的描绘——《星球大战》系列中的宗教就是摩尼教。玛尼（Mani，公元210—276，摩尼教的创始人）教导说善与恶是两种独立的力量或实体，为占领至高地位永无休止地缠斗。正如《星球大战》中原力的黑暗面与光明面之间的战斗一样，某一派会时不时占上风，但是它也不能彻底打败另一方。在这样一个世界中，恶的存在是很容易解释的——恶就是恶的力量所为。不过这种解释对一个信仰传统有神论的上帝的人来说不存在,因为有神论的上帝被认为是全知全能全善,而一个全能的存在可以打败任何敌人。由于摩尼教中的善的力量无法打败恶的力量,所以它不是全能的。所以传统有神论的上帝不能被等同于摩尼教中的那种善的力量。

一些基督徒试图通过一种非常类似玛尼的方式来解释恶的存在。他们说恶是魔鬼(也被叫做撒旦或路西法)的作品。但是正如传统的有神论者不能接受恶是恶的力量所为的观念,他们也不能接受恶是一个恶人所为的这种观念,因为一个像上帝那样的全能存在有能力阻止这样一个人去作恶。如果上帝能够阻止魔鬼去作恶却不去阻止,那么他就不比魔鬼好多少。

要认识到这一点,可以假设你在街上散步时看到一个五岁的男孩将香烟点燃,然后把烟头按在他两岁的妹妹身上来熄灭它。如果你没有阻止这个男孩的行为,你就和他一样坏。魔鬼就像是这个故事里的男孩,他将痛苦和折磨加之于人类身上,如果上帝有能力阻止他却没有阻止,那么他就和魔鬼一样都是有罪的。

当奥古斯丁皈依基督教后,他开始相信只存在一个神,他是全知全能全善的,也是万物的创造者。但是一个全善的存在不可能创造恶,所以他推论出恶一定不是一种东西,"恶没有正面的本质,只是善的失落被安上了一个名字叫作恶"。[82] 所以,跟摩尼教试图让我们所相信的观点相反,恶并非一种作为其自身而存在的东西,而只是善的不在场(absence of good)而已。正如黑暗是光明的不在场,冷是热的不在场。这并非在否认恶的存在,而只是否认上帝创造了它。那么恶是来自哪里呢?根据奥古斯丁的看法,恶是亚当和夏娃通过违背上帝的命令并吃掉知识树上的果实而带到世界上来的。

根据《圣经》中《创世记》一章的内容,上帝创造了亚当和夏娃,给予了他们自由意志,并且告诉他们不要吃知识树上的果实。但是在撒旦(一个曾经反叛过上帝的天使)的怂恿下,亚当和夏娃吃了该果实。通过这一行为,他们就将恶带到了世界上。奥古斯丁这样解释道:"因为当意志抛弃了高于它自己的东西,而转向了比它更低的东西,它就成了恶——不是因为它转向的那个事物是恶,而是因为该转向本身是恶的。"[83] 该果实本身不是恶,但是选择吃掉该果实却是恶,因为它涉及到对上帝的背离。通过吃掉该果实这个选择,亚当和夏娃将自己看得比上帝更重要,因此犯下了原罪。这个罪不仅将死亡带入了世界之中,而且它如此地腐蚀了人类的本质以至于人类变得几乎不可能为善了。奥古斯丁认为,只有通过上帝的恩典人类才能为善。

问题来了:为什么所有的人类都必须为亚当和夏娃所做的事而受罪?奥古斯丁的回答是,当原罪发生时所有的人类都在场!正如他所说:"在那一个人的被误导的选择之中所有人都犯了他身上的罪,因为所有人都曾是那一

神正论
一种在存在恶的情况下合理化上帝信仰的努力。

我无法想象一个奖赏和惩罚他自己所创造之物的上帝。
——阿尔伯特·爱因斯坦

个人，他们个个都因此从那个人那里获得了原罪。"⁸⁴ 不过奥古斯丁并没有说，在亚当吃掉该果实时我们所有人到底是如何可能都在场的。

并非所有基督教徒都持有当亚当吃掉果实时所有人类都在场这一观点。而犹太教徒（《创世记》也是他们的神圣经典的一部分）甚至不相信原罪说。但是基督教徒和犹太教徒都通过诉诸自由意志来解释恶的存在。所以让我们来更详细地检视一下这种解释。

自由意志辩护面临的最严重的问题是一个逻辑问题：如果上帝的造物是全善的，那恶是如何进入世界中的？正如德国神学家弗里德里希·施莱尔马赫（Friedrich Schleiermacher）所指出，如果亚当和夏娃是被撒旦诱惑而犯了罪，那么"犯罪的倾向（Inclination）一定在犯罪发生之前就首先存在于这第一对人类之中了，否则他们就不会受到诱惑"⁸⁵。由于是上帝创造了亚当和夏娃，所以他们无法抵挡撒旦的诱惑就不是他们的错，而是上帝的错。如果上帝给了他们更强的意志力，他们就不会屈服于诱惑了。

一个拥有自由意志、同时也总是选择行善的存在，这个观念似乎在概念上并没有矛盾。上帝就被认为是这样一个存在，他被认为拥有自由意志同时也总是选择行善。难道上帝不能将我们也造成这样吗？如果他没有这么做，又是为什么呢？阿尔文·普兰丁格（Alvin Plantinga）声称，人类可能因其本质就是如此堕落，以至于对于上帝来说要创造出一个包含了人类却没有人类作恶的世界是不可能的，他将这种学说称作"跨世界的堕落（transworld depravity）"。⁸⁶ 不过这种学说却公然违背了教会的教导。大多数基督教会都说耶稣是一个无罪（sinless）的人类，而天主教会认为耶稣的母亲马利亚也是生而无罪的。所以要接受普兰丁格的学说就需要我们拒绝基督教会的基本教条。

即使上帝不能将我们创造为永远不会作恶的，但他似乎一定可以将我们创造得不要像现在这么频繁地作恶。拥有更强的意愿去做好事并不会让我们变得更不自由。当我们教导小孩要做好事时，我们并没有削弱他的自由意志。所以一个充满了拥有高尚道德品质的人的世界并不是一个自由意志更少的世界，而只是一个恶更少的世界。所以基于自由意志的辩护是失败的，因为世界上所实际存在的恶似乎要多于自由意志之存在所需要的恶。

此外，我们似乎不能因为亚当和夏娃所做的事而谴责他们，因为他们在此之前无从知道这样做是错的。在吃掉知识树上的让人知晓善恶的果实之前，亚当和夏娃并不知道对与错的区别。那么根据我们的法律系统，亚当和夏娃就是"犯罪的精神病人（criminally insane）"。但是犯罪的精神病人不应为其所犯的任何罪受罚，因为他们不具备有意图地作恶的能力。亚当和夏娃并没有蓄意作恶，因为他们之前并不知道什么是恶。所以他们不应该为他们所做的事而受罚。

而且即使亚当和夏娃应该受到惩罚，要为他们所做的事而惩罚我们也是不公平的。因为你父亲所做的某件事而将你投进监狱是不公平的——即使当他做此事时你是"以精子的形态存在于"他的腰部。类似的，要为了亚当和夏娃所做的事而惩罚我们也是不公平的。这样做就是违背了应报正义最根本的原则：只有那个犯了罪的人才应该为此被惩罚。

为了试图避开上述反驳，人们或许可以声称上帝的正义不是我们的正义。但是他这样说就使得上帝是全善的这个论断变得无意义了。说上帝是全善的就是说，根据我们对善的理解，他是善的。如果他的行为与我们关于善的观念不符，那么他就不是全善的。伏尔泰在他的《哲学词典》（*Philosophical Dictionary*）一书中就以"不敬神者"为题表达了这种观点：

> 愚蠢的狂信者们一个接一个地重复向我说：我们没有资格判断在伟大存在之中什么是合理的和公正的，他的理性不同于我们的理性，他的正义也不同于我们的正义。咦！那么，你这个着了魔的疯子，难道你要我不通过自己关于理性和正义的观念来判断何为正义和合理？难道你要我不通过自己的脚来走路？难道你要我不通过自己的嘴来说话？[87]

如果某事与我们对善的定义不符合，那么它就不是善的。基于其他定义的论断是一个无意义的论断，因为在那种情况下我们就根本不知道"善"这个词是什么意思。

约翰·斯图亚特·密尔也坚信这一点，他声称，他宁愿下地狱也不愿意将一个在我们看来其行为不是善的存在称作是善的。

> 我知道一个无限的善一定也是善，而任何与善不一致的东西也会与无限的善不一致。
>
> 如果在将善的属性归于上帝的时候，我所说的善并不是我所认为的善，如果这个上帝的善并非是我对其有所了解的那种善，而是一个不可理解的实体所具有的一种不可理解的特征，而是一种可能与我所知道并爱戴和崇敬的善完全不同的某种品质……那么我为什么还将它叫做善？我还有什么理由崇敬它？如果我对这种特征一无所知，那么我就不能说它是一个适于崇敬的对象。说上帝的善可能与人类的善在种类上有所不同，是不是其实在说（只是换了不同的措辞）上帝可能不是善的……
>
> 如果我没有被告知这样一个好消息：有着一个存在，他拥有着人类最智慧的头脑所能设想的所有卓越，而且其卓越之程度是我们所无法想像的，而是被告知说，世界是被一个具有无限特征的存在所统治，但我们没办法了解这些特征是什么，而且除了知道"我们所能想象的人类最高尚的道德"也无

法约束他之外,我们并不知道他根据什么原则来统治世界。假设我已被说服相信这些话,那么我将会尽可能地忍受我的命运。但是当我被告知说我必须相信这些话,而且同时还要将这个存在称作是那个表达和确认了人类最高尚的道德的概念时,我只会直截了当地说我不会这样做。不论这个存在对我拥有什么样的权力,他都不能做到这一点:他不可能强迫我崇拜他。如果一个存在不是善的——即我用来称赞我的同胞的那种意义的善,我绝不会将他称作是善的。如果这个存在会因为我不将他称作善的而罚我下地狱的话,那我宁愿下地狱。[88]

密尔的观点是这样的:如果真的有一个全善的存在(我们所说的那种意义的善),那么这就是个"好消息"。但是如果说有一个全善的存在,但是这个"善"却不是我们所说的那种意义上的善,那么这并非什么值得庆贺的事。要将这样一个存在称作是善的不仅是不诚实的,而且也是错误的。

即使自由意志可以解释世界上的所有道德之恶,即那些人类所遭受的来自其同胞之手的恶;它也无法解释所有自然之恶,即人类所遭受的来自自然的恶。洪水、地震、飓风、火山爆发、疾病和饥荒并非人类行为的结果,根据传统的有神论,它们都是上帝的作为。奥古斯丁的追随者可能会以这种方式来让上帝摆脱困境:他会说,我们理应遭受这些,因为当亚当吃掉知识果时我们都在场。但是我们已经认识到我们应该为亚当和夏娃所做的事而受罚这种观念是可疑的。而且即使因为某种原因我们应该为人类首对夫妇所做的事而受罚,我们所受惩罚的分量也不应如此地不成比例。一些人在自然之手下遭受了巨大的折磨,而另一些人则一生中没有经历过任何自然灾害。如果我们都有着同等的罪,我们就应该受到同等的惩罚,而不应受到我们实际上所受到的那样不合比例的惩罚。

最后,即使奥古斯丁的神正论可以完全成功地解释人类的痛苦,它却不能解释思想实验"罗维的幼鹿"中所描述的那种动物的痛苦。动物们并不应得任何它们在自然之手下所遭受的那些痛苦。所以基于自由意志的辩护并无法解释世界中所有的恶。

思想探究

天堂中有自由意志吗?

天堂通常被认为是一个没有罪并因此也没有恶的地方,但是根据基于自由意志的辩护,在没有恶的地方也不存在自由意志。所以天堂里如何能有自由意志呢?如果天堂里没有自由意志,那么它还是一个值得向往的地方吗?

> 关于上帝最糟糕的事情是，一个人永远不知道它是否只是恶魔的一个把戏。
> ——让·阿努伊
> （Jean Anouilh）

基于有关恶的知识的辩护

在费奥多尔·陀思妥耶夫斯基（Fyodor Dostoyevsky）的《卡拉马佐夫兄弟》（*The Brothers Karamazov*）一书中，伊凡（Ivan）在描述了恶人的许多可怕行径后询问道："你是否理解为什么世界上一定有这些臭名昭著的事情，而且它们也被允许发生？我被告知说如果没有这些事情，人类就根本不可能还生活在这个世界上，因为他不会知道什么是善恶。"[89]这个论证预设了关于恶的知识是好东西，而且除非有恶存在，否则我们不可能获得这种知识。这两个预设都是有问题的。

当亚当和夏娃刚被创造出来时，他们被认为是没有关于善恶的知识的，但是这并非一件坏事，因为在他们堕落之前他们被称作生活在乐园（paradise）里。另外，为了获得这些知识，他们并不必亲身体验恶，他们唯一需要做的只是吃掉那个苹果而已。所以亚当和夏娃的故事说明这个论证背后的两个预设都是错的。

即使这两个预设是正确的——即使关于恶的知识是好东西，并且这种知识只有通过对恶的体验才能获得，与给予我们有关恶的知识所必要的恶相比，这个世界上的恶似乎也太多了。要知道蓝色是什么样，我们只需要看见几个蓝色的东西即可。类似地，要知道恶是什么，我们只需要经历几个恶的事例即可。如果世界上的恶都是必要的，那么除了让我们了解什么是恶外，它一定还有其他的用处。

基于理想人类的辩护

> 我们从历史中所能学到的第一个经验就是，恶是善的。
> ——拉尔夫·沃尔多·爱默生

有人曾基于这个观点为自然之恶进行辩护：对于改善人类这一种族而言，恶是必要的。这种观点认为，人类与自然的对抗可以通过将我们中的一些人逼到极限来帮助我们发挥出人类这一物种的潜力。自然之恶能帮助我们向一种理想的人性的方向进化。[90]

这个解决方案有许多问题。第一，没有什么证据能证明与自然的对抗曾改善了人类。作为一个物种而言，我们似乎并不比我们的祖先更优秀。另一个问题是我们在科学与艺术方面所获得的进步并不是自然之恶的结果，总体上说，伟大的科学家与艺术家都不是为了克服自然之恶而去行动，通常他们的努力只是为了获得真理和美。即使是在那些参与到对抗自然之恶的战斗中的那些人（例如医生和救援工作者）那里，对于能激发他们去行动所需要的恶而言，似乎世界上的恶也还是太多了。

不过，基于理想人类的辩护所面临的最大问题却是它与基督教道德的根本原则相矛盾，即每个人都具有无限的价值。约翰·希克是这样解释的：

> 虽然基督教花了很长时间才明确了它对个体人格的尊重，并花了更长的时间才实现了这一点，或许它对这个世界上的人所做的最主要的贡献就是它坚称每个人都同样是上帝的孩子，每个人都作为其创造者永恒的同行人而

> ## 新闻报道：自然之恶
>
> 自然之恶最令人心痛的事例之一是2004年12月发生在印度洋的海啸（海啸即一种潮汐的海浪），这次海啸令20多万人丧生，其中许多还是婴儿和儿童。不过，有些人并不将这次海啸看作上帝不存在的证据，反而将其看作上帝发怒的证据。詹姆斯·霍特（James A. Haught）就是这样报道的：
>
>> 印度洋悲剧刚刚发生，以色列的塞法迪教派（Sephardic）首席拉比什洛莫·阿马尔（Shlomo Amar）就告诉路透社："这表达了神对世界的巨大愤怒，世人因为做了错事而受到了惩罚。"国际新闻集团也援引了一个印度教高级祭司的话，他说海啸是由"地球上大量被隐藏的人类罪恶"再加上地球的特定位置所引发的，它还援引了一个耶和华见证人派（Jehovah's Witness）信徒的话，此人表示该悲剧是"末日到来的迹象"，它印证了基督的承诺：大毁灭将会来到，而彼时信仰者会"看见人子、有能力、有大荣耀、驾云降临"。印度布莱尔港的天主教大主教亚历克斯·迪亚斯（Alex Dias）说海啸是"来自上帝的警告，它让我们深刻反省我们生活的方式"。在微软全国广播公司（MSNBC）的"斯卡布罗国度"（Scarborough Country）节目上，"影响国家的女性"（Women Influencing The Nation）节目导演詹妮弗·吉鲁（Jennifer Giroux）说海啸是对美国人的"克隆人行为、同性恋行为、试图合法化同性恋婚姻、堕胎、学校里上帝的缺失、将耶稣从圣诞节排除出去的行为"的神圣惩罚。[91]
>
> 阿肯色州州长及浸礼会（Baptist）牧师迈克尔·赫卡比（Michael Huckabee）不同意那些将自然灾害看作上帝所为的人的观点，他声称上帝不会作恶。在1997年，他拒绝签署一项给予龙卷风受害者救济的法案，因为该项法案将龙卷风称作"上帝的行为"。赫卡比解释道："这关涉到我们的良心，我拒绝从龙卷风破坏的地方走过并说毁坏它的是上帝，而重建它的只是人类。我看到上帝保护了许多人，也拯救了许多人，这也是上帝的行为。"[92]
>
> **思想探究**
>
> **上帝的愤怒**
>
> 一个全知全能全善的存在是否会允许他的20万子民以这样一种可怕的方式死去，仅仅是为了表达他的愤怒或者给人们一个教训？他是否会为了惩罚美国人而去杀死亚洲人？还是说赫卡比的说法是对的，其实上帝并不能为自然灾害负责？

被创造出来，并被这个创造他的神圣之爱赋予了无限的价值，这种价值维持着他的存在，也为他所受的永恒的祝福赋予了目的。因此，无论基督教在实践中有多少次没有实现这一点，它都教导我们说人类个体从来都不只是一个工具，他并非为了某种更长远的目标而可以被牺牲的东西，而总是目的自身（作为上帝之爱的对象）。[83]

正如康德所教会我们的，由于我们每个人都是可以塑造自己命运的理性存在者，任何人都不能违背我们的意志而去利用我们。当我们强迫其他人按照我们的要求办事——当我们将其他人当作工具来使用而非将他们当作目的自身，我们就是在将他们当作奴隶来对待，并且没有尊重他们内在的尊严和价值。但是如果人类将彼此当作奴隶是错误的，那么上帝将我们当作奴隶也是错误的。因此不能基于某些痛苦可以带来其他人的更大的好处来证成我们所遭受的痛苦。

陀思妥耶夫斯基也通过他作品中的一个人物形象地表达了这个观点：

> 我去遭受痛苦当然不只是为了让我自己，我犯的罪和我受的痛苦去滋养未来的某个人能感受的和谐。我想亲眼看到雌鹿与狮子相邻而眠、受害者能复活并拥抱谋杀他的人。我想要亲历当每个人都突然理解了这一切都是为了什么的时刻。[94]

陀思妥耶夫斯基暗示这是不对的：为了另外一个人的好处而让某个人遭受痛苦。由于基于理想人类的辩护暗示着相反的观点，所以它是不成功的。

基于灵魂塑造的辩护

约翰·希克声称，虽然让我们为了其他人而遭受痛苦是错的，但是让我们为了自己而遭受痛苦却不是。他写道："对于人类生活中的身心痛苦，在道德上最可接受的证成一定是这样一种：遭受了这些痛苦的人自己会获得好处，并且也能看到他们过去所受的痛苦是值得的。"[95]在希克看来，恶之所以是必要的，不是因为它可以改善人类，而是因为它可以改善每一个个体。

这个观点背后的预设是痛苦可以塑造人格。希克相信，通过克服各种困境我们可以获得诸如勇敢、忍耐、同情这样的德性。但是苦难和考验未必总是能让我们成为更好的人，大量的痛苦通常并不会让我们更高尚，反而会让我们更愤怒、怨恨和愤世嫉俗。它摧毁了我们对人类的信心，也摧毁了我们生活下去的意志。英国小说家威廉·萨默塞特·毛姆（W. Somerset Maugham）也同意这一点：

> 我从不觉得痛苦可以改善人格。它在提升人和使人高贵方面的作用只是个神话……我曾经遭受过贫穷之苦、单相思之苦、失望、幻灭、不被赏识、缺乏机会、自由受限，我知道这些都使我变得嫉妒、无情、易怒、自私和不公。财富、成功和幸福却使我成为了一个更好的人。[96]

毛姆拒绝痛苦可以塑造人格的假设。他声称，痛苦不仅不能让我们变得高尚，反而会让我们更低下。只有财富、成功和幸福才能让我们成为更好的人。

希克承认痛苦常常会产生消极的后果。大多数人并没有在此生中实现全部的潜力。事实上，许多人随着年纪渐长会变得更无德性。这就是为什么他相信在死后一定还有来生。他说："如果人类的潜力要在一个个男人和女人的人生中实现，那么他们的人生就一定要延长到超过我们身体所存在的时间。"[97]在希克看来，人生的目的就是成为我们所能成为的最好的人。但是大多数人并没有在其人生中达到道德上或灵魂上完美的状态。所以我们一定在这个世界或者其他的世界中还有另外的人生。

希克并不相信为了其他人的好处而违背人们的意志去利用他们是可允许的，但是他的确相信为了他们自己的好处而违背他们的意志来利用他们是可允许的。那

任何不能毁灭我的东西只会使我变得更强。
——弗里德里希·尼采

种为了人们自己的好处而去限制他们的自由的法律或实践被称作是**家长主义的**。例如强制摩托车乘坐者戴头盔的法律就是家长主义的，因为这种法律为了保护摩托车乘坐者免受伤害而限制了他们的自由。希克的神正论也是家长主义的，因为它试图基于痛苦对灵魂有好处来证成痛苦。但是不仅痛苦是否具有这样一种有益的效果是可疑的，而且即使它具有这种益处，这样做在道德上是否合理也是可疑的。基于同样的考虑，我们既认为为了其他人的好处而利用某些人是错的，也认为为了这些人自己的好处而利用他们也是错的。在这两种情况下，人们都是被仅仅当作了实现某种目的的工具，而没有被当作是目的自身，而这就没有尊重内在于每个人身上的尊严。正如查尔斯·弗里德（Charles Fried）在家长主义的医疗实验方面所说的那样："……即使这些目的同时也是病人自己的目的，将他们当作工具一样对待仍然损害了他们的人性（humanity），因为人性中很重要的一部分就是能为自己的目的做出判断和选择，而非被当作机器来服务于某些目的——即使是一个人自己的目的。"[98]所以，从道德的观点看，基于灵魂塑造的辩护似乎并不比基于理想人类的辩护更好。

此外，希克的神正论还导致了一些严重的后果。如果对于人格的塑造来说恶是必要的，那么消除恶就是错的。你不应该减轻另一个人的痛苦，因为你这样做可能阻碍他或她灵魂的发展。正是这样的推理导致产生了印度的贱民阶层（Untouchable Class）。

贱民阶层占据了印度社会的最底层。在并不遥远的过去，帮助这些人是被禁止的，因为他们认为这些人的惨状是对他们前世所做的恶事的惩罚。印度教教徒相信，人的轮回是由业（Karma）的规律来决定的，这个规律实际上就是说"你播种什么，你就收获什么"。换句话说，你所做的事情都会回到你自己身上——如果不是在此世，那就在来世。所以如果你在此世做了恶事，那么在来世你就会遭受到同等数量的恶事。你将来的痛苦会弥补你过去的罪恶并能为你带来下一世更好的生活，而减轻你的痛苦就会阻碍你灵魂的进化。所以，根据这种逻辑，你承受的痛苦越多，你就会过得越好。由于希克的基于灵魂塑造的辩护暗示着减轻其他人的痛苦是错的，所以该辩护不可能是正确的。

另外，对于塑造人格所必要的恶来说，世界上的恶似乎还是太多了。希克承认大多数人在其一生中在灵魂上几乎没有或者只有微乎其微的进步，为何如此？难道上帝不能如此安排世界以使得我们在地球上的时候灵魂方面就有更多的进步吗？我们有什么理由相信我们来世在其他行星的时候就会有更多的进步？而且为什么上帝需要通过一个宇宙来使我们变得有德性？难道他不能直接将我们创造为具有德性的吗？如果不能的话，那他还真的是全能的吗？由于面临着这些困难，希克的基于灵魂塑造的神正论也不比我们之前审查的其他神正论更成功。

> 为了避免恶而去作恶不可能是善的。
> ——塞缪尔·柯勒律治（Samuel Coleridge）

业与不平等问题

在恶的存在问题中很容易被人忽略的一方面就是有关不平等的问题。在犹太-基督教传统看来，我们都是没有前世的，所以我们中没有人应得自己出生的特定环境。但是某些人一出生就带着残疾并遭受着父母的虐待，而另一些人则一出生就非常健康并有着亿万身家的父母爱护着他们。这如何能是公平的？约翰·希克是这样描述这个问题的：

> 不论我们出生时是否带着令人满意的基因编码结构，这都不是由我们自己创造出来的；我们也没有自己赢得自己出生时所有的幸运或者不幸的条件。不论是我们的内在结构，还是我们的外在环境都不可能是我们自己曾经的行为的结果——因为在出生并成为一个特定的个体（即一个生活在某个特定历史时代中的特定地方的个体）之前，我们是根本不存在的。
>
> 从纯粹自然主义（Naturalistic）的观点看来，这些不平等只能被看作自然秩序的细节，谈不上公平或不公平，也谈不上公正或不公正……但是如果宗教的论断是有根据的，即如果人类生命是由一个更高级的精神力量或进程所创造的，那么各个人类生命间的不平等就不可避免地带有道德的意义了。这样一来，询问为什么这种情况会发生并考虑它们是否公正就是合适的。西方的传统预设了我们先前并不存在，而我们一开始存在就处于不平等的状态了，人类之间似乎有着残酷的不公平。[84]

许多人相信，关于业的教义可以解决不平等问题与恶的存在问题。希克解释道：

> 另一种预设，即来自印度的诸宗教的预设是我们都曾经活过，而我们今世的生活状况就是我们前世生活的直接结果。这里没有任意性、没有随机性、没有存在于我们人类命运中的不平等中的不公正，而只有因与果，只有现在收获我们过去所播种的。我们的核心自我从一世到另一世持续存在着，不断地再生或轮回，而我们的业的状态，或者说我们意志活动的质的总和决定了我们下一世生活的性质。正如贝拿勒斯印度大学的 R. K. 特里帕蒂（R. K. Tripathi）所言："业的法则加上再生的学说具有一个优点，它可以解决哲学和宗教里面的一个大问题，这个问题让西方宗教头痛不已，而且找不到满意的解决办法。这个问题即：既然上帝对所有人都是同等善的，为什么不同的人在出生的条件方面会有无限的不同？这不就是在反对上帝并且说他反复无常吗？如果上帝是全善的也是全能的，世界上怎么会有如此多的恶与不平等？印度的宗教将上帝从这个麻烦中解脱出来，并且用我们的业来解释这件事。[100]

思想探究

业

相对于基督教所提供的那些解决办法而言，业的法则加上再生的学说能否为恶的存在问题与不平等问题提供一个更好的解决办法？为什么？

基于上帝有限性的辩护

在一个由全知全能全善的存在所创造的世界中，不应该有不必要的恶存在。虽然我们已审查过的每种辩护都可能证明世界上的某些恶是必要的，可是没有一种辩护能证明世界上的所有恶都是必要的。有一种解释世界上所有那些不必要的恶的办法就是承认上帝并不具有所有那些传统上我们归于他的属性。正如我们所了解的，诺斯替主义就认为我们宇宙的创造者并不是全善的。基于这种预设的话那些不必要的恶的存在就不难解释了。

哈罗德·库什纳拉比（Rabbi Harold Kushner）相信，不必要的恶之所以存在是因为上帝不是全能的。在他的畅销书《当坏事发生在好人身上》（When Bad Things Happen To Good People）中，他声称恶之所以存在是因为上帝无力阻止它的发生。他告诉我们：

> 上帝并不想你生病或者残疾，他并没有让你产生这个问题，他也不想要你继续拥有这些问题，但是他没办法把它们排除掉。即使是对于上帝来说，这种事也是太困难了。[101]

库什纳的上帝是一个有限的上帝。具体来说，他不能制造奇迹，因为他没办法违反自然规律。然而，库什纳相信这样一个上帝是值得崇拜的，至少他比一个能够对恶有所作为却无动于衷的上帝更值得崇拜。[102]

然而，许多有神论者并不赞同库什纳的上帝观。例如世界教会理事会（World Council of Churches）前联席会长约翰·贝利（John Baillie）就说：

> ……我会说我所知道的信仰上帝的唯一根据就是他能表明他是全能的；我还会觉得，如果有一些证据能让人相信在现实中有一个存在具有爱的目的但只有有限的能力，那么我不会去崇拜他，而只会赞美他——我会为他喝彩却不会向他下跪。除了无限（the Infinite）以外没有任何性质能消解灵魂的饥渴。[103]

贝利会赞美一个有限而具有爱心的存在，但是他不会崇拜他。如果他在街上经过此人身旁他可能会脱帽致意，但是不会跪下来崇拜他。在贝利看来，如果一个人相信有一个存在可以阻止恶却没有阻止，那么他不能从中得到什么安慰。但是如果一个人相信有一个无力阻止恶的存在，那么他更不能从中得到什么安慰。如果上帝就像我们一样都是有限的，那我们为什么还要崇拜他？

如果我们放弃上帝的另外两个特征：全知和全善，那么恶的存在也可以跟上帝的存在兼容。我们可以说虽然上帝是全能和全善的，他却不是全知的，因此他不能意识到我们的境况有多坏。或者我们也可以说虽然上帝是全能和全知的，他却不是全善的，因此他很乐意看到我们受苦。但是这两种选择似乎也不比库什纳的选择更合理。

许多人相信上帝存在假说无法被检验，因为上帝是一个非物质的存在，而非物质的存在是无法被感知到的。但是即使上帝不能被感知到，他的影响却可以。上帝存在假说做出了至少一个可检测的预测：如果世界是由一个全知全能全善的存在所创造和统治的，那么它就不应该含有任何不必要的恶。但是，似乎所有的证据都显示这个预测是错误的，因为这个世界似乎包含了许许多多的不必要的恶。我们所审查的所有神正论都是"特设的"（"Ad hoc"，拉丁语，意为"指向这个"）假说，即它们都是被专门设计用来解释掉这个预测表面上的失败的，然而这些神正论似乎

> 这个世界既不是在变好也不是在变坏，它只是在原地踏步。
> ——芬利·彼得·邓恩（Finley Peter Dunne）

> 除了全能外，我的信仰不能安睡在任何地方。
> ——塞缪尔·卢瑟福（Samuel Rutherford）

都不成功。这并不是说就没有办法能证成世界上所有的恶，或许有一种办法存在但是我们还没有找到它。如果我们可以从上帝的视角看万物，或许我们会认识到一切事物都被安排到最好了。但是基于可能存在一种对恶的证成这个事实并不能推出就存在这样一种证成，也不能推出我们有理由相信存在这样一种证成。所以，如果你相信上帝，那么你的信念就一定是一种信仰（Faith）。

思想探究

如果上帝死了会怎样？

如果上帝是有限的，那么上帝就有可能会死。在《牵引耶和华》（*Towing Jehovah*）、《亚玻伦镇证清白》（*Blameless In Abaddon*）和《永恒的仆人》（*The Eternal Footman*）三部曲中，科幻作家詹姆斯·莫罗（James Morrow）探索了这一可能性。假设上帝死了，宇宙会有什么不同？我们如何知道上帝已经不在了？

总 结

基于恶的存在的论证说如果有一个全能全善的存在，世界上就不会有不必要的恶。但是世界上有许多不必要的恶，所以没有一个全能全善的存在。要反驳这个论证，一个人必须拒绝世界上有着不必要的恶这个前提。其中一个办法是说，如果人类要拥有自由意志的话，恶就是必要的。自由意志是个好东西，而自由意志的运用有时候会产生恶。但是一个总是选择善的拥有自由意志的存在在并非逻辑上不可能的。上帝就是这样一个存在，天使也被认为是这样的。为什么上帝不能以同样的方式创造我们呢？

另一种对恶的证成方式是声称知道恶是件好事，而除非有恶存在否则我们就不会获得有关恶的知识。但是这两个论断都是不可信的。

传统的一神论者也必须为自然之恶——人类所遭受的来自自然的恶——进行证成。也的确有许多一神论者声称，要产生更多好处的话，自然之恶是必要的。其中一种说法是这样的：自然之恶改善了人类种族，能帮助该物种实现它的全部潜力。但是这暗示着为了带来善则有必要存在恶，所以任何试图消除恶的行为都是错的。此外，这种基于更大善的辩护与基督教的一个根本原则相矛盾，该原则即每个个体都具有无限的价值，都不应该为了某种更大的目的而被当作工具来利用。

约翰·希克声称，恶之所以是必要的不是因为它可以改善人类种族，而是因为它可以改善每个人类的个体。但是这种辩护方式是基于一种家长主义的观念：为了人们自己的好处而违背他们的意志去强迫他们是可允许的。希克的观点也跟传统的更大善辩护有着同样的缺陷：如果恶对于人格的塑造来说是必要的，那么消除它就是错误的。

一种摆脱恶的存在的问题的办法就是容纳一种有限的上帝观。例如一个人可能会声称世界上之所以有这么多的恶是因为上帝没有能力去阻止它们，但是这样的一个上帝还值得去崇拜吗？

学习问题

1. 什么是基于恶的存在的论证？
2. 什么是本体论辩护？
3. 什么是基于知识的辩护？
4. 什么是基于自由意志的辩护？
5. 什么是基于理想人类的辩护？
6. 什么是基于灵魂塑造的辩护？
7. 什么是基于有限上帝的辩护？
8. 自然之恶与道德之恶有什么区别？

讨论问题

1. 如果没有自由意志，世界是否会变得更坏？
2. 业与重生的学说是否能解决恶的存在问题？
3. 有人声称，如果我们能从上帝的视角来看世界，那么那些在我们看来是恶的东西看起来就不再是恶了。以这种方式来证成恶的存在是否令人满意？
4. 如果我们能在天堂里获得与我们在地球上时所经历的痛苦同等的奖励，这是否能解决不平等问题？
5. 试考虑英国哲学家安东尼·弗卢（Antony Flew）所提出的这个思想实验。

思想实验

隐形的园丁

让我们从一个寓言开始讲起。这个寓言是由约翰·魏士德（John Wisdom）从他的那篇富有启发性和意味深长的文章《众神》（Gods）中所讲的一个故事改编而来。从前有两个探险者在丛林中遇到了一片空地，上面生长着许多鲜花和野草。一个探险者说："一定有个园丁在照料着这块地。"另一个不同意："这里没有什么园丁。"于是他们搭起帐篷在一旁监视着，他们并没有看到任何园丁。"但是或许他是个隐形的园丁。"所以他们就支起了铁丝网并通上电，然后带着猎犬在四周巡逻（因为他们记得 H. G. 威尔斯书中的隐形人虽然不能被看到却是可以被闻到和摸到的)。但是他们没有听到任何尖叫,这意味着没有闯入者被电击。铁丝网也没有被动过,这意味着没有隐形人曾爬过它,猎犬也从来没有吠叫。不过那个相信有园丁的探险者还是不信服:"但是的确有个园丁,他是隐形的、不可触摸到的、对电击没有感觉的,这个园丁没有气味也不会发出声音,他会秘密地过来照料他心爱的这片花园。"最后那个怀疑论者绝望了,"可是你原先的断言现在还剩下了些什么呢?你所说的那个隐形的、不可触摸的、永远找不到的园丁与一个想象出来的园丁或者甚至根本不存在的园丁有什么区别呢?"[85]

说上帝存在是否就类似于说有这样一个园丁存在?为什么?

网络探究

1. 永恒的诅咒是否与一个全善的上帝的概念相一致?地狱里的无限折磨能否作为一个有限人生里所做的错事的公正的惩罚?要了解这些问题,可以在搜索引擎中输入"恶的存在问题""上帝"和"地狱"来查询。

2. 许多人被《圣经》里对上帝的描述所困扰。你从《圣经》对上帝的描绘中能得出什么结论?能否得出上帝是恶的?能否得出这样的上帝不可能存在?能否得出《圣经》是错的?在搜索引擎中输入"神圣之恶(Divine Evil)"、"道德"和"圣经"来探索这一主题。

3. 一些哲学家基于广泛存在的对上帝的无信仰(Unbelief)这个事实来反驳上帝的存在。该论证在此可见:http://infidels.org/library/modern/theodore_drange/anbvslea.html 这个论证可靠吗?为什么?

6.4 信仰与意义：相信那些不可相信的

根据《美国传统辞典》(*American Heritage Dictionary*)对信仰(faith)的定义，信仰即"没有建立在逻辑证明和经验证据基础之上的信念"[105]。许多人论证说对基督教传统的上帝之存在的信念就是一种信仰，因为从逻辑的观点看基督教的故事是不合逻辑的。

信仰之跃

丹麦哲学家索伦·克尔凯郭尔(Søren Kierkegaard，1813—1855)特别为基督教的这一信念所困扰：一个不死的(immortal)存在(上帝)变成了有死的存在(耶稣基督)。他写到："一个其本质为永恒的存在却在时间中开始存在、出生、成长并死去——这与所有的理性思考相背离。"[106]这个观念是如此难以理解以至于克尔凯郭尔将它称作"荒谬的(absurd)"。

许多基督教教条是自相矛盾的，这一事实早已为人所知。通常来说，这些矛盾会成为我们拒绝这些教条的根据，因为一个论断越不合理，我们就越没有理由去相信它。但是在宗教的论断中某些护教者却持有相反的看法。例如迦太基神学家德尔图良(约160年—约230年)对上帝的化为肉身(the Incarnation)有这种说法："正因为其荒谬所以才要相信它。"[107]在此荒谬成为了一个相信的理由。克尔凯郭尔也同意这一点："荒谬之事物是信仰的对象，也是可以被相信的唯一的对象。"[108]克尔凯郭尔对荒谬之事物采取这种态度是因为信仰需要激情(passion)，而只有与理性相悖的东西才能被带着激情地相信。

克尔凯郭尔认识到，对上帝之存在的理性的"证据"最多只能证明上帝是很可能存在的。他这样写道："即使所有批评家的头脑都汇集在一起，它也只能获得对上帝之存在的一个接近的证明。"但是一个接近值(approximation)是"不足以跟对永恒福祉的无限的个人兴趣相匹配的"[109]，只有确定性才能保证克尔凯郭尔想要的救赎。而确定性只能通过信仰达到，所以那些对救赎持严肃态度的人必须做出一个"信仰之跃(leap of faith)"并拥抱荒谬之事物。但是由于荒谬之事物公然违背了理性，所以对它的信仰就需要意志做出一个极其激情的努力。

伯特兰·罗素也同意这一点：

> 当对一个意见的相信有着理性的根据时，人们只要将这些根据摆出来并等着它们自己发挥作用就满足了。在这种情况下，人们并不会带着激情去相信他们的意见，他们只是平静地相信它们，并安静地给出相信这些意见的理由。那些需要带着激情去相信的意见总是那些不具有良好根据的意见，事实上激情的程度有多大就显示了那些意见的持有者在多大程度上缺乏理性的说服力。[110]

通过信仰来看世界，就是闭上了理性之眼。
——本杰明·富兰克林

一个命题越是荒谬，要相信它就一定需要越多的激情。由于上帝变为有死的这件事情要说有多荒谬就有多荒谬，克尔凯郭尔认为要相信这件事就需要最大量的激情。罗素对激情的信念持有负面的态度，因为他相信一个信念越是被带着激情地持有，那么它就越可能为假。克尔凯郭尔则对激情的信念持有正面的态度，因为他相信一个信念越是被带着激情地持有，那么它就越可能为真。

克尔凯郭尔认可两种类型的真理：客观的和主观的。客观的真理关心的是相信的是"什么"，而主观的真理关心的是"如何"相信某信念的。如果一个信念与实在相符合，那么它就在客观上为真。如果一个信念是被带着激情地相信的，那么它就在主观上为真。由于只有荒谬之事物才会被带着激情地相信，克尔凯郭尔将主观真理定义如下：

> 在一个最富有激情的内向性所构成的据有过程中，所牢牢把握的一种客观的不确定性就是真理，这也是对于一个存在的个体来说所能获得的最高的真理。[111]

这里的观点是说决定一个人成为一个真正的有信仰的人的根本不是他相信**什么**，而是他**如何**相信。如果你带着足够的激情来信仰上帝，那么这就会改变你的整个存在状态。克尔凯郭尔说，在这种情况下你就是在主观上"处于真理中（in the truth）"了。

但是克尔凯郭尔继续说，如果你在主观上处于真理中了，你也就在客观上处于真理中了。他写到："这里的'如何'具有一种性质：如果真实地有了它，那么也就有了'什么'；这就是'信仰的如何'……最大程度上的内向性被证明是具有客观性的。"[112]换句话说，如果你带着足够的激情来相信某事物，那么它就会在客观上成为真的。只有最大限度的激情才有此效果。但一旦你获得了它，你就获得了真理：

> 最大程度上的这一内向的"如何"是对无限存在的激情，而对无限存在的激情就是真理。但是对无限存在的激情恰恰是主观性，因此主观性就成为真理。[113]

在克尔凯郭尔看来，相信某事为真就会使得该事为真。但是真的是这样吗？让我们来检查一下这个观点。

并非只有基督徒才能持有带着最大激情的信念。虽然无神论者一般不以富有激情著称，但是显然有可能存在一些带着最大限度激情的无神论者。试考虑这样一个人：他在一个非常宗教化的家庭中长大，他拼命地想要只相信那些他有理由相信的事物。对他来说，要将理性而非启示认可为知识的来源需要他的意志做出一个巨大的努力。但是假设他成功地带着激情相信了上帝的不存在。那么，根据克尔凯郭尔的看法，说不存在上帝就是在客观上为真的。现在假设他的双胞胎兄弟也同样带着激情地相信上帝存在，那么上帝存在是客观上就是真的。但是说上帝存在和上帝不存在客观上都为真在逻辑上是不可能的。所以克尔凯郭尔的真理理论不可能正确。

或许克尔凯郭尔的理论并不适用于无神论者。如果是这样，试考虑一个相信自己是唯一真神的宗教团体领袖（这样的人有很多）。假设某个领袖带着最大的内向性相信这一点，那么他就是唯一的真神。现在假设另一个宗教团体领袖也带着同样的激情相信他自己是唯一的真神。但是他们两个不能都是唯一的真神。所以克尔凯郭尔的理论一定是错的。这个例子说明了即使是在宗教方面，你也不能仅仅通过相信某事为真就使得某事为真。

克尔凯郭尔不仅将激情的信念看作通向真理的道路，而且也将其看作通向德性的道路。激情地信仰上帝的人要比那些不这样做的人更好。他是这样说的："任何一个不冷不热的人都令人作呕。"[114] 但是对上帝的激情的信仰是否是某种值得称赞的事情呢？伯特兰·罗素并不这么认为：

> 如果没有安慰性的神话存在，一个人就不能直面生活的险恶，那他就是有点软弱和可鄙的。在他之中有一个部分几乎不可避免地意识到这些只是神话，并且他之所以相信它们只是因为它们是令人宽慰的。可是他不敢面对这种想法，因此他无法通过自己的反思得出任何逻辑的结论。另外，由于他多多少少会意识到他的意见是不理性的，所以当他的观点被挑战时就会变得狂怒。因此他将迫害、审查和狭隘地钳制住的教育当作治国的重点。如果他成功了，他就造就了这样的一代人：胆小、不敢冒险、无力前进。[115]

罗素不会称赞那些在没有好的证据的情况下就相信某些事物的人，相反，他鄙视这些人。因为他们并没有用理性来支持他们的观点，因而，他们就只能诉诸强制与暴力。罗素说，这些人并没有让世界变得更好。

> 只要在疯人院里随便走走，就可以知道信仰不能证明任何事情。
> ——弗里德里希·尼采

思想探究

克尔凯郭尔与罗素

克尔凯郭尔声称那些理性而冷静的人是"令人作呕的"，而罗素声称那些没有安慰性的神话就不能活下去的人是"软弱和可鄙的"，你同意谁的看法（如果必须二选一的话）？为什么？

证据主义

在法庭上，除非你拥有充分的证据能证明某人的罪行，否则你就不能判决他

> 我尊重信仰，但是只有怀疑才能让你学到东西。
> ——威尔逊·米兹内尔

有罪，因为如果一个有罪的判决缺乏充分的证据，那它就是不合理的。许多人声称，在法庭上被遵循的也应该在生活中被遵循：只有当你对某信念拥有充分的证据时你才有理由相信它。这种观点被称作**"证据主义"**（evidentialism），它认为只有建立在证据之上的信念才是合理的。一些人持有更强的观点，他们认为你有道德责任让你的信念与你所拥有的证据成比例（proportion your belief to the evidence）。在他们看来，如果你在没有充分证据的情况下相信了某事物，那么你就做了错事。

没有人比著名数学家W. K. 克利福德（W. K. Clifford）更强地表达了这种观点："任何人在任何时候任何地点相信任何没有充分证据的事物都是错的。"[116] 还有另外一些同样著名的大家也赞同这种看法，例如生物学家托马斯·亨利·赫胥黎（Thomas Henry Huxley）就声明："除非一个人拥有证据能从逻辑上证成那种确定性，否则他说自己能确定任何一个命题客观上为真就是错的。"[117] 这些人之所以认为超过已有的证据去相信某事物是错的，原因是我们的行为由信念所指导，而如果我们怀有了错误的信念，则我们的行为就被误导了。

为了表明将信念建立于证据之上的重要性，克利福德举了下面这个例子：

> 一个船主打算让他的一艘移民船出海，他知道这艘船是陈旧的，而且在一开始建造的时候就没有被造得非常好，这艘船已经经历过许多海域和天气，经常需要修理。他怀疑她①还能否再次出海。疑惑在他的心头萦绕，使得他不开心；他认为或许他应该将她彻底检查和翻修一下，虽然这会让他花费一大笔钱。但是在船出海前，他成功地克服了这些令人苦恼的想法。他对自己说：这艘船已经安全地经历了如此多的航程并经受住了如此多的风暴，以至于要认为她这次却不能安全返航是愚蠢的。他将他的信任寄托在上帝的护理（Providence）上，上帝是绝不会不保护这些离开自己的祖国去寻求更好生活的不幸福的家庭的。他从心中排除了那种对该船承包商与建造者的不厚道的怀疑。这样他获得了一个真诚而让人舒适的坚定信念：他的船是完全安全的和可以出海的。他怀着轻松的心情看着她离开，并且善意地祝愿这些背井离乡者能在他们陌生的新家园获得成功。最终他获得了一笔保险金——该船在大海中悄无声息地沉没了。[118]

证据主义
当且仅当你有证据支持某信念时你才有理由相信它。

这个船主并没有将其信念建立于证据之上，而是陷入了一厢情愿的想法（wishful thinking）和自我欺骗。因此克利福德声称他要为这些移民的死亡负道德责任。即使这艘船没有沉没，这个船主仍然犯了错，因为"他没有权利基于他所拥有的证据而相信这一点"。[119]

当关系到众多生命的安全时，我们当然有义务让我们的信念与证据相匹配，

---

① 英文中习惯以人称代词she代指船只，这里遵从原文译作"她"。

即与证据所能保证的程度相比，不要信得过多也不要信得过少。但是在克利福德看来，我们有义务在任何情况下都让自己的信念与证据相匹配：

> 每当我们基于不足信（unworthy）的理由而相信某信念，我们就伤害了我们的自制力、怀疑能力和公平而客观地衡量证据的能力。我们因为怀有和支持错误的信念以及由这些信念所导致的致命的错误行为而遭受的伤害已经够严重了……而当我们怀有和支持了一种轻信的品格，当我们培养起来并永久保持了一种相信不足信的理由的习惯，就会有更大更多的恶产生。[120]

在克利福德看来，负责任地去相信是一项只有通过持续的练习才能获得的技能。而且由于负责任地相信是负责任地行动的必要条件，所以我们有义务培养这项技能。如果我们不这样做，就削弱了我们的判断力，并因此动摇了社会结构。

布兰德·布兰沙德同意这一点，他论证说让我们的信念与证据相匹配的义务是绝对的：

> 思考是为了寻求知识。在寻求知识的过程中，我们预设了知识是某种值得拥有的东西，某种内在地为善的东西，也预设了由于无知或错误而失去知识是一种恶，而我们拥有的知识越多则越好。招致谬误是错的，而当我们允许信念逃脱证据的束缚时我们就是在招致谬误。不必要地抛弃真理也是错的，而当我们拥有了足够的证据却拒绝相信时我们就是在抛弃真理。很奇怪，这个规则似乎是没有例外的：我们应该让我们的信念与证据保持在同等程度。大多数的行为准则当然都是有例外的。我们应该恪守诺言这个规则有时候就必须被打破——当我们是为了救人这个更大的好处时。而生命应该被拯救这个规则有时候也必须被打破——当我们是为了一个国家的利益这个更大的好处时。但是很难想象存在某种情况下我们应该（如果我们可以的话）就我们所拥有的证据所能保证的而言相信得更多或更少。[121]

布兰沙德在此试图通过诉诸知识的内在价值而非它的社会效应来为证据主义辩护。他声称知识是个好东西而错误是一种恶，而最大化我们的知识并最小化我们的错误的最确定的办法就是让我们的信念与证据相匹配。

我们当然有义务去负责任地行动，不过我们是否也有义务去负责任地相信？是否相信某些我们没有权利相信的信念也是不道德的，正如拿走我们没有权利拿走的东西不道德一样？克利福德与布兰沙德都相信是这样。布兰沙德举了托尔克马达（Torquemada，西班牙宗教裁判所的首脑）的例子作为这个信念的证据。

托尔克马达烧死了两千多人，原因是他认为这些人持有异教徒的信念。我们认为他的行为是极其错误的。为什么呢？布兰沙德作出了下面的分析：

> 那些幻想从谎言中找到真理并在真理中看到谎言的人永远得不到真理，他们只是在跟随自己的私欲而已。
> ——《法句经》(The Dhammapada)

> 信仰基督可以得到永恒的幸福而基于理性、观察和经验的信念却应得无尽的痛苦。这种观念是如此荒谬以至于不值一驳，它只会被一种不幸的无知与疯狂的混合物——即所谓的"信仰"支撑。
>
> ——罗伯特·G. 英格索尔（Robert G. Ingersoll）

当一个行为被认定是错误的，这通常是因为它产生了坏的后果或者出于坏的动机。假设在这件事中你确定了结果，它包括了许多善良的男人与女人在身体和心灵上遭受极端的痛苦。托尔克马达会承认这些痛苦。但是他会指出在他看来这个结果还包括了许多其他的东西，它包括从西班牙清除掉了人类的瘟疫源头，而该瘟疫正在扩散，它会将许多人置于死后下地狱的危险之中，而他只通过一小部分人的死亡就避免了这种事的发生。如果就其后果而言，则权衡后的后果还是好的。如果考虑行为的动机，最高尚的动机就是义务感，而托尔克马达有着强烈的义务感。有人可能会说人类除了有一种义务感外还会有一些人性（humanity），他可能会回答说（按照奥古斯丁的说法）他所做的正是出于对那些被他送上火刑柱的人的善意。如果他们继续做异教徒，他们会在地狱中遭受永恒而难以忍受的痛苦。迄今为止，他们对所有可能通过使其悔改而让自己免下地狱的举措都加以抵制，而存在这样一种可能性：如果他们被放到柴堆上并被缓慢地灼烧，由于他们还有着一段时间来悔悟，他们可能会放弃自己错误的信仰。用今生的一小时左右的火烧来换取对来世永恒的火烧的豁免不是很值得吗？[122]

托尔克马达相信他是在履行他的义务，而他可能也相信自己的行为对于社会和他的受害者来说都是最好的。那么，为什么他的行为还是错误的呢？布兰沙德声称它们之所以错是因为"他没有权利相信他所做的是对的。"[123]

> 一个因为经不起与真理的碰撞而崩塌的信仰，不值得人们为它后悔。
>
> ——阿瑟·克拉克

对于研读"二战史"的学生来说，托尔克马达的推理方式听上去应该不陌生，因为它与希特勒用来支持灭绝犹太人的推理方式属于同一类。希特勒声称犹太人是人类的一场瘟疫，而他把犹太人铲除掉是在为人类做好事。托尔克马达的推理方式对于那些研究抗击恐怖主义的学生而言应该也是熟悉的，因为它跟伊斯兰教恐怖分子用来支持其杀害美国人行为的推理方式也属于同一类。伊斯兰教中的恐怖分子相信美国是恶魔（The Great Satan，大撒旦）的代理人，也是一个巨恶的源头。他们相信他们的自杀炸弹袭击是被真主所支持的，而他们的牺牲可以带来回报：他们在天堂中会得到72个处女。我们认为希特勒和恐怖分子所做的是错的。但是是什么使得他们的行为成为错的？是像布兰沙德所说的那样，因为他们没有权利相信他们所做的是对的吗？

不，因为即使他们有权利相信他们所做的是对的，他们的行为仍然是错的。在两千多年前，人们有权利相信地球是平的，因为他们当时所拥有的所有证据都指向那个结论。但是这并不能使得地球成为平的。相信某事物是如此并不能使得它成为如此——即使该信念是可被证成的。类似地，假设托尔克马达拥有一套似乎可靠的测试方法来考察一个人是否是热爱魔鬼的女巫。也许他的调查发现所有且只有那些通过该测试的人在他们的日记中承认了自己是个女巫。无论如何，即使他有理由相信他可以准确地判定出女巫,他所做的还是错误的。因为根本不存在女巫。一个行为的对错取决于世界是什么样子,而不是取决于人们认为世界是什么样子。

正如我们在第五章已经了解到的,一个道德判断是从一个道德原则与一个事实论断中推出来的。如果这个事实论断是错的,那么任何仅仅基于那个事实论断的道德判断也都是错的。托尔克马达、希特勒、恐怖分子等人的行为是错的,是因为他们的行为基于错误的事实之上:不存在热爱魔鬼的女巫、犹太人不是人类的瘟疫、美国人不是魔鬼的代理人。

不过,行为并不是我们道德判断的唯一对象,除了判断行为的对错外,我们也会判断一个人的好坏。或许克利福德和布兰沙德的论证最好应该被理解为是关于判断人的好坏的论证。

一个好人(有德性的人)是一个拥有一种做正确之事倾向的人。但是要做正确的事需要一个人先相信正确的东西,而能确保你怀有正确信念的最好的办法就是让你的信念与证据相匹配。所以可以由此论证,任何一个没有负责任地去相信的人都不是一个好人。换句话说,要在道德上具有德性,需要首先在智识上具有德性。

你应该记得,德性是一种或者对你自己有好处,或者对其他人有好处的值得赞扬的品质。让你的信念与证据相匹配对你是有好处的,因为它可以降低你被诈骗犯、撒谎者和吹牛家忽悠到的几率。它对其他人是有好处的,因为它使得你做一些不道德的事情的几率降低。所以将你的信念与证据相匹配可以被看作是一种德性。

思想探究

布兰沙德的信念

布兰沙德与克利福德声称我们让自己的信念与证据相匹配的义务是绝对的,这正确吗?你能否想到一个反例,即在某种情况下让你的信念与证据相匹配是不正确的?那些没有将其信念与证据相匹配的人们应该感到羞耻吗?为什么?

相信的意愿

美国哲学家与心理学家威廉·詹姆斯论证说,我们让自己的信念与证据相匹配的义务并非是绝对的,有些时候我们有理由基于信仰而相信一些事物。他同意克利福德与布兰沙德的这个观点:在只是基于思维方面的考量就可以判定信念的对错时,我们没有将自己的信念建立于证据之上是错误的。但是在那些我们面临着一个真实的选择的情况下,在相信某事为真会有助于使得其为真的时候,我们有理由比就证据所能保证的而言相信得更多。

在詹姆斯看来,一个真实的选择(a genuine option)是一个被迫的(forced)、现实的(live)和重大(momentous)的选择。一个被迫的选择即一个这样的选择:存在两个互斥的选项而且你必须选择其中一个。一个现实的选择是一个可信的选

> 要相信生活值得过下去,而你的这个信念就有助于使这件事成为真的。
> ——威廉·詹姆斯

择,因为它有可能是真的。一个重大的选择是一个具有重大影响的选择。詹姆斯为一个真实的选择举了下面这个例子,在这个例子中不将我们的信念与证据相匹配是被允许的:

> 例如:"你喜欢我吗?"在不计其数的场合中,你是否喜欢我都取决于我是否半路遇到了你,并愿意假定你一定是喜欢我的,从而对你表现出信任和期待。在这种情况下,我关于你喜欢我的这种信仰就会导致你的喜欢发生。但是如果我远远地站着,并且在拥有客观的证据之前一步都不往前走……那么十有八九你永远都不会喜欢我。[124]

即使我没有证据表明你喜欢我,但是如果我相信你喜欢我,你就可能会喜欢我。由于无根据的信念可能会带来令人满意的后果,詹姆斯相信只有傻瓜才不会去拥有无根据的信念。正如他所讲,"在对一个事实的信仰可能有助于创造这个事实的情况下,只有按照一种疯狂的逻辑才会这样说:在没有科学证据之前就对某事具有信仰是一个思维的存在者可以堕入的'最低级的不道德'"。[125]

但是这种信念真的是无根据的吗?似乎并不见得。因为它们其实是立足于一些有关人类行为的众所周知的事实之上的。比如说我们知道如果我们以善意和尊重对待他人,他人通常也会以同样的方式对待我们。我们已经通过经验得到了这个知识并将它当作是我们信仰所立足的证据。所以,我们的这个信仰并非是无根据的,而是实际上以我们关于人性的知识为根据的。当詹姆斯说对陌生人示以善意这个决定可能是理性的的时候,他是对的,但是当他说这样一个决定没有得到证据支持的时候,他却错了。

此外,詹姆斯声称我们的信仰可以改变他人,这也是具有误导性的。是我们的行为,而非我们的信仰带来了这些改变。通过装作喜欢某人的样子,我们也能让她喜欢我们。想让这个策略有效并不需要我们真的喜欢这个人,我们所需要的只是让她相信我们喜欢她。所以其实是我们的行为而非我们的信念产生了令人满意的结果。

相信自己是个更好的例子。如果你相信自己可以实现某个目标——如果你很自信——或许你就更可能实现它,但是我们并不清楚这种自信是否也是没有根据的。常识告诉我们,相信自己是成功的一个重要因素(例如这正是故事《勇敢的小火车头》(*The Little Engine That Could*)所告诉我们的道理)。所以对自己可以实现目标(即使你之前从来没有实现过)的信念可以基于一个已经确定的心理学原理而被证成。

不过让我们暂且假定在某些情况下对一个事实的信仰的确可以带来这个事实的发生。那么对上帝之存在的信仰是否属于这种情况呢?看上去不是。我们并不能通过信仰上帝就让上帝存在,正如我们并不能通过相信牙仙女就带来牙仙女一样。

> 作为值得尊崇的人类、作为会思考的人类,我们应该尽可能地让人类更理性……人文主义者认定只有当人们可以自由地自主思考、可以将理性用作他们的向导时,他们才最能发展出那些可以成功满足人类需要和服务人类利益的价值。
> ——艾萨克·阿西莫夫

上帝是否存在并不依赖于我们的信念，因为如果这样的话他就不是全能的了。

不过詹姆斯所试图证成的信仰并不是针对某个特定的神的存在的，他所试图证成的是所有宗教都共享的那种信仰，他是这样界定的：

> 第一，她说最好的事物是永恒的事物……宇宙中扔最后一块石头的……说最后一句话的那个事物。"完美是永恒的……"
>
> 对宗教的第二个肯定断言是，如果我们相信她的第一个断言是真的，那么即使在现在，我们就过得更好了。[126]

对这些断言的信仰能够实现什么目的呢？在詹姆斯看来，它可以赋予我们一种自己直接与宇宙相关联的感觉。

> 在我们的宗教中，宇宙的那些更为完美和永恒的面向被呈现为具有人格化特征的了。如果我们相信宗教的话，宇宙对我们来说就不再仅仅是一个"它"，而是一个"你"。而人与人之间可能存在的任何关系也可能会存在于我们与宇宙之间。[127]

若你相信宇宙拥有一种人格化的特征，这就有助于你与它之间建立起一种个人的关系，而这种关系能够帮助赋予你的人生以意义、重点和目的。[128]但是你相信宇宙拥有一种人格化的特征并不能将其变为一个人或者人的产物。你的信仰所能创造的事实只是关于你自己的事实而已——这个事实即，你对于宇宙有一种特定的态度。

思想探究

詹姆斯与泛自然神论

泛自然神论（pandeism）认为宇宙不仅是上帝而且也是一个人。詹姆斯认为将宇宙看作一个人有助于给予你的人生以意义，你是否同意他的看法？为什么？

人生的意义

许多有神论者相信，他们需要上帝为他们的人生赋予意义。如果宇宙的创造背后没有一个智能的存在——比如说如果宇宙只是一种随机的真空波动的产物——那它的存在就是无理由的。但是他们感觉到如果宇宙的存在是无理由的，那他们的存在就也是无理由的了。

这里的预设是实现上帝的计划可以使得我们的人生有意义。罗伯特·诺齐克利用下面这个思想实验来审查这个假设。

> 如果没有上帝人类就会没有目的，也没有目标和希望，而只有一个摇摆不定的未来和对每种黑暗的永恒的恐惧。
>
> ——让·保罗·里克特（Jean Paul Richter）

思想实验

上帝的计划

假设上帝决定向我们揭示他为何要创造我们。地球上每个地方的每个人都听到一个深沉而优美的声音回响在他们的头脑中:"现在,我的孩子们,是时候让我来揭示我为何创造你们了。一周之后会有一群星系间的旅行者经过你们太阳系,是我安排了他们的这次旅行,而且他们所能吃的唯一的食物就是人类(是我将他们设计为这样的),所以我创造你们来当作他们的一种食物来源。当他们着陆后,我要你们走向他们的食品加工室并将你们自己做成人肉汉堡。"[129]

上帝创造我们是为了向另一个物种提供食物,这是有可能的。毕竟很多人都相信上帝创造动物和植物是为了让我们吃。谁知道更高级的外星人是吃什么的呢?

如果我们存在的唯一目的就是为其他人充当食物,那么被那群人所吃就会使得我们的人生有意义吗?诺齐克认为不会。他写道:"如果人类在宇宙中扮演的角色就是为其他存在者提供一个反面教材(不要像他们那样)或者只是为途经地球的跨星系旅行者(他们才是重要的)提供食物,这并不符合我们的期望——即使这些跨星系旅行者吃完后咂着嘴说我们很好吃。"[130] 执行创造者的命令并不必然使得我们的人生有意义。

这一点还可以通过一个更平常的例子来说明。假设你的父母一直计划将你培养为一个医生,但是你自己一直想要成为一个艺术家。在这种情况下,成为一个医生会使得你的人生有意义吗?可能不会。虽然你的父母创造了你,但他们想要你去做的事情并不必然会赋予你的人生以意义。类似地,虽然上帝创造了你,做他想要你去做的事情也并不必然使得你的人生有意义。

此外,如果所有的意义都来自外在的目的,那么上帝的存在就一定是无意义

> 世界就像一个磨碾机一样在永恒的转动,它研磨出死亡也研磨出生命,研磨出好的也研磨出坏的。它没有目的、没有心、没有脑、没有意志。
> ——詹姆斯·汤姆森
> (James. B. V. Thomson)

的，因为他不在任何人的计划中。但如果上帝的存在是无意义的，那么我们的存在也是无意义的。因为就像爱尔兰哲学家乔治·贝克莱（George Berkeley）所认识到的，"没有人能将自己所没有的东西给予别人"[131]。另一方面，如果上帝的存在不是无意义的，那么他一定可以创造出他自己的意义。但是如果上帝可以创造出他自己的意义，为什么我们不能呢？我们是有理性的、有自我意识和自由意志的存在。我们知道什么可以给予我们满足，而且我们有能力制定达到目标的计划。似乎我们已经拥有了一切要产生我们自己的意义所需要的东西了。

> 首先对你自己说你想要成为什么样的人，然后去做你所必须要做的事。
> ——爱比克泰德（Epictetus）

思想探究

意义与道德

将他人仅仅当作工具来利用是错的，因为这侵犯了他人的自我决定（self-determination）的根本权利。如果上帝为了一个特定的目的而创造了我们，这似乎就是说他想要将我们当作实现一个目的的工具。上帝这样利用我们是错的吗？为什么？

存在主义

认为我们是一个神圣计划的一部分这种观念是西方思想史中最古老和最有影响力的观念之一。这种观念认为一切事物都是为了某个目的而被创造出来的，而一个事物的价值就取决于它多好地达到了它的目的。由于这种观念同时认为不同类型的事物是按照一种从低到高的等级制来安排的——矿物、植物、动物、人类、天使、上帝——这种观念也被称作是"巨大的存在之链（Great Chain of Being）"。

存在主义者（existentialists）旗帜鲜明地反对这种观念。他们不相信我们的人生是由上帝在我们存在之前就计划好了的。相反，他们相信我们先是存在然后才自主决定我们要如何过自己的人生。这种观点可以用他们的核心原理来概括：存在先于本质（existence precedes essence）。哲学家、诺贝尔文学奖获得者让-保罗·萨特（Jean-Paul Sartre）这样解释道：

> 无神论的存在主义者（我就是其中一员）一贯宣称，如果上帝不存在，则至少有一个存在（being）的存在（existence）先于其本质，即有这样一个存在：在他可以被用任何概念来定义之前就先存在了。那个存在就是人，或者海德格尔所说的人的实在（human reality）。我们说存在先于本质是什么意思呢？我们的意思是人先是存在，遇见他自己，在世界中涌现然后才定义他自己。如果说存在主义意义上的人是不可被定义的，那是因为刚开始时他什么都不是。直到后来他才会成为什么，即他将自己所造就的样子。因此，不存在人类的本质，因为不存在一个为它设定了某种概念的上帝。人仅仅是

> 不存在一个适用于所有人的宇宙大意义，只存在一个我们每个人给予自己人生的意义，一个个人的意义，一个个人的计划，就像一本个人的小说，每个人都有一本属于自己的书。
> ——阿娜伊斯·宁（Anais Nin）

（Man simply is）……除了他自己所造就的自己外，人什么也不是。这就是存在主义的第一原理。[132]

所以在萨特看来，我们并不是被创造出来完成任何人的命令的，不存在一个我们被设计用来达到的目的。所以我们人生的意义不可能是由遵循某种预定的计划构成的，因为并不存在这样的一个计划。不论我们在生命中找到了什么意义，我们都必须靠自己来创造它。

在说我们没有任何本质的时候，萨特并不是在否认我们拥有某些身体的和社会的属性。我们都拥有特定的身高、体重、肤色、阶层、国籍等，但是这些属性（被萨特称作我们的"事实性"/facticity）并没有使得我们成为我们这个人，因为我们是什么人取决于我们如何**看待**（make of）这些属性。跟那些只是"以自身"（en soi）而存在的生物不同，我们是"为自身"（pour soi）而存在的。我们是什么样的人是我们所面对的一个问题，一个我们可以为自己做决定的主题。

在存在主义者看来，我们是通过做出选择的行动来创造自身的。我们存在于一个要求我们做出行动的世界中，在该世界中我们会担负起某些计划。我们通过这些计划来理解我们在世界中所遇到的事物。而随着这些计划的推进，我们自身也渐渐形成。通过不断地决定要做什么，我们决定了自己成为什么人。

不过只有真正的选择（authentic choices）才是自我决定的。一个真正的选择是一个你所认同的选择。如果你做一些事只是因为它是正常情况下或一般人都会做的事，你的决定就不是真正的决定。但是如果你之所以做它是因为它反映了你所想要成为的那种人，那它就是真正的决定。

但是在做出真正的选择时，没有人可向你提供指导，因为那样的话你的选择就是基于一个外在权威的看法了，它就不是真正的选择。所以萨特将人的境况刻画为被抛弃、痛苦和绝望的。被抛弃是因为我们必须靠自己，没有人能为我们自己做选择。痛苦是因为我们不得不做选择。我们就是不能什么都不做，因为正如神学家哈维·考克斯（Harvey Cox）所认识到的，"不做选择也是一种选择"。而绝望是因为我们不得不承受自己选择的后果。

这是对人类状况的一种无望的观点。存在主义文学与艺术通过探究诸如异化、荒谬和焦虑等主题的方式宣扬了这种观点。但是这种消极的反应是否是在意识到我们最终要为自己的人生负责后唯一可能的反应呢？古典学学者黑兹尔·巴恩斯（Hazel Barnes）并不这样认为，她写道：

> 没有一个人道主义的存在主义者会允许我们唯一的选择就是绝望和不负责。加缪曾经指出过，从"宇宙中不存在更高的意义"这个前提就轻率地得出"因此我的生活不值得过下去"这一结论是谬误的。个人的生活可以具有内在价值，这个价值既是对这个生活的人而言的也是对那些处于他影响范围

内的人而言的——不论宇宙是否知道它在做些什么。[133]

换句话说，只是从人生**的**意义不存在这一事实，并不能推出在人生**中**不可能存在意义。[134]只要你在做你自己的事情，你的人生就可以是有意义的，即使它不是任何人的计划的一部分。

思想探究

意义与目的

你是否相信人生要有意义则宇宙必须是被设计用来达到一个目的的，还是说你相信你可以通过运用自己的自由选择来创造自己的意义？为什么？

无上帝的宗教

许多人认为，做一个有宗教精神的（religious）人，就需要持有某种关于上帝的信念。但是正如我们已经了解的，存在一个全知全能全善的上帝这种观念是可疑的。在认识到传统有神论的信念不可能被理性地坚持之后，越来越多的神学家得出结论说，我们应该拒绝这些信念。他们之中最重要的人物是神学家保罗·蒂利希和他的学生，曾担任新泽西州纽瓦克市圣公会主教的约翰·谢尔比·司朋（John Shelby Spong）。在梯利希看来，上帝不是一个人，而是个人（the personal）的基础。他说："上帝是一切个人的基础……他将人格的本体论力量（ontological power）带于其自身之内。"[135]换句话说，上帝不是一个存在，而是存在的基础——存在于我们所有人之中的一种力量，这种力量可以让我们过一种有意义的、充实的、宗教的生活。

要过一种宗教的生活，一个人并不必信仰一个人格化的上帝——就像佛教徒那样。佛教徒并不信仰一个人格化的上帝，而许多人却将他们看作是这个星球上最富有宗教精神的一些人。使得他们如此富有宗教精神的并非他们的具体信念，而是他们所是的那种人与他们所过的那种生活。

罗伯特·科伯恩（Robert Coburn）认为那些对生活持有一种宗教态度的人共享这四个重要的特征：

> 第一，他们拥有一种神圣感，这是说他们会（至少有时会）因为感觉到神圣之物、理解到某些关于人生或世界（或人生与世界中）的非常神秘的东西，或者某些既吸引人又令人畏惧、可以激发敬畏和崇拜等反应的东西而感到惊异和感动。
>
> 第二，他们会（至少有时会）发现他们自己拥有那些被圣保罗称作"仁爱、喜乐、和平"的"圣灵所结的果子"。这是说，他们经常或至少偶尔会

> 正如走入车库并不会让你成为一辆车，走入教堂也不会让你成为一个基督徒。
> ——劳伦斯·彼得
> （Laurence J. Peter）

感受到一种深刻的平静、镇定和安宁，或者说内心的静谧，这种平静根植于一种深刻的、足以抵御无常世事的安全感。

第三，基督教传统中多少有些宗教虔敬的人们会对人生以及人生中某些更基本的事件或情况怀有某种典型的态度。因此他们通常会将被虚荣心或追求自命不凡的欲望所驱动的，追逐名利和权力的行为视为错误……

第四，那些过着一种信仰的生活的人的行为有一种典型的形态。下面这三个行为特征至少在基督教传统的虔敬者身上是倾向于存在的。这种人会参与到公开或者私下的"崇拜行为"中……这种人也会定期地以一种称得上是"取了奴仆的形像"的方式来行动……最后，这种人会以"分享他们所感受到的祝福"的方式来设计自己的行为，这种祝福是他们通过参与到他们宗教共同体中的生活以及那些"信仰圈"之外的人的传统中而获得的。[136]

> 我一向都通过他人过着怎样的生活来判断他们的宗教信仰……但是这并不能满足牧师们。他们一定要他人对他们所感兴趣的荒谬言论有一种肯定和公开的同意。我的看法是如果世界上没有牧师，那么世界上也就不会有异教徒。
> ——托马斯·杰斐逊

信仰上帝对于可以拥有这些特征——对生活拥有一种宗教的态度——来说，非必要条件也非充分条件。它不是必要的，因为就像佛教徒那样，一个人可能会拥有这些特征而不信仰上帝。它不是充分的，因为一个人可能信仰上帝却不具有这些特征。我们都认识一些虽然信仰上帝但却不尊重自然的人，他们整天忙个不停却只为自己着想，从来没有做过义工。虽然这些人有宗教信念，却没有宗教精神。

做一个好人并过一个好的人生并不需要你拥有对上帝的信仰。有神论者和无神论者同样可能拥有高尚的道德并具有社会责任感。类似地，做一个有宗教精神的人也不需要你拥有任何特定的宗教信念。无神论者也可能会对生活持有一种宗教的态度，而有神论者也可能不会。所以宗教的果实并不专属于那些有信仰的人。

总 结

克尔凯郭尔认识到，要接受基督教的故事，需要我们做出信仰之跃，因为这个故事的某些方面是荒谬的。但是他倡导我们做出这一跳跃，因为这样做可以让你获得可能的最高程度的真理。罗素觉得那些有信仰的人软弱而可鄙，因为他们不愿意面对现实。由于他们不能用逻辑或理性支持其观点，他们经常会诉诸暴力。

克利福德论证说，我们有道德义务让我们的信念与证据相匹配，因为这样会让社会强大。布兰沙德也为这个义务做出论证，理由是它有助于我们获得知识并避免错误。

詹姆斯论证说，我们并不总是需要将我们的信念与证据相匹配。当我们面对一个真实的选择（一个无法基于思维做出决定的选择，而且其中对某事实的信仰有助于创造这一事实）时我们就有理由基于信仰而去相信。

存在主义者相信我们通过我们的选择定义了自己。如果这些选择是真正的选择，我们的人生就是有意义的——即使它不是一个神圣计划的一部分。

学习问题

1. 为什么克尔凯郭尔相信成为一个基督徒需要做出一个信仰的跳跃？
2. 根据克尔凯郭尔的看法，客观真理与主观真理有何区别？
3. 为什么罗素认为信仰不是什么值得赞赏的东西？
4. 什么是证据主义？
5. 为什么克利福德相信我们应该让我们的信念与证据相匹配？
6. 为什么布兰沙德相信我们应该让我们的信念与证据相匹配？
7. 根据詹姆斯的看法，在什么情况下一个选择才是真实的？
8. 根据詹姆斯的看法，信仰在什么情况下可以得到辩护？
9. 当存在主义者说"存在先于本质"的时候他们是什么意思？
10. 根据存在主义者的看法，在什么情况下一个选择才是真正的选择？

讨论问题

1. 是否在某些情况下仅仅相信某事物为真就可以使得其为真呢？如果是的话，是在什么情况下？
2. 信仰是一种德性吗？为什么？
3. 儿童们现在被教育为当他们没有负责任地去做事时应该感到羞耻。如果他们也从小被教育为当他们没有负责任地去相信时应该感到羞耻的话会怎样？社会会更好还是更坏？
4. 你是否同意存在主义者的这个看法：即使你的人生不是某个神圣计划的一部分，它也可以是有意义的？为什么？
5. 试考虑埃德蒙·卫·梯勒（Edmund Way Teale）所说的这句话："就像只要你得到了一些钱，就不管自己是怎么得到它的是道德上错的一样，只要能使你感觉良好，你就不管一件事是否是真的也是道德上错的。"[137]这句话对不对？不去质疑你自己的宗教信念是不道德的吗？

网络探究

1. 一些人宣称，宗教信仰是盲信（fanaticism）的高产地，因为宗教观点常常可以从通常的理性与证据的标准和一般的伦理限制中得到豁免。这种论断合理吗？在搜索引擎中输入"宗教盲信""信仰"和"理性的"来研究这个问题。
2. 对于很多信仰者来说，他们信仰的本质是对上帝意志的服从或是对他的神圣计划的遵从。

这种服从或者遵从与个人的自主（autonomy）——我们自我决定的能力——兼容吗？要探究这个主题可以在搜索引擎中搜索"上帝的意志""自主"和"Rachels"。

3. 宗教信念对一个社会有好处吗？近期一项发表于《进化心理学》杂志（*Evolutionary Psychology*）上的研究报告暗示事实不是如此。你可以在此找到该研究报告：http://www.epjournal.net/wp-content/uploads/ep07398441_c.pdf 这项研究是否改变了你关于信仰和宗教实践的好处的看法？为什么？

圣托马斯·阿奎那

五种方法[①]

圣托马斯·阿奎那博士（公元1225—1274）是中世纪天主教会最具影响力的哲学家和神学家，经院哲学的集大成者，有"天使博士"（Doctor Angelicus）的称号。由他开创的托马斯主义（Thomism）传统主张将理性与信仰结合在一起的宗教观。在下面的选文中阿奎那通过提出他自己关于上帝之存在的论证来回应那些说上帝不存在的质疑意见。

质疑1：上帝似乎是不存在的，因为如果两个相反的事物中有一个是无限的，那么另一个就会被完全毁灭掉。但是"上帝"这个词的意思是说他是无限善的，因此如果上帝存在，则不会有恶被发现，但是世界上是存在恶的，因此上帝不存在。

质疑2：另外，如果可以用较少的原理来解释某事物，那么用更多的原理来解释就是多余的。但是似乎我们在世上所看到的一切事物都可以在假设上帝不存在的情况下通过其他的原理得到解释。因为所有自然界的事物都可以被化约为一个原理，那就是自然。而所有带有意愿的事物都可以被化约为一个原理，那就是人类的理性或意志。因此我们不需要假设上帝的存在。

反之，上帝说：我是我所是（《出埃及记》3.14）。

正解：上帝的存在可以通过五种方法得到证明。

第一种也是最明显的一种即基于运动（motion）的论证。可以确定，而且我们也可以明显地感觉到在世界里有些事物是处于运动中的。任何处于运动中的事物都是被另一物所推动的，因为除非它潜在地要朝向它所要运动的方向运动，而当它运动时也是如此地运动，任何事物都不会运动，因为运动其实只是某物从潜在状态走向现实状态。但是除非被某个处于现实状态的事物所推动，没有事物可以从潜在状态走向现实状态。因此某种现实中热的事物（例如火）可以使得木头（潜在的热的事物）实际上变为热的，并从而推动和改变了它。这种情况是不可能的：同一个事物在同一个方面同时既是潜在的又是现实的，它只能在不同的方面是既潜在又现实的。因为实际上热的事物不可能同时又是潜在地热的，而只能同时是潜在地冷的。因此一个事物不可能在同一个方面上或同一种方式上既是推动者又是被推动者。比如说：它推动它自身。所以，任何处于运动中的事物一定是由其他事物所启动的。如果那个启动它的事物本身也是被其他事物所启动的，那么就一定需要另一个事物来推动它，而那个推动者又会需要另一个。但是不能这样无限继续下去，否则就没有第一个推动者了，并因此也没有其他的推动者了——如果没有第一个推动者，后面的推动者就无法运动了；正如没有手的运动，手中持的杖也不可能运动。因此有必要得出存在一个第一推动者，它是不被其他事物所推动的，这就是每个人所理解的上帝。

第二种方法是基于有效原因（efficient cause）之本质的论证。我们发现，在感官世界中存

[①] 节选自：St. Thomas Aquinas, *Summa Theologica* (London: Burns, Oates, and Washbourne, 1920) 24-27

在一个有效原因的序列。我们从没见到过（实际上也不可能见到）一个事物被发现是它自身的原因，因为这样的话它就是先于自身而存在了，而那是不可能的。有效原因序列不可能无限延伸，因为在所有依次相连的有效原因中，第一因是中间原因的原因，而中间原因是最终原因的原因——不论中间原因是一个还是多个，而去掉了原因就是去掉了结果。因此，如果在有效原因序列中不存在第一因的话，那么就不会有最终原因，也不会有任何的中间原因。但是如果有效原因序列可以延伸到无限的话，那就不存在第一因了，也因此不存在最终原因和任何中间原因了，而这都是错。因此有必要承认一个第一因的存在，也就是每个人所说的上帝。

第三种方法是基于可能性与必然性的论证，它是这样的：我们发现自然界中的事物是可能存在也可能不存在的，因为它们会产生也会朽坏，结果它们就可能存在也可能不存在。但是它们不可能总是存在，因为这样的话它们就不会有时存在有时又不存在了。因此，如果一切事物都是可能不存在的，那么就可能曾在某个时候没有任何事物存在。而如果这是真的，则甚至现在也不会有任何事物存在，因为那些不存在的事物只能通过某些已经存在的事物才能开始存在。因此，如果曾在某个时候没有任何事物存在，那么就不可能有任何事物开始存在，则甚至现在也没有任何事物存在——这是荒谬的。因此，并非所有事物的存在都只是可能的，而一定有某些事物的存在是必然的。但是每个必然存在的事物要么是由于其他事物才拥有了必然性，要么不是。正如在关于有效原因方面已经被证明的那样，那些其必然性是由其他事物所产生的必然存在也不可能无限延伸下去。因此我们不得不假设有某种事物它自身就拥有必然性，它并不是从其他事物那里获得了必然性，而是它使其他事物具有了必然性。所有人都将这个事物称作上帝。

第四种方法是基于事物之中的等级次序的论证。在所有事物中，有一些在更大程度上是好的、真的、高尚的等等，而另一些则在更小的程度上是好的、真的、高尚的等等。但是"更大"和"更小"被用来谓述不同的事物时，所依据的是它们在多大程度上上接近于极限，比如一个东西被称作是更热的，是因为它与那个最热的存在更接近；所以存在一个最真实的存在、最好的存在、最高尚的存在，也即一个至高的存在，因为正如《形而上学》第二卷所写的那样，那些最真实的存在也就是最高的存在。由于任何事物种类中最高的极限就是所有这类事物的原因，比如火作为热的最高的极限，就是一切热的事物的原因。因此一定存在某种事物是一切事物的存在、好以及其他任何完美性质的原因，这个事物被我们称作是上帝。

第五种方法是基于对世界的治理的论证。我们可以观察到缺乏智能的事物（例如自然界中的事物）会为了一个目的而活动，这是很明显的，它们总是或者几乎总是以同样的方式活动，以求达到最佳结果。因此它们能达到目的显然并非偶然，而是被设计好的。由于一个缺乏智能的事物是不可能为了一个目的而行动的——除非它是被某种具有知识和智能的存在所引导的，正如箭能射向靶子是由射手所引导的，所以一切自然界事物都是通过某种智能的存在被引向它们的目的的，而这存在被我们称作是上帝。

释疑1：正如奥古斯丁所说（《基本教理手册》第十一章）：由于上帝是最高的善，除非他的全能与善可以使他从恶中也可以产生善，他不会允许在他的创造物中存在恶。他可以允许恶的存在,并从恶中产生善,这也是上帝的无限善的一部分。

释疑2:由于自然是在一个更高的主体的引导下向着一个特定的目的运行的,所以任何自然所做的事情都必须被追溯到上帝身上,也就是它的第一因上面。而任何出于意愿所做的事情也必须被追溯到一种不同于人类理性与意志的、更高的原因,因为理性与意志是会改变或失去作用的;正如我们在上文中所证明的那样,这是因为任何可改变的或者会产生缺陷的事物都必须被追溯到一个固定不变的和本身具有必然性的第一原理那里。

阅读问题

1. 关于上帝之存在,阿奎那提出了哪两个质疑意见?
2. 阿奎那是如何回应这两个质疑的?
3. 阿奎那用来证明上帝之存在的五个论证是什么?
4. 你觉得哪个论证最有说服力?为什么?

理查德·斯温伯恩

自然神学[①]

> 理查德·斯温伯恩（Richard Swinburne, 1934— ）是牛津大学的诺罗斯基督教哲学荣誉教授（Emeritus Nolloth Professor）。他是自然神学（Natural Theology，一种试图基于一些自然界的事实来证明上帝之存在的理论）最重要的倡导者之一。他的著作包括《上帝的存在》（The Existence of God）、《有神论的融贯性》（The Coherence of Theism）和《灵魂的进化》（The Evolution of The Soul）。在下面的选文中［来自《一个自然神学家的使命》（"The Vocation of A Natural Theologian"）一文］，他对其论证计划的本质做出了说明。

《上帝的存在》一书的主要观点是这样的：传统的各种对有神论的论证——或者是基于世界的存在（宇宙论论证），或者是基于世界对科学规律的遵循（某种版本的目的论论证），或者是其他——最好被理解为是一种对上帝之存在的归纳论证而非演绎论证。一个有效的演绎论证即一个其前提（起点）可以不可错地保证结论为真的论证；一个正确的归纳论证即一个其前提可以确认其结论（使得结论看起来更可能为真）的论证。科学研究是由各种有限的可被观察到的现象推出这些现象的无法被观察到的物理原因，因此是一种归纳论证。我的论断是：有神论是最合理的形而上学理论。上帝的存在是一个非常简单的假说，从它可以推出各种一般的或更具体的现象，而如果没有这个假说，就推不出这些现象；因此这些现象就使得它更有可能为真。而且正如每一组现象都可以增加一种宏大科学理论的可能性一样，所有这些现象汇总起来也可以使得上帝假说成立的可能性剧增。

当我们解释现象时，可以存在两种不同类型的解释。一种是科学的解释：我们通过遵循自然规律或规则L的某些早先的事态F（即原因）来解释现象E，在这里规律L描述了F与E之间发生的事情。比如说我们可以通过某石头被拿到了距地面64英尺高的塔顶这个事态（F）还有伽利略的自由落体运动定律（L，即任何物体都以$9.8m/s^2$的加速度下落）来解释为什么一个石头从塔顶落到地面上用了两秒钟（E），E是从F与L中推出来的。而且……科学还可以通过一个更广泛的规律来解释一个更窄范围的规则或规律。因此它可以解释伽利略的自由落体运动定律为何可以适用于地球表面的小的物体。伽利略的自由落体运动定律是从牛顿的万有引力定律中推出来的，它基于这个事实：地球是一个拥有特定质量的物体，它的质量远超过周围的物体，在地球表面的物体靠近它并且这些物体的质量相比地球而言非常小。

还有一种解释我称之为人格的解释（personal explanation），这是我们一直都在使用着的，并且也被看作是一种恰当的解释现象的方法。我们常常会通过一个想要达到某个目的或目标G的人P来解释一个现象E。比如说我现在的手部动作可以通过我想要拿起一个玻璃杯来解释，我之前走向一个房间的腿部动作可以通过我想要去那里讲课来解释。在这些情况下，我引发了我

[①] 选自: Richard Swinburne, "The Vocation Of A Natural Theologian," In *Philosophers Who Believe*, Ed. Kelly James Clark (Downers Grove, IL: Intervarsity Press, 1993) 179-202.

的身体的一个状态，而这个状态又引发了某些我身体之外的事态。但是，是我（P）而非其他人引发了身体的状态（E）并促使某些更远的事态（G）产生。

这是与科学的解释不同的一种解释。科学的解释涉及到自然规律与早先的事态，人格的解释涉及到人与目的。在每种解释中，我们相信其解释为真的基础都在于（正如之前所说的）这一点：要解释某个现象以及许多其他类似的现象我们需要用比较少的实体（例如一个人而非多个人）、比较少的实体类型，通过易于被描述的属性，以数学上比较简单的方式（例如一个人拥有某些稳定的能力和目的）来产生这些现象。在寻求对现象的最佳解释时寻求这两种解释中的哪一种都是可以的，而如果我们不能找到某现象的满足上述标准的科学的解释，那么我们就应该寻找一个人格的解释。

我们应该寻求一切事物的解释，但是我们已经认识到我们有理由假设只有当我们找到了这样一个解释时才能说我们真的找到了一个解释：这个解释是简单的，并且能够让我们预见到如果没有这个解释就无法预见到的发现。科学史表明，我们认为复杂的、繁多的、巧合的和多种多样的现象需要得到解释，而且要用某些更简单的事物来解释。行星的运动（遵循开普勒定律）、地球上各种物体之间的机械运动、摆锤的运动、潮汐的运动还有彗星的运动等构成了一类非常繁多的现象集合。牛顿的运动定律作为一种简单的理论却能让我们预见到所有这些现象，因此它被看作对这些现象的一个正确的解释。存在着成千上万种化学物质可以以不同的速度相互结合并产生其他的物质，这是非常复杂的。而有一种简单的假说却可以让我们预见到这些复杂的现象，这就是：这成千上万种化学物质是由仅仅一百个左右的化学元素构成的[①]。如果我们获得了一种可能的最简单的解释起点，它可以使得我们预见到我们所发现的现象，那么我们就应该停止脚步，并且相信我们已经发现了所有一切其他事物都立足于其上的终极原始事实。

宇宙论论证

宇宙论论证从存在一个复杂的物理宇宙（或者某种跟它一样笼统的事物）推出一个使得它存在的上帝。该论证的前提是我们的宇宙已经存在了很长时间（不论是有限的时间还是没有起点的无限的时间）。宇宙是一个复杂的事物，它包含了许许多多分离的模块（chunks）。每个模块拥有一个不同的有限而且不是很天然的体积、形状、质量等——试考虑那些各自非常不同的星系、恒星、行星和海边的鹅卵石。物质是惰性的，它没有能力使其从中选择去发挥作用，它只是做它不得不做的事情。在任何地方都有有限体量的物质，而任何物质都有有限的能量和速度。宇宙的复杂性、特别性和有限性需要我们找到一个更简单的方式对其进行解释。

宇宙的存在显然是不能通过科学得到解释的。因为正如我们所了解的，一个科学的解释通过一个早先的事态与某种使得之前的事态能够导致之后的事态的自然规律来解释一个事态的发生。它可以通过太阳系早先的状态（太阳与各行星去年的位置）和开普勒定律来解释各个行星现在的位置，该定律使得后来的事态可以从之前的事态中推出来。而且它也可以通过宇宙去年

---

① 在本文发表时人类已知元素仅有一百个左右。之后各国科学家又发现了多种新元素，目前我们已知的元素已有118种。——编者注

存在和宇宙中的定律来解释宇宙今年的存在。但是要么宇宙有一个第一事态，要么宇宙一直都是存在的。在前一种情况下，科学无法解释为什么会存在第一事态；而在后一种情况下，科学无法解释为什么有物质（或者更准确的说是质能）存在以使自然规律可以运行。从本质上来说，科学是无法解释为什么会有任何事态存在的。

但是上帝的存在却可以给出一个解释。有神论假说是这样的：宇宙之所以存在是因为上帝使它一直存在着，而之所以会有自然规律是因为有上帝使得它们运行着。上帝通过让宇宙中的每个事物都能遵循那些规律（包括质量守恒定律，即在任何时刻之前存在的都会继续存在）活动而使得自然规律运行着。宇宙之所以存在是因为在有限或无限时空中的每个时刻他都以他的职责使得万物存在着。有神论假说类似一个人格的假说——一个人为了某些目的而使得某些事物发生。正如我们直接作用于我们的头脑，并指导它们来移动我们的四肢一样，上帝直接作用于宇宙（不过宇宙当然不是他的身体）。

正如我们已经看到的，人格的解释与科学的解释是我们可以使用的两种解释某现象发生的方法。由于关于宇宙的存在没有一个科学的解释，所以要么我们没有任何解释，要么我们采取一个人格的解释。上帝存在的假说是可能存在的最简单的一种人格的假说。一个人即一个有能力对事物产生作用、知道如何去做并且具有选择要带来何种作用的自由意志的存在。上帝按照定义是一个全能（即具有无限的能力）、全知（即知道一切）和完全自由的人：他是一个具有无限能力、知识和自由的人，一个其能力、知识与自由意志除了逻辑的限制外没有任何限制的人。假设有一个具有无限程度的该类存在所拥有的品质的存在是一个非常简单的假设。假设有一个这样的上帝存在比假设有一个能力有局限的上帝存在或者假设有多个能力有局限的上帝存在要简单得多。它是更简单的，这正如假设某些粒子的质量为零或具有无限的速度比假设它们它有0.32147个单位的质量与速度为221 000千米/秒要更简单一样。一个有限的限度还需要给出一个解释来说明它为什么恰恰把限度设定在那里，而无限则不需要作出这样的解释。上帝的存在就为解释提供了一个最简单的终点。

宇宙中竟然有物存在，而且存在的还是一个我们这样的复杂而有序的宇宙，这是极其奇怪的。但是如果有上帝存在，那么他会造出这样的一个宇宙则是相当之有可能的。我们这样的宇宙是一个美丽之物，也是一个人类还有其他生物可以在其中生长和完成它们的使命的剧场——这一点我会在下文中进一步说明。所以从宇宙推到上帝的论证是一个从复杂现象推到简单实体的论证，这个实体可以让我们预见到（虽然并不能保证可以）如果没有这个实体就远远不能预见到的前者的存在。因此我认为宇宙的存在为上帝的存在提供了某些证据。

基于设计的论证

目的论论证或者基于设计的论证具有多种形式。其中一种形式是基于时间秩序的论证，这种论证的前提是自然界中最一般的那些规律的运行，也即自然在遵循这些非常一般的规律时表现出的秩序性。科学目前还没有发现这些规律具体都是什么——它们或许是爱因斯坦的广义相对论公式，或许是某种更为根本的规律。我们现在已经知道科学可以通过某种更广泛或者更一般的规律来解释某些范围更窄的规律或规则。但是科学就其本质而言，无法解释为什么会存在这些最为一般的规律，因为根据假设没有更广泛的规律能解释这些规律的存在。

贯穿于整个无尽的时空中的万物对这些简单规律的遵循需要一个解释。让我们来看看这到底意味着什么。规律不是物体，它是独立于物质的东西。说所有的事物都遵循着规律其实只是在说它们都表现出完全相同的活动方式。例如，说各大行星遵循着开普勒定律只是在说处于每个时刻的每个行星都拥有这样一种属性：它像开普勒定律所说的那样在运动。因此，在整个时空中的万物在活动方面就存在着一种巨大的巧合性。如果在某个区域的所有硬币都有着同样的印记，或者某个房间的所有纸张上都有着同样的笔迹，我们就会通过为这些巧合的发生找到一个共同的源头来获得一个解释。我们也应该为我们刚才描述过的那种万物都遵循自然规律这种巨大的巧合寻求一个类似的解释，例如这种巧合：在无尽的时空中的每一个时刻每一个位置上所有的电子都被造得要么排斥要么吸引其他的粒子，而且总是以完全相同的方式与这些粒子结合。

存在一个宇宙并且存在着自然规律，这个现象是如此平常和普遍，以至于我们倾向于忽视它们。但是宇宙本来很可能是根本不存在的，或者即使存在也很可能只是乱糟糟一团。有一个秩序井然的宇宙存在是非常令人惊奇的，而且这也远远不是科学所能解释的。科学在这方面的解释无能不是暂时的现象，不是因为21世纪的科学太落后。而是由于**科学的解释**的定义本身，这些现象永远都是超出它的解释能力的。因为科学的解释就其本质而言只能止步于某些最终极的自然规律和最终极的物理事物的物理安排那里，而我所关心的问题是为什么会有这些自然规律和物理事物存在。我们可以再次给出一个关于宇宙的时间秩序性的简单解释：是上帝让质子和电子以一种有秩序的方式运动，这正如我们在跳舞时使自己的身体以一种有规则的方式移动一样。依据假设，他是有能力做到这一点的。但是他为什么选择这样做？因为宇宙的秩序性使得它成为一个美丽的宇宙，而更重要的是，这使得宇宙成为一个人类可以学会如何控制和改变它的宇宙。因为只有当宇宙中存在着一些简单的规律时人类才可以预测到什么事之后会发生什么事——而除非人类能做到这一点，他们永远不能改变任何事物。只有当他们知道播下某些种子，为它们除草和浇灌，然后他们就能收获到谷物后他们才能发展出农业。而只有当自然界中存在着一些容易被理解的规则性时人类才能获得这些知识。人类的存在是件好事，他们是天赋的小创造者（minicreators），通过他们的自由选择而分有着上帝构造与发展宇宙的活动。但是如果要有这样的人类，就必须有自然规律。因此我们可以合理地预见到上帝会创造出它们，否则我们就无法预见到宇宙会展现出如此令人惊奇的秩序了。

思想史上最常见、而且在18世纪和19世纪早期非常流行的"基于设计的论证"的形式，是基于空间秩序的论证。动物和植物的内在结构可以使得它们能够捕捉住适合它们消化器官的食物，并能让它们逃避食肉动物的捕杀，这意味着它们就像是非常复杂的机器，因此它们一定是由一位技艺精湛的机械师组装起来的，他在把它们制造出来的同时也赋予了它们繁殖能力。到了1859年，这种在宗教辩护论文中经常使用的论证突然就不再被使用了，因为这一年达尔文以非常简单的生物的进化的规律解释了为什么会存在那些复杂的动物和植物。我们似乎不再需要引入上帝来解释了。

然而这个结论下得太早了，因为我们还可以要求更进一步的解释。为什么会存在这种进化的规律，这种规律可以在千万年前的简单生物中逐渐产生出来复杂的生物？这当然是因为这些规律是可以从物理学的基本规律中衍生出来的。但是为什么这些物理学的基本规律又是这个样子，可以使得它们刚好能产生出进化的规律呢？而且为什么一开始会有那些原始的生物存在呢？一个貌似可信的故事是这样的：在"大爆炸"发生时（即大概150亿年前的某一时刻，如今的科学家告诉我们说宇宙或至少现阶段的宇宙是那时开始存在的）的原始的质能"汤"按照物理规律在经过数千万年后产生了那些原始的生物。但是一开始为什么会存在这些适合于进化发展的物质呢？

对于这些规律和这些原始的物质，我们又一次面临同样的选择：要么承认这些事物没有更进一步的解释了，要么提出一个更进一步的解释。要注意到这里的问题不是为什么会有任何规律存在（这是基于时间秩序的论证的前提）或者为什么会有任何质能存在（宇宙论论证的前提），而是为什么这些规律和质能会拥有这种奇特的特征：它们已经准备好了去产生植物、动物和人类。由于最一般的自然规律具有这种特别的特征，关于为什么它们会是这个样子，就没有一个科学的解释。而且即使关于为什么大爆炸时候的物质拥有这种特别的特征可能有一个科学的解释——通过它们在大爆炸之前的特征来解释，宇宙显然总是有一个第一阶段，而那个阶段一定是某种特定类型的阶段；或者如果宇宙是永恒存在的，它的物质也一定具有某种一般的特征可以使得宇宙在某一时刻适合产生出植物、动物和人类。科学的解释就止步于此了。这里的问题仍然是：我们是应该接受宇宙的这些具有特定特征的规律和物质并认定其为终极原始事实，还是应该更进一步通过上帝的能动性来寻求一个人格的解释？

这里的选择的关键在于这些规律和初始状态有多大的可能会恰好具有这些特征。这些年的科学研究让我们注意到一个事实：宇宙是被调整得恰到好处的。大爆炸时刻的质能一定拥有某个特定的密度和特定的后退的速度；让这些参数发生百万分之一的增减都会使得宇宙不适合生命的进化。例如，如果大爆炸使得质能的量子彼此后退得快上一点点，就不会形成适合生命生存的环境、恒星或行星、星系。而如果它们后退得慢上一点点，宇宙就会在生命被形成前坍缩回去。类似地，如果要形成生命，自然规律中的常数也需要被限定在很窄的范围内。因此，自然规律和初始状态具有这种能产生生命的特征的概率是很小的。上帝可以给予物质和自然规律这种特征。如果我们能够表明他有理由这样做，那么这就会为他确实这样做了这一假说提供支持。除了为了宇宙的美丽这个理由外，我们还可以找到一个理由来解释上帝为什么选择造出一个有秩序的宇宙：为了通过进化的过程产生有感觉的生物，而最重要的是产生出人类——他们会在关于世界应该是怎样的一事上做出知情的选择。

在《上帝的存在》一书中，我提出还可以从其他的各种现象中——例如有意识的个体的存在、事物在某些方面的恰到好处的安排、历史上某些显然是奇迹的事件的发生、数百万人所拥有的宗教体验——利用类似的论证模式来建立起有神论，当把所有这些论证都汇总起来时，有神论成立的可能性就增大了许多。

阅读问题

1. 在斯温伯恩提出的宇宙论论证中，他诉诸了简单性标准并假设最简单的解释是提出最少元素或部分的解释。这个简单性观念与本书第一章1.3节中所提出的简单性观念对比起来如何？哪一个更合理？

2. 相比这种说法：宇宙本来就一直存在或开始存在，上帝假说是关于宇宙之存在更好的解释吗？根据本书之前所提出的简单性标准来判断哪一个假说更简单。

3. 根据一些科学家的说法，物理规律不可能与它们现在的样子有任何不同。如果事实如此，这个事实是否会动摇斯温伯恩的这个抱怨：科学无法为自然规律提供一个解释？某些科学家相信自然规律可能是自然选择的结果。这种解释能否成为斯温伯恩的上帝假说的一个替选？

4. 关于上帝的特性和动机斯温伯恩作出了哪些假设？你是否认为这些假设使得上帝假说没那么简单了？为什么？

大卫·休谟

自然宗教对话录[①]

　　大卫·休谟（1711—1776）不到二十五岁就写出了《人性论》（*Treatise of Human Nature*）一书。虽然这本书是经验主义哲学中最优秀的著作之一，但它的重要性在当时并没有被认可，而休谟所申请去教书的哲学系中没有一个愿意聘用他。休谟成为了位于爱丁堡的苏格兰辩护士协会图书馆的管理员，在那里他撰写了《英国史》（*History of England*），这本书使得他成为他那个时代最伟大的作家之一。下文选自他的《自然宗教对话录》（*Dialogues Concerning Natural Religion*）一书，其中，菲罗基于经验证据的缺乏来推出上帝的不存在。

　　克里安西对迪密亚说：不要再浪费时间兜圈子却不去回应菲罗虔诚的辩驳，我要简单地解释一下我是如何理解这件事的。看看这个世界，沉思一下它的整体和每个部分，你会发现它就是一个巨大的机器，这个机器又可以被分为无限多个更小的机器，而那些更小的机器又可以再分，一直分到人类的感觉和官能无法认识和解释的程度。所有这些各种各样的机器还有它们的最小的部件都是被精密地配合在一起的，这能让所有沉思过它们的人惊叹不已。这种贯穿于整个自然界的手段对目的的奇妙的适应与人类的发明、设计、思考、智慧和智力的产物是何其相似——虽然它要比人类的产物要高明得多。由于结果之间是相似的，所以根据类比的法则我们可以推出原因也是相似的；自然的创作者在某种程度上类似人类的心灵，虽然与其作品的伟大程度成比例地，它也拥有着比人类大得多的能力。根据这个后验（a posteriori）的论证，而且也仅仅依靠这个论证，我们就能马上证明一个神的存在以及他与人类心灵和智能的类似性……

　　克里安西，如果我们看到一所房子，我们会以很大的确定性说它有一个设计者或者建造者；因为这类结果正好是从我们经验过的那类原因那里产生的。但是你肯定不能断言说宇宙在这方面与一个房屋是类似的，在此我们不能以很大的确定性推出一个类似的原因，也不能说这个类比是完整的和完美的。这里的不相似之处是如此显然，以至于你在此推出的类似的原因，最多只能算是一个猜测、一个推测、一个假定，你可以自己去想一想你这个主张可能会获得世人怎样的评价。

　　克里安西回答道：我肯定大家不大会接受它。如果我能允许对神的证明最多只能是一种猜测或推测，那么我应该受到谴责和憎恶。但是难道一个房屋中手段与目的之间的协调与宇宙中的手段与目的之间的协调没有一点相似吗？在最终原因的原则、秩序、比例和每个部分之间的安排方面也没有一点相似吗？阶梯上的台阶当然是被设计出来的，人类的双腿可以用它们来登高，这个推论是确定的和不可错的。人类的双腿也是被设计出来用来走路和登高的，不过因为你所提到的那种不相似性，我承认这个推论不是那么确定。但是难道它就只配被称作假定或推

[①] 节选自：David Hume, *Dialogues Concerning Natural Religion*, Ed.Norman Kemp Smith (New York: Bobbs-Merrill, 1947) 143-181. 一些原文注释被省略了。

测吗？……

迪密亚，现在根据这种推理的方法（这也是克里安西自己所默认的），它可以推出秩序、安排或者最终原因的协调就其本身而言不是任何设计的证据，而只有当它被经验到是从那种原则中产生出来时才可以成为设计原则的证据。我们先天地就知道物质可以本来在自身中就含有秩序的起源或源头——正如心灵一样。由于某个未知的内在的原因，物质中的一些元素会具有最精致的安排。由于一种类似的内在而未知的原因，一个伟大而普遍的心灵中对这些元素的观念也会具有这种安排。前一种现象并不比后一种现象更难设想。这两种假定是同等可能的。通过经验我们发现（根据克里安西的说法）这两者之间具有差别。把几块金属扔在一起，如果不经过塑造和安装它们自己是永远不能组装成一个手表的。而没有建造者，石头、灰泥和木头也不会自己建造出一个房屋。但是我们看到，人类心灵中的观念由于一种未知而无法解释的原则将其自身安排得可以去设计出一个手表或房屋的计划。因此经验证明了在心灵中有一种最初的秩序原则，是在物质中所没有的。从同样的结果可以推出同样的原因，人类设计的机器里的手段与目的之间的协调与宇宙中的手段与目的间的协调是相似的，因此其原因也是相似的。

我必须承认，从一开始我就反感神与人类之间是相似的这种说法，并认为这意味着对至高存在的贬低，而这是任何一个真正的有神论者都不能忍受的。因此，迪密亚，在你的协助下我会努力为你所公正地称赞的那个神圣存在的神秘本质而辩护，并对克里安西的推理进行反驳——前提是他认为我对他的推理的重构很公正的话。

在克里安西表示同意后，菲罗停顿了片刻，接着说了下面的话。

克里安西，所有有关事实的推论都是建立在经验之上的，而所有的实验推理都是建立在这个假设之上：类似的原因证明类似的结果，而类似的结果证明类似的原因；我现在不会跟你多争论这一点。但是我恳请你注意，所有公正的推理者在将实验结果类推到相似的案例中时是多么谨慎。除非两个案例非常相似，否则他们不会完全自信地将他们过去的观察应用到任何特定的现象中。对环境的任何改变都会引起对事件的一些怀疑，并要求我们做新的实验来确定地证明新的环境是不具有重要性的。在体积、状况、排列、时间、空气成分或者周围的物体方面发生的任何改变都可能会造成不可预期的重大后果，除非我们对这些事物非常熟悉，否则在发生这些改变之后我们还确信地预期它会跟之前的观察相似就是非常鲁莽的。正是在这个方面（如果有哪方面的话），哲学家推理中缓慢与谨慎的步伐使得他与疾步向前的俗人区分开来，俗人们基于一点点的相似性就急匆匆地得出结论，没有一点分辨和考虑的能力。

但是，克里安西，当你跨出这么大的一步将宇宙与房屋、船、家具、机器做类比，并从它们在某些方面的相似性推出它们的原因的相似时，你觉得自己平时所带有的那种哲学的智慧和冷静还在吗？我们在人类和其他动物身上所发现的思想、设计、智能最多只是宇宙的来源和原则之一，跟热或冷、吸引或排斥以及日常观察到的其他一百多种事物一样。它们是一种主动的原因，我们发现自然的某些部分可以借助它们改变另外一些部分。但是将一个从部分得出的结论直接套用到整体上是恰当的吗？这两者之间巨大的差距不会阻止一切的类比和推论吗？通过观察一根头发的生长我们可以学到关于一个人生长的任何东西吗？一片叶子被风吹动的形态

（即使被完全地知晓后）能够让我们了解到任何有关这棵树生长的信息吗？

　　菲罗接着说：但是为了表明在你的拟人论（anthropomorphism）中还有更多的麻烦；请你对你的原则再次考察一番。相似的结果证明相似的原因。这是一个实验上的论证，而你说它也是唯一的神学的论证。我们已经确定：结果（被观察到的）越相似，同时原因（被推论出来的）越相似，则该论证就越强。两个方面中任何一个发生偏离都会削弱结论成立的可能性，并使得实验更没有说服力。你不能怀疑这个原则，你也不应该拒绝接受它的后果……

　　菲罗以一种欢快而胜利的口吻说：现在，克里安西，注意你言论的后果。第一，通过这种推理的方法你拒绝了所有关于神的任何属性的无限性的论断。因为原因只应该跟结果成比例，而神的能力的结果，就我们所知的来看，并不是无限的；那么我们怎能根据你的假定而自负地将无限性赋予神圣存在呢？你可能还会坚持说：如果将他与人类之间的这么多的相似性都去除掉，我们就不得不接受一个对他属性的毫无根据的假说，并同时动摇了任何对他的存在的证明。

　　第二，根据你的理论，你没有理由将完善这一属性归予神——即使在有限的能力范围内，也没有理由假设他在其活动中可以不产生任何错误、失误或者矛盾。在自然界中存在着很多无法解释的困难，如果我们可以先天地证明一个完善的造物主的话，这些困难就会很容易被解决；只有在具有有限能力的人类（他们无法无限追溯事物之间的联系）看来它们才是困难的。但是根据你的推理方法，这些困难全都是真实的，而且或许还可以作为表现它与人类作品或发明相似的新例子。你至少必须要承认这一点：基于我们有限的视野，我们是不可能知道跟其他可能的甚至是真实的系统相比，这个系统是否包含了一些大的缺陷或是否应得任何称赞。如果一个农夫从来没有读过任何其他的作品，在听了别人朗读的《埃涅阿斯纪》之后他可以声称其中的诗歌是完美无缺的或者能够说出它在人类众多作品中的排名吗？

　　不过即使这个世界是一个完美的作品，它的完美是否可以合理地归诸其创造者，也还是不确定的。如果我们观察一艘船，我们一定会惊叹其工匠的巧妙设计，他竟然能设计出如此精致、实用而美丽的一个机器。但是当我们发现他只是一个愚蠢的、模仿他人并抄袭了一种技艺的技工——而这种技艺还是在长时间的多次试验、出错、改正、考虑和争论之后才逐渐完善出来的，我们又会多么吃惊！在这个系统被创造出来之前，在永恒的时空中可能有许多世界曾经被修修补补过，有可能曾经花费了很多功夫，有可能曾有许多失败的实验，而只是经过了无限的时间后造世的技艺才缓慢而持续地得到了改善。在这种问题上谁也说不准事实到底是怎样的，谁也不清楚哪一种可能性会成立，因为有着许多的假设可以被提出，还有更多的假设可以被想象到。

　　菲罗接着说：而从你的假设中得到的对神之单一性的论证又是多么浅薄啊！在建造房屋和船舶时、在建设一个城市或形成一个国家时都是有许多人参与其中的。那么世界为什么不是由一些神联合设计和构造出来的呢？这样它跟人类的事物才有着更多的相似性。如果将造世的工作看作是多个神共同做的，我们就将大大限制每个神的属性，使得他们中的任何一个都没有单一神那么大的能力和那么多的知识，而在你看来这种能力和知识只会动摇对其存在的证明。如果连人类这么愚蠢和邪恶的生物都能经常团结起来制定和完成一个计划，那么神或魔鬼难道不能在这方面做得更好吗？……

而且另外，克里安西，人类是有死的，他们通过繁殖来保持其种族存续，而这也适用于所有的生物。弥尔顿（Milton）说雄性和雌性这两大性赋予了世界以活力。为什么这个如此普遍、根本的状况却不适用于那些数量众多而有限的神呢？要注意到这不过是古代的神谱（theogony）的回归而已。

为什么不做一个彻底的拟人论者呢？为什么不说神或神们是有肉体的，也是有眼睛、有鼻子、有嘴巴、有耳朵等等的？伊壁鸠鲁认为，除了在人类身上，没有人在其他的地方看到过理性，因此上帝一定具有一个人形。而这个被西塞罗所极尽嘲讽的论证（这也是它应得的）在你看来却是可靠的并合乎哲学的。

克里安西，总而言之，一个认可你的假设的人或许可以断定或推测宇宙在某个时刻从一种类似设计的事物那里产生出来，但是除了这一点外他就不能断定任何状况了，只能用最大程度的幻想和假说来修补他的神学的各个方面。就他所知道的而言，跟一个更高的标准相比这个世界是充满缺陷和不完美的。它可能是某个年幼的神首次粗糙地尝试的结果，并且他因为对其作品的低劣感到羞愧而抛弃了它；它可能只是某个不够独立的、低级的神的作品，而会被更高级的神所嘲笑；它可能是一个老糊涂的、不中用的神的作品，它在他死后就基于他所赋予它的初始的冲动和活力到处乱闯……迪密亚，你正确地指出了这些奇怪的假设的恐怖之处，但是这些假设以及类似的一千多种假设都不是我的假设，而是克里安西的假设。自从神的属性被假设是具有有限性的，所有这些假设就有了根基了。而在我看来，与其要这样一种狂野而动荡的神学体系，不如什么体系也不要……

迪密亚说：能被建立在这样一个动摇的基础上的结构一定是脆弱的。如果我们不能确定是有一个神还是多个神，这个创造了我们的神或神们是完美的还是不完美的，低级的还是至高的，活的还是死的，我们对他们能有什么信任或信心呢？又有什么热爱或崇拜呢？又如何尊敬和服从他们呢？对于生活的所有目的而言，宗教理论变得全然无用了；而且即使对于推理的后果而言，它的不确定性（在你看来的）也一定使得它全然不保险，也不能让人满意。

菲罗说：为了让它更不能令人满意，我想到了另外一个假说，根据克里安西所坚持的推理方法，该假说一定是很可能成立的。他假设所有宗教的基础在于这个原则：类似的结果来自类似的原因。但是基于同样的经验来源我们还能得到一个同类型的、同样具有确定性的原则：如果部分**已被观察**到而知道的状况是类似的，那么将要**被发现的**未知的部分也是相似的。因此，如果我们看到了一个人的四肢，我们就会得出结论说他也有一个头——虽然我们没有看见。因此，如果我们通过墙上的一个缝隙看到了太阳的一小部分，那么我也会推出如果把墙移走我们就会看到整个的太阳。简单地说，这种推理方法是如此明白和熟悉，以至于我们无需迟疑便可认可它的可靠性。

现在，如果我们去考查一下宇宙，就我们所拥有的知识而言它与一个动物或者一个有组织的身体是非常相似的，并且也是由一个类似的生命和运动的原则所驱动的。在它里面的物质持续地循环而不产生任何混乱：每个部分持续的损耗会被不断地修补好，在整个系统中有着最亲密的协同作用，每个部分或每个成员在坚持它自己的岗位时既是在保存着它自身也是在保存着整体。因此我推断世界是一个动物，而神即世界的灵魂，它驱动着世界，又被世界所驱动。

克里安西，你具有丰富的学识，因此应该不会对这个看法感到惊讶，你知道它是被几乎所有古代的神学家所坚持的，而且也流行于他们的讨论与推理之中。因为虽然有时候古代的哲学家会基于最终原因来推理，比如他们会认为世界是上帝的作品，但是他们更倾向于将世界看作是他的身体，世界的组织方式使得它能被上帝所命令。我们必然承认，由于相比人类的发明或手艺作品而言，宇宙更类似一个人类的身体，如果我们有限制的类比可以被恰当地延伸至整个自然的话，则这个推论在古代理论看起来要比在现代理论看起来更为合理。

前一种理论还有着很多其他被古代哲学家们赞许的优点，没有什么观念比下面的观念更令他们反感了（因为没有任何观念比它们更不符合日常经验了）：一个无身体的心灵，一个纯粹的精神实体，一个不能被感觉或理智所把握的实体，并且在整个自然界中没有一个这样的实例被观察到过。他们是知道身体与心灵的，因为他们能感觉到它们，同样地他们也知道身体与心灵中的秩序、安排、组织和内在的机制。那么将这种经验推广到宇宙，并假设神圣心灵与神圣身体是并存的，他不可分离地拥有这二者并且自然地具有内在的安排，这似乎也是非常合理的……

……相比一只手表或一台织机而言，世界显然地与一个动物或植物更为相似。因此，它的原因也更可能类似后者的原因。后者的原因是繁殖或生长，因此我们可以推断世界的原因也是某种类似于或者类比于繁殖或生长的事物。

迪密亚说：但是如何设想世界是从某种类似繁殖或生长的事物中而产生的呢？

菲罗回答说：很简单。正如一棵树将它的种子撒播到附近的土地上，然后长出其他的树一样，世界——这个巨大的植物——或者这个行星体系也会产生出它自己的种子，这些种子被散布到周围的混沌空间中，并生长为新的世界。例如彗星就是世界的一个种子，它会在从各个恒星和星星旁边飞过的路途上渐渐成熟，最后被投入到环绕于宇宙各处的未成型的元素中，然后立即发芽长成一个新系统。

或者为了解释的多样化（因为我看不到这样做还有什么好处）我们也可以假设世界是一个动物，而彗星是这个动物的一个蛋，正如一个鸵鸟在沙子里下了个蛋一样，不需要更多的照料这个蛋就会孵化并产生一个新的动物，所以……

迪密亚说：我理解你所说的，但是这些假设是多么盲目和任意啊！你是根据什么**材料**得出这些超乎寻常的结论的？难道根据一个世界与一个植物或动物之间的想象的微小的相似性就能从它们中得出一样的推论吗？如果事物在整体上有着如此大的不同，难道可以让它们互相作彼此的标准吗？

菲罗回答说：是的，这正是我一直所坚持的观点。我已经说过，我们没有任何**材料**可供用来建立任何的宇宙体系。我们的经验是如此不完善，它在范围和程度上又是如此有限，不足以用来推出任何有关万物整体的可能成立的推测。但是如果我们一定需要得出某些假说的话，那么我们应该基于什么原则来决定我们的选择呢？除了事物对比中的更大相似性，我们还有其他原则吗？而一个源于生长或繁殖的植物或动物难道不比一个源于理性和设计的人造机器与世界有着更大的相似性吗……

我请求你比较一下这两种类比的后果。我说这个世界类似一个动物，因此它是一个动物，因此它是由繁殖而来的。我承认这个论证的步子跨得有些大，不过在每一步中都有一点类比的样子。克里安西说世界类似一个机器，因此它是个机器，因此它是来自一个设计。这个论证的步子也是同样的大，而其类比还没有前一个那么强。如果他试图在**我**的假说上再推进一步，并从我所坚持的繁殖的大原则中推出设计或理性；那么我可以有更好的理由援引同样的权利把**他**的假说再推进一步，并从他的理性原则中推出神的繁殖或神谱。在与目前的主题相关的方面，我至少有一些肤浅的类似于经验的东西，而关于这一主题，我们所能拥有的经验最多也就不过如此了。在无数的例子中，理性都被观察到是从繁殖的原则中产生的，而且也从来没有从其他的原则中产生出来过。

赫西俄德（Hesiod）以及所有的古代神话作者都对这个类比十分认可，因而他们普遍地借助一个动物的出生与交配来解释自然的起源。而根据我们对柏拉图的了解，他在《蒂迈欧篇》（*Timaeus*）中似乎也采用了某种类似的观念。

那些婆罗门（印度教的祭司）声称，世界是从一个无限大的蜘蛛中产生的，这个蜘蛛从它的肠中吐丝织成了整个错综复杂的世界，然后又通过把它重新吸收并分解为它自身而摧毁这个世界的整体或一部分。这也是一种宇宙理论，在我们看来它是荒谬的，因为蜘蛛是一种低贱的小动物，我们绝不会将它的活动当作是整个宇宙的模型。但这仍然是提出了一种新的类比。而如果有这样一颗行星，上面主要的居民全都是蜘蛛的话（这是非常可能的）这种推论就会显得非常自然和难以反驳——就像在我们的行星上万物起源被归于设计和智能一样（如克里安西所解释的那样）。为什么头脑可以产生出一个有秩序的体系，而腹部则不能呢？他要想给出一个令人满意的理由，恐怕很困难。

阅读问题

1. 克里安西提出的对上帝之存在的类比论证是什么？这个论证有多强？菲罗对于这个类比最初是怎么回应的？你是否同意他的批评？

2. 菲罗对从部分推及整体的论证有何看法？你认为他的推理是否可靠？为什么？

3. 菲罗对设计论论证的最主要的反对意见是什么？这些反对意见的强度如何？这些反对意见合在一起能否反驳掉设计论论证？请解释一下。

4. 菲罗认为，跟机器相比世界更像是一个动物。这个论断如何动摇了基于设计的论证？

B. C. 约翰逊

上帝与恶的存在问题[1]

"B. C. 约翰逊"是本文作者的笔名，他不想公开自己的真名。在本文中，他讨论了恶的存在给那些信仰上帝的人所带来的难题。

这是个很普通的情景：房屋着火了，一个六个月大的婴儿被痛苦地烧死。如果一个人有能力去救这个孩子但却拒绝这样做，我们能够说他是"善的"吗？上帝无疑就具有这种能力，但是在很多类似的情况下他却拒绝伸出援手。我们能说上帝是善的吗？他是否有充分的辩解（excuses）来支持他的这个做法呢？

首先，说这个婴儿会上天堂是不足以构成辩解的。这个婴儿所遭受的痛苦要么是必要的，要么是不必要的。如果它是不必要的，那么允许这种痛苦发生就是错的，即使这个孩子能上天堂也无法改变这个事实。如果它是必要的，这个婴儿将要去天堂这个事实也无法解释为什么这个痛苦是必要的，我们仍然需要为上帝的不作为找出一个辩解。

下面这种说法也是不足够的：这个婴儿痛苦的死亡在长远看来会有好的结果，因此它应该要发生，否则上帝不会允许它发生。因为如果我们知道这种说法是真的，那么我们就知道（正如上帝也知道一样）每个成功执行了的行为最终都会是好的，因此也都是正确的，否则上帝不会让它发生。我们可以故意把房子点着，烧死里面无辜的人，如果我们做成了这件事，我们就会知道自己是有义务这样做的。如果对上帝之善的辩护是以这种在事后才能知道的义务为基础的话，那么道德就不配叫做道德了。另外，这个论证并没有解释上帝为什么会允许这个孩子被活活烧死。它只是说，在遥远的未来我们将会发现某种需要这样做的辩解。但是相信我们会找到这样一个辩解的信念一定是基于另一个信念之上的：即上帝是善的。这只不过是通过预设这个信念为真来反对那些反驳它的证据。就好像一个律师以这样的方式来为他的委托人辩护：他声称由于他的委托人是无辜的，因此对他不利的证据一定都是误导性的——而能够维护被告的证据总有一天会被发现。没有一个明理的陪审团会接受这样的辩护，所以有神论者的这种辩护也同样不会被接受。

有神论者经常会声称，由于人类被赋予了自由意志，所以如果他偶然或有意地引起火灾并杀死了小孩子，那只是他自己的错。试考虑这样一个火灾的旁观者：虽然火不是他引起的，但他明明可以不对自己造成伤害就救出里面的一个小孩子，却拒绝帮这个忙，这样一个旁观者能被称作是善的吗？当然不能。如果我们不会觉得处于这种状况下的一个有死的人类是善的，那么我们如何能将这样一个全能的上帝称作善的呢？

有时候会有人提出这种看法：最好让我们独立而不受协助地面对灾难，否则我们就会对外在的救援力量产生依赖性。那么我们是否应该抛弃掉现代的医疗机构或者高效的消防部门呢？

---

[1] 选自 B. C. Johnson, *The Atheist Debater's Handbook* (Amherst, NY: Prometheus Books, 1983) 99-108.

难道我们不是会依赖于他们的帮助吗？难道它们的存在不会让我们成为软弱而惯于依赖的生物吗？大多数人都不是医生或消防员。这些人是作为一种专业的、外在于我们自身的力量来帮助我们的，这正如我们期望上帝来帮助我们的方式一样。有神论者会将这些来自消防员和医生的帮助看作人类自己对自己的帮助。但事实上，这只是很少的一部分人在帮助许许多多的人。正如我们会变得依赖于上帝一样，我们也同样会变得依赖于这些人。这种来自外在的帮助要么是对的要么是错的。如果它是正确的，那么上帝就应该帮助世界上那些不能获得这种帮助的地方的人。但事实上，古往今来没有人获得过这样的帮助。如果人们应该获得帮助，那么上帝就应该提供帮助。另一方面，如果提供这种帮助是错的，那么我们也应该废除各种救援力量。但是我们显然不相信这是错的。

类似的考虑也可以适用于这种说法：如果上帝插手人类的灾祸，则他会毁掉很大一部分使得事物走向正确方向的道德紧迫性（moral urgency）。然而我们又一次注意到，医疗和消防部门等机构都是新近才出现的。不论我们这些单个的人是否感到一种要支持他们的道德紧迫性，这些机构都会不加区别地帮助他们，甚至可能会出现这种情况：由于这些机构的帮助减少了那些需要我们出手帮助的案例的数量，它毁掉了一些让我们感受到道德紧迫性的机会。由于我们并非一直都拥有这些机构，所以在之前的某段时期一定有比现在更多的道德紧迫性。如果这样的状况是道德上可欲的，那么我们就应该抛弃掉现代医疗机构和消防部门。如果这种状况不是道德上可欲的，那么上帝就本应该去修正它。

除了这一点外，我们还应该注意到，这一观点把上帝呈现成了这样一种人：为了创造道德紧迫性，他会容忍像婴儿被活活烧死这样的灾难。这意味着上帝赞同以这些灾难为手段来促进道德紧迫性的创造。另外，如果没有这样的灾难发生，那么上帝就不得不使之发生。如果我们恰巧生活在一个婴儿从来都不会死于着火的房屋里的世界之中，上帝就有道德责任主动地让有婴儿在内的房屋着火。事实上，如果相对于在我们的真实世界中创造出最大量的道德紧迫性所必要的最低限度而言，现在的婴儿火灾死亡率有些低，那么上帝就有理由亲自放上几把火。可能他现在就正在这么做，因为我们无法保证现在的婴儿死亡总数可以产生足够的道德紧迫性。

上面所说的这些当然是荒唐的。即使我知道烧死一两个婴儿就能创造出更多的道德紧迫性，我也**不应该**这样做。但是如果最大化道德紧迫性是好事，那么我就**应该**这么做。因此，最大化道德紧迫性不是件好事。很显然，我们一般不相信最大化道德紧迫性是件好事。我们对现代医疗机构的赞同和对医疗进步的喝彩就已经足够证明这一点了。

有神论者可能会指出，在一个没有痛苦的世界中，我们将没有机会发展出诸如勇敢、同情这样的德性。这或许是真的，但是无神论者不需要要求一个无痛苦的世界存在。他只需要指出存在某些对于产生各种德性而言并不是必要的痛苦即可。例如，上帝主动从大火中拯救出六个月大的婴儿这个行为本身并不会创造出一个无痛苦的世界，但是没有人会真诚地怀疑这种行为会改善这个世界。

反驳有神论的前两种辩解的论证也可以适用于此。"道德紧迫性"和"德性的塑造"受制于同样的批评。需要强调的是我们鼓励消除恶的努力，我们赞同促进和平、防止饥荒、扫除疾病的努力。换句话说，我们的确很看重一个有着更少的或者没有（如果可能的话）机会来产生德性（这里"德性"被理解为做减少痛苦的行为）的世界。如果我们为我们的后代创造了这样的一个世界，他们如何能产生德性呢？没有战争、疾病、饥荒，他们不会成为有德性的人。但是我们应该因此就停止扫除战争、疾病和饥荒的努力吗？如果我们不相信停止改善这个世界的努力是正确的，那么这就意味着我们承认德性的塑造并不能成为上帝允许灾难发生的辩解。因为我们承认德性的产生不是允许灾难的辩解。

可能有人说，上帝允许无辜的人们遭受痛苦是为了打击人类的自负，使得后者不会为其表面上所应得的好运感到骄傲。但是这个辩解也同样受制于我用来反对之前的辩解的那个论证，所以我们就不需要再讨论它了。

有神论者可能会声称，恶是自然规律的必要的副产品，因此上帝每当灾难发生时都插手是不合理的。这样的一种事态会改变整个因果秩序，然后我们就无法预测任何事情了。但是由电气类火灾所导致的孩子的死亡本来是可以通过一个奇迹来阻止的，而且同时任何人都不会知道这件事。只要在电气设备上做出一个小小的改变就足够了。而只要在希特勒身上制造一个奇迹式的心脏病突发就可以避免巨大的灾难了——同时也不会有人知道这是个奇迹。论证说上帝持续的奇迹式的干预是错的，就类似于说一个人永远不应该吃盐，因为摄取盐达到五磅的话会致命。没有人要求上帝在任何时候都去干预，但是他应该去干预并阻止那些极其恐怖的灾难。当然，这里有个问题：界限要划在哪里？嗯，无论如何婴儿被烧死都算得上"极其恐怖的灾难"。我们不知道界限具体划在哪里并不是我们能对那些明显为恶的案例袖手旁观的理由。

这种说法也不行：恶的存在是必要的，有了它与善的对比我们才能知道什么是善。一个很小量的恶（例如牙痛）就能达到这个目的，而杀死许多无辜的人类是不必要的。

还有一种说法是这样的：上帝具有一种"更高的道德"，他的行为是由这种道德来判断的。但是如果它将我们称作"坏"的东西叫作好的，而将我们称作"好"的东西叫作坏的，那么它就是一个奇怪的"更高的道德"。这样一种道德对我们来说毫无意义。这就像是把黑叫作"白"而将白叫作"黑"。有神论者可能会回应说上帝是智慧的父亲，而我们是无知的孩子。我们如何能评判上帝呢——正如孩子如何能够评判他的父亲呢？一个孩子的确可能会对他父亲的行为感到困惑，但是他需要将其父亲的行为与自己观察到的很多好行为的范例进行对照，才能以此为基础判断其父亲的行为是好的。一切证据都表明，希特勒爱护动物和（高贵种族的）孩子，但是如果希特勒有一个孩子的话，这个孩子也很难有理由说他的父亲是一个好人。无论如何，如果上帝的"更高的道德"与我们的道德相反的话，那就不能根据它来判定他在任何意义上是个好人。

或许我们已经考虑过的那些恶的存在问题的解决方案的主要问题在于，无论它们在抽象层面多么有说服力，它们在某些特定的例子中都不太能说服人。试想象某个身处燃烧着的房屋里的婴儿就快被烧死了，而上帝只是在旁边看着他。或许上帝会为他的行为做出辩解。当这个孩子在被烈焰和浓烟所摧残时上帝可能在说："对不起，但是如果我帮助你的话我就很难打击你父母的自负了。别忘了我还必须得保持自然规律的一致性，而且如果你不会死于烈焰的话，就要失去许多的道德紧迫性了。另外，这个火不是我放的，所以你不能责怪我。"

说上帝可能不是全能的，因此他没办法阻止恶的发生是没有用的。他可以创造一个宇宙，但却恰恰不能做到消防部门也能做到的事情——从着火的建筑中救出一个婴儿？上帝至少应该具有跟一个人类一样的能力吧！如果出现在恰当的时间和地点，一个人类也能杀死希特勒。难道这超出了上帝的能力了吗？如果上帝在1910年就知道如何制造脊髓灰质炎疫苗①，并且他也有能力把这个信息传递给某个人，他就应该早点告诉我们。如果他连这种简单的事情都做不到，那他的能力一定是极其有限的。这样的一个上帝如果不是已经死了，也跟死了差不了多少。一个信仰这种幽灵般的上帝的人实际上也就等于是个无神论者了。把这样一种事物称作是上帝已经歪曲了这个词的意义了。

像往常那样，有神论者可能会撤退到信仰（faith）那里。他可能会说他对上帝的善是有信仰的，因此基督教的神的存在并没有被证伪。这里的"信仰"应被理解为非常类似于对一个朋友的信任——哪怕有证据对他不利也相信他是无辜的。但是要对一个朋友有信任一个人必须对他有充分的了解，这样才有理由相信他是善的。我们不可能合理地相信一个陌生人具有至高的善。此外，这种信任一定不是来自一种仅仅基于语言的交往，一个朋友可能会不断在口头上向我们保证他是善的，但是如果他的行为并不像是一个好人，我们就没有理由信任他。一个说他对上帝的善有信仰的人似乎是在说他认识了上帝很长时间了，而且在那段时间里面，他从未见过他做任何严重的恶事。但是我们知道在历史上上帝曾经允许了太多的暴行发生。没有人能对这样一个上帝的善具有合理的信仰。这种信仰只能建立在一个亲密的关系上，而这段关系中上帝从未被发现有做过任何错事。但是只有一个又聋又瞎的人才可能跟上帝具有这样一种关系。假设你的一个朋友总是说自己是善的，但是在他可以提供帮助的时候却总是拒绝帮助他人，你还有理由相信他是善的吗？

你当然可以说无论如何你就是信任上帝的——没有任何论证可以动摇你的信仰。但是这个论断只不过说明了你是多么顽固，它跟上帝的善这个问题没有任何关系。

有神论者对上帝为什么会一直允许恶的存在所提出的各种辩解都被证明是不充分的。不过，对这些辩解的最终反驳并非建立在它们的不充分之上。

第一，我们应该注意到，每个使得这个世界与一个善的上帝相容的可能的辩解都可以反过来使得这个同样的世界与一个恶的上帝相容。例如，我们可以说上帝是恶的，他之所以允许自由意志存在是为了让我们能够自由地作恶，而这比让我们被迫去作恶能让我们变得更恶。或者我们可以说，自然灾难的发生是为了让人们更加自私和愤恨，因为大多数身处灾难之中的人都会怀有一种"自保第一"的态度（比如说大家会一窝蜂地涌出着火的建筑，造成踩踏事件）。而即使某些人可以从灾难中获得德性，这对于人们能够自由地对灾难做出反应来说也是必要的——对于道德的堕落可以持续自由地发展是必要的。不过说这些就够了，你已经能理解我的意思了。我们能够为使得世界与一个善的上帝相容所提出的每个辩解也同样可以使得这个世界

---

① 第一种有效的脊髓灰质炎疫苗在1952年才被研究出来。

与一个恶的上帝相容,这是因为世界是一个既包含善也包含恶的混合体。

关于上帝的道德品质只有三种可能性。基于对世界真实状况的考虑,我们可以相信:(A)上帝更可能是全恶的而非全善的;(B)上帝更可能是全善的而非全恶的;(C)上帝是全恶的和全善的的可能性是一样的。(A)情况是承认上帝不太可能是全善的,(B)情况完全不可能为真,因为正如我们所了解的,对上帝是全恶的信念与对上帝是全善的信念的合理程度是相等的。(C)情况使得我们不能提出任何一个善的上帝会允许恶的存在的辩解。理由如下:如果一个辩解是一个合理的辩解,那么被它认定当作辩解条件的状况一定是真实的。例如,如果我骑车撞倒了了行人,而我的辩解是刹车坏了,因为有人把它搞坏了,那么事实最好是如我所说的那样,否则这个辩解就不能成立。如果(C)是正确的,我们也确定了世界的事实状况,上帝是全恶的可能性与他是全善的可能性是同等的,那么这些事实并不能为一个善的上帝会允许恶的发生提供辩解。试考虑一个类比的例子。如果我给自己撞倒行人的情况的辩解是说我的刹车被人搞坏了,但是如果真实的状况让我们相信它们被搞坏的可能性与没有被搞坏的可能性是同等的,那么这个辩解就不再是合理的了。要使得我的辩解成为一个好的辩解,我必须表明,事实上,或至少有很高的可能性我的刹车的确被搞坏了,而不只是可能被搞坏了。这一点同样适用于上帝。他的辩解一定不能只是一个可能的辩解,而必须是一个真实的辩解。因为如果情况(C)是真的,则真实世界中的事实并不会使得上帝是全善的可能性比他是全恶的可能性更高。因此,它们并不能使得他的辩解是一个好辩解的可能性比它不是一个好辩解的可能性更高。但是正如我们所了解的,好的辩解有更高的可能性为真。

情况(A)和情况(C)说上帝是全善的是不太可能的,而情况(B)不可能是真的。由于这些情况是仅有的可能的情况,我们就不得不得出结论说上帝是全善的是不太可能的。因此恶的存在问题证伪了传统的有神论。

阅读问题

1. 约翰逊对下面这些有神论者的声言是如何回应的?(1)上帝允许恶的存在是因为人们拥有自由意志;(2)上帝对恶的阻止会使得人们依赖于外在的力量;(3)上帝对灾难的干预会毁掉道德紧迫性。约翰逊的回答是否可信?

2. 对于一个说"在一个没有痛苦的世界中没有机会产生像勇敢、同情等这样的德性"的有神论者,约翰逊会如何回答?你认为如果不允许世界上现在这些痛苦的存在,一个全能的上帝是否还可能使人类产生德性?为什么?

3. 你是否认为恶是自然规律的一个必要的副产品,而我们不能期望上帝仅仅为了消除痛苦而经常去改变自然规律?约翰逊会如何回应这种看法?你是否同意他的说法?

4. 根据约翰逊的看法,如果说由于我们需要以一种"更高的道德"来衡量上帝的行为,因此我们没办法对他允许恶的存在的做法做出评判,这会有什么后果?

迈克尔·马丁

奇迹侦探①

迈克尔·马丁（Michael Martin，1935— ）是波士顿大学哲学系的荣休教授，他出版过的重要作品包括《无神论：一个哲学的证成》（*Atheism: A Philosophical Justification*）和《反对基督教》（*The Case Against Christianity*）。通过下面这个短篇小说，他探讨了对奇迹的信念的合理程度。

迈克·弗拉纳根（Mike Flanagan）神父又累又沮丧。他刚刚完成了一份长篇报告，但却一点都不想向帕脊洛（Pagello）蒙席呈交他的报告。他躺倒在椅子上，伸展开强壮的身体，叹了口气。"帕脊洛蒙席不会喜欢这个报告的，他一丁点都不会喜欢的。但是我有什么办法？这是事实。"他心里想。不幸的是，他知道教会为了它高尚的目的有时候不得不扭曲事实。对此他并不在意。迈克认可效益主义的原则，他知道事实并不是一切，而有时候它必须被牺牲掉。他所讨厌的是伪装，即不承认我们为了某些好的目的会扭曲一些事实。

"为什么他们不能直接承认他们是在为了实现一个好的举措而撒谎？"他问自己。但是他知道答案是什么，"他们只是不敢面对事实，他们无法向自己承认那些支持奇迹的证据都很弱，或者根本就不存在"。他把一百七十三页的报告放进活页夹并瞥了一眼标题页："秘密报告：关于奇迹存在的证据——特别是官方所宣称的发生在卢尔德的第六十四个奇迹的证据，耶稣会士迈克·弗拉纳根（撰）"，然后将它放进公文包，拿起一杯咖啡，凝视着窗外。

"为什么我要接受这个吃力不讨好的工作？"他在沉思。他还记得在寒冷的一月份德怀特·托马斯（Dwight Thomas）主教将他叫到办公室时的情景，这情景历历在目，仿佛就是昨天发生的事情。德怀特·托马斯主教是所谓的"天主教特工组织"的主管，他对迈克说："迈克，我叫你过来是为了另一项特殊任务，在教会中没有人比你更让我信任了——其他人都没有你那样的专业知识和特殊能力。"主教瞥了一眼桌子上厚厚的档案，"令人印象深刻！耶鲁大学Phi Betta Kappa兄弟会成员，做过海军情报专员，私人侦探。教会为你加入神职而感到荣幸。而最棒的是：哈佛大学博士，专门研究认识论！我相信是上帝亲自把你送到我们这里来的"，他笑容满面地说道。

迈克想道："为什么他又要把这些重复一遍？"他清了清嗓子然后开口说："我当然愿意尽己所能来提供帮助，但是我想要提醒主教我已经在澳大利亚的驱魔（exorcism）案上工作了几个月了，我希望……"

"是的，迈克，我知道你本来期望可以休个假，"主教打断了他的话，"但是你在澳大利亚极其出色的工作让我相信你是唯一能帮到我们的人。揭露柯林斯神父的假'驱魔'活动是我在这个职位上将近二十年来所有幸见过的最卓越的一次侦探活动。提醒你一下，教会上层中许

---

① 选自：Michael Martin, "The Miracle Sleuth," In *The Big Domino In The Sky* (Buffalo, NY: Prometheus Books, 1996) 130-145.

多人不喜欢这件事。他们希望你能发现柯林斯的驱魔是真的。但是你的证据极其确凿，这让他们……算了，不说这个了。我现在有一个比那重要得多的工作要交给你，它是如此重要以至于我不认为你会拒绝它。"

"你知道我不会拒绝的。"迈克说。

主教示意迈克坐下，目光在一张童贞女马利亚的图片上停留了一会然后说："你知道，自从1870年的第一次梵蒂冈大公会议第三次讨论之后，基督教的真实性可以在奇迹的基础上得到证明这条教义就成为了我们的一个教条。教会坚持认可圣经中由摩西、众先知、耶稣和其他人所制造的奇迹为真，甚至也认可现代发生的一些奇迹——比如说发生在卢尔德的那些。教会已经彻底拒绝了十九世纪以来所流行的那种说奇迹不可能存在的观点。"主教从办公桌旁边站起来并来回踱步："是的，圣庇护十世（St. Pius X）在发表于1910年的《反现代主义誓词》中坚称奇迹具有一种持久的护教价值，并且它们是'可以被所有时代，包括现在的人的智力很好地理解的'。事实上，罗马天主教教会能在困境和厄运中蓬勃发展也被教会看作是一个奇迹。"他停下来，第一次直接看着迈克说："不过，我们中的一些自己人对此有疑问。"他的嗓音变得柔和了："他们相信在教会的教导中我们过于强调奇迹的作用了。随着人们受教育的程度越来越高，他们越来越难以像教会所期望的那样来相信奇迹的存在了。奇迹教义可能不仅不能对教会产生护教的价值，反而会给人们带来更坏的印象。事实上，有些人感觉应该把奇迹教义的重要性降低，或许可以在一段时间后将它彻底清除掉。他们认为我们不应该继续将相信奇迹是理性的这种观念当作教义；因此，或许天主教徒应该相信某些奇迹，比如说耶稣的复活和童贞女产子等，但是之所以相信它们不是因为这些教义是理性的。"

迈克微笑了，然后说："主教，我感觉这听起来像是新教的观点（Protestantism）。"

"也许吧，也许吧！"他笑着说。"我还要补充一点，"然后他重新变得严肃了，"这种更为极端的观点还没有被广泛接受，在我有生之年它应该不太可能会被采纳为官方教会的教条。然而，为相信奇迹的认识论基础做出一个完整的复查仍然是必要的。它需要一个本身是天主教徒，同时又是在圣托马斯·阿奎那传统之外的哲学传统下受过训练的人来做。一个在哈佛大学受训过的认识论学者对该观点所做出的严格的评估正是我们所需要的。我们尤其需要你对发生在卢尔德的那些被宣称为奇迹的事件做一个评估。"

"为什么是卢尔德的？"迈克问道。

"在天主教圣祠中所列出的诸多已发生过的奇迹中，卢尔德的那些奇迹具有独特性，因为只有在卢尔德的奇迹是经过一个特定的程序调查过后才被认可为奇迹的。如果卢尔德的奇迹都被发现是可疑的，那么就更有理由对其他没有经过如此严格调查过的所谓的奇迹持有疑问了。"

"我明白了。"迈克说。

"当然，我不是在预判你会得出怎样的调查结论。顺便说一下，不要在你的报告中做出政策性决定。只要复查一下认识论方面的考虑就好。"

"有谁会读我的报告？"

"嗯，它当然不会被公开。我当然会读，我的下属中一些经过挑选的成员也会读。除此之外谁还会读到这份报告需要到时再看情况。在一段时期内它基本上是保密的，正如你那篇关于澳大利亚驱魔的报告一样，不过这一篇将不得不更私密些。在此之后我必须判断怎样才能在战略上和政治上来最好地利用它。你自然可以随意支配这个机构的资源，你的旅行和研究也会得到一笔充裕的经费。绝不能将此事泄漏给媒体——我应该不需要提醒你这一点了。"

"不会泄漏出去的。但是为什么要这么急？我还是不明白为什么不能等我休假回来再……"

"对不起，迈克。现在是一月中旬了。我想要在六月份的第一周之前看到报告，届时教会高层中十二个跟我有类似想法的成员要开个会。对奇迹地位的一个批判性报告可以加强这十二人的势力，除了这一点外我不能告诉你更多内容了，我很抱歉。我知道对于完成我想要的那种报告而言，现在时间已经有些紧张了，所以你有必要马上开始。"

迈克还记得他怀着复杂的心情离开了主教的办公室。一方面，这个挑战是令人兴奋的。他一直都对教会的奇迹教义持有保留意见，而这个任务可以给他以时间和动机去检测他的想法。另一方面，他知道教会的高层在本质上是保守的，他想不到对现有教义的任何批判能对他们产生什么影响。

接下来他花了两个月时间在图书馆阅读大卫·休谟对奇迹的经典批判，以及安东尼·弗卢（Antony Flew）等人的现代批判，还有最近发表于哲学期刊和神学期刊上的有关奇迹的论文。带着这个知识背景，迈克开始去调查卢尔德的奇迹。他首先阅读了这个话题上的一些经典的赞成意见和反对意见，然后调查了最近的一个被正式认定的发生在卢尔德的奇迹——官方宣布列入圣祠的第六十四个奇迹。他决定重点研究这个案例，是因为它是时间上最近的案例，因而他可能有很多的机会可以获得可靠的信息。这个奇迹是关于一名叫作塞吉·佩兰（Serge Perrin）的法国会计在1970年在卢尔德时突然病愈的事情，他从一场长期的疾病中突然康复了。对教会所宣称的奇迹开展调查的国际医生委员会称佩兰之前患了"一种再发器质性半身不遂（身体的一边瘫痪）以及视力损害，原因是脑循环障碍"，而且他的病愈在医学上是无法解释的。到四月中旬时迈克已经读完了官方的关于佩兰案例及其批判的档案，然后准备开始进行调查工作中不是很学术的那部分了，也是他最喜欢的那部分。他去了欧洲并跟那些判定佩兰的病愈在医学上无法解释的国际医生委员会成员开展了会谈。他同时也委托了美国的专家对佩兰的档案进行独立评估。到五月份的时候他准备好开始动笔了。

五月中旬，他报告的第一稿刚刚写完时，迈克听说了这个噩耗。托马斯主教死了，原因是一场大范围的心肌梗死，而这之后他的组织也开始接受仔细的审查。特别是，有人发现耶稣会士迈克·弗拉纳根——一个著名的知识分子侦探——正在准备一份有关奇迹的秘密报告，而且有传言说教会高层中重要人物对此很恼怒。在五月底的时候，迈克被通知他应该尽快完成他的报告并将其提交给马塞尔·帕脊洛蒙席——他已经接管了托马斯主教的职责。他还从小道消息听说，帕脊洛是被委任来进行"大扫除"的，而在他完成之后旧有的组织——不论是其人员还是其意识形态——都会被清理得一干二净。迈克只能暗自揣测即将到来的神秘十二人会议是否会被发现。

他在第二天早上提交了报告，蒙席的秘书告诉他蒙席会在当天阅读这份报告，然后在次日早上八点钟吃早餐时见他。整整一天迈克都在尽一切努力打听有关帕脊洛蒙席的信息。他的联系人几乎都不大熟悉帕脊洛,从他们那里得到的信息也不是很有帮助。他们对他的描述包括:"一个保守的强硬派""聪明而无情""有魅力、善操纵人"。迈克的一个联系人说帕脊洛在年轻的时候是古典式摔跤冠军,另一个说他有一双能看穿人的眼睛。迈克决定要对蒙席完全诚实,说出事实,维护他的信念,并期待得到最好的结果。

他在八点整准时敲了蒙席的门,然后门立即被一个像熊一样高大强壮的男人打开了。他一边殷勤地说"弗拉纳根神父,请进!要不要来些咖啡和面包卷?",一边用力地握着迈克的手。迈克从没见过握手力道这么大的人,都快把他的手骨捏折了。"不,谢谢了,蒙席。我通常不吃早餐。"

"嗯,那么请坐。让我们来谈正事,好吧?我已经认真研读了你关于奇迹的报告,不得不说,我对该报告的学术性和思想性印象深刻。不过,你在报告中所持有的观点对于教会来说是根本不能接受的,因为它跟我们的教义相冲突。如果被人知道教会竟然赞助过这样一个报告的话,就不太妙了。所以我必须要求你永远——我是说**永远**——不得透露该报告是由这个办公室或者属于教会的任何一个的办公室所出资支持的。"

"是的,蒙席,我同意这样做。"

"好,好!托马斯主教以及其他一些人竟然不觉得利用这个办公室的资源来煽动异教和异端的观念有什么不妥,这真是令人遗憾。虽然托马斯主教的死对于教会来说是一个巨大的损失,但是他最近所采取的一系列行动只会造成不幸的后果。即使他没有死他也必然会被撤职的,我们已经观察他一段时间了,并且……"

"但是难道我的论证有问题吗?"迈克打断他问道,"我相信我说的都是事实。"

"是的,我不怀疑这一点。具体来说,你认为你报告中的哪些内容是事实?"

"第一,如果你还记得的话,我论证说即使有奇迹发生过,如果'奇迹'被定义为一个由某种非物质的生物所制造的事件的话,它的存在也无法对上帝之存在提供支持。一个非物质的生物并不必然是上帝。除了上帝假说,还有另外一些超自然假说也可以用来解释奇迹。"

"是的,我饶有兴致地注意到你引用了教宗本笃十四世(Pope Benedict XIV)在他的经典论文《对神的仆人的宣福和宣圣》(De servorum Dei beatificatione et beatorum canonizatione)中所使用的奇迹概念:奇迹只需要超越物质的生物的能力即可。不过,仅仅说奇迹可以被上帝以外的精神体——比如说天使——所制造出来是没关系的,在某种意义上它们还是由上帝所创造的,因为这些天使是上帝创造出来的,作为上帝的代理人而行动。"

"蒙席,恐怕你并没有理解我的观点的激进本质,问题的关键并不是天使可以是奇迹的直接产生原因。关键是奇迹也可能被上帝的代理人之外的非物质存在制造出来。可能不存在上帝和天使,而存在其他的超自然事物。比如说多神论可能是正确的,而如果真是如此,则它也一样可以解释奇迹的存在。当然,我并不是说多神论就是正确的,我只是说即便是由本笃十四所定义的那种奇迹的存在也是和多神论兼容的。"

"我明白了。"蒙席安静地说。迈克不确定他是否真的明白了,或者如果他真的明白了,他是否想要明白。

"然而，我的主要论证是说如果想要断定的确有个奇迹发生了，则我们必须能表明奇迹假说要比其他的竞争性假说更可能成立。例如，我们必须表明奇迹假说对某个事件的解释要比这种假说更可能成立：这个事件可以在未来通过目前尚未发现的某些自然规律得到解释。有鉴于科学在过去两个世纪的发展，这个预测看起来并不是那么草率和不合理。[①]比如说，在医学上很多曾经被认为是神秘的疾病，现在都可以不用诉诸超自然的力量就得到理解。医学很可能还会有更多的进步；实际上，认为过去许多所谓的奇迹般的病愈将会在某一天通过心身医学[②]（psychosomatic medicine）而得到理解（正如某些已经通过它被理解的所谓的奇迹），看上去是一个合理的推测。"

"你的论断是否也适用于耶稣的复活？你的科学以后是不是也能解释我们的主是如何死而复生的了？"蒙席用满含嘲讽的语气说道。

"我想我们也不能完全排除这种可能性，"迈克回答道，同时站起身来，"不过，有一些其他的假说是一定要被事先排除掉的，这些假说对耶稣的复活还有其他圣经中的奇迹或许有更强的解释力。要想排除掉骗局、诡计和欺诈是极其困难的。我们现在有很好的理由相信某些当代的信仰治疗师（faith healers）会通过骗局和谎言来让人觉得他们具有特异功能，并能够奇迹般地治愈病人，甚至让人起死回生。这些人可以轻易地愚弄当代公众，而圣经时代的民众见过的世面怕是不会比当代人多。耶稣真的有在水上行走吗？还是说他只是看起来在水上走，其实是踩在水面下的石头上？耶稣真的将水变成了酒吗？还是说他表面是这样做了，而其实是通过某种聪明的小把戏把水换成了酒？耶稣真的死而复生了吗？还是说这只是他的门徒们制造的假象？一些圣经学者已经严肃地思考过了耶稣是个魔术师这一假说。某些当代的'信仰治疗师'和'通灵者'都曾成功地通过欺诈和骗局让公众相信了存在'奇迹般的治愈'，这意味着如果耶稣是个魔术师的话他也可能做得到同样的事情。"

"神父！你怎么能既信仰上帝，同时又说得出这种话来？"蒙席大声叫道，声音中带着一点痛苦的意味。

"我想你又误解我了。我不是在怀疑耶稣的神性，而只是怀疑他的神性能否通过奇迹得到证明，"迈克说着，又坐回到椅子上，"奇迹假说还有另外一个竞争性假说：所谓的奇迹可能不是来自某些小把戏或者骗局，而是来自基于宗教偏见的错觉（misperceptions）。一个充满宗教热忱的人可能会看到他所想要看到的事物，而不是真实存在的事物。根据经验研究，我们知道人们的信念和偏见会影响到他们所看到的和报告的内容。发生下面这种情况并不会令人吃惊：信宗教的人们报告说他们看到了奇迹性的事件，但这不过是他们将自己的偏见投射到了真实中。耶稣真的像《马太福音》中所说的那样平息了风暴？还是说风暴恰好在他'起来斥责风和海'的时候停止了，然后那些处于宗教热忱中的见证者就'看到'他平息了风暴？"

---

① 原文"such a prediction seems rash and unjustified"中无否定词，但根据上下文判断这句话应为持否定态度，疑为印刷错误。

② "psychosomatic medicine"是一类有关精神生活对身体所产生的影响的医学研究。

"当然，这种事有时候会发生。但是假设宗教信仰者没有能力区分真实的奇迹和虚假的奇迹，这似乎是不合理的。"蒙席说道。

"但是为什么呢？宗教的态度常常会助长未经批判的信念和接纳。事实上，在宗教语境中，未经批判的信念常常被看作是一种德性，而质疑和怀疑主义却是一种恶习。因此，从宗教语境中所产生的不大可信的信念可能会自我强化并发展为一个不可动摇的坚定信念。在这种环境中，如果有某些平平常常的自然事件被看成了奇迹，这并不十分令人吃惊。"

蒙席没有回答。他从椅子上站起来，脸上带着一种冷酷的表情，开始翻动迈克的报告。

"我还相信我对发生在卢尔德的佩兰的案例的分析也是正确的，"迈克说，"这里存在一个问题，即国际委员会关于其病愈在医学上无法解释的判断是否足够决定这个事件的性质。这个委员会最多只能判断说他的病愈是无法用目前有关自然的知识来做出科学的解释的。该委员会并不知道未来的医疗科学会发展为什么样，因此该委员会关于他的病愈绝对无法通过自然来解释的判断并不具有特别的权威性。"

蒙席看着迈克，他的眼睛似乎要穿透迈克的灵魂。"我无需提醒你，弗拉纳根神父，判断卢尔德的病愈案例是一个奇迹的最终权威来自教会。如果大多数的委员会成员判断他的病愈是无法解释的，该病人的档案就会被交给依据教会法而成立的一个考察团，而该考察团是由这个病愈的人所在教区的主教领导的。只有教会才能对这个事件是否是一个奇迹做出最终判断；也就是说，判断上帝是否干涉了自然的事态发展。"

"是的，我很清楚这一点，事实上，我在报告中——我想大概在第150页——也考虑过这一点。我的观点是，即使它是由某一种或某一些超自然的力量引起的，它也未必就是由基督教的上帝所引起的。在判断他的病愈是否是一个奇迹，或者如果是的话其原因是否是上帝的时候，那个做出最终判断的教会职员显然忽视了这些额外的可能性。因此，最终判定他的病愈应该通过上帝的干涉来解释更像是一个信仰之跃，而非一个理性的决定。此外，教会的判断是建立在国际医生委员会可能存疑的能力上面的。但是，正如我已经论证了的，委员会的判断超出了它的能力。"

"我猜，你对委员会在将目前的医疗知识运用于该案例中时的操作持保留意见。"蒙席说，同时再次瞥了一眼报告。

"是的，我的调查表明，该委员会本不应该做出那样的结论的。我抽取了几个来自美国的专家并让他们独立检查国际医生委员会所给出的文件，他们发现佩兰的病愈很可疑，文件中的数据很有问题，而且该文件充满着冗杂的技术术语，这让它晦涩难懂。比如说，虽然在诊断佩兰所患的那种疾病时，采用像脊椎穿刺和放射性脑扫描这样的关键性实验检查是大多数医院的标准流程，但是在佩兰身上什么检查都没有做。评论者还认为，半身不遂这个诊断是很不可信的，因为佩兰的右腿无力且有左边的视力和运动症状，则佩兰的大脑一定不只是一边有问题。此外，他的视野一般性收缩症状和各种感觉运动障碍暗示着他有歇斯底里症而非器质性疾病。还有，评估这个文件的美国专家认为如果佩兰患有什么器质性疾病的话，多发性硬化症是对他的症状的最好解释。然而，众所周知，多发性硬化症的症状是非永久性的，它会周期性剧烈发作然后又自动缓解，有时候会完全恢复。"

蒙席看着他，似乎期望他再说多一点。迈克继续说："我同时也指出了，不仅是对佩兰案例的调查被发现有严重问题，而且官方所宣称的第六十三个奇迹也是有问题的。这两个案例的问题意味着天主教教会在宣称卢尔德的事件为一个奇迹时所采用的流程是有严重错误的。对佩兰的显然有问题的诊断和对第六十三个奇迹中的病愈所进行的无根据的判断都被卢尔德卫生局和国际委员会接受了。"

蒙席瞥了一眼手表，说："好了，我今天算是长了不少知识，弗拉纳根神父！但是恐怕另有一些事务让我不得不结束我们愉快的交谈了。你还有什么最后陈述要做吗？"

"只有一点。虽然我相信我在报告中已经表明了对奇迹的信念是无法得到理性辩护的，但是我并不是在说教会应该放弃认为有奇迹存在的说法。我相信我们教会中的那些受教育程度不高的成员需要相信奇迹的存在，而我们应该为了他们继续假装承认奇迹是可以被理性地辩护的。但是我们这些受教育程度高的开明人士不应该持有这种观点。是的，我们应该基于信仰——且仅仅基于信仰——而相信奇迹。另外……"

"谢谢你，神父，"蒙席打断了他，"你的想法很有趣，我会在决定该如何处理你的报告时将它们纳入考虑的。"他微笑着从椅子上站起来。

"我的报告可能会得到怎样的处理？"迈克问道。

"最可能的处理方案是将它放到我们的一个图书馆的档案库中以供学术研究。当然，它不会有多少读者的。但是让我们拭目以待吧！再次感谢你，弗拉纳根神父。"他一边这样说着，一边将迈克引到门口。

那天晚上，迈克在他的房间里以前所未有的热情祈祷着。上帝似乎跟他很近、很亲密，就像是一个兄弟或一个爱人。虽然写了这个报告，迈克仍然相信奇迹。他充满激情地信仰着耶稣的复活、童贞女产子、耶稣为五千人提供食物等等，以及其他的奇迹。事实上，他甚至比他在写这个报告之前还信得更坚定了。但这是如何可能的呢？证据根本不支持这些信念！在事实面前它们是不太可能成立的。他这样一个受过逻辑和理性训练的人，一个论证过认知责任的重要性的人，如何能相信它们呢？即便存在着这些证据，即便他受过这些训练，也怀有对理性的坚持，他竟然还是持有着这些信念，他为此而感谢上帝。他的信念本身就是某种奇迹。他喜极而泣，然后想起了休谟的《人类理解研究》中那个著名的段落：

> 基督教不仅在一开始就依赖着奇迹，而且即使到了今天，如果不存在奇迹的话，任何一个明理的人也不会相信它。仅有理性是不足以让我们相信它的真实性的；而任何一个被信仰所打动而赞同它的人都意识到存在于他自己身上的一个持续的奇迹，它颠覆了他一切的理解力原则，并给予他决心去相信一种与习俗和经验最为矛盾的事物。

在与蒙席会面一周后，迈克·弗拉纳根神父收到了关于他下个职务的通知。他要在艾奥瓦州的一个小天主教学院教英语课，任期长短不确定。他在一段时间后得知，由耶稣会士迈克·弗拉纳根撰写的《秘密报告：关于奇迹存在的证据——特别是官方所宣称的发生在卢尔德的第六十四个奇迹的证据》已经被放到美国天主教大学的资料室中了，在那里有两个研究生读过这个报告。

阅读问题

1. 弗拉纳根神父论证说"要声称有奇迹发生过，则必须表明奇迹假说要比其他的竞争性假说更可能成立。"在关于奇迹的研究方面这是否是一种认识论上可靠的研究方法？它是否比国际医生委员会所采用的调查方法更可能导向真理？为什么？

2. 如果奇迹被定义为一个由某种非物质的生物所制造的事件，而的确有这样一个事件发生了，这个事实能否支持对上帝存在的信念？请解释。

3. 既然任何目前无法解释的事件都可能被未来的科学所解释（正如经常发生的那样），我们是否还有理由相信有奇迹发生过？为什么？

4. 弗拉纳根神父对于宗教信仰者看到不寻常事件时的感知的说法是怎样的？你是否认为宗教态度经常会助长未经批判的信念？如果是这样，你会给一个来自十分具有宗教热情的环境中的关于奇迹的报告多大的权重？

第7章
怀疑论问题与知识

7.1 导 言

> 所有人天生都欲求知识。
> ——亚里士多德

什么是知识？知识和信念有什么不同？知识是否必须包含确定性？我们是如何获得知识的？理性和感觉经验都可以作为知识的来源吗？我们知识的限度在哪里？我们是否拥有关于外部世界的知识？这类问题就是知识论（epistemology）——研究知识的哲学分支——所试图回答的问题。

我们通常会声称自己知道很多不同类型的东西。比如说大多数人会声称自己知道疼痛的感觉是怎样的，也知道怎么骑自行车，也知道雪是白色的。在每个例子中，我们知识的对象（即知识所涉及的事物）都是不同的。在第一个例子中，它是一种体验；在第二个中，它是一种技能；在第三个中，它是一个事实。本章的核心是探讨第三种知识，因为我们最感兴趣的是我们如何能知道事实的。

当我们"知道处于疼痛中时是什么样子"时，我们所拥有的知识被称作**"亲知的知识"**（knowledge by acquaintance），或者"knowing what"。伯特兰·罗素声称："我们只对所有那些被我们直接所意识到而没有以推理过程或者任何事实知识作为中介的东西才是亲知的。"[1]对于罗素来说，我们唯一能直接意识到的东西就是我们的感觉。罗素认为，我们的感觉是由物质的物体所引起的，但是他并不认为我们能直接意识到这些物体。例如当我们在手中握着一个苹果并观看它时，我们所能直接意识到的是一种特定的颜色、形状、气味、触感等等，但是我们并没有直接意识到那个苹果本身。我们是基于感觉推论出有一个苹果在那里的。然而，这种对直接意识和间接意识的区分却会导致知识论中最困难的一个问题：我们怎么知道我们的感觉是由物质实体产生的？毕竟，我们也可能是在做梦、产生幻觉或者被连在一个复杂精妙的虚拟实在机器上。如果我们没办法排除这种可能性，那么我们还能通过感觉来获得知识吗？那些认为不能的人就是哲学上的怀疑论者。根据他们的看法，我们知识的限度比我们通常所以为的要局限的多。

> 在生命中除了健康和德性外，没有任何东西比知识更珍贵了。
> ——劳伦斯·斯特恩（Lawrence Sterne）

当我们"知道如何骑自行车"时，我们所拥有的知识被称作**"表现的知识"**（performative knowledge）或者"knowing how"。任何拥有某种技能的人都拥有这种知识。通常，任何一个知道如何做某事的人也知道做该事是什么样子的。例如，一个知道如何骑车的人一般也知道骑车的体验是怎样的，这是因为他们正是通过实施骑车这一活动来学会如何骑车的。但是一个人并不必然需要实际去做某事来学会做该事。比如说一个人可以通过在一个飞行模拟器中进行训练来学会如何开飞机，未来我们甚至可以像电影《黑客帝国》中那样直接将表现知识下载到我们的大脑里。所以，虽然knowing how与knowing what通常是联系在一起的，但是它们并不必然会关联在一起。

当我们"知道雪是白色的"时，我们所拥有的知识被称作**"命题的知识"**（propositional knowledge）或者"knowing that"。一个命题就是一个肯定或者否定某事的论断，因此它要么为真要么为假。对命题知识的最早也最重要的刻画来自柏拉图的作品，在他的《美诺篇》中，苏格拉底评论道："我可以肯定地说下面这种说法并不只是一种猜测：正确的意见和知识是不同的。只有很少的东西是我可以说自己知道的，而这一说法就是其中之一。"²柏拉图在此想说的是尽管正确的意见（即真信念）是知识的必要条件，它却不是其充分条件——除了拥有真信念外必须再加上其他要素才能算作是拥有知识。

真信念之所以是知识的必要条件是因为我们不可能知道错误的东西，而且如果我们知道什么东西，我们就不可能相信它是错的。例如，我们不可能知道2+2等于5，因为2+2不等于5。换句话说，我们不可能知道不是事实的东西。类似地，如果我们知道2+2等于4，我们就不可能相信它不等于4。知道某事物为真也就意味着相信其为真。

不过，真信念本身是不足以成为知识的，因为我们可以拥有真信念却没有知识。举个例子，考虑下面这个情景：假设你相信香港现在正在下雨，并且假设香港现在的确在下雨。这是否意味着你知道香港现在在下雨呢？如果你没有好的理由相信事实是如此的话，那么你就不算知道，因为在这种情况下你的信念只不过是运气好的猜测而已。所以，拥有知识似乎就需要你有好的理由去相信你所相信的东西。柏拉图也赞同这一点。"真实的信念，"苏格拉底告诉美诺，"是一个好东西，而且只要它能待在它该在的地方就有各种好处，但是它们不会待在那里不动。它们会从一个人的心灵中跑掉；所以如果你不找出理由把它们拴住它们就没什么价值……一旦它们被拴住了，它们就成为了知识。"³所以，对于柏拉图来说，知识就是立足于理性之上的真信念。知识论研究中最主要的一个任务就是判定一个信念在什么情况下才是充分地立足于理性之上的或者说是有充分的理由的。

传统上，哲学家们承认两种知识的来源：理性和感觉经验。那些相信关于外部世界的知识可以通过对理性的运用来获得的哲学家被称作**理性主义者**（rationalists）。那些相信有关外部世界的知识只能通过感觉经验来获得的哲学家被称作**经验主义者**（empiricists）。经验主义者同意理性可以给予我们有关逻辑真理（logical truths）的知识，例如"要么现在在下雨，要么现在没有下雨"。但是他们不同意仅仅借助理性我们就能知道有关外部世界的事情。例如，知道要么现在在下雨要么现在没有下雨并没有给予我们任何有关天气的知识。

命题可以通过不同的方式被知道。某些命题是通过**先验的**（a priori）①方式被知道的，也就是说，它们可以独立于感觉经验或者先于感觉经验而被知道。比如，"现在要么在下雨，要么没有下雨"这个命题就可以通过先验的方式被知道，因为你不需要看一下窗外就能判定它为真。不论现在是否在下雨，"现在**要么在下雨，要么**

亲知的知识
关于拥有某种特定的经验感觉是怎样的知识。

哲学怀疑论
认为我们不具有某些领域（比如外在世界）的知识的信条。

表现的知识
关于如何完成一个特定活动的知识。

命题的知识
关于一个命题是否为真的知识。

理性主义
认为理性是关于外部世界的知识的一个来源的信条。

经验主义
认为感觉经验是关于外部世界的知识的唯一来源的信条。

先验知识
可以独立于感觉经验或者先于感觉经验而被获得的知识。

后验知识
基于感觉经验之上的知识。

---

① "a priori"也常常被译为"先天的"，而康德哲学中的"transcendental"（指的是使经验的呈现成为可能的先决条件）又常常被译为"先验的"，读者需要注意区分。

> 知识带来的愉悦和乐趣远远超出自然界中的其他所有事物。
> ——弗朗西斯·培根

没有下雨"都是真的。另外的命题只能通过**后验的**（a posteriori）方式被知道，也就是基于感觉经验的方式。比如说"水会在212华氏度沸腾"这个命题就是只能通过后验的方式被知道的，因为只有在观察过沸腾的水之后你才能知道这件事。

逻辑真理或者那些可以通过同义词替换而被转化为逻辑真理的命题被称作**分析命题**（analytic propositions）。"现在要么在下雨，要么没有下雨"这个命题的真就是分析的，因为它是一条逻辑真理。它拥有"要么a要么非a"这种形式，而无论我们用什么命题替换a，这个形式都为真。命题"要么现在有降水现象发生，要么现在没有在下雨"也是一个分析真理，因为它可以通过同义词替换而被转换为一个分析真理。那些非分析的命题被称作**综合命题**（synthetic propositions），大多数科学所发现的事实都属于这类命题。

理性主义者和经验主义者都同意分析命题是可以先验地被知道的。但是，关于综合命题是否也能通过这种方式被知道，他们却有不同的看法。理性主义者倾向于相信至少某些综合命题——例如"无物生于无"——是可以被先验地知道的，而经验主义者则相信没有任何综合命题可以被先验地知道。在涉及到综合命题时，理性能否被看作是知识的一个来源是个存在争议的问题。

除了"我们是如何知道事物"外，知识论者还对理解"一个命题何以为真"感兴趣。通常而言，我们会认为如果一个命题如事实本身那样说出了它的话就说它为真。换句话说，如果世界中的事物正如该命题所说的那样，则该命题为真。亚里士多德是这样表达这一洞见的："说它是它所不是的那样，或者说它不是它所是的那样，为假；而说它是它所是的那样，说它不是它所不是的那样，为真。"[4] 这种真理观预设了有一种世界所是的方式，而当一个命题与世界所是的方式相符合时该命题为真。因此它被称作是**真理的符合论**（correspondence theory of truth）。

然而要说清楚"符合"这个概念是出了名的困难的。路德维希·维特根斯坦曾做出过一个尝试，他说真命题是实在的画像（pictures of reality）。正如一幅画像上各个元素的安排代表了实在之中的事物的安排一样，维特根斯坦认为，一个命题中元素的安排也代表了实在之中的事物的安排。问题在于不是每个命题都能被看作实在的一张画像。比如说命题"独角兽不是半人马"。虽然这个命题为真，但是独角兽和半人马都不存在，所以我们很难看得出命题中的元素如何描摹了实在。其他各种对符合关系做出的说明也被证明是同等有问题的，所以，人们又提出了很多种其他的真理观。

一些人相信真理可以被定义为信念之间的融贯。布兰德·布兰沙德是这样阐释这种真理的融贯论的：

> ……实在是一个系统，一个完全有序和完全可被理解的系统，思想随着其日渐发展而变得越来越与这个系统同一……如果我们采取这种观点，我

们的真理观就被标识出来了。真理即思想对实在的接近。它是思想归家的旅程……因此在任何一个时间点上我们的经验作为一个整体的真的程度就是它所达到的系统性的程度。一个特定命题的真的程度要首先通过它与经验整体的融贯性来判断，而最终要根据一个进一步的经验整体——一个无所不包，而且被完全地表述出来的整体——来判断，只有到达了这个整体中思想才得以休息。[5]

根据**真理的融贯论**（coherence theory of truth），一个命题为真，当且仅当它与我们的信念系统相融贯。我们的信念系统是尚不完整的，因为我们还没有完全理解实在的某些方面，所以任何与我们现有的信念系统融贯的命题最多只是部分为真的。只有一个与一个完整的信念系统——一个解释了实在的所有方面的系统——相融贯的命题才能被视为完全为真的。

与我们信念系统的融贯性当然也是测试真理的一个标准。与现有学说的符合度——保守性——是假说的充足性标准之一，因为一个假说与我们已学到的知识嵌合得越好，则它越可能为真。但是那些接受真理的融贯论的人坚持认为，融贯性不仅仅是真理的一个标准：它就是真理的本质。对于他们来说，说一个命题为真仅仅是在说它与我们的信念融贯而已。

但是，要成为真理不能仅仅满足融贯性，因为一个命题可以与某人的信念系统相融贯同时却是错的。试考虑下大卫·考雷什（David Koresh）这个案例，考雷什是大卫教（Branch Davidians）的最后一任主教，在1993年时因他们位于德克萨斯州韦科市附近的教派总部被烧毁而死去。考雷什相信他自己就是耶稣基督，他认为他的这个信念是立足于对圣经的一个融贯的解释之上的。假设的确如此，并且假设他所相信的一切其他信念也都跟这个信念相融贯。这是否意味着他就是耶稣基督呢？答案当然是否定的。仅仅从某人一致地相信某事物并不能得出该事物为真。

为了避免融贯而错误的信念系统这个问题，有人试图说明信念需要跟一个什么样的信念系统相融贯才能算作是真的。查尔斯·桑德斯·皮尔士声称，如果一个信念与一个注定会被所有考察过的人所同意的信念系统相融贯的话，它就是真的。[6]但是我们无法得到保证说所有考察者最终都会同意同一个信念系统。对于任何一组材料我们都可以构建出无限多种学说来解释这些材料。我们没办法排除掉这种可能性：在考察结束后还存在着两种或者更多种不兼容的信念系统，而它们都能同等地解释这些材料。但是两种不兼容的信念系统不可能同时为真。由于有可能存在两种同等融贯的不兼容的信念系统，所以除了融贯之外一定还需要其他的因素才能构成真理。

威廉·詹姆斯提议我们可以通过有用性（usefulness）来定义真理。他这样写道："真理只是我们行为方式中的权宜之计（expedient），一种以几乎所有方式存在

分析命题
即一个自身是逻辑真理或者可以通过同义词替换而被转化为逻辑真理的命题。

综合命题
即一个非分析的命题。

真理的符合论
认为一个命题是通过与实在相符合而成为真的的学说。

真理的融贯论
认为一个命题是通过与一个信念系统相融贯而成为真的的学说。

真理的实用论
认为一个命题是通过它的实用效果而成为真的的学说。

的权宜之计，一种立足于长远考虑，贯穿始终的权宜之计。"¹对于詹姆斯来说，一个真命题就是一个好用的命题。根据真理的实用论，一个真命题是因其实用效果而为真的。真理如此有价值的原因之一就是，基于真命题的行为要比那些基于假命题的行为更可能成功。詹姆斯提出这个洞见可以被用来定义真理。对于他来说一个真命题即一个这样的命题：如果我们按照它来行动就会带来人们想要的结果。

> 知识是灵魂的养料。
> ——柏拉图

显然，问题在于假信念也可能会导向人们想要的结果。纳粹想要赢得第二次世界大战，如果他们真的赢了，这是否意味着命题"犹太人是劣等人"为真呢？假设穆斯林极端分子成功地统治了世界，这是否意味着安拉就是唯一的真神？或者以大卫·考雷什相信他是耶稣基督为例，这个信念对他似乎是有用的。他由此得到了许多跟随者和许多妻子，这是否意味着他就真的是耶稣基督呢？所有这些问题的答案似乎都是否定的。一个命题是有用的这个事实或许能为我们相信它为真提供某些理由，但是这并不能使它成为真的。

某些人相信真理只是一个信念问题。我们都听过这种说法："对你来说是真的对我来说不是真的"或者"你有你的真理，我有我的真理"。这种说法蕴涵着真理是相对于个人而言的。所以这种观点被称作**认知主观主义**（cognitive subjectivism）。

只要你相信某信念为真它就会成为真的，这种观点并不是21世纪特有的。它在两千五百年前的古希腊时代就流行起来了。古代的认知主观主义拥护者被称作"智者"（Sophists）。他们是一些通过教导那些富有的雅典人如何赢得朋友和影响他人来谋生的修辞教师。但是由于他们相信真理是相对的，他们就教导自己的学生如何在任何案例中都能同时为正反两方辩论，这使得他们在那个时代臭名远扬（"sophistic"和"sophistical"①就被用来形容那种貌似合理实际上却包含谬误的论证）。智者中最卓越的一位——普罗泰格拉（Protagoras）——以一段著名的话表达了他的主观主义观点："人是万物的尺度，是存在的事物存在的尺度，也是不存在的事物不存在的尺度。"⁸真理并非独立于人类的心灵而存在的，而是由我们的思想所创造出来的。所以，任何人相信的任何事物都是真的。

柏拉图清楚地认识到了这样一种观点所蕴涵的结论。如果任何人相信的任何事物都是真的，那么每个人的信念就都跟其他人的信念一样真。而如果每个人的信念都跟其他人的信念一样真，则"主观主义为真"这个信念与"主观主义为假"这个信念也是同样真的。柏拉图这样说道："在普罗泰格拉看来任何人的意见都跟他的意见一样是真的，那他也一定承认他的反对者关于他的信念的信念也是真的——而他的反对者认为他是错的。"⁹所以认知主观主义是自我反驳的。如果它为真，则它为假。任何一个由它为真可以推出它为假的论断都不可能是真的。

颇有讽刺意味的是，普罗泰格拉会去教导他人进行论辩，因为在普罗泰格拉

---

① 意思是"诡辩的、强词夺理的"。

的世界中是不应该存在任何论辩的，只有当我们有理由相信某些人是错的的时候才需要进行论辩。但是如果相信某事物为真就可以使其为真，那么就没有人会是错的；每个人都是不可错的。这就使得任何人都不可能拥有错误的信念了，因为只要他相信它，它就成为真的。所以如果普罗泰格拉的客户严肃地对待他的哲学的话，他就会丢掉工作。如果没有人可能输掉一场论辩，那么就不需要学习如何进行论辩了。

某些人相信真理是相对于社会或文化而言的。当然，不同的文化关于何为真理会有不同的信念。但是根据**认知文化相对主义**（cognitive cultural relativism），每种文化都会生产出它自己的真理。不过这种观点跟认知主观主义同样都是有问题的，因为如果有一个社会相信真理**不是**社会构建的（我们的社会就很可能相信这一点），那么这种观点就跟那种认为真理是社会构建的的观点同样为真，而这是荒谬的。

相对主义者的问题在于他两方面的好处都不想放弃。一方面他想要说他或者他的社会是真理的最高权威，但是另一方面他又想要说其他的人、社会或概念框架也具有同样的权威。他不可能同时拥有这两个观点。正如哲学家W. V. O. 奎因（W. V. O. Quine）解释的那样：

> 文化相对主义者说真理是系于文化的。但是如果真是如此，则他（处于他自己的文化之中）应该将他的系于文化的真理看作是绝对的。只有将自己置于文化相对主义之上他才能肯定文化相对主义，但是如果不放弃文化相对主义他就不可能上升到文化相对主义之上。[10]

如果相对主义为真，则对你来说不存在一个外在于你自己或者你的社会的，能够用以做出有效判断的立足点。但是如果没有这样的立足点，你就没有根据认为相对主义为真。所以，在肯定相对主义为真的同时，相对主义者就是搬起石头砸自己的脚。

虽然我们可能都非常希望自己的所有信念为真，但是我们知道它们并不都是真的。即使是最热忱的相对主义者也必须承认他有时会拨错号码，押错赛马，或者忘记一个朋友的生日。承认这些就意味着真理并不只是一种信念而已。如果相信某事物为真就可以使其为真，那么这个世界中就不会有那么多未被满足的欲望、未被实现的雄心和未能成功的计划。

那么关于真理的真理到底是什么呢？英国哲学家J. L. 奥斯汀（J. L. Austin）曾经说过："如果一个命题为真，则必然存在一个使其为真的事态。"[11]这是必然的。我们不可能仅仅通过相信一个命题为真就使得其为真，而一个命题也不能自己使自己为真。因此真理一定包含在某种命题与实在之间的关系中——正如符合论所暗示的那样。目前还没有人能说清楚这种关系到底是什么关系，但是正如没有人能说清

认知主观主义
认为一个人相信一个命题为真可以使得其为真的学说。

认知文化相对主义
认为一个社会相信一个命题为真可以使得其为真的学说。

最小的符合论
认为一个命题为真，当且仅当事物正如它所说的那样的学说。

楚重力到底是什么并不能阻止我们接受重力定律一样，没有人能说清楚这个关系到底是什么关系也不能阻止我们接受真理的符合论。我们可以暂时地采取一种可以称之为**最小的符合论**（minimal correspondence theory）的观点，这种观点认为一个命题为真当且仅当事物正是如它所说的那样。这种观点保留了这个洞见：真命题精确地表现了实在，同时却不会遭受到其他真理理论所遭受的那些致命的批评。

说真理包含在一个命题与实在的相符之中并不是说只存在一种精确表现实在的方式。实在可以通过多种方式被表现，正如一个区域可以以不同的方式被画成地图，比如公路交通图、地形图、等高线图。这些地图用不同的标志来代表这个区域的不同方面，而出现在一幅地图上的标志可能不会出现在另一幅地图上面。然而，说这些地图中的某一幅是正确的地图是无意义的。每幅地图都以某种方式精确地描述了这个区域，因此每个地图都可以被认为是真实的。认为只存在一种正确地描述世界的方式的观点可以被称作"绝对主义"。接受真理的符合论并不需要一个人也接受绝对主义。

在这一章中我们只会探索知识论中的少数几个问题。第一节处理怀疑论问题，第二节处理感知问题，第三节处理知识的定义问题。

本章目标

在读完本章后，你应该能够做到：
- 陈述笛卡尔的梦境论证和他的邪恶精灵论证。
- 评估知识需要确定性这个论断。
- 陈述各种不同的感知理论。
- 评估各种不同的感知理论。
- 陈述各种不同的知识理论。
- 评估对每种知识理论的论证。
- 给出这些概念的定义：亲知的知识、哲学的怀疑主义、表现的知识、命题的知识、理性主义、经验主义、先验知识、后验知识、分析命题、综合命题、真理的符合论、真理的融贯论、真理的实用论、感觉材料、第一性质和第二性质。

7.2 事物不总是它们表面看上去的那样：关于怀疑论的怀疑论

关于这个世界我们自称知道的很多东西都是基于感觉经验之上的。通常我们相信事物看起来、摸起来、听起来、闻起来的样子就真实表现了它实际存在的方式。但是这种信念是合理吗？感觉经验是知识的一个来源吗？还是说它只是意见的来源？

> 所有人都希望得到知识，但是相比而言却没多少人愿意为此付出代价。
> ——尤维纳利斯（Juvenal）

古希腊理性主义

我们通过感官认识到的世界是一个恒常变化的世界。风吹、雨落、沧海变桑田，而生物会出生、变老、逝去。但是变化是一个迷。一个事物如何能发生变化却仍然还是同一个事物？如果它改变了，它就变得不同，而如果它变得不同，它就不再是同一个事物了。所以似乎没有事物能经历变化却还能保持同一。

这个问题使得古希腊人非常困惑。赫拉克利特不愿意否认他的感觉证据，坚持认为历经时间而保持的同一性是一种错觉。同一个事物不可能在历经一段时间后仍然存在，因为"唯一不变的是变化"[12]。他认为每个瞬间这个世界都在重新被创造出来。"你不能两次踏入同一条河，"他声称，"因为你第一次踏入时的河水已经流走了。"[13] 赫拉克利特不把世界看作是一个各种分离物体的静止的集合，而是将其看作一个由各种相互联系的进程组成的动态网络。

> 只有变化是永恒的、不朽的、无终的。
> ——亚瑟·叔本华

与赫拉克利特同时代的佛陀（约公元前563—约前483年）也有相似的观点。佛陀也使用了一条河的类比来说明我们存在的动态本质。"梵，"他说，"就像是一条山间的河，流动得既远又快，将一切事物都带走；当它停止流动了就没有时刻、没有瞬间、没有分秒，但是它继续流动并一直持存着。所以梵就是人类的生命，就像是一条山间的河。"[14] 赫拉克利特和佛陀都否认任何持存的实体的存在。没有事物能在时间中保持同一。一切事物都处于恒常的流动之中。

巴门尼德

与赫拉克利特同时代的巴门尼德（出生于约公元前515年）觉得这种世界观是不可理解的。他认为实在必然包含一种持存的实体，因为只有不变的事物才是真实的。虽然巴门尼德的哲学思想是以一首诗的形式表达出来的，但是他的哲学是建立在一个逻辑论证之上的。因此他通常被看作是理性主义（认为理性是知识的唯一来源）之父。巴门尼德认识到任何包含逻辑矛盾的事物都不可能存在，所以他推论出不存在之物（虚无）不可能存在。但是无物可以从虚无中产生，所以任何存在的事物一定是一直存在的。而任何存在的事物也会持续存在，因为正如虚无不可能变成存在，存在也不可能变成虚无。所以在巴门尼德看来无物产生也无物消失，任何存在的事物都是一直存在的，并且也会永远存在下去。

> 没有人能毁灭这个不变的实在。
> ——《薄伽梵歌》

此外，如果不存在之物不可能存在，那么就不会有地方存在虚无。但是如果每个地方都被占据了，那么就没有地方能给任何要移动进来的事物腾出来。所以世界一定是一个单一的、固态的、永恒的、不变的球体，在它之中没有运动——因此也没有变化——可能发生。当然，世界看起来并非如此。我们所感觉到的世界似乎是充满运动和变化的。巴门尼德说这只说明了我们的感觉并没有让我们接触到实在，所以我们的感觉不可能是知识的来源。

正如佛陀的教诲呼应了赫拉克利特的哲学那样，印度教的教诲也呼应了巴门尼德的哲学。在第二章，我们在印度史诗《薄伽梵歌》（梵文里的意思是"主之歌"）第16节中读到"不存在的永远不会存在，存在的永远不会停止存在。对于智者来说这个真理是自明的"。"变化是一种错觉"和"一切事物都是同一的"这两种观念是印度教的两条核心教诲。不过，印度教徒并不认为世界在本质上是物质的，而是认为它本质上是精神的。唯一真正存在的是梵（因为它是不变的），它是纯粹的存在，纯粹的意识，纯粹的欢乐。

在巴门尼德看来，被我们当作是真实的事物其实不过是一种错觉。世界似乎是由许多运动和变化的事物组成的。但是他声称逻辑所证明的却是另一回事。运动以及变化是逻辑上不可能的，而任何逻辑上不可能的都不会存在。所以我们不能运用我们的感觉去发现实在的真实本质。他认为我们只有通过运用理性才能得知世界到底是什么样的。由于巴门尼德也论证说世界看上去的样子与它必然所是的样子非常不同，他也被看作是最早区分表象和实在的人。

思想探究

思考虚无

巴门尼德相信由于不存在之物不可能存在，因此它也是不可能被思考的。你是否同意？你可以思考虚无吗？即，虚无是否可以成为你思考的对象？如果是的话，你能否描述一下你在思考虚无时思考到了什么？

芝 诺

巴门尼德吸引了一些非常有才干的人追随他，其中最著名的就是埃利亚的芝诺。据说芝诺构造了几十个额外的论证来支持他导师的观点，不过其中只有少数论证流传到了今天。如果想了解这些论证的话可以先思考一下他的二分法悖论（paradox of bisection）。

思想实验

芝诺的二分法悖论

假设你身处一个运动场内，并且离运动场出口有某一固定的距离。那么你永远不能走出这个运动场,因为在到达出口之前你必须先到达这段路程的中间点。但是在你到达这个中间点之前你必须先到达起点与这个中间点之间的中间点。由于从一个点走到另一个点需要花费一个有限的时间,而中间点的数量是无限的,所以要通过所有这些点就需要你花费无限的时间,这样你才能走出去。[15]

如果芝诺对运动的分析正确的话,我们不仅永远不能走出那个运动场,我们甚至连向着出口的第一步都迈不出。在我们达到中间点之前我们必须首先到达起点与中间点之间的中间点,而在我们到达那个中间点之前我们不得不先到达那个中间点与起点间的中间点,以此类推。所以正如我们要走出运动场需要无限的时间一样,要迈出第一步也需要无限的时间。而我们作为一种有限的存在并不拥有无限的时间,所以运动是不可能发生的。

芝诺并不否认人们似乎会从一个地方移动到另一个地方。他所否认的是世界表面看起来的样子就准确表现了它真实的样子。正如他的老师巴门尼德一样,他也声称任何会产生逻辑矛盾的事物都不可能存在。由于运动会产生一个逻辑矛盾,因此它是不可能存在的。

虽然芝诺的思想实验并没有说服许多人相信他们自己是不运动的,不过它对后继的哲学有着巨大的影响。芝诺是第一个以散文(prose)而非韵文形式提出逻辑论证的哲学家,自此以后哲学家们都开始用散文来表达论证。为了表彰芝诺的这个成就,亚里士多德将他称作"辩证术(dialetic)的发明者"。亚里士多德还注意到芝诺的思想实验导致了物质的原子论的发展。[16]格雷戈里·弗拉斯托斯(Gregory

> 如果我们要让理性之光引导我们,我们就必须让自己的心灵变得无畏。
> ——路易斯·布兰代斯(Louis Brandeis)

Vlastos）在评论芝诺的思想实验时这样写道："在整个哲学史上还没有一种方法能比它更好地让我们对这种可能性变得敏感：日常之物中可能蕴含着荒谬，因此我们甚至需要重新审视那些最牢靠和最貌似可信的假设。"[17]我们可以不同意芝诺的结论，但是我们无法不欣赏他的方法。

这些年有很多电影都探讨了世界可能与它表面的样子非常不同这种观念，其中最典型的是《黑客帝国》。这个电影中的故事发生在未来的某个时代，在那时电脑已经统治了世界，并且把人类当作它们的能量来源。人类被放在一个充满液体的荚包里维持生命，有很多直接连接到他们神经系统的电极在刺激着他们的大脑。那些被连接到母体上的人类以为他们是在20世纪晚期过着正常的生活，而实际上他们漂浮在一个荚包里。他们所以为的真实世界其实只是电脑生成的幻景。

柏拉图

虽然电影《黑客帝国》中所展现的图景令人震撼，不过其实它跟柏拉图在两千五百年前所提出的一个意象是非常相似的。柏拉图认同巴门尼德的这个观点：只有不变的才是真实的，他也认同赫拉克利特的这个观点：我们通过感官所感觉

巴门尼德悖论和芝诺悖论的解决办法

两千多年来，许多伟大的头脑都投入了对巴门尼德悖论和芝诺悖论的思考，也提出过许多的解决办法。不过，解决一个悖论的最好办法是"消解"它，即表明它是建立在一个矛盾的预设之上的，因此它一开始就不能存在。一些人认为芝诺悖论的核心处暗含着一个矛盾。比如说在二分法悖论中芝诺预设了空间是可以被无限分割的。这意味着最小的空间——一个点——没有尺寸（dimensions）。但另一方面芝诺又预设了穿过任意大小的空间都要花费一定量的时间。但是要穿过一个点是不需要花费任何时间的，因为一个点是没有尺寸的。所以芝诺似乎是在自相矛盾。这两个预设不可能同时为真，而只要我们拒绝其中一个预设，悖论就不存在了。

那么要怎么看待巴门尼德所说的不存在之物不可能存在这种观点呢？难道现代科学不是已经证明了世界上大部分地方都是真空吗？的确是。不过它也证明了空间是一种事物。爱因斯坦的广义相对论预测说在巨大物体周围的空间是会被弯曲的，而这个预测已经在许多不同的实验中被多次证实了。但是你不可能让不存在的东西弯曲。所以空间不只是虚无。《科学美国人》的特约撰稿人罗素·罗森（Russell Ruthen）这样解释道：

> 空间不仅仅是地球与星星之间的虚无。它也不只是电子与原子核之间的虚空。它是一种比橡胶更有弹性、比钢铁更坚硬的普遍存在的介质。[18]

所以巴门尼德是对的。没有地方是不存在事物的。有些地方除了真空没有任何事物，但空间本身是一种事物。巴门尼德出错的地方在于他预设了如果一个地方被占据了，那么就没有其他事物能移动进来。恩培多克勒在两千五百多年前就意识到了这个推理的错误，并说我们在空间中移动就像鱼在水中移动一样。看起来他的观点是相当准确的。

到的现象都是恒常变化的。所以他得出结论说我们的感觉并非完全真实。为了传达这种观点，柏拉图构造了哲学史上最生动也最重要的意象之一：洞穴寓言。这个寓言出现在他的《理想国》的第七卷，在这一卷中苏格拉底与格劳孔进行了如下的交谈：

> **苏格拉底**：现在让我用一个形象来展示我们的本性被启蒙或未被启蒙的程度。——你看！人类生活在一个地下的洞穴中，它的洞口朝向着光，光可以沿着一条通道一路照进洞穴中；他们从小就生活在这里，并且他们的腿和脖子都被锁住了，因此没有办法移动身体，也没办法转头，只能够看到他们面前的东西。在他们背后远处高些的地方有一堆火在燃烧，而在火光与这些囚徒之间有一条路；如果你看一下还会看到沿路建有一堵矮墙，它就像是木偶戏演员与观众之间的那道屏幕一样，而木偶戏就在屏幕上方上演。
>
> **格劳孔**：我看到了。
>
> **苏格拉底**：那么你有没有看到有人带着各种各样的器具从这道墙边走过，而在墙的上方出现了许多由木头、石头或者各种材料制作的不同动物的图形和造像？其中一些发出了声音，而另一些没有。
>
> **格劳孔**：你向我展示了一幅奇怪的图景，还有一些奇怪的囚徒。
>
> **苏格拉底**：他们是跟我们一样的人。他们看到的，是不是只有由火光投射到洞穴反面墙上的他们自己的影子或者其他人的影子呢？……
>
> **苏格拉底**：并且假设这些囚徒可以听到来自另一边声音经墙壁反射后的回声，那么当一个路过的人说话时他们不会必然以为这个声音是来自那个移动的影子吗？
>
> **格劳孔**：当然是的。
>
> **苏格拉底**：对于他们来说唯一的实在就是那些影子里的形象。
>
> **格劳孔**：的确是。
>
> **苏格拉底**：现在再让我们看看如果这些囚徒被解放了并矫正了他们的错误，会自然地发生什么。首先，当他们中有任何一个人的桎梏被解除了，并且被迫突然站立起来扭过头向着光亮的地方走去，他会感到尖锐的疼痛；亮光会让他很难受，因为他不能看到当他在之前的状态时所看到的那些影子中的实在了……
>
> **苏格拉底**：再让我们假设如果有人硬拉他走上一条陡峭崎岖的坡道，将他拉出洞穴直到他能直接看到太阳，难道他不会觉得痛苦和恼怒吗？突然的亮光会让他头晕目眩，他不会看到任何被我们现在称作是实在的东西。
>
> **格劳孔**：短时间内肯定是看不到的。
>
> **苏格拉底**：他被要求逐渐去习惯看地上世界的景象。一开始他最多只能

柏拉图的洞穴寓言
在火光前举起来的一匹马的模型代表了真正的真实事物——理式（the forms）。它所投射在洞穴墙上的影子代表了被这些洞穴中的囚徒当作真实的事物。在囚徒们看来真理就是这些影子而已。

看到影子，接下来会看到人或者其他物体在水中的倒影，再接下来会看到这些物体本身；然后他能够凝视月光、星光和闪烁的星空；他在夜晚看天空和星星会比他在白天看太阳或阳光看得更清楚，是不是？

格劳孔：当然是。

苏格拉底：最后他可以直接看到太阳，而不只是看它在水中的倒影，他会看到太阳本来的位置和样子，而不是在其他地方以其他形式看到它，而且他还可以对太阳本身所是进行思考……

苏格拉底：再次想象这样一个人突然被人从太阳下带回到他原来的处境中；难道他的眼前不必然是一片黑暗吗？

格劳孔：肯定的。

苏格拉底：如果现在有个竞赛，在其中他必须与那些从未离开过洞穴的人比试识别这些影子，而此时他的视力还很弱，并且在他的视力变得稳定之前（需要很长时间他才能再次获得新的视觉习惯）他不会显得很可笑吗？人们会说他上去走了一圈，下来时就失去了视力；因此最好根本不要想着要上去；而如果有人试图解开另一个人的锁链并把他带到光明处，如果让洞穴里的人抓到这个犯罪分子，他们会把他杀死的。

格劳孔：当然会。

苏格拉底：亲爱的格劳孔，你现在可以将整个寓言对应到之前的论证上：囚徒洞穴即可见世界，洞内的火光就是太阳，而根据我的那些信念，你应该可以理解从洞穴升至地上世界就意味着灵魂升上智识的世界。你既然想知道，则我现在就说出来了，至于对不对只有神知道。但是，不论对还是错，我的看法是：在知识的世界中关于善的观念是最后才出现的，而且只有经过很大努力之后才能看到它；而当你看到它后你就会认为它是一切美的和正义的事物的普遍原因，是可见世界中的光的来源和主宰，也是智识世界中理性和真理的直接来源；任何人要想在私人生活或公共生活中行事合乎理性，必定要将目光注视在善的理念之上。[19]

柏拉图的洞穴寓言所意欲代表的不仅仅是人类的一般状况，而且也是苏格拉底个人的生活。苏格拉底就像是那个洞穴中被解除了枷锁的囚徒，他瞥见了实在的真实本质并试图说服雅典居民他们并不知道他们自以为知道的那些事物。但是一些雅典人不喜欢这一消息，于是便共同把他处死了。

那个投射影子到墙上的事物代表了被柏拉图视为真正真实的事物：理式。理式是一个共相；它是一种可以被许多不同事物所拥有的属性。比如说各种各样的艺术作品都是美的。柏拉图声称它们之所以是美的是因为它们都分有了美的理式。正如他所说："所有美的事物都通过美的理式而成为美的。"[20] 所以在柏拉图看来理式就是原因：是理式让世界成为这个样子。因此要理解世界我们就必须理解创造出世界的理式。

但是，我们不能通过感觉的途径来获得关于理式的知识，因为理式不是自然事物。那么我们要如何获得有关它的知识呢？柏拉图认为我们要通过回忆（recollection）来了解它。

我们通常判断事物的时候，会将其与一个理想模型相对比来指出其不足。一个行为可能是正义的，但不是完全正义的；两个事物可能是同等的，但不是完全同等的；一幅画可能是美的，但不是完美的。柏拉图声称如果我们要做出这种判断我们就必须拥有关于理想模型（理式）的知识。但是我们不可能通过我们的感觉来获得这种知识，因为我们所感觉到的事物都不是完全正义的、完全同等的或完美的。所以我们一定是一出生就带有了关于这些理式的知识，而感觉经验可以帮助我们回忆起这种知识。

我们一出生就带有的知识被称作"先天知识"（innate knowledge）。理性主义者的一个特征就是认为我们具有先天知识，这就可以解释我们如何可能不依赖于经验就拥有知识。一些理性主义者声称我们对于概念具有一种先天的知识；其他人则声称我们关于陈述具有一种先天的知识。但是无论哪一种情况，它都是一种所有正常人类都拥有的知识。

> 获得知识的第一步是要知道我们是无知的。
> ——理查德·塞西尔
> （Richard Cecil）

思想探究

先天知识

你是否认为有一些概念或者真理是所有正常的人类都知道或拥有的?如果是的话,是什么样的概念或真理?

笛卡尔式的怀疑论

最有影响力的现代理性主义者是笛卡尔。他怀疑感觉经验能给予我们知识,因为知识需要确定性,而我们从感觉中所获得的信息都不是确定的。笛卡尔认为只有当你对某事完全确定的时候你才有理由相信它为真。他告诉我们,"正如在认同那些在我看来是明显错误的事情时需要小心谨慎一样,在认同那些还不是完全确定和无疑的事情时我也应该同等地小心谨慎"。[21] 就像你没有理由相信那些显然是错误的事情一样,你也同等地没有理由相信那些不确定的事情。所以如果某事情是可被怀疑的——如果存在它为假的可能性——那么你就不可能知道它为真。

> 怀疑是所有要进入智慧殿堂的人必须经过的前厅。
> ——克莱布·克尔顿(Caleb C. Colton)

虽然这种知识的观念看起来可能过于严格了,不过它的确与我们对这个词语的用法相一致。如果某人的证言可能是错的,则我们就不会认真地考虑它。比如说,假设在谋杀案的审判中一个证人声称自己在犯罪现场看到过被告。如果被告律师能够表明我们有理由怀疑这个证人的证言(因为天色很暗,或者因为距离太远,或者因为他的眼镜坏了),那么她就推翻了证人说自己知道他看到了被告这个宣称。当我们有理由怀疑一个证人时,你就不知道她所说的是否属实。

笛卡尔在《第一哲学沉思录》中要实现的目标之一就是判定我们知识的限度。为了实现这个目标,他并没有选择去考查他自己的每一个信念,而是去考查这些信念所立足其上的原则。他意识到如果这个原则是可疑的,那么以它为基础的信念也是可疑的。我们的许多信念都是以这个原则为基础的:感觉经验是知识的一个来源。但是我们的感觉可能会欺骗我们。例如看起来是圆的东西实际上可能是方的。由于我们没办法确定我们从感觉中获知之事都是真实的,所以感觉经验不能被当作知识的来源。

笛卡尔式的怀疑

> 哪里有怀疑,哪里就有真理——怀疑是真理的影子。
> ——G. 贝利(G. Bailey)

为了表明我们不能信任自己的感觉,笛卡尔提出了哲学史上最著名的思想实验中的两个:梦境论证和邪恶精灵论证(The Evil Genius Argument)。在第二章中我们已经简略地考查过它们,现在让我们更细致地考查一次。

下面是笛卡尔的梦境论证:

思想实验

笛卡尔的梦境论证

不知道有多少个夜里我梦到自己身在这个地方，穿着衣服坐在炉火旁，而实际上那时我正裸体躺在床上呢！在当下我的眼睛似乎的确是睁开的，并在看这张报纸，而我正在转动的头并没有在睡觉，我可以有意地伸出自己的手，并且也能看到它伸出来；而发生在睡梦中的事情不会显得如此清晰和明白。但是同时我也想到自己很多次在睡梦中时也会被类似的错觉所欺骗，在对这种现象经过仔细的沉思后我清楚地得知不存在什么确定的指示可以让我们明确地将清醒与做梦区分开，这让我惊诧不已，甚至惊诧到我几乎能够说服自己我正在睡梦中了。[22]

梦境常常可以显得很逼真。哪怕我们在梦中做一些我们醒着时做不到的事情（比如飞行），它似乎也像是我们真的在做这些事情。由于我们在做梦时并没有一种确定的办法能知道我们在做梦，我们就没办法确定我们现在不是在做梦。而如果我们没办法确定我们现在不是在做梦，那么我们就没办法通过运用我们的感官来获得知识。

思想探究

梦境与现实

笛卡尔说没有一种确定的标志能让我们借以区分自己是醒着还是做梦，他说得对吗？假设你的梦境每次都以你上床睡觉结束，那么你能够区分什么是梦境什么是现实吗？如何区分？

笛卡尔的梦境论证可以通过这种方式来表示：

1. 我们没办法确定自己现在不是在做梦。
2. 如果我们没办法确定自己现在不是在做梦，那么我们就没办法确定我们所感觉到的东西是真实的。
3. 如果我们没办法确定自己所感觉到的是真实的，那么我们就没办法通过感觉经验来获得知识。
4. 因此，我们不能通过感觉经验获得知识。

虽然笛卡尔并不确定他不是在做梦，但你可能感觉自己可以确定自己不是在做梦。但是感觉确定与实际上确定是两回事。在笛卡尔看来，只有你不可能关于某事出错的时候你才能确定它为真。但是你现在是醒着的这个信念并非不可能出错。相反，你随时都可能醒过来并发现自己的整个人生就是一场梦。由于你不可能排除你在做梦的可能性，所以笛卡尔声称你的感觉不能给予你有关外部世界的知识。

在沉思中，如果一个人从确定性开始他就会以怀疑结束；但是如果他愿意从怀疑开始他就会以确定性结束。

——弗兰西斯·培根

即使你无法确定你不是在做梦，你似乎还是可以知道一些事情。比如说你可以知道存在某些有颜色的事物，因为如果你从来没有经验过有颜色的事物，你如何能知道什么是颜色呢？你认为是有颜色的那些事物可能实际上都没有颜色，但是世界上一定存在一些有颜色的事物，因为如果不是这样的话，你就不可能知道颜色是什么。

但甚至这一点也是可以被怀疑的。你可能是通过直接被植入到你心灵中的知识得知颜色是什么的。笛卡尔在他的邪恶精灵论证中探究了这种可能性。

思想实验

> **笛卡尔的邪恶精灵论证**
>
> 然而我在很久以前就在心中确定了一个信念：存在一个全能的上帝，是他创造了我并造就了我现在的样子。但是我如何能知道他没有让这个世界上不存在天、地、有广延的物体、大小、位置，但是却让我觉得这些事物存在，就像是我现在所看到的一样？[23]

一个全能的存在可以将思想置于你的心灵中，而且他可以如此安排这些思想以使你对外部世界所怀有的一切信念都是错的。由于我们无法确定自己不是被这样一个恶魔掌控着，因此我们就无法通过感觉获得知识。

要证明我们可能被系统性地蒙骗，我们并不必然需要诉诸超自然存在。邪恶的精灵完全可能是一个疯狂的科学家。彼得·安格尔给出了一个笛卡尔邪恶精灵论证的当代版本。

思想实验

> **安格尔的疯狂科学家**
>
> 这个科学家通过电极来使大脑产生经验，并借此来施行他的欺骗——让人觉得有石头或任何其他事物存在。他首先在他的实验对象被涂上了各种颜色的头盖骨或脑壳上进行无痛钻孔，然后把电极植入到他们大脑（或原生质，或神经系统）的各个恰当的区域。他通过电极向他们输入各种模式的电脉冲，而这些电极通过电线被连接到一个由他来操控的实验控制台上，他根据自己的欺骗计划和整个设计的工作原理来按压各种不同的按键和按钮。这个科学家是非常开心的，这不仅是因为他在发挥着自己的科学的和智力的天赋，而且更多地是因为他想到自己在蒙骗各个实验对象去相信各种各样的事物。基于这个假设，他之所以开心，部分是因为他想到自己在蒙骗一个特定的人——也许就是你——去错误地相信世界上有石头。所以他是一个邪恶的科学家，而他生活在一个完全没有石头的世界里。[24]

由于安格尔的疯狂科学家直接控制着你大脑中神经元的发射模式，因此他可以给予你任何他想要给予你的经验。所以他也可以向你灌输任意数量的错误信念。由于你无法肯定你现在是否受控于这样一个科学家，因此感觉经验就不能成为知识的来源。

笛卡尔和安格尔提出的邪恶精灵论证是这样的：

1. 我们无法确定我们的感觉经验不是来自一个邪恶精灵。

2. 如果我们无法确定我们的感觉经验不是来自一个邪恶精灵，我们就无法确定我们感觉到的是真实的。

3. 如果我们无法确定我们感觉到的是真实的，我们就无法通过感觉经验获得知识。

4. 因此，我们无法通过感觉经验获得知识。

一个由笛卡尔或者安格尔所描述的这种邪恶精灵可能是存在的。假设有这样一种精灵存在并不会产生什么矛盾。所以前提1看起来是真的。另外如果笛卡尔的假设"知识需要确定性"成立，则前提2看起来也为真。如果我们无法确定我们没有被蒙骗，则我们不能通过对感官的运用获得知识。

> 只有两种人是真正迷人的——那些知道一切的人和那些什么都不知道的人。
> ——奥斯卡·王尔德

笛卡尔式的确定性

即使存在一个邪恶的精灵，笛卡尔相信他自己至少还知道一件事，即他是存

> 我确定这个世界上有太多的确定性了。
> ——迈克尔·克莱顿（Michael Crichton）

在的。他写道：

> ……我被说服认为世界上什么都没有，没有天，没有地，没有心灵，没有肉体：我是否要接着说服我自己世界上也没有我，当然不；我自己的存在是确定无疑的，因为我说服了我自己相信一些事情。不过存在着某种欺骗者或类似的存在，他们能力强大又非常狡猾，一直在运用自己的才能来欺骗我。那么即使他欺骗我，即使他尽己所能地来欺骗我，我无疑还是存在的，他永远不能让我变得不存在——只要我还在思考自己是某种存在。[25]

笛卡尔不能怀疑他在思考，因为怀疑本身也是一种思考。任何对他的思考的怀疑都恰好证明了他正在思考，因为在怀疑就是在思考。但是除非他存在，否则他无法思考。所以他也确定他是存在的。通过把这个事实——我思，故我在——当作第一原则，笛卡尔希望能将我们有关外部世界的知识跟数学知识一样建立在坚实的基础之上。

不过，他思考，并且他存在并非笛卡尔唯一知道的事实。他还知道他自己心灵的内容。比如说，如果笛卡尔饿了，他知道他饿了。如果笛卡尔身上疼，他知道他身上疼。而如果笛卡尔似乎看到了一棵树，则他知道自己似乎看到了一棵树。

> 我们所知道的是非常少的，而我们未知的却是非常多的。
> ——皮埃尔–西蒙·拉普拉斯（Pierre-Simon Laplace）

最后这一点知识是很重要的，因为它可以充当我们关于外部世界的知识的基础。你似乎看到了一棵树，从这个事实并不能推出这里就有一棵树。你可能是在做梦，或者你可能是受制于一个邪恶精灵的影响。但是如果你有办法排除掉这些反面的可能性，那么你就会知道这里确实有一棵树。所以我们所需要的就是一条可以跨越表象与实在之间的鸿沟的原则。

笛卡尔声称的确存在这样一条原则——清晰明白原则（the principle of clarity and distinctness）——任何被清晰明白地（clearly and distinctly）感知到的都是真的。正如他所讲："……只要我能经常地将自己的意志节制在知识的界限之内，除了那些我能清晰而明白地理解的事物外不做出任何判断，我就永远不会再被欺骗了。"[26] 这条原则使得笛卡尔可以从有关他心灵状态的真理中推出有关外部世界的真理。这个推理是这样进行的：

1. 我清晰明白地感知到我看到面前有一棵树。
2. 任何我清晰明白地感知到的都是真的。
3. 因此，我面前有一棵树。

清晰明白原则跨越了世界表面上的样子与它实际上的样子之间的鸿沟。如果笛卡尔能证明这个原则为真，则他就能战胜怀疑论者。

笛卡尔试图通过确立上帝的存在来确立这条原则。他充分意识到上帝并没有给予他一个不会出错的心灵。但是他肯定上帝作为一个全善的存在，不会给予他一个不可能认识到真理的心灵。所以如果他出了错，那一定是他自己的问题而非上帝的问题。

> 那么我的错误来自哪里呢？它们来自这一事实：意志的范围和界限都要比理解力的范围大得多，而我没有将其节制在理解力所能达到的界限之内，而是将它扩展到我不能理解的事物上：由于意志本身对此并不关心，所以它很容易就会犯下错和罪，它会把恶的当成善的，又把错的当成对的。[27]

笛卡尔相信上帝给了人类自由意志。不幸的是，我们的意志有时会篡夺理解力的地位并得出无根据的结论。当它这么做的时候我们就欺骗了我们自己。但是如果我们的意志能跟随我们的理解力——如果我们只相信那些由清晰明白原则所许可的事物——我们就不会再相信任何谬误了。

所以笛卡尔对清晰明白原则所做的论证是这样的：

1. 上帝存在并且他不会欺骗我们。
2. 如果上帝存在并且不会欺骗我们，那么任何我能清晰明白地感知到的都是真的。
3. 因此，任何我清晰明白地感知到的都是真的。

这个论证的第一个前提是有问题的，因为正如我们已经了解的，笛卡尔对上帝之存在的本体论论证并没有说服力（他还提出了其他的论证，但是这些论证比他的本体论论证更没有说服力）。但是不论这些论证是否成功，许多评论者相信笛卡尔对清晰明白原则的辩护还含有一个更严重的缺陷：它是一个循环论证。

一个循环论证会预设它所打算证明的结论。笛卡尔试图证明清晰明白原则。他声称这个原则的真来自上帝的存在，但是他又利用这个原则来论证上帝的存在。所以笛卡尔似乎陷入了一个循环之中：除非他知道他清晰明白地感知到的东西为真，否则他就不知道上帝存在且不会欺骗我们。但是除非他知道上帝存在且不会欺骗我们，否则他就不知道他清晰明白地感知到的为真。这个问题被称作是"笛卡尔式循环论证问题"（problem of the Cartesian circle）。

这个问题并非是笛卡尔独有的。任何一个使用基础主义的进路去确立知识的人都会面对这个问题。**基础主义**（foundationalism）认为：（1）存在一些基本的信念，也就是一些不需要依赖其他信念就能成立的信念；（2）任何其他的信念都要依赖或至少部分依赖这些基本信念才能被证成。基础主义者利用类似清晰明白原则这样的"知识论原则"（Epistemic Principles）来跨越基本信念与所有其他信念之间的鸿沟。基础主义的批评者认为这些原则是无法在一个基础主义的框架内被证成的。所以基础主义是一种错误的获致知识方式。

这种批评的问题在于，我们并不需要事先知道知识论原则就可以运用它（不然的话，就只有知识论学家或那些研究过知识论的人才能知道任何事情了）。清晰明白原则说任何被清晰明白地感知到的就是真的。笛卡尔并不需要先知道这条原则

> 处于怀疑中会让人有些不舒服，但是处于确定中实在是很荒唐的。
>
> ——伏尔泰

然后才能运用它。如果该原则为真，则任何笛卡尔清晰明白地感知到的都为真——不论他自己是否有意识地接受了这个原则。因此由这条原则所产生的信念就可以被用来证成这条原则。[28]

笛卡尔对清晰明白原则的证成的确是有问题的，但问题不在于它是循环论证，而在于它是不充分的。一个演绎论证的结论只能跟它的前提一样确定。如果前提是可疑的，则结论就也是可疑的。但是上帝的存在是可疑的。所以我们无法确定清晰明白原则为真。而根据笛卡尔的看法，如果我们不能确定该原则为真，则我们不知道它为真。

合理的怀疑

> 怀疑是获得真理的动力，而耐心的探寻引领着走向真理的道路。
> ——何希尔·巴卢
> （Hosea Ballou）

梦境论证与邪恶精灵论证的第一个前提背后的预设是知识需要确定性。但这是真的吗？笛卡尔是否知道知识需要确定性呢？只有他能确定知识需要确定性时，他才能知道它为真。但是他能够确定这一点吗？试考虑这些命题：地球上是有人居住的、奶牛会产奶、水在32华氏度结冰，等等。这些命题都是我们平时会宣称自己知道的，不过我们对它们都不是绝对确定的。既然存在着这些反例，笛卡尔还能合理地声称知识需要确定性吗？似乎不能。因为除非他能确定知识需要确定性，否则他不能知道知识需要确定性。他之所以无法确定知识需要确定性是因为上述几个反例为怀疑这一点提供了好的理由。

那么，如果知识不需要确定性，那么它需要什么呢？它并不需要有足够的证据来让一个论断能超越所有可能的怀疑，但是它的确需要有足够的证据来让它能超越任何合理的怀疑。存在一个限度，如果一个怀疑（即使是可能的）超过了这个限度它就不是合理的怀疑了。比如说，我们的心灵是被来自外太空的外星人所控制的，这并非完全不可能，但是基于这一点而拒绝我们的感觉证据就是不合理的。所以要知道一个命题，我们并不需要排除哪怕是一点点对其提出怀疑的可能性。我们只需要使其超越合理的怀疑即可。这也是法庭在做出有关生死问题的法律判决时所采用的证据标准。如果我们可以将我们的生命押在这个观点上，那么我们也应该可以将我们的知识押在这个观点之上。

另一种选项：经验主义

> 我们所有的知识都起源于我们的感知。
> ——列奥纳多·达·芬奇

正如我们在第二章已经了解的，像大卫·休谟这样的经验主义者相信只有那些代表了来自感觉经验的观念的术语才指称真实的事物。他们声称人刚出生时的心灵就是一块白板（Tabula Rasa），只有感觉经验才能在上面书写内容。像冷热、明暗、酸甜、光滑和粗糙以及类似的代表感觉的概念是知识的原子或"简单观念"，这些简单观念又构成了所有的"复杂观念"。比如说关于一个番茄的复杂观念即由一些特定的形状、大小、颜色、质地等简单观念构成。正如休谟所说："当我们怀疑某个哲学术语的使用是没有任何意义或者思想内容的时（这种事太常见了）我们只需要探寻一下：这个被假设的观念是来自什么印象？如果它不可能被指向到任何一个印象的话，那么这就足以证实我们的怀疑了。"²⁹所以经验主义者拒绝理性主义的两个观点：（1）理性是有关外部世界的知识的来源；（2）我们拥有某种先天知识。

休谟试图通过运用他的这种概念获得理论来证明有许多哲学术语——那些据说指称了某些不能被感觉到的事物（例如因果性、自由、自我）的术语——是无意义的。他是这样总结他的计划的：

> 我们如果相信这些原则，那么当我们在各个图书馆中浏览时，将有多大的破坏呢？当我们拿起一本书来，比如神学的书或者经院哲学的书，我们可以问，这其中包含着量和数方面的任何抽象推理吗？没有。其中包含着关于事实和存在的任何经验推理吗？没有。那么我们就可以把它扔到火里，因为它所包含的没有别的，只有诡辩和幻想。³⁰

基础主义
一种知识理论，它认为：（1）存在一些基本的信念；（2）所有其他的信念成立与否都依赖于这些基本信念。

所以经验主义会导致一种对任何不能被感觉到的存在的怀疑论。

虽然经验主义者否认理性可以作为有关外部世界的知识的来源，不过他们承认它可以被用来发现逻辑真理。例如，如果我们拥有同一性的概念，则理性会告诉我们A与A同一。这样一种真理是先验的，因为它可以先于或者不依赖于感觉经验而被得知。我们不需要收集材料或开展实验就能证实它们。理性本身就足以确立它们的真。

那些本身是逻辑真理，或者可以通过同义词替换而被转化为逻辑真理的论断被称作"分析的"论断。因此"所有的男人都是男人"这个论断就是分析的，因为它是一个逻辑真理。"所有的单身汉都是男人"这个论断也是分析的，因为它可以通过将"单身汉"替换为"未婚男人"而变成一个逻辑真理。

从具体事物中得出的一般观察是知识之珠宝，它用很小的空间就涵盖了很大量的内容。
——约翰·洛克

非分析的论断被称作"综合的"论断。比如说"所有的乌鸦都是黑色的"这个论断就是综合的，因为它不是逻辑真理，而且也不能通过同义词替换而转化为逻辑真理。这种论断的真只能通过后验的方式（即通过感觉经验）知道。

所以，对于经验主义者来说存在两类论断——分析的和综合的——而所有分析的论断都可以被先验地知道，而所有的综合论断则可以被后验地知道。正如休谟所讲：

> 人类推理或探究的所有对象可以被自然地分为两类：观念之间的关系（Relations of Ideas）与事实的情况（Matters of Fact）。第一类是指几何学、代数学、算术；简而言之即任何要么是出于直觉要么是在演绎上确定的断言……作为人类推理的第二类对象，事实的情况则不是以同样的方式得到确定的；我们借以判断这类事物真值的证据无论有多少，都与判断前者真值的

证据本质上截然不同。与任何事实情况相反的情况总是有可能存在的；因为它永远不会蕴涵一个矛盾，而且我们的心灵也可以同样容易而清晰地设想它为真——就好像它与实在没有任何不一致一样。[31]

综合的真理与分析的真理不同的地方在于它们可以给予我们有关外部世界的知识。由于分析的真理等同于逻辑真理，因此它们没有说出任何有关外部世界的事情。就算我们知道所有的单身汉都是男人，我们也可能不知道这个世界上是否存在男人或单身汉。所以即使理性是我们关于分析真理的知识的来源，它也不是有关外部世界的知识的来源。

归纳问题

> 经验主义者以为他们只相信自己所看到的，但是其实他们所信的比他们所看的更多。
> ——乔治·桑塔亚那

我们的感觉可以给予我们有关可被观察到的物体的知识，而我们的记忆可以给予我们有关已经观察过的物体的知识，但是我们常常会声称自己知道一些关于我们无法观察到的物体的知识。比如说我们常常会声称自己知道在遥远的地方发生的事情，也声称自己知道未来将会发生什么事情。我们是如何知道这些的呢？休谟声称我们关于它们的知识是立足于因果关系之上的：

> 我们所有关于事实情况的推理似乎都是以因果关系为基础的。仅仅通过这个关系我们就能超越我们记忆和感觉的证据的范围。如果你问一个人为什么他会相信任何他无法亲自感知的事实情况——比如说他的朋友现在在国内或者在法国，他会给你一个理由，这个理由总是某些其他的事实，例如一封来自他朋友的信，或者他知道他朋友之前做出了某些决定和承诺。一个人在荒岛上发现了一块手表或者一种什么机器，他会由此推论出曾经有人到过这个荒岛。我们关于事实的所有推理都具有这样的性质。我们总是假设了在之前的事实与我们所推论出的事实之间有一种联系。如果没有什么东西把它们系在一起，那么这类推论就是完全不可靠的。[32]

我们可以拥有关于那些我们所没有感觉到的事物的知识，这是因为世界上的物体和事件都是通过因果关系联系在一起的。所以，如果我们知道一个原因，我们常常就能预测它的结果，而如果我们知道一个结果，我们常常就能反推出它的原因。

那么问题来了。我们如何知道同样的原因总是会产生同样的结果呢？我们不可能通过理性或逻辑知道这一点，因为同样的原因**不会**产生同样的结果这个观念并不是自相矛盾的。休谟解释道：

> "太阳明天不会升起"这个命题并没有比"太阳明天会升起"这个命题更难以理解，也没有比它蕴涵更多的矛盾。因此如果我们试图证明它是错

的,这只是白费力气。如果它是可被证明地错的,它就会蕴涵一个矛盾,并因此不可能被心灵清晰地设想到。[33]

所以,同样的原因总会导致同样的结果这个论断是不可能通过纯粹的理性之光而被先验地知道的,因为它不是一个逻辑真理。对它的否定并不会包含一个矛盾,所以它一定是一个综合的论断。

但是它也不可能通过感觉经验而被后验地知道,因为任何对它的证明的尝试都已经预设了它为真。休谟是这样说的:

> 说同样的原因总会产生同样的后果这个论断是可被经验到的(基于感觉经验的)只是在预设其结论。因为所有基于经验的推论都预设了未来总会跟过去相似(作为它们的基础),而且相似的力总是会跟相似的可感性质结合在一起。如果我们能够怀疑自然的进程可能会改变,而过去的规律不能适用于将来,那么所有的经验就都是无用的了,从这些经验中也都无法得出任何推论或结论了。因此,任何基于经验的论证都不可能证明未来会与过去相似;所以所有这些论证都是以对该类相似性的预设为基础的。[34]

所有的归纳论证都预设了同样的原因会产生同样的后果(未来会与过去相似)。所以我们不可能运用归纳法来证明这个论断,因为这样的话我们就是在循环论证了——我们预设了我们所要证明的结论——而这种论证不能证明任何事情。

所以,问题在于:关于外部世界我们自称知道的很多事情都是基于对经验的归纳论证——例如这种推理:在过去的每一天太阳都升起了,因此,明天太阳也会升起。但是这些论证都立足于未来会与过去相似这个论断,而这个论断既不能通过纯粹的理性之光而被先验地证成,也不能通过感觉经验而被后验地证成。所以看起来我们似乎并不知道许多我们自以为知道的东西。科学通常被认为是我们关于外部世界的知识的最佳来源。但是知识是需要证成的。只有当我们有理由相信某事物为真时,我们才能合理地声称自己知道某事物。但是看起来我们似乎没有理由相信科学告诉我们的关于这个世界的事情,因为科学探究是基于归纳法的,而正如我们所见,归纳法并没有得到理性的证成。我们没办法证明所有归纳推理背后的预设,即未来会与过去相似。所以,跟流行的看法相反,科学似乎并不能成为知识的一个来源。因此,如果你要寻找知识,你不得不去其他的地方寻找。

这可真是讽刺,我们关于外部世界的知识都是基于感觉经验的这个观点似乎蕴涵着我们关于外部世界所能知道的东西非常少。不过,休谟并没有建议我们放弃未来会与过去相似这个原则,而是建议我们承认它的存在:它是我们的一种根深蒂固的习惯或习性,没有它我们就没办法思考。

> 当我们在观察到两种事物恒常的关联后——比如热与火、重量与固体,

仅仅基于我们的习性，我们就被决定了会期望一个在另一个之后出现。似乎只有这个假设可以解释这个难点：为什么我们可以从一千个例子中得到一个推论而不能只从一个例子中就得到一个推论——虽然它们在任何方面都没有什么不同？[35]

承认我们会出于习惯做出某种推论并不能证成这种推论，但是它的确可以解释为什么我们会做出这种推论。

思想探究

科学与信仰

似乎没有什么办法能够证明同样的原因会产生同样的后果（未来会与过去相似）这个论断。但是所有的科学推论似乎都是立足于这个信念之上的。这是否意味着科学是立足于信仰之上的？你应该记得，信仰即一种没有立足于逻辑证明或物质证据之上的信念。如果科学是立足于信仰之上的，那么它是否也是一种宗教？为什么？

康德的综合

> 虽然我们所有的知识都始于经验，但是由此并不能推出它们都由经验产生。
> ——伊曼努尔·康德

我们无法证明同样的原因会产生同样的后果，因此我们也不可能拥有任何关于原因的知识。这个观点让伊曼努尔·康德感到震撼。休谟的著作使他从"独断的睡梦"中惊醒，并激发他写出了一些哲学史上最具影响的作品，其中包括《未来形而上学导论》（*Prolegomena to Any Future Metaphysics*）和《纯粹理性批判》（*The Critique of Pure Reason*）。他同意休谟的这个论断：同样的原因会产生同样的后果这个命题是综合的，因为它不是一个逻辑真理，对它的否定也不会导致矛盾。但是他不同意休谟的地方在于他不认为综合命题只能被后验地知道。相反，康德声称我们可以先验地知道同样的原因会产生同样的后果。他写道：

> ……"原因"这个概念本身显然已经包含了"与一个结果的必然联系"的概念与"规则的严格普遍性"的概念，如果我们试图像休谟那样从一种正在发生的事件与之前发生的事件之间的一再联系中，或者从一种将表象联系在一起的习惯、一种源自于这种一再联系的习惯中去寻找"原因"这个概念，那么这个概念就完全被丧失了，并因此我们只能构建出一种主观的必然性。[36]

康德相信我们先验地就知道在原因和结果之间存在一种必然联系——如果因果关系只是休谟所认为的那种习惯或习性的产物的话，我们是不可能知道这一点的。所以康德拒绝接受这个经验主义的论断：所有的综合命题都只能被后验地知道。他声称有些综合命题是可以被先验地知道的。所以康德需要回答的问题就是：

先验综合真理何以可能？

为了回答这个问题，康德审查了数学家所使用的探究方法，因为他认为数学家也在设法获得先验综合真理。他发现他们之所以能发现这种真理是因为他们研究了心灵在构建数学对象时所运用的一些原理。

> 真正的方法……是既不要在图形中也不要在该图形的纯粹的概念中去审查自己所辨明的东西，然后再通过这些东西来读出它的属性；而是要读出必然地蕴涵在他自己先验地形成的概念之中的那些东西和他在构造图形并展现给自己时放进这些图形中的那些东西。[37]

数学家并不会研究实体的圆或三角形，因为没有任何物质实体拥有他们所感兴趣的那些性质。比如说没有任何实体的圆上的所有点与它的圆心都是等距的，也没有任何实体的三角形的内角和恰好等于两直角之和。康德声称数学家研究的是支配他们自己所构建的那些概念的原理。

正如数学概念不是从经验中读出（read off）的而是被读入（read into）经验中的一样，康德认为某些形而上学概念（例如空间、时间、因果关系）也是被读入经验中以使得经验变得可理解的。用威廉·詹姆斯的话来说，感官所展现给心灵的各种信息是"闪耀、喧闹、混沌的"。为了让这些经验材料变得可理解，心灵通过一个结构来让这些材料列于特定的概念下，放置在特定的范畴里。如果没有这些概念，就不可能存在一个可理解的经验世界。康德解释道：

> 因此，作为先验的概念，范畴的客观有效性基于这一事实：就思维的形式而言，经验只有通过范畴才成为可能的。范畴必然而先验地与经验对象联系在一起，因为只有通过它们任何经验的对象才能被思考。[38]

心灵的这种可以给予我们有关这些概念的知识的能力被康德称作"理解力"（understanding）。由理解力所发现的真理是综合的，因为它们不是逻辑真理，它们也是先验的，这是因为它们可以适用于所有可能的经验。所以综合先验真理描述的是那些因由我们对世界的构建行为而成为必需的世界特征。

心灵构建了经验的对象，康德将他的这个观点称作哲学中的"哥白尼革命"。以前的人们以为概念来自经验。而康德坚持认为经验来自概念。所以正如哥白尼通过拒绝太阳围绕地球旋转的假说并将其换为地球围绕着太阳转的假说而解释了行星的运动一样，康德也认为他通过拒绝概念来自经验这个假说并将其换为经验来自概念而解释了先验综合真理是如何可能的。

康德的知识理论通过将经验主义与理性主义结合在一起而将其从怀疑论中解救出来。经验主义认为只有来自经验的概念才是客观实在的。但是如果事实如此，则像空间、时间、因果关系这样的概念就不具有客观实在性了，因为它们并不来自

要看到一些事物，你必须先相信它的存在。
——拉尔夫·霍奇森
（Ralph Hodgson）

经验。相反，康德则认为这些我们天生就有的概念是有客观实在性的，因为它们使得对物体的经验成为可能。我们知道我们会经验到的任何对象都会处于时空中的一个位置，同时也具有一个原因，因为如果它们没有这些的话，我们就不会将它作为对象识别出来了。所以，被置于时间、空间和因果关系这些概念之下是客观经验存在的一个必要条件。

康德是当代认知心理学的先驱，因为他使用了一种信息处理机制的模型来理解心灵。经验主义者将心灵设想为一个消极的信息接收者。康德将心灵设想为一个积极的信息处理者。在康德看来，所有的感知都具有概念化的意味。除非我们将某事物置于空间、时间等概念之下，否则我们不可能感知到它们。但是这种观点似乎也导向了某种怀疑论。在康德看来，我们不是直接意识到世界中的任何事物的。我们所经验到的一切事物都已经被我们的概念框架过滤过，这个概念框架就像是一个棱镜，它接收了经验这一无差别的白光并将其组织化为可识别的物体（各种颜色）。所以我们所知道的世界并非如其本身所是，而是我们的概念框架所呈现给我们的样子。

康德将如其本身所是的世界称作"物自体"（noumena），而我们对它的经验被称作"现象"（phenomena）。我们永远不知道现象是否精确地反映了物自体，因为我们不可能跑到我们的概念框架之外将它与实在进行比较。我们永远也摘不掉这副概念化的眼镜——通过它我们才能看到这个世界。所以，我们永远不知道世界本身是什么样子。

概念化
在康德看来所有的感知都是被概念化的。

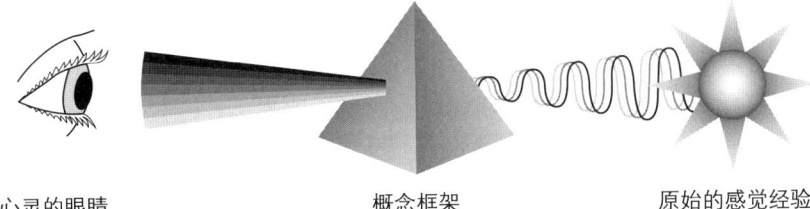

心灵的眼睛　　　　概念框架　　　　原始的感觉经验

> 事实是一种顽固的东西，不论我们有什么愿望、倾向或激情，它们都不会改变事实和证据的状态。
> ——约翰·亚当斯

有人反对康德的观点，认为他的观点会导向一种相对主义。康德认为每个人要拥有客观经验的话都必须运用他所识别出的这些范畴。但是语言学家、人类学家和社会心理学家的研究却表明，生长于非西方文化中的人们范畴化其经验的方式与我们不同。关于这些不同是否大到能够表明他们拥有与我们不同的概念框架，目前还是有争议的，但是无论如何，康德对所有人都一定会运用同一种概念框架的证明注定要失败。我们不可能通过将一个概念框架与其他的概念框架进行对比来确立它的唯一适用性，因为任何对比都需要一个标准，而任何这样的标准本身也将是一个概念框架的一部分。所以似乎不存在一种可以在不预设结论的情况下确立"正确的"概念框架的办法。

一些人基于这点而得出结论说真理是相对的——世界并不以单一形式存在，

因为具有不同概念框架的人生活在不同的世界之中。但是这种结论是没有根据的，因为仅仅从人们以不同的方式来向自己表述这个世界并不能推出他们就生活在不同的世界中。

可以将概念框架看作地图。一个地区可以以许多不同的方式被绘制成地图，而每幅地图（如果它准确的话）都可以被看作是真实的。例如，各种科学也可以被看作各自不同的关于实在的地图。由生物学所绘制的地图可能不会包含多少由物理学所绘制的地图中的概念，正如地形图中可能很少会包含路线图中的标志。但是生物学和物理学描绘的可以是同一个**实在**，正如地形图和路线图描绘的可以是同一个地区，而它们都可以被视为真实的地图。你要咨询生物学家还是物理学家取决于你想要做什么，正如你想要查阅地形图还是路线图取决于你要去哪里。不同的概念框架就像是不同的地图，它们有助于实现不同的目的。所以就像说存在不止一种正确的地图一样，说存在不止一种正确的概念框架并不会使得真理被相对化。我们一定不能忘记——就像数学家阿尔弗雷德·科日布斯基（Alfred Korzybski）所说的那样——"地图不等于地区"[39]。使用不同地图的人并不必然行走于不同的地区。类似地，使用不同的概念框架的人也不必然生活在不同的世界中。世界就是世界，它并不会被我们对它的表现所改变。

思想探究

构建实在

科学规律是被发明的还是被发现的？传统的观点认为科学规律是本来就存在于世界之中的，而科学家的工作就是去发现它们。康德却声称"被我们归于自然的那些表象的秩序和规则是由我们自己引入的"。[40]在他看来实在是一种人类的构造。你认为哪一种观点是正确的？为什么？

神秘体验

一些人承认我们通常并不会直接地经验到实在，而只会经验到由概念框架过滤后的实在，但是他们试图寻找一种通过超越我们的概念框架而得到的对实在的直接经验。他们相信我们的概念框架扮演着帘幕的角色，遮蔽了实在的真实本质。而只要掀起这幅帘幕我们就可以如其本身所是地经验到实在，并因此知道它的真实本质。这种对实在的直接经验被称作神秘体验（mystical experiences），许多拥有过这种体验的人声称它们要比任何其他经验都更真实。

这些神秘主义者说得对吗？神秘体验是否是通往真理的皇家大道呢？评判的唯一办法就是去实际检测一下他们的论断。检测某人的论断的一个标准就是看它能否与其他人的论断相一致。不幸的是神秘主义者关于实在的本质是什么并没有一致

> 神秘主义只不过是明天的科学，被今天的人们所梦见了。
> ——马歇尔·麦克卢汉（Marshall McLuhan）

的看法。比如说基督教神秘主义者会将他们的体验描述为他们与一个人格化的上帝之间的亲密联系,而佛教神秘主义者会将他们的体验描述为对空(emptiness)的领悟。按照神学家史蒂芬·卡茨(Steven Katz)的说法,"竟然有人可以合理地论证说一个'无我'对空静的体验与两个实在的自我(其中一个自我是西方宗教中的人格化的并具有各种属性的上帝)之间的一种强烈、充满爱意、亲密的关系的体验是同一个体验,这是不可理解的"[41]。鉴于他们对其体验的描述大相径庭,我们不禁要怀疑这些神秘主义者是否真的在对同样的事物产生同样的体验。

不过即使所有的神秘主义者都拥有同样的体验,这也不能证明他们的体验就是知识的一个来源。因为我们都曾经与他人分享过看似相同的感知经验,最后却发现这些经验"不是真的"。比如说很多人都曾经报告过同样的感官错觉——例如沙漠中的海市蜃楼。但是这些经验的一致性并不能证明远处的绿洲就是真实的。共同的经验也可能是错误的。

为了维护所有的神秘体验都可以提供知识这个观点,神秘主义者曾声称虽然人们对于神秘体验的描述有许多不同之处,但是这个体验本身对于所有人来说都是一样的。这些描述之所以不同是因为神秘体验超越了我们日常语言的范畴,它跟我们以往的任何其他经验都完全不同,以至于我们缺乏合适的语言来形容它,所以神秘体验被称作不可言状的。

> 神秘主义的解释被人认为是深刻的,而事实上它们连肤浅都称不上。
> ——弗里德里希·尼采

在哲学家沃尔特·史泰斯看来,说某事物是不可言状的就是说无论什么都不能真正地谓述它。因此,当我们说上帝不可言状的时候也就是说"任何具有'上帝是X'('X'是一个谓词)这种形式的论断都是错的"[42]。不过,如果神秘体验也在这种意义上是不可言状的,那么关于它就没有什么真正可以说的。特别是,我们也不能真正地说神秘体验是知识的一个来源,因为这样说就是对它进行谓述了,而这种谓述是错的。所以如果有人相信神秘体验是不可言状的,那么他就最好听从哲学家路德维希·维特根斯坦的建议:"对于不可说的一定要保持沉默。"[43]另外,如果没有一种对神秘体验的描述是真的,那么我们就没有根据去相信它对于每个人来说都是一样的。我们只有通过他人对其体验的描述才能了解他人的体验。如果这些描述都不可信,我们就没有办法知道他们的体验是否是类似的,因为完全不可描述的体验是没办法进行对比的。

许多东方的神秘主义传统都教导说,使我们的心灵平静是通往神秘体验的路径。只有从自己的心灵中摒除所有思绪时,我们才能打开通往真实感知的大门。用师利·奥罗宾多(Sri Aurobindo)的话来说,"杯子必须先被倒空,然后神圣的琼浆才倒得进去"[44]。所以在意识处于神秘状态时心灵是不指向任何事物的。没有任何事物来限制我们的觉察,似乎意识已经扩展到了无限境地,似乎在那里存在的唯有意识,似乎万物皆一。但是,如果这就是处于神秘体验时的状态,如果神秘体验只是不指向任何对象的意识,那么它就不能给予我们关于实在的知识,因为在那种情况下它并没有让我们与实在联系在一起。正如哲学家罗伯特·诺齐克所注意到的，"我们错误地认为此时自己感觉到了一种不寻常的实在，但实际上这只是意识机制处于开启状态，却找不到可供感受的对象时所产生的体验。"[45] 一个放空的心灵可能不是获得知识的最佳手段。

一次神秘体验可以改变你的生活。它可以为生活注入意义、重要性和价值。在之前你只能看到无意义的做作之处，现在你却能看到深刻的目的。一些人将神秘体验对人产生的这种深刻影响当作它所经验到的内容的确是实在的证据。但是正如伯特兰·罗素在科普莱斯顿神父（Father Copleston）做出这样一个论断时所回应的那样："一个信念会对某人产生好的道德影响并不是支持它为真的证据。"[46] 罗素解释道："显然，阅读历史上的一些伟人的事迹可能会（事实上经常会）给年轻人的人格带来巨大的好处，即使这个伟人只是一个传说，实际上并不存在，这个男孩还是会受到同等的好的影响。"[47] 类似地，梦也可能会深刻地影响到一个人的生活并使其变得更好（在此我们可以想到斯克鲁奇①的故事）。由于人格的变化既可以由真信念也可以由假信念产生，所以这种变化并不能被当做引起它的信念为真的证据。

虽然经验的神秘性并不能保证它为真，不过这也不代表其必然为假。有可能神秘体验的确向我们揭示了某些通常被隐藏起来的实在的特征。但是我们判断的唯一办法就是实际检验一下这些被揭示出来的东西。如果它们的确告诉了我们一些关于实在的东西，那么我们就应该可以证实它们。很多宗教界人士也同意这一点。在举办于加利福尼亚州纽波特海滩的一次神经科学会议上，一位佛教的宗教领袖评论道："如果在科学上有很强且具有说服力的证据证明事实是如何如何，而这又跟佛教教义相反，那么我们会对教义进行修改。"[48] 正如他所认识到的那样，真理应该能够经受住最仔细的审查，因为只有这样它才配被叫作真理。

总　结

巴门尼德和芝诺论证说我们不能通过感官感觉获得知识，因为我们知道世界与它所表现出来的样子不同。一切事物似乎都在恒常地变化，但是变化是不可能发生的。所以我们的感觉一定没有让我们接触到实在。柏拉图也认为我们的感觉不是完全真实的。唯一真实的事物是观念或理式，因为它们是不变的，也是一切事物的终极原因。

笛卡尔认为知识需要确定性。但是如果是这样的话，我们从自己的感官感觉中就不能知道多少东西。笛卡尔给出了两个有力的论证来证明我们的感觉不可能给予我们关于外部世界的知

---

① 狄更斯小说《圣诞颂歌》的主人公，冷酷刻薄的吝啬鬼。小说中，是圣诞节期间的三个梦境使其幡然悔悟，变成了慷慨大方的好人。

识。他的梦境论证断言我们不可能拥有这种知识，因为我们无法排除自己正在做梦这一可能性。他的邪恶精灵论证说我们不可能拥有这种知识，因为我们无法排除我们的经验可能由一个邪恶精灵产生这一可能性。

不过，笛卡尔相信他至少知道两件事：他会思考；他存在。他无法怀疑他会思考，因为怀疑本身就是思考。他无法怀疑他存在，因为他存在是思考的必要条件。除了这两个命题，笛卡尔相信我们还可以知道（可以确定）那些关于事物看起来是如何的命题。我们可以知道我们似乎拥有某些特定的感觉，尽管关于这些感觉的原因是什么我们可能会搞错。另外，笛卡尔认为我们拥有一种原则可以保证我们的许多感觉准确地表现了实在。这个原则就是清晰明白原则：任何被清晰明白地感知到的就是真的。如果该原则为真，则笛卡尔就可以击败怀疑论。

笛卡尔试图通过引入上帝来确立该原则的真。笛卡尔说上帝存在且他不会骗我们，如果是这样，那么我们所清晰明白地感知到的任何事物都为真。但是笛卡尔对该原则的确立是不充分的。我们无法确定上帝存在，所以我们也无法确定清晰明白原则为真。因此笛卡尔对怀疑论的挑战失败了。

怀疑论者的怀疑来自这个观念：知识需要确定性，这也是笛卡尔所坚持的。但是真的如此吗？我们似乎知道许多事情，而它们并不是确定的。这就使得笛卡尔的论断非常令人怀疑。我们似乎的确知道一些事情——但却不是百分之百确定的。但是如果知识不需要确定性，那它需要什么呢？它并不需要一个命题能够超越所有可能的怀疑，它只需要命题能超越任何合理的怀疑。

由于经验主义者相信感觉经验是我们关于外部世界的知识的唯一来源，他们相信没有任何综合命题可以被先验地知道。但是作为归纳推理的基础的原则——同样的原因会产生同样的后果——却是综合的，而且它似乎既不能通过先验的方式知道，也不能通过后验的方式知道。如果是这样，那么我们关于外部世界的许多信念都是未被证成的。

康德声称相似的原因会产生相似的后果这个原则是可以被先验地知道的，因为它是一个我们为了使经验变得可理解而读入经验中的原则。我们的经验对象必然符合这个原则，因为有了它客观经验才成为可能。

在康德看来，我们并不直接地经验到对象，而是通过我们的概念框架间接地经验到对象。一些神秘主义者论证说，如果我们能超越我们的概念框架并直接经验到世界，那么我们就可以对实在得到更清楚的认识。但是只有当这种经验可以得到证实，它们才能产生出知识。

学习问题

1. 知识需要有什么条件？
2. 巴门尼德关于变化之不可能的论证是什么？
3. 芝诺的二分法悖论是什么？

4. 柏拉图的洞穴寓言是要说明什么？
5. 什么是笛卡尔的梦境论证？
6. 什么是笛卡尔的邪恶精灵论证？
7. 笛卡尔是如何跨越表象与实在之间的鸿沟的？
8. 为什么经验主义者不相信存在先验综合真理？
9. 康德是如何解释先验综合真理的可能性的？

讨论问题

1. 终极形态的虚拟实在机器可以呈现出一个非常真实的世界以至于我们无法觉察它是假的。你能不能知道你现在没有被连接到一个终极版本的虚拟实在机器上面？如果不能，这会对你有什么影响？

2. 笛卡尔预设了我们可以确定地了解自己的心理状态。这是真的吗？关于自己的心理状态你是否可能会搞错？比如说你是否可能会错误地以为你身上疼？如果是的话，这对于笛卡尔的论证计划会有什么影响？

3. 笛卡尔用来证明外在世界存在的知识论原则能否被用来证明他人心灵的存在？为什么？

4. 你能否想出一些被人们看作理所当然的但其实他们却应该对其多加怀疑的信念？

5. 笛卡尔能否知道知识需要确定性？如果不能，他的论证计划还能实现吗？

6. 我们能否超越合理怀疑地知道外在世界是存在的？为什么？

7. 神秘主义者一直以来都坚称我们的日常感知都被我们的概念框架扭曲了。为了得到一种纯粹的、未被扭曲的关于实在的观点，他们试图直接去感知世界——不通过任何概念。这种纯粹的感知是可能的吗？它能否成为知识的来源？康德声称没有概念的思想是盲目的，你是否同意？

网络探究

1. 你现在是否生活在母体（一个计算机创造的虚拟实在）中？如果是的话，你有办法知道这一事实吗？想要探索这些问题的话，可以玩一下"奇异新世界"（Strange New World）这个哲学游戏，地址是http://www.philosophersnet.com/games/matrix_start.htm

2. 如果你能确定一个命题为真，这是否标志着它为真？哲学家对心理学上的确定性与知识论上的确定性做出了怎样的区分？要了解这个主题，可以访问http://plato.stanford.edu/entries/certainty/#KinCer

3. 讲不同语言的人是否拥有不同的概念框架并对世界有不同的经验？人类学家爱德华·萨皮尔（Edward Sapir）和语言学家本杰明·李·沃尔夫（Benjamin Lee Whorf）认为是这样的。

要探索这个主题可以在搜索引擎中搜索"语言的相对性"(linguistic relativity)。

4. 牛津大学的"人类未来研究所"(Future of Humanity Institute)所长尼克·博斯特伦(Nick Bostrom)认为我们有很大的可能性是生活在一个计算机模拟世界(a computer simulation)中。你是否同意？要审查他的论证可以在搜索引擎中输入"模拟论证"(simulation argument)。

7.3 直面实在：感知与外在世界

科学家们和普通人都同样预设了感觉经验可以给予我们关于外部世界的知识。笛卡尔通过表明我们的感觉有时并不可信指出这个预设有问题。但是跟笛卡尔想要我们相信的相反，知识并不需要确定性。所以从我们的感觉可能是不可信的并不能推出它们就是不可信的。然而，只有当我们有好的理由相信感觉确实让我们接触到了外在世界时，我们才有理由相信感觉可以告诉我们有关外在世界的任何事情。

直接实在论

常识告诉我们，我们的感官感觉让我们直接接触到了实在。比如说当我们看见了一本书，我们似乎就直接意识到了这本书本身。这种观点被称作**"直接实在论"**（direct realism）："直接"是因为它预设了在我们对世界的感知与世界中间没有其他的东西，"实在论"是因为它预设了存在一个外在世界且它不会受到我们对它的看法的影响。哲学家们对这两个预设都提出了质疑。

反对直接实在论的最有效的论证是基于错觉的论证（argument from illusion）。如果我们在感知中的确直接意识到了物质事物，那么它们就应该表现得跟它实际的样子一样。但是很多事物经常看起来与它们实际的样子非常不同。这就使得许多人总结说我们并没有直接意识到外在世界。英国哲学家A. J. 艾耶尔解释道：

> 为什么我们不能说我们直接意识到了物质的东西？基于错觉的论证给了我们这个问题的答案。正如一般所表述的那样，这个论证立足于这一事实：物质的东西可能会向不同的观察者呈现出不同的样子，或者会向处于不同状态下的同一个观察者呈现出不同的样子，这些表象的特征在某种程度上是由其外在条件的状态和观察者的状态在因果上决定的。比如说人们会注意到一个硬币从一个角度看是圆的而从另一个角度看却是椭圆的；或者一个正常情况下看起来是直的的棍子在水里时看起来却是弯的；或者在那些服用了像是麦司卡林这种药物的人眼中，物体的颜色会发生改变。[49]

物质事物不可能同时拥有两种互不相容的属性。没有东西能既是圆的又是椭圆的，既是直的又是弯的，或者同时既是红的又是绿的。但是同一个事物却可能会呈现出这些不相容的属性。所以事物所呈现给我们的样子——即我们在感知中所直接意识到的——一定不是物质事物本身。

试考虑艾尔提出的被放入水杯中的棍子的例子。这个例子提出的关于直接实在论的问题可以用下述形式的论证来表述。

1. 我们所看到的东西是弯的。
2. 棍子不是弯的。

> 为了与现实打交道，我们需要现实主义。
> ——"混小子"瑞克（Slick Rick）

直接实在论
认为我们的感知让我们直接接触到了实在的学说。

弯曲的铅笔
类似弯曲的铅笔这样的错觉意味着我们并没有直接地感知这个世界。

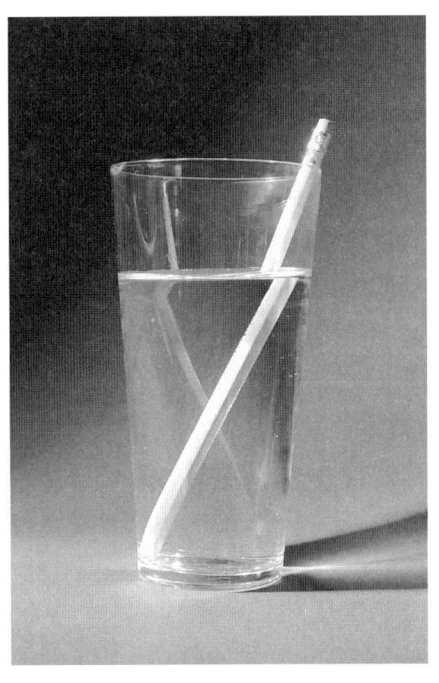

3. 所以我们所看到的东西不是棍子。

但是如果我们没有看到棍子，我们看到了什么？传统上，经验主义者会声称我们看到的是一个棍子的表象、表现或观念。通常被用来指称我们在感知中所直接意识到的东西的技术术语是**感觉材料**（sense data）。伯特兰·罗素是这样介绍这个术语的：

> 让我们用"感觉材料"这个名字来命名那些在感受中被直接知道的东西：例如颜色、声音、气味、硬度、粗糙度等这类东西。我们会用"感受"（sensation）这个名字来命名关于这些东西的被直接意识到的经验。因此每当我们看到一个颜色的时候我们就对这个颜色拥有一种感受，但是颜色本身是一项感觉材料而非一种感受。颜色是我们所直接意识到的东西，而这个意识本身是感受。[50]

所以，感觉材料就是我们的感受的内容。它们是我们在感觉经验中所意识到的东西。我们以为感觉经验是关于物质事物的，但是物质事物不是我们所意识到的东西，我们所意识到的是感觉材料。

所以，在那些相信感觉材料理论的人看来，感知的过程分为两部分。第一部分——感受——是从感官感觉中接收材料。第二部分——感知——是解释这些材料并将它们归到一个概念之下。一些人相信这两部分是在时间上分开的，即其中一个发生在另一个之前，而另一些人相信它们只是在逻辑上分开的，即虽然这个过程是在同一时刻发生的，但它们是一个过程的两个不同的方面。不过，不论是哪一种情况，我们都没有直接意识到物质事物。

感知被假设为可以给予我们有关外部世界的知识。但是如果我们在感知中所直接意识到的只有感觉材料，那么就有一个问题：我们怎么知道我们的感觉材料准确地表现了外部世界呢？我们没办法跳到感觉材料之外并将它与外部世界进行对比。我们所能做的只有去获得更多的感觉材料。那么我们如何能知道外部世界本身是什么样呢？洛克是这样表述这个问题的：

> 显然心灵并不能直接知道事物，而只能通过心灵关于事物的观念（感觉材料）作为中介来知道事物。所以，只有当我们的观念与事物的实在间存在一致性时我们的知识才是真实的。但是一致的标准是什么呢？如果心灵所能感知的只是它自己的观念，它怎么能知道这些观念是与事物本身相一致的呢？[51]

根据感觉材料理论，我们似乎被限制在一个"观念之幕"背后了。洛克问道：我们如何才能揭开帘幕而知道事物本身呢？这就是外在世界问题。

表现实在论

洛克相信，通过承认这两点我们就可以揭开观念之幕：（1）我们的感受是由外部事物产生的；（2）我们的观念（感觉材料）中至少有一些与那些事物的性质是相似的。这种观点通常被称作**表现实在论**（representative realism）。跟直接实在论一样，它也认为有一个独立于我们心灵而存在的世界存在，但是跟直接实在论不同的是，它认为我们关于世界的知识是间接的，以感觉材料为中介的。

为了支持第一个论断，洛克提出了一系列想法：

- "那些缺乏任一感觉器官的人永远不能拥有属于那个感觉的观念。"[52]比如说那些天生就目盲的人永远不会获得颜色的观念。类似地，那些从未拥有过某种感受的人永远不会拥有与那种感受相联系的感觉材料。比如说那些从来没有尝过菠萝味道的人永远不会知道菠萝尝起来是怎样的。

- "有时候我发现我会不可避免地在心灵中产生和拥有一些观念。"[53]我们所接收到的感觉材料似乎并不取决于我们自己。例如，如果我们望向太阳，我们就不可避免地会看到亮光。

- "许多在我们心灵中带着痛苦产生的观念当我们之后回忆起来时却没有任何不适。"[54]似乎在来自外部的观念与来自内心的观念之间是有着真正的区别的。那些似乎是由外部事物所产生的观念要比那些由内部事物（比如记忆）所产生的观念更鲜活有力。

- "在许多情况下我们的感官感觉可以互相印证，让我们相信那些外在于我们的可感事物是真实存在的。"[55]我们从不同感官所接收到的信息通常是相互补充的。比如说一个看起来像是火的东西总是热的。

感觉材料
在感受中直接意识到的事物。

表现实在论
认为感受是由外在的事物产生的，而我们的感受表现了那些事物的学说。

洛克说对这些事实的最佳解释就是我们的感受是由外部事物产生的。"因此自然界中存在的事物的确定性（我们的感觉已经为其提供了证据）不仅是我们的身体构造所能达到的最大的确定性，而且也是我们的境况所需要的。"[56]感觉材料是由外部事物所产生的这一论断并非绝对确定，因为在逻辑上我们有可能在做梦。但是即使它不能超越任何一丝可能的怀疑，它却可以超越合理的怀疑，因为相比于我们在做梦这一假说，感觉材料是由外部事物所产生的这一假说为这些材料提供了更好的解释。

思想探究

外部世界假说

你是否同意洛克的这个看法：外部世界假说为我们的感觉材料提供了最佳解释？用充足性标准来比较一下这个假说与梦境假说。哪一个假说更好地满足了简单性、广泛性、保守性和成果性？

然而，即使洛克的论证是成功的，它也只能证明我们的感受是由外部事物所产生的。而这并不能告诉我们关于这些事物本质的任何东西。不过洛克认为对我们的感觉材料的进一步反思可以揭示出某些材料实际上与外部事物的性质相似。因此我们可以拥有关于外部世界的知识，因为我们的某些感觉材料是与外部事物的性质相符合的。

外部事物具有产生感觉材料的能力。它们之所以具有这种能力是因为它们具有某些特定的性质。但是并非每一个感觉材料都相似于某个外部事物的性质。例如，如果我们将一只手浸入一个冷水桶而将另一只手浸入一个热水桶，然后将它们都浸入一个不冷不热的水桶中，那么这个水桶中的水在之前浸入热水桶的手感觉会是冷的，而在之前浸入冷水桶的手感觉会是热的。但是桶里的水不可能既是热的又是冷的。所以冷与热这些感觉材料不可能与水的性质相似。这些感觉材料只存在于心灵中，而不存在于水中。洛克将这些性质称作**第二性质**（secondary qualities）。

即使水不具有冷或热这种性质，它一定具有能够产生冷或热这些感觉材料的能力的性质。洛克将这些性质称作**第一性质**（primary qualities）。在洛克看来，这些性质才是物质事物的根本性质，它们是物质事物不可能不具有的性质。正如他所讲："可以认为物体所具有的性质有两种：第一种是与物体完全不可分离的（不论物体处于什么状况下），这种性质是感觉在物质的每个粒子上都能发现的。"[57]它们包括固态性、广延、形状、可移动性。洛克认为，这些性质是真正存在于物体身上的，因为你可以通过多种感官感觉到它们，而且它们跟第二性质不同，它们不会随着感知条件的变化而变化。

为了更好地理解洛克做出的这一区分，我们可以考虑一下物理学家归属于物

> 科学就是我们所有人都可以承认的、我们从一个观察者——最好是一个受过科学训练的观察者——那里所得到的、由他所提供的对实在的临摹。
> ——克里斯多夫·拉西（Christopher Lasch）

质的基本构造单位——亚原子粒子——的那些性质。它们是实心的（因为它们不像海绵那样具有空洞）、有广延的（因为它们占据了空间）、有形状的（因为它们具有一个外形）、可移动的（因为它们处于运动中）。现代物理学家还将一些其他的性质归于它们，例如质量、电荷、自旋动量。但是请注意，这些性质里面没有例如颜色、味道和声音这样的性质。只有当粒子群与我们的感觉器官发生作用时才会产生这些性质。

通过声称我们的感觉材料中有一部分——那些对应于第一性质的感觉材料——实际上与物质事物的性质是相似的，洛克的表现实在论解决了外在世界问题。所以至少我们的部分感觉经验可以给予我们一个关于物质事物本身情况的准确图像。

第二性质
那些只存在于心灵中而不存在于物质事物本身之中的性质。

第一性质
物质事物所具有的性质。

现象论

乔治·贝克莱主教（Bishop George Berkeley，1685—1753）同意洛克的这个观点：我们所直接感知到的是感觉材料。但是他不同意洛克的另一个观点：对于我们的感觉材料的最佳解释是它们是由物质事物产生的。在贝克莱看来，感觉材料是由上帝产生的！要了解贝克莱是如何得到这个结论的，我们需要先看看他对洛克的批评。

贝克莱不接受洛克对第一性质和第二性质的区分，因为他相信第一性质跟第二性质一样都是可变的。

> 正如现代哲学家们已经证明了某些特定的感觉性质在物质中是不存在的，或者说是不能脱离心灵而存在的那样，或许以同样的方式也可以证明所有其他的感觉性质也是这样的。因此，例如有人说热和冷只是心灵的造作，而根本不是存在于产生这些感觉的物质实质中的那些存在的模仿物，因为在一只手感觉是热的物体在另一只手感觉却是冷的。那么，为什么我们不能同样论证说形状和广延也不是存在于物质之中的性质的模仿或类似物？因为同一只眼睛在不同的地方看它们或者不同的眼睛在同一个地方看它们所看到的也是不同的，因此难道它们不可能也是一种不能脱离心灵而存在和被决定的事物的图像吗？[58]

贝克莱声称，正如在一只手感觉是热的东西可能在另一只手感觉却是冷的一样，从一个角度看是圆的东西可能从另一个角度看却是椭圆的。第一性质跟第二性质一样都可能随着感知的条件变化而变化。所以没有理由认为它们不同样是在心灵之中的。

贝克莱不仅拒绝接受第一性质与第二性质的区分，更重要的是，他还拒绝接受物质事物的存在。贝克莱认为，我们的感受不可能是由物质事物产生的，因为物质事物并不存在。他认为"物质事物"这个概念是一个概念上的矛盾。我们知道没

理想主义者也是在和事实与现实打交道的，他们只是以不同的方式看待它们而已。
——玛格丽特·哈尔塞（Margaret Halsey）

有已婚的单身汉或者圆的方，因为这些概念是自相矛盾的——它们违反了矛盾律，因此不可能存在。贝克莱认为"物质事物"这个概念同样也是自相矛盾的。下面是他用来证明这个观点的思想实验。

思想实验

> **未被想象到的事物的不可想象性**
>
> 但是，你会说你当然很容易就可以想象到一些无人感知的事物，例如公园里的树或者壁橱里的书。我会说，你这样想象的确是没有困难的；但是我请你思考一下：这种情况下是否在你的心灵中已经形成了一些被你称作是书或者树的观念，同时你却省略掉了有人可能正在感知它们这种观念？但是难道你自己不是一直在感知或想它们吗？因此这并不能证明你的观点：它只是表明了你有能力在你的心灵中想象或形成观念；但是这并不能表明你可以想象到这种情况：你思想中的事物可以不依赖于心灵而存在。要做到这一点，你必须想象它们是未被感知的或未被想到的，这显然是矛盾的。当我们尽力去想象外在事物的存在时，我们只是一直在沉思我们自己的观念。但是心灵却没有注意到它自己，它被迷惑以至于它以为它能够也确实在想象那些未被想到的或脱离心灵的存在——虽然同时这些存在已被它所理解或者说存在于它之内了。任何人稍微注意下就能发现我所说的话为真及这些话的证据，因此并不需要有其他的证据就能反驳物质事物的存在。[59]

我们通常不仅会假设物质事物造成了我们的感受，而且还假设了在没有人想到这些物质事物的时候它们也继续存在着。但是贝克莱声称事实不可能是如此，因为想象一种未被想象到的事物的存在是不可能的。

你自己可以试试看。试着想一个未被想到的事物。贝克莱说你是不可能做到这一点的，因为只要你一想到它，它就不再是未被想到的了。但是物质事物被认为是在没有人想到它的情况下还能存在的。所以如果我们不可能想象一个未被想象的事物，那么贝克莱会声称物质事物不可能存在。

虽然贝克莱不相信有物质事物存在，但是他并没有建议我们停止谈论它们。反之，他建议我们以一种新的方式理解我们对它们的谈论。当我们声称这里有一个物质事物时，我们的意思只是说我们经验到了一种特定的感受模式。所以在贝克莱看来物质事物只不过是不同感受模式的重现。

贝克莱以一个樱桃为例来说明他的观点：

> 我看见这个樱桃，我摸到它，我尝到它，而且我确定**虚无**（nothing）是不可能被看到或摸到或尝到的；因此它是**真实**（real）的。将软、湿、红、酸这些感受去除掉你就去除掉了樱桃。因为它不是与这些感受相分离的一种

存在，我会说一个樱桃只不过是一个感觉印象的聚集体或者通过不同的感觉而感知到的一组观念——这些观念被心灵结合为一个东西（或者给予它们一个名字），因为它们被观察到总是同时出现的。因此，当味觉获得这样一种特定的味道时，视觉也获得一种红色，而触觉获得了圆、软等感觉。所以，当我以特定的各种方式看到、摸到和尝到了东西时我就会确定樱桃是存在的或真实的，在我看来它的事实不是从那些感受之中抽象出来的。而如果当你说"樱桃"时，你的意思是指一种与所有这些感觉性质不同的未知本质，而且它的"存在"不同于它的被感知，那么我确定不论你、我还是任何其他人都不能确定它的存在。[60]

> **现象论**
> 认为所有有关物体的讨论都可以被还原为有关感受的讨论的看法。

每当我们拥有了一些特定的感受，我们就会相信这里有一个樱桃。不过我们也可能会搞错。如果我们感受到自己伸出手去触碰樱桃，但我们的手却直接穿过了它，那么我们就知道它不是真的樱桃。所以，要判断一个被感知到的事物是否是真实的，不是看它是否对应一个物质事物，而是看它附带的那些感受是否符合一种特别的模式。

这种认为那些有关物理事物的论断可以被还原为有关感受的论断的观点被称作**现象论**（phenomenalism）。在这种观点看来，说"在我面前有一棵树"就等同于说"如果我有触摸它的感受，它会是硬的感受；如果我有踢它的感受，它会是脚趾痛的感受"，等等。所以现象论是行为主义的反面。行为主义试图将有关精神状态的讨论还原为有关物质事物的讨论，而现象论试图将有关物质事物的讨论还原为有关精神状态的讨论。20世纪的经验主义者（特别是逻辑实证主义者）认为这种观点很有吸引力，因为它为外在世界问题提供了一个优美的解决方案。如果物质事物只是一些特定的感受模式，那么我们如何能知道我们的感受准确地反映了世界这个问题就不会产生了。现象论通过否认表象与实在之间的鸿沟的存在跨越了这道鸿沟。

贝克莱主教（1685—1753）

乔治·贝克莱：终极经验主义者

有些哲学家创造了有趣的学说，不过他们本人却很无趣。乔治·贝克莱并非其中之一。他创造了唯心主义这种完全原创的和令（某些）人恼怒的世界观，而且他本身也是一个有意思的人物。

他出生于爱尔兰的基尔肯尼，就读于都柏林三一学院并于十九岁时毕业，随后就在1707年得到了那里的研究员职位，并撰写了他最伟大的几本著作——完成这一切的时候他还不到三十岁。他在1710年写出了《人类知识原理》（*A Treatise Concerning the Principles of Human Knowledge*），在1713年又写出《海拉斯和基罗诺斯对话三篇》（*Three Dialogues Between Hylas and Philonous*）。在1709年他就出版了一本书，

> 不过不是关于哲学的，而是关于心理学的，即《视觉新论》(An Essay towards a New Theory of Vision)。他的视觉理论成为该学科的确定理论，这种状况一直持续了将近两百年。
>
> 他的热忱集中在发展新大陆的教育事业上。他想在百慕大群岛为美洲人民建立一所基督教教育学院，国王允诺给他一笔钱来做这件事。但是钱却始终没有发下来，他为此在罗德岛等了三年。他将自己在罗德岛的图书馆和地产捐赠给耶鲁大学，后来耶鲁大学的一个学院就以他命名。加州大学伯克利分校 (University of California - Berkeley) 也同样以这个大半生都生活在地球另一边的爱尔兰哲学家命名。
>
> 贝克莱在1732年返回伦敦，并在1734年被任命为克罗因主教 (Bishop of Cloyne)。在其后半生的大部分时间里，他都恪守神职，出版的著作大部分都是为他的教民而写的。
>
> 贝克莱作为哲学上的唯心主义者的名声一直跟随着他，并在各个地方都引起了争议和惊恐。18世纪最著名的作家塞缪尔·约翰逊嘲弄他的理论。据传言，还有一位哲学家因为与贝克莱辩论得太过激烈，突发中风而死。这个说法很可能是错的，不过我们很容易想象一些饱学之士会被贝克莱反直觉的唯心主义惹恼——特别是他竟然还声称他的观点只不过是常识而已。

如果没有一个心灵来拥有感受，感受就不可能存在。由于贝克莱说事物只是各种感受的模式，这就可以推出当没有人在想它们时它们就停止存在了。很多人认为这种观点非常怪异，他们相信即使没有进入任何人的思想，物体也是继续存在的。

假设你在壁炉中燃着火的时候离开，过了几个小时再回来，然后发现一堆冒烟的灰烬。这是否证明了物体在没有被观察的时候也存在？在贝克莱看来不能。你所经验到的只是一种典型的火的感受模式。我们没有理由假设在火的感受外还存在着一种物质的火。

经典的哲学难题——如果森林里的一棵树倒下了，并且周围没有人听到它倒下，那它是否发出了声音？——总是被联系到贝克莱身上。通常大家相信贝克莱对这个问题的回答是"否"。但是贝克莱不会回答这个问题，因为它是基于一个他所拒绝的预设的，即物体可以在未被感知的情况下存在。如果没有人听到这棵树倒下，那么首先就不存在这棵树。所以这个问题是无意义的。

> 现实就是那种我不再相信它时仍旧不会离开的东西。
> ——菲利普·K.迪克 (Phillip K. Dick)

传说塞缪尔·约翰逊第一次听说贝克莱的理论时一边踢石头一边大声说："我就这样反驳它！"但是这当然并没有反驳贝克莱。贝克莱并不否认通常当我们拥有一种踢看上去像是石头的东西的感受时我们的脚趾会拥有碰到硬物的感受。他所否认的是这种感受模式不断出现的最佳解释是有物质事物存在。在他看来，对这种现象的最佳解释是是上帝创造了这些感受。

我们并不产生我们自己的感受。我们会感觉到什么不取决于我们自己。所以我们的感受一定来自某种外在于我们的事物。在贝克莱看来这种事物就是上帝。在他看来，我们都是与上帝心灵感应般地联系在一起的，上帝将所有感受直接灌输进我们的心灵。所以贝克莱的上帝在功能上类似于笛卡尔的邪恶精灵。但是贝克莱并不认为他的上帝是邪恶的，因为他并没有在实在的本质方面欺骗我们，而是直接创造了实在。

上帝是我们所有感受的来源。贝克莱的这种观点启发罗纳德·诺克斯蒙席（Monsignor Ronald Knox）写下了下面的打油诗：

> 有一个年轻人说：
> "上帝一定会感到非常奇怪
> 如果他发现
> 当院子里没有人的时候
> 那棵树竟然一直都在。"

> 回答：
> 亲爱的先生：
> 你的惊讶令人奇怪
> 我总是在院子里的
> 那就是为什么
> 那棵树一直都在
> 因为你亲爱的上帝
> 一直在观察着它。[61]

在贝克莱看来，只有当事物在被想的时候它才会存在。这似乎蕴涵着如果我们停止想它们，事物就停止存在了。但是并非只有我们会想着事物，上帝也会这样做。所以只要当我们没有想事物时有上帝在想着它们，它们就不会停止存在。

贝克莱认为他的观点反驳了怀疑论并证明了上帝的存在。它通过跨越表象与实在之间的鸿沟而反驳了怀疑论。在贝克莱的体系中，我们的感受是否准确地反映了外在事物这个问题并不会产生，因为不存在外在事物——它们只是观念的集合而已。它通过表明上帝是我们感觉经验的最佳解释而证明了上帝的存在。

虽然贝克莱认为他的体系证明了基督教式的上帝的存在，其实它并没有做到这一点。首先，它没有给出理由让我们相信我们感受的原因是全知全能全善的。其次，它没有给出理由让我们相信我们的感受是由同一个存在所产生的。有可能不同类型的感受是由不同类型的精神体产生的。所以即使我们可以接受我们的感受具有超自然的原因，它也未必就是基督教式的上帝。

但是我们的感受一定具有超自然的原因吗？如果它不可能是由物质事物产生的（因为物质事物不可能存在），那么似乎就没有其他的可能了。但是贝克莱对物质事物的拒绝是有问题的。

贝克莱声称，没有什么东西是存在而不被想到的。这句话可能有两种含义：（A）想到未被想到的某物是不可能的；（B）想到**有**未被想到的某物存在是不可能的。在第一种情况下我们的思想指向一个物体；而在第二种情况下我们的思想指向一个命题。（A）无疑是正确的。如果某物被某人所想到，那它就不可能同时又是未被想到的。但是（B）是错的。你可以相信有未被想到的某物存在，同时却不需要想到任何特定的事物。当你相信有未被想到的某物存在的时候，你的信念的对象——你的信念的内容——是有未被想到的事物存在这个命题，而非某个具体的物体。所以相信有未被想到的事物存在在逻辑上是可能的，因为这并非既将一个属性归于某物又不将其归于某物。所以，物质事物这个概念并不自相矛盾。

那么问题就变成了，哪种才是更好的对我们的感受的解释，它是由上帝产生的还是由物质事物产生的？我们已经认识到，一般而言自然的解释要比超自然的解释更好，因为通常超自然的解释所产生的问题比它所回答的问题更多。贝克莱的理论就产生了一些问题。上帝与人的心灵之间的联系是如何建立的？是一种什么能量把想法从上帝的心灵中传输到我们的心灵中的？为什么上帝会选择他实际选择的那些感受？为什么有些人获得了好的感受而另一些人获得了坏的感受？一个产生的问题比回答的问题更多的理论并不能增进我们的理解。阿兰·戈德曼（Alan Goldman）是这样表述这种观点的：

> 在另外几个衡量解释的标准之下，超自然的解释也不够格——虽然它看似具有理论深度。
>
> 首先，这种解释并没有真正地加深我们的理解……因为我们根本不了解被假设的神圣存在的意图与它们所产生的结果之间的机制或精确的联系。这一点加上它在预测力方面的缺乏使得这种解释在知识论上非常贫乏。这种解释不仅不能加深我们的理解，也没有回答任何有关自然的问题，而且还带来了更多的不可能得到答案的问题。[62]

如果贝克莱将上帝看作我们的感受的原因为我们的感觉经验提供了最佳解释的话，它就可以得到证成。但是它未能提供最佳解释。它跟已有的有关我们感受的原因的观点不一致，而且它比唯物主义的假说更复杂，因为它预设了超自然的存在。所以贝克莱的理论缺乏保守性和简单性。它也缺乏成果性。它没有成功预测过任何新现象，也没有解决任何人们原本没期望它会解决的问题。而唯物主义的理论则带来了无数个成功的可归因于它的预测。由于贝克莱的理论并未为感知提供最佳解释，我们没有理由相信它。

但是如果我们将上帝从贝克莱的理论中去除掉会怎样？如果我们只说物体就是各种各样的感受模式，而不去进一步探究其背后的东西会怎样？解释必须在某个地方停止。如果我们就将感受模式当作原始事实，不再去试图解释它是从哪里来的，我们至少可以击败怀疑论并简化我们关于何物存在的理论。不幸的是，现象论连这些优点也没有，因为物质事物不可能被还原为各种感受模式。

试考虑现象论者的这个论断：当你说在你面前有一棵树时，你就是在说"如果你有触摸它的感受，它会是硬的感受；如果你有踢它的感受，它会是脚趾痛的感受"，等等。基于有一棵树在你面前这个事实能否推出如果你拥有触摸它的感受你就会拥有硬的感受？否，因为你可能嗑了药，你的神经系统可能错乱了，你可能脑子突然出了问题，或者是其他类似的情况。你会具有什么感觉取决于你当时身体的状态。如果你的身体处于异常状态，那么你的感觉模式可能也是异常的。为了能将有关感受的句子等同于有关精神状态的句子，我们必须首先确认这一论断："如果你的身体处于正常状态……"但是现在我们的还原不能进行下去了，因为这个关于感受的论断包含了对身体的指称。有关物质事物的论断不能被还原为有关感受的论断，因为我们无法将所有指称物质事物的论断解释为仅仅指称了感受的论断。所以即便是一个无神论的现象论也是不成立的。

看起来关于感知的最佳解释就是由科学所提供的解释。在世界上存在着物质事物。这些物质事物拥有某些由各种物理科学所识别出的特定的内在性质。当这些事物与我们的感觉器官相互作用时它们会产生特定的感受。要拥有关于外部世界的知识，我们的感受不需要与那些产生它们的物体的性质相似。我们所需要知道的只是在什么条件下什么性质会产生什么感受。而科学可以给予我们这样的知识。

总 结

直接实在论声称，我们是直接地感知到事物的，没有通过任何观念作为中介。不过基于错觉的论证表明我们不是直接认识到外在世界的。我们关于外在世界的感知似乎是以我们的感受为中介的。

表现实在论认为，我们的感受是由物质事物产生的，而且我们的一些感受的性质与那些物质事物的性质相似。这些与物体性质相似的感受被称作第一性质，而那些仅仅存在于心灵中的感受被称作第二性质。我们的所有感受都会随着其产生条件的改变而改变，所以对第一性质与第二性质作出区分似乎并不可行。

贝克莱不仅拒绝了第一性质与第二性质之间的区分，他还拒绝了我们的感受是由物质事物产生的这种观念。在他看来心灵与它们的内容就是所有真正存在之物。物体只不过是感受的模式。物体要存在则必须被感知。存在即被感知。贝克莱试图表明我们的感受反映了物质事物这个观念是不融贯的。贝克莱说，当我们没有想它们时物质事物还会继续存在这种观念是不融贯的，因为人不可能想到某种未被想到的事物。他说对我们的不断重现的各种感受模式的最佳解释不是有物质事物存在，而是上帝将它们灌输进了我们的心灵。

但是有某物未被想到这个命题并非不融贯。有物质存在在逻辑上是可能的。此外，对于我们的感受的更好的（更简单、更保守、更具成果的）解释不是上帝产生了它们，而是物质事物产生了它们。

学习问题

1. 什么是直接实在论？
2. 什么是基于错觉的论证？
3. 什么是表现实在论？
4. 第一性质与第二性质之间的区别是什么？
5. 什么是现象论？
6. 贝克莱为什么相信感受不可能反映物质事物？
7. 贝克莱为什么相信物质事物不可能存在？

讨论问题

1. 你是否认为基于错觉的论证需要假定感觉材料的存在？还有什么其他的办法可以解释错觉吗？
2. 在一个完美的错觉和真实的事物之间有什么区别吗？如果有，是什么？
3. 表现实在论者一定要相信有某些感觉材料与物质事物的性质相似吗？仅仅说感觉材料反映了物质事物的性质不行吗？为什么？
4. 贝克莱的现象论能否解释幻觉的存在？如果只有观念才存在，那么我们如何能区分幻觉与正常的感知？

网络探究

1. 唯我论（solipsism）认为我们自己的心灵是我们唯一所能够知道其存在的事物。你还能知道其他的事情吗？要探究这个话题可以访问http://www.iep.utm.edu/s/solipsis.htm。
2. 我们是否有理由相信有超感觉感知（ESP/extrasensory perception）存在？要探究这个话题可以在搜索引擎中输入"esp""证据"和"知识"。
3. 在否认有一个不依赖于我们的心灵而存在的世界的那些人之中，有一些是研究量子力学这个物理学分支学科的，该学科研究的是亚原子粒子。在亚原子层面（即量子领域）粒子的行为很古怪。比如说：在未被观测到之前它们不具有某些特征。这种奇怪的现象促使一些量子力学物理学家拒绝接受这个观念：世界是由那些不依赖于人类意识而存在的事物构成的。这些反实在论者甚至会问："当没有人看月亮时它是否存在？"其他的科学家和哲学家（即实在论者）认为这种反实在论的观点是严重错误的。想要对他们的争议和两方的论证得到一个简要了解的话可以访问http://www.sfu.ca/content/dam/sfu/philosophy/docs/bradley/moon.pdf。你认为哪一方的论证最可信？你是个实在论者还是反实在论者？为什么？

7.4 你知道什么？——知道知识是什么

> 上帝谴责愚昧，而学问则是人们借以飞升天堂的羽翼。
> ——威廉·莎士比亚

看起来我们是可以通过感觉来获得有关外部世界的知识的。但是知识是什么呢？正如我们在本章开头所了解的，传统上知识一直被看作基于理性的真信念。真信念本身并不能等同于知识，因为一个真信念可能只是一个幸运的猜测。使我们的信念植根于现实并让其称得上知识的是我们相信该信念的理由。如果支持信念的理由是好的理由，那这些理由所支持的信念就是被证成的。因此，传统上知识一直被定义为得到证成的真信念。

上千年来，大家都接受这种对知识的定义。但是到了1963年，令人惊奇的事情发生了。一名没有发表过论文的哲学教授爱德蒙·盖梯尔（Edmund Gettier）构想出了一些似乎可以动摇这种传统解释的思想实验。盖梯尔的思想实验暗示着，虽然得到证成的真信念是知识的必要条件，但它不是充分条件；你可以拥有得到证成的真信念同时却没有知识。这是一个惊人的发现，在过去的几十年中，知识论学者一直试图提出一种知识理论，以使得它既能抓住这个概念的核心意涵同时又不会被各种盖梯尔式的思想实验击败。

下面是盖梯尔最著名的思想实验。它的雕琢痕迹略重了一些，不过正如一个精心设计的物理实验可以揭示某个广为认可的科学理论中的缺陷一样，盖梯尔的思想实验也揭示了传统知识理论中的缺陷。

思想实验

> **盖梯尔的身在巴塞罗那的朋友**
>
> 让我们假设史密斯有很强的支持以下命题的证据：
>
> （F）琼斯拥有一辆福特车。
>
> 史密斯拥有的证据可能是，在他的记忆中琼斯在过去总是有一辆车，而且那辆车总是福特，而且他还刚刚开着福特车载过史密斯一段路。现在，让我们设想史密斯还有另外一个朋友叫做布朗，而且他完全不清楚布朗现在在哪里。史密斯随机选择了三个地名并构造了下面三个命题：
>
> （G）要么琼斯有一辆福特车，要么布朗在波士顿。
>
> （H）要么琼斯有一辆福特车，要么布朗在巴塞罗那。
>
> （I）要么琼斯有一辆福特车，要么布朗在布列斯特-立陶夫斯克。
>
> 这三个命题都被（F）所蕴涵。假设史密斯认识到这三个他所构造的命题都被（F）所蕴涵，进而基于（F）而接受（G）、（H）、（I）。史密斯从一个他拥有强的证据的命题正确地推出了（G）、（H）、（I）。因此史密斯完全有理由相信这三个命题为真。而同时史密斯当然不知道布朗在哪里。
>
> 但是，现在假设还有另外两个条件成立。第一，琼斯并**没有**一辆福特车，

而是目前正开着一辆租来的车。第二，因为纯粹的巧合，命题（H）中所提到的地名恰好就是布朗所在的地方——而史密斯是完全不知道这一点的。如果这两个条件成立，则史密斯并**不**知道（H）为真，虽然：（1）（H）为真；（2）史密斯相信（H）为真；（3）史密斯有理由相信（H）为真。[63]

你有没有看出来为什么在传统的观点看来史密斯是拥有知识的？史密斯相信命题（H）——要么琼斯有一辆福特车，要么布朗在巴塞罗那——并且这个命题为真，因为布朗实际上就是在巴塞罗那。另外，史密斯是有充分理由相信（H）的，因为在他的记忆里琼斯总是有一辆福特车并且他最近还载过史密斯。但是即使史密斯有充分的理由相信（H）为真，他并不知道（H）为真，因为他证成该命题的方式与使得该命题为真的因素不相关。史密斯有理由相信琼斯有一辆福特车。但是使得（H）为真的是布朗在巴塞罗那这一事实。你应该记得，使我们的信念植根于现实的应该是我们相信它们的理由，而在史密斯那里情况并非如此。所以我们可以说史密斯是基于错误的理由而相信了正确的事情。因此他并不拥有这一知识。

可挫败性理论

是哪里出了问题？我们如何更改传统的解释以使得它能够准确地反映出史密斯并不具有知识这一点？有些人声称史密斯之所以不具有这一知识，是因为存在一些他所未知的事实挫败（defeat）了他对这一知识的宣称。如果史密斯认识到了命题（F）——琼斯有一辆福特车——为假的话，他就不会有理由相信（H）。所以琼斯并不拥有一辆福特车这一事实挫败了史密斯对这一知识的拥有。如果不存在这样的挫败因素——如果不存在一些如果他相信的话就不再会合理地相信原命题的事实——那么他就拥有知识。一个不会被任何新事实所挫败的命题被称作是不可挫败的（indefeasible）。因此我们就得到了知识的**可挫败性理论**（defeasibility theory）：知识就是不可挫败的得到证成的真信念。

这个理论很好地处理了盖梯尔的身在巴塞罗那的朋友的问题。不幸的是，它有一个副作用：它将我们的知识范围缩小到几乎为零，因为有许多我们可以合理地声称自己所知道的东西都是可挫败的。对于大多数我们所相信的命题而言，我们都有理由相信存在这样一些事实：如果相信它们的话，我们就不再能合理地相信这一命题。试考虑莱勒（Lehrer）和帕克森（Paxson）所提出的有病的格拉比特夫人的例子。

> 消除一个错误堪比（有时甚至要好过）建立起一个新真理或新事实。
> ——查尔斯·达尔文

思想实验

莱勒和帕克森的有病的格拉比特夫人

假设我看到一个人走进图书馆，然后把一本书藏在他外套下面拿走了。由于我确定这个人是汤姆·格拉比特，一个之前在我的课上经常看到的学生，我报告说我知道汤姆·格拉比特拿走了一本书。然而，再假设汤姆的妈妈格拉比特夫人说那天汤姆并不在图书馆，而是在几千公里以外的地方，而那天在图书馆的是汤姆的同卵双胞胎兄弟约翰·格拉比特。假设我完全不知道格拉比特夫人说过这些事情。她说了这些话这个事实将会挫败我对汤姆·格拉比特拿了图书馆的书这个信念的合理相信。因此，就不能说我知道汤姆·格拉比特从图书馆拿了书。

到现在为止，这个结论或许是可以被接受的，不过如果我最后再补充一点就不一样了：格拉比特夫人患有强迫性说谎这一精神疾患，约翰·格拉比特只是她精神错乱的心灵所虚构出来的一个人，事实上正如我所相信的那样，的确是汤姆·格拉比特拿了书。一旦加上这一点，那么显然我是知道汤姆·格拉比特拿了书的。[64]

> 知识就是知道我们不可能知道。
> ——拉尔夫·沃尔多·爱默生

在这个案例中，莱勒有充分理由相信汤姆·格拉比特从图书馆偷了一本书，因为他看到他这样做了。但是格拉比特夫人说那天在图书馆的不是汤姆而是汤姆的同卵双胞胎兄弟约翰这个事实挫败了莱勒相信这一命题的理由。所以，根据可挫败性理论，莱勒关于汤姆偷了一本书的信念并不能算作是知识，因为这个信念是可被挫败的；存在一个如果莱勒相信的话他就不会有理由相信他的信念的事实。但是等一下——这个结论是不正确的，因为还存在另一个事实可以挫败这个挫败因素：即事实上格拉比特夫人是一个有精神病的骗子！所以看起来知识所需要的不仅是一个没有挫败因素的证成，而且还需要一个其所有的挫败因素本身也可以被挫败的证成。要说清楚这种条件究竟包含哪些内容并不是一件容易的事情。

因果理论

请回想一下盖梯尔的身在巴塞罗那的朋友的案例，这里的问题似乎在于，史密斯的信念与使得其信念为真的条件不是合理地相关的。所以有些人试图通过要求在个人的信念与它的成真条件（truth-makers）[58]之间存在更紧密的联系来解决盖梯尔问题。更具体地说，有人声称知识需要在信念与成真条件之间具有因果关系。艾伦·戈德曼首先提出了这种观点，**因果理论**（causal theory）认为知识是被恰当地产生的（suitably caused）真信念。这里的"被恰当地产生"意思是说由那些使得该信念为真的事态产生。

因果理论与我们在盖梯尔的案例以及莱勒和帕克森的案例上的判断相符。在盖梯尔的案例中，史密斯并不知道要么琼斯有一辆福特车要么布朗在巴塞罗那，这是因为他的信念不是在因果上与使得其信念为真的事实（即布朗在巴塞罗那）联系在一起的。而在莱勒和帕克森的案例中，莱勒的确知道汤姆·格拉比特从图书馆偷了一本书，因为他的信念与使得其信念为真的事实在因果上是联系在一起的；他亲眼看到了这件事。

因果理论对知识的解释与正统的解释差别甚大，因为在这里因果关系的要求取代了传统解释中的证成条件。根据因果理论，知道某事并不需要你能够说出你对自己信念的证成过程。它只需要你的信念是被恰当地与你所相信的对象在因果上联系起来的。这并不是在否认知识有时候是基于推理之上的，而是说当有推理存在时推理也是产生知识的因果链的一部分。这样的话，你的真信念能否成为知识就可能取决于一些甚至你自己都没有意识到的事实或条件。由于它依赖于外在的因素，所以因果理论有时被称作是一种"外在主义的理论（externalist theory）"。而类似于对知识的正统解释那样的理论被称作是"内在主义的（internalist）"，因为在这种理论看来真信念能否成为知识取决于知道者（knower）的精神活动的某一部分（在正统的解释那里，这个部分就是证成）。

但是被恰当地产生的真信念就足以成为知识吗？试考虑下面这个情景。假设一个名叫亨利的人悠闲地开车经过一片乡村地区，这个地区因其历史悠久的谷仓而闻名。当时天空晴朗，亨利的视力也不错，他的视线也没有被任何自然或人工的东西（比如树木或者交通标志）阻挡。如果亨利在开车经过这里时仔细地查看了其中的一个谷仓，我们一般会声称亨利知道他看到了一个谷仓。但是如果我们获得了一些特定的关于这个乡村的信息，我们可能就会收回我们的断言。艾伦·戈德曼是这样解释的：

> 对原因的解释不等于理性的证成。
> ——C. S. 路易斯
> （C. S. Lewis）

思想实验

戈德曼的假谷仓

假设亨利其实不知道他刚刚进入的地区遍布着纸做的谷仓模型。这些模型从公路上看与真的谷仓完全一样，但是它们只有正面而没有后墙或内部，因此也不可能作为谷仓使用。亨利刚刚进入这个地区，他还没有碰到任何谷仓模型，他看到的那个的确是个真谷仓。但是如果在那个地方所放的是个模型的话他也会把它当成谷仓的。如果知道了这个信息，我们就会强烈地倾向于收回亨利知道那个物体是谷仓这个论断。[69]

可挫败性理论
认为知识即不可挫败地得到证成的真信念的理论。

因果理论
认为知识即被恰当地产生的真信念的理论。

亨利相信他所看到的是一个谷仓，这个信念似乎是通过他所看到的那个谷仓以恰当的方式产生的——但是他并不知道他看到的是一个谷仓，因为假谷仓的存在使其不能知道这点。这里似乎存在着正确类型的因果联系，但是这并不足以确保他得到了知识——由于他处于这样一种环境中。

可靠性理论

在戈德曼的假谷仓思想实验中，为什么亨利不知道那个物体是谷仓呢？有些人认为，问题在于他的信念是通过一种不可靠的方式获得的。亨利并不知道那个物体是谷仓，这是因为在一个有着模型谷仓遍布各处的环境中，只在车上查看并不是一种获得信念"那个物体是一个谷仓"的可靠办法。在这种情境下，亨利会很容易在没有谷仓的时候也相信那里有一个谷仓。他的信念不是通过一种可靠的途径产生的。这意味着我们需要对因果理论做出改进以得到一个更好的对知识的解释。这就是**可靠性理论**（reliability theory）：知识即被可靠地产生的真信念。如果p为真，且你相信p为真，且你的信念是通过一种可靠的方式产生的，那么你就知道p。

可靠性理论跟因果理论一样都是外在主义的。真信念能否成为知识取决于产生信念的过程是否可靠。像正统解释中的证成条件这样的内在因素在此不起作用。在因果理论看来，知道者甚至不需要意识到信念产生的过程是怎样的。在可靠性理论看来也是这样，知道即一种对真理的记录（register），就像温度计记录房间的温度一样。最重要的是这个记录的可靠性。

但是这种记录——这种被可靠地产生的真信念——就是知识吗？让我们在下面这个思想实验中将温度计这个类比再往前推进一步看看会得出什么结论。

思想实验

> **莱勒的人体温度计**
>
> 假设某个富有实验精神的外科医生在一个叫作真温先生（Mr. Truetemp）的人身上做了一个脑部手术，这个医生发明了一个小装置，它既是一个非常精确的温度计又是一个可以生成思想的计算装置。这个装置叫作思温计（Tempucomp），它比一个大头针的针帽还要小，它被植入到真温先生的脑中，毫不显眼地位于头皮上，作为一个传感器，将温度信息传递给他脑中的计算机系统。然后这个装置向他的大脑发送一个信息以使得他想到由外部传感器所记录的温度。假设这个思温计是非常可靠的，所以他的想法总是包含正确的温度。总而言之，这是一个可靠的信念生成过程。最后，我们假设他不知道他的脑部被植入了一个思温计，只是有点困惑为什么自己老是去想温度的事情，但是他从来没有通过去查看一个温度计来判定这些关于温度的想法是否正确。他只是未经反思地接受了这些想法——这也是思温计造成的一个效应。因此，他认为而且也接受了环境温度是104度。环境温度也的确是104度。那么他是否知道温度是104度呢？当然不是。他根本不知道他自己或者他关于温度的想法是否可靠。他所接受的想法"温度是104度"是正确的，但是他并不知道他的想法是正确的。[66]

如果真温先生并不知道他有一个可靠的信念生成过程的话，我们如何能说他

> 知识即被我们整理和分类了的那一小部分无知。
> ——安布罗斯·比尔斯（Ambrose Bierce）

知道温度是104度呢？他拥有正确的信息，但是他并不知道这些信息是否正确。根据可靠性理论，是否具有关于信息的证据与知识无关。但这是不可信的。至少在某些情况下知道某事似乎不只需要拥有正确的信息，似乎它还需要我们拥有一些充分的表明该信息为真的迹象。如果没有这种迹象，那么我们拥有一些真信念只是出于纯粹的巧合。相对于我们所拥有的任何证据而言，这种信念只不过是一种幸运的猜测。但是正如我们已经看到的，一个幸运的猜测不可能是知识。可靠性理论或许可以在许多案例中解释知识，但是它似乎不能解释所有的知识。

> 人无法学会无知。
> ——热拉尔·德·奈瓦尔（Gerard De Nerval）

德性透视主义

欧尼斯特·索萨（Ernest Sosa）发展出一种综合了内在主义与外在主义的知识理论，这种理论被称作**德性透视主义**（virtue perspectivism），它是立足于这种观点之上的：知识是通过理智德性的运用而获得的认知成就。一般来说，一种德性即一种可靠地产生出某种善的技能或能力。一种道德的德性是一种可靠地产生出正确行为的技能或能力，而一种理智的德性是一种可靠地产生出真信念的技能或能力。理智德性既包括了对证言的接受，也包括了感知、记忆和推理。

> 能够给出更多细节性解释的理论自然会得到更多的青睐。
> ——戴维·多伊奇（David Deutsch）

索萨相信，知识的获得是一种表演（performance），因为就像表演一样，它具有一个目标——真信念，而且它跟其他类型的表演都可以通过同样的标准来评价：准确性（accuracy）、高超性（adroitness）和恰当性（aptness）。[67]

如果一个表演可以实现它的目标，则它就是准确的。试考虑一个射手向靶子射箭的例子。如果射手射中了靶心，则他的表演是准确的。

如果一个表演展示了表演者的技能，则它就是高超的。如果射手在射箭的时候做了一切一个有技巧的射手所应该做的，那他的表演就是高超的。不过一个高超的表现并不需要是准确的。即使射手的操作完全正确——并因此做出了一个高超的表现——他也可能因为某种未知因素而没有射中靶心（比如说突然有一阵风吹过）。

如果一个表现之所以准确是因为它是高超的，那么它就是恰当的。如果射手射中靶心是因为他的技能而非因为某种幸运的巧合，那么他的表演就是恰当的。

在获得知识时我们的目标是真信念。所以如果一个信念为真，则它是准确的。如果它展示了相信者（believer）的理智德性，则它是高超的。如果它之所以被信以为真是因为相信者的德性，则它就是恰当的。不过，要解决盖梯尔问题，索萨还需要在动物性知识（animal knowledge）与反思性知识（reflective knowledge）之间做出一个区分。

可靠性理论
认为知识即被可靠地产生的真信念的理论。

德性透视主义
认为知识是适当的信念——即那些因个人的理智德性而被当作真的信念的理论。

动物性知识是恰当的信念，即因个人的理智德性而获得的真信念。它之所以被称作"动物性知识"是因为（你应该会猜到）动物也能具有这种知识。比如说当一只动物通过它的感官形成了一个关于它的环境的真信念，它就具有了动物性知识。动物性知识是一种外在主义形式的知识，因为我们不需要意识到该知识背后的原则或过程就可以拥有这种知识。

反思性知识是这样一种恰当的信念：我们知道它是恰当的。换句话说，它是这样一种动物性知识：我们知道它们是知识。所以反思性知识是一种二阶的或元层面的知识，它是通过对动物性知识背后的原则或过程进行反思而获得的知识。它是一种内在主义形式的知识，因为那些拥有这种知识的人清晰地意识到了产生这种知识的条件。

以这些理论资源为依托，索萨相信他能够解决或消解盖梯尔问题。以盖梯尔的身在巴塞罗那的朋友的案例为例，索萨会说史密斯既不具有动物性知识也不具有反思性知识，因为他的信念不是恰当的——他不是因其理智能力而去相信（H）为真的。他的理智能力或许可以解释他为什么相信（H），但是它并不能解释为什么（H）为真。所以他并不知道（H）为真。[68]

在哥尔德曼的假谷仓案例中，亨利具有动物性知识而不具有反思性知识。他之所以拥有动物性知识是因为他看到了一个谷仓这个真信念是由他对一个谷仓的观察所引起的。但是他并不具有反思性知识，因为他不知道他知道自己看到了一个谷仓。他不具有二阶的知识是因为他没有意识到他身处一个使得他看到谷仓成为幸运巧合的情境中。由于他没有意识到他观看谷仓时身处反常的条件下，所以他不具有反思性知识。[69]

对莱勒的人体温度计案例索萨也会给予同样的判断：真温先生具有动物性知识而不具有反思性知识。他具有动物性知识是因为植入到他脑中的思温计可靠地产生了有关温度的真信念。但是他不具有反思性知识，因为他完全没有意识到这些真信念背后的原则或过程。

那么关于患有精神病的格拉比特夫人呢？索萨会说在这个案例中莱勒既具有动物性知识也具有反思性知识。他具有汤姆偷了一本书这个动物性知识，因为他看到汤姆做了这件事，而他也具有反思性知识，因为他知道他看到汤姆偷书时所身处的条件会导致知识的产生。不存在不可挫败的挫败因素会破坏他的反思性知识。如果存在这种因素的话（正如在哥尔德曼的假谷仓案例中那样）那他也就不具有反思性知识了。

索萨的理论当然不是对盖梯尔问题的最终解决方案，但是它在我们关于知识之本质的思考方面的确前进了一大步。已经有人对它做出了一些批评，而它也启发了其他人去发展出另外的德性知识论理论来解决那些问题。索萨本人也在持续修订他的理论。他的理论会有多成功取决于它的解释力与它能多好地应对未来的思想实验。

总　结

　　传统的对命题知识的解释称知识有三个充要条件——一个命题一定是真的，某人一定要相信它是真的，而且这个人一定要有充分理由相信它是真的。不过哲学家爱德蒙·盖梯尔以及其他人却提出了一些思想实验表明一个人可以拥有得到证成的真信念却不具有知识。所以传统的知识理论是不充分的，我们面临的挑战在于构想出一个更好的解释。

　　第一个被提出的备选知识理论是可挫败性理论——知识是不可挫败的得到证成的真信念。它要求我们对一个真信念的证成不会被另外的证据（如果我们得到了那个证据的话）所挫败。但是有思想实验显示出不可挫败的得到证成的真信念对于知识来说是不充分的。

　　因果性理论避免了可挫败性的问题。它认为知识是被恰当地产生的真信念。如果使得一个信念为真的东西也是使得我们相信它的东西，那么我们就具有知识——不论我们是否具有（一般意义上的）相信它的充分理由。不过因果性的分析也失败了，因为我们有可能具有被恰当地产生的真信念却不具有知识。而且我们也有可能不具备它所说的那种因果联系却具有知识。

　　可靠性理论是因果性理论的改进版本。它认为知识是被可靠地产生的真信念。如果你的真信念是通过一个可靠的过程产生的，你就具有知识——哪怕你根本不知道这个信念是否有根据。但这也是不可信的，因为知道某事似乎不仅仅是具有正确的信息而已——它还需要我们有充分的迹象相信该信息是正确的。

　　德性透视主义认为知识是恰当的信念，也即那些由于个人的理智德性而被当作真的信念。这种知识是外在主义的，因为要具有这种知识你不必意识到产生它的原则或过程。反思性知识是一个人知道它是知识的恰当的信念。这种信念是内在主义的，因为要拥有这种知识需要你能意识到它被产生的条件。在盖梯尔式的案例中，一个人可能会两种知识都不具有，或者只具有其中一种，或者两种都有。

学习问题

　　1. 什么是对知识的正统解释？
　　2. 什么是盖梯尔的"身在巴塞罗那的朋友"思想实验？它揭示出了对知识的正统解释的什么问题？
　　3. 什么是可挫败性理论？
　　4. 什么是莱勒与帕克森的"有病的格拉比特夫人"思想实验？它是如何试图动摇某种版本的可挫败性理论的？
　　5. 什么是因果性理论？为什么它被称作一种外在主义的理论？
　　6. 什么是哥尔德曼的"假谷仓"思想实验？它是如何试图动摇因果性理论的？
　　7. 什么是可靠性理论？它是一种外在主义的观点吗？

8. 可靠性理论如何改进了因果性理论？

9. 什么是莱勒的"人体温度计"思想实验？它是如何试图动摇可靠性理论的？

10. 动物性知识与反思性知识有何不同？这两种知识能被如何用来评价盖梯尔的案例？

讨论问题

1. 如果可挫败性理论是正确的，我们的知识的范围（我们能够正当地说自己知道的范围）会比我们通常所预设的更大还是更小？

2. 如果因果性理论是正确的，它会如何改变我们知识的范围？

3. 假设某个古怪的外科医生秘密地给你的脑中植入了一个设备，它能持续地给予你有关火星地形的准确信念。你并不知道这个信念形成的过程，但它是很可靠的。因此你拥有许多有关火星地形的真信念，但是你是否知道这些命题呢？

4. 假设每周你都会突然相信一组特定的五位数号码会中国家彩票的头奖。你不知道这些信念是从哪儿来的，但是这些号码每周都会赢。你甚至从来没有检查过这些号码是否有赢，你只是相信它会赢。你的信念总是正确的，但是你知道它们为真吗？

5. 德性透视主义会如何解释盖梯尔的"身在巴塞罗那的朋友"思想实验中史密斯缺乏知识的情况？

网络探究

1. 假设上帝（或者一个魔鬼或外星人）秘密地向你的脑中输入有关明日天气情况的准确预报。你不知道为什么和怎么回事，但是你每天都能预测到明天的天气，不知道什么原因你总是正确的。那么能否说你知道明天的天气是怎样的呢？要探究这个问题可以在搜索引擎中输入"知识""可靠主义（Reliabilism）""哲学"进行了解。

2. 在"相信什么"这个问题上，你有选择吗？或者是否你的所有信念都是被设定了的（programmed into you）？你能否让自己相信某些你知道是错误的事情？要了解这个主题，可以在搜索引擎输入"自愿主义（Volitionalism）"和"信念"。

3. 为什么知识如此重要？它跟理解（understanding）是同等重要的吗？还是说理解更加重要？探究（inquiry）的目标是什么？要探索这个问题可以在搜索引擎输入"知识""理解"和"知识论价值"。

勒内·笛卡尔

第一哲学沉思录：第一个沉思[①]

你可以从第二章的阅读材料和专栏"勒内·笛卡尔：现代哲学之父"中了解他的生平信息。在下面的选文中笛卡尔论证了清晰明白原则，该原则说任何被人清晰明白地感知到的东西都是真的。

第一哲学沉思录：论上帝的存在和人的灵魂与肉体之间的实在区别

第一个沉思：论可以引起怀疑的事物

若干年以前，我就惊异于自己到底持有多少错误的信念，以及我的信念所立足其上的结构是多么可疑。我意识到，如果我想要在科学领域中树立任何稳固和持久的信念，我就需要在有生之年做到将一切信念完全推翻然后从基础上将其重新建立起来。这看起来是一项巨大的任务，我决定等晚一点再来做，等到我年纪足够大以至于再等下去也不会有任何好处时再开始做。我现在已经拖延了太久，我没有借口继续只是计划着而不开始工作了。所以今天我排除了一切干扰并给自己安排了一段完全自由的时间。我现在独自一人在这里，即将全身心而毫无保留地去推翻我以往的看法。

我并不需要证明我所有的信念都是错误的（这很可能永远无法做到）就能实现这一点。我的理性告诉我，我不仅应该停止相信那些显然是错误的命题，我也应该停止相信那些并非完全确定无疑的命题。要拒绝我所有的看法，我只需要在其中找到哪怕是一点点可供质疑之处即可。我不需要一个个检视它们（这是永远检视不完的）就能做到这一点：只要一个建筑物的基础被破坏了，它的其他部分也会随之崩溃；所以我将直接检视我之前的那些信念所立足的基本原则。

到目前为止，我所接受其为真的任何信念都是通过我的感官获得的。但是有时我会发现，感官会欺骗我，而要完全信任那些哪怕只欺骗过我们一次的感官都是不明智的。

【下面的段落给出了一系列正反双方的考虑。这里我们将其处理成两个人之间的讨论，不过这不是笛卡尔本来的文本所呈现出的样子。】

乐观的心态：不过虽然有时感官会在那些非常小或者非常远的物体上欺骗我们，这种欺骗并不适用于我关于自己正身在此处、坐在炉火旁边、穿着一件冬季的室内长袍、手上拿着张纸等事情的信念。似乎要怀疑这样一些来自感官的信念是非常不可能的。举个另外的例子：我怎么能怀疑这双手或者这个身体是我的呢？要怀疑这些事情的话我就跟那些脑部受伤的疯子差不多了——他们实际上是穷人却相信自己是国王，或者明明一丝不挂却说自己穿着紫袍，或者相信自己是南瓜、或者相信自己是玻璃做的。这种人精神不正常，如果我跟他们一样的话那我也会被人看作疯子。

[①] 节选自 René Descartes, *Meditations On First Philosophy* 这里采用的是 Jonathan Bennett 发布在 www.earlymoderntexts.com 上的版本。

怀疑的心态：（带着讽刺的口吻）多么卓越的推理啊！就好像我自己不是一个经常会在晚上睡着后与那些疯子在醒着的时候具有同样的经验的人似的——甚至有时会经验到更不可能的事情。我经常在自己的梦中对一些寻常情景深信不疑——我正穿着睡衣坐在炉火旁——而实际上我当时却正赤裸着躺在床上！

乐观的心态：不过现在我的眼睛当然是睁开的，我正在看这张纸；我摇了摇自己的头，它并没有在睡觉；当我用一只手搓另一只手时我也是有意这样做的，而且也知道我在做什么。一个人睡觉的时候是不会有这样清晰的感觉的。

怀疑的心态：还真是啊！就好像我根本不记得有时候在睡梦中我也正是被类似的想法所戏弄了一样！在对此进行了更细致的思考之后，我认识到永远不存在一种可靠的办法能区分开睡觉与醒着。这个发现让我感到头晕目眩，它本身还真的让我更相信自己可能在睡梦中了！

那么假设现在我的确在做梦，即下面的情况都是假的：我现在眼睛是睁开的，我正在移动我的头和张开我的手。再假设我实际上甚至没有手或任何身体部位。我们还是可以承认出现在睡梦中的视界就像是图画：它们一定是对真实事物的摹写；所以至少这些一般种类的事物——例如眼睛、头、手和作为整体的身体——一定是真实存在而非想象的。因为即使在画家试图画出半人鱼（siren）和半人羊（satyr）这些具有最怪异身体的动物时，他们也只是把各种不同的真实动物的四肢混搭在一起，而没有发明出一种完全新的自然物。即使他们真的构想出了某种完全是虚构的和不真实的东西——跟我们所见过的任何东西都完全不像——至少他们所使用的颜色一定是真实的。类似地，即使这些一般种类的东西——眼睛、头、手，等等——可能是想象的，谁也无法否认某些更简单的和更普遍的种类的东西是真实的。这些东西就是构成我们心灵中对各种事物（包括真实的也包括虚假的）印象的元素。

这些更简单和更普遍的种类包括了体积、广延；具有广延的物体的形状；它们的量、大小和数目；事物所能占据的位置、它们所持存的时间，等等。

因此我们似乎可以合理地总结说，物理学、天文学、医学还有所有其他处理那些具有复杂结构的事物的科学都是可疑的；而算术学、几何学还有其他对最简单和最一般的事物——不论它们是否存在于自然之中——的研究却包含了一些确定而无可置疑的东西。因为不论我是醒着还是在睡梦中二加三都等于五、一个正方形都只有四条边。要怀疑这种明显的真理可能是错误的，似乎不可能。

然而我在多年以前就在心中确定了一个信念：存在一个全能的上帝，是他创造了我并造就了我现在的样子。但是我如何能知道他没有让这个世界上并不存在天、地、占据空间的事物、形状、大小、位置等概念，同时却确保让我觉得这些事物存在？无论如何，我有时会认为其他人甚至会在他们自认为具有最完善知识的地方出错；那么我又怎么知道我自己不会在每次将二与三相加时或者数一个正方形有多少条边时出错？当然，你可能会说上帝是不会让我们这样上当受骗的，因为据说他是至善的。但是我会回答说，如果上帝的善不会让我一直都被欺骗的话，那么你就应该期望他也不会让我偶然受到欺骗，但是显然我有时会被欺骗。

一些人宁可否认有这样一个强大的上帝存在，也不愿相信其他一切都是不确定的。为了方便论证的缘故，让我们假设的确不存在上帝，而且神学都是虚构出来的。那么在他们看来我只是命运或者偶然或者一连串的因果链条的产物。但是他们让我的起源变得越不强大，则我越可能是如此地不完善以至于我一直受到欺骗——因为欺骗和错误似乎都是不完善的表现。由于对于这些论证我无法回应，我不得不又退回到这个观点上：针对我以往的任何信念都是可以提出恰当的怀疑的。我绝非轻率随意地得出这个结论，而是在深思熟虑的和强有力的理由之上这样做的。所以以后如果我想要发现任何确定的东西的话，我就必须同样谨慎地不再赞同那些我以往的信念——正如我也不应赞同那些明显是错误的信念一样。

不过，仅仅注意到这一点是不足够的；我还必须要去主动努力记住它。我以往熟悉的那些看法总是会跑回来，它们会违抗我的意志而重新俘获我的信念。这就好像是由于它们在我的信念系统中停留了很长时间并且根据习惯法它们就有权占据一块地方一样。这些出于习惯的看法的确都是很可能成立的——虽然正如我已经表明的那样，它们在某种意义上也是可疑的，但相信它们仍然比否认它们更为合理。但是如果我还是以这种方式看待它们的话，我就永远不能摆脱那种自负地赞同它们的习惯了。因此，为了克服这种习惯我最好反过来（暂时地）假装这些以往的看法都是完全错误和虚假的。我将要持续这样假装直到我拥有了某种东西可以制衡那种会扭曲看法的力量，直到那种习惯带来的歪曲作用不会阻碍我做出正确的判断。不管我在怀疑的路上走得多远，这都不会带来什么实际的伤害，因为我的计划不会影响我如何行动，而只会影响我如何获得知识。

所以我将假设有某种恶毒的、强大的、狡猾的精灵（而非是作为真理之源的至善的上帝）在尽己所能地欺骗我。我将认为天、地、空气、颜色、形状、声音以及一切外在的事物都只是一个邪恶的精灵设计的用来给我的判断下圈套的梦。我将把自己看作没有手、没有眼睛、没有血肉、没有感官但同时却错误地以为我具有这些东西。我会顽固地坚持这种思路；则即使我不能认识到任何真理，至少我可以做到我所能做的——保护自己不会接受任何错误的东西，这样的话不论这个欺骗者是多么强大和狡猾他都丝毫不能影响到我了。不过这是个困难的计划，而一种懈怠又把我拉回到以往的状态了。正如一个梦到自己是自由人的囚犯在怀疑这是否只是一个梦后想要继续做梦而不愿意醒过来一样，我也很满足于滑回到我以往的看法中；我害怕自己被从梦中摇醒，因为我害怕在我安宁的梦被打破后接着就是辛苦的工作，而我不得不挣扎着拒绝走向光明而要继续处于被关押的（由我所提出的那些问题构成的）黑暗中。

阅读问题

1. 在第一沉思中笛卡尔试图实现什么目标？
2. 梦境论证和邪恶精灵论证是如何帮助笛卡尔实现他的目标的？
3. 笛卡尔的梦境论证和邪恶精灵论证是什么？它们是否可靠？为什么？
4. 知识需要有确定性吗？如果需要的话，那我们对世界能有多少知识？如果不需要，那知识需要什么？

伯特兰·罗素

论归纳①

对伯特兰·罗素生平的介绍见本书第56页。在下面的选文中他对归纳问题做出了一个概述。

在我们之前几乎所有的讨论中，我们都一直专注于试图通过有关存在的知识来搞清楚我们的材料是什么。宇宙中有哪些东西的存在是由于我们对它们的亲知而被知道的呢？到目前而言，我们的回答是我们的感觉材料，（或者）还有我们自己。我们知道这些东西是存在的。而我们也知道我们可以回想起的过去的感觉材料在过去是存在的。这种知识为我们提供了材料。

但是如果我们要从这些材料中做出推论——如果我们要知道物质的存在、其他人的存在、我们个人记忆之前的事物的存在或未来事物的存在，我们就必须先知道某种一般的原则，只有通过这种原则我们才能做出上面的推论。我们必须先知道某类事物A的存在是某类事物B的存在的信号（sign）——B要么与A同时要么在它之前或之后，比如说雷声就是它之前的闪电的一个信号。如果我们不知道这一点，那么我们永远不能将知识扩展到我们个人经验的范围之外；而我们知道个人的经验范围是非常小的。我们现在要考查的问题就是这种扩展是否可能，以及如果可能的话，它将要怎么进行。

让我们举一个我们事实上对其没有丝毫怀疑的例子。我们都相信明天太阳会升起。但为什么呢？这个信念只是过去经验的盲目产物吗？很难找到一种测试的办法来判定这个信念是否合理，但是我们至少可以确定，无论是什么样的一般信念足以证明太阳明天会升起这个判断是合理的，那么这种一般的信念也能证明许多其他类似的判断（我们的行为是基于这些信念之上的）是合理的。

如果有人问我们为什么相信太阳明天会升起，我们当然会自然地回答："因为它每天总是会升起。"我们坚定地相信它在未来也会升起，因为它在过去总是会升起。如果他还继续追问我们为什么会相信它会跟以前一样继续升起，我们可能会诉诸运动规律：我们可能会说地球是一个自转的物体，除非有外在物体的干涉否则它不会停止旋转，而从现在到明天并不存在什么来自外界的物体会干涉地球的运动。当然有人可能会怀疑我们能否那么确定不会有外在的物体来干涉它，但这不是我们所感兴趣的怀疑。我们所感兴趣的怀疑是对到明天的时候运动规律是否还会持续生效的怀疑。如果存在这种怀疑的话我们就会发现我们又处于怀疑太阳是否会升起的时候同样的境地了。

相信运动规律还会生效的唯一理由，是根据我们关于过去的知识，它们以前一直都在发挥着作用。我们所拥有的支持运动规律会继续生效的证据要比支持太阳会继续升起的证据更多，因为太阳的升起只是运动规律之实现的一个具体的案例，而其他这样的案例还有无数个。但是

---

① 节选自 Bertrand Russell, *The Problems of Philosophy* (New York: Henry Holt and Company, 1912) 60-69

问题在于：在过去一个规律的实现有某一数量的例证能否证明它在未来也会被实现呢？如果不能，那么我们就根本没有任何根据来期望太阳明天会升起或者期望我们下一餐所吃的面包不会毒死我们，也根本无法产生任何其他我们赖以控制日常生活却很少意识到的期望。那样的话所有的期望都只是或然的，因此我们就无须找到它们必然会被实现的证据，而只须去寻找它们可能会被实现的证据。

在处理这个问题时我们必须先做出一个重要的区分，否则我们就会很快陷入令人绝望的混乱之中。经验表明，至今为止，我们总是因为某些一致的序列或并存的频繁的重复出现而期望有同样的序列或并存在下次发生。拥有某种特定外表的食物一般会有一种特定的味道，如果熟悉的外表竟然被发现伴有一种不正常的味道，这对我们的期望会是一个严重的冲击。由于习惯，我们将所看到的事物与其他各种感受联系在一起，如果我们触摸它们我们会期望有特定的触觉感受；（很多鬼故事中的）鬼魂有一个恐怖之处就是它不能给我们任何触碰的感受。没受过教育的人第一次出国时会对他们本国的语言不能被理解而感到吃惊不已。

而这种联系的能力不仅限于人类，很多动物也有很强的联系能力。一匹经常被驾驭沿着一条特定的路走的马会抗拒人让它走向另一条路的企图。人类驯养的动物在看到给它们喂食的人时就会期望有食物到来。我们知道所有这些对一致性的天然的期望是很容易成为误导的。那个在某只鸡的一生中每天都来给它喂食的人，最后一天可能会扭断它的脖子，这表明，如果能对自然的一致性有更精确的了解，这对鸡来说会很有用。

但是无论这些期望有多少误导性……它们确实是存在的。只要某些事情发生了一定的次数，动物和人就会期望它再次发生。因此我们的本能当然会使得我们相信太阳明天会升起，但是或许在这件事上我们的处境也不比那只没预料到它会被扭断脖子的鸡好到哪里去。因此我们必须将过去事态的一致性会导致我们对未来的一致性产生期望这个事实，与我们是否有合理的根据认可这种期望（在它的有效性被质疑之后）这个问题区分开。

我们必须要讨论的问题是我们是否有理由相信存在一种所谓的"自然的一致性"。相信自然的一致性也就是相信一切曾经发生的和将要发生的都是某种没有例外的一般规律的实例。我们考虑过这些粗浅的期望都是有例外的，因此也都容易使那些怀有它们的人失望。但是科学习惯上预设了（至少作为一个操作性假说）那些含有例外的一般规律都可以被不含有例外的一般规律所替代。"空气中不受支持的物体会下落"是一条一般规律，不过却有气球和飞机这些例外。但是运动定律和引力定律既可以解释为什么大多数物体会下落，也可以解释气球和飞机为什么可以升起，因此运动规律和引力规律是不受制于这些例外的。

如果地球突然碰撞到一个大星体并且它改变了地球的自转，那么太阳明天会升起这个信念就可能成为虚幻，但是运动规律与引力规律却不会被这样一个事件所证伪。科学的事业就是去发现例如运动规律和引力规律（这些规律目前尚未被发现有例外）这类一致性。科学在寻找一致性方面非常成功，而且我们可以承认科学所发现的一致性至今为止都是有效的。不过我们又回到这个问题了：即使假定它们过去一直是成立的，我们有没有理由认为它们在未来也会成立？

有人论证说我们有理由知道未来会与过去相似，因为曾经是未来的总是会变成过去，而未来总是被发现与过去相似，所以我们其实有关于未来的经验，即那些早先的时代的未来，或者叫作过去的未来。但是这种论证其实预设了其结论。我们对过去的未来是有经验的，但是对未来的未来没有经验，而问题在于：未来的未来是否会跟过去的未来相似呢？因此我们还是需要找到一种原则能让我们知道未来会遵循与过去相同的规律。

在这个问题中关于未来的推论并不是根本所在。当我们将在我们现有经验中发挥作用的规律应用到过去我们未经验过的事情时也会产生同样的问题——例如在地质学研究或者有关太阳系起源的研究中。我们真正不得不问的问题是："如果两个事物被发现总是联系在一起，而且从未发现有其中一个出现而另一个没有出现的情况，那么在新的情况中这两者之间一个的出现能否让我们有好的理由期望有另一个出现？"我们所有对未来的期望的有效性、我们由归纳而获得的所有结果以及事实上我们日常生活所立足的所有信念都必然依赖于我们对这个问题的回答。

首先，我们必须承认仅仅有两个事物被发现经常在一起并且从来没有分开过并不足以直接证明在我们所考察的下个案例中它们也会被发现在一起。我们最多只能希望两个事物被发现在一起的次数越多，则下次它们被发现一起出现的可能性就越大，这种可能性会极端接近确定性，但是它永远不能达到确定性，因为我们知道即使它们频繁重复出现，在后来的某次却可能不一起出现——正如被扭断脖子的鸡这个案例一样。因此我们最多只应该追求可能性。

有人可能会反驳我提出的观点，他会说我们知道所有的自然现象都服从规律的支配，而基于观察我们有时可以看到，只可能有一条规律可以适用于某个案例。对于这种观点我有两种回答：第一，即使存在某种规律可以毫无例外地适用于我们说的案例，我们实际上也永远无法确定我们发现过这样的规律或者知道它是毫无例外的；第二，规律对现象的支配似乎本身也只是或然的，而规律在未来和在我们未有审查的过去的案例中也成立这个信念本身也基于我们正在审查的这个原则。

我们现在所审查的原则或许可以叫做归纳原则，该原则的两个部分可以表述如下：

a. 当一类事物A被发现与另一类事物B联系在一起，而且从未发现A与B不在一起的情况，那么A与B联系在一起的次数越多，则在一个新的案例（当我们已知A或B之一出现了时）中它们会联系在一起的可能性就越高。

b. 在同样的条件下，当二者联系在一起的次数足够多时，则会出现一个新的联系的可能性就接近确定性了，而且随着联系的次数增多而无限地接近确定性。

正如上述所言，这个原则仅仅适用于我们对某单个新案例的期望的确认。但是我们也想要知道A类事物与B类事物总是联系在一起的这种一般规律（假设二者之间的联系的次数足够多并且从来没有它们不在一起的案例）。一般规律成立的可能性显然比个别案例成立的可能性要低，因为如果一般规律为真，则个别案例一定也为真，但是如果个别案例为真，则一般规律不一定为真。然而跟个别案例一样，一般规律为真的可能性也会随着某种联系的重复出现而增大。因此我们也可以将归纳原则的两部分运用到一般规律上：

a. 一类事物A与一类事物B联系在一起的案例越多（假设没有二者未一起出现的情况），则A与B总是会联系在一起的可能性就越大。

b. 在同样的条件下，当A与B联系在一起的案例足够多时，则几乎可以确定A与B总是联系在一起的，而且随着案例的增多该一般规律也无限接近确定。

应该注意到可能性总是相对于某种特定的材料而言的。在我们这里，材料仅仅是指已知的A与B并存的案例。或许还有其他的材料（如果考虑到它们的话）可能会极大地改变这种可能性。比如说一个人曾经看到过许许多多的白天鹅，因此他可能会基于我们的归纳原则而论证说，基于这个材料有可能所有的天鹅都是白色的，而这可能是一个非常可靠的论证。这个论证并不会被某些天鹅是黑色的这个事实所反驳，因为即使有些材料会使一件事变得不太可能它也照样可以发生。在天鹅的例子中，一个人可能知道在很多种动物身上颜色是一种非常多变的特征，因此一个有关颜色的归纳特别容易出错。但是这种知识会是一项新材料，它完全不能证明我们相对于之前的材料而给出的可能性是被错误估计的。因此，我们对事物的期望往往会落空这一事实并不能证明我们对已有的某个或某类案例的期望不太可能实现，所以诉诸经验并不能反驳我们的归纳原则。

不过，归纳原则同样也不能通过诉诸经验而被证明。可以想象经验可能会基于那些已经被审查过的案例而确认归纳原则，但是对于那些未被审查过的案例而言，我们只能单单通过归纳原则来用已被审查过的案例来证成未被审查的案例的推理。任何基于经验的论证——不管是论证未来的部分还是未被经验的现在或过去的部分——都已经预设了归纳原则；因此我们永远不能在没有预设结论的情况下通过经验来证明归纳原则。因此我们必须要么基于归纳原则的内在的证据而接受它，要么就放弃我们对有关未来的期望所做的所有辩护。如果归纳原则不可靠，那么我们就没有理由期望太阳明天会升起、面包比石头更有营养，或者期望如果我们从房顶跳出则我们会掉下去。当我们看到一个像是我们最好朋友的人走近时，我们就没有理由假设在他的身体里的不是某个完全是陌生人的或我们最恶毒的敌人的心灵。我们的所有行为都是基于那些在过去曾经有效的联系以及我们由此而预期在未来也可能会有效的联系，而这种可能性是否成立依赖于归纳原则。

科学的一般原则，例如关于世界受规律支配的信念、任何事件都一定有其原因的信念也跟我们日常生活中的信念一样，都是完全依赖于归纳原则的。所有这些一般原则之所以被相信是因为人类已经发现无数有关它们的真实性的例子，而没有发现任何会证明它们为假的例子。但是除非我们已经预设了归纳原则，否则这一点并不能证明它们会在未来为真。

因此所有基于经验来告诉我们有关未被经验到的事情的知识都是立足于一种既不能被经验所证实也不能被经验所反驳的信念，不过这种信念（至少在其更具体的应用中）似乎跟许多经验事实一样都牢牢地根植于我们内心中了。这种信念的存在及其对它的证成引起了一些最困难和最富争议性的哲学问题（我们将会看到这种现象不是只发生在归纳原则上）。在下一章我们会简略地考虑下如何来解释这种知识，以及这种知识的范围和确定性的程度。

阅读问题

1. 什么是归纳问题？这个问题可以通过经验考查来解决吗？为什么？

2. 罗素提出了过去一个规律的实现有某一数量的例证能否证明它在未来也会被实现这个问题，而他的回答是"否"。为什么他这样回答？

3. 可以通过诉诸经验反驳归纳原则吗？为什么？

4. 在罗素看来，科学的一般原则是否依赖于归纳原则（而它是不可证明的）？那么对这些原则的信念是否只是一种宗教信仰？你认为罗素会如何回答这个问题？

厄内斯特·索萨

德性透视主义[1]

厄内斯特·索萨是罗格斯大学的哲学教授理事会成员，也是 *Nous*、*Philosophy* 和 *Phenomenological Research* 等期刊的编辑。他曾经担任美国哲学协会（American Philosophical Association）的会长，也是美国文理科学院（Academy of Arts And Sciences）院士。下面的选文是摘选自他2005年在牛津大学的约翰·洛克讲座上所讲的内容，他在本文中简要介绍了他首创的知识论理论——德性透视主义——背后的原则，并解释了它如何有助于解决盖梯尔问题。

当一个弓箭手瞄准目标射箭时，他的射击可以从三个方面来衡量。

第一，我们可以衡量它是否成功地达到了目标，即射中靶子。虽然我们也可以衡量这次射击有多准确，它跟靶心有多接近，不过在此我们先把这些量度放在一边，只关心有/无问题：它是否有射到靶子上。

第二，我们可以衡量它是否是高超的，是否显示出了他在射箭方面的技能。技能也是有各种程度的，但是我们在此也还是只关注有/无问题：它是否是高超的。

不过，一个高超和准确的射击能够成功地射中目标却未必可以归因于弓箭手。设想一次射击在正常状况下是可以射中靶心的，但是可能有一阵异常的强风吹来，并强到了可以让箭转向的程度，所以在这样的情况下它一般应该会完全射空。但是，风向的变化可能会又把箭给吹回来使得它最终射中靶心。这样的话这次射击就是准确的和高超的，但是它之所以准确不（完全）是因为它的高超。所以它不是恰当的，它的成功命中也不能归因于弓箭手。

因此一个弓箭手的射击就是一个具有AAA结构——准确性、高超性和恰当性——的表现。一般的表演——至少是那些有一个目标的表演（哪怕它不是一种有意的目标）——也是如此。如果你打算射到靶子上并真的射到了靶子则这次射击是成功的。如果一次心跳可以泵血，则即使它不怀有任何有意的目标，它也是成功的。

或许所有的表演都具有一个目标——哪怕是那些表面上无目标的表演（例如看起来无所事事的漫步）。一个具有目标的表演在任何情况下都可以从我们所说的三个方面来衡量：准确性（达到目标）、高超性（展示技能或能力）、恰当性（通过展示高超性达到目标）。下面的讨论会被严格限制在具有一个目标的表现上面。

有些行动当然属于表演，不过一些持续的状态也可以是表演。试考虑那些你在旅游景点经常看到的活人所扮的雕像。这种表演可以持续进行，而不需要通过更新的有意识的意图来持续保持。表演者的思想可能在神游，他并不需要额外费什么力去保持这种表演的持续或质地。

因此信念或许也可以算作是一种表演，一种长时间持续的、跟心跳一样不具有有意识目标

---

[1] 节选自 Ernest Sosa, *A Virtue Epistemology* (Oxford: The Clarendon Press, 2007) 22-24; 95-97

的表演。信念的正确性至少是可以独立于任何它所展现的能力而被衡量的。毕竟正如在盖梯尔案例中所展现的那样，信念可以是由于运气，而独立于相信者的能力成为真的。

跟一般的表现一样，信念也是归于AAA结构之下的。我们可以区分一个信念的准确性（例如它的真）、它的高超性（例如它展现出来的认识的德性或能力）和它的恰当性（例如它之所以为真是由于能力）。

动物性知识在本质上是恰当的信念，在这一点上它是跟要求更高的反思性知识不同的。这并不是说"知道"这个词的意思本身是模糊的。或许它的确是，不过只是区分出一种叫作"动物性"的知识却未必需要蕴涵这种语言学观点。事实上暂且不管"知道"的定义如何，我们总是可以进行下面这三步的：

a. 断定知识包含着信念。

b. 理解"动物性"知识需要是恰当的信念而不需要是可被证成的恰当的信念——例如那种主体可以恰当地相信其为恰当，因而可以在面对怀疑论的怀疑时而为它的恰当性做出辩护的信念。

c. 理解"反思性"知识需要不仅是恰当的信念，而且还是可被辩护的恰当的信念。

现在你就了解我在下面的演讲中所要发展的德性知识论的核心观念了。

我们总结说如果一个信念的正确可以归因于一个个体的能力的话，则它就可以算作是恰当的，并因此可以算作动物性知识。有一种反对意见：那样的话一个盖梯尔式案例中的人也能说是通过他的得到证成的真信念而成为知道的了。假设你通过首先收集了一个人（例如诺格特）拥有一辆福特车的证据然后由此得出一个简单的存在命题结论，总结说这里的某人有一辆福特车。如果恰当性标准只要求部分的归因，那么你似乎就知道这里有人拥有一辆福特车，因为你的真信念似乎在部分上可以归因于你的一种认识能力。但是如果你推出这里有人拥有一辆福特车是基于错误的信念"诺格特有一辆福特车"（而事实上这里只有哈维特才有福特车），则你其实是不知道这一点的。

然而，哪怕一种事物甚至不能部分地解释为什么某实体具有某种属性，它也可以解释该实体的存在。比如，有辆车被沃尔沃工厂生产了出来这个事实可以解释某辆有特定问题的车的存在，同时它却甚至不能部分地解释它现在为什么会出现问题。事实上即使它不是由沃尔沃生产的它也可能会出问题。因此它之所以会出问题不能完全归因于它来自沃尔沃工厂。

类似地，这里有人拥有一辆福特车这个真信念之所以存在是因为由于某种认识能力的运作，而它之所以正确却不一定是因为这种能力。盖梯尔案例中的人基于他的信念"诺格特拥有一辆福特车"而得出结论说有人拥有一辆福特车，而这个推理有助于解释他对那个真命题结论的信念的存在。但是由于诺格特并没有一辆福特车，这个基于诺格特的推理就无法解释这个相信者如何能得出正确的结论"这里有人拥有一辆福特车"。基于诺格特的推理当然有助于解释为什么这个相信者会具有那种信念，但是它丝毫无助于解释该信念的正确性。要做到这一点，它必须能作为一个单独的因素或者跟其他因素联合在一起解释这个信念如何能成为真的而非假的。这意味着它必须能有助于在相信者是如何相信那件事跟那件事是真的这两者之间建立起一个联系。

但是有关诺格特的信念并不能有助于建立起与有关该事件的真实性（这里是否有人有一辆福特车）的联系。

阅读问题

1. 在索萨看来，是什么因素使得一个表现成为准确的、高超的、恰当的？
2. 是什么因素使得盖梯尔式案例中的真信念与日常情况中的真信念不同？
3. 动物性知识与反思性知识有何不同？
4. 在索萨看来，为什么盖梯尔式的案例不能算作知识？

托马斯·戴维斯

为什么你不醒一醒?[1]

托马斯·戴维斯（Thomas D. Davis）曾在密歇根大学、格林内尔学院、雷德兰兹大学和德安扎学院等地担任哲学讲师。他创作过一系列小故事，也写过两部哲学主题的神秘小说：《容忍小孩子》（Suffer Little Children，获得了由美国私家侦探作家协会所颁发的夏姆斯奖，被评为1991年年度最佳神秘小说）和《被谋杀了的睡眠》（Murdered Sleep）。在下面的小故事中戴维斯探索了笛卡尔的梦境论证所蕴涵的推论。

我站在家里的客厅里，爸爸也在旁边，他严肃地对我说："约翰，这些天你怎么魂不守舍的？你必须醒一醒。"然后我觉得自己醒了，正坐在家里自己的桌子旁。我站起身打了个呵欠，拿起了历史书，这时妈妈进来了，她说："小约，又不集中精神，你必须醒一醒。"我觉得自己醒了，正坐在课堂上。我看了下周围，发现特蕾莎正坐在我旁边，她看起来很不开心地对我说："约翰，这些天你怎么了？为什么你不醒一醒？"我觉得自己醒了，我正躺在宿舍的床上。

全部都是梦中的梦中的梦，而我以为自己醒着时只不过是另一个梦。我躺在床上想，接下来又会发生什么将我从这个梦中叫醒？没有任何事情发生。只有电子钟闪烁着走向七点半，我猜这次一定是真的。

然而它看起来不像是真的。这些天都是如此。发生的所有事情似乎都多少有些模糊，失去了焦点，毫不重要。我难以集中精神并严肃地对待事情，而所有人都像是故意和我作对一样。我想这就是那些关于做梦的梦和醒来的梦的原因了。

至少是其中一个原因。还有一个原因是哲学课以及课上关于笛卡尔与是否所有现实都可能是一个梦的讨论。这对我也是有影响的。

我又一次没及时接到特蕾莎，她不得不等我，而我们也没有一起喝咖啡的时间了。她脸上一副愠怒的表情，这种表情我这些天看多了。我们沉默不语地走过校园。最后，她开口说：

"我不知道我为什么要上这门愚蠢的哲学课。真希望它快点结束。"

我知道她并不真的是在对哲学课生气，而是对我还有我最近的迟到生气。我知道我应该说一些安慰她的话，但是我也心烦意乱，火气不小。

"我喜欢这门课。"我故意和她唱反调。

"你并不喜欢。"

"我喜欢，它挺有趣的。"

"是啊，真有趣，好像我真的想要整天坐在那里想整个世界是否都是一个梦一样。"

"或许你是在一个梦中。"

"没错，"她摇了摇头，"这个想法真愚蠢。"

---

[1] 选自：Thomas D. Davis, "Why Don't You Just Wake Up?" *Philosophy* (New York: Mcgraw-Hill, 1993) 163-166

"只是说它'愚蠢'并不能让它成为错的。你怎么知道你不是在做梦呢？"

她瞪着我，但是她的眼珠却开始四处乱转，每当她努力思考时就会这样。她现在本来没有心情思考这个，但是我已经快把她逼疯了。

"因为……我知道梦是什么样子。它们是模模糊糊的。不像是世界现在看起来的样子。"

"你的意思是你在梦里是透过烟雾看世界的？"

"搞笑。"

不过我知道她说的是什么意思。在几周之前我也会说醒着的时候看起来与做梦的时候是非常不同的。但是课上的那个家伙说得对。那只是事物看起来的样子，它并不能说明事物本身是什么样的。

"你看，"我说，"没有人否认我们叫做'梦'的状态与我们叫做'醒着'的状态看起来是非常不同的。但是它们真的有不同吗？或许'醒着的'状态只不过是另一种梦而已。"

"嗯，好吧！如果这些都是发生在我的大脑里，那么我为什么又在和你讨论一些我不想讨论的事情呢？"

"因为你没办法控制这个梦，就跟你晚上做梦时也没办法控制它一样。是你的潜意识在控制它。"

"这可真是胡说八……"

"为什么？"

"这太疯狂了。你明知道你是在真实世界里的，却还站在这里试图说服我一切都只是我的梦。这根本说不通。"

"这些是说得通的。我是说你不可能知道我真的存在，而我也不可能知道你……"

突然我停住了，因为有一种可怕的事情正在发生。就像是一阵涟漪正在摇动着整个世界，它从我左边的地平线开始，但是移动得很快，就好像世界实际上比它看起来的样子要小一样。而涟漪所波及之处一切都被拉长，变得模糊了。涟漪经过了特蕾莎，那一瞬间她被扭曲了，就像在照哈哈镜一样。随后那种感觉又消失了，一切都恢复正常。

"约翰，你还好吗？"特蕾莎担忧地看着我，"你的脸色看起来苍白如纸。"

"不知道。我刚刚有一种非常奇怪的感觉。我想我还好。"

"约翰，你是不是嗑药了？"

"没有，我跟你说了，真的。"

她盯着我看了一会，确定我说的是实话。

"走吧！"她说着，挽起了我的手，"你现在最不需要的就是哲学课了。让我们去吃点东西然后再去晒晒太阳。我肯定你会感觉好一些。"

"哎，阿莎，对不起，我刚才简直像个混蛋，我……"

"别想那么多了，约翰。这些都没关系，走吧！"

过了一会我的确感觉好一些了。一切几乎都恢复到正常了。但我晚上还是老在做梦中梦，然后第二天事物看起来又不真实了。到中午的时候世界又经历了一次涟漪。

我去了学校的健康服务中心,医生当然以为这是因为我嗑了药,我们在这件事上争执了一段时间,最后我坚持要他对我做一个测试,才让他开始相信我不是在说谎了。他的态度也好了一些,对我表现得更关心,并且安排了一些测试,还预约了一个他希望我去看的专家,虽然他仍然确定我"没什么毛病,只不过是太累了"。

穿过校园时我再次看到世界经历了一次涟漪,然后我突然意识到它看上去像是什么了。它就像是你在教室里看一场电影时幕布的晃动将图像扭曲了,这让你突然意识到你面前的不是一个真实世界,而只是投射在一块不太大的布料上的幻象。我伸出手去触摸这个涟漪,而我的手臂上也出现了涟漪,因为它也是电影的一部分。

我不知道这是怎么回事,感到恐慌。在晚上我尽力让自己不要睡着,因为我突然发现会做梦这个想法让人心烦意乱。到早上时我都快困死了,但是还是跌跌撞撞进了教室,因为我希望有些东西能转移注意力,但是一进去之后我就很难去注意任何事了。我猜教授一定是向我提了问题而我没听到,因为我感觉到特蕾莎不停地在用手肘推我,还听到她的声音在说:"快点,约翰,醒一醒。"

然后我抬起头看到教授站在讲台后面,而在他背后的上方的墙上似乎出现了一条黑线。它看起来像是地震造成的裂缝,只不过它的边缘向着墙面折叠回来,就好像是一张被撕裂的纸的边缘,我透过撕开处看到里面除了黑暗什么都没有。然后我看到撕裂的东西根本不是墙,而是我的视野,因为在裂缝到达教授所站的地方时他也被撕成了两半,接下来撕裂的是讲台和前排学生们的头。在撕裂处的两边世界开始扭曲、折叠和收缩。这个裂缝穿过学生们向下移动,并在我向下看时也穿过了我自己的身体。没有人移动或尖叫——他们就像是一幅被撕裂的电影幕布上的人物一样根本没有注意到这些。在慌乱之中我伸手出去并摸到了特蕾莎,然后观察到她还有我的手也扭曲了,同时一切事物——所有的一切的事物——都散去了。

* * * * *

夜里。总是在夜里。一个没有星星的夜晚,没有任何东西的夜晚——只有一种遍布四周的无限的空虚。而我漂浮着,我是一个不存在的世界中的不可见的东西。

我处于这种状态有多久了?我不知道。似乎已经过了很多年,但是这仅仅是一种感觉而已,因为这里不存在任何东西能用来记录时间。

我试图回想起以前是怎样的,但是我的记忆如此苍白,并且随着时间的向前爬行变得日益苍白。

我想要祈祷,但是这里没有可以向之祈祷的对象。我也心存希望,因为希望是我仅有的了:希望有一天我会再次开始梦到世界——就像我上次无法解释地梦到了世界那样。

阅读问题

1. 特蕾莎坚持说她可以区分出梦境和现实,但是约翰认为她不可以。他提出了什么理由来说明她是错的?

2.约翰一开始觉得做梦让人心烦,但是到了最后他似乎很渴望再次做梦,为什么会有这种变化?

3.这个故事是阐释了还是削弱了笛卡尔关于做梦与醒着的观点?

4.这个故事是虚构的,但是它提出了一个严肃的观点。这是什么观点?

注 释

第1章

1. Werner Heisenberg, *Physics and Beyond* (New York: Harper & Row, 1972) 210.
2. Francis Crick, *The Astonishing Hypothesis* (New York: Simon & Schuster, 1994) 3.
3. B. F. Skinner, *Beyond Freedom and Dignity* (New York: Bantam, 1971) 3ff.
4. Richard Dawkins, *The Selfish Gene* (Oxford: Oxford University Press, 1976) IX.
5. James McConnell, "Criminals Can Be Brainwashed — Now," *Psychology Today* 3 (1970) 14.
6. Ludwig Wittgenstein, *Philosophical Investigations*, 3rd ed., trans. G. E. M. Anscombe (Oxford: Blackwell, 1972) sec. 66.
7. Bernard Suits, *The Grasshopper: Games, Life and Utopia* (Toronto: University of Toronto Press, 1978).
8. M. W. Rowe, "The Definition of 'Game,'" *Philosophy* (67) (Oct., 1992) 467—479.
9. Rudolf Carnap, *Logical Foundations of Probability* (London: Routledge and Kegan Paul, 1950) 3.
10. Plato, "The Apology," *The Dialogues of Plato*, trans. Benjamin Jowett (Oxford: Oxford University Press, 1892) 110.
11. *John Roach,* "Delphic Oracle's Lips May Have Been Loosened by Gas Vapors," *National Geographic News,* August 14, 2001, www.nationalgeographic.com/news/2001/08/0814_delphicoracle. html. Retrieved August 1, 2005.
12. Diogenes Laertius, *The Lives of the Philosophers,* ed. and trans. A. Robert Camonigri (Chicago: Henry Regnery Company, 1969) 78.
13. Plato, "Euthyphro," 5d—8b, trans. Lane Cooper, *Plato: The Collected Dialogues* (Princeton, NJ: Princeton University Press, 1973) 173—176.
14. Plato 176.
15. Aristotle, "Metaphysics," book 4, 1008b, *Aristotle,* trans. Richard McKeon (New York: Random House, 1941) 742.
16. Aristotle 1006a, 737.
17. Jerry Fodor, *The Language of Thought* (Cambridge, MA: Harvard University Press, 1979) 6—7.
18. Arthur Conan Doyle, *A Study in Scarlet* (New York: P. F. Collier and Son, 1906) 29—30.
19. Ludwig F. Schlecht, "Classifying Fallacies Logically," *Teaching Philosophy* 14, no. 1 (1991) 53—64.

20. Edmund Husserl, *Ideas,* trans. Boyce Gibson (London: Allen and Unwin, 1952) 201.
21. Lewis White Beck and Robert L. Holmes, *Philosophic Inquiry* (Englewood Cliffs: Prentice Hall, 1968) 180.
22. Mary Anne Warren, "On the Moral and Legal Status of Abortion," *The Monist* 57 (1973) 43—61.
23. Warren 54—56.
24. John Locke, *An Essay Concerning Human Understanding* (Oxford: Oxford University Press, 1991) 335.
25. Locke 333.
26. Richard Swinburne, *The Coherence of Theism* (Oxford: Clarendon Press, 1977) 99.
27. Warren 57.
28. Warren 56—57.
29. http://gamma.sitelutions.com/~toucans/aspcr/
30. Wilfred Sellars, "Philosophy and the Scientific Image of Man," *Frontiers of Science and Philosophy* (Pittsburgh, PA: University of Pittsburgh Press, 1962) 37.
31. Antoni Gomila, "What Is a Thought Experiment?" *Metaphiloso- phy* 22 (1991) 88.
32. Daniel Callahan, "Abortion Decisions: Personal Morality," *Bio- medical Ethics,* ed. Thomas A. Mappes and Jane S. Zembaty (New York: McGraw-Hill, 1991) 446.
33. Callahan 446.
34. Martin Gardner, *Time Travel and Other Mathematical Bewilderments* (New York: Freeman, 1988) 7.
35. Michael Tooley, "Abortion and Infanticide," *Intervention and Reflection,* ed. R. Munson (Belmont, CA: Wadsworth, 1983) 72.
36. Judith Jarvis Thomson, "A Defense of Abortion," *Rights, Restitu- tion, and Risk: Essays in Moral Theory,* ed. William Parent (Cambridge: Harvard University Press, 1986) 2—3.
37. Jesper Hogstrom, "Dark Suckers," *Project Galactic Guide* (10 May 1992) online, Internet.
38. National Institute of Neurological Disorders and Stroke, NINDS Coma Information Page. www.ninds.nih.gov/disorders/coma/ coma.htm. Retrieved August 1, 2005.

第2章

1. René Descartes, *Discourse on the Method of Properly Conducting the Reason,* Part V, *The Philosophical Works of Descartes,* trans. E. S. Haldane and G. R. T. Ross (Cambridge: Cambridge University Press, 1973) 116.

2. Arthur Harkins, quoted in *The Tomorrow Makers* by Grant Fjermedal (New York: Macmillan, 1986) 220.
3. James S. Albus, quoted in *The Tomorrow Makers* by Grant Fjermedal (New York: Macmillan, 1986) 194.
4. Albus 195.
5. Gottfried Wilhelm von Leibniz, *Monadology and Other Philosophi- cal Essays,* trans. Paul Schrecker and Anne Martin Schrecker (Indianapolis: Bobbs-Merrill, 1965) 17.
6. Vernor Vinge, "What Is the Singularity?" http://www.ugcs.caltech.edu/~phoenix/vinge/vinge-sing.html. Retrieved August 1, 2005.
7. Shankara, *Crest-Jewel of Discrimination* (Hollywood: Vedanta Press, 1975) 110.
8. René Descartes, *Meditations on First Philosophy,* Meditation II, *The Philosophical Works of Descartes,* 149.
9. Descartes, Meditation I 145.
10. Descartes, Meditation I 145—146.
11. Descartes, Meditation I 147.
12. René Descartes, *Discourse on the Method of Rightly Conducting the Reason,* pt. 4, *The Philosophical Works of Descartes,* 101.
13. Descartes, *Discourse,* pt. 4, 101.
14. Adrian Thatcher, "Christian Theism and the Concept of a Person," *Persons and Personality,* ed. A. Peacocke and G. Gillett (Oxford: Basil Blackwell, 1987) 183—184.
15. René Descartes, *Discourse,* pt. 5, *The Philosophical Works of Descartes,* 117.
16. Nicholas Malebranche, *Oeuvres Completes*, Vol. 2, ed. G. Rodis-Lewis (Paris: J. Vrin, 1958—1970) 394.
17. L. C. Rosenfeld, *From Beast-Machine to Man-Machine* (New York: Octagon, 1968) 54.
18. René Descartes, Letter to Moore, 5 February 1649, *Philosophical Letters*, ed. A. Kenny (Oxford: Clarendon Press, 1970) 244.
19. C. D. Broad, "Human Personality and Its Survival of Bodily Death," *Lectures on Psychical Research* (London: Routledge & Kegan Paul, 1962) 409.
20. Descartes, *Meditations,* Meditation VI 196.
21. Roger Sperry, quoted in *The Mechanics of Mind* by Colin Blake- more (Cambridge: Cambridge University Press, 1978) 159.
22. Princess Elizabeth, Letters to Descartes, May 6, 1643, in René Descartes, *Philosophical Writings*, trans. Elizabeth Anscombe and Peter Geach (Indianapolis: Bobbs-Merrill, 1971) 274—275.
23. Descartes, "Passions of the Soul," sec. 31, *The Philosophical Works of Descartes*

345—346.

24. Colin Blakemore, *Mechanics of Mind* (Cambridge: Cambridge University Press, 1977) 3—4.
25. T. H. Huxley, *Method and Results* (New York: Appleton- Century-Crofts, 1893) 244.
26. Descartes, Meditation II 155.
27. David Hume, *Enquiries Concerning the Human Understanding and Concerning the Principles of Morals,*
ed. L. A. Selby-Bigge (Oxford: Clarendon Press, 1972) 22.
28. Hume 365.
29. David Hume, *A Treatise of Human Nature* (London: Oxford University Press, 1973) 232—233, 234.
30. Rudolf Carnap, "The Elimination of Metaphysics Through Logical Analysis of Language," *Logical Positivism,* ed. A. J. Ayer (Glencoe, IL: Free Press, 1959) 60—81.
31. Gilbert Ryle, *The Concept of Mind* (New York: Barnes & Noble, 1949) 16.
32. Hilary Putnam, "Brains and Behavior," *Readings in the Philosophy of Psychology,* ed. Ned Block (Cambridge, MA: Harvard Univer- sity Press, 1980) 29.
33. Morton Hunt, *The Universe Within* (New York: Simon & Schuster, 1982) 51.
34. Hunt 62.
35. Roderick Chisholm, *Perceiving* (Ithaca: Cornell University Press, 1957) 183.
36. Blakemore 3—4.
37. Barry Beyerstein, *The Hundredth Monkey and Other Paradigms of the Paranormal,* ed. Kendrick Frazier (Amherst, NY: Prometheus Books, 1991) 45.
38. John Lorber, quoted in Roger Lewin, "Is Your Brain Really Necessary?" *Science* 210 (December 1980) 1232.
39. Lorber 1232—1233.
40. Lorber 1233.
41. Thomas Nagel, "What Is It Like to Be a Bat?" *Readings in the Philosophy of Psychology* 161—163.
42. David Lewis, "Mad Pain and Martian Pain," *Readings in the Philosophy of Psychology* 216—217.
43. Hilary Putnam, "Philosophy and Our Mental Life," *Readings in the Philosophy of Psychology* 135—136.
44. John Searle, *The Rediscovery of the Mind* (Cambridge, MA: MIT Press, 1992) 65—68.
45. Michele Nicolosi, "Researchers' Brainchild: Microchip Implants Boosting Mental Function," *The Orange County Register* (20 April 1997) online, Internet.

46. Larry Hauser, "Revenge of the Zombies," selected papers by Larry Hauser, online, Internet, 24 April 2002.
47. Marvin Minsky, quoted in "Where Evolution Left Off," *Andover Bulletin (*Spring 1995) 9.
48. Gerald Jay Sussman, quoted in *The Tomorrow Makers* by Grant Fjermedal (New York: Macmillan, 1986) 8.
49. Lewis 216.
50. Ned Block, "Troubles with Functionalism," *Readings in the Philosophy of Psychology* 276, 278.
51. Hilary Putnam, *Reason, Truth and History* (Cambridge: Cambridge University Press, 1981) 80.
52. Martine Nida-Rumelin, "Pseudonormal Vision and Color Qualia," *Toward a Science of Consciousness 3*, Hameroff, Kaszniak, Chalmers, eds. (Boston: MIT Press, 1999) 75.
53. *The Matrix*. 35 mm, 136 min. Groucho II Film Partnership, Silver Pictures, Village Roadshow Productions, 1999.
54. Paul Churchland, *Matter and Consciousness* (Cambridge, MA: MIT Press, 1990) 39—40.
55. A. M. Turing, "Computing Machinery and Intelligence," *Minds and Machines,* ed. Alan Ross Anderson (Englewood Cliffs, NJ: Prentice-Hall, 1964) 5.
56. Turing 13.
57. John R. Searle, "Is the Brain's Mind a Computer Program?"
Scientific American 262 (Jan. 1990) 26.
58. John R. Searle, *Minds, Brains and Science* (Cambridge, MA: Harvard University Press, 1984) 34.
59. Searle, "Is the Brain's Mind . . . ?" 28.
60. John R. Searle, "Minds, Brains, and Programs," *Behavioral and Brain Sciences* 3 (1980) 417—424.
61. Searle, "Is the Brain's Mind . . . ?" 35.
62. Block 282.
63. Richard Rorty, "Mind-Body Identity, Privacy, and Categories," *Review of Metaphysics* (1965—66) 28—29.
64. Rorty 30—31.
65. Churchland 45—46.
66. Searle, *The Rediscovery of the Mind* 47.
67. Frank Jackson, "Epiphenomenal Qualia," *Philosophical Quarterly* 32 (1982) 127.

68. David Lewis, "Knowing What It's Like," *The Nature of Mind,* ed. David M. Rosenthal (New York: Oxford University Press, 1991) 234.

69. Jojo Moyes, "Teenager Sees Color after Life in Black and White," *The Independent*, October 22, 1997.

70. David J. Chalmers, *The Conscious Mind* (Oxford: Oxford University Press, 1996) 94—95.

71. Nelson Goodman, *Languages of Art* (Indianapolis: Hackett, 1976) 50, 68, 70.

72. Dale Jacquette, *Philosophy of Mind* (Englewood Cliffs, NJ: Prentice-Hall, 1994) 102—103.

73. Hilary Putnam, *Representation and Reality* (Cambridge, MA: MIT Press, 1988) 110.

74. Thomas Nagel, *The View from Nowhere* (Oxford: Oxford University Press, 1986) 53.

75. W. E. Agar, *Theory of the Living Organism* (Melbourne: Melbourne University Press, 1943) 109—110.

76. Enos Witmer, "Interpretation of Quantum Mechanics and the Future of Physics," *American Journal of Physics* 35 (1967) 47.

77. *Ibid*.

78. *Ibid*. 49

79. *Ibid*. 50

80. János Szentágothai, "The 'Brain-Mind' Relation: A Pseudoprob- lem?" *Mindwaves,* ed. Colin Blakemore and Susan Greenfield (Cambridge, MA: Basil Blackwell, 1987) 334.

81. Roger W. Sperry, "Changing Priorities," *Annual Review of Neuro- science* 4 (1981) 12.

82. Roger W. Sperry, "A Modified Concept of Consciousness," *Psychological Review* 76 (1969) 534.

83. A. R. Peacocke, *Theology for a Scientific Age: Being and Becoming — Natural and Divine* (Cambridge, MA: Basil Blackwell, 1990) 156, 158.

84. Jerry Fodor, "Making Mind Matter More," *Philosophical Topics* 17 (Spring 1989) 77.

第3章

1. This example adapted from Daniel Kolak and Raymond Martin in *The Experience of Philosophy* (Belmont, CA: Wadsworth, 1993) 149.

2. William James, "The Dilemma of Determinism," *The Will to Believe and Other Essays in Popular Philosophy* (Cambridge, MA: Harvard University Press, 1979) 117—118.

3. Samuel Butler, *Erewhon* (New York: Lancer Books, 1968) 131—132.

4. Margot Slade, "The Devil Made Me Do It," *Morning Call* [Allentown, PA] (29 May

1994) A8.

5. Clarence Darrow, *Attorney for the Damned* (New York: Simon & Schuster, 1957) 64—65.
6. John Steinbeck, *The Grapes of Wrath* (New York: Viking Press, 1939) 32.
7. William James, "The Dilemma of Determinism," quoted in Martin Gardner, *The Whys of a Philosophical Scrivener* (New York: Quill, 1983) 104.
8. Pierre-Simon Laplace, *A Philosophical Essay on Probabilities,* trans. F. W. Truscott and F. L. Emory (New York: Dover, 1951) 4.
9. Baron d'Holbach, "Of the System of Man's Free Agency," *The System of Nature,* Chapter XI (1770), trans. H. D. Robinson. (Manchester: Clinamen Press Ltd., 2000).
10. Baruch Spinoza, Letter 62 (58) (to G. H. Schuler), *The Ethics and Selected Letters,* ed. Seymour Feldman, trans. Samuel Shirley (Indianapolis: Hackett, 1982) 250.
11. Boethius, *The Consolation of Philosophy,* book 5, trans. W. V. Cooper (London: J. M. Dent, 1902) 145, 147.
12. John Calvin, *Institutes of the Christian Religion,* trans. John Allen (Philadelphia: Presbyterian Board of Publication Book, 1813), book 3, chap. 21, sec. 5.
13. Peter van Inwagen, *An Essay on Free Will* (Oxford: Clarendon Press, 1983) 16.
14. Somerset Maugham, in the play *Sheppey.*
15. B. F. Skinner, *Beyond Freedom and Dignity* (New York: Bantam, 1971) 18.
16. J. B. Watson, "What the Nursery Has to Say About Instincts," *Psychologies of 1925,* ed. C. Murchison (Worcester, MA: Clark University Press, 1926).
17. B. F. Skinner, *Beyond Freedom and Dignity* 19.
18. Morton Hunt, *The Universe Within* (New York: Simon & Schuster, 1982) 63.
19. Thomas J. Bouchard, Jr; David T. Lykken; Matthew McGue; Nancy Segal; Auke Tellegen, "Sources of Human Psychological Difference: The Minnesota Study of Twins Reared Apart," *Science* 250 (October 12, 1990) 223.
20. Kathleen D. Vohs and Jonathan W. Schooler, "The Value of Believing in Free Will," *Psychological Science* 19 (2008) 49.
21. Quoted in Jeffrey Saver, "Father of a New Science," *Science Digest* 90 (May 1982) 86.
22. "Impact of Genetics, Social Factors on Delinquency." *ScienceDaily* 15 July 2008. 30 July 2008 <http://www .sciencedaily.com/releases/2008/07/080714092752.htm>.
23. Daniel Kevles, *In the Name of Eugenics: Genetics and the Uses of Human Heredity* (New York: Knopf, 1985).
24. John H. Hick, *Death and Eternal Life* (San Francisco: Harper & Row, 1976) 119.
25. Patricia Smith Churchland, "Is Determinism Self-refuting?" *Mind* 40 (1981) 100—101.

26. Quoted in Jeffrey Saver, "Father of a New Science" 86.
27. Paul Davies, "What Happened before the Big Bang?" *God for the 21st Century*, ed. Russell Stannard (Philadelphia: Templeton Foundation Press, 2000) 15.
28. Fritz Rohrlich, "Facing Quantum Mechanical Reality," *Science* 221 (1983) 1251.
29. Martin Gardner, *The Whys of a Philosophical Scrivener* (New York: Quill, 1983) 109.
30. John Dupré, "The Solution to the Problem of the Will," *Philosophical Perspectives* 10 (1995) 390.
31. Dupré 390.
32. Max Born, quoted in Arthur Eddington, *New Pathways in Science* (New York: Macmillan, 1935) 82.
33. Eddington 87.
34. James 118.
35. Richard Taylor, *Metaphysics* (Englewood Cliffs, NJ: Prentice-Hall, 1974) 51—52.
36. James, quoted in Gardner 104.
37. A. J. Ayer, "Freedom and Necessity," *Philosophical Essays* (London: Macmillan & Co., Ltd., 1954) 271.
38. Peter van Inwagen, *Metaphysic*s (Boulder, CO: Westview, 2002) 202ff.
39. John Locke, *An Essay Concerning Human Understanding,* book 2, chap. 21, sec. 9 (Oxford: Clarendon Press, 1991) 238.
40. Thomas Hobbes, *The Questions Concerning Liberty, Necessity, and Chance,* 1656 (vol. V of collected works).
41. Hobbes.
42. Walter T. Stace, *Religion and the Modern Mind* (Philadelphia: Lippincott, 1952) 254—255.
43. Moritz Schlick, *Problems of Ethics* (New York: Dover, 1962) 152.
44. Saul Smilansky, "Determinism and Prepunishment: the Radical Nature of Compatibilism," *Analysis* 67 (2007) 348.
45. Richard Taylor, *Metaphysics,* 2nd ed. (Englewood Cliffs, NJ: Prentice-Hall, 1974) 49—50.
46. Ian Sample, "The Brain Scan That Can Read People's Inten- tions," *The Guardian* (February 9, 2007) 1.
47. Sample 1.
48. Taylor 50—51.
49. Samuel Chavkin, *The Mind Stealers: Psychosurgery and Mind Control* (Boston: Houghton Mifflin, 1978) 12—13.

50. Harry G. Frankfurt, "Freedom of the Will and the Concept of a Person," *Journal of Philosophy* 68 (January 1971) 12.

51. Frankfurt 19.

52. Harry G. Frankfurt, "Alternate Possibilities and Moral Responsi- bility," *Journal of Philosophy* 66 (December 1969) 828—839.

53. Chavkin 146—148.

54. Michael Slote, "Understanding Free Will," *Journal of Philosophy* 77 (March 1980) 149.

55. Robert Kane, "Precis of *The Significance of Free Will*," *Philosophy and Phenomenological Research* 60 (2000) 130.

56. Daniel Dennett, "I Could Not Have Done Otherwise: So What?" *Journal of Philosophy* 81 (October 1984) 553.

57. Albert Einstein, "My Credo," http://www.einstein-website.de/z_biography/credo.html

58. Thomas Reid, *Essays on the Active Powers of the Human Mind,* in *The Works of Thomas Reid,* 8th edition, ed. Sir William Hamilton (Hildesheim, Zurich, New York: Olms Verlag, 1983) 599.

59. Carl Ginet, *On Action* (Cambridge: Cambridge University Press, 1990) 90.

60. Benjamin Libet, "Do We Have Free Will?" *Journal of Conscious- ness Studies* 6, no. 8—9 (1999) 51.

61. Vilaynur Ramachandran, quoted in Bob Holmes, "Irresistible Illusions," *New Scientist* 159 (1998) 35.

62. David Rumelhart, quoted in Morton Hunt, *The Universe Within* (New York: Simon & Schuster, 1982) 357.

63. Anthony Jack and Phillip Robbins, "The Illusory Triumph of Machine over Mind," *Behavioral and Brain Sciences* 27 (2004) 17.

64. Alfred Mele, *Free Will and Luck* (New York: Oxford University Press, 2006) 40.

65. Roderick Chisholm, "Human Freedom and the Self," *Free Will*, ed. G. Watson (New York: Oxford University Press) 24—35.

66. Daniel Dennett, *Freedom Evolves* (New York: Viking, 2003) 100.

67. Roderick Chisholm, "Agents, Causes, and Events: The Problem of Free Will," *Agents, Causes, and Events*, ed. Timothy O'Connor (New York: Oxford University Press, 1995) 95.

68. Jean-Paul Sartre, *Being and Nothingness,* trans. Hazel E. Barnes (New York: Philosophical Library, 1956) 439—441.

69. Raymond Smullyan, "Is God a Taoist?" *The Tao Is Silent* (New York: Harper & Row,

1977) 107—108.
70. Timothy O'Connor, "Agent Causation," *Agents, Causes and Events,* ed. Timothy O'Connor (New York: Oxford University Press, 1995) 173—200.
71. Galen Strawson, "Libertarianism, Action, and Self-Determination," *Agents, Causes and Events,* ed. Timothy O'Connor (New York: Oxford University Press, 1995) 16.
72. Robert Nozick, "Choice and Determinism," *Agents, Causes and Events,* ed. Timothy O'Connor (New York: Oxford University Press, 1995) 101—114.
73. Mark Balaguer, "A Coherent, Naturalistic, and Plausible Formulation of Libertarian Free Will," *Nous* 38 (September 2004) 382.
74. Balaguer 387.

第4章

1. The Bible, Revised Standard Version (RSV), 1 Cor. 15:36—44.
2. Laura McCallum, "Olson Admits She's Soliah," Minnesota Public Radio, July 9, 1999, http://news.minnesota,publicradio. org/features/199907/09_mccalluml_soliah.
3. John Locke, *An Essay Concerning Human Understanding,* book 2, chap. 27, sec. 5.
4. Locke, sec. 3.
5. Locke, sec. 5.
6. Locke, sec. 9.
7. Locke, sec. 14.
8. Eric T. Olson, *The Human Animal* (New York: Oxford University Press, 1997) 7—8, 9.
9. Olson 17.
10. "Raelian Leader: Cloning First Step to Immortality," CNN.com, December 29, 2002, http://archives.cnn.com/2002/HEALTH/12/28/ human.cloning/index.html.
11. Bertrand Russell, "An Outline of Intellectual Rubbish," *Unpopular Essays* (New York: Simon & Schuster, 1950) 77—78.
12. Martin Benjamin, "Pragmatism and the Determination of Death," in *Biomedical Ethics*, ed. Thomas Mappes and David DeGrazia (Boston: McGraw-Hill, 2006) 324.
13. Daniel Wikler, "Not Dead, Not Dying? Ethical Categories and Persistent Vegetative State," *Hastings Center Report* 18 (February/March 1988) 45.
14. Benjamin 324.
15. Locke, sec. 15.
16. Olson 9—10.
17. Peter Unger, "The Survival of the Sentient," *Action and Freedom: Philisophical Perspectives* 14, ed. J. Tomberlin, (Malden, MA: Blackwell, 2000) 331.

18. "Victim Has Multiple Personalities," *Morning Call* [Allentown, PA] (17 Aug. 1990) A3.
19. Ellen Hale, "Inside the Divided Mind," *New York Times Magazine (*17 April 1983) 100—106.
20. Gottfried Leibniz, *Discourse on Metaphysics,* trans. P. Lucas and L. Grint (Manchester: Manchester University Press, 1953).
21. The Bible, RSV, Matt. 26:26—28.
22. Locke, book 2, chap. 27, sec. 13.
23. Locke, sec. 14.
24. Immanuel Kant, *Critique of Pure Reason*, trans. Norman Kemp Smith (New York: St. Martin's Press, 1965), note to A363, 342.
25. John Hick, *Death and Eternal Life* (San Francisco: Harper & Row, 1976) 40—41.
26. Martin Gardner, *The Whys of a Philosophical Scrivener* (New York: Quill, 1983) 298.
27. Kai Nielsen, "The Faces of Immortality," *Death and Afterlife,* ed. Stephen T. Davis (New York: St. Martin's Press, 1989) 1—29.
28. Locke, book 2, chap. 27, sec. 19. By "consciousness" Locke means "self-consciousness"—that is, knowledge of our thoughts and actions, both past and present. Because memory is the fac- ulty that gives us knowledge of our past thoughts and actions, it is memory that gives us our sense of self.
29. http://sleepdisorders.about.com/od/ sleepwalkingandtalkin1/a/moremurder.htm
30. http://news.bbc.co.uk/2/hi/uk_news/4362081.stm
31. Locke, sec. 22.
32. Thomas Reid, "Of Identity," in *Personal Identity,* ed. John Perry (Berkeley: University of California Press, 1975) 114—115.
33. Bishop Butler, "Of Personal Identity," in *Personal Identity,* ed. John Perry (Berkeley: University of California Press, 1975) 100.
34. Derek Parfit, *Reasons and Persons* (Oxford: Clarendon Press, 1984) 220.
35. Robert Uhlig, "Soul Catcher," *Electronic Telegraph* 430 (18 July 1996) online, Internet.
36. Hans Moravec, *Mind Children* (Cambridge, MA: Harvard Uni- versity Press, 1990) 115—116.
37. Moravec 116.
38. Bernard Williams, "Personal Identity and Individuation," *Prob- lems of the Self* (Cambridge: Cambridge University Press, 1973) 6—8.
39. Williams 8.
40. *Star Trek: Next Generation Technical Manual* (New York: Pocket Books, 1991) 102ff.

41. Parfit 200—201.
42. "Quantum Teleportation," *IBM Research,* online, Internet, 24 April 2002.
43. Sidney Shoemaker, *Self-Knowledge and Self-Identity* (Ithaca, NY: Cornell University Press, 1963) 23—24.
44. Lou Jacobson, "A Mind Is a Terrible Thing to Waste," *Lingua Franca* 7 (August 1997) 6.
45. R. W. Sperry, quoted in *Brain and Conscious Experience,* ed. J. C. Eccles (New York: Springer, 1966) 304.
46. I. Biran and A. Chaterjee, "Alien Hand Syndrome," *Archives of Neurology* 61 (February 2004) 292.
47. Parfit 254.
48. Shoemaker 279.
49. Robert Nozick, *Philosophical Explanations* (Cambridge, MA: Harvard University Press, 1981) 27—114.
50. Walpola Rahula, *What the Buddha Taught* (New York: Grove Weidenfeld, 1974) 51.
51. Rahula 42.
52. Parfit 326.
53. Parfit 326.
54. Immanuel Kant, *Prolegomena to Any Future Metaphysics,* trans. Lewis White Beck (New York: Bobbs-Merrill, 1950).
55. Ilya Prigogine, *From Being to Becoming* (New York: Freeman, 1980).
56. Marya Schechtman, *The Constitution of Selves* (Ithaca, NY: Cornell University Press, 1996) 94.
57. Owen Flanagan, *Varieties of Moral Personality* (Cambridge, MA: Harvard University Press, 1996) 67.
58. Daniel Dennett, "The Self as a Center of Narrative Gravity," *Self and Consciousness: Multiple Perspectives,* ed. F. Kessel, P. Cole, and D. Johnson (Hillsdale, NJ: Erlbaum, 1992) 103—115.
59. Elyn Saks, *Jekyll on Trial: Multiple Personality Disorder and Crimi- nal Law* (New York: New York University Press, 1997) 99.
60. Galen Strawson, "Against Narrativity," *Ratio* 17 (2004) 428.
61. Strawson 447.
62. Strawson 447.
63. John Christman, "Narrative Unity as a Condition of Person- hood," *Metaphilosophy* 35 (October 2004) 710.

第5章

1. Paige Mitchell, *Act of Love: The Killing of George Zygmanik* (New York: Knopf, 1976) 18.
2. Mitchell 8.
3. E. O. Wilson, *Consilience* (New York: Vintage, 1998).
4. David Hume, *A Treatise of Human Nature* (Oxford: Clarendon Press, 1978) 469.
5. William Fleming, *Arts and Ideas* (New York: Holt, Rinehart & Winston, 1986) 451.
6. David Barash, *The Whisperings Within* (New York: Penguin, 1979) 11.
7. A. J. Ayer, *Language, Truth, and Logic* (London: Penguin, 1971) 107.
8. Brand Blanshard, "The New Subjectivism in Ethics," *A Modern Introduction to Philosophy,* ed. Paul Edwards and Arthur Pup (New York: Free Press, 1973) 339.
9. Ruth Benedict, *Patterns of Culture* (New York: Pelican, 1934) 257.
10. Ellen Goodman, *Morning Call* [Allentown, PA] 15 (June 1993) A11.
11. Solomon Asch, *Social Psychology* (Englewood Cliffs, NJ: Prentice-Hall, 1952) 378—379.
12. Quoted in David Crary of the Associated Press, "Woman Jailed for Daughters' Circumcision," *Morning Call* [Allentown, PA] (9 January 1993) A32.
13. G. W. von Leibniz, "Discourse on Metaphysics," *Leibniz Selections,* ed. Philip P. Wiener (New York: Charles Scribner's Sons, 1951) 292.
14. St. Thomas Aquinas, *Summa Theologica,* pt. 1, ques. 25, article 3 (London: Burns, Oates, and Washbourne, 1920).
15. Kevin Sheh, Cristina de Isasi, and Kirk Mitchell, "God Is My Attorney," *Mesa Tribune*, Thursday, May 14, 1998, Page 1.
16. Albert Pike, *Morals and Dogma* (Charleston, 1871) 722.
17. John Hick, *Death and Eternal Life* (San Francisco: Harper & Row, 1976) 200—201.
18. Orna Feldman, "Thou Shalt Not Raise Self-Indulgent Children," *Brown Alumni Monthly* (October 1994) 20.
19. Renford Bambrough, *Moral Skepticism and Moral Knowledge* (Atlantic Highlands, NJ: Humanities Press, Inc., 1979) 15.
20. Richard A. McCormick, "To Save or Let Die: The Dilemma of Modern Medicine," *Journal of the American Medical Association* 229 (July 8, 1974) 174.
21. McCormick 175.
22. Ayn Rand, "The Virtue of Selfishness," *The Virtue of Selfishness: A New Concept of Egoism* (New York: Signet Books, 1964) 27.
23. Rand 31.

24. Joel Feinberg, "Psychological Egoism," *Moral Philosophy,* ed. George Sher (San Diego: Harcourt Brace Jovanovich, 1987) 11—12.
25. Joseph Butler, "Sermons," *Ethical Theories,* ed. A. I. Meldon (Englewood Cliffs, NJ: Prentice-Hall, 1967) 239.
26. Jeremy Bentham, "Of the Principle of Utility," *An Introduction to the Principles of Morals and Legislation* (Oxford: Clarendon Press, 1879) 1.
27. John Stuart Mill, *Utilitarianism* (Indianapolis: Bobbs-Merrill, 1957) 408.
28. Mill 409.
29. H. J. McCloskey, "A Non-Utilitarian Approach to Punishment," *Inquiry* 8 (1965) 239—255.
30. Richard B. Brandt, *Ethical Theory* (Englewood Cliffs, NJ: Prentice-Hall, 1959) 387.
31. W. D. Ross, *The Right and the Good* (Oxford: Clarendon Press, 1930) 34—35.
32. Neale Duckworth, "Living and Dying with Peter Singer," *Psychol- ogy Today,* 32 (January 1999) 56.
33. William Godwin, *Enquiry Concerning Political Justice and Its Influence on Morals and Happiness,* ed. F. E. L. Priestley (Toronto: University of Toronto Press, 1946) 126—127.
34. A. C. Ewing, *Ethics* (New York: Free Press, 1953) 46.
35. Ewing 151.
36. It's the automobile. Approximately 50,000 people die in traffic accidents every year.
37. Mill 22.
38. Robert Nozick, *Anarchy, State, and Utopia* (New York: Basic Books, 1974) 42—43.
39. Nozick 43.
40. Bernard Williams, "A Critique of Utilitarianism," *Right and Wrong,* ed. Christina Hoff-Sommers (New York: Harcourt Brace Jovanovich, 1986) 95.
41. Judith Jarvis Thomson, "The Trolley Problem," *Rights, Restitu- tion, and Risk,* ed. William Parent (Cambridge, MA: Harvard University Press, 1986) 94.
42. Thomson 95.
43. Immanuel Kant, *Groundwork of the Metaphysics of Morals,* trans. H. J. Paton (New York: Harper & Row, 1964) 61.
44. Kant, *Groundwork* 394.
45. Kant, *Groundwork* 88.
46. Immanuel Kant, *The Metaphysical Elements of Justice,* trans. John Ladd (Indianapolis: Bobbs-Merrill, 1965) 99—107.
47. Kant, *Metaphysical Elements* 107.

48. R. M. Hare, *Freedom and Reason* (London: Oxford University Press, 1970) 160—161.
49. W. D. Ross, *The Right and the Good* (Oxford: Clarendon Press, 1967) 17—18.
50. Kant, *Groundwork* 96.
51. John B. Judis, "Kant and Mill in Baghdad," *The American Prospect* 14 (2003) 12.
52. Immanuel Kant, *Lectures on Ethics,* trans. Louis Infield (New York: Harper & Row, 1963) 239—240.
53. Jeremy Bentham, *Principles of Morals and Legislation* (New York: Hafner, 1948) 311.
54. C. D. Broad, *Five Types of Ethical Theory* (London: Routledge and Kegan Paul, 1956) 132.
55. Ewing 58.
56. Ross 19.
57. Ross 28.
58. Ross 31.
59. John Rawls, *A Theory of Justice* (Cambridge, MA: Harvard University Press, 1971) 11.
60. Rawls 43.
61. Rawls 4.
62. Rawls 252.
63. http://www.census.gov/compendia/statab/cats/income_expendi- tures_poverty_wealth.html
64. Nozick 160—161.
65. Karl Marx, *Critique of the Gotha Program* (London: Lawrence and Wishart, 1938) 14, 107.
66. Nozick 160.
67. John Locke, *Two Treatises on Government*, Second Treatise, section 27.
68. Nozick 71.
69. Lawrence Michel, Jared Bernstein, and Sylvia Allegretto, *The State of Working America 2006/2007: An Economic Policy Institute Book* (Ithaca, N.Y.: ILR Press, an imprint of Cornell University Press, 2007).
70. G. A. Cohen, "Robert Nozick and Wilt Chamberlain: How Patterns Preserve Liberty," *Erkenntnis* 11 (1977) 21.
71. Matt Zwolinski, "Libertarianism," *Internet Encyclopedia of Philosophy,* http://www.iep.utm.edu/libertar/
72. Nozick 11.
73. Nozick 110.
74. Karl Widerquist, "A Dilemma for Libertarianism," *Politics, Philosophy, and*

Economics, 8 (2009) 50.

75. Widerquist 51.
76. Robert Nozick, "The Zig-Zag of Politics," *The Examined Life* (New York: Simon and Schuster, 1989) 286—287.
77. Nozick, *The Examined Life* 292.
78. William Styron, *Sophie's Choice* (New York: Random House, 1994) 562.
79. "Tsunami Mother's Terrible Choice," BBC News, December 31, 2004, http://news.bbc.co.uk/2/hi/asia-pacific/4137053.stm.
80. Lawrence Kohlberg, "The Development of Children's Orientations toward a Moral Order," *Vita Humana* 6 (1963) 19.
81. L. J. Walker, "Sex Differences in the Development of Moral Reasoning: A Critical Review," *Child Development* 53 (1984) 1330—1336. See also Theo Linda Dawson, "New Tools, New Insights: Kohlberg's Moral Judgment Stages Revisited," *International Journal of Behavioral Development* 26 (2002) 154—166.
82. This sentiment is expressed by many authors in *Individual and Communitarianism,* ed. Shlomo Avineri and Avner de-Shalit (Oxford: Oxford University Press, 1992).
83. Hilary Putnam, *Realism with a Human Face* (Cambridge, MA: Harvard University Press, 1990) 138.
84. Michael Stocker, "The Schizophrenia of Modern Moral Theories," *Journal of Philosophy* 73.14 (1976) 462.
85. Stocker 462.
86. Arthur Murphy, *Theory of Practical Reason* (LaSalle, IL: Open Court, 1965) 126.
87. Tom Keogh, "Children without a Conscience," *New Age Journal (*Jan. – Feb. 1993) 53—54.
88. Kurt Baier, *The Moral Point of View* (New York: Random House, 1965), quoted in *Making Ethical Decisions,* ed. Norman Bowie (New York: McGraw-Hill, 1985) 26.
89. Aristotle, quoted in *The Philosophy of Aristotle,* ed. Renford Bambrough, trans. J. L. Creed and A. E. Wadman (New York: New American Library, 1963) 303.
90. The Buddha, quoted in Walpola Rahula, *What the Buddha Taught* (New York: Grove Press, 1974) 92—93.
91. Alasdair MacIntyre, *After Virtue* (Notre Dame, IN: University of Notre Dame Press, 1984) 219.
92. MacIntyre 205.
93. MacIntyre 223.
94. Martha Nussbaum, "Non-Relative Virtues: An Aristotelian Approach," *Midwest*

Studies in Philosophy 13 (1988) 33.

95. Nussbaum 34.
96. Martha C. Nussbaum, *Sex and Social Justice* (Oxford University Press, 1999) 41—42.
97. Nussbaum, *Sex and Social Justice* 57.
98. Michael Slote, *From Morality to Virtue* (Oxford: Oxford University Press, 1992).
99. *The Republic of Plato,* trans. F. M. Cornford (Oxford: Oxford University Press, 1941) 45.

第6章

1. Haim Watzman, "Archaeology vs. the Bible," *The Chronicle of Higher Education (*21 January 2000) A19.
2. Herodotus, *The Histories,* Book III, chapter 38.
3. http://adherents.com/Religions_By_Adherents.html, accessed 9/1/2008.
4. Scott Adams, quoted in Dan Wooding, "God's Debris: A Thought Experiment," Assist News Service http:// www.assistnews.net/strategic/s0110093.htm, accessed 9/1/2008.
5. Herman Bavinck, *The Doctrine of God,* trans. William Hendrick- sen (Grand Rapids, MI: Eerdmans, 1951) 78—79.
6. St. Thomas Aquinas, *Summa Theologica* (London: Burns, Oates, and Washbourne, 1920) 25.
7. Lucretius, *On the Nature of Things,* trans. William Ellery Leonard, Internet Classics Archive, online, Internet, 24 April 2002.
8. David Hume, *Dialogues Concerning Natural Religion,* ed. Norman Kemp Smith (Indianapolis: Bobbs-Merrill, 1947) 180.
9. Hugh Ross, *The Creator and the Cosmos* (Colorado Springs: Navpress, 1995) 14.
10. Edward Tryon, "Is the Universe a Vacuum Fluctuation?" *Nature* 246 (1973) 396—397.
11. Tryon 397.
12. Paul Davies, *God and the New Physics* (New York: Simon & Schuster, 1983) 31—32.
13. Bede Rundle, *Why Is There Something Rather Than Nothing?* (Oxford: Clarendon Press, 2004) vii.
14. Victor J. Stenger, *God: The Failed Hypothesis* (Amherst, MA: Prometheus Books, 2007) 132.
15. Stenger 133.
16. Frank Wilczek, "The Cosmic Asymmetry between Matter and Antimatter," *Scientific American* 243 (1980) 82—90.
17. Steven Hawking and Leonard Mlodinow, *The Grand Design* (New York: Bantam, 2010) 180.

18. Hawking and Mlodinow 180.
19. Lee Smolin, *The Life of the Cosmos* (New York: Oxford University Press, 1997) 87—88.
20. Hume, *Dialogues* 143.
21. William Paley, *Natural Theology* (Whitefish, MT: Kessinger Publishing, 2003).
22. John Stuart Mill, "Three Essays on Religion," *Essays on Ethics, Religion and Society*, ed. J. M. Robson (Toronto: University of Toronto Press, 1969) 451.
23. Clarence Darrow, *The Story of My Life* (New York: Charles Scribner's Sons, 1932).
24. Hume, *Dialogues* 170—171.
25. G. S. Kirk, J. E. Raven, and M. Schofield, *The Presocratic Philosophers* (Cambridge: Cambridge University Press, 1983) 304.
26. Aristotle, *The Presocratic Philosophers* 304.
27. Theodosius Dobzhansky, "Nothing in Biology Makes Sense Ex- cept in the Light of Evolution," *The American Biology Teacher*, March 1973 (35) 125—129.
28. Richard Dawkins, *The Blind Watchmaker* (New York: Norton, 1987) 89.
29. Dawkins 90.
30. Michael J. Behe, *Darwin's Black Box: The Biochemical Challenge to Evolution* (New York: The Free Press, 1996) 39.
31. H. Allen Orr, "Darwin vs. Intelligent Design (Again)," *Boston Review* (Dec. – Jan. 1996—1997) online, Internet.
32. http://www.rael.org/English/index.html.
33. Charles Darwin, *The Various Contrivances by Which Orchids Are Fertilised by Insects* (New York: D. Appleton & Co., 1877) 282.
34. Darwin 284.
35. Niall Shanks and Karl H. Joplin, "Redundant Complexity: A Critical Analysis of Intelligent Design in Biochemistry," *Philoso- phy of Science* 66 (June 1999) 275.
36. Kathleen Hunt, "Transitional Vertebrate Fossils FAQ," *The Talk. Origins Archive*, online, Internet, 24 April 2002.
37. Stephen J. Gould, "Hooking Leviathan by Its Past," *Natural History (*May 1994) 8—15.
38. Judge Braswell Dean, quoted in *Time* (March 16, 1981) 82.
39. Gottfried Wilhelm von Leibniz, "Discourse on Metaphysics," *Leibniz Selections,* ed. Philip P. Wiener (New York: Charles Scrib- ner's Sons, 1951) 292.
40. Joseph Boxhorn, "Observed Instances of Speciation," *The Talk. Origins Archive*, online, Internet, 24 April 2002.
41. Paul Davies, "The Anthropic Principle," *Science Digest* 191.10 (1983) 24.
42. Stephen Hawking, *A Brief History of Time* (New York: Bantam, 1988) 174.

43. Smolin 101—102.
44. Roni Harnik et al., "A Universe without Weak Interactions," *Physical Review D* 74 (2006).
45. Abraham Loeb, "An Observational Test for the Anthropic Origin of the Cosmological Constant," *Journal of Cosmology and Astroparticle Physics* 5 (2006).
46. Roberto Trotta and Glenn D. Starkman, "What's the Trouble with Anthropic Reasoning?" *AIP Conference Proceedings,* Vol 878, 323—329. 2nd International Conference on the Dark Side of the Universe DSU 2006, Madrid (Spain), 20—24 June 2006, ed. C. Munoz and G. Yepes.
47. Isaac Asimov and Duane Gish, " The Genesis War," *Science Digest* (October 1981) 87.
48. Duane Gish, *Evolution — The Fossils Say No!* 40, quoted in Jeffrie G. Murphy, *Evolution, Morality and the Meaning of Life* (Totowa, NJ: Rowman and Littlefield, 1987) 136.
49. Plato, "Cratylus," trans. Benjamin Jowett, *Plato: The Collected Dialogues*, ed. Edith Hamilton and Huntington Cairns (Princeton, NJ: Princeton University Press, 1961) 426a (p. 460).
50. Kenneth R. Miller, "Finding Darwin's God," *Brown Alumni Magazine* (November/December 1999) 42.
51. Bertrand Russell, "Cosmic Purpose," *Religion and Science* (New York: Henry Holt and Company, 1935) 233.
52. S. Jay Olshansky, Bruce A. Carnes, and Robert N. Butler, "If Humans Were Built to Last," *Scientific American* 284 (March 2001) 50—55.
53. Hume, *Dialogues* 116.
54. Doron Nof and Nathan Paldor, "Are There Oceanographic Explanations for the Israelites' Crossing of the Red Sea?" *Bulletin of the American Meteorological Society* 73 (March 1992) 305.
55. Hume, *Dialogues* 114—115.
56. David Hume, *Enquiries Concerning the Human Understanding,* ed. L. A. Selby-Bigge (Oxford: Clarendon Press, 1902) *Christian Classics Ethereal Library,* online, Internet, 24 April 2002.
57. Nicholas Humphrey, *Leaps of Faith* (New York: Copernicus, 1996) 96—97.
58. St. Augustine, *City of God,* trans. Phillip Schaff (New York: Christian Literature Publishing Co., 1890) Book XXI, Chapter 8 (p. 655).
59. Thomas Jefferson, quoted in Saul-Paul Sirag, "The Skeptics," *Future Science,* ed. John White and Stanley Krippner (Garden City, NJ: Doubleday, 1977) 535.

60. Robby Berry, "The Fivefold Challenge," *Skeptical Review* 6.4 (1995) online, Internet, 24 April 2002.

61. Cited in Paul Kurtz, *The Transcendental Temptation* (Buffalo, NY: Prometheus Books, 1991) 96.

62. Bertrand Russell, *Mysticism*. Quoted in Walter Kaufmann, *Critique of Philosophy and Religion* (Garden City, NY: Doubleday, 1961) 315.

63. A. Mandell, "Toward a Psychobiology of Transcendence: God in the Brain," *Psychobiology of Consciousness*, ed. J. Davidson and R. Davidson (New York: Plenum Press, 1980) 379—464.

64. R. E. L. Masters and Jean Houston, *The Varieties of Psychedelic Experience* (New York: Holt, Rinehart & Winston) 254.

65. C. D. Broad, *Religion, Philosophy, and Psychical Research* (New York: Harcourt, Brace, 1953) 198.

66. Jack Hitt, *Wired* 7.11 (Nov. 1999) online, Internet.

67. John Hick, *Death and Eternal Life* (San Francisco: Harper & Row, 1976) 324.

68. St. Anselm, "Prologium," *St. Anselm* (La Salle, IL: Open Court, 1958) 8.

69. Gaunilo, *The Many-Faced Argument,* ed. John Hick and Arthur Gill (New York: Macmillan, 1968).

70. René Descartes, Meditation V, *The Philosophical Works of Descartes,* trans. E. S. Haldane and G. R. T. Ross (Cambridge: Cambridge University Press, 1911) 182.

71. Paul Edwards, "The Existence of God," *A Modern Introduction to Philosophy* (New York: Free Press, 1973) 375.

72. Blaise Pascal, *Pensées* (1670) *Classical Library,* online, Internet, 24 April 2002.

73. Galen Strawson, quoted in the *Independent* (London: 24 June 1990).

74. Herb Silverman, "Silverman's Wager," *Free Inquiry* (Spring 2001) 17.

75. Robert C. Coburn, *The Strangeness of the Ordinary* (Savage, MD: Rowman and Littlefield, 1990) 137.

76. St. Augustine, *The Literal Interpretation of Genesis 1:19—20,* Chapter 19.

77. Stephen J. Gould, *Rocks of Ages: Science and Religion in the Fullness of Life* (New York: Ballantine, 1999) 4.

78. Lactantius, *De Ira Dei*, Chapter 13.

79. *American Heritage Dictionary of the English Language* (Boston: Houghton Mifflin, 1970) 471.

80. John Stuart Mill, "Three Essays on Religion," *Essays on Ethics, Religion and Society,* ed. J. M. Robson (Toronto: Routledge and Kegan Paul, 1969) 385.

81. William Rowe, "The Problem of Evil and Some Varieties of Atheism," *American Philosophical Quarterly* 16 (October 1979) 337.
82. Augustine, *City of God*, Book XI, Chapter 9.
83. Augustine, *City of God*, Book XII, Chapter 6.
84. Augustine, *On Marriage and Concupiscence*, Book II, Chapter 15.
85. Friedrich Schleiermacher, *The Christian Faith*, trans. ed. H. R. Mackintosh and J. S. Stewart (Edinburgh: T & T Clark, 1928) par. 72.2.
86. Alvin Plantinga, *The Nature of Necessity* (Oxford: Clarendon Press, 1974) 186.
87. Voltaire, "The Impious," *The Philosophical Dictionary*, trans. H. I. Woolf (New York: Knopf, 1924).
88. John Stuart Mill, *An Examination of Sir William Hamilton's Philosophy* (London: Longmans Green, 1865) 101.
89. Fyodor Dostoyevsky, *The Brothers Karamazov*, trans. Constance Garnett (New York: Random House, 1950) 287.
90. Hick 158.
91. James A. Haught, "Why Would God Drown Children?" *Free Inquiry* 25 (April/May 2005) 14.
92. David A. Lieb, "Arkansas Governor Wants God Held Harmless," Associated Press, *The Morning Call,* 22 (March 1997) A13.
93. Hick 158—159.
94. Dostoyevsky 289.
95. Hick 159.
96. Somerset Maugham, *A Writer's Notebook* (New York: Penguin, 1967) 147.
97. Hick 156.
98. Charles Fried, *Medical Experimentation: Personal Integrity and Social Policy* (New York: American Elsevier Publishing Co., 1974) 101.
99. Hick 300—301.
100. R. K. Tripathi, quoted in Hick 301.
101. Harold S. Kushner, *When Bad Things Happen to Good People* (New York: Avon, 1981) 129.
102. Kushner 134.
103. John Baillie, *And the Life Everlasting,* quoted in Castell and Borchert, *An Introduction to Modern Philosophy* (New York: Macmillan, 1983) 164.
104. Antony Flew, "Theology and Falsification," *Philosophical Essays,* ed. John Shosky (Lanham, MD: Rowman and Littlefield, 1998).

105. *American Heritage Dictionary of the English Language* (Boston: Houghton Mifflin, 1970) 471.
106. Søren Kierkegaard, *Concluding Unscientific Postscript,* trans. David F. Swenson (Princeton, NJ: Princeton University Press, 1941) 513.
107. Tertullian, *De Carne Christi,* trans. Peter Holmes, *Ante-Nicene Christian Library,* Vol. XV (Edinburgh: T&T Clark, 1870) Chapter 5 Verse 4.
108. Kierkegaard 189.
109. Kierkegaard 189.
110. Bertrand Russell, *Let the People Think* (London: William Clowes and Sons, 1941) 2.
111. Kierkegaard 182.
112. Søren Kierkegaard, *The Journals of Søren Kierkegaard,* trans. Alexander Dru (London: Oxford University Press, 1938) 355, entry 1021.
113. Kierkegaard, *Concluding* 181.
114. Kierkegaard, *Concluding* 181.
115. Bertrand Russell, "Will Religious Faith Cure Our Troubles?" *Human Society in Ethics and Politics* (New York: Simon & Schuster, 1955) 207.
116. W. K. Clifford, "The Ethics of Belief," *Philosophy and Contem- porary Issues,* ed. J. Burr and M. Goldinger (New York: Macmillan, 1984) 142.
117. T. H. Huxley, *Science and Christian Tradition* (London: Macmillan, 1894) 310.
118. W. K. Clifford, *Lectures and Essays: Volume II, Essays and Reviews* (London: Macmillan, 1879) 163.
119. Clifford, *Lectures and Essays,* 163.
120. Clifford, "The Ethics of Belief" 142.
121. Brand Blanshard, *Reason and Belief* (New Haven, CT: Yale University Press, 1975) 401.
122. Blanshard 408—409.
123. Blanshard 409.
124. William James, "The Will to Believe," *Philosophy and Contemporary Issues,* ed. J. Burr and M. Goldinger (New York: Macmillan, 1984) 146—147.
125. James 20.
126. James 29—30.
127. James 31.
128. Ludwig F. Schlecht, "Re-Reading 'The Will to Believe,' " *Religious Studies* 33 (1997) 217—225.
129. Robert Nozick, *Philosophical Explanations* (Cambridge, MA: Harvard University

Press, 1981) 586.

130. Nozick 586.

131. George Berkeley, *Three Dialogues Between Hylas and Philonous, Harvard Classics,* Vol. 37 (New York: P. F. Collier and Son, 1909—1914), Part III.

132. Jean-Paul Sartre, "Existentialism and Humanism," *The Human- ities in Contemporary Life* (New York: Holt, Rinehart, and Winston, 1960) 425.

133. Hazel Barnes, "The Far Side of Despair," from *The Meaning of Life*, ed. Steven Sanders and David R. Cheney (Englewood Cliffs, NJ: Prentice-Hall, 1980) 107.

134. Kurt Baier, "The Meaning of Life," from *The Meaning of Life*, ed. Steven Sanders and David R. Cheney (Englewood Cliffs, NJ: Prentice-Hall, 1980) 52.

135. Paul Tillich, *Systematic Theology, I* (Chicago: University of Chicago Press, 1951) 245.

136. Coburn 128—130.

137. Teale, quoted in Carl Sagan, *The Demon Haunted World* (New York: Random House, 1995) 12.

第7章

1. Bertrand Russell, *The Problems of Philosophy* (New York: Henry Holt & Co., 1912) 73.

2. Plato, "Meno," 98b, trans. W. K. C. Guthrie, *The Collected Works of Plato,* ed. Edith Hailton and Huntington Cairns (Princeton, NJ: Princeton University Press, 1961) 382.

3. Plato, "Meno," 98a 381.

4. Aristotle, "Metaphysics," 1011b 25—28, trans. Richard McKeon, *The Basic Works of Aristotle* (New York: Random House, 1941) 749.

5. Brand Blanshard, *The Nature of Thought,* vol. 2 (New York: Allen and Unwin, 1955) 264.

6. Charles Sanders Peirce, "How to Make Our Ideas Clear," *Popular Science Monthly* 12 (January 1878) 286—302.

7. William James, *Essays in Pragmatism* (New York: Hafner, 1948) 170.

8. Plato, "Theatetus," in *Plato: The Collected Dialogues,* ed. Edith Hamilton and Huntington Cairns, trans. F. M. Cornford (Princeton, NJ: Princeton University Press, 1961) 152a (p. 856).

9. Plato, "Theatetus," 171a, trans. F. M. Conford, *The Collected Works of Plato* (Princeton, NJ: Princeton University Press, 1973) 876.

10. W. V. O. Quine, "On Empirically Equivalent Systems of the World," *Erkenntnis* 9 (1975) 327—328.

11. J. L. Austin, "Unfair to Facts," *Philosophical Papers,* ed. J. O. Urmson and W. O. Warnock (Oxford: Oxford University Press, 1979) 165.
12. Heraclitus, *Herekleitos and Diogenes,* trans. Guy Davenport (San Francisco: Grey Fox Press, 1979) 15.
13. Heraclitus 14.
14. The Buddha, quoted in Walpola Rahula, *What the Buddha Taught* (New York: Grove Press, 1974) 25—26.
15. *The Philosophers of Ancient Greece* (Albany: State University of New York Press, 1981) 60—61.
16. Aristotle, *Physics* 187a 2—3.
17. Gregory Vlastos, "Zeno of Elea," *The Encyclopedia of Philosophy,* vol. 8 (New York: Macmillan, 1967) 378.
18. Russell Ruthen, "Catching the Wave," *Scientific American* 266 (March 1992) 90.
19. Plato, *Republic,* 514a—520a, trans. Benjamin Jowett (New York: Colonial Press, 1901).
20. Plato, "Phaedo," *The Dialogues of Plato,* trans. Benjamin Jowett (New York: Random House, 1937) 100e (p. 484).
21. René Descartes, *Meditations on First Philosophy,* Meditation I, *The Philosophical Works of Descartes,* ed. E. S. Haldane and G. R. T. Ross (Cambridge: Cambridge University Press, 1973) 145.
22. Descartes 145—146.
23. Descartes 147.
24. Peter Unger, *Ignorance* (Oxford: Oxford University Press, 1975) 7—8.
25. Descartes 150.
26. Descartes 178.
27. Descartes 175—176.
28. James Van Cleve, "Foundationalism, Epistemic Principles, and the Cartesian Circle," *The Philosophical Review* 88 (1979) 55—91.
29. David Hume, *Enquiries Concerning the Human Understanding and Concerning the Principles of Morals,* sec. II, para. 20, ed. L. A. Selby-Bigge (Oxford: Clarendon Press, 1972) 22.
30. Hume, *Enquiries,* sec. XII, pt. III, para. 132, p. 165.
31. Hume, *Enquiries,* sec. IV, pt. I, para. 20, p. 25.
32. Hume, *Enquiries,* sec. IV, pt. I, para. 22, p. 26.
33. Hume, *Enquiries,* sec. IV, pt. I, para. 21, p. 25—26.

34. Hume, *Enquiries,* sec. IV, pt. I, para. 32, p. 37—38.
35. Hume, *Enquiries,* sec. V, pt. I, para. 36, p. 43.
36. Immanuel Kant, *Critique of Pure Reason,* trans. Norman Kemp Smith (New York: St. Martin's Press, 1929) B5.
37. Immanuel Kant, *Critique of Pure Reason,* Bxii–Bxv.
38. Kant, *Critique of Pure Reason,* A93–B126.
39. Alfred Korzybski, *Science and Sanity,* 4th ed. (Lakeville, CT: International Non-Artistotelian Library, 1933) 58.
40. Kant, *Critique of Pure Reason,* A125.
41. Steven T. Katz, "Language, Epistemology, and Mysticism," in *Mysticism and Philosophical Analysis,* ed. Steven T. Katz (New York: Oxford University Press, 1978) 39—40.
42. Walter T. Stace, *Time and Eternity* (Princeton, NJ: Princeton University Press, 1952) 33.
43. Ludwig Wittgenstein, *Tractatus Logico-Philosophicus*, proposition 7.
44. Satprem, *Sri Aurobindo, or the Adventure of Consciousness* (New York: Harper & Row, 1968) 37.
45. Robert Nozick, *Philosophical Explanations* (Cambridge, MA: Harvard University Press, 1981) 158.
46. Bertrand Russell "A Debate on the Existence of God," in *Bertrand Russell on God and Religion*, ed. Al Seckel (Buffalo, NY: Prometheus Books, 1986) 136.
47. Russell 136.
48. Pamela Weintraub in "Masters of the Universe," *Omni*, March (1990) 89.
49. A. J. Ayer, "The Argument from Illusion," *Perception and the Exter- nal World,* ed. R. J. Hirst (New York: Macmillan, 1965) 128.
50. Bertrand Russell, *The Problems of Philosophy* 17.
51. John Locke, *An Essay Concerning Human Understanding,* book 4, chap. 4, sec. 3, ed. Peter Nidditch (Oxford: Clarendon Press, 1975) 563.
52. Locke, book 4, chap. 11, sec. 4, 632.
53. Locke, sec. 5, 632.
54. Locke, sec. 6, 633.
55. Locke, sec. 7, 633.
56. Locke, sec. 8, 634.
57. Locke, book 2, chap. 8, sec. 9, 134.
58. George Berkeley, "A Treatise Concerning the Principles of Human Knowledge," para. 14 in *Principles, Dialogues, and Philosophical Correspondence,* ed. Colin Murray

Turbayne (New York: Bobbs-Merrill, 1965) 28.

59. Berkeley (23) 32.
60. George Berkeley, "Three Dialogues between Hylas and Philonous" in *George Berkeley: Principles, Dialogues, and Philosophical Correspondence,* ed. Colin Murray Turbayne (New York: Bobbs-Merrill Company, 1965) 196.
61. Cited in Martin Gardner, "Quantum Weirdness," *Discover (*October 1982) 69.
62. Alan Goldman, *Empirical Knowledge* (Berkeley: University of California Press, 1988) 233—234.
63. Edmund L. Gettier, "Is Justified True Belief Knowledge?" *Analysis* 23 (1963) 122—123.
64. Keith Lehrer and Thomas D. Paxson, Jr., "Knowledge: Unde- feated Justified True Belief," *Journal of Philosophy* 66.8 (1969) 225—237.
65. Alvin I. Goldman, "Discrimination and Perceptual Knowledge," *Journal of Philosophy* 73 (1976) 771—791.
66. Keith Lehrer, *Theory of Knowledge* (Boulder, CO: Westview Press, 1990) 163—164.
67. Ernest Sosa, *A Virtue Epistemology* (Oxford: Clarendon Press, 2007) 22ff.
68. Sosa 95.
69. Sosa 96.

译后记

自从2013年11月接下这本书的翻译工作到现在已经有4年多了，如果当时知道要这么久的话，我们是很可能不会接下这项艰巨的工作的。在接下该项工作之前我们就已经知道，翻译工作是一种困难（如果认真做的话）、耗时而报酬不高的工作，但是我们毕竟还是低估了这项工作的难度，高估了自己的时间管理能力，也低估了整个出版流程所需的时间，最后导致我们与出版方都拖延了。

而当时之所以愿意翻译这本书，首先是因为我们本身确实比较喜欢这本书，希望将其翻译出来分享给更多的读者。这本书与以往的哲学导论书籍最大的不同恰如其书名Doing Philosophy所示，它非常重视让读者了解做哲学的方法或者进行哲学思考的方法，而不是仅仅告诉你有哪些哲学家提出过哪些哲学观点或理论，它希望读者通过本书而成为一个做哲学的人，而不仅仅是一个学哲学的人。而本书中主要提到的做哲学的方法就是做思想实验，一种与自然科学中的实验方法相似的方法，区别在于在自然科学中我们通过真实的实验来找到某事件发生的充分必要条件（即原因），而在思想实验中我们通过假设的实验来找到某概念的充分必要条件（即定义），这种方法其实与苏格拉底的精神助产术在本质上是相同的。此外，该书的另一个优点是它很好地展现了哲学与我们日常生活之间的联系，书中给出了许多与哲学有关的著名小说、电影和新闻事件等，让人觉得哲学就在我们身边。接下该项工作的另外一个现实原因是，博士生的补助太低，而我们估计自己很可能要延期毕业（这在哲学系是常态），希望通过翻译的稿费缓解各自的经济压力。结果翻译工作本身让我们延期更久，同时却没有如预期那样及时获得经济上的缓解。但是翻译工作的确很好地促进了我们的外语能力与哲学思维能力，这是我们的最大收获，毕竟我们自认为还是以认真的态度来做这项工作的。

本书的翻译工作分工如下：柴伟佳翻译了序言、第一章、第六章、第七章，龚皓翻译了第二章、第三章、第四章，二人一起翻译了第五章。翻译后两人自己校对再进行了相互校对，全文专业术语由柴伟佳统一。在翻译的过程中，我们得到了中山大学哲学系邓伟生老师、研究生张芳和张国友的热心帮助，他们阅读了我们的部分译稿并提出了修改意见。还有一些朋友一直关心和支持我们翻译的进度，希望早日使用上我们翻译的书，对于这些师友我们暗暗愧疚并心怀感激。翟振明老师最早在课堂上向我们引介并讲解了这本书的部分内容，同时还为本书撰写了推荐语，对此我们深深感激。而出版社负责本书的三位编辑的专业素养与负责的态度也让我们深深敬佩。

为符合国内出版业相关法律政策，中译文中有个别几处文字经过了删改。另外由于我们能力有限，本书的翻译中难免有错误或者不妥之处，欢迎各位读者指正，可发邮件给我们（邮箱地址见译者简介），谢谢！

译者

2018年4月

出版后记

《做哲学》(Doing Philosophy: An Introduction Through Thought Experiments)一书自1998年初版以来,一直是在美国大学中很受欢迎的哲学入门教材,现在已经出到了第五版,目前我们看到的中译本即在此版的基础上翻译而成。本书作者小西奥多·希克(Theodore Schick, Jr.)和刘易斯·沃恩(Lewis Vaughn)都是著名的哲学学者,二人长期以来一直合作编写哲学入门类书籍,而且前者几十年来一直任教于穆伦堡学院(Muhlenberg College),活泼晓畅的教学风格深受学生好评,本书就是他在多年的哲学入门课程教学活动中所总结的成果,行文风格循循善诱,可读性极强。

本书以问题为主线,每一章都独立探讨了哲学研究中的一个核心问题。"导言"定义本章处理的问题、划定其范围,并确定学生读完本章后应该争取达到的学习目标;接下来的每个小节各分析历史上的和当代的哲学家们进入该问题的一种方式,其中着重显示了经典论证和思想实验,而贯穿全书的各个专栏,如"在法庭上""新闻报道"等提示我们这些哲学问题与现实生活中社会议题的相关之处,"思想探究"引发学生更进一步的思考,而每章末尾的"阅读材料"则补充了另一种讨论的维度,让学生们得以一窥经典文本和当代期刊论文的全貌,也让我们见识到思想实验与哲学探讨可以如何以虚构写作(特别是科幻小说)的形式展现出来。

正如标题所示,本书的特点是强调哲学的实践维度,所传达的主要信息在于:哲学活动绝不仅仅包括对哲学史上经典文本的阅读和分析,更要包括每个学习者和实践者的独立思考,通过逻辑推演、假设情境等等工具,来自己动手动脑,针对经典问题"做"出正确的推论。"做哲学"(doing philosophy)这个概念在英美哲学界已经是耳熟能详的了,但在中国的语境下还相对陌生,本书的出版也是旨在向中国读者介绍这种看待和进入哲学的新鲜方式。

事实上,近年来本书及其所代表的教学理念也引起了许多中国哲学教育者的注意,例如中山大学的翟振明教授就在他的课堂上使用过本书的英文版,翟教授还为这个中文版专门撰写了推荐语。在此特别向翟教授,以及他的博士生——本书译者柴伟佳博士和龚皓博士表示感谢。如果读者在读过本书后,对"做哲学"产生了更进一步的兴趣,可以在"超星慕课"平台上观看翟振明教授的公开课"如何做哲学",或访问本书译者建立和维护的同名豆瓣小站"做哲学"(https://site.douban.com/239957/)。

我们希望，无论是哲学专业的学生，还是社会上的一般哲学爱好者，都能从此书中得到乐趣和教益。关于文稿中可能存在的错漏之处，也欢迎读者批评指正，我们将在未来再版时及时纠正。

服务热线：133-6631-2326　188-1142-1266
读者信息：reader@hinabook.com

后浪出版公司
2018年7月

图书在版编目（CIP）数据

做哲学：88个思想实验中的哲学导论/（美）小西奥多·希克，（美）刘易斯·沃恩著；柴伟佳，龚皓译. -- 北京：北京联合出版公司，2018.4（2025.3重印）
ISBN 978-7-5596-1729-3

Ⅰ.①做… Ⅱ.①小… ②刘… ③柴… ④龚… Ⅲ.①哲学—研究 Ⅳ.①B0

中国版本图书馆CIP数据核字(2018)第029165号

Theodore Schick, Jr., Lewis, Vaughn
Doing Philosophy: an introduction through thought experiments, 5th ed.
ISBN: 978-07-803825-9
Copyright © 2013 by McGraw-Hill Education

All Rights reserved. No part of this publication may be reproduced or transmitted in any form or by any means, eletronic or mechanical, including without limitation photocopying, recording, taping, or any database, information or retrival system, without the permission of the publisher.

This authorized Chinese translation edition is jointly published by McGraw-Hill Education and Beijing United Publishing Co., Ltd. This edition is authorized for sale in the People's Republic of China only, excluding Hong Kong, Macao SAR and Taiwan.

Translation copyright © 2018 by McGraw-Hill Education and Beijing United Publishing Co. Ltd.

版权所有。未经出版人事先书面许可，对本出版物的任何部分不得以任何方式或途径复制或传播，包括但不限于复印、录制、录音，或通过任何数据库、信息或可检索的系统。

本授权中文简体字翻译版由麦格劳－希尔教育出版公司和北京联合出版公司合作出版。此版本经授权仅限在中华人民共和国境内（不包括中国香港、澳门特别行政区及中国台湾）销售。

版权 © 2018 由麦格劳－希尔教育出版公司和北京联合出版公司所有。

做哲学：88个思想实验中的哲学导论

著　者：［美］小西奥多·希克　　［美］刘易斯·沃恩
译　者：柴伟佳　龚　皓
出 品 人：赵红仕
选题策划：后浪出版公司
出版统筹：吴兴元
责任编辑：熊　娟
特约编辑：刘　漪
营销推广：ONEBOOK
装帧制造：墨白空间
封面设计：徐睿绅

北京联合出版公司出版
（北京市西城区德外大街83号楼9层　100088）
天津中印联印务有限公司印刷　新华书店经销
字数600千字　787毫米×1092毫米　1/16　42印张　插页4
2018年9月第1版　2025年3月第6次印刷
ISBN 978-7-5596-1729-3
定价：118.00元

后浪出版咨询(北京)有限责任公司版权所有，侵权必究
投诉信箱：editor@hinabook.com　　fawu@hinabook.com
未经书面许可，不得以任何方式转载、复制、翻印本书部分或全部内容
本书若有印、装质量问题，请与本公司联系调换，电话010-64072833